国家科学技术学术著作出版基金资助出版

# 战略性新兴产业技术分析报告

钟永恒／主编

科学出版社

北京

**图书在版编目(CIP)数据**

战略性新兴产业技术分析报告/钟永恒主编 . —北京：科学出版社，2014
ISBN 978-7-03-040117-5

Ⅰ. ①战… Ⅱ. ①钟… Ⅲ. ①新兴产业-经济技术分析-研究报告-中国
Ⅳ. ①F279.244.4

中国版本图书馆 CIP 数据核字（2014）第 046422 号

责任编辑：侯俊琳　石　卉　李　葵　程　凤/责任校对：韩　杨　邹慧卿
责任印制：赵德静/封面设计：无极书装

*科学出版社* 出版
北京东黄城根北街 16 号
邮政编码：100717
http://www.sciencep.com

**骏杰印刷厂** 印刷
科学出版社发行　各地新华书店经销

\*

2014 年 5 月第　一　版　开本：787×1092　1/16
2014 年 5 月第一次印刷　印张：37 1/4
字数：877 000

**定价：168.00 元**
（如有印装质量问题，我社负责调换）

# 本书研究组

组　　长：钟永恒

副 组 长：叶　茂　王　辉　江　洪

成　　员：曹　晨　郭文娟　胡思思　刘　佳
　　　　　刘　震　陆　科　沈振兴　魏　凤
　　　　　张慧婧　章日辉

专家顾问：包信和　刘桂菊　王蔚国　曹红梅
　　　　　唐　清　刘　新　袁志明　李　伟

# 序　一

　　2012 年 7 月，《"十二五"国家战略性新兴产业发展规划》正式发布实施。该规划明确了"十二五"期间我国经济社会发展的主要内容和基本原则，提出了节能环保产业、新一代信息技术产业、生物产业、高端装备制造产业、新能源产业、新材料产业、新能源汽车产业等七大战略性新兴产业的重点发展方向和主要任务。

　　培育和发展战略性新兴产业是推动我国产业结构优化升级、加快经济发展方式转变的重大举措，是稳步提升国民经济长远竞争力、健全现代工业体系的核心内容，也是我国顺应世界工业经济发展潮流、抢占经济科技竞争制高点的战略部署。

　　目前，国际经济复苏一波三折、增速放缓，下行压力和潜在风险有所加大，欧债问题仍处于高危阶段，经济增长低迷可能会持续较长一段时间；国内经济尚未形成稳定回升态势，经济发展不平衡、不协调、不可持续的问题没有根本解决，创新不力、外需不振、企业生产经营困难、重复建设严重、产能过剩等问题仍然突出，战略性新兴产业发展环境有待进一步培养。为造就战略性新兴产业快速发展的良好环境，需要密切关注国际形势变化，广泛深入开展调查研究，未雨绸缪，争取主动，促进经济平稳健康发展。因此，我们必须加强以下五个方面的工作。

　　（1）实时监测外部环境和经济变化形势。当前要保持较为均衡的经济运行状态，应进一步密切监测国内外经济金融形势的发展变化，客观认识当前经济发展形势，通过技术手段建立一套完善的包括各种经济风险预警指标在内的监控体系，全面掌握全球经济动向和各类经济风险。

　　（2）追踪世界科技进展，把握全球技术动态。发展战略性新兴产业的关键是技术创新，全面系统的全球科技发展态势和前瞻性的未来导向技术能够为工作在一线的研发人员准确把握世界科技前沿提供必要参考。

　　（3）加强政策研究，为战略性新兴产业的发展铺平道路。《"十二五"国家战略性新兴产业发展规划》强调，要针对产业发展的薄弱环节和瓶颈制约，有效发挥政府的规划引导、政策激励和组织协调作用。研究的重点包括支持战略性新兴产业发展的财税金融扶持政策、技术创新和人才政策、市场准入激励政策等方面。

　　（4）广泛开展高技术产业基地调查研究工作。高技术产业基地是孵化高技术企业的摇篮，也是促进产业集聚的基础。目前，全国高技术产业基地建设开展得如火如荼，如何引导产业集群形成产业集聚区，最终形成创新集群，有待于结合地方特色和高技术产业特点加以研究。

（5）创新政产学研用合作模式，推动区域创新集群建设。针对战略性新兴产业的关键核心技术，积极探索各区域、各科研院所、各重点企业的联合、协作和创新的机制和模式，推动创新单元、创新要素的集成与共享，助力战略性新兴产业创新集群建设。

在此形势下，中国科学院武汉文献情报中心、中科战略产业技术分析中心编著了该书，全面分析了战略性新兴产业重点细分产业的产业链和技术链，对国内外战略性新兴产业的发展环境、市场前景等作了全面的阐述和展望，对七大战略性新兴产业关键领域进行了文献计量分析工作。该书价值主要体现在以下三个方面。

第一，该书内容丰富，调研全面。该书涵盖了七大战略性新兴产业，分析了各个产业的重点细分领域，调研内容涉及国际和国内两个部分，定性和定量分析方法相结合。该书能够满足读者希望了解战略性新兴产业全景信息的需求。

第二，该书结构合理，条理清晰。该书针对七大战略性新兴产业的产业链和技术链、发展环境、市场、企业、基地、技术等领域层层剖析，全面展现了我国战略性新兴产业的风貌，深刻分析了我国发展战略性新兴产业存在的问题。

第三，该书以数据为基础，内容客观、充实。该书汇集了大量的战略性新兴产业的数据信息，让数据说话是该书的一大特点，尤其表现在文献计量方面。通过数据，我们可以看到战略性新兴产业的未来市场前景，看到我国目前取得的成绩，看到我国技术创新的优势和不足。

战略性新兴产业刚刚起步，需要做的工作还很多。战略性新兴产业的关键核心技术是什么？战略性新兴产业的发展方向是什么？战略性新兴产业的主要发展障碍是什么？该书对以上问题进行了一个初步的回答，但随着产业的发展和环境的变化，发展战略性新兴产业仍然需要进行深入的产业技术分析和研究。

中国科学院院士<br>
包信和

# 序  二

《国务院关于加快培育和发展战略性新兴产业的决定》（2010 年）颁布已有三年多时间了。在这三年多时间里，全球经济增速持续放缓，欧美主权债务危机还在加深，国际需求依然不足，欧美两大经济体复苏困难，中国外贸出口发展面对的国内外环境更趋复杂，不确定、不稳定的因素增加。

两年来，我国战略性新兴产业发展部署逐步深化、细化，部分行业的规划时间由五年扩展到十年，可以看出国家发展战略性新兴产业的决心。然而，从目前战略性新兴产业发展的效果来看，大部分产业还是不够理想。就拿光伏产业来说，初期政府的高额补贴使得光伏市场增速飞快，然而当金融海啸、欧债危机风暴到来，光伏产业首当其冲。究其原因，主要是政府的盲目补贴和企业不注重自主研发。这样，就产生两个问题，政府该如何合理规划以引导战略性新兴产业的发展？企业又该如何加强自主创新、克难奋进，实现跨越发展？

发展战略性新兴产业的关键是技术和人才。"科学技术是第一生产力"在新时代表现得更加突出。政府、企业、高校、研究机构等创新单元再加上科技服务机构和金融服务机构，构成了现代高新产业发展的主体。不管是产学研合作，还是政产学研合作，归根结底就是加强创新资源的优化配置和合理利用，实现创新资源效益的最大化。实际上，我国的产学研尚停留在技术转让、合作开发和委托开发等较低层次的合作上，产学研合作运作资金捉襟见肘，合作深度不够，这些现象说明，我国在创新发展上尚处于表层，战略性新兴产业的发展模式尚需进一步探讨。

创新集群是战略性新兴产业发展的必然产物。在国内，产业园区（基地）建设呈现出燎原之势，各大产业集群逐渐形成，产业的集聚使得我国区域经济特征逐步显现。在政府政策的引导下，各个地区兴起建设战略性新兴产业集群的浪潮。然而，由于传统的产业集群参与竞争的基础是低成本和自然资源的消耗，集群内大部分企业缺乏高附加值环节和产品，集群产业链被低端产品困扰，在这种形势下，发展战略性新兴产业便是空谈。创新型产业集群依靠创新驱动，是真正适合发展战略性新兴产业的载体。如何实现我国传统产业集群的改造升级和创新集群建设有待深入研究。

对于中国科学院来说，最大的优势莫过于拥有一批高质量的人才和特色的创新文化。

目前，这些优势主要表现在科研领域，虽然在技术转移转化方面也取得了不少成果，但仍然有待进一步努力。实现技术产业化是发展战略性新兴产业关键的一环。如何让科研成果转化为经济社会效益，进而推动我国战略性新兴产业的发展是目前包括中国科学院在内的研究单元关注的焦点。

该书分别对七大战略性新兴产业进行了全面系统的分析，对中国战略性新兴产业的发展具有重要的参考价值，主要表现在以下四个方面。

第一，该书对战略性新兴产业主要细分领域的产业链和技术链进行了详尽的分析，绘制了七大战略性新兴产业30个细分领域的产业链、技术链图谱，为政府布局战略性新兴产业、高技术企业定位产业链层次和发展内容、研究单元选择研究课题提供了具有价值的参考。

第二，该书对国内外战略性新兴产业的发展环境进行了总结和概括，详细阐述了全球主要国家和我国在战略性新兴产业的战略部署，利于读者了解我国发展战略性新兴产业的发展情况。

第三，该书对七大战略性新兴产业的核心领域进行了科技文献、专利、标准等计量分析，这个部分是该书最大的亮点。该书分析了我国战略性新兴产业核心领域的研发进展和不足，其价值在于分析了产学研科技创新的合作态势和技术的发展趋势。

第四，该书描绘了七大战略性新兴产业未来的发展前景，指出了我国在发展的过程中遇到的瓶颈问题，同时针对我国发展战略性新兴产业提出了极具参考价值的建议。

该书有利于读者了解战略性新兴产业的全球部署，掌握战略性新兴产业的市场前景，把握战略性新兴产业技术的发展趋势。

是为序。

中国科学院高技术研究与发展局副局长、研究员
刘桂菊

# 序　三

　　《"十二五"国家战略性新兴产业发展规划》明确了"十二五"期间战略性新兴产业建设的任务和方向；该书则对战略性新兴产业发展的背景、内容和前景进行了详细阐述。

　　"十二五"期间，节能环保产业、新一代信息技术产业、生物产业、高端装备制造产业、新能源产业、新材料产业、新能源汽车产业七大产业被定为重点发展的领域。这七大产业涵盖范围极广，细分领域错综复杂，如果不认真推敲，很难有一个完整的把握。该书通过分析七大产业 30 个细分领域的产业链和技术链，把各大产业的上、中、下游关系利用图谱的形式展现了出来，同时对各产业关键技术进行了详细的阐述。

　　在全球金融危机的摧残下，各国纷纷调整产业发展战略，希望通过发展新兴产业来推动本国经济的持续稳定发展。然而由于各国背景不同，实施的发展战略也各有千秋。该书总结了近年来全球主要国家发展新兴产业的背景和推行的各类政策、规划，详细分析了这些国家发展新兴产业的战略部署，展现了我国发展战略性新兴产业的外部环境。

　　技术创新在战略性新兴产业的发展过程中具有举足轻重的作用。技术创新成果主要体现在文献、专利、标准等方面。该书利用文献计量方法，对七大战略性新兴产业关键技术领域的科技文献、专利、标准进行了计量分析。通过分析，可以看到我国在全球科技创新中的地位和不足，可以看出各技术领域的研究热点和发展趋势，同时对创新单元的合作情况进行了分析。

　　在政府推动战略性新兴产业发展政策的引导和推动下，各地区纷纷兴起了培育和发展战略性新兴产业的浪潮，但是，战略性新兴产业的发展前景到底如何？该书针对我国战略性新兴产业发展的现状和市场分析，详细描绘了我国未来战略性新兴产业的发展前景。

　　该书内容丰富、结构严谨，反映了我国战略性新兴产业的整体风貌，能够为关注我国战略性新兴产业发展的企业、高校、研究机构、政府相关人士提供极具价值的参考。

中国科学院宁波材料技术与工程研究所副所长、研究员<br>
王蔚国

# 前　　言

　　产业技术分析是基于产业技术发展的动态过程，对影响技术发展的内外部环境进行分析，判断产业技术发展的有利条件与不利条件，评估技术的产业化前景，为准确进行研发投资决策和市场战略规划提供参考。

　　产业技术发展的过程包括技术研发、技术商品化和技术产业化。产业技术分析的含义包括三个方面：一是产业技术分析定位于整个产业链上，基于产业链的需求，关注具有产业前景的技术群体；二是产业技术分析关注的内容不仅是产业内部的技术因素，还包括影响产业技术发展的市场因素、企业因素、政府因素及效应因素等；三是产业技术分析的最终价值是通过促进技术创新和提升产业竞争力来体现的。

　　产业技术分析对发展战略性新兴产业和产业升级至关重要。

　　世界各发达国家和地区高度重视产业技术分析，根据各自产业发展进程及产业化需要建立了各具特色的产业技术服务机构，推进技术创新和高新技术产业化。产业技术分析起源于第二次世界大战时期美国军方的技术预测，主要是为制定科技政策提供依据。1976 年，美国成立了美国未来研究所，致力于对科技、经济和社会发展等方面的问题进行预测；1990 年，又成立国家关键技术委员会，向总统和国会提交双年度的《美国国家技术报告》；商务部每年编制《美国工业展望》；此外，美国兰德公司、华盛顿大学等非政府机构也开展了许多产业技术分析研究。同时，美国国内开发了一系列可用于产业技术分析实践的辅助工具，如用于产业技术数据支撑的科研数据库——Web of Science，经济数据库——Economic Indicators and Data、EconData 等，用于产业技术数据分析的工具——TDA 等。日本早期的产业技术分析研究主要是由日本科技厅完成的，每五年组织实施一次全国范围的技术预见调查；2001 年成立了产业技术综合研究院，由原通产省工业技术研究院的 15 个研究所及计量教习所共 16 家单位合并而成，是目前日本国内最大的技术研究机构，也是开展产业技术分析研究与服务的代表性机构，其研究范围主要涉及电子信息、生命科学、纳米技术、新型材料开发制造、能源环境、计量标准化及地质等六大研究领域。此外，德国弗朗霍夫应用研究促进协会、澳大利亚联邦工业与研究组织、韩国产业技术研究院、荷兰应用技术研究院、丹麦技术科学院、中国台湾工业技术研究院及香港应用科技研究院等，对当地的技术创新和产业化发展起到了积极的促进作用。总体来看，产业技术分析经历了

"始于美国→日本改进→欧洲跟进→世界各国加入"的历史进程，技术预见、技术评价、技术路线图绘制等产业技术分析方法应用成熟。

经过改革开放30多年的发展，中国的工业化发展取得了重大成就，成为世界工厂，但由于核心技术缺乏，也付出了资源利用低效、环境破坏的代价。在金融危机的冲击下，我国依赖资源消耗性的外延式扩大再生产的经济增长方式难以为继。为应对金融危机带来的经济下行挑战，国家提出了转变经济发展方式、建设创新型国家的发展战略。培育和发展战略性新兴产业是推动我国产业结构优化升级、加快经济发展方式转变的重大举措，是稳步提升国民经济长远竞争力、健全现代工业体系的核心内容，也是我国顺应世界工业经济发展潮流、抢占经济科技竞争制高点的战略部署。

我国的技术引进、自主研发、消化吸收、技术产业化等活动不断深化，对推动我国技术产业特别是高技术产业发展起到了关键性作用，但在高技术产业发展中，我国对核心技术的掌握、对技术方向的把握仍然是一个瓶颈问题。

2012年7月，《"十二五"国家战略性新兴产业发展规划》正式发布实施，规划中明确了"十二五"期间我国经济社会发展的主要内容和基本原则，提出了节能环保产业、新一代信息技术产业、生物产业、高端装备制造产业、新能源产业、新材料产业、新能源汽车产业等七大战略性新兴产业的重点发展方向和主要任务。

如何确定战略性新兴产业的重点发展方向和主要任务？其中的一个重要途径就是开展产业技术分析。通过产业技术分析，解决战略性新兴产业发展中的"产业技术最优选择"问题，帮助政府、企业、科研机构进一步认识和把握产业技术发展方向，作出科学决策，发展战略性新兴产业，受到"政"、"产"、"学"、"研"、"用"各方的高度重视。

中国科学院武汉文献情报中心一直开展对高新科技产业的监测和情报研究，专门设立了情报研究部、中科战略产业技术分析中心，长期追踪相关高新科技产业领域的科技发展态势，建立了系统的产业经济数据库、形成了较全面的分析指标体系和分析模型，开展了一系列的产业经济研究和产业技术分析工作，为研发创新和产业发展提供支撑服务。本书面向国家战略性新兴产业开展产业技术分析，形成了节能环保产业、新一代信息技术产业、生物产业、高端装备制造产业、新能源产业、新材料产业、新能源汽车产业等七大产业的产业技术分析报告。每份报告均包含产业概述、产业分类、产业市场容量、细分产业的产业链和技术链分析，产业发展环境、产业发展背景、产业政策、产业规划与研发计划，产业相关文献计量分析，产业相关专利技术分析，产业标准信息分析，产业基地分析，重点机构分析，发展状况分析，结论与建议。这对政府、企业与科研院所应对新形势下的挑战，抓住机遇，明确方向，突出重点，培育和发展战略性新兴产业具有一定的参考价值。

本书的完成得到了中国科学院施尔畏副院长；中国科学院大连化学物理研究所包信和院士；中国科学院高技术研究与发展局刘桂菊副局长，材料化工处曹红梅处长、唐清副处长；中国科学院湖北产业技术创新与育成中心刘新主任；中国科学院武汉分院袁志明副院长及科技处李伟处长；中国科学院宁波材料技术与工程研究所副所长王蔚国研究员，以及众多专家的悉心指导和大力支持。本书的出版得到了国家科学技术学术著作出版基金的宝贵资助，也得到了科学出版社科学人文分社社长侯俊琳及编辑李奂、石卉、程凤等的大力协助。在此一并表示衷心的感谢。

虽然本书的研究和撰写时间较长，但由于水平有限，加之战略新兴产业及其关键科学技术问题的复杂性、前瞻性，以及发展形势的快速变化，战略性新兴产业技术问题的分析与研究非常复杂，书中难免存在疏漏与不足之处。希望各位专家和读者提出宝贵意见和建议，以便进一步修改和完善。

中国科学院武汉文献情报中心主任
中科战略产业技术分析中心主任
钟永恒

# 目　录

# Contents

# 第 1 章

# 节能环保产业技术分析

# 1.1 / 节能环保产业相关概述

## 1.1.1 节能环保产业概述

"节能环保产业是指为节约资源、保护环境提供技术、装备和服务保障的产业，是先进制造业和生产服务业紧密结合并极具发展潜力的新兴产业。"[1] 2010 年 10 月，国务院颁布了《国务院关于加快培育和发展战略性新兴产业的决定》，该决定明确提出节能环保产业为七大战略性新兴产业之一。"十二五"规划更是将节能环保产业作为七大战略性新兴产业之首大力发展，提出该产业将重点发展高效节能、先进环保、资源循环利用等关键技术装备、产品和服务。在追求低碳、循环、可持续与经济协同发展的迫切要求下，节能环保产业无疑将迎来广阔的发展前景。

## 1.1.2 节能环保产业的分类

2010 年 11 月通过的《节能环保产业发展规划》将节能环保产业划分为节能产业、环保产业和资源循环利用产业三个方面（表 1-1）。

表 1-1 节能环保产业分类及相关说明

| 产业 | 重点领域 | 主要内容 | 发展重点 | 相关细分行业 |
|---|---|---|---|---|
| 节能产业 | 高效节能技术和装备 | 锅炉窑炉、电机及拖动设备、余热余压利用装备、节能监测技术和装备等 | 重点示范推广稀土永磁无铁芯电机，基于吸收式换热的新型热电联产集中供热技术等 | 余热余压利用、电机变频节能、热电联产、节能监测等 |
| | 高效节能产品 | 家用和商用电器、照明产品、建材产品和汽车等 | 重点研发和示范具有自主智能财产权的新型节能汽车及配套系统，重点推广能效等级为 1 级、2 级的高效节能产品等 | 建筑节能、绿色照明、新能源汽车等 |
| | 节能服务 | 推动节能服务公司为用能单位提供节能诊断、设计、融资、改造、运行等服务，以节能效益分享方式回收投资的市场化节能服务模式 | | 合同能源管理等 |
| 环保产业 | 先进环保技术和装备 | 污水、垃圾处理，脱硫脱硝，高浓度有机废水治理，土壤修复，监测设备等 | 重点攻克膜生物反应器、反硝化除磷、湖泊蓝藻治理和污泥无害化处理技术装备等 | 污水处理、固废处理、大气污染处理、土壤修复、清洁煤利用、海水综合利用、环境监测等 |
| | 环保产品 | 环保材料、环保药剂 | 重点研发和产业化示范膜材料、高性能防渗材料、脱硝催化剂、固废处理固化剂和稳定剂、持久性有机污染物替代产品等 | 环保材料（膜材料、防渗材料、持久性有机污染物替代产品等）、环保药剂（催化剂、固化剂、稳定剂等） |

续表

| 产业 | 重点领域 | 主要内容 | 发展重点 | 相关细分行业 |
|------|---------|---------|---------|-------------|
| 环保产业 | 环保服务 | 建立以资金融通和投入、工程设计和建设、设施运营和维护、技术咨询和人才培训等为主要内容的环保产业服务体系，加大污染治理设施特许经营实施力度 | | 建设—经营—移交（BOT）/移交—经营—移交（TOT）等 |
| 资源循环利用产业 | | | 重点发展共伴生矿产资源、大宗工业固体废物综合利用，汽车零部件及机电产品再制造，再生资源回收利用，餐厨废弃物、建筑废弃物、道路沥青和农林废弃物资源化利用，重点解决共性关键技术的示范推广 | 机电产品再造、资源化利用、生物质发电等 |

资料来源：根据国务院《节能环保产业发展规划》整理

## 1.1.3 节能环保产业市场容量

### 1. 全球节能环保产业市场容量

在高效节能领域，国际能源署 2009 年发布的 *World Energy Outlook* 2009 指出，在未来 20 年中，全球对节能产业的投入预计将达 7.6 万亿美元[2]。

在环境保护领域，如图 1-1 所示，从 2007 年开始，国际市场需求已超过 6000 亿美元，并仍维持持续上升趋势。美国、加拿大、德国、法国、英国、日本等发达国家是全球环保产业的主导国家，占国际市场大部分份额。

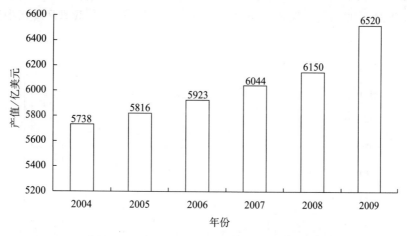

图 1-1　2004～2009 年全球环保产业市场规模

资料来源：根据赛迪顾问相关资料整理

在资源循环利用领域，再生资源产业已成为全球蓬勃发展的绿色产业。20 世纪末，发达国家再生资源产业规模为 2500 亿美元，21 世纪初已增至 6000 亿美元。到 2010 年发达国家再生资源产业规模已增至近 1.8 万亿美元。在未来 30 年内，再生资源产业为全球提供的原料将由目前占原料总量的 30% 提高到 80% 左右，产值超过 3 万亿美元，提供 3 亿个以上就业岗位[3]。

### 2. 中国节能环保产业市场容量

在高效节能领域，若考虑国内生产总值（GDP）和居民消费价格指数（CPI）的增速，2015 年节能产业产值将是 2010 年的 3.5 倍，2020 年将是 2010 年的 13 倍。如果维持节能产业的比重不变，预测 2015 年节能产业产值将不少于 1.65 万亿元，2020 年产值将达到 6.11 万亿元[4]（图 1-2）。

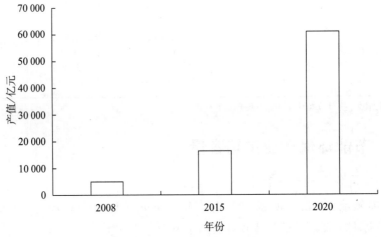

图 1-2　中国节能产业市场规模

资料来源：根据华创证券研究所相关资料整理

在环境保护领域，2010 年环境污染治理投资总额较 2000 年增长了 5.56 倍，占 GDP 的比重由 2000 年的 1.02% 上升到 2010 年的 1.66%。2000~2010 年我国环境污染治理投资情况如图 1-3 所示。

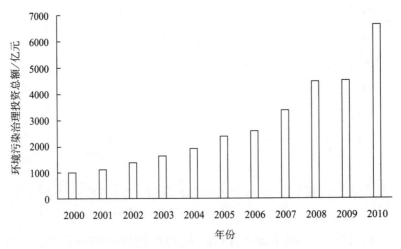

图 1-3　2000~2010 年我国环境污染治理投资情况

资料来源：根据国家统计局相关资料整理

根据环境保护部环境规划院《国家"十二五"环保产业预测及政策分析》，以 2008 年为基准年、按环保产业产值年均增长率为 15％计算，2015 年环保产业产值将达到 1.28 万亿元，"十二五"期间环保产业产值约为 4.92 万亿元[5]。

在资源循环利用领域，中国再生资源产业技术创新战略联盟于 2009 年 10 月成立后，计划通过 3～5 年的时间，将我国再生资源行业整体利用效率提高 10％以上，产值年均增长25％，到 2015 年力争再生资源产业产值达 1.5 万亿元[6]。

## 1.1.4 节能环保细分产业的产业链与技术链分析

1. 电机变频节能产业的产业链与技术链分析

图 1-4 显示的是电机变频节能产业的产业链。以高压变频器行业为例，高压变频器行业的主要上游企业有变压器、绝缘栅双极型晶体管（IGBT）、冷却风机、电阻、电容、机柜、散热器等生产企业。其中 IGBT 是高压变频器主要原材料之一，该产品主要靠国外厂商生产；其他原材料国内可完全供给且生产厂商较多。变频器的下游用户多集中在重工业部门，因此一定程度上会受到下游行业景气度的影响。

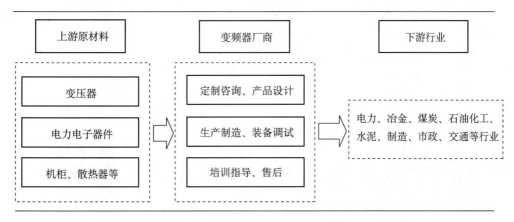

图 1-4　电机变频节能产业的产业链

资料来源：根据国海证券研究所《节能产业：变频节能将大行其道》整理

如图 1-5 所示，电机变频节能产业涉及的主要技术包括半导体生产技术、电力电子技术、铁芯制造技术、绕组制造技术、机械制造技术、变压器加工技术、变压器装配技术、电机零部件机械加工技术及电机装配调试技术等。

2. 建筑节能产业的产业链与技术链分析

建筑节能的整个工作包括了从最初的规划方案制订，到设计施工，以及多年的运营使用，直至最后拆除重建的过程。如图 1-6 所示，建筑节能产业链的上游主要是涉及关键材料及设备制造的企业，上游的主要技术包括节能建材（镀膜玻璃、型材、保温材料、防火材料、石膏板等）的生产技术，以及供暖、制冷、通风、采光照明等设备的设计、制造及装配技术等；中游主要是节能系统集成，涉及的主要技术包括建筑能源系统节能控制技术，供暖、制冷、通风、采光照明等系统组装技术，以及光伏建筑一体化技术等；产业链的下游主要是开发商对节能建筑的施工及后期运营等。

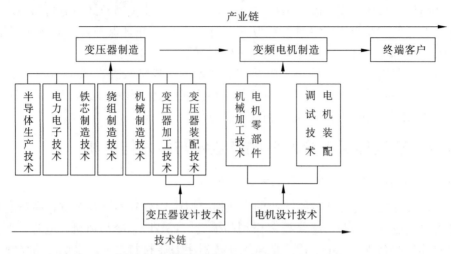

图1-5 电机变频节能产业的产业链与技术链

资料来源：①王承志.2004.40年来变压器制造技术的发展与进步.变压器，41（3）：51-57；②陈爱云.2011.变压器的制造工艺及改进措施.工艺与装备，（6）：45-47；③蔡志军，陈劲松.2001.国产变频调速异步电机的设计与制造技术.马钢职工大学学报，11（3）：12-16.根据以上资料整理

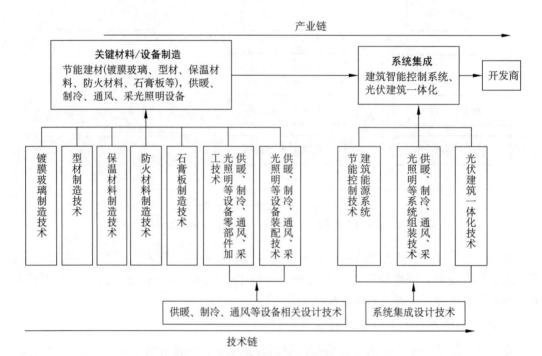

图1-6 建筑节能产业的产业链与技术链

资料来源：①高芳.2012.我国建筑节能技术探究.民营科技，（2）：284；②周水洪.2004.建筑节能技术之太阳能制冷技术.建筑节能，（4）：38-39；③马福军，许杭.2011.建筑自然通风节能技术及影响因素.科技信息，（36）：20；④李进.2010.基于技术集成理论的建筑节能技术路线研究.中国经贸导刊，（19）：84-85.根据以上资料整理

### 3. 发光二极管照明产业的产业链与技术链分析

如图1-7所示，发光二极管（LED）照明产业的上游包括衬底材料制造及外延片生长

等环节,中游包括芯片制作、切割、测试等环节,下游包括芯片封装及应用等环节。由于LED制造工艺复杂度、技术含量不同,所以上中下游产业的特点、核心要素及投资策略等也各不相同。上游产业进入壁垒极高、技术制胜、投资规模大;中游产业技术难度较大、投资强度较大;下游产业应用产品多样化、投资较小、国内企业较多。

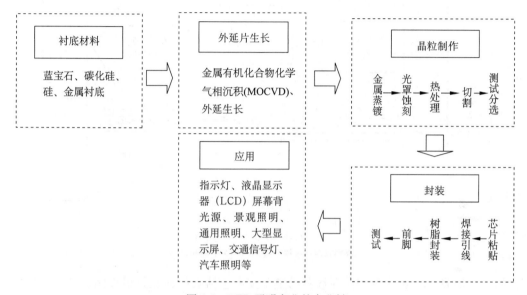

图 1-7　LED 照明产业的产业链

资料来源:佚名.2011.LED 产业链简介.广东科技,5(9):12

如图 1-8 所示,LED 产业涉及的主要技术包括外延片生长技术、衬底材料相关技术、芯片加工技术及芯片封装技术等。

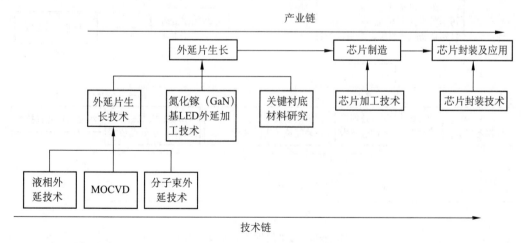

图 1-8　LED 照明产业的技术链

资料来源:①周圣军.2011.大功率 GaN 基 LED 芯片设计与制造技术研究.上海交通大学博士学位论文;②张东春,孙秋艳,郑继雨.2005.照明用发光二极管封装技术关键.节能技术,23(5):430-431.根据以上资料整理

### 4. 污水处理产业的产业链与技术链分析

如图 1-9 所示,污水处理的上游行业主要包括排放污水的工业企业、污水处理设备制

造企业，其中工业企业的发展对污水处理行业的影响较大，工业污水和居民污水通过污水处理后再排入自然水体或通过中水回用返回企业和居民用户。

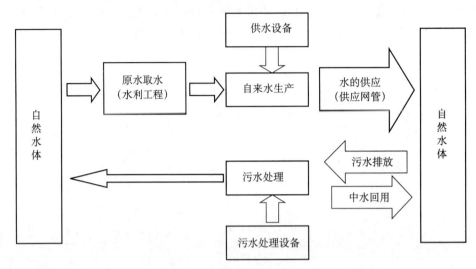

图 1-9　污水处理产业的产业链
资料来源：根据赛迪顾问相关资料整理

如图 1-10 所示，污水处理产业涉及的主要技术包括膜材料及膜组件制备技术、环境监测技术、污水处理设备制造技术、污水处理设备制造装配、传统污水处理技术及污泥处理处置技术等。

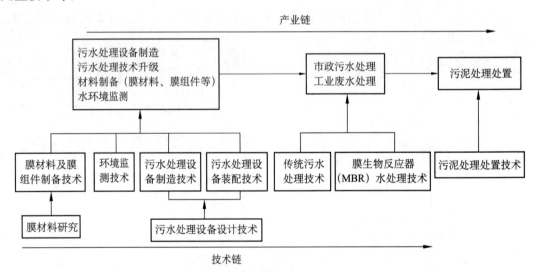

图 1-10　污水处理产业的技术链
资料来源：①姚天奇，等.2012. 含醇污水处理装置冷换设备防腐及修复技术. 石油化工设备，41（2）：125-128；②葛福玲，宋媛媛，于秀彦.2011. 城镇污水处理厂污泥处置技术综述. 中国资源综合利用，29（12）：48-51. 根据以上资料整理

5. 固废处理产业的产业链与技术链分析

固废处理产业是指提供一系列产品和服务来测量、防止、限制和减弱因固体废物引起的各种问题的行业。作为环保产业的主要子行业之一，固体废物处理产业主要包括固废处

理设备、固废处理工程、固废运营三个环节（图 1-11）。

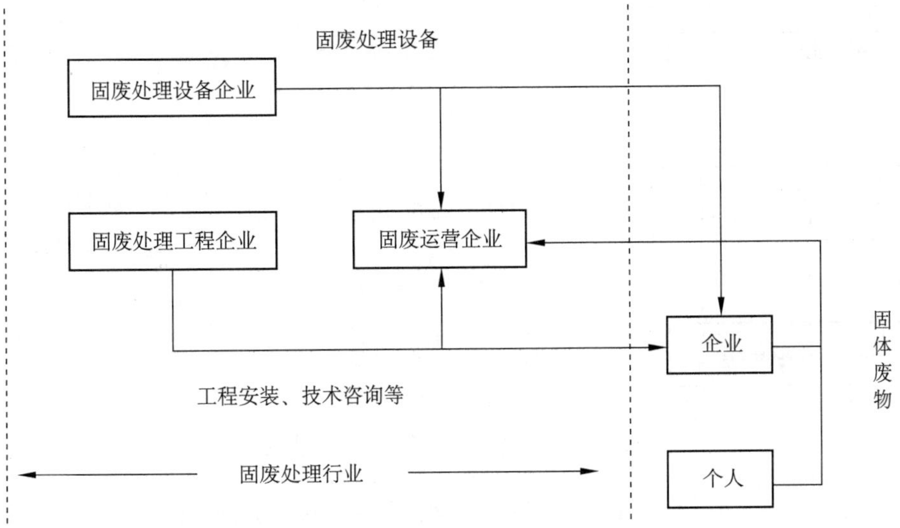

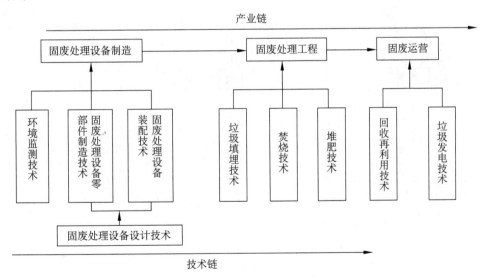

图 1-11 固废处理产业的产业链

资料来源：根据赛迪顾问相关资料整理

如图 1-12 所示，固废处理产业涉及的主要技术包括环境监测技术、固废处理设备零部件制造技术、固废处理设备装配技术、垃圾填埋技术、焚烧技术、堆肥技术及固废运营相关技术等。

图 1-12 固废处理产业的技术链

资料来源：①赵丽华，赵中一 . 2002. 固体废弃物处理技术现状 . 环境科学动态，(3)：26-27；
②张一，从晓强，姜毅等 . 2012. 炼厂固废处理技术进展 . 广州化工，40 (9)：40-41. 根据以上资料整理

### 6. 大气污染治理产业的产业链与技术链分析

大气污染治理产业作为重要的环保产业子行业之一，如图 1-13 所示，其产业链包括上游的脱硫、脱硝、除尘设备，脱硫、脱硝、除尘原料，空气监测系统，中游的脱硫、脱硝、

除尘工程，以及下游的脱硫、脱硝、除尘运营环节。

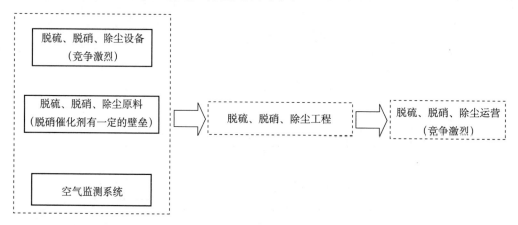

图 1-13　大气污染治理产业的产业链

资料来源：①曲聪，瞿娇.2012. 浅谈大气污染的治理. 科学之友，(9)：141；②李明明.2011. 试析大气污染对人类的影响及治理综述. 中国新技术新产品，(21)：180. 根据以上资料整理

如图 1-14 所示，大气污染治理产业涉及的主要技术包括环境监测技术，脱硫、脱硝、除尘设备零部件制造技术，脱硫、脱硝、除尘设备装配技术，脱硫技术、脱硝技术、除尘技术等。

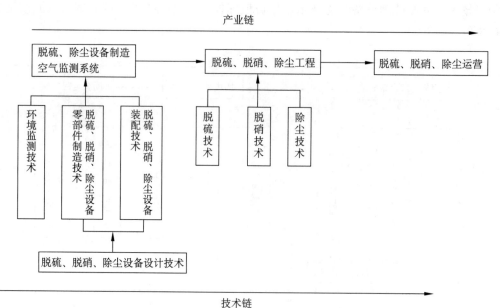

图 1-14　大气污染治理产业的技术链

资料来源：①赵玉成.2011. 石灰石膏法烟气脱硫技术在大气污染治理中的应用. 新疆化工，(2)：2-7；②陶晖.2005. 用于大气污染控制的袋式除尘和非织造滤料. 产品用纺织品，(1)：27-35. 根据以上资料整理

### 7. 再生资源循环利用产业的产业链与技术链分析

如图 1-15 所示，再生资源循环利用产业的产业链包括上游的废弃物回收，中游的废弃物资源利用生产及下游的再生产品利用。

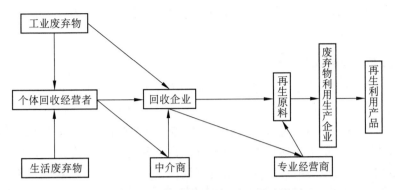

图 1-15 再生资源循环利用产业的产业链

资料来源：张虹，李长喜，刘会兰.2006.产学研战略联盟推动再生资源循环利用.科技纵横成果，（4）：28.
根据以上资料整理

如图 1-16 所示，该产业涉及的主要技术包括废旧资源回收技术、资源化加工技术、资源再生技术等。

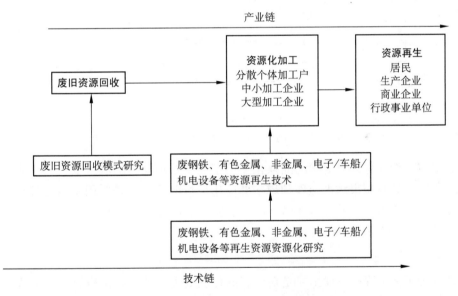

图 1-16 再生资源循环利用产业的技术链

资料来源：①史远通，靳云鹤.2011.城市污水资源再生利用技术.河南科技，（12）：4；②周益辉等.2011.电子废弃物的资源特点及机械再生处理技术.电焊机，41（2）：22-26；③肖红新等.2012.废旧电子线路板资源再生处理技术.再生资源与循环经济，5（5）：34-37.根据以上资料整理

## 1.1.5 节能环保产业的关键技术

通过前面对节能环保产业三个领域的子行业及其上中下游产业链与技术链（图 1-4～图 1-16）进行分析，结合表 1-1 的内容可知，电机节能、余热回收利用、建筑节能、LED 照明、污水处理、固废处理、大气污染处理、清洁煤利用、海水综合利用、再生资源循环利用等细分领域及其相关技术，对整个产业的发展具有重要的推动作用。

由于节能环保战略性新兴产业的技术涵盖范围广泛，本书选取节能环保产业的污水处理技术、建筑节能技术、LED 照明技术及这三种技术所涉及产业进行具体分析。

### 1. 污水处理技术

#### 1）一级强化处理技术

（1）活化污泥法。活化污泥法是根据絮凝动力学和生物吸附理论提出"絮凝吸附—沉淀—活化"的城市污水强化一级处理工艺。活化污泥法的工艺流程如图 1-17 所示，未经沉淀的生活污水原水与生物污泥同时进入混合反应器（絮凝吸附池），在机械搅拌作用下充分混合、絮凝吸附后，大量污染物被絮凝吸附进入污泥絮体，出水进入沉淀池，实现固液分离，而沉淀池出水就是最终出水。为了恢复沉淀池饱和污泥的生物絮凝吸附活性，可将沉淀污泥短时间曝气活化，这样在保持了污泥的好氧状态的同时也改善了污泥的沉降性能。此过程在污泥活化池里进行，能耗远低于二级生物氧化反应。

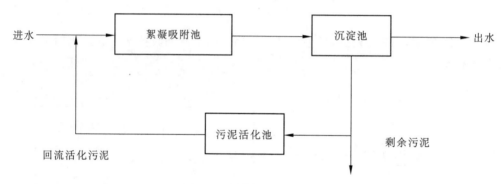

图 1-17　活化污泥工艺流程

资料来源：蒋展鹏，尤作亮 . 1999. 城市污水强化一级处理新工艺——活化污泥法 . 中国给水排水，15（12）：1-5

（2）混凝沉淀强化法。混凝沉淀强化法由于需要投加大量的混凝剂且污水水质常常急剧变化，限制了其在城市污水处理领域中的应用。目前该法主要应用于给水处理和部分工业废水处理。近年来，随着许多新型、高效、廉价的混凝剂的出现和自动化技术的广泛应用，混凝法与污水生物处理法相比具有了较强的竞争力。

#### 2）二级处理工艺

二级处理工艺流程的发展主要是在原有的传统处理工艺流程上进行某一方面的强化处理，使某一处理水的某一或某几个指标达到一定的标准。

（1）序列间歇式活性污泥（SBR）工艺。SBR 工艺是一种按间歇曝气方式来运行的活性污泥污水处理技术。SBR 工艺的特点是具有一定的调节均化功能，可缓解进水水质、水量波动给系统带来的不稳定性。工艺处理简单，处理构筑物少，曝气反应池集曝气、沉淀、污泥回流于一体，可省去初沉池、二沉池及污泥回流系统，且污泥量少，易于脱水，控制一定的工艺条件可达到较好的除磷效果，但也存在自动控制和连续在线分析仪器仪表要求高的缺点[7-10]。

（2）改良式序列间歇反应器（MSBR）工艺。MSBR 工艺是改良型的 SBR 工艺，其工作原理如图 1-18 所示。该系统是由生物脱氮除磷（$A_2/O$）系统与 SBR 系统串联组成的，并集合了两者的全部优势，是一种可连续进水、高效的污水处理工艺[11]。MSBR 工艺能在较低的投资和运行费用下有效地处理含高浓度生化需氧量（$BOD_5$），总悬浮固体（TSS）、氮和磷的污水。然而，由于该工艺的结构复杂，需使用的各种设备较多，且操作管理比较麻烦，所以需要进一步优化改进[12]。

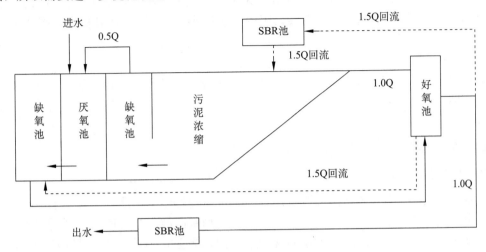

图 1-18　MSBR 工艺原理图

资料来源：何富强 . 2008. 水玻璃旧砂湿法再生污水处理系统研究 . 华中科技大学硕士学位论文

（3）交替式生物处理池（UNITANK）系统。UNITANK 系统是 SBR 工艺的又一种变型和发展。该工艺克服了"序批法"间歇进水、"三沟式氧化沟法"占地面积大、"普通曝气池法"设备多的缺点，具有同步脱氮除磷功能。典型的 UNITANK 工艺是三个水池，三池之间水力连通，每池都设有曝气系统，外侧的两池设有出水堰及污泥排放口，它们交替作为曝气池和沉淀池。污水可以进入三池中的任意一个，连续进水、周期交替运行。在自动控制下使各池处在好氧、缺氧及厌氧状态，以完成有机物和氮磷的去除[13]。

3）三级处理工艺

目前用得比较多的三级处理工艺可以分为常规工艺、膜生物反应器（MBR）技术、污水深度处理（LM）工艺及氧化沟工艺等。

（1）常规工艺。常规的三级处理工艺是在生物处理之后增加混凝、过滤、消毒等常规处理过程，有砂滤、膜滤、反渗透、紫外线（UV）消毒、液氮、臭氧消毒等。一般来说，这些处理方式单位水处理成本比较低，在经济上比较可行。

（2）MBR 技术。MBR 技术是由膜分离和生物处理结合而成的一种新型、高效的污水处理技术。MBR 技术的特点是用膜分离系统代替了普通活性污泥法中的二沉池，减少了传统工艺大部分的处理环节，节省了大量投资，而且耗能和一般传统的水处理工艺相近。污水在处理设备中的停留时间短，对化学需氧量（COD）、废水中的氨氮数（$NH_3$-N）的去除率极高，出水水质达到了生活杂用水水质的标准[14,15]。

（3）LM 工艺。LM 工艺是一种全新的生态处理工艺。该工艺在厌氧池加好氧池的基础上加入了改进的曝气氧化塘和高效湿地两个深度处理单元，使出水水质达到了生活杂用水的标准[16]。其工艺流程是：生物厌氧池→封闭好氧池→开放好氧池→澄清池→人工湿地→紫外线消毒→蓄水池回用。LM 工艺的特点是剩余污泥少、运行费用低、管理方便，还具有美化景观的功能。

4）氧化沟工艺

氧化沟工艺是传统活性污泥法的变型，其在本质上、机制上仍属于活性污泥法。典型的氧化沟污泥负荷低，污泥龄长，除使污泥得到净化外，污泥量少而且稳定，缓冲能力强，能承受冲击负荷；构造更简单，也易于维护管理；氧化沟表面曝气采用曝气转刷、转碟或曝气叶轮，动力效率一般为 1.6～2.0 千克/千瓦时[17]。

氧化沟工艺从运行方式上分为连续工作式、交替工作式和半交替工作式。从国内外城市污水处理厂实例来看，运用较多的主流池型有卡鲁塞尔氧化沟、奥贝尔氧化沟、一体化氧化沟等。

2. 建筑节能技术

1）建筑围护结构节能技术

建筑围护结构节能技术指通过改善建筑物围护结构的热工性能，达到夏季隔绝室外热量进入室内，冬季防止室内热量泄出室外，使建筑物室内温度尽可能接近舒适温度，以减少通过辅助设备，如采暖、制冷设备来达到合理舒适室温的负荷，最终达到节能的目的[18,19]。

（1）墙体节能技术。墙体节能又分为复合墙体节能与单一墙体节能。复合墙体节能是指在墙体主体结构基础上增加一层或几层复合的绝热保温材料来改善整个墙体的热工性能。根据复合材料与主体结构位置的不同，又分为内保温技术、外保温技术及夹心保温技术。单一墙体节能指通过改善主体结构材料本身的热工性能来达到墙体节能效果，目前常用的墙材中加气混凝土、空洞率高的多孔砖或空心砌块可用做单一节能墙体。

（2）门窗节能技术。门窗节能技术主要从减少渗透量、减少传热量、减少太阳辐射能三个方面进行。减少渗透量可以减少室内外冷热气流的直接交换而增加的设备负荷，可通过采用密封材料增加窗户的气密性；减少传热量是防止室内外温差的存在而引起的热量传递，建筑物的窗户由镶嵌材料（玻璃）和窗框、扇形材组成，通过采用节能玻璃（如中空玻璃、热反射玻璃等）、节能型窗框（如塑性窗框、隔热铝型框等）来增大窗户的整体传热系数以减少传热量；在南方地区太阳辐射非常强烈，可通过遮阳设施（外遮阳、内遮阳等）及高遮蔽系数的镶嵌材料［如低辐射（Low-E）玻璃］来减少太阳辐射量。

（3）屋面节能技术。屋面节能的原理与墙体节能一样，通过改善屋面层的热工性能阻止热量的传递。主要节能屋面包括高效保温材料保温屋面、架空型保温屋面、浮石沙保温屋面和倒置形保温屋面等。

（4）其他节能技术。其他节能技术指综合考虑建筑物的通风、遮阳、自然采光等建筑围护结构优化集成节能技术。例如，双层幕墙指墙体中间带有可调遮阳板且可通风，夏季可有效遮阳和通风排热，冬季又可使太阳透过，减少采暖负荷。

2）能源利用技术

（1）太阳能利用技术。太阳能利用技术是指通过转换装置将太阳能源转换成热能、电能，并全方位地解决建筑内热水、采暖和照明用能的技术。例如，通过转换装置把太阳辐射能转换成热能利用的属于太阳能热利用技术，利用热能进行发电的称为太阳能热发电技术；通过转换装置把太阳辐射能转换成电能利用的属于太阳能光发电技术。

（2）太阳能与建筑一体化技术。太阳能与建筑一体化技术把太阳能利用设施与建筑有机结合，利用太阳能集热器代替屋顶覆盖层或屋顶保温层，既消除了太阳能对建筑物形象的影响，又避免了重复投资，降低了成本。

（3）热泵技术。热泵技术是利用低温低位热能资源，采用热泵原理，通过少量的高位电能输入，实现低位热能向高位热能转移的一种技术，主要有空气源热泵技术和水（地）源热泵技术，可以向建筑物供暖、供冷，有效降低建筑物供暖和供冷能耗，同时降低区域环境污染。

3）建筑能源系统节能控制技术

采暖空调系统的控制技术是对既有热网系统和楼宇能源系统进行节能改造、实现优化运行的关键技术。其主要有三种方式：变水量（VWV）、变风量（VAV）和变容量（VRV），其关键技术是基于供热、空调系统中"冷（热）源输配系统末端设备"各环节的物理特性的控制。

4）采暖末端装置可调技术

采暖末端装置可调技术主要包括末端热量可调及热量计量装置，连接每组暖气片的恒温阀，相应的热网控制调节技术及变频泵的应用等。这项技术可实现节能 30％～50％的效果，同时避免采暖末端的冷热不均问题。

5）新风处理及空调系统的余热回收技术

新风负荷一般占建筑物总负荷的 30％～40％。变新风量所需的供冷量比固定的最小新风量所需的供冷量少 20％左右。新风量如果能够从最小新风量到全新风变化，在春秋季可节约近 60％的能耗。通过全热式换热器将空调房间排风与新风进行热、湿交换，利用空调房间排风的降温除湿，可实现空调系统的余热回收。

6）独立除湿空调节电技术

中央空调消耗的能量中，40％～50％用来除湿。冷冻水供水温度提高 1℃，效率可提高 3％左右。采用独立除湿方式，同时结合空调余热回收，中央空调电耗可降低 30％以上。我国已成功开发溶液式独立除湿的关键技术，以低温热源为动力高效除湿。

7）各种辐射型采暖空调末端装置节能技术

地板辐射、天花板辐射、垂直板辐射是辐射型采暖的主要方式。可避免吹风感，同时可使用高温冷源和低温热源，大大提高热泵的效率。在有低温废热、地下水等低品位可再生冷热源时，这种末端方式可直接使用这些冷热源，省去常规冷热源。

8）建筑热电冷联产技术

在热电联产基础上增加制冷设备，形成热电冷联产系统。制冷设备主要是吸收式制冷机，其制冷所用热量由热电联产系统提供。与直接使用天然气锅炉供热、天然气直燃机制冷、发电厂供电相比，上述方式可降低一次能源消耗量 10％～30％，同时还减少了输电过程的线路损耗。

9）相变储能技术

相变储能技术具有储能密度高、相变温度接近于一恒定温度等优点，可提供很大的蓄热、蓄冷容量，并且系统容易控制，可有效解决能量供给与需求时间上的不匹配问题。例如，在采暖空调系统中应用相变储能技术，是实现电网的"削峰填谷"的重要途径；在建

筑围护结构中应用相变储能技术，可以降低房间空调负荷。

### 3. LED 照明技术

LED 是一种半导体固体发光器件。LED 主要使用的材料为Ⅲ-Ⅴ族元素化合的化合物，如磷化镓（GaP）、磷砷化镓（GaAsP）等半导体制成的，其核心是 PN 结。因此，它具有一般 PN 结的伏安特性，即正向导通、反向截止、击穿等。此外，在一定条件下，它还具有发光特性。制作半导体 LED 的材料是重掺杂的，热平衡状态下的 N 区有很多迁移率很高的电子，P 区有较多的迁移率较低的空穴。由于 PN 结阻挡层的限制，在常态下，二者不能发生自然复合。当在 LED PN 结上加正向电压时，空间电荷层变窄，载流子扩散运动大于漂移运动，致使 P 区的空穴注入 N 区，N 区的电子注入 P 区。于是在 PN 结附近稍偏于 P 区一边的地方，处于高能态的电子与空穴相遇复合时会把多余的能量释放并以发光的形式表现出来，从而把电能直接转化成光能。当在 LED 的 PN 结上加反向电压时，少数载流子难以注入，故不发光。

#### 1）外延片材料技术

20 世纪 90 年代初，发红光、黄光的磷铟砷化镓（GaAlInP）和发绿、蓝光的氮化镓铟（GaInN）两种新材料的成功开发，使 LED 的光效得到大幅度的提高。2000 年，GaAlInP 做成的 LED 在红、橙区（$\lambda p = 615$ 纳米）的光效达到 100 流明/瓦，GaInN 支撑的 LED 在绿色区域（$\lambda p = 530$ 纳米）的光效可以达到 50 流明/瓦。到 2009 年年底，CREE（科锐）的白光 LED 的实验室发光效率（输入电流 350 毫安）已可达 186 流明/瓦，商业化产品亦可达到 132 流明/瓦，而日亚化学则在小功率 LED 的发展上一直保持领先全球的地位，其白光 LED（输入电流 20 毫安）发光效率可达 249 流明/瓦。

#### 2）外延片生长技术

目前，外延片生长技术主要有液相外延（LPE）、有机金属化学气相沉积（MOVCD）、分子束外延（MBE）三种。LPE 技术水平较低，主要用于一般的 LED 生产；MBE 的技术层次高，容易成长极薄的晶体层，且纯度高、平整性好，但量产能力低，晶体成长速度慢；而 MOCVD 技术不仅纯度高、平整性好，且量产能力及外延片成长速度均优于 MBE，是目前主流的生长技术。

#### 3）热平衡技术

LED 器件采用热平衡散热结构关键技术在保持低成本和被动散热方式的前提下，利用高导热介质，通过崭新的器件/灯具整体结构，成功降低热阻，有效降低 PN 结结温，使 PN 结工作在允许工作温度内，保持最大量光子输出。其特点如下：①超低热阻材料，快速散热整体结构技术；②高导热、抗 UV 封装技术；③应用低环境应力结构技术；④整体热阻<20 开/瓦，结温<80℃；⑤LED 光源照明模组工作温度控制在 65℃以下。

#### 4）LED 照明驱动技术

用电源给 LED 供电分四种情况：低压驱动、过渡电压驱动、高电压驱动及市电驱动。不同的情况在电源变换器的技术实现上有不同的方案[20]。

（1）低电压驱动 LED。低电压驱动 LED 是指用低于 LED 正向导通压降的电压驱动 LED，如一节普通干电池、镍镉电池、镍氢电池，其正常供电电压为 0.8～1.65 伏。低电压驱动 LED 需要把电压升高到足以使 LED 导通的电压值。其最佳技术方案是电荷泵式升压变换器。

（2）过渡电压驱动 LED。过渡电压驱动是指给 LED 供电的电源电压值在 LED 压降附近变动，这个电压值有时可能高于 LED 的压降，有时可能低于 LED 的压降。过渡电压驱动 LED 的电压变换电路既要解决升压问题，又要解决降压问题，还需要有尽可能小的体积和尽量低的成本。一般情况下功率也不大，其最高性价比的电路结构是反极性电荷泵式变换器。

（3）高电压驱动 LED。高电压驱动是指给 LED 供电的电压值高于 LED 的压降。高电压驱动 LED 要解决降压问题，变换器的最佳电路结构是串联开关降压电路。

（4）市电驱动。市电驱动是一种对 LED 照明应用最有价值的供电方式，是半导体照明普及应用必须要解决好的问题。用市电驱动 LED 首先要解决降压和整流问题，还要有比较高的变换频率、较小的体积和较低因数。对中小功率的 LED，其最佳电路结构是隔离式单端反激变换器；对大功率的应用，应该使用桥式变换电器。

5）LED 照明控制技术

（1）调光。对 LED 发光强度和颜色的控制通常称为调光、调色。由于 LED 的发光强度 $I_V$（或光通量 $F$）与它的工作电流 $I_F$ 在一定电流范围内呈线性关系，即随着电流 $I_F$ 的增加，$I_V$ 也随之增大。因此，改变 LED 的 $I_F$，就可以改变它的发光强度，实现调光。实际上，现在许多市售 LED 集成驱动器电路中就带有调光功能。脉冲宽度调制（PWM）调光技术比较方便，通过调占空比来达到调制亮度的目的，而且不会引起器件发光波长的移动。

（2）调色。由色度学原理可知，如将红、绿、蓝三原色进行混合，在适当的三原色亮度比的组合下，理论上可以获得无数种色彩，这就可以用，如 470 纳米、525 纳米和 620 纳米三种波长的 LED，通过点亮和 $I_F$ 控制，以实现色彩的调控，即调色。

（3）调色温。可采用两组高、低色温 LED，编制软件控制其光通量变化，实现高、低色温转换，以及色温逐步变化的调控。

（4）智能照明。智能照明主要通过各种传感器，如光敏、人体感应、声控来实现智能开关功能。

# 1.2

## 节能环保产业发展环境

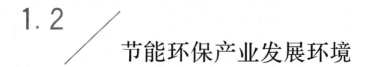

### 1.2.1 美国节能环保产业发展环境

1. 美国节能环保产业发展背景

表 1-2 为美国节能环保产业发展背景分析。

**表 1-2  美国节能环保产业发展背景**

| 主要发展战略 | 发布时间 | 主要内容及措施 |
|---|---|---|
| 政府、企业、第三方合力推动节能减排 | — | ①政府发挥带头作用。一方面，积极节省开支，加大对联邦设施节能减排的力度；另一方面，拨款对联邦设施进行节能改造。②企业节能减排意识增强。美国企业除采用先进的节能减排技术和设备外，还配合政府实施相关节能减排项目，为社会节能减排项目提供一些资金支持。③行业协会、科研机构和非政府组织等积极参与 |
| 美国拨款 1.22 亿美元组建节能建筑创新中心 | 2010 年 5 月 | 美国能源部拨款 1.22 亿美元支持美国宾夕法尼亚州立大学成立节能建筑系统设计中心。该中心将致力于开发建筑节能技术，研发与示范项目也将结合关于政策、市场和行为作用的系统分析，以推动能源技术在建筑群中的推广和利用 |
| 美国筹划制定联邦碳捕获与封存发展战略 | 2010 年 2 月 | 白宫发布了碳捕获与封存技术（CCS）发展备忘录，计划拟定一系列具体措施，以加快 CCS 技术的商业化发展；同时制定一套全面和协调的发展战略，以加快洁净煤技术的商业发展与部署。这项规划要探索商业化部署 CCS 技术的措施，清除存在的金融、经济、科技、法律、体制、社会或其他方面的部署障碍。目标是到 2016 年前后开展 5～10 个商业示范项目 |
| 美投资 3700 万美元资助下一代照明设备 | 2010 年 1 月 | 根据《美国经济复苏与再投资法案》美国能源部新增 3700 万美元用于资助高效固态照明设备（solid-state lighting，SSL）项目。项目计划到 2030 年全国照明设备的用电量减少 1/3。17 个资助项目包括固态照明设备核心技术研究、产品开发和本土制造，资助资金共计 6600 万美元，包括由私营企业占有的 2850 万美元的份额 |

资料来源：根据中国科学院武汉文献情报中心《先进制造与新材料科学研究动态监测快报》、《先进能源科技动态监测快报》等整理

## 2. 美国节能环保产业政策

从 1973 年石油危机开始，美国能源忧患意识不断增强，开始重视能源问题，并制定了各项政策，全面推进国内的节能减排，特别是奥巴马就任美国总统以来，更加重视发展新能源，并将此作为振兴经济的主要政策手段，以摆脱对外国石油的依赖，占领经济发展新的制高点。表 1-3 为美国近几年主要的节能环保产业政策[21-24]。

**表 1-3  美国近几年主要节能环保产业政策**

| 名称 | 年份 | 主要政策和措施 |
|---|---|---|
| EPA 2011—2015 财年战略计划 | 2010 | 采取行动应对气候变化并提高空气质量，保护美国水资源，净化社区和促进可持续发展，确保化学品安全，防止污染，增强公众环保意识等 |
| 高能效家电补贴项目 | 2010 | 总额达 7872 亿美元的经济刺激计划将为高能效家电补贴项目提供总共 3 亿美元的补贴。由全美 50 个州负责管理实施，将向购买高效的能源之星家电产品的消费者提供联邦税收补贴。消费者还可能获得电力公司或州政府的补贴，以及州政府的税收优惠等 |
| 美国清洁能源与安全法案 | 2009 | 该法案重点包括了以总量限额交易为基础的减缓全球变暖计划，将通过创造数百万的新就业机会来推动美国的经济复苏，通过降低对国外石油依存度来提升美国的国家安全，通过减少温室气体排放来减缓地球变暖，也是一部综合性的能源立法 |
| 复苏与再投资法案 | 2009 | 实施总额为 7872 亿美元的经济刺激计划，内容包括开发新能源、节能增效和应对气候变暖等方面 |
| 清洁能源法案 | 2009 | 明确规定减少化石能源的使用。到 2020 年，温室气体排放量要在 2005 年的基础上减少 17%，到 2050 年减少 83%。自 2012 年起开始实行温室气体总量控制与排放权交易制度，发电、炼油、炼钢等工业部门的温室气体排放配额将逐步减少，超额排放需要购买排放权 |

续表

| 名称 | 年份 | 主要政策和措施 |
|------|------|------|
| 智能电网 | 2009 | 美国计划拨款110亿美元建立智能电网基础设施,包括铺设或更新3000英里*输电线路,并为美国4000万个家庭安装智能电表 |
| 低碳经济法案 | 2007 | 提出要控制美国的碳排放总量,其目标是到2020年碳排放量减至2006年的水平;到2030年减至1990年的水平。法案还提出建立限额与交易体系,鼓励碳捕集与埋存技术开发等多项具体措施来发展低碳经济 |
| 能源独立与安全法案 | 2007 | 旨在推动美国减少能源依赖性并提高安全性 |
| 新能源法案(包含能源政策与节约法案的修正案) | 2005 | 从立法上提出了促进消费者节约能源、使用清洁能源的可行措施。重点是鼓励企业使用可再生能源和无污染能源,并以减税等措施,鼓励企业、家庭和个人更多地使用节能和清洁能源产品。鼓励石油、天然气、煤气和电力企业等采取清洁能源和节能措施,将给予相关企业总额不超过50亿美元的补助;对新型核能电站提供免税优惠和贷款担保,并拨款开发清洁煤炭技术、发展风能 |
| 能源政策法案 | 2005 | 该法案提出了工业领域、运输领域、公共和商业/住宅领域的节能政策和措施,它共有18个主题,包含了能源效率、可再生能源、石油和天然气、核能、车辆和燃料、机动车辆的燃油效率/企业平均燃料经济、氢能源、研究和项目支持、电力、乙醇和汽油等主要内容 |

＊ 1英里＝1.609 344公里

资料来源:根据中华人民共和国科学技术部、国家重大技术装备网等整理

### 3. 美国节能环保产业规划与研发计划

美国环境保护署先后颁布了一系列战略计划,最新的是2011～2015年战略计划,从国家战略角度全面部署环保方面的科研、产业等行动。2011～2015年战略计划制定的五大目标是:采取行动应对气候变化并提高空气质量,保护美国水资源,净化社区和促进可持续发展,确保化学品安全,防止污染,加强环境法等。美国将重点发展环境风险评估、模型和监测技术,环境经济分析技术,清洁能源和高效能源汽车技术,废物管理和清洁技术,放射物监测和放射污染事故应急技术,有毒空气污染排放检测和评估技术,空气污染应急监测控制预防技术等。美国将大力发展水质量分析技术、水资源环境经济评估技术等。美国政府还将大力促进物质再生技术的发展,如生物反应器技术、填埋场甲烷气体回收利用作为新能源等技术。

2011年10月,奥巴马总统颁布了一份行政部门和机构的备忘录,引导机构与联邦实验室加快技术转让和商业化的研究,并采取措施加强企业与实验室之间的合作[25]。另外,美国能源部于2011年12月宣布,计划拨款近700万美元,以帮助在未来三年将电动车充电成本降低一半[26]。

## 1.2.2　欧洲节能环保产业发展环境

### 1. 欧洲节能环保产业发展背景

表1-4为欧洲节能环保产业发展背景分析。

**表 1-4　欧洲节能环保产业发展背景**

| 主要发展战略 | 时间 | 主要内容及措施 |
|---|---|---|
| 欧洲能效基金 | 2011 年 7 月 | 欧洲能效基金重点资助欧洲的创新型中小企业在节能、能效和可再生能源领域的研究和开发项目，包括公共和私人建筑物的节能改造、高效热电联产（包括微型发电和区域供热制冷网络）、分布式可再生能源投资（包括微型发电）、清洁城市交通、基础设施现代化（如照明路灯和智能电网），以及有创新与发展潜力的可持续能源投资 |
| 欧盟增加对低碳能源技术的投入 | 2010 年 3 月 | 在现有的欧盟第七研发框架计划和竞争力与创新框架计划对低碳技术资助的基础上，欧盟年度预算每年拿出 20 亿欧元发展低碳技术。欧盟碳排放交易机制中新设工厂排放配额保留机制配套资金中的 3 亿欧元应拿出相当部分用于发展碳捕获与封存技术和可再生能源 |
| 多边开发银行准备启动气候资金 | 2010 年 4 月 | 多边开发银行（MDBs）与国际货币基金组织（IMF）承诺，发达国家要在 2010～2012 年为发展中国家提供 300 亿美元的快速通道融资并保证在 2020 年前启动 1000 亿美元的资金，以帮助发展中国家应对气候变化的影响并达到全球温度升高保持在 2℃ 范围内的深度减排的要求 |
| 欧洲投资银行将支持德国绿色能源计划 | 2011 年 5 月 | 欧洲投资银行（EIB）表示将在未来几年内向德国的海上风电和电网建设等绿色能源领域投资数十亿欧元，以支持德国向绿色能源转型。总额为 70 亿欧元信贷规模中的 11 亿欧元将集中用于能源领域，且金额在 2020 年还会增加；从 2012 年开始，将加速在输电网络领域的投资 |
| 英国发布 2050 减排路径分析报告 | 2010 年 7 月 | 英国政府发布了首份《年度能源报告》，提出 32 项加强能源安全与应对气候变化的措施，旨在加速实现能源体系和更广泛经济的转变 |
| 英国投资约 30 亿英镑发展低碳技术 | 2010 年 10 月 | 英国投资将主要集中在最有可能为经济带来增长的领域，主要有交通、绿色能源基础设施、科学基础，以及公民教育和技能。英国政府表示，将投资约 30 亿英镑（约合 47.2 亿美元）发展低碳环保技术，旨在成为全球清洁技术的开拓者 |

资料来源：根据中国科学院武汉文献情报中心《先进制造与新材料科学研究动态监测快报》、《先进能源科技动态监测快报》等整理

### 2. 欧洲节能环保产业政策

#### 1）英国

（1）制定多部专项法律防治污染。①从 1909 年起，英国先后颁布了 40 多部关于规划的法律法规从源头上限制矿产资源企业的污染排放。②英国在通过了第一个《碱业法》之后相继颁布了《制碱法》、《工业发展环境法》、《空气洁净法》、《烟气排放法》和《环境保护条例》等多个控制大气污染的立法，并制定了 78 个行业标准，以强制企业控制大气污染。③英国在 20 世纪 90 年代先后通过了《水资源法》和《水工业法》，通过法律手段严格限制企业取水排污。

（2）出台国家节能计划。2006 年 4 月，英国出台建筑节能新标准，规定新建筑必须安装节能节水设施，使其能耗降低 40%。英国政府还准备动用行政力量，在未来 8 年内为全部建筑配备节能灯，使照明发电的温室气体排放量减少 70%。2010 年英国政府决定将《碳减排目标计划》的有效期由 2011 年 3 月延长到 2012 年 12 月，同时提高了节能目标，并计划不再提供和使用紧凑型荧光灯，而是重点关注家庭的节能改造。

（3）实施《气候变化法案》。2007 年 11 月，英国政府正式公布了《气候变化法案》。通过该法案，英国以法律的形式规定了政府在降低能源消耗和减少二氧化碳排放量中的具体

工作。①成立气候变化委员会，负责向政府提供独立的专家建议和指导，为英国 2050 年前的温室气体减排计划出谋划策。②设定二氧化碳减排目标，到 2020 年，英国境内二氧化碳排放量在 1990 年的基础上必须削减 26%～32%；到 2050 年，二氧化碳排放量必须削减至少 60%。该法案还要求英国政府提前至少 15 年制定"二氧化碳减排预算"，为二氧化碳排放量封顶，以使企业明确强制减排的具体目标；英国政府每年必须向议会提交一份控制二氧化碳排放的报告，不能完成法案目标的政府将受到司法审查。③完善温室气体排放贸易制度。该法案要求在已有的碳排放指标交易基础上设立全新的全英国碳排放交易体制，通过市场机制来控制碳排放总量。

2）德国

在德国，与节能环保相关的最重要法律首推《可再生能源法》，其次还有《建筑节能法》、《节约能源法》、《循环经济法》等，不胜枚举。除《可再生能源法》之外，德国主要促进和规范可再生能源发展的联邦法规如表 1-5 所示。

表 1-5 德国主要促进和规范可再生能源发展的联邦法规

| 名称 | 主要内容 | 备注 |
| --- | --- | --- |
| 可再生能源分类规则 2009 | 提供可再生能源产品分类信息，并规范依 SDE 法开展政府补贴时的金额计算方法 | 2009 年 3 月生效 |
| 能源投资补贴清单 2009 | 用于说明在政府"能源投资补贴"安排下，每年可获补贴的投资项目清单及其补贴金额 | 该法规于每年初修订 |
| 太阳能电池政府补贴规则 | 规定在太阳能光伏系统投资将部分获得政府补贴 | 2008 年 7 月生效 |
| 促进可再生能源生产令 | 规范联邦政府对可再生能源生产的补贴行动 | 2008 年 4 月生效，2009 年 3 月修订 |
| 能源补贴分配总规则 | 该法规相关条款规定对可再生能源领域投资和科研项目予以资助，以促进技术提升 | 2008 年 1 月生效 |
| 能源供应电网接入法 | 规范供电市场参与者行为 | 2005 年 7 月颁布，2008 年 10 月修订 |
| 能源行业法 | 为促进可再生能源接入电网作出相关补充规定 | 2005 年 7 月颁布，2008 年 10 月修订 |

3）法国

法国是能源资源相对匮乏的国家，为鼓励节能减排、发展可再生能源，提高可再生能源在能源消耗总量中的比例，法国政府已从多方面采取了措施。自 1994 年以来，法国依据欧盟的标准，通过颁布政府法令，先后对锅炉和相关设备、供热和制冷系统、汽车和家用电器等作出了本国化的规定；2000 年出台了《新电力法》，规定电力运营商有义务以政府规定的价格购买可再生能源所发的电力，保证可再生能源所发电力进入电网和销售网络；2001 年对小水电站及利用风能和生物燃料等生产的电的收购价格作出补充规定，保证每个可再生能源项目都可获得为期 15 年的销售合同；2008 年，法国推出新车置换环保政策，车主购买小排量、更环保的新车可享受 100～5000 欧元不等的奖金。

3. 欧洲节能环保产业规划与研发计划

表 1-6 为欧洲节能环保产业规划与研发计划。

表 1-6　欧洲节能环保产业规划与研发计划

| 主要产业规划或研发计划 | 时间 | 主要内容及措施 |
| --- | --- | --- |
| 欧盟决定向其"2007～2013 年研究和创新计划"注入近 70 亿欧元资金 | 2011 年 7 月 | 具体资助计划中，与节能环保相关的举措如下：用于环境研究的 2.65 亿欧元将有助于应对诸如气候变化、生物多样性的丧失或资源利用效率较低的重大挑战；用于纳米技术的投入达 4.88 亿欧元，重点领域有未来工厂、绿色汽车和节能建筑等；更清洁、更安全和更有效的运输，流动性的研究和创新将获得 3.13 亿欧元资助 |
| 欧盟启动重大创新低碳技术投资计划 | 2010 年 11 月 | 计划将为至少 8 个 CCS 项目和至少 34 个创新可再生能源技术项目提供财政支持。计划调动的项目总投资额将超过 90 亿欧元，可提供 CCS 和可再生能源项目一半的建设和运营资金，项目赞助方和成员国将提供其余的资金 |
| 英国投资 2350 万英镑资助下一代碳捕获技术开发 | 2011 年 7 月 | 英国能源技术研究所（ETI）宣布投资 2350 万英镑，支持英国工程公司高捷达集团开发建设一个碳捕获中试厂，预计到 2015 年中期投入试运营，捕集 95% 的二氧化碳排放。项目目标是在 2020 年前实现 CCS 技术的商业化规模开发，所有新建燃煤电站配备 CCS，到 2030 年前所有新建燃气电站配备 CCS |
| 德国推出"可持续发展研究新框架计划" | 2010 年 2 月 | 德国联邦教研部（BMBF）开始启动新的"可持续发展研究"框架计划，新的框架计划涵盖了广泛的研究领域，其中改善能源经济效益和提高原材料生产率是主要课题，这项工作将有助于应对气候变化。同时，教研部将为制定"防止气候变化影响的调整战略"的科学家提供特别资助 |
| 德国启动新的"国际科研合作资助计划" | 2010 年 8 月 | 项目研究课题包括所有工业领域的减排、填补物质循环与回收利用、土地利用方法、饮用水开发与污水处理的创新，其间特别需要关注合作伙伴国的经济、社会和自然空间条件 |
| 法国公布"绿色经济战略" | 2010 年 7 月 | 新战略重点之一就是使更多人获得可持续产品与服务，并使带有生态标志的产品销量在 2012 年翻番。之二是支持绿色经济与创新企业。该战略承诺支持绿色经济与清洁技术，特别是要在可再生能源、绿色化工、循环利用、CCS 等方面出台产业政策，此外资源节约型产品也受其支持。之三是基于环境和社会可持续性的农业生产 |

　　资料来源：根据中国科学院武汉文献情报中心《先进制造与新材料科学研究动态监测快报》、《先进能源科技动态监测快报》等整理

## 1.2.3　日本节能环保产业发展环境

### 1. 日本节能环保产业发展背景

表 1-7 为日本节能环保产业发展背景分析。

表 1-7　日本节能环保产业发展背景

| 主要发展战略 | 发布时间 | 主要内容及措施 |
| --- | --- | --- |
| 日本政府积极推进节能环保产业发展 | — | ①资金补助方面：2008 年出台新能源补助金制度，对节能和新能源项目给予补助。2009 年，作为应对金融危机的一环，国家和地方政府出台了很多对购买节能环保设备和产品的补贴政策。②融资方面：对列入《节能资源回收支持法》中的特定环保节能设备和研究开发项目，需要向商业银行贷款的，政府为其担保，日本政策投资银行可为贷款提供利息补贴。③税收方面：对环保节能设备投资给予税制上的优惠。主要对引进和购买国家制定的环保节能设备的企业，按照设备的购买费用，从应缴的所得税中扣除 7%，或者实施特别的折旧政策 |

| 主要发展战略 | 发布时间 | 主要内容及措施 |
|---|---|---|
| 日本政府设立建立低碳社会的战略性研究机构 | 2010 年 3 月 | 日本文部科学省正式启动研究开发与实践相结合的综合战略项目，成立"低碳研究推进中心"（暂定名）。中心将开展以社会为基础的技术示范和战略性的社会实践研究，并使之成为日本建立低碳社会的智囊机构 |
| 日本发布"全球变暖对策的中长期路线图" | 2010 年 2 月 | 进一步明确了日本的减排策略和措施，将温室气体减排作为建设新型社会、保证就业和确保能源安全的重要举措，并鼓励生态投资和低碳生活方式 |

资料来源：根据中国科学院武汉文献情报中心《先进制造与新材料科学研究动态监测快报》、《先进能源科技动态监测快报》等整理

### 2. 日本节能环保产业政策

为了实现《京都议定书》确定的二氧化碳减排目标，日本陆续出台了《循环型社会形成推进基本法》、《资源有效利用促进法》和《废弃物处理法》等法律，对各地方政府、企业和事业单位、家庭的生活垃圾（包括家电等废弃物的回收、分类和再利用，生产企业应承担的义务、责任及应负担的费用等每一个环节），都作出了详细的规定和明确的职责划分。表 1-8 为日本近几年主要的节能环保产业政策。

**表 1-8　日本近几年主要节能环保产业政策**

| 名称 | 时间 | 主要政策和措施 |
|---|---|---|
| 能源合理利用法修正案 | 2008 年 | 通过普及高能效的机器和设备，促进在日本总能耗的合理化 |
| 汽车再生利用法 | 2005 年 1 月全部实施 | 汽车制造商需对粉碎机处理后的残渣回收、再生资源化；汽车销售商、汽车修理企业需回收、交付废旧汽车；汽车所有者要交付最终处置费用，并把报废汽车移交给回收企业 |
| 循环型社会形成推进基本法 | 2003 年 | 规定了垃圾的优先处理顺序。明确中央政府、地方政府、企业和公众的责任，鼓励每个人为建立循环型社会作出努力 |
| 建筑材料再生利用法 | 2002 年开始实施 | 该法要求，对砼块、沥青块、废木材等废物要进行再生利用，2010 年上述三种废料的再生利用率目标为 96% |
| 资源有效利用促进法 | 2001 年 4 月生效实施 | 该法要求七大类工业企业在生产、分配及消费过程的各个阶段应实施废弃物减量、再利用和循环原则（reduce、reuse、recycle，简称 3R 原则）。同时，该法提出 5 项具体措施：通过节约生产资源和延长使用寿命减少废物产生量；回用零部件；企业回收使用过的产品使之再循环；使用后的产品加贴选择性收集标签；减少副产品和采取其他循环措施 |
| 绿色采购法 | 2001 年 4 月实施 | 该法规定国家机关和地方政府等单位有优先采购环保友好型产品的义务 |
| 废弃物处理法 | 1970 年制定，经 1991 年和 2001 年三次修订 | 新修订的法律中增加了垃圾产生最小化、垃圾分类及回收等条款；对有毒的固体废弃物（如医疗垃圾）管理条款更加严格；建立垃圾处理中心系统；将选择性处理的责任分摊到公众身上；地方政府组建促进垃圾减量化委员会 |

资料来源：根据中华人民共和国科学技术部、国家重大技术装备网等整理

### 3. 日本节能环保产业规划与研发计划

2006 年，日本经产省在制定的《新国家能源战略》"节能领先计划"中，确立了到 2030 年能源利用效率提高 30% 的目标，其具体的技术开发战略归纳在《2009 年节能技术战略》中。在《2009 年节能技术战略》中，确立了到 2030 年努力使日本能源使用合理化技术成为世界产业竞争力的源泉，克服资源和环境制约，把日本建设成"世界第一的节能国

家"。该战略确立的重点节能技术领域具体可分为超燃烧系统技术、超越时空的能源利用技术、节能型生活空间开创技术、先进交通网络确立技术和下一代节能电子装置技术。

2006 年，日本政府在制定了《环境研究和环境技术开发的推进战略》后，又制定了具体的实施方针，确定环保研究和技术开发应重点推进的四大领域，即低碳素领域、可循环再利用领域、和谐生态环境领域和建立低公害、高品质生活环境领域。根据四大重点领域的技术研究开发情况，整理出 51 项重要课题，从中又确定了国家应重点投资研究开发的 20 项重点投资课题。2009 年在《21 世纪环境立国战略》中，确定了今后 1～2 年应重点着手的八大战略，其中包括通过推进 3R（reduce，reuse，recycle）制度和技术，建立可持续利用的资源循环战略和促进以节能环保技术为中心的经济成长战略。国家制定相关法律，推进包装容器、家用电器、食品、建筑施工废弃物、汽车、计算机和小型电池的再生利用。对 3R 技术的开发和设备的引进，国家在融资方面给予优惠。

福岛第一核电站发生事故后，日本政府开始重新审视能源和环境发展战略。2012 年 9 月，日本政府提出了《新能源环境战略》，战略内容主要如下。

（1）到 2030 年努力实现"零核电"目标。

（2）核电站运转期限定为 40 年，在确认安全的前提下重启相关核电设施，不再新建核电站。

（3）继续推进核燃料回收再利用事业。

（4）2030 年再生能源的发电总量争取提升至 2010 年的 3 倍。

## 1.2.4　中国节能环保产业发展环境

1. 中国节能环保产业发展背景

表 1-9 为中国节能环保产业发展背景分析。

表 1-9　中国节能环保产业发展背景

| 主要发展战略 | 发布时间 | 主要内容及措施 |
| --- | --- | --- |
| 中央企业"十二五"节能减排目标定为 16% | 2011 年 5 月 | 到"十二五"末，万元产值综合能耗（可比价）下降 16% 左右，二氧化碳、二氧化硫、化学需氧量、氨氮化物、氨氮化物等主要污染物排放总量降幅要高于全国平均水平。石油石化、电力、钢铁、有色金属、煤炭、建材、化工、交通运输等行业主要产品能耗指标达到国内领先水平 |
| 中国 2020 年或将建成全球最大煤清洁转化产业 | 2010 年 9 月 | 中国在煤炭现代加氢液化大规模示范工程、煤制乙二醇和煤制烯烃工业技术、合成油技术等方面具有良好的基础。目前已建成和投入运行的煤清洁转化大规模示范工程达到 8 个，每年煤制液体燃料的能力是 168 万吨、烯烃约 170 万吨、乙二醇 20 万吨、天然气 150 亿米$^3$，预计投入将达到 1000 亿元以上。随着产业技术的不断发展，2020 年中国每年煤制油总产能约 2000 万吨当量油，煤制天然气总产能将约 500 亿米$^3$，煤制化工品总产能约 1000 万吨当量油 |
| 节能环保内燃机产业技术创新战略联盟 | 2010 年 5 月 | 我国节能环保内燃机产业技术创新战略联盟由国内内燃机领域的 9 个优势企业、7 所大学、4 个研究所及 1 个行业协会等共 21 个单位组成，将针对我国内燃机产业"节能减排"和"低碳排放"的战略需求，整合内燃机领域的生产制造、科研开发、教育培训等方面的优势，突破产业发展技术瓶颈，提出我国内燃机节能减排技术路线图。联盟将通过实施技术转移，加速关键共性技术科技成果产业化，提高我国节能一体内燃机自主开发能力和技术创新成果的辐射能力，推动我国内燃机产业的快速发展，提升产业的国际竞争力 |

资料来源：根据中国科学院武汉文献情报中心《先进制造与新材料科学研究动态监测快报》、《先进能源科技动态监测快报》等整理

## 2. 中国节能环保产业政策

中国主要通过宏观经济政策、产业政策、价格政策等对节能环保产业进行管理和规范。在产业政策方面包括淘汰落后生产能力；建立大规模企业集团，提高企业运营效率；鼓励高科技产业的发展，严格控制高耗能产业的市场准入等。在价格政策方面包括逐步提高能源价格，对高耗能产业实施差别电价政策，引入竞争性上网电价和峰谷分时电价等。表 1-10 为中国近几年主要的节能环保产业政策。

表 1-10 中国近几年主要节能环保产业政策

| 名称 | 年份 | 发布机构 | 主要政策和措施 |
| --- | --- | --- | --- |
| "十二五"节能环保产业发展规划 | 2012 | 国务院 | 遵循政策机制驱动、技术创新引领、重点工程带动、市场秩序规范、服务模式创新的原则。完善价格、收费和土地政策，加大财税政策支持力度，拓宽投融资渠道，完善进出口政策，强化技术支撑，完善法规标准，强化监督管理 |
| "十二五"节能减排综合性工作方案 | 2011 | 国务院 | 节能减排总体要求和主要目标、强化节能减排目标责任、调整优化产业结构、实施节能减排重点工程、加强节能减排管理、大力发展循环经济、加快节能减排技术开发和推广应用、完善节能减排经济政策、强化节能减排监督检查、推广节能减排市场化机制、加强节能减排基础工作和能力建设、动员全社会参与节能减排 |
| 关于加快推行合同能源管理促进节能服务产业发展的意见 | 2010 | 国家发展和改革委员会 | 将合同能源管理项目纳入中央预算内投资和中央节能减排专项资金支持范围，给予补助或奖励；实行税收优惠政策、完善会计制度等；改善金融服务，创新信贷产品，拓宽担保品范围，简化申请和审批手续；利用国外优惠贷款和赠款加大对合同能源管理项目的支持 |
| 报废汽车回收管理办法 | 2010 | 国务院 | 已经达到国家报废标准的汽车，其拥有单位和个人应当及时到公安机关办理机动车报废手续，并将报废汽车交售给取得资格的报废汽车回收企业，再到汽车注册地的公安机关办理注销登记手续。任何单位或个人不得将报废汽车出售、赠予或以其他方式转让给非报废汽车回收企业的单位或个人；也不得自行拆解报废汽车 |
| 关于支持循环经济发展的投融资政策措施意见的通知 | 2010 | 国家发展和改革委员会、中国人民银行等 | 对解决循环经济产业融资问题提供了很多支持措施，包括建立四部门之间的联动机制，实现政策、法规、技术、项目、专家资源等方面的信息共享；各级循环经济发展的综合管理部门负责筛选综合效益好的循环经济园区（示范基地）、企业、项目并推荐给金融监管部门和金融机构，在符合条件的前提下，各级银行业金融机构要积极给予支持 |
| 废弃电器电子产品回收处理管理条例 | 2009 | 国务院 | 提出了应用生产者责任延伸制度来推动相关废物回收利用机制。规范了相关方的责任、监督管理及法律责任等，并要求有关部门详细地制订出生产者责任延伸制度的实施方案 |
| 循环经济促进法 | 2009 | 全国人民代表大会常务委员会 | 制定了一系列促进循环经济发展的制度，如循环经济的规划制度，抑制资源浪费和污染物排放的总量控制制度，循环经济的评价和考核制度，以生产者为主的责任延伸制度，以及对高耗能、高耗水企业设立一项重要和重点的监管制度、强化的经济措施等 |
| 节约能源法 | 2008 | 全国人民代表大会常务委员会 | 明确规定"国家实行节能目标责任制和节能考核评价制度，将节能目标完成情况作为对地方人民政府及其负责人考核评价的内容"，国家进一步加大了对节能环保行业的推动力度 |

续表

| 名称 | 年份 | 发布机构 | 主要政策和措施 |
|---|---|---|---|
| 电子废物污染环境防治管理办法 | 2007 | 国家环境保护总局 | 对国内从事拆解、利用、处置电子废物的相关市场行为，以及防治可能造成污染的电子废物等活动提出了规范措施 |
| 城市生活垃圾管理办法 | 2007 | 建设部 | 明确规定，从事城市生活垃圾收集、运输、处置企业未经批准，不得擅自停业、歇业。产生城市生活垃圾的单位和个人，有缴纳城市生活垃圾处理费的义务。未按规定缴纳城市生活垃圾处理费的，对单位可处以最高 3 万元的罚款，对个人可处以最高 1000 元的罚款 |
| 节能减排授信工作指导意见 | 2007 | 中国银行业监督管理委员会 | 提出及时跟踪国家的节能重点工程、节能及时服务体系等项目，综合考虑信贷风险评估、成本补偿机制和政府扶持政策等因素，重点给予节能减排行业信贷支持，并提供投资咨询、资金清算、现金管理等金融服务，积极开发与节能减排有关的创新金融产品 |
| 国家机关办公建筑和大型公共建筑节能专项资金管理暂行办法 | 2007 | 财政部 | 专项资金的使用范围如下：建立监管体系，包括建筑能耗监测平台、建筑能耗统计、建筑能源审计和建筑能效公示等支出，其中，搭建建筑能耗监测平台补助支出包括安装分项计量装置、数据联网等补助支出；建筑节能改造贴息支出；财政部批准国家机关办公建筑和大型公共建筑节能相关的其他支出 |
| 节能减排综合性工作方案 | 2007 | 国务院 | 明确了城市污水和工业废水处理、再生水利用、脱硫、垃圾焚烧、填埋气体发电、垃圾资源化、重金属污染防治、污染土壤修复等 8 个重点发展领域；确定了 10 个节能减排的重点行业和污染物削减的工作重点 |
| 再生资源回收管理办法 | 2006 | 商务部联合国家发展和改革委员会等五部门颁布 | 对再生资源回收的管理体制、回收网点规划、回收管理等提出了具体的规范性措施 |
| 国务院关于落实科学发展观加强环境保护的决定 | 2005 | 国务院 | 决定深刻分析了新世纪新阶段我国环境保护面临的形势和任务，对未来 5～15 年环保事业发展的宏伟蓝图进行了规划和部署，是指导我国经济、社会与环境协调发展的纲领性文件 |
| 中华人民共和国可再生能源法 | 2005 | 第十届全国人民代表大会常务委员会第十四次会议通过 | 目标是促进可再生能源的开发利用，增加能源供应，改善能源结构，保障能源安全，保护环境，实现经济社会的可持续发展 |
| 国务院关于加快发展循环经济的若干意见 | 2005 | 国务院 | 提出发展循环经济的指导思想、基本原则、主要目标、工作重点等。 |
| 国家环保总局关于推进循环经济发展的指导意见 | 2005 | 国家环境保护总局 | 指出要紧密结合环保工作推动循环经济发展，加快改变以末端治理为主的传统污染防治模式，增强环境保护监督管理能力，保护和改善环境，建设资源节约型和环境友好型社会 |

### 3. 中国节能环保产业规划与研发计划

2004 年 11 月，国家发展和改革委员会发布了《节能中长期专项规划》。该规划首次明确提出，"十一五"节能的重点领域是工业、交通运输、建筑、商用和民用。"十一五"期间，国家将组织实施十项节能重点工程，包括燃煤锅炉改造、区域热电联产及绿色照明工程等。2006 年 11 月，国家发展和改革委员会颁布了《"十一五"十大重点节能工程实施意见》，其后 2008～2010 年又连续出台了《国家重点节能技术推广目录》第一批、第二批和第三批。

2012 年 1 月，国务院发布了《工业转型升级规划（2011—2015 年）》，明确了"十二五"工业转型升级的指导思想和总体要求，确定了未来五年工业转型升级的主要目标，并从转型升级要素角度提出了工业转型升级的主要任务，还提出了重点行业和领域的发展导向和升级路径。同年 2 月，工业和信息化部印发了《工业节能"十二五"规划》，要求到 2015 年规模以上工业增加值能耗比 2010 年下降 21％左右，"十二五"期间预计实现节能量 6.7 亿吨标准煤。

2012 年 6 月，国务院发布了《"十二五"节能环保产业发展规划》，该规划明确了未来五年节能环保产业的发展目标。到 2015 年，节能环保产业总产值达到 4.5 万亿元，增加值占 GDP 的比重为 2％左右，培育一批具有国际竞争力的节能环保大型企业集团。节能环保装备和产品质量、性能大幅度提高，形成一批拥有自主知识产权和国际品牌，具有核心竞争力的节能环保装备和产品，部分关键共性技术达到国际先进水平。高效节能产品市场占有率由目前的 10％左右提高到 30％以上，资源循环利用产品和环保产品市场占有率大幅提高。节能环保服务快速发展，分别形成 20 个和 50 个左右年产值在 10 亿元以上的专业化合同能源管理公司和环保服务公司。城镇污水、垃圾和脱硫、脱硝处理设施运营基本实现专业化、市场化。

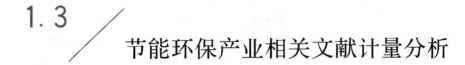

# 1.3 节能环保产业相关文献计量分析

## 1.3.1 污水处理 SCIE 文献计量分析

### 1. 概况

本节分析数据来源于汤森路透的科学引文索引数据库（Science Citation Index Expanded，SCIE）。检索字段为主题词，即这些词组在论文的标题、关键词、摘要中出现即可被检索到，检索时间段为 1992～2011 年，检索时间为 2012 年 2 月 9 日，共检索到 42 750 条数据。采用的分析工具为汤姆森数据分析器（TDA），该软件是美国 Thomson Scientific 公司提供的用于计算机桌面的数据挖掘和可视化分析工具，可以对信息和数据进行整理、分析和汇总。

图 1-19 是全球和中国的污水处理技术领域的论文数量年度变化趋势。从中可以看出，1992～2002 年是污水处理技术的缓慢增长期，每年的论文发表量均未达到 2000 篇；从 2003 年开始，年论文发表量开始呈线性增长，表明污水处理技术开始在全球受到关注，2011 年论文数量达到 4379 篇。中国被 SCI 数据库收录的污水处理领域的论文较少，发展缓慢，直到 2004 年，论文数量才达到 100 篇以上，2004 年以后数量也在逐步增加，2011 年论文篇数达到 810 篇。

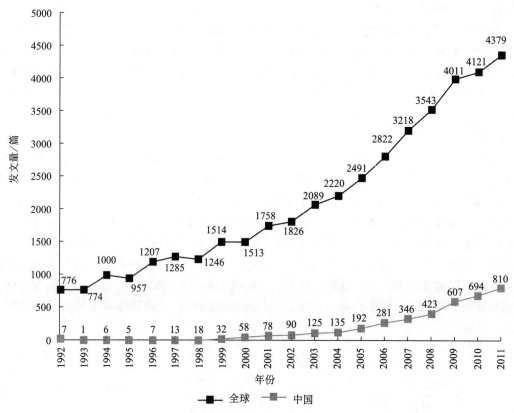

图 1-19　1992～2011 年全球和中国污水处理领域论文数量年度变化趋势

资料来源：根据 SCIE 相关资料整理

## 2. 国家情况

### 1）主要国家和地区发文量对比分析

图 1-20 为污水处理领域发表论文量最多的前 10 位国家。可知，美国发表的论文数量最多，共 5655 篇，反映出美国在该研究领域具有较强的实力。中国发表论文的数量以 3928 篇位居美国之后，其后分别为西班牙、加拿大、德国、印度、英国、日本、法国、巴西等，论文数量均高于 1000 篇。

从上述 10 个国家的论文数量随时间的变化趋势（图 1-21）可以看出，各主要国家在该领域的发文量整体呈现增长趋势。美国在污水处理领域起步较早，从 1999 年开始论文发表数量超过 300 篇，并且呈增长的趋势，中国自 2005 年以后，发文数量急剧增长，并在 2008 年以后超过了美国，跃居世界第一位，可见中国对污水处理领域的关注度在不断加大。其余国家的发文量也呈上升趋势，但增幅较小，每年的发文量均在 400 篇以下。

图 1-22 分别为发文量最多的前 10 位国家在 2009～2011 年的发文量占各国 1992～2011 年的发文量的比例。从分布来看，中国、巴西、印度、西班牙 2009～2011 年在污水处理领域的研究比较活跃，占比均超过了 30%，尤其是巴西，近 20 年来的发文总量仅排名第十，而 2009～2011 年占比却达到 35.84%，可见 2009～2011 年巴西在污水处理领域的研究急剧增多。美国和法国、日本、德国、英国等国家发文数量占比也超过了 20%，较为活跃。

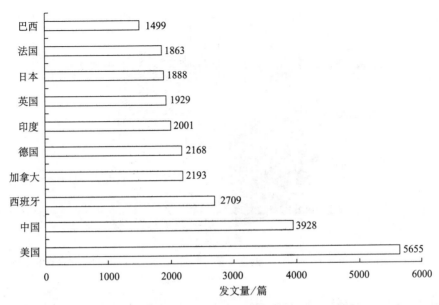

图 1-20 1992～2011 年主要国家污水处理领域论文数量
资料来源：根据 SCIE 相关资料整理

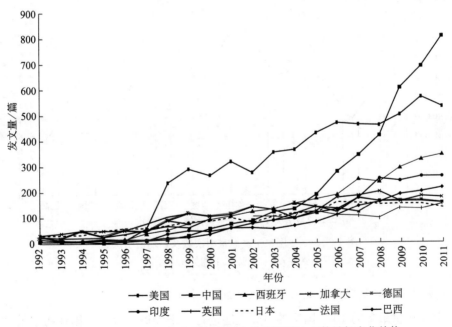

图 1-21 1992～2011 年主要国家污水处理领域论文数量年变化趋势
资料来源：根据 SCIE 相关资料整理

2）主要国家论文被引频次分析

从图 1-23 可以看出，主要国家污水处理领域发表论文的总被引次数最高的是美国，与它的论文发表数量呈正相关；中国发表的论文数量仅次于美国，但总被引次数排名第五。从篇均被引次数来看，德国最高，英国次之，表明了这两个国家发表的论文质量较高。值

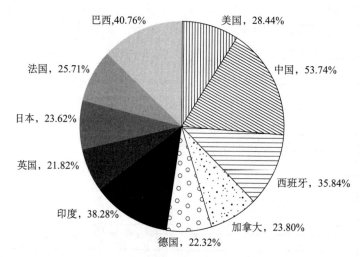

图 1-22　主要国家 2009～2011 年的发文量占各国 1992～2011 年的发文总量的比例
资料来源：根据 SCIE 相关资料整理

得注意的是，中国发表的论文总量排名第二，但是篇均被引次数在前 10 个国家中汇总排名第九，说明我国在论文质量方面还有待提高。

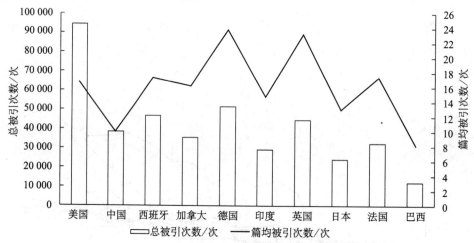

图 1-23　主要国家论文总被引次数及篇均被引次数
资料来源：根据 SCIE 相关资料整理

3）主要国家论文研究合作及主题关联分析

通过对发文量最多的 10 个国家的研究主题进行对比分析，得到各国在污水处理领域的关联可视化图（图 1-24）。从中可以看出，主要以法国、美国为中心，形成了包括中国、日本、德国、西班牙、加拿大、英国等国家在内的主题关联图，且在研究主题上具有较强的相关性。

3. 机构情况

1）主要机构发文量对比分析

通过对所有作者机构进行分析，可以发现 1992～2011 年污水处理领域发文量排名前 10

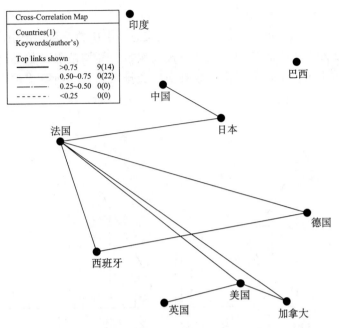

图 1-24 基于研究主题（关键词）的国家关联可视化图

资料来源：根据 SCIE 相关资料整理

位的机构（图 1-25）依次是中国科学院、中国船舶重工集团公司、印度工业大学、哈尔滨工业大学、伊斯坦布尔科技大学、圣保罗大学、美国环境保护局、昆士兰大学、同济大学、浙江大学。尤其值得注意的是研究主体仍是高校和研究机构。其中有一半的机构来自中国，中国科学院以 531 篇的发文量位居第一。

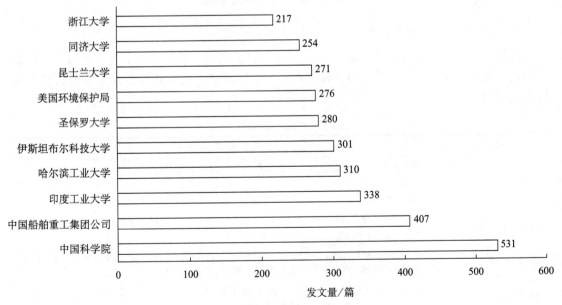

图 1-25 主要机构污水处理领域论文数量

资料来源：根据 SCIE 相关资料整理

2）主要机构论文被引频次分析

图 1-26 为发文量最多的前 10 个研究机构论文总被引次数及篇均被引次数的情况。从中可以看出，中国船舶重工集团公司的论文总被引次数、篇均被引次数最高，说明该机构发文质量普遍较高。中国科学院虽然论文总被引次数排名第二，而篇均被引率不高，说明中国科学院在追求发文量的同时，还需要进一步提高发文质量。

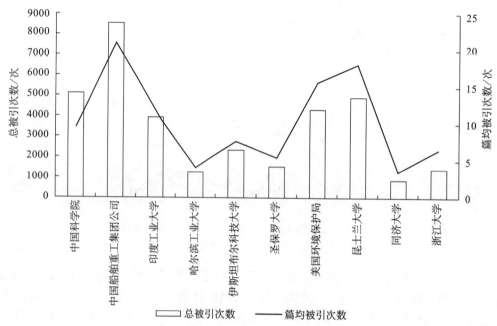

图 1-26　主要研究机构污水处理领域论文总被引次数和篇均被引次数
资料来源：根据 SCIE 相关资料整理

3）主要研究机构主题分析

从各机构的研究主题来看（表 1-11），以由高到低的词频顺序列出了各机构最受关注的主题词。整体来看，污水污泥处理、吸附作用、生物降解、厌氧处理等技术是各机构普遍较为关注的。

表 1-11　主要机构研究主题

| 机构名称 | 最受关注的主题词 |
| --- | --- |
| 中国科学院 | 污水处理；污水污泥处理；吸附作用；活性污泥；生物降解；絮凝；人工湿地；土壤；重金属；动力学；氧化反应；壬基苯酚；污泥降解；硝化作用；MBR；生物降解力；粉煤灰；臭氧化作用 |
| 中国船舶重工集团公司 | 污水污泥处理；环境分析；药物；污水处理；热解；毒理；重金属；水质分析；吸附作用；厌氧的；表面活性剂；质谱分析法 |
| 印度工业大学 | 污水处理；吸附作用；生物吸附；生物降解；活性炭；苯酚；絮凝；纳滤膜；上流式厌氧污泥床反应器（UASB）；厌氧处理；脱色；反渗透；COD |
| 哈尔滨工业大学 | 污水处理；絮凝作用；脱氮；污泥；臭氧化作用；污水污泥；苯酚；硝化作用；生物降解力；膜污染；SBR；微波；超滤；UASB |
| 伊斯坦布尔科技大学 | 臭氧化作用；厌氧作用；活性污泥；生物处理；COD；污水处理；急性毒性；脱氮；生物降解力；化学处理；纺织废水 |

续表

| 机构名称 | 最受关注的主题词 |
|---|---|
| 圣保罗大学 | 污水处理；厌氧反应；生活污水；聚氨酯；UASB；后处理；活性污泥；苯酚；SBR；ASBR；生物膜 |
| 美国环境保护局 | 污水污泥；污水处理；鱼；雌激素；生物降解；氮；卵黄蛋白原；预处理 |
| 昆士兰大学 | 活性污泥；污水处理；硝化作用；脱氮作用；动力学；鱼；模型；微生物燃料电池；生物膜 |
| 同济大学 | 污水处理；膜污染；污水污泥；城市污水；MBR；活性污泥；生物降解；脱氮；絮凝作用；COD；苯酚；厌氧的 |
| 浙江大学 | 污水处理；吸附作用；重金属；人工湿地；膨润土；厌氧处理 |

资料来源：根据 SCIE 相关资料整理

4）主要研究机构合作分析

图 1-27 是发文数量最多的前 20 家机构基于著者的合作网络图（发文量＞2 连线）。分析表明，污水处理领域的研究机构间合作较少。中国船舶重工集团公司与巴塞罗那大学合作较为紧密；中国科学院、同济大学和哈尔滨工业大学之间有一定的合作关系；美国佛罗里达大学、美国农业部和美国环境保护局之间也有一定的合作关系。由此可见，机构之间的合作具有一定的地域性。

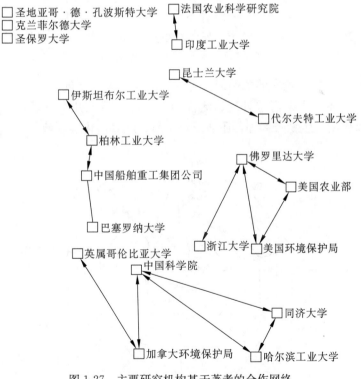

图 1-27 主要研究机构基于著者的合作网络

资料来源：根据 SCIE 相关资料整理

4. 研究热点分析

根据 SCIE 数据库对期刊的学科分类（有的期刊属于多学科领域），对 1992～2011 年全球污水处理领域发布的论文所属的研究领域进行了分析，结果如图 1-28 所示。可以看出，环境科学、工程与环境、水资源是重点研究领域，其次是工程化学、生物技术应用与微生物学、土木工程、化学与交叉学科、能源燃料等，此外还涉及农业与工程学、化学解析等多学科领域。

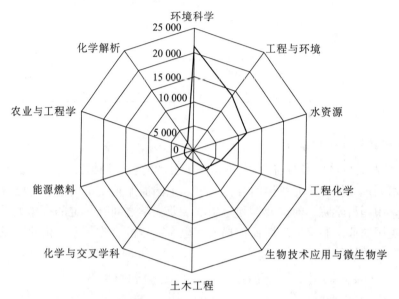

图 1-28　1992～2011 年全球污水处理领域论文（单位：篇）主要研究领域分布
资料来源：根据 SCIE 相关资料整理

如图 1-29 所示，根据论文的关键词（著者关键词）词频分布，1992～2011 年全球污水处理领域的研究主要集中在污水处理、活性污泥、污水污泥几个领域，其次有硝化作用、吸附作用、脱氮作用、生物降解等，还涉及重金属、厌氧消化等领域。

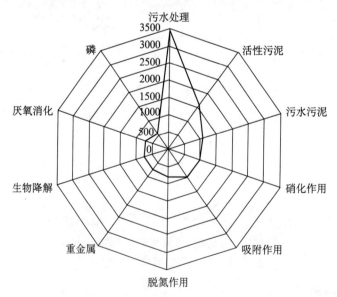

图 1-29　1992～2011 年全球生物医学论文（单位：篇）关键词分布
资料来源：根据 SCIE 相关资料整理

表 1-12 是 1991～2011 年全球污水处理领域各个时间段的研究主题，包括各时间段的热点关键词。活性污泥、吸附作用、硝化作用、脱氮作用、厌氧消化、生物处理等在各阶段均受到较多关注。

表 1-12 　1991～2011 年全球污水处理领域各阶段研究主题

| 时间段 | 热点关键词 |
| --- | --- |
| 1991～2001 年 | 污水处理、活性污泥、硝化作用、脱氮作用、污水污泥、废水处理、厌氧消化、生物处理、重金属、生物降解作用、厌氧处理、磷、氮、毒性等 |
| 2002～2006 年 | 污水处理、活性污泥、污水污泥、硝化作用、吸附作用、脱氮作用、重金属、厌氧消化、磷、生物降解作用、氮、人工湿地、毒性、臭氧、超滤作用、膜等 |
| 2007～2011 年 | 污水处理、活性污泥、吸附作用、污水污泥、生物降解作用、重金属、厌氧消化、药物、硝化作用、MBR、脱氮作用、磷、人工湿地、动力学、化学需氧量、水质、絮凝等 |

资料来源：根据 SCIE 相关资料整理

## 1.3.2 污水处理 EI 文献分析

### 1. 概况

EI Compendex Web 是 EI Village 的核心数据库，包括著名的工程索引 EI Compendex 1969 年至今的文摘数据及 EI Page One 题录数据，是目前世界上收录工程技术期刊文献和会议文献最全面的权威数据库和检索系统。该数据库更新速度快，能够帮助用户了解工程技术领域的最新进展。本次分析，利用 EI Compendex Web 检索到了 1992～2011 年的污水处理产业领域文献 34 225 篇，检索日期为 2012 年 2 月 9 日。

### 2. 发文量年度变化情况

图 1-30 是 EI 数据库中有关污水处理领域研究文献近 20 年来的整体数量趋势图。1992～2001 年的 10 年发展较缓慢，处于潜伏期；从 2002 年起相关文献数量增幅较大，特别是 2009～2011 年的三年里，文献数量迅速增长，2011 年全球发文量达到了 3672 篇。可见近年内污水处理领域受到了越来越多的关注。

这些文献广泛分布于多种期刊，图 1-31 为发文量居前 10 位的期刊，分别为《水科学与技术》（*Water Science and Technology*）、《水研究》（*Water Research*）、《脱盐》（*Desalination*）、《危害性材料学报》（*Journal of Hazardous Materials*）、《生物资源技术》（*Bioresource Technology*）、《环境科学与技术》（*Environmental Science and Technology*）、《水环境研究》（*Water Environment Research*）、《臭氧层》（*Chemosphere*）、《环境科学和健康 A 部分（有毒有害物质及环境工程）》（*Journal of Environmental Science and Health-Part a Toxic/Hazardous Substances and Environmental Engineering*）、《环境工程杂志》（*Journal of Environmental Engineering*）。

### 3. 国家情况

由图 1-32 可以看出 EI 数据库中，美国、中国、加拿大、英国等国家在污水处理领域发布的论文数量较多，其中美国与中国发表的论文数量占了一半以上。

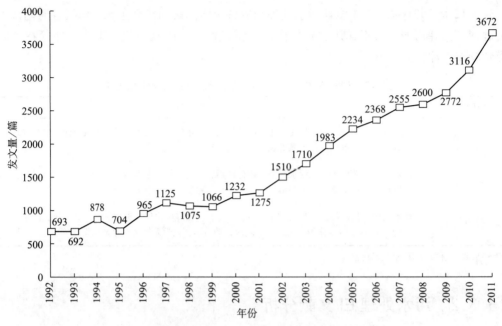

图 1-30　EI 数据库污水处理领域研究发文量 20 年变化

资料来源：根据 EI Compendex Web 相关资料整理

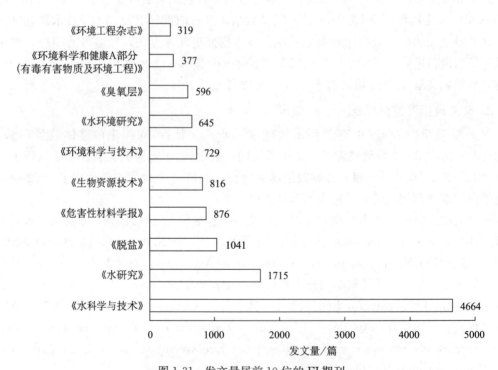

图 1-31　发文量居前 10 位的 EI 期刊

资料来源：根据 EI Compendex Web 相关资料整理

### 4. 机构情况

图 1-33 是发文数量最多的前 30 家机构的合作网络图（发文量＞3 连线）。在机构合作

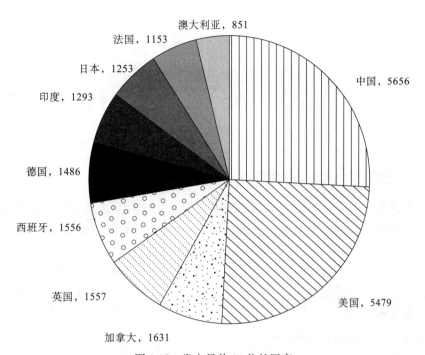

图 1-32　发文量前 10 位的国家

资料来源：根据 EI Compendex Web 相关资料整理

方面，可以较明显地看出，哈尔滨工业大学、台湾大学等处于中心地位，在国际合作中起到枢纽作用。此外，欧洲部分国家之间也有一定的合作关系。与 SCIE 统计结果类似，美国自成一体，表明美国比较注重本国内部的学术交流与合作。

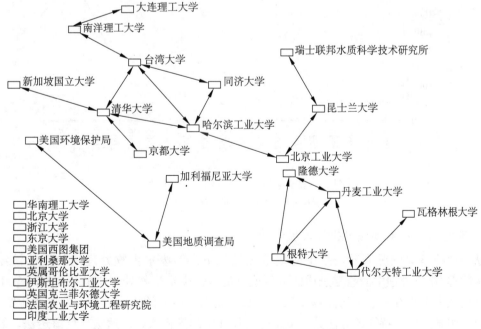

图 1-33　发文量前 30 家机构合作网络

资料来源：根据 EI Compendex Web 相关资料整理

# 1.4 节能环保产业相关专利技术分析

## 1.4.1 全球污水处理相关专利态势分析

本节主要分析了中国、美国、日本、德国、欧洲、韩国、加拿大等全球主要国家和地区的污水处理专利技术整体发展态势，选择德温特创新索引（Derwent Innovations Index, DII）作为检索数据库，以 TDA 和 MS Excel、Access 为主要分析工具进行研究。通过检索，共获得污水处理相关专利 32 850 件，数据检索日期 2012 年 2 月 9 日。以下主要从专利年度申请趋势、专利所属技术领域、主要国家和地区及主要专利权人等角度揭示全球污水处理专利的发展态势。

1. 专利年度申请变化趋势分析

图 1-34 给出了全球污水处理专利的年度申请数量变化趋势。可以看出，2002～2011年，全球污水处理专利的申请数量呈现出相对较快的上升趋势，表明相关技术和产业正处于快速发展期。

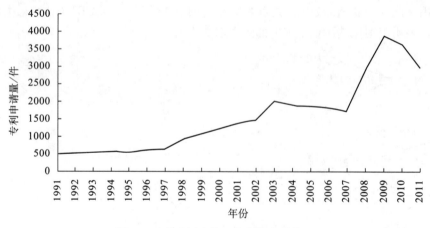

图 1-34　全球污水处理专利综合趋势图
资料来源：根据 DII 相关资料整理

2. 专利所属技术领域分析及发展趋势

从专利的整体状况来看，集中的技术领域如下：①废水生物处理中的活性污泥法；②废水物理/化学处理中的悬浮杂质的絮凝或沉淀；③废水生物处理中的好氧和厌氧工艺；④多级处理中至少有一个生物处理步骤；⑤水、废水或污水的生物处理；⑥废水生物处理中的以利用微生物为特征的方法；⑦废水生物处理中的渗析法、渗透法或反渗透法；⑧水、废水或污水的处理；⑨吸附法；⑩污泥脱水法、干燥法或浓缩法。表 1-13 给出了专利数量在 1000 件以上的 16 个技术领域的具体情况。

**表 1-13 专利所属主要技术领域分析**

| 序号 | 数量/件 | IPC 专利号 | 内容 |
|---|---|---|---|
| 1 | 3173 | C02F-003/12 | 活性污泥法 |
| 2 | 2670 | C02F-001/52 | 悬浮杂质的絮凝或沉淀 |
| 3 | 2543 | C02F-003/30 | 好氧和厌氧工艺 |
| 4 | 1967 | C02F-009/14 | 多级处理中至少有一个生物处理步骤 |
| 5 | 1908 | C02F-003/00 | 水、废水或污水的生物处理 |
| 6 | 1812 | C02F-003/34 | 以利用微生物为特征的生物处理 |
| 7 | 1804 | C02F-001/44 | 渗析法、渗透法或反渗透法 |
| 8 | 1534 | C02F-001/00 | 水、废水或污水的处理 |
| 9 | 1463 | C02F-001/28 | 吸附法 |
| 10 | 1438 | C02F-011/12 | 污泥脱水法、干燥法或浓缩法 |
| 11 | 1434 | C02F-009/00 | 水、废水或污水的多级处理 |
| 12 | 1419 | C02F-003/10 | 填充物；填料；格栅 |
| 13 | 1304 | C02F-011/00 | 污泥的处理；污泥处理装置 |
| 14 | 1214 | C02F-001/72 | 氧化法 |
| 15 | 1210 | C02F-003/28 | 厌氧消化工艺 |
| 16 | 1113 | C02F-003/02 | 好氧工艺 |

资料来源：根据 DII 相关资料整理

### 3. 主要国家和机构分析

图 1-35 给出了全球污水处理专利受理数量居前 10 位的国家和机构。可以看出，全球污水处理专利主要集中在日本、中国、美国、韩国、德国、法国、俄罗斯、英国、加拿大和欧洲专利局。同时，日本在全球的专利受理量占污水处理专利总受理量的 30.2%（9925件），显示出日本在污水处理产业技术上具有较强的实力。

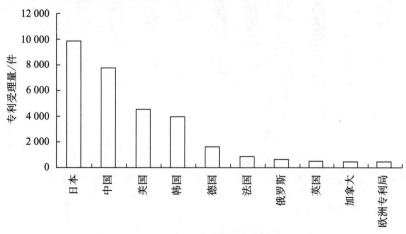

**图 1-35 全球污水处理专利国家和机构分布**
资料来源：根据 DII 相关资料整理

从图 1-36 年度受理趋势来看,日本专利申请主要集中在 1997～2005 年,2005 年以后有回落趋势;中国的专利申请主要集中在近 5 年,近年来的受理数量呈现急剧上升趋势。

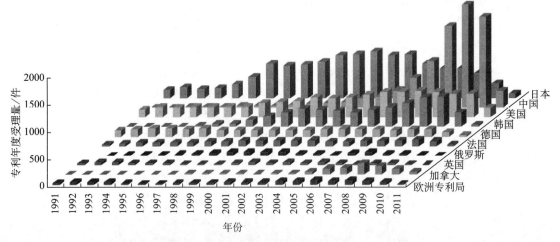

图 1-36　主要国家和机构污水处理专利年度受理趋势

资料来源:根据 DII 相关资料整理

图 1-37 给出了主要国家和机构污水处理专利的技术领域构成情况。可以看出,主要国家和机构的污水处理专利受理的技术领域存在一些趋同特征。其中,各国均有 30% 左右的专利集中于前三种污水处理方法,即废水生物处理中的活性污泥法、废水物理/化学处理中的悬浮杂质的絮凝或沉淀、废水生物处理中的好氧和厌氧工艺。

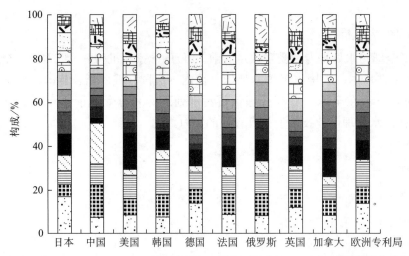

| | | |
|---|---|---|
| □好氧工艺 | ▨污泥脱水法、干燥法或浓缩法 | ■水、废水或污水的生物处理 |
| ▦厌氧消化工艺 | ▩吸附法 | ▤多级处理中至少有一个生物处理步骤 |
| ▨氧化法 | ▨水、废水或污水的处理 | ▤好氧和厌氧工艺 |
| ▧污泥的处理、污泥处理装置 | ▩渗析法、渗透法或反渗透法 | ■悬浮杂质的絮凝或沉淀 |
| ▣填充物、填料、格栅 | ■以利用微生物为特征的生物处理 | □活性污泥法 |
| ▥水、废水或污水的多级处理 | | |

图 1-37　主要国家和机构污水处理专利技术领域构成

资料来源:根据 DII 相关资料整理

4. 主要专利申请机构分析

图 1-38 给出了全球污水处理专利申请量 100 项以上的 19 家申请机构。从中可以看出，除中国石油化工股份有限公司和法国石油研究院外，其他申请机构均来自于日本。在主要申请机构中，有许多日本的重工业企业，这些企业本身是较大的水污染源，因此十分重视污水的处理工作，产生了许多相对应的专利成果，但其中的大多数专利均是企业自用。排位最靠前的机构中，只有日本的栗田工业株式会社主营业务涉及污水处理。

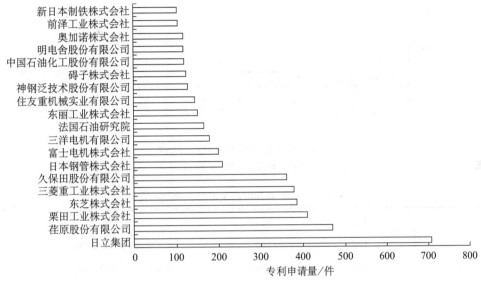

图 1-38　全球污水处理专利主要申请机构

资料来源：根据 DII 相关资料整理

## 1.4.2　中国污水处理相关专利态势分析

本小节主要分析研究了我国污水处理专利技术的发展概貌和态势，选择中国专利数据库作为检索数据库，分析所采用的主要统计分析工具包括知识产权出版社开发的中外专利数据库服务平台（CNIPR）和中国科学院国家科学图书馆开发的专利在线分析系统。通过检索，共得到污水处理相关专利 14 439 件，数据检索日期为 2012 年 2 月 13 日。以下主要从专利年度申请趋势、主要技术领域分布、主要省市专利分布、主要专利申请机构在我国的布局等方面展开分析，从不同的角度揭示我国污水处理相关专利的发展态势。

1. 专利年度申请量变化趋势分析

图 1-39 给出了中国污水处理专利的年度申请变化趋势。从申请趋势来看，近 10 年来，中国污水处理专利数量急剧上升。这说明近几年来对污水处理的研发投入较多，获得了较多的研究成果。

2. 专利所属技术领域分析及发展趋势

从表 1-14 中可以看出，中国污水处理专利所处的技术领域主要包括水、废水或污水处理的物理/化学方法，水、废水或污水的生物处理，以及水、废水或污水的多级处理等。

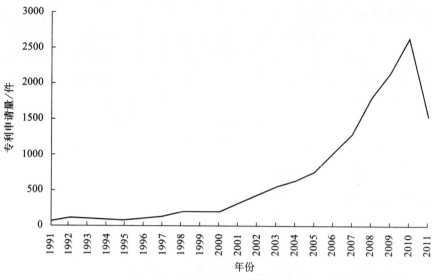

图 1-39 中国污水处理专利综合趋势图

资料来源：根据 CNIPR 相关资料整理

**表 1-14 中国专利所属主要技术领域分析**

| 序号 | 数量 | 专利号 | 内容 |
|------|------|--------|------|
| 1 | 4396 | C02F1 | 水、废水或污水处理的物理/化学方法 |
| 2 | 3009 | C02F3 | 水、废水或污水的生物处理 |
| 3 | 2945 | C02F9 | 水、废水或污水的多级处理 |
| 4 | 750 | C02F103 | 待处理水、废水、污水或污泥的性质 |
| 5 | 612 | C02F11 | 污泥的处理及装置 |
| 6 | 460 | C02F101 | 污染物的性质 |
| 7 | 222 | C12N1 | 微生物本身（如原生动物）及其组合物 |
| 8 | 213 | B01D53 | 气体或蒸汽的分离 |
| 9 | 212 | B01D21 | 用沉积法将悬浮固体微粒从液体中分离 |
| 10 | 192 | B01J20 | 吸附剂组合物或过滤助剂组合物 |
| 11 | 176 | C02F7 | 水域的曝气 |
| 12 | 169 | C12R1 | 微生物 |

资料来源：根据 CNIPR 相关资料整理

### 3. 中国主要省市专利市场布局

图 1-40 给出了我国污水处理专利申请数量在 400 件以上的主要省市。可以看出，我国污水处理专利分布大致可以分成以下几个集团。

（1）北京、江苏为第一集团，专利数量超过 1500 件，遥遥领先于其他省市。

（2）上海、广东、山东和浙江为第二集团，其专利数量为 1000～1500 件。

（3）辽宁、四川和河南为第三集团，其中辽宁稍有领先优势。

从以上集团专利数量所占比例来看，北京和江苏约占专利总量的 27%。排名前六位的省市，多处东部沿海地区，污水处理专利数量超过了专利总量的 57%，这表明我国污水处理专利整体分布较分散，相对集中于东部地区。

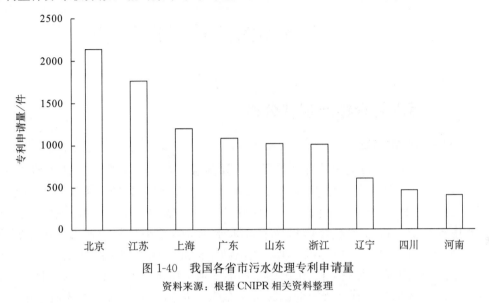

图 1-40　我国各省市污水处理专利申请量
资料来源：根据 CNIPR 相关资料整理

### 4. 主要专利申请机构分析

图 1-41 给出了中国污水处理专利的主要申请机构。可以看出，中国污水处理专利申请量位居前列的主要申请机构除中国石油化工股份有限公司和中国科学院生态环境研究中心外，其余基本上都是高校。

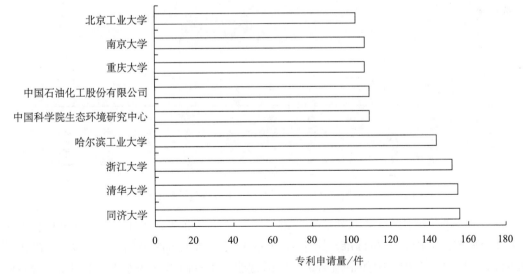

图 1-41　主要专利申请机构的污水处理专利申请量及分布
资料来源：根据 CNIPR 相关资料整理

# 1.5

## 节能环保产业标准信息分析

### 1.5.1 污水处理标准现状分析

1. 标准总体分布情况

图 1-42 表示的是通过国内外标准数据库（知网版）对国际标准化组织（ISO）标准、德国标准化学会（DIN）标准、美国国家标准协会（ANSI）标准、美国材料试验协会（ASTM）标准、美国机械工程师协会（ASME）标准、欧洲标准（EN）、中国国家标准（GB）和中国行业标准等污水处理相关技术标准的检索结果。其中，德国国家标准 32 项、法国国家标准 13 项、ISO 标准 7 项、美国国家标准 11 项、美国行业标准 4 项、欧洲标准 14 项、英国国家标准 18 项、中国国家标准 8 项、中国行业标准 37 项、日本国家标准 9 项。从国家级标准来看，德国的国家标准最多；从标准的层级分布来看，中国的行业标准最多。

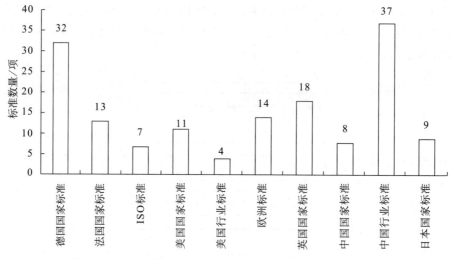

图 1-42　主要国家（地区、组织）污水处理技术标准数量对比

按照不同的使用性质，标准可分为基础标准、产品标准和方法标准。污水处理标准中，最主要的是方法标准和产品标准。图 1-43 表示了德国国家、法国国家、ISO、美国国家、美国行业、欧洲、英国国家和中国国家、中国行业、日本国家的污水处理技术的产品标准和方法标准的分布情况。从标准数量来看，中国行业产品标准最多，均有 37 项；德国国家标准次之，为 32 项。这表明中国和德国较为重视污水处理技术。

相对而言，方法标准数量明显多于产品标准，说明现阶段污水处理的途径很多。在污水处理技术的方法标准中，中国行业制定的方法标准数量最多，为 30 项；其次是德国，达到 27 项，多于其他国家（地区、组织），表明中国及德国都较为重视对产品的性能测试、试验、评价、管理、安全等方法的采用和推广，目的是能够确保对产品质量进行严格检测和控制。然后是英国国家标准、欧洲标准、法国国家标准，分别为 15 项、12 项、9 项，而美国行业和 ISO 关于污水处理技术的方法标准制定较少，均只有 1 项。

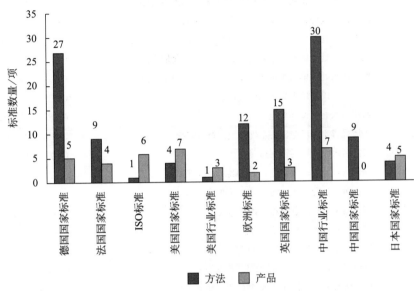

图 1-43　主要国家（地区、组织）污水处理技术标准的类别分布

### 2. 主要国家和机构的标准分析

表 1-15～表 1-22 显示了中国、德国、英国、欧洲、美国、日本及 ISO 的污水处理技术标准的具体情况。表 1-15 和表 1-16 介绍了中国国家级别 8 项、行业级别 37 项污水处理技术标准，反映了中国的污水处理技术标准不仅非常系统，而且还很丰富，从较为宏观的污水处理厂的系统、污水处置标准，到不同类型的行业污水标准，再到污水处理的各个详细环节可能涉及的设备、组件、材料及具体处理方法等内容均有相应标准。从标准的数量来看，2007～2010 年发布标准的数量最多，共有 30 项，说明近年来污水处理工作受到越来越多的重视。从近几年屡次爆发的水污染事件来看，提高污水处理标准刻不容缓。

表 1-15　中国污水处理技术的国家标准

| 序号 | 名称 | 标准号 |
| --- | --- | --- |
| 1 | 城镇污水处理厂污泥处置 制砖用泥质 | GB/T 25031—2010 |
| 2 | 船用生活污水处理系统技术条件 | GB/T 10833—1989 |
| 3 | 城镇污水处理厂污染物排放标准 | GB 18918—2002 |
| 4 | 城镇污水处理厂污泥泥质 | GB 24188—2009 |
| 5 | 城镇污水处理厂污泥处置 混合填埋用泥质 | GB/T 23485—2009 |
| 6 | 城镇污水处理厂污泥处置 园林绿化用泥质 | GB/T 23486—2009 |
| 7 | 城镇污水处理厂污泥处置 土地改良用泥质 | GB/T 24600—2009 |
| 8 | 城镇污水处理厂污泥处置 单独焚烧用泥质 | GB/T 24602—2009 |

#### 表 1-16　中国污水处理技术的行业标准

| 序号 | 名称 | 标准号 |
|---|---|---|
| 1 | 城镇污水处理厂防毒技术规范 | AQ 4209—2010 |
| 2 | 船舶污水处理排放水水质检验方法 大肠菌群数检验法 | CB* 33281—1988 |
| 3 | 船舶污水处理排放水水质检验方法 悬浮固体检验法 | CB* 33282—1988 |
| 4 | 船舶污水处理排放水水质检验方法 生化需氧量检验法 | CB* 33283—1988 |
| 5 | 船舶污水处理排放水水质检验方法 水中溶解氧检验法 | CB* 33284—1988 |
| 6 | 船舶污水处理排放水水质检验方法 水中油含量检验法 | CB* 33285—1988 |
| 7 | 船舶污水处理排放水水质检验方法 游离氯和总氯检验法 | CB* 33286—1988 |
| 8 | 焦化厂、煤气厂含酚污水处理设计规范 | CECS 05—1988 |
| 9 | 医院污水处理设计规范 | CECS 07—2004 |
| 10 | 一体式膜生物反应器污水处理应用技术规程 | CECS 152—2003 |
| 11 | 城镇污水处理厂污泥泥质 | CJ 247—2007 |
| 12 | 城镇污水处理厂污泥处置 园林绿化用泥质 | CJ 248—2007 |
| 13 | 城市污水处理厂污水污泥排放标准 | CJ 3025—1993 |
| 14 | 城市污水处理厂管道和设备色标 | CJ/T 158—2002 |
| 15 | 城市污水处理厂污泥检验方法 | CJ/T 221—2005 |
| 16 | 城镇污水处理厂污泥处置 分类 | CJ/T 239—2007 |
| 17 | 城镇污水处理厂污泥处置 混合填埋泥质 | CJ/T 249—2007 |
| 18 | 城镇污水处理厂污泥处置 制砖用泥质 | CJ/T 289—2008 |
| 19 | 城镇污水处理厂污泥处置 单独焚烧用泥质 | CJ/T 290—2008 |
| 20 | 城镇污水处理厂污泥处置 土地改良用泥质 | CJ/T 291—2008 |
| 21 | 污水处理用辐流沉淀池周边传动刮泥机 | CJ/T 3042—1995 |
| 22 | 污水处理用沉砂池行车式刮砂机 | CJ/T 3044—1995 |
| 23 | 城镇污水处理厂污泥处置 农用泥质 | CJ/T 309—2009 |
| 24 | 城镇污水处理厂污泥处置 水泥熟料生产用泥质 | CJ/T 314—2009 |
| 25 | 小型生活污水处理成套设备 | CJ/T 355—2010 |
| 26 | 城镇污水处理厂污泥处理技术规程 | CJJ 131—2009 |
| 27 | 污水处理膜 生物反应器装置 | HG/T 3917—2006 |
| 28 | 人工湿地污水处理工程技术规范 | HJ 2005—2010 |
| 29 | 厌氧-缺氧-好氧活性污泥法 污水处理工程技术规范 | HJ 576—2010 |
| 30 | 序批式活性污泥法污水处理工程技术规范 | HJ 577—2010 |
| 31 | 氧化沟活性污泥法污水处理工程技术规范 | HJ 578—2010 |
| 32 | 膜分离法污水处理工程技术规范 | HJ 579—2010 |
| 33 | 含油污水处理工程技术规范 | HJ 580—2010 |
| 34 | 污水处理设备通用技术条件 | JB/T 8938—1999 |
| 35 | 石油化工污水处理设计规范 | SH 3095—2000 |
| 36 | 铁路生产污水处理设计规范 | TB 10079—2002 |
| 37 | 油罐车洗刷污水处理技术规定 | TB/T 1914—1987 |

　　表 1-17 介绍德国 32 项污水处理技术标准分布状况。德国的污水处理技术标准数量较多，现行标准中时间最早的发布于 1964 年，德国很早便开始重视污水的处理工作。从时间段总体的分布情况来看，大量的标准都是在 2001 年之后制定的。

**表 1-17 德国污水处理技术的标准分布**

| 序号 | 名称 | 标准号 |
|---|---|---|
| 1 | 小于 50 PT 的小型废水处理系统第 5 部分：预处理污水过滤系统 | DIN—Fachbericht CEN/TR 12566—5—2009 |
| 2 | 污水处理厂结构和工业设备的设计原理第 7 部分：排泄污水的接收站 | DIN 19569—7—2008 |
| 3 | 50 PT 的小型污水处理系统第 2 部分：土壤渗透系统 | DIN-Fachbericht CEN/TR 12566—2—2007 |
| 4 | 废水处理厂结构和技术设备的设计原则第 9 部分：污水污泥的机械排放 | DIN 19569—9—2004 |
| 5 | 高达 50PT 的小型废水处理系统第 3 部分：整装的和/或现场装配的家用污水处理设备 | DIN EN 12566—3—2005 |
| 6 | 核电站放射性污水处理设备方法 | DIN 25416—2—1983 |
| 7 | 核电站中放射性污水的处理安全要求 | DIN 25416—1—1981 |
| 8 | 污水处理厂带闸门的流水槽主要尺寸 | DIN 19556—1978 |
| 9 | 污水处理厂第 10 部分：安全性原则 | DIN EN 12255—10—2001 |
| 10 | 污水处理厂第 14 部分：消毒 | DIN EN 12255—14—2004 |
| 11 | 污水处理厂第 15 部分：活性污泥厂的曝气槽清水中氧气转化的测量 | DIN EN 12255—15—2004 |
| 12 | 污水处理厂第 16 部分：物理（机械）过滤法德文版本 | DIN EN 12255—16—2005 |
| 13 | 污水处理厂第 1 部分：通用施工原则 | DIN EN 12255—1—2002 |
| 14 | 污水处理厂第 3 部分：预处理（包括技术勘误 AC-2000） | DIN EN 12255—3—2001 |
| 15 | 污水处理厂第 4 部分：初次澄清 | DIN EN 12255—4—2002 |
| 16 | 污水处理厂第 5 部分：污泥储留池法 | DIN EN 12255—5—1999 |
| 17 | 污水处理厂第 6 部分：活性污泥处理 | DIN EN 12255—6—2002 |
| 18 | 污水处理厂第 7 部分：生物固定薄膜反应器 | DIN EN 12255—7—2002 |
| 19 | 污水处理厂第 8 部分：污泥处理和储存 | DIN EN 12255—8—2001 |
| 20 | 污水处理厂第 9 部分：气味控制和通风 | DIN EN 12255—9—2002 |
| 21 | 污水处理厂结构和技术设备设计原理第 11 部分：间歇操作装置 | DIN 19569—11—2004 |
| 22 | 污水处理厂结构和技术设备设计原则第 8 部分：粒状介质过滤器和粒状固定台过滤器中污水处理用设备的具体原则 | DIN 19569—8—2005 |
| 23 | 污水处理设备滴滤器用塑料填料试验要求 | DIN 19557—2—1989 |
| 24 | 污水处理设备渗滤器用矿物滤料要求、检验、交货和安装 | DIN 19557—1—1984 |
| 25 | 小型污水处理设备带污水曝气的设备操作和维护 | DIN 4261—4—1984 |
| 26 | 小型污水处理设备带污水曝气的设备应用、设计、施工和检验 | DIN 4261—2—1984 |
| 27 | 小型污水处理设备化粪池操作和维护 | DIN V 4261—31—1992 |
| 28 | 小型污水处理设备化粪池操作和维护 | DIN V 4261 T31—1992 |
| 29 | 小型污水处理设备化粪池使用、设计和施工 | DIN V 4261—11—1992 |
| 30 | 小型污水处理设备化粪池使用、设计和施工 | DIN V 4261 T11—1992 |
| 31 | 医院污水处理操作规程 | DIN 19520—1964 |
| 32 | 釉瓷和搪瓷水或市政和工业废水及污水的储存或处理用螺栓连接钢罐的设计 | DIN EN 15282—2007 |

表 1-18 介绍英国 18 项污水处理技术标准情况，主要是在 2002 年之后制定的，包括污水处理厂处理污水的主要方法标准，专用于污水处理的不同装置，以及设计安装和实施标准等方面。

表 1-18　英国污水处理技术标准分布情况

| 序号 | 名称 | 标准号 |
|---|---|---|
| 1 | 船舶与海上技术. 船舶和海上结构物的排水系统第 4 部分：卫生排水和污水处理管 | BS EN ISO 15749—4—2004 |
| 2 | 水质采样第 13 部分：生活污水和水处理厂的污泥采样指南 | BS EN ISO 5667—13—1998 |
| 3 | 污水处理厂初级处理 | BS EN 12255—4—2002 |
| 4 | 污水处理厂活性污泥处理厂曝气池清水中充氧量的测量 | BS EN 12255—15—2003 |
| 5 | 污水处理厂活性污泥处理法 | BS EN 12255—6—2002 |
| 6 | 污水处理厂气味控制和通风 | BS EN 12255—9—2002 |
| 7 | 污水处理厂生物固定薄膜反应器 | BS EN 12255　7　2002 |
| 8 | 污水处理厂物理（机械）过滤法 | BS EN 12255—16—2005 |
| 9 | 污水处理厂要求的一般数据 | BS EN 12255—11—2001 |
| 10 | 污水处理厂预处理 | BS EN 12255—3—2000 |
| 11 | 污水处理工厂一般建造原则 | BS EN 12255—1—2002 |
| 12 | 污水处理用球墨铸铁管、管件、配件及其接头试验方法和要求 | BS EN 598—2007＋A1—2009 |
| 13 | 釉层和搪瓷储水、处理水、市政或工业排水和污水用螺栓连接钢罐的设计 | BS EN 15282—2007 |
| 14 | 污水处理用排水场地的设计及安装实施规程 | BS 6297—2007 |
| 15 | 污水处理用排水场地的设计及安装用实施规则 | BS 6297—2007＋A1—2008 |
| 16 | 小型污水处理工程和污水池设计及安装实用规程 | BS 6297—1983 |
| 17 | 排水和污水处理通用地下和地上压力设备用塑料管道系统 聚乙烯（PE）符合性评定指南 | BS DD CEN/TS 13244—7—2004 |
| 18 | 小型船舶上厕所污水处理用存留和循环装置规范 | BS MA 101—1986 |

表 1-19 为欧洲标准化委员会制定的 14 项欧洲污水处理技术标准。14 项标准基本上都是在 2000 年以后制定的。其内容主要涉及污水处理厂的基本功能、污水的一般处理流程和方法，较少涉及产品。

表 1-19　欧洲污水处理技术标准分布情况

| 序号 | 名称 | 标准号 |
|---|---|---|
| 1 | 高达 50PT 的小型废水处理系统第 3 部分：整装的和/或现场装配的家用污水处理设备 | EN 12566—3—2005 |
| 2 | 污水处理厂第 10 部分：安全性原则 | EN 12255—10—2000 |
| 3 | 污水处理厂第 14 部分：消毒 | EN 12255—14—2003 |
| 4 | 污水处理厂第 15 部分：活性污泥厂的曝气槽清水中氧气转化的测量 | EN 12255—15—2003 |
| 5 | 污水处理厂第 16 部分：物理（机械）过滤法. 德文版本 EN 12255-16-2005 | EN 12255—16—2005 |
| 6 | 污水处理厂第 1 部分：通用施工原则 | EN 12255—1—2002 |
| 7 | 污水处理厂第 3 部分：预处理（包括技术勘误 AC-2000） | EN 12255—3—2000 |
| 8 | 污水处理厂第 4 部分：初次澄清 | EN 12255—4—2002 |
| 9 | 污水处理厂第 5 部分：污泥储留池法 | EN 12255—5—1999 |
| 10 | 污水处理厂第 6 部分：活性污泥处理 | EN 12255—6—2002 |
| 11 | 污水处理厂第 7 部分：生物固定薄膜反应器 | EN 12255—7—2002 |
| 12 | 污水处理厂第 8 部分：污泥处理和储存 | EN 12255—8—2001 |
| 13 | 污水处理厂第 9 部分：气味控制和通风 | EN 12255—9—2002 |
| 14 | 釉瓷和搪瓷水或市政和工业废水及污水的储存或处理用螺栓连接钢罐的设计 | EN 15282—2007 |

表 1-20 为美国国家级、行业级共 15 项污水处理技术标准。从时间上看，美国国家标准学会（ANSI）的标准主要集中于 2005 年之后，尤其是在 2005 年，制定的标准数量较多，

有 4 项。从行业标准来看，美国材料与试验协会（ASTM）和美国机械工程师协会（ASME）制定的行业标准更早。其中，ASTM 与 ANSI 共同制定了 2 项标准，ASME 与 ANSI 共同制定了 1 项标准。从标准内容来看，主要包括生活污水的处理、污水生物降级处理等内容。

表 1-20　美国污水处理技术标准分布情况

| 序号 | 名称 | 标准号 |
|---|---|---|
| 1 | NSF/ANSI 245 污水处理系统氮还原 | ANSI/NSF 245（i4）—2010 |
| 2 | 活化污泥污水处理系统中利用塑料材料的有氧生物降解的试验方法 | ANSI/ASTM D5271—1992 |
| 3 | 排水和污水处理吸收场用光壁聚乙烯（PE）管规范 | ANSI/ASTM F810—2001 |
| 4 | 生活污水处理系统 | ANSI/NSF 40（i13r2）—2005 |
| 5 | 生活污水处理系统 | ANSI/NSF 40（i16）—2005 |
| 6 | 生活污水处理系统 | ANSI/NSF 40（i15）—2005 |
| 7 | 生活污水处理系统 | ANSI/NSF 40（i14）—2005 |
| 8 | 水、污水处理设备用 700 等级的焊接钢和铸造链、连接件及链轮 | ANSI/ASME B2921M—2003 |
| 9 | 污水处理系统用元件和装置的评估 | ANSI/NSF 46（i18）—2009 |
| 10 | 污水处理系统用组件和装置的评定 | ANSI/NSF 46（i9）—2005 |
| 11 | 研究反应堆控制系统污水处理的设计目标及监控 | ANSI/ANS 1512—1977 |
| 12 | 水、污水处理设备用 700 级焊接钢和铸造链、附件及链轮 | ASME B2921M—1996 |
| 13 | 水、污水处理设备用 700 级焊接钢和铸造链、附件及链轮正误表 | ASME B2921M Errata—1987 |
| 14 | 活性污泥-污水处理系统中测定塑料材料需氧生物降解能力的标准试验方法 | ASTM D 5271—2002 |
| 15 | 排水和污水处理吸收场用光壁聚乙烯（PE）管 | ASTM F 810—1999 |

表 1-21 是日本污水处理技术标准的具体情况。日本污水处理标准中有方法标准 4 项，主要包括水中污染物的测定、污水处理使用的相关器材的检验；产品标准 5 项，主要包括污水工程使用的产品和污水排放装置，以及将污水污泥重新利用的相关材料标准。

表 1-21　日本污水处理技术标准分布情况

| 序号 | 名称 | 标准号 |
|---|---|---|
| 1 | 工业用水和污水中 4 至 8 氯代二苯并对二氧芑、4 至 8 氯代二苯并呋喃和类二氧芑的多氯联苯并含量的测定方法（修改件 1） | JIS K0312 AMD 1—2008 |
| 2 | 污水工程用人孔盖（修改件 1） | JIS A5506 AMD 1—2008 |
| 3 | 煤浆制备厂污水的试验方法（修改件 1） | JIS M0201 AMD 1—2006 |
| 4 | 来自城市生活垃圾和污水污泥的公路建筑的熔化凝固炉渣材料 | JIS A5032—2006 |
| 5 | 来自城市生活垃圾和污水污泥的混凝土熔化凝固炉渣聚合物 | JIS A5031—2006 |
| 6 | 在工业用水和污水中对多氯联苯的试验方法（勘误 1） | JIS K0093 ERRATUM 1—2002 |
| 7 | 污水工程用人孔盖 | JIS A5506—1995 |
| 8 | 玻璃纤维增强塑料水盥洗室污水排放装置结构部件 | JIS A4101—1994 |
| 9 | 钢筋混凝土雨水槽和污水槽抗压强度的试验方法 | JIS A1140—1978 |

资料来源：根据国内外标准数据库（知网版）相关资料整理

表 1-22 是 ISO 的污水处理技术标准的具体情况。ISO 的标准主要涉及相关应用产品或部件的标准，如污水处理管及配件、不同材质（P 聚氯乙烯/聚丙烯/聚乙烯）的管道等内容，还有一些连接设备的标准。

表 1-22　ISO 污水处理技术标准分布情况

| 序号 | 名称 | 标准号 |
|---|---|---|
| 1 | 船舶与海上技术 船舶与海上结构物的排水系统第 4 部分：卫生排水、污水处理管 | ISO 15749—4—2004 |
| 2 | 非承压地下排水和污水处理用塑料管道系统未增塑聚氯乙烯（PVC-U）、聚丙烯（PP）和聚乙烯（PE）结构壁管道系统第 2 部分：A 型具有平滑外表面的管道及配件 | ISO 21138—2—2007 |
| 3 | 非承重地下排水和污水处理用塑料管道系统未增塑聚氯乙烯、聚丙烯和聚乙烯结构壁管道系统第 3 部分：B 型带有非平滑外表面的管道和配件 | ISO 21138—3—2007 |
| 4 | 水质采样第 13 部分：生活污水和水处理厂污水采样指南 | ISO 5667—13—1997 |
| 5 | 小型船舶卫生间污水处理的积集和循环系统 | ISO 8099—1985 |
| 6 | 釉瓷和搪瓷. 水或市政和工业废水及污水的储存或处理用螺栓连接钢罐的设计 | ISO 28765—2008 |
| 7 | 造船/内河航行/含油混合物和污水处理用连接器 | ISO 7608—1985 |

## 1.5.2　建筑节能标准现状分析

### 1. 标准总体分布情况

图 1-44 为主要国家（地区、组织）建筑节能相关技术标准的检索计量结果，主要包括中国、德国、美国、欧洲、英国、国际电工委员会（IEC）等。中国行业标准的数量最多，达到了 15 项；其次是德国，有 9 项。其他相关国家（地区、组织）在建筑节能方面的标准数量均不是很多。结合下文的分析我们发现，对于建筑节能而言，各国（地区、组织）均未从宏观的角度单独划分类别，更多的是从应用的角度制定相应的能耗标准来实现整个建筑节能的目标。

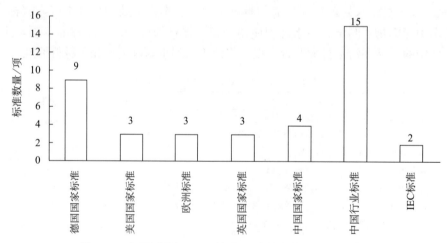

图 1-44　主要国家（地区、组织）建筑节能技术标准分布

### 2. 主要国家和机构的标准分析

表 1-23 是中国建筑节能标准的分布情况，其中国家标准 4 项，行业标准 15 项。国家标准主要是比较宏观的内容，如节能设计标准和评价标准等。行业标准则从宏观到微观均有涉及，如较为宏观的节能检测标准、检验标准和设计标准，微观的如空调、空气调节器的节能标准等。从时间上来看，绝大多数标准是在 2000 年之后制定的，且国家级标准主要是

近几年制定的。这与上文提到的中国节能标准整体的发展情况一致。近几年来，由于高能耗行业和技术发展过快，国家开始加强对能耗的要求，所以相关的标准不断出台。

表 1-23  中国建筑节能标准分布情况

| 序号 | 名称 | 标准号 |
|---|---|---|
| 1 | 建筑节能工程施工质量验收规范 | GB 50411—2007 |
| 2 | 公共建筑节能设计标准 | GB 50189—2005 |
| 3 | 房间空气调节器能源效率限定值及节能评价值 | GB 120213—2000 |
| 4 | 旅游旅馆建筑热工与空气调节节能设计标准 | GB 50189—1993 |
| 5 | 节能、低噪声房间空调 | HJBZ 18—2000 |
| 6 | 节能、低噪声房间空气调节器 | HJBZ 18—1997 |
| 7 | 夏热冬冷地区居住建筑节能设计标准 | JGJ 134—2010 |
| 8 | 严寒和寒冷地区居住建筑节能设计标准 | JGJ 26—2010 |
| 9 | 公共建筑节能改造技术规范 | JGJ 176—2009 |
| 10 | 公共建筑节能检测标准 | JGJ/T 177—2009 |
| 11 | 居住建筑节能检测标准 | JGJ/T 132—2009 |
| 12 | 夏热冬暖地区居住建筑节能设计标准 | JGJ 75—2003 |
| 13 | 采暖居住建筑节能检验标准 | JGJ 132—2001 |
| 14 | 夏热冬冷地区居住建筑节能设计标准 | JGJ 134—2001 |
| 15 | 既有采暖居住建筑节能改造技术规程 | JGJ 129—2000 |
| 16 | 节能墙体 EPS 外保温工程施工及验收规范 | MT/T 5011—1995 |
| 17 | 节能墙体 EPS 外保温工程质量检验评定标准 | MT/T 5012—1995 |
| 18 | 超市节能规范 | SB/T 10520—2009 |
| 19 | 大型商场、超市空调制冷的节能要求 | SB/T 10427—2007 |

表 1-24 是德国建筑节能相关标准的分布情况。德国是建筑节能标准数量排在第二位的国家，从时间上来看，主要也是在 2000 年之后制定了相关的标准。涉及的内容都较细，主要与建筑物的隔热和节能相关，规定了具体的设计值和相关的施工规划。

表 1-24  德国建筑节能标准分布情况

| 序号 | 名称 | 标准号 |
|---|---|---|
| 1 | 建筑物中的隔热和节能热桥规划和施工实例 | DIN 4108 Bb2—2006 |
| 2 | 建筑物中的绝热和节能第 10 部分：绝热材料应用相关要求工厂制品 | DIN 4108—10—2008 |
| 3 | 建筑物热保护和节能第 2 部分：最低绝热要求 | DIN 4108—2—2003 |
| 4 | 建筑节能效率供暖，供冷，通风设备，生活热水及照明设备用网络，终端和一次能源需求量计算增补件 1：需求与消费间的平衡 | DIN V 18599 Bb1—2010 |
| 5 | 建筑物中隔热和节能热绝缘材料的应用要求第 10 部分：工厂制品 | DIN V 4108—10—2004 |
| 6 | 建筑物中热防护和节能第 4 部分：防热和防潮技术参数 | DIN V 4108—4—1998 |
| 7 | 建筑物中隔热和节能第 4 部分：温湿设计值 | DIN V 4108—4—2007 |
| 8 | 建筑物中热防护和节能第 6 部分：建筑物每年用能的计算 | DIN V 4108—6/A1—2001 |
| 9 | 建筑物热防护和节能第 6 部分：年需热能计算 | DIN V 4108—6—2003 |

表 1-25 是美国、欧洲与英国在建筑节能方面的标准。由于这些国家相关标准数量较少，所以并入一张表展示。美国主要是 ANSI 制定的国家标准，内容主要针对新型低层住宅的节能设计；欧洲则包括节能电缆的实验方法、家用燃气用具的标准；英国方面则主要针对住房的整体节能设计、节能实施等相关内容。

**表 1-25　美国、欧洲与英国建筑节能标准分布情况**

| 国别 | 序号 | 名称 | 标准号 |
|---|---|---|---|
| 美国 | 1 | 新型低层住宅建筑物的节能设计（附录 d） | ANSI/ASHRAE 902d—2003 |
| | 2 | 低层住宅建筑物的节能设计 | ANSI/ASHRAE Addendum902b—2010 |
| | 3 | 新建筑设计中的节能（1-9 部分） | ANSI/ASHRAE/IEEE 90A—1—1988 |
| 欧洲 | 1 | 低压节能电缆的非电气试验法 | EN 50396—2005 |
| | 2 | 装饰性节能燃气用具修改件 A1 | EN 509/A1—2003 |
| | 3 | 装饰性节能燃气灶 | EN 509—1999 |
| 英国 | 1 | 住房整修保暖节能用设计者手册 | BS 8211 Pt1 Designer's Manual—1989 |
| | 2 | 节能设施定义和要求 | BS EN 15900—2010 |
| | 3 | 低压节能电缆的电气试验法 | BS EN 50395—2005 |

## 1.5.3　LED 照明标准现状分析

### 1. 标准总体分布情况

1）LED 照明标准数量情况

图 1-45 表示了 ISO、IEC、欧洲、美国、日本、中国等世界主要国家（地区、组织）的 LED 照明国际级标准和国家级标准数量的情况。目前，拥有 LED 照明国家级标准最多的国家是中国，有 23 项（包括 20 项国家级和 3 项行业级标准），然后是日本、英国和德国，美国国家级 LED 照明标准仅有 2 项。

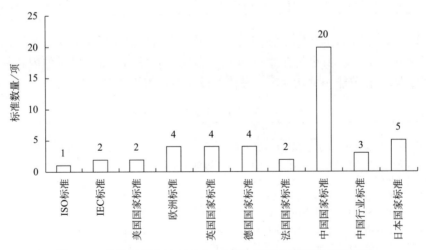

图 1-45　世界主要国家（地区、组织）LED 照明标准制定情况

2）LED 照明产品标准分析

（1）数量分布。图 1-46 为 ISO、IEC、中国、欧洲、英国、美国、德国、日本等世界主要国家（地区、组织）LED 照明产品标准数量情况。中国 LED 照明产品标准的数量仍然最多，有 11 大类（包括国家级和行业级），其次为日本和欧洲地区的国家，这反映出 LED 照明产品在我国的应用日趋广泛，种类繁多。

（2）具体情况。表 1-26 为 ISO、IEC、中国、欧洲、英国、美国、德国、日本等主要

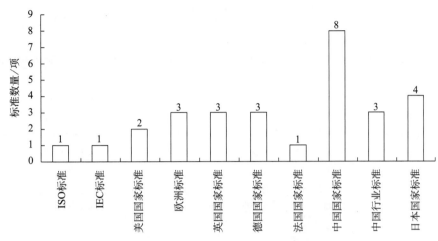

图 1-46　主要国家（地区、组织）LED 照明产品标准的数量

国家（地区、组织）LED 照明产品标准的具体情况。从产品内容来看，各国（地区、组织）LED 照明产品标准有很大的相似处，如我国和欧洲对 ISO 标准有较高的采用率，日本对欧洲标准有较高的采用率，同时英国、德国、法国等欧洲国家对欧洲标准有较高的采用率；从产品的完整性来看，中国 LED 产品标准种类最为齐全，包括各种 LED 照明灯、控制系统、连接系统、灯座、交直流电等系列标准，其中 LED 照明灯用于汽车前照灯、普通照明、道路照明、牙科学、铁道客车照明、矿场照明等，反映出 LED 照明在我国得到了较多应用。

表 1-26　LED 照明产品标准对照表

| 序号 | 国家（地区、组织） | | 产品标准名称 |
|---|---|---|---|
| 1 | IEC | | 照明设备用自镇流 LED 灯 |
| 2 | ISO | | 用于牙科学的 LED 灯 |
| 3 | 中国 | 国家 | 汽车用 LED 前照灯、普通照明用 LED 模块、道路照明用 LED 灯、普通照明用自镇流 LED 灯、白光 LED 灯用稀土黄色荧光粉、LED 模块用灯座连接器、LED 模块用直流或交流电子控制装置 |
| | | 行业 | 用于牙科的 LED 灯、矿灯用 LED 及 LED 光源组、铁道客车车厢用 LED 床头阅读灯 |
| 4 | 日本国家 | | 一般照明设施用 LED 模块、LED 模块用直流或交流的电子控制装置、LED 模块用直流或交流供电控制设备、基于 LED 模块的印制电路板用连接器 |
| 5 | 欧洲 | | 用于牙科的 LED 灯、各式灯座 LED 模块连接器、LED 模块的直流（DC）或交流（AC）电源电子控制装置 |
| 6 | 英国国家 | | 用于牙科的 LED 灯、普通照明用自镇流 LED 灯、LED 模块用直流或交流电源电子控制装置 |
| 7 | 德国国家 | | 用于牙科的 LED 灯、各式灯座 LED 模块连接器、LED 模块用直流或交流电源电子控制装置 |
| 8 | 法国国家 | | 用于牙科的 LED 灯 |
| 9 | 美国国家 | | 用于照明产品的 LED 设备标准、LED 固化灯 |

2. 主要国家和机构的标准分析

我国相关标准化组织也同样开展了大量的标准化工作，目前我国与 LED 材料、外延片、芯片、器件/模块和应用方面相关的技术委员会和分技术委员会（TC/SC）可参见表 1-27。

表 1-27　我国与 LED 相关的 TC/SC

| TC/SC 技术委员会名称 | 标准领域 | 秘书处 |
|---|---|---|
| IEC/TC 110 平板显示器件 | 液晶显示器件、等离子体显示器件、有机发光二极管显示器件、有机发光二极管显示器件等平板显示器件 | 中国电子技术标准化研究所 |
| TC 224 照明电器 | 全国电光源及其附件 | 北京电光源研究所 |
| TC 78 半导体器件 | 半导体器件 | 信息产业部电子第十三研究所 |
| TC 203 半导体设备和材料 | 半导体材料和设备 | 中国电子技术标准化研究所 |
| TC 284 光辐射安全和激光设备 | 激光基础技术、激光器件和材料、激光设备、激光应用 | 中国电子科技集团公司第十一研究所 |
| TC 229 稀土 | 全国稀土矿、稀土冶炼产品、加工产品和应用产品等专业领域的标准化工作 | 中国有色金属工业标准计量质量研究所 |
| TC 114/SC 21 汽车/灯具及灯光 | 全国装在车身外部照明装置、内部照明装置及光信号装置的术语、图形符号、型式尺寸及产品性能标准等专业领域标准化工作 | 上海汽车工程研究院汽车灯具研究所 |
| TC 242 音频、视频及多媒体系统与设备 | 负责全国音视频及多媒体技术专业领域标准化工作 | 中国电子技术标准化研究所 |
| 铁路 | 铁路行业机车车辆、工务工程、通信信号、运输管理、电气化铁道 | 铁道部标准计量研究所 |

其中，TC 224 全国照明电器标准化技术委员会和 TC 229 全国稀土标准化技术委员会已经制定或正在制定一系列 LED 标准。2010 年 7 月全国照明电器标准化技术委员会和中国质量认证中心召开了照明用 LED 系列国家标准宣贯会、产品 CCC 认证和节能认证暨技术研讨会，会上宣读了国家质量监督检验检疫总局国家标准化管理委员会于 2008 年、2009 年、2010 年相继发布的由全国照明电器标准化技术委员会组织编写的 11 项照明用 LED 国家标准和 1 项行业标准。截至 2010 年 8 月，国家标准化管理委员会发布的国家标准如表 1-28 所示。

表 1-28　LED 照明国家标准

| 标准编号 | 标准名称 |
|---|---|
| GB 1951014—2009 | 灯的控制装置第 14 部分：LED 模块用直流或交流电子控制装置的特殊要求 |
| GB/T 235951-2009 | 白光 LED 灯用稀土黄色荧光粉试验方法 第 1 部分：光谱性能的测定 |
| GB/T 235952—2009 | 白光 LED 灯用稀土黄色荧光粉试验方法 第 2 部分：相对亮度的测定 |
| GB/T 235953—2009 | 白光 LED 灯用稀土黄色荧光粉试验方法 第 3 部分：色品坐标的测定 |
| GB/T 235954—2009 | 白光 LED 灯用稀土黄色荧光粉试验方法 第 4 部分：热稳定性的测定 |
| GB/T 235955—2009 | 白光 LED 灯用稀土黄色荧光粉试验方法 第 5 部分：pH 的测定 |
| GB/T 235956—2009 | 白光 LED 灯用稀土黄色荧光粉试验方法 第 6 部分：电导率的测定 |
| GB 196513—2008 | 杂类灯座第 2-2 部分：LED 模块用连接器的特殊要求 |
| GB 24819—2009 | 普通照明用 LED 模块 安全要求 |
| GB/T 24823—2009 | 普通照明用 LED 模块 性能要求 |
| GB/T 24824—2009 | 普通照明用 LED 模块 测试方法 |
| GB/T 24825—2009 | LED 模块用直流或交流电子控制装置 性能要求 |
| GB/T 24826—2009 | 普通照明用 LED 和 LED 模块术语和定义 |
| GB/T 24909—2010 | 装饰照明用 LED 灯 |
| GB 24906—2010 | 普通照明用 50V 以上自镇流 LED 灯 安全要求 |
| GB/T 24907—2010 | 道路照明用 LED 灯 性能要求 |
| GB/T 24908—2010 | 普通照明用自镇流 LED 灯 性能要求 |

此外，工业和信息化部半导体照明技术标准工作组的活动也较为活跃，而一些省市也制定了 LED 相关的地方标准。针对半导体照明产业的蓬勃发展，工业和信息化部（原信息产业部）于 2005 年组织成立了半导体照明技术标准工作组，专门负责相关标准的制定。2010 年全国半导体照明电子行业标准发布及宣传大会在广东省江门市召开。大会发布了 9 项半导体照明行业标准，包括《半导体光电子器件功率发光二极管空白详细规范》《半导体发光二极管测试方法》《氮化镓基发光二极管用蓝宝石衬底片》《半导体发光二极管用荧光粉》《功率半导体发光二极管芯片技术规范》《半导体发光二极管芯片测试方法》《半导体光电子器件小功率发光二极管空白详细规范》《半导体发光二极管产品系列型谱》及《半导体照明术语》，涵盖 LED 材料、芯片、器件及相关检验测试方法等领域。

近几年来，从中央到地方都对 LED 照明标准的制定、修订工作给予了高度重视，标准体系建设速度很快，标准的缺失情况已经有了极大改善。但是，不管是标准的制定者，还是检测、质量监督部门，都几乎有相同的感触：已出台的标准实施情况并不乐观，且已有的产品标准和测试标准始终不够完善。新兴产业快速发展所带来的标准制定、修订困境，具有必然性和先天性，如何缓解矛盾，突破瓶颈，不仅是标准化研究工作的新课题，也是技术质量监督范畴内的新任务。

表 1-29 是 ISO 的 LED 相关产品标准，从中可见，ISO 目前对 LED 的标准制定还在起步阶段，只有 2007 年制定的用于牙科的照明用灯标准。

**表 1-29　ISO LED 标准分布情况**

| 序号 | 标准名称 | 标准号 |
| --- | --- | --- |
| 1 | 牙科学-动力聚合活化剂（第 2 部分）：LED 灯 | ISO 10650—2—2007 |

表 1-30 是国际电工委员会的 LED 相关产品标准，由表可知，国际电工委员会在 LED 方面的产品标准也只有一项，即 2009 年制定的用于数字可寻址灯光接口的 LED 模型。

**表 1-30　国际电工委员会 LED 标准分布情况**

| 序号 | 标准名称 | 标准号 |
| --- | --- | --- |
| 1 | 数字可寻址灯光接口第 207 部分：控制装置的特殊要求-LED 模型（设备类型 6） | IEC 62386—207—2009 |

表 1-31 是欧洲的 LED 产品标准分布。欧洲共有 4 项 LED 产品标准，分别是 2006 年制定的 LED 模块连接器标准，2007 年制定的牙科用 LED 灯标准，2009 年制定的 LED 电源电子控制装置标准和 LED 模数标准。与其他两个国际组织 ISO、IEC 相比，欧洲对 LED 标准的制定重视度更高一些。

**表 1-31　欧洲 LED 标准分布情况**

| 序号 | 标准名称 | 标准号 |
| --- | --- | --- |
| 1 | LED 模块的直流或交流电源电子控制装置·性能要求 | EN 62384—2009 |
| 2 | 数字可寻址照明接口第 207 部分：控制装置的特殊要求·LED 模数（装置类型 6） | EN 62386—207—2009 |
| 3 | 牙科学-动力聚合活化剂（第 2 部分）：LED 灯 | EN ISO 10650—2—2007 |
| 4 | 各式灯座第 2-2 部分：特殊要求·LED 模块连接器（IEC 60838-2-2-2006） | EN 60838—2—2—2006 |

表 1-32 是德国制定的 LED 产品标准分布，相对于几个国际组织和除中国外的其他国家来说，德国在 LED 标准制定方面重视程度较高，一共有 5 项产品标准，最早的是 2003 年制定的带 LED 的信号器技术要求，然后平均每隔两年会有一两项产品标准出台，分别涉及

带 LED 的信号器技术要求、牙科用 LED 灯、LED 模块连接器、LED 电源控制装置等。

**表 1-32　德国 LED 标准分布情况**

| 序号 | 标准名称 | 标准号 |
|---|---|---|
| 1 | LED 模块的直流或交流电源电子控制装置·性能要求 | DIN EN 62384—2010 |
| 2 | 数字可寻址照明接口第 207 部分：控制装置的特殊要求·LED 模数（装置类型 6） | DIN EN 62386—207—2010 |
| 3 | 道路交通信号系统第 300 部分：带 LED 的信号器用技术要求 | DIN V VDE V 0832—300—2008 |
| 4 | 各式灯座第 2-2 部分：特殊要求·LED 模块连接器（IEC 60838-2-2-2006） | DIN EN 60838—2—2—2007 |
| 5 | 牙科学-动力聚合活化剂（第 2 部分）：LED 灯 | DIN EN ISO 10650—2—2007 |

表 1-33 是日本制定的 LED 产品标准分布，主要有 4 项，最早的是在 2008 年制定的灯控设备标准，接下来在 2009 年制定了灯座标准和 LED 模块用电子控制装置标准，2010 年制定了 LED 模块的性能要求标准。

**表 1-33　日本 LED 标准分布情况**

| 序号 | 标准名称 | 标准号 |
|---|---|---|
| 1 | 一般照明设施用 LED 模块·性能要求 | JIS C8155—2010 |
| 2 | 各式灯座第 2-2 部分：特殊要求·基于 LED 模块的印制电路板用连接器 | JIS C8121—2—2—2009 |
| 3 | LED 模块用供应直流或交流的电子控制装置·性能要求 | JIS C8153—2009 |
| 4 | 灯控设备第 2-13 部分：LED 模块用直流或交流供电控制设备的特殊要求 | JIS C8147—2—13—2008 |

表 1-34 是英国制定的 LED 产品标准，共有 4 项。最早的标准是 2007 年制定的牙科用 LED 灯，ISO、欧洲、德国、法国同样制定了该标准；2009 年制定了 3 项标准，分别是 LED 模型标准、LED 灯的性能要求标准和 LED 供电电子控制装置标准。

**表 1-34　英国 LED 标准分布情况**

| 序号 | 标准名称 | 标准号 |
|---|---|---|
| 1 | 数字可寻址灯光接口·控制装置的特殊要求·LED 模型（设备类型 6） | BS EN 62386—207—2009 |
| 2 | 普通照明用自镇流 LED 灯·性能要求 | BS DD IEC/PAS 62612—2009 |
| 3 | LED 模块的交流或直流供电电子控制装置·性能要求 | BS EN 62384—2006 + A1—2009 |
| 4 | 牙科学-动力聚合活化剂·LED 灯 | BS EN ISO 10650—2—2007 |

表 1-35 是美国制定的 LED 产品标准，只有 2 项，分别是 2009 年制定的用于照明产品的 LED 设备标准和 2010 年制定的 LED 固化灯标准。

**表 1-35　美国 LED 标准分布情况**

| 序号 | 标准名称 | 标准号 |
|---|---|---|
| 1 | LED 固化灯 | ANSI/ADA Specification No. 48—2—2010 |
| 2 | 用于照明产品的 LED 设备 | ANSI/UL 8750—2009 |

表 1-36 是法国制定的 LED 产品标准，只有 2007 年制定的牙科用 LED 灯标准这一项。

**表 1-36　法国 LED 标准分布情况**

| 序号 | 标准名称 | 标准号 |
|---|---|---|
| 1 | 牙科学-动力聚合活化剂（第 2 部分）：LED 灯 | NF S91—311—2—2007 |

# 1.6 / 节能环保产业基地分析

## 1.6.1 中国节能环保产业总体区域分布

根据 2011 年度国家级高新技术产业化基地通过复核保持国家级资格的名单，其中节能环保产业化基地如表 1-37 所示。

**表 1-37　国家级节能环保产业化基地**

| 产业基地 | 省（市） | 产业基地 | 省（市） |
| --- | --- | --- | --- |
| 石家庄国家半导体照明高新技术产业化基地 | 河北 | 上海国家半导体照明高新技术产业化基地 | 上海 |
| 扬州国家半导体照明高新技术产业化基地 | 江苏 | 常州国家半导体照明工程高新技术产业化基地 | 江苏 |
| 杭州国家半导体照明工程高新技术产业化基地 | 浙江 | 长兴国家绿色动力能源高新技术产业化基地 | 浙江 |
| 上虞国家照明电器高新技术产业化基地 | 浙江 | 芜湖国家节能与新能源汽车高新技术产业化基地 | 安徽 |
| 漳州国家节能照明高新技术产业化基地 | 福建 | 南昌国家半导体照明工程高新技术产业化基地 | 江西 |
| 潍坊国家半导体照明工程高新技术产业化基地 | 山东 | 武汉国家半导体照明工程高新技术产业化基地 | 湖北 |
| 长沙国家节能环保新材料高新技术产业化基地 | 湖南 | 东莞国家半导体照明工程高新技术产业化基地 | 广东 |
| 西安国家半导体照明工程高新技术产业化基地 | 陕西 | 大连国家半导体照明高新技术产业化基地 | 辽宁 |
| 宁波国家新能源与节能照明高新技术产业化基地 | 浙江 | 厦门国家半导体照明高新技术产业化基地 | 福建 |
| 深圳国家半导体高新技术产业化基地 | 广东 | | |

资料来源：根据《2011 年度国家级高新技术产业化基地通过复核保持国家级资格的名单》

国家火炬计划认定的新材料特色产业基地如表 1-38 所示。

**表 1-38　国家火炬计划认定的节能环保特色产业基地列表**

| 特色产业基地 | 省（市） | 特色产业基地 | 省（市） |
| --- | --- | --- | --- |
| 谷城节能与环保产业基地 | 湖北 | 诸暨环保装备产业基地 | 浙江 |
| 武汉青山环保产业基地 | 湖北 | 盐城环保装备特色产业基地 | 江苏 |
| 宁波高新区绿色能源与照明特色产业基地 | 浙江 | 大兴节能环保特色产业基地 | 北京 |
| 芜湖节能环保汽车及零部件高新技术特色产业基地 | 安徽 | 大城保温建材特色产业基地 | 河北 |
| 江门半导体照明特色产业基地 | 广东 | 宜兴环保装备制造及服务特色产业基地 | 江苏 |
| 无锡滨湖高效节能装备特色产业基地 | 江苏 | | |

资料来源：http：//168.160.200.181/hjxm/hjxm_tscyjd_list_1.aspx

## 1.6.2 部分产业基地分析

1. 长沙国家节能环保新材料高新技术产业化基地

1）发展状况

2011 年 9 月，金洲新区获批长沙国家节能环保新材料专业基地。总规划面积 55.6 公里$^2$的长沙国家节能环保新材料高新技术产业化基地，目前已形成"八纵八横"路网格局。基地实施"技术创新、产业创新和辐射带动"三大战略，着力推进节能环保新材料产业集群式发展。

金洲新区重点培育以新型储能材料、新型建筑材料、新型有色金属材料为主要方向的节能环保新材料，2010 年实现总产值 122.8 亿元、高新技术企业产值 90.2 亿元。

2）企业情况

金洲新区先后引进了湖南红宇耐磨新材料股份有限公司、湖南邦普循环科技有限公司、长沙族兴新材料股份有限公司等节能环保新材料骨干企业 76 家、高新技术企业 31 家。核心企业拥有各类专利 172 项，国家重点新产品 4 个，省名牌产品和省著名商标 14 个；6 家企业承担了国家火炬计划项目，2 家企业获得"十一五"国家科技支撑计划重大项目的支持，3 家企业获国家中小企业创新基金的支持，成为中部地区节能环保新材料产业发展的集聚区。

3）政策支持

以创新服务模式、优化创业环境为契机，园区不断优化投资环境，为产业的发展保驾护航。一是成立"一办四中心"，对重点企业和项目实行"领导联点、一家收费、挂牌保护"，保障了重点项目的推进和重点企业的发展。二是成立专业产业服务部门，新区成立招商局和产业发展局等服务机构，不断加大产业引导力度，推进产业健康快速发展。三是推行股东式服务。按照"靠前、主动、全面"要求提升服务内涵，从企业引进、手续办理、项目建设等方面提供全方位优质服务，积极为企业向上争取政策、资金、技术扶持。

2. 诸暨环保装备产业基地

1）发展状况

诸暨环保装备产业基地起步于 20 世纪 70 年代末，是诸暨的支柱产业之一。2001 年，经浙江省科技厅批准，诸暨环保装备省级高新技术特色产业基地正式建立。2002 年 12 月，诸暨环保装备产业基地经科技部火炬中心认定，成为国家火炬计划特色产业基地。

诸暨环保装备产业目前已形成以电除尘器为主，涵盖布袋除尘设备、气力输灰设备、烟气脱硫设备、曝气机、搅拌机、污水泵及防腐管道等成套产品的产业格局。2011 年实现产值 136.23 亿元，比 2010 年增长 25.1%，占全省环保装备产业总产值的 30%以上；其中60 万千瓦燃煤电站电除尘器在全国的市场占有率超过 75%。在该市牌头镇占地 3500 亩的环保工业园区，已集聚规模以上环保装备企业 20 余家，其中不乏浙江菲达环保科技股份有限公司、天洁集团有限公司、浙江信雅达环保工程有限公司这样的全国行业百强企业，还有配套生产企业 40 多家$^{[27]}$。

2）企业情况

诸暨环保装备产业基地，已有 5 家企业跻身全国环保装备企业百强，如浙江菲达环保科技股份有限公司、浙江信雅达环保工程有限公司、浙江永洁实业有限公司、天洁集团有限公司、浙江东方环保设备有限公司。

3）政策支持

2008 年 10 月，《绍兴市节能环保产业提升发展规划（2008—2012 年)》提出，环保装备产业以诸暨为中心，建设国家级环保装备产业基地。

在《诸暨市环保新能源产业发展规划（2010—2015 年）》中，诸暨将环保新能源产业作为引领地区发展的主要产业，使环保新能源产业成为诸暨转型升级的领头羊。

诸暨经济开发区制定了一系列涉及创办企业、土地、税收的优惠政策。

3. 宜兴环保装备制造及服务特色产业基地

1）发展状况

江苏宜兴作为我国环保产业最为集中的区域，是全国首家环保类国家新型工业化产业示范基地。

江苏宜兴在环保装备领域的主要经济指标如表 1-39 所示。

表 1-39　江苏宜兴环保装备领域主要经济指标

| 项目 | 指标 | 单位 | 2010 年 | 2009 年 | 同比增长/% |
|---|---|---|---|---|---|
| 总体发展水平 | 销售收入 | 亿元 | 375.3 | 296 | 26.79 |
| | 其中：示范产业 | 亿元 | 306.3 | 240.2 | 27.52 |
| | 工业总产值 | 亿元 | 378.4 | 298.2 | 26.89 |
| | 其中：示范产业 | 亿元 | 318.5 | 250.2 | 27.3 |
| | 工业增加值 | 亿元 | 67.7 | 59.2 | 14.36 |
| | 其中：示范产业 | 亿元 | 58.6 | 50.9 | 15.13 |
| | 示范产业企业数量 | 个 | 720 | 610 | 18.03 |
| | 其中：年产值亿元以上企业数量 | 个 | 27 | 22 | 22.73 |
| | 进出口额 | 万美元 | 5 250 | 3 943 | 33.15 |
| | 其中：出口额 | 万美元 | 4 970 | 3 585 | 38.63 |
| | 工业固定资产投资额 | 亿元 | 34.6 | 28.1 | 23.13 |
| | 其中：技术改造投资 | 亿元 | 23.5 | 19 | 23.68 |
| 经济效益 | 税金总额 | 亿元 | 15.3 | 13.4 | 14.18 |
| | 利润总额 | 亿元 | 22.8 | 21.3 | 7.04 |
| | 全员劳动生产率 | 万元/（人·年） | 30.8 | 29.6 | 4.05 |
| 创新能力 | 研发投入 | 万元 | 109 000 | 91 760 | 18.79 |
| | 有效发明专利数量 | 个 | 141 | 121 | 16.53 |
| | 示范产业省级以上企业技术中心或研发机构数量 | 个 | 8 | 7 | 14.29 |
| 集约程度 | 单位土地平均投资额 | 万元/公顷 | 3 900 | 3 900 | 0 |
| | 单位土地平均产值 | 万元/公顷 | 5 166 | 4 450 | 16.09 |
| 节能环保 | 单位工业增加值能耗 | 吨标准煤/万元 | 0.02 | 0.02 | 0 |
| | 单位工业增加值用水量 | 米³/万元 | 4 | 4 | 0 |
| | 工业"三废"排放达标情况 | % | 100 | 100 | 0 |
| 人力资源利用 | 全部从业人员平均人数 | 万人 | 2.3 | 2 | 15 |
| | 研发人员数量 | 人 | 4 070 | 3 800 | 7.11 |
| 质量管理 | 采用国际质量管理体系认证企业 | 个 | 520 | 488 | 6.56 |
| 安全生产 | 一年内发生一般或较大事故 | 次 | 0 | 0 | |
| | 一年内发生重大或特别重大事故 | 次 | 0 | 0 | |
| "两化"融合 | 大中型企业数字化设计工具普及率 | % | 100 | 100 | 0 |
| | 电子商务交易额 | 万元 | 0 | 0 | |
| 公共服务体系 | 公共服务平台 | 个 | 9 | 6 | 50 |
| | 其中：国家级公共服务平台 | 个 | 0 | 0 | |
| 政府支持 | 所在地政府专项支持资金 | 万元/年 | 2 000 | 2 000 | 0 |

资料来源：国家新型工业化产业示范基地综合平台，http：//sfjd.miit.gov.cn/BaseInfoAction! showBase.action? baseId=81

2）企业情况

经过多年的建设与发展，宜兴已基本形成以工程配套承包为龙头，设备制造为重点，原辅材料及零配件交易为支撑的环保产业体系，截至 2010 年，全市从事环保产品营销和服务的单位有 3000 多家，占到无锡总量的 89％；从事环保产品营销和服务的单位有 3000 多家，从业人数有 4 万余人[28]。主要企业有江苏宜静环保有限公司、江苏蓝星环保科技有限公司、江苏金山环保工程集团、江苏一环集团环保工程有限公司。

3）政策支持

2010 年，宜兴专门出台了《关于加快环保产业发展的意见》《宜兴市环保产业发展三年行动计划（2010—2012 年)》等政策文件，指导国家新型工业化产业示范基地建设。

4. 武汉青山国家环保产业基地

1）发展状况

2002 年 7 月 1 日，国家环境保护总局批准建立武汉青山国家环保产业基地。该基地以湖北省武汉市青山区为核心区，以武汉市为发展区，以华中地区为辐射区，重点发展固体废弃物资源综合利用、脱硫成套技术与设备两个主导产业。

武汉青山国家环保产业基地经过多年发展已粗具规模。青山环保产业孵化基地在青山创业中心的基础上发展起来，现包括青山国家高新技术创业中心、武汉华创源科技企业孵化器、武汉钢工科技企业孵化器、红钢城创业园、光大科技楼等孵化器，共有孵化面积 3 万余米$^2$，在孵企业 198 家，在孵企业与毕业企业大部分是环保节能及相关领域企业，涉及脱硫、除尘、工业废水处理、环境监测与治理、工业噪声治理、环保设备研发与制造，以及安全、生态环保信息服务等。

武汉青山（国家）节能环保科技产业园是武汉青山国家环保产业基地的核心建设区，规划面积 14.8 公里$^2$。总体遵循"一园、两心、六区、四群"的发展构想。"两心"为一站式综合服务中心和生态工业示范园区；"六区"是指环保产业制造区、生态展示区、环保研发区、白云山居住区、综合服务区和生态休闲区；"四群"包括节能环保装备制造、再生资源与生态环境制造、冶金化工装备制造和节能环保服务产业集群。

2）政策指导

2003 年，湖北省科学技术厅发布《青山区环保产业发展规划》，提出要努力发展四大领域：环境污染治理设备、资源化综合利用设备、环境污染监测设备、环境保护科技发展。规划重点包括"青山区环保产业将充分发挥区域资源、技术、市场优势，壮大环保设备制造、产品制造、工程建设三大环保行业，发展水污染防治设备、大气污染防治设备、噪声控制设备、固体废物处置和回收设备、环境监测仪器仪表等五大产品，着力发展与之相配套的科研、产品开发、工程建设及信息技术咨询服务，城市垃圾、污水综合治理，形成环保产业拳头产品和品牌，加快与环保产业相关的市场培育的建设步伐。"

2012 年，《武汉市节能环保产业发展"十二五"规划》发布，提出了五个重点发展领域，分别是高效节能领域、水污染治理领域、大气污染治理领域、其他环保治理领域及环境服务领域。力争到"十二五"末，全市节能环保产业实现产值 700 亿元以上，年均增长速度达到 19％以上。该规划为武汉青山国家环保产业基地环保产业的发展指明了方向。

5. 上海国家半导体照明工程产业化基地

1）发展状况

上海张江高科技园区自 1992 年成立以来，一直被国际同行称为"The Silicon and Medicine Valley in China"。目前，园区建有国家上海生物医药科技产业基地、国家信息产业基地、国家集成电路产业基地、国家半导体照明工程产业化基地、国家"863"信息安全成果产业化（东部）基地、国家软件产业基地、国家软件出口基地、国家文化产业示范基地、国家网游动漫产业发展基地等多个国家级基地。

上海国家半导体照明工程产业化基地于 2004 年正式落户张江，集中了一批如同济大学视觉与照明艺术研究中心、复旦大学光源与照明工程系、复旦大学材料科学系、上海大学、中国科学院上海光学精密机械研究所、中国科学院上海技术物理研究所、国家光学仪器质量监督检验中心等重点科研院所。

张江高科技园区作为上海国家半导体照明工程产业化基地的核心区域，近几年在光电子领域发展比较迅速，特别表现在半导体照明、光通信、光显示等领域。

2009 年 3 月还成立了上海半导体照明产业孵化器。在整个产业链的上中下游均有领头企业：既有上海蓝光科技有限公司等上游企业，也有上海亚明灯泡厂有限公司、上海三思有限公司、上海广茂达光艺科技股份有限公司，以及荷兰皇家飞利浦电子公司、美国通用电气公司（GE）等国内外知名的应用企业，并得到完备的工业体系支撑。

2）政策指导

园区内经批准成立的市属科研开发机构所进口的，如科学研究、科学实验用的分析、测量、检查、计量等仪器、仪表及附件，科研必要的实验室设备（不包括中试设备），计算机工作站，化学、生化和医疗实验用材料，科学实验用的医疗仪器及其附件等均可免征关税和进口环节增值税。

对于园区内符合国家产业政策的外商投资项目和国内投资项目进口的生产设备（包括中试设备）、仪器仪表，环保装置、技术资料，以及随设备进口的技术，数量合理的配套件、备件等，除国家规定不予免税的商品外，免征关税和进口环节增值税。

对已设立的鼓励类和限制乙类外商投资企业、外商投资研究开发中心、先进技术型和产品出口型外商投资企业（简称五类企业），利用投资总额以外的自有资金，在原批准的生产经营范围内进口国内不能生产或性能不能满足需要的设备及其配套的技术、配件、备件的，免征关税和进口环节增值税。

对外商投资设立的研究开发中心，在投资总额内进口国内不能生产和性能不能满足需要的自用设备及其配套的技术、配件、备件的，免征关税和进口环节增值税。

6. 扬州国家半导体照明产业化基地

1）发展状况

2007 年 12 月，扬州被科技部认定为"国家半导体照明产业化基地"。几年来，扬州半导体照明产业快速崛起，在长江三角洲产业群中形成了独特的优势。

目前，基地内从上游的外延材料到中游的芯片制造，再到下游的器件封装和应用，以及为封装和应用配套的模具、支架与基板等，形成了较为完整的产业链框架。

2）企业情况

半导体照明产业已成为扬州近年来重点发展的新兴产业之一。扬州国家半导体照明高新技术产业化基地，已聚集了扬州华夏集成光电有限公司、江苏中显机械有限公司、扬州国宇电子有限公司、扬州中科半导体照明有限公司、扬州峻茂光电有限公司等20多家从事半导体照明生产开发的核心企业，同时还吸引了多家国内外著名半导体照明企业来扬州投资。

3）政策支持

（1）江苏政策性支持：享受沿江开发的优惠政策；在财政专项资金、风险投资等方面给予扶持；在科技创新方面给予特别资助；享受省增值税优惠；对研发中心的建立给予优先支持。

（2）扬州政策性支持：享受市财政政策资金扶持；设立"三新"产业发展专项基金；对公共科技服务平台的建设和运作，给予滚动投入；对共建研发平台、检测结构和国家级重点实验室等，给予扶持资金；对半导体照明项目用地、人才引进提供优惠政策；对半导体照明示范工程给予财政补助。

7. 石家庄国家半导体照明产业化基地

1）发展状况

石家庄于2007年12月被批准为"国家半导体照明产业化基地"。石家庄国家半导体照明产业化基地以中国电子科技集团第十三研究所等研究单位为技术依托，建立了国家级封装中心、国家半导体器件质量监督检验中心、河北省半导体照明工程技术研究中心、河北省半导体照明检测中心等国家级和省级研发机构，在功率型LED光源及封装等领域处于国内先进水平。

2）企业情况

经过几年的发展，石家庄国家半导体照明产业化基地在LED外延材料、芯片、外壳、光源封装、应用等上、中、下游均有产品，形成了较为完整的产业链。

3）政策支持

石家庄市科技局整合省会科技资源，研究制定了产业发展支持政策和措施，设立了科技专项对半导体照明研发及产业化大力扶持。2007年以来，石家庄累计投入和争取科研经费3845万元，组织企业及科研单位开展半导体照明关键技术及应用技术攻关，实施了"超高亮蓝光大功率LED芯片"、"石家庄半导体照明工程重点示范项目"等一批国家"863"计划课题，以及省级、市级重大科技攻关项目，取得了科技成果45项，申请专利85项，其中发明专利10项。

2008年10月，在河北省科技厅倡导下，以驻石家庄研究单位和骨干企业为主体成立了河北省半导体照明产业技术创新联盟，组建了河北省半导体照明专家指导委员会，促进产学研各方建立持续稳定的战略合作关系，提高资源整合度和区域产业整体实力。

8. 南昌国家半导体照明工程产业化基地

1）发展状况

南昌半导体照明产业基地建设的总体布局是以南昌高新技术产业开发区内的江西联创

光电科技股份有限公司为依托，形成"一个中心、两个园区、多点扩展、众星捧月"的产业发展布局。"一个中心"——成立南昌国家半导体照明工程研究中心，以南昌大学的教育部发光材料与器件工程研究中心为龙头，实行政府支持，其他企业、高校、行业管理机构等共同投资的政策。"两个园区"——一个是一期工程已完工并投入使用的以半导体发光材料、芯片及器件封装上中游产品为主的占地面积达 300 亩的联创光电科技园；另一个是以半导体照明应用为主的联创博雅产业园。"多点扩展"——在南昌经济技术开发区、小蓝工业园规划一定面积的扩展区。扩展区主要以半导体照明用高性能荧光粉、高性能铜基散热材料、照明灯具各种配件及其他辅助材料为主要发展方向。"众星捧月"——产业基地建设以重点企业为核心，努力引进和不断强强做大核心企业，带动众多中小企业协作配套发展，形成集聚效应和较为完整的产业链。

2）企业情况

南昌现有半导体照明企业 20 余家，2011 年实现主营业务收入 31.3 亿元，2012 年上半年实现主营业务收入 21.2 亿元，产业发展粗具规模。

南昌国家半导体照明工程产业化基地已初步形成以江西联创光电科技股份有限公司、晶能光电（江西）有限公司的外延片为上游产业，以南昌欣磊光电科技有限公司的芯片制造为中游产业，以江西联创光电科技股份有限公司、南昌联众电子有限公司、南昌永兴电子有限公司的芯片封装，联创博雅科技有限公司的光源、灯具、LED 显示屏，江西联创致光科技有限公司的手机背光源，南昌市晶明光电科技有限公司的 LED 点阵块为下游产业，以南昌宏森高科光电子有限公司的 LED 支架为配套产业的一个较为完整的产业链。

3）政策支持

（1）产业配套政策。2004 年，南昌市委、市政府印发《关于扶持光电子产业发展的若干意见》，明确把光电子产业列为南昌"十一五"发展规划中重点扶持的产业，并从 2004 年起，设立光电子产业化专项资金，用于支持光电子企业技术和产品研发、光电子产业化项目贷款贴息、光电子技术公共平台和工程技术中心的建设。2010 年 1 月，在南昌市科技局的倡议下，节能与新能源汽车及半导体照明企业和研究单位参与了技术创新联盟的组建，正式成立南昌市半导体照明产业技术创新联盟，围绕产业技术创新的关键问题开展技术合作。

（2）公共创新平台建设。①建立南昌光电子科技综合服务大楼，主要用于建立光电子专业博士后工作站、南昌光电子工程技术中心、南昌半导体照明公共技术服务平台、南昌半导体照明行业生产力促进中心、南昌半导体照明行业中小企业孵化器、南昌半导体照明技术人才培训等公共技术服务。②设立南昌半导体照明行业生产力促进中心，统一负责南昌半导体照明产业发展规划的实施，产业发展指导、协调、扶持、服务等工作。

（3）人才引进。①鼓励和支持半导体照明企业引进各类急需人才。②鼓励半导体照明企业建立博士后工作站，集聚人才。③对为南昌半导体照明产业发展作出重要贡献的科研技术人员，给予重奖，颁发"有突出贡献奖"。④加强对基础人才的引进，加强半导体照明领域从业人员的技术培训。

# 1.7 / 节能环保产业重点机构分析

## 1.7.1 污水处理重点机构分析

### 1. 国外污水处理重点企业分析

#### 1) 通用电气公司

通用电气公司（GE）水处理及工艺过程处理公司由通用-贝迪、通用-奥斯莫尼克斯、通用-分析仪器和通用-泽能等公司合并而成，是全球最大的海水淡化、工业废水处理、中水回用、纯水处理、循环水处理、锅炉水处理及工艺生产过程处理供应商。

GE 在中国已运行了呼和浩特、无锡、昆山等城市的四个膜生物反应器（MBR）市政污水处理项目，项目设计规划均在万吨以上，总能力 11.4 万米³/日。其他 MBR 工业项目包括天津泰达化工园、长安福特马自达汽车有限公司、中国石油长庆石化分公司、巨石集团有限公司、苏州惠氏医药有限公司等。GE 提供的不仅仅是可靠的膜产品，而且还包括成熟的 MBR 工艺。

GE 在中国申请废水、污水处理领域专利共 9 件，均为发明专利。

#### 2) 西门子股份公司

西门子股份公司（Siemens）在中国的业务范围涵盖了市政给水、污水处理及回用，工业给水和废水处理及回用，海水淡化，污泥处理及处置等领域，承建了较有影响力的环保项目——北京北小河污水处理厂 6 万吨/日的 MBR 改扩建项目。

水处理技术和解决方案是 Siemens 与环保相关业务组合的重要组成部分。2009 年 6 月，Siemens 在天津创业环保股份有限公司的生物脱氮除磷系统（BNR）试点工程成功运行，从而使 Siemens 赢得咸阳路污水处理厂项目。Siemens 创新的 BNR 与传统工艺相比提高了脱氮效率，最大限度地减小了占地面积，因此有效地降低了工程投资。

2010 财年，Siemens 的环保相关业务组合创造了大约 280 亿欧元的营收，比 2009 年增长了 21.7%。同时，该业务已经占到集团总财政收入的 36%。

Siemens 在中国申请废水、污水处理领域专利共 17 件，其中发明专利 16 件，实用新型专利 1 件。

### 2. 中国污水处理重点企业分析

#### 1) 北京碧水源科技股份有限公司

北京碧水源科技股份有限公司（简称碧水源）创建于 2001 年，致力于解决水资源短缺和水环境污染双重难题。

该公司主要业务如下：为客户提供应用拥有自主知识产权的 MBR 技术建造污水处理厂

或再生水厂的整体技术解决方案；提供技术方案设计、工程设计、技术实施与系统集成、运营技术支持和托管运营等服务；生产和提供应用 MBR 技术的核心设备膜组器和其核心部件膜材料等。

2007 年，碧水源投资 3 亿元，在北京雁栖经济开发区建立了膜技术研发与生产基地，专业从事 MBR 膜组器和膜片的研发与生产。2011 年年底，该公司膜丝产能约 330 万米$^2$，到 2016 年估计可达到 890 万米$^2$。

碧水源在中国申请专利共 84 件（截至 2012 年 9 月），其中发明专利 42 件，实用新型专利 35 件，外观设计专利 7 件。从 2004 年开始，碧水源在中国专利申请数量整体呈现上升趋势，2011 年申请数量达到 34 件。

2）北京时代沃顿科技有限公司

北京时代沃顿科技有限公司（简称时代沃顿）主要从事反渗透和纳滤膜元件的研发、制造和服务，拥有膜片制造的核心技术和规模化生产能力。该公司成功研发的具有自主知识产权和领先技术优势的抗氧化膜与抗污染膜，不仅在废水处理领域得到很好应用，更攻克了长期以来反渗透膜在有机和生物污染领域的应用难题，使得产品在药物提纯、无菌饮用水等食品及卫生领域得到广泛推广与应用。公司在北京和贵阳都设有生产基地，目前拥有年产 750 万米$^2$ 复合反渗透膜和纳滤膜的生产能力，其中北京基地年产 150 万米$^2$，贵阳基地年产 600 万米$^2$。

北京与贵阳两基地在中国申请专利共 27 件，其中发明专利 16 件，实用新型专利 11 件。

3）天津膜天膜科技股份有限公司

天津膜天膜科技股份有限公司（简称津膜科技）是国家发展和改革委员会批准立项建设的中空纤维膜建造基地。津膜科技于 2012 年 7 月在深圳证券交易所（深交所）创业板成功上市。在膜材料研究方面，先后研究开发了各种材质［聚偏氟乙烯（PVDF）、聚苯乙烯（PS）、聚醚砜树脂（PES）、聚丙烯腈（PAN）、聚乙烯（PE）等］、各种规格的内压型、外压型中空纤维超滤、微滤膜组件及其制造技术。在膜应用方面，其研制的核心竞争技术［连续膜过滤（CMF）、膜生物反应器（MBR）、双向流（TWF）和浸没式膜过滤（SMF）］是膜技术在工程应用方面的关键技术，并且建立了数十个规模化的示范工程。在膜分离技术装备方面，该公司开发了一系列应用于工程的关键技术设备，部分技术装备被认定为国家级重点新产品。

2011 年 12 月，该公司"膜工程技术标准化研究及装备产业化"项目荣获天津市滨海新区科技进步奖一等奖。该项目开发了工程化应用的三种膜技术装备——CMF、MBR、TWF，并实现技术装备的标准化、模块化、成套化、大型化；优化集成膜及其他水处理工程化技术，建立市政、钢铁、电力、石化、味精、发酵等行业示范工程，并在相关行业推广应用。

津膜科技在中国申请专利共 81 件（截至 2012 年 9 月），其中发明专利 54 件，实用新型专利 22 件，外观设计专利 5 件。专利申请数以 2007 年和 2008 年居多。

## 1.7.2 建筑节能重点机构分析

1. 国外建筑节能重点企业分析

1）陶氏化学公司

陶氏化学公司（Dow Chemical，简称陶氏）是 1897 年创建于美国的一家以科技为主的跨国性公司。公司主要研制及生产系列化工产品、塑料及农化产品，其产品广泛应用于建筑、水净化、造纸、药品、交通、食品及食品包装、家居用品和个人护理等领域。陶氏在节能建筑建材领域已走在市场前列。2009 年 3 月，位于上海张江高科技园区的陶氏中心正式投入运营，其中包括陶氏建筑应用实验室，该实验室的设立，将为中国客户提供更本地化的、量身定制的技术和服务。

北京与贵阳两基地在中国申请专利共 14 件，其中发明专利 11 件，实用新型专利 3 件。

2）联合技术公司

美国联合技术公司（UTC）是全球多元化制造公司之一，其在建筑设备、消防和安防等产品领域具有技术优势，已与我国在生态城市建设、建筑节能推广、绿色和智能建筑发展、建筑绿色环保设施供应等方面开展了广泛的合作与交流。

2011 年 3 月 UTC 发布了《生态城市指标体系构建与生态城市示范评价》。该报告的项目计划在 2009 年 7 月至 2014 年 6 月这段时间内从定性分析与定量分析相结合的角度，构建中国生态城市指标体系。生态城市评价指标体系包括资源节约、环境友好、经济持续、社会和谐及创新引领等 5 个方面。

UTC 在中国申请建筑节能领域专利共 3 件，其中发明专利 2 件，实用新型专利 1 件。

2. 中国建筑节能重点企业分析

1）烟台万华聚氨酯股份有限公司

烟台万华聚氨酯股份有限公司（简称烟台万华）主要从事以聚氨酯黑料（MDI）为主的异氰酸酯系列产品、芳香多胺系列产品、热塑性聚氨酯弹性体系列产品的研究开发、生产和销售。2011 年 5 月，公司通过《关于对控股子公司宁波万华聚氨酯有限公司 MDI 装置及相关配套项目实施技改的议案》，技改内容包括年新增 60 万吨 MDI，配套增加 18 万吨苯胺等；项目总投资逾 23 亿元。这次宁波新扩产 60 万吨 MDI 技改项目，建设周期相对较短，其中 2011 年内新增 10 万吨产能。

烟台万华在中国申请建筑节能领域专利共 7 件，均为发明专利 2 件。

2）中国南玻集团股份有限公司

中国南玻集团股份有限公司（简称南玻 A）成立于 1984 年，为中外合资企业。南玻 A 主营业务为高档浮法玻璃原片、工程及建筑玻璃、精细玻璃、光伏科技绿色能源产品（高纯硅材料、太阳能超白玻璃、晶体硅太阳能电池、薄膜太阳能电池及其组件）、结构陶瓷等产品的研制、开发、生产经营，以及设备技术的咨询和服务，并投资控股兴办实业等。南玻 A 已形成了硅砂—玻璃原片—玻璃深加工完整的传统玻璃产业链和多晶硅—硅片—电池片—太阳能电池的太阳能产业链。

南玻 A 的工程玻璃产能达到 1185 万米$^2$，工程玻璃产能增长 96%。透明导电氧化物镀膜玻璃（TCO 玻璃）目前产能为 46 万米$^2$。

南玻 A 在中国申请专利共 290 件（截至 2012 年 9 月），其中发明专利 174 件，实用新型专利 104 件，外观设计专利 12 件。南玻 A 在中国申请专利数整体呈现上升趋势，尤其是 2009 年申请专利数增长幅度较大。

3）北新建材集团有限公司

北新建材集团有限公司（简称北新集团）是国务院国有资产监督管理委员会直属央企中国建材集团旗下的企业。该公司生产的石膏板全部以电厂工业废弃物脱硫石膏为原料，生产过程中碳的排放非常少，实现工业废弃物再利用；矿棉板也是其主营业务之一，产品原材料是高炉矿渣，也是典型的变废为宝的循环经济绿色产业链；北新建材的纤维水泥外墙板采用粉煤灰作为原材料，同样实现了废物再利用。

北新集团拥有三大业务体系：①墙体及吊顶系统，由石膏板、龙骨、矿棉板、岩棉及配套产品构成的墙体及吊顶系统；②住宅部品及建筑节能系统，由门窗、暖气片、龙牌漆、静音管等住宅部品构成的建筑节能环保系统；③新型房屋及建筑外围护系统，由轻钢结构新型房屋、木结构新型房屋，以及金邦板、金邦瓦构成的建筑装饰外围护系统。

北新集团在中国申请专利共 913 件（截至 2012 年 9 月），其中发明专利 439 件，实用新型专利 331 件，外观设计专利 143 件。

## 1.7.3　LED 照明重点机构分析

### 1. 国外 LED 照明重点企业分析

1）飞利浦流明照明公司

飞利浦流明照明公司（Philips Lumileds Lighting）创建于 1999 年，是世界著名的高功率 LED 生产商，每年 LED 的产品达数十亿只。该公司同时也是将固态照明解决方案应用到日常生活中的先驱，在包括自动照明、计算机显示、液晶电视、信号灯及通用照明在内的固态照明应用领域中居领先地位。另外，该公司也提供核心 LED 材料和 LED 封装产品，其获得专利的丽讯（LUXEON）是首次将传统照明与具有小针脚、长寿命等优点的 LED 相结合的高功率发光材料。2007 年 5 月，飞利浦流明照明公司推出暖白和中性白光 LUXEON K2 发光器和兼容任何标准白光发光器的 LUXEON K2 Star 零件。

2）德国欧司朗光电半导体公司

德国欧司朗光电半导体公司（Osram Opto Semiconductors，简称 Osram）建于 1919 年，总部设在德国慕尼黑，是西门子股份公司的全资子公司。该公司主要以半导体技术为基础，致力于为其客户提供照明、传感器和可视化应用等方面的解决方案。

在产品研发方面，2012 年年初，Osram 首次成功利用硅晶圆基板取代蓝宝石基板开发出高性能蓝白光 LED 原型硅芯片，并保持了相同的照明质量和效率。目前，该款 LED 芯片已经进入试点阶段，在实际条件下接受测试。Osram 表示首批硅晶圆 LED 芯片有望在两年内投放市场。

Osram 在中国申请 LED 领域专利共 47 件（截至 2012 年 9 月），其中发明专利 32 件，实用新型专利 12 件，外观设计专利 3 件。

2. 中国 LED 照明重点企业分析

1）江西联创光电科技股份有限公司

江西联创光电科技股份有限公司（简称联创光电）创建于 1999 年 6 月，2001 年 3 月挂牌上市，总部位于南昌国家高新技术开发区"联创光电科技园"。联创光电在扩大现有产品规模的同时，积极开展新型半导体发光材料、半导体照明用大尺寸高亮度 LED 芯片、大功率 LED 器件、LED 背光源、LED 灯具、LED 汽车灯等产品的研究与开发。在大功率蓝光 LED 芯片研制方面，已着手进行大尺寸/大功率蓝光 LED 芯片的电极图形、新型倒装芯片结构设计及大功率芯片关键制备工艺技术研究工作，取得了较大的进展；在大功率 LED 器件封装技术方面，已进行大功率器件的倒封装工艺技术研究；在 LED 外延材料方面，与日本的光电子企业合作开发新型高光效的半导体发光材料；在 LED 灯具方面，与日本合作开发 LED 全彩室内外装饰照明灯具及系统，另外还与国内高校联合开展了 LED 汽车外置信号灯和车内照明灯具的研究开发。

联创光电在中国申请专利共 18 件（截至 2012 年 9 月），其中发明专利 15 件，实用新型专利 3 件。

2）三安光电股份有限公司

三安光电股份有限公司（简称三安光电）成立于 2000 年 11 月，是全色系超高亮度 LED 外延及芯片产业化生产基地。该公司现拥有 1000～10 000 级的现代化洁净厂房，千余台国内外最先进的 LED 外延生长和芯片制造设备。2010 年，三安光电与奇瑞汽车股份有限公司合资 8000 万元在芜湖经济技术开发区成立芜湖安瑞光电有限公司，该合资公司主要从事 LED 封装、应用，汽车照明灯具及其他应用领域各种相关零部件等产品的设计、生产、销售、服务等业务。

三安光电在中国申请专利共 121 件（截至 2012 年 9 月），其中发明专利 95 件，实用新型专利 26 件。

3）同方股份有限公司

同方股份有限公司（简称同方股份）原为清华同方股份有限公司，成立于 1997 年 6 月 25 日，2006 年 5 月 30 日更名为现名。同方股份以自主核心技术为基础，充分结合资本运作能力，创立了信息技术、能源与环境、应用核电子技术、生物医药四大产业。

LED 是同方股份正在培育的战略性业务。2009 年 11 月，该公司投资 900 万美元（约合人民币 6143 万元）收购同方光电 45% 的股份。2010 年 8 月，该公司投资 30 亿元在江苏南通建设高亮度 LED 应用综合性的产业基地。2011 年 8 月，南通半导体 LED 产业基地建成，一期正式投产。该产业基地每年将形成 20 多亿元的销售收入和近 5 亿元利税，可吸纳 2500 人就业。

# 1.8 节能环保产业发展状况分析

## 1.8.1 世界节能环保产业发展状况分析

1. 世界节能产业发展状况分析

1) 制定强制性能源效率标准、产品标志及认证制度

国际上有关节能的强制性标准一般是能源效率标准，通常由法规设置一个最低能源效率数值，达不到这一数值的产品禁止进入市场。目前，能效标准主要用在建筑、汽车、家用电器和电机上，即强制性能效标准主要针对终端用能产品[21-26,30]。

20 世纪 70 年代，美国通过立法确定了能效标准和标志的合法地位，先后实施了强制性能效标准、标志和自愿性认证（即"能源之星"）制度。1990 年 1 月，第一批强制性能效标准生效；自愿性标志由环保局于 1992 年开始组织实施；1993 年 4 月，时任总统克林顿签署总统令，规定所有联邦机构的政府采购必须是带有"能源之星"标志的产品。

在能效标准方面，日本堪称典范。日本的《节能法》中对各类产品的能耗标准作了严格的规定。在日本《节能法》中有一种"领先产品"能效基准制度，对汽车和电器产品（包括家用电器、办公自动化设备等）分别制定了不低于市场上已有商品的最好能效标准。此外，日本还与美国联合实施了办公设备的能效标志计划。计算机、显示器、打印机、传真机、复印机、扫描仪和多功能驱动器等，如达到美国能效标准的就贴上"能源之星"标志，并相互承认。这一制度的实施，极大地提高了日本终端用能产品的能效。

澳大利亚于 1992 年实施强制性能效标志计划，冰箱、冰柜、空调、洗碗机、洗衣机、烘干机等都是标志对象。从 1998 年起，澳大利亚联邦政府进一步完善能效标志制度，改变星级能效原则和相关家电产品的能效标准，2000 年 9 月启用新的能源标志。澳大利亚还为冰箱、冰柜和电热水器等 3 种家电产品，电动机和组合式商业空调器等 2 种设备，制定和实施了最低能效标准。荧光灯整流器从 2003 年开始实施最低能效标准。

2) 采用经济刺激促进能源节约

经济刺激制度在诸多节能法律制度中占有重要地位，各国在节能领域的经济刺激制度一般是通过运用税收、补贴等经济手段达到促进节能的目的。

美国的《节能法》用四章的篇幅规定了节能的激励措施。激励措施呈现多样化的特点，包括现金补贴、税收减免和低息贷款等。自 2003 年以来，美国对能源效率、替代燃料和可再生燃料等领域实施减免能源税政策。对新建建筑和各种节能型设备根据所判定的能效指标不同，减税额度分别为 10% 或 20%。

英国则是采取对节能设备投资和技术开发项目给予贴息贷款或免（低）息贷款的方式。在 2002 年节能基金的 2 亿英镑预算中，25% 用于了贴息、贷款，其中 1000 万英镑是无息

贷款。在税收政策方面，英国从 2001 年开始征收能源税，电力为 0.043 镑/千瓦时、天然气为 0.015 镑/千瓦时（根据热当量换算）。另外，企业也可以与政府签订节能目标和二氧化碳减排目标，凡实现目标的企业可以减免 20％能源税。

3）不断研发能源节约新技术，广泛推广节能产品

主要发达国家十分重视能源节约新技术的研发和节能产品的广泛推广。美国 2003 年出台的《能源部能源战略计划》把"提高能源利用率"上升到"能源安全战略"的高度。根据该计划，2005～2010 年，美国政府提供 200 亿美元发展能源技术。德国政府努力推动能源公司实施"供热供电结合"计划，鼓励能源公司将发电的余热尽可能用于供暖，提高能源使用效率，另外，德国不断开发出新的矿物能源发电技术（高压煤尘焚烧技术、煤炭气化技术等），使矿物能源发电效率不断提高。1999 年，德国电力生产部门传统矿物能源的平均有效利用率为 39％，采用新技术后，预计到 2020 年将提高到 55％。

4）努力完善建筑节能技术规范

由于建筑供暖和供水消耗的能源占其能源消耗总量的三分之一左右，所以德国十分重视建筑设施的节能，其住宅节能技术的研究与应用，处于国际领先地位。2002 年 2 月 1 日，德国开始实行新的《建筑节能规范》（EnEV2002），该节能规范体现了德国最新建筑节能技术研究成果，有很强的实际操作性。该规范对新建住宅实行以建筑面积为基准的耗能标准控制，并规定了建筑体形系数（建筑外表面积与其包围的采暖体积的比值）相对应的建筑物最大允许能耗标准和建筑物最大允许平均散热系数，以及一系列具体实施管理措施。

5）不断提高能源使用效率

加拿大是建筑节能领域能源使用效率比较高的国家，在建筑设计过程中采用了一系列高新材料和技术，对不同层次的房屋采取了不同的节能技术。例如，将高质量的混凝土、新型的保温材料进行有机的结合，使住房的环境得到改善；墙体一般采用阻燃性发泡聚苯乙烯、玻璃棉或岩棉等保温材料同其他墙体复合而成；在门窗的保温方面，窗多是双层的，也有三层的，也有的在窗与边框之间装有双腔的橡皮密封条，使保温性能更佳。

2. 世界环保产业发展状况分析

1）环保产业发展迅速

自 20 世纪 70 年代以来，美国、德国、日本、以色列、芬兰、加拿大、澳大利亚等国家的环保技术一直处在世界领先地位。进入 21 世纪，全球环保产业开始进入快速发展阶段，逐渐成为支撑产业经济效益增长的重要力量，并正在成为许多国家革新和调整产业结构的重要目标。美国、日本和欧洲的环保产业成为全球环保市场的主要力量。在美国，环保产业已经成为其经济发展的一个支柱产业，规模已经超过航天、计算机、纺织业。日本环保产业在洁净产品设计和生产方面发展迅速，如绿色汽车和运输设备生产居世界前列，2010 年日本环保产业的产值为 354 亿美元。

2）环保技术与产品高科技化

目前，新材料技术、新能源技术、生物工程技术正源源不断地被引进环保产业[31]。

（1）大气污染控制技术。大气污染控制技术主要可以分为除尘技术、脱硫脱氮技术、废弃有害物质去除及脱臭技术等几个方面。除尘装置的研发正逐渐引入现代电子技术，电

除尘装置的开发正在向脉冲电荷技术发展。日本开发了超高压宽间距除尘器、双区电除尘器；美国则应用蒸汽除尘器、三电极板电除尘器、带屏蔽网电除尘器等。除此之外，一些新的除尘技术正处在研究和试验阶段，如声波辅助青灰、微粒凝聚技术、高压蒸汽喷射、带电湿式除尘和复合式除尘等，这些新技术将为传统的除尘器领域注入新的活力。脱硫脱氮技术和设备主要用于电力工业，其中，烟气脱硫技术用于集中燃烧高硫煤的电厂，主要包括湿式烟气脱硫、干式烟气脱硫、喷雾式烟气脱硫及流化床燃烧脱硫等。在脱氮技术方面，日本和欧洲普遍采用选择性催化还原系统（SCR），其氮氧化物去除率已达 60%～80%；美国则采用选择性非催化还原系统（SNCR）的最新改进系统，使氮氧化物去除率提高到 80%。同时减少氮氧化物和二氧化硫的先进技术尚处于研究阶段。

（2）水污染控制技术。水污染控制主要包括工业废水处理和城市污水处理。工业废水处理技术主要包括物理法、化学法、生化法和物化法。其中，在物理法技术应用方面，英国开发研制的超滤设备被世界各国广泛应用于造纸、食品等工业的废水深度处理中；日本大忘造纸公司已建成世界上最大的超滤废水处理装置；美国大约有 10 个反渗滤和超滤系统用于核工厂。在生化法技术应用方面，美国杜邦公司开发研制的活性污泥——粉末活性炭用于城市污水处理，由于其氮、磷去除率高而被美国环保局加以推广。城市污水处理技术和设备基本与工业废水相似。发达国家对城市污水大多采用建立污水处理厂集中处理的方法，其城市污水处理率普遍达到 60%以上，城市污水处理厂普及率达 90%以上。

（3）固体废弃物处理技术。固体废弃物主要包括工业废弃物和城市垃圾。工业废弃物的处理方法主要有回收、填埋、焚烧、中间储存和国外处置等。随着对固体废弃物立法和管理制度的不断加强，发达国家普遍把研究和技术开发置于优先地位，首先尽量养活废弃物的发生量，其次对产生的废弃物加以充分循环利用，最后才是处理或处置。城市垃圾的处理主要采用卫生填埋法、堆肥法和焚烧法等。在治理"白色污染"方面，发达国家除严格立法以禁止或限制使用一次性塑料制品之外，主要依靠高新技术开发光降解塑料、全生物降解塑料和光/生物双解塑料；另外，通过遗传工程培育植物塑料技术有望取得突破性进展。

3）环保市场竞争激烈

目前，全球环保市场竞争异常激烈。美国的脱硫、脱氮技术，日本的除尘、垃圾处理技术，德国的污水处理技术，在世界上遥遥领先。在无氟制冷技术方面，美国和欧洲展开了争夺，日本和欧洲在资源回收上进行角逐。由于发展中国家的环境技术明显落后，其环境市场也成了发达国家争夺的对象。发达国家纷纷采取措施，鼓励环保技术的出口。在美国，环保产品享受出口免税、出口信贷优惠；在日本，政府提出以 21 世纪绿色地球为新主题的"绿色地球百年行动计划"，积极扶持环保产业；德国历届政府都把环境领域置于优先发展的地位。此外，其他国家，如荷兰、澳大利亚、意大利等在环境技术上都拥有各自的优势。

3. 世界资源循环利用产业发展状况分析

再生资源产业目前在世界范围内已成为朝阳产业，得到迅速发展。西方主要发达国家年再生资源回收总值已超过 5000 亿美元，废金属的平均回收率为 40%～50%，废钢铁为 60%～70%，废铜为 60%，废纸为 70%。西方各国再生金属产量占金属总产量的 40%～

50％，冶炼钢铁三分之二的原料为废钢铁[32]。

欧盟国家对废弃物的回收一直处于世界领先水平。2001 年时欧盟国家有色金属的回收率已达到 34.7％，包装物的回收率也较高，为 40.75％，其中德国最高，为 65％。在欧盟国家中，德国再生资源利用处于领先地位，德国 95％的矿渣都得到重新利用[33]。

在亚洲，日本是再生资源产业发展较快的国家，已经建立起庞大的废旧物资回收网络和成熟的交易市场，工业废弃物回收率有的已达到 90％，生活废弃物的回收率达到 25％～30％，再生铝已经占金属铝总产量的 98％以上。

## 1.8.2　中国节能环保产业发展状况分析

### 1. 中国节能产业发展状况分析

#### 1）节能产业建设粗具规模

节能是我国经济社会发展中的长期战略，已成为能源可持续发展战略的重要组成部分[34-37]。"十一五"期间，规模以上企业单位工业增加值能耗累计下降 26％，单位工业增加值用水量下降 36.7％，工业化学需氧量及二氧化硫排放总量分别下降 17％和 15％。五年中，全国规模以上工业六大高耗能行业累计节能近 4 亿吨标准煤，对全社会节能贡献超过 60％。

#### 2）大量节能装备设备投入使用

我国低温低压余热发电、焦炉煤气提氢、节能低压合成氨、大中型硫酸生产低温位热能回收、新型阴极结构铝电解、低温余热能量转换器等技术和装备，关键节能技术装备铸造、锻压、热处理等基础工艺和设备等的研发和产业化示范逐步形成规模。许多节能装备不仅拥有自主知识产权，而且已经初步得到推广应用。

#### 3）建筑节能产业潜力巨大

建筑业已成为我国耗能最多的行业之一。2005～2010 年，我国全面启动建筑节能和推广绿色建筑，平均节能率达到 50％。"十二五"期间，我国将进一步提高建筑节能标准，平均节能率要达到 65％。可见，我国建筑节能的潜力巨大。

#### 4）光伏建筑一体化及并网光伏发电前景广阔

在世界光伏市场推动下，我国光伏企业不断成长壮大，资本不断进入，出现了一批新兴的光伏产业群体，使我国光伏产业正朝着专业化、规模化、国际化方向发展。由于科技水平制约，"原材料依赖外国进口、产品依赖外国市场"，这一"两头在外"的困境令中国光伏发电行业承受着多年的煎熬。近两年来，中国光伏行业加快了结构调整的步伐，加大了技术研发的投入，光伏行业状况逐渐走上了健康发展之路。

#### 5）LED 产业已形成四大片区、七大基地的格局

我国 LED 产业初步形成较为完整的产业链，并拥有巨大的照明产业和市场，是世界照明电器生产大国和出口大国之一。随着企业生产规模的扩大及新的芯片公司的陆续进入，国内自产供应率逐年提升。目前，我国 LED 产业已经形成了四大片区（珠江三角洲、长江三角洲、福建-江西地区、北方地区）、七大基地（大连、上海、深圳、南昌、厦门、扬州、石家庄）的产业格局，并呈现出北方研发机构集中、研发力量强，南方产业化能力强、应

用发展快的特点。"国家半导体照明工程"的正式启动，标志着中国高亮度 LED 产业进入加速发展阶段，为 LED 产业的发展提供了良好的契机。

6）节能服务产业投资规模大幅增加

根据中国节能协会节能服务产业委员会（EMCA）的统计数据，我国节能服务产业综合节能投资由 2003 年的 11.48 亿元，增长到 2009 年的 277.99 亿元，增长了 24 倍。其中，合同能源管理（EPC）项目有 3915 个，占项目总数的 64.6%，投资额达 26.5 亿元。这些节能项目包括锅炉、热网、供热系统、空调系统、照明、电机、配电系统、窑炉、蒸汽（空气）锤等用能系统设备的节能改造和余热回收利用项目。

2. 中国环保产业发展状况分析

1）环保产业规模迅速扩大

我国环保产业自 20 世纪 70 年代起步，经过 30 多年的发展，目前已经成为涵盖环保产品生产、资源综合利用、环境保护服务、洁净产品生产、生态产业等领域的一个综合性产业[38-40]。在环保投资方面，2009～2012 年，环保投资合计约为 2.3 万亿元，拉动环境污染治理设施运行费用 7800 亿元。

2）环保产业技术水平不断提高

近年来，我国环保技术开发、改造和推广的力度不断加大，环保新技术、新工艺、新产品层出不穷，各种技术和产品基本覆盖了环境污染治理和生态环境保护的各个领域。在大型城市污水处理方面，我国已具备自行设计、制造关键部件及设备成套化能力。有机垃圾堆肥技术和设备方面在传统产业优势的基础上，经过不断技术创新，达到了国际先进水平。工业一般废水治理技术和工业消烟、除尘、脱硫技术等已接近当代国际水平。在资源综合利用方面，工业废渣特别是粉煤灰、煤矸石和磷石膏的综合利用技术已达国际先进水平，从有机废液中提取蛋白饲料技术、利用废轮胎生产炭黑技术、空气冷冻废橡胶制胶粉技术等也达到了世界先进水平。

3）环保产业领域不断扩大

从环保设备（产品）的生产和经营看，20 年前环保设备（产品）的种类和数量都很有限，主要是一些常规的工业废水处理设备、除尘设备及基本的环境监测分析仪器等。近几年环境服务领域不断扩大，出现了一大批适应市场经济发展要求、按市场经济规律运作的专业化的环保设施运营企业。目前，环保产品的品种达到了 3000 多种。城市污水处理设备、高效布袋除尘设备、高精度在线环境监测仪器仪表、一些性能优良的特殊环保材料等得到较快发展。各种废弃资源的利用途径得到拓宽，产品品种不断增多，资源化产品质量和附加值不断提高。

4）环境服务业发展较快

随着环保执法力度的加大和群众环境意识的提高，以及城市环保设施的建设和运营，环境服务市场需求不断扩大，服务的范围由过去以技术和咨询服务为主，拓展到环保工程总承包、环保设施专业化运营、投融资及风险评估等方面。城市污水处理厂建设运营市场化步伐加快，采用 BOT、BOO、TOT 等模式建设运营污水处理厂，成为环境服务的热点。沿海地区印染、电镀等污染型中小企业进入工业园区，高浓度废水集中处理，环保设施由专业化公司运营管理，已成为一个趋势。在城市环保设施建设和运营管理上，出现政府融资、企业化运营，政府引导、民间投资，政府资助、企业投资，民间集资、企业化管理等多种模式，这在沿海地区已经成为环境服务业的一项重要内容。江苏、浙江、广东等沿海地区，出现一大批适应市场经济需要的、按市场经济规律运作的环保设施专业化运营企业，全国有这类经过资质认定的企业 300 多家。专业化运营不仅提高了环保设施的使用效率，改善了环境质量，也促进了环境服务业的发展。

3. 中国再生资源循环利用产业发展状况分析

1）再生资源产业发展粗具规模

目前，全国再生资源行业共有回收网点 20 万个，回收利用加工企业 1 万多家，从业人员 1800 万人。2009 年，我国国内再生资源回收总量达 1.43 亿吨，较 2008 年增长 16.3%。回收总价值达到 4527 亿元，较 2008 年增长了 14.4%。进口 6120 万吨，比 2008 年的 4473 万吨增加了 37%，较 2006 年几乎翻了一番。我国再生资源回收情况如表 1-40 所示。

**表 1-40　我国再生资源回收情况表**

| 名称 | 单位 | 2006 年 | 2007 年 | 2008 年 | 2009 年 |
| --- | --- | --- | --- | --- | --- |
| 废钢铁 | 万吨 | 6.550 | 7 010 | 7 060 | 7 620 |
| 废有色金属 | 万吨 | 207 | 228 | 196 | 361 |
| 废塑料 | 万吨 | 700 | 800 | 900 | 1000 |
| 废纸 | 万吨 | 2 262 | 2 765 | 3 128 | 3 423 |
| 废轮胎 | 万吨 | 221.6 | 298.43 | 14.3 | 860 |
| 废旧电子电器 | 万吨 | 138.5 | 180.2 | 259.7 | 280 |
| 报废汽车 | 万吨 | 180 | 168 | 391 | 437 |
| 报废船舶 | 万轻吨 | 12.4 | 28.7 | 69.4 | 323 |
| 合计 | 万吨 | 10 271.5 | 11 478.3 | 12 318.4 | 14 304 |

资料来源：刘强，张艳会 . 2011. 再生资源行业发展的现状和机遇 . 中国资源综合利用，29（1）：22-26

2）再生资源产业发展取得显著经济效益

2006 年，我国回收利用各类废物相当于节能 11 484.19 万吨标准煤，占当年能耗（24.6 亿吨）的 4.66%；减少 $SO_2$ 排放 239.71 万吨，占排放总量（2594 万吨）的 9.24%；减少 COD 排放 125.8 万吨，占 COD 排放总量（1431 万吨）的 8.79%[41]。

3）提供大量就业机会带动地方经济发展

全国再生资源回收企业达 5000 多家，回收网点 16 万个，回收加工厂 3000 多个，从业人员超过 1000 万人[42]。我国长江三角洲、珠江三角洲地区出现很多废物回收和拆解企业，不仅吸收了大量劳动力就业，也促进了地方经济发展和社会稳定。在北京的再生资源行业中，大约有 20 万人从事废旧物资回收，200 万周边地区的人口从事加工利用工作，对带动相邻地区经济发展起到了积极作用。

4）再生资源回收加工利用技术水平进一步提高

近年来，我国废旧物资回收企业基本摒弃了"收进来、卖出去"的传统经营模式，采取了清洗、除油、去污、干燥、拆解、剪切、打包、破碎、分选、除杂等加工预处理手段，加工生产各类再生原料，并逐步朝产业化方向发展。在铂族金属回收利用工艺研究上，我国已充分运用现代分离提取技术，实现了高效回收和提纯。某些废旧物资（如含贵金属废料）的回收利用技术、废橡胶制取超细胶粉、废塑料生产化工涂料等回收利用技术已接近或达到国际水平。

### 1.8.3 节能环保产业发展中存在的问题

#### 1. 产业政策、法律法规标准体系尚待完善

目前尽管国家及地方政府已经出台了一系列推动战略性新兴产业发展的政策及措施，但是我国节能环保产业的相关激励机制还不完善，导致相应扶持政策比较匮乏。此外，我国还需要完备节能环保产业的法规及标准体系。

#### 2. 金融服务体系没有建立健全

2010 年，国务院发布《关于加快推行合同能源管理促进节能服务产业发展的意见》，指出合同能源管理是发达国家普遍推行的、运用市场手段促进节能的服务机制。节能服务公司与用户签订能源管理合同，可以大大降低用能单位节能改造的资金和技术风险，充分调动用能单位节能改造的积极性，是行之有效的节能措施。但是由于我国在节能环保领域的政策和配套措施存在诸多不足，在现行预算及财务管理制度下，公共机构支付的节能服务费用在现有公共财政管理体系中没有明确的支出科目；实施合同能源管理项目形成的资产转移给用能单位时会计处理不统一；此外，也出现了很多金融机构对合同能源管理缺乏真正认识的弊端，致使当前节能环保产业的投融资环境并不乐观，资金渠道阻塞。

#### 3. 技术研发投入不足，产业自主创新能力较弱

发展低碳经济，必须依赖持续不断的技术创新和产业化应用。虽然我国在节能环保产业相关关键技术研发水平和创新能力方面有所提高，但总体上仍然明显落后于发达国家。节能环保产业技术性本身要求较高，我国节能环保产业目前还缺乏核心竞争力，主要是因为研发投入少，在科技力量、实验设置条件、科研实力等方面与发达国家相比存有不小的差距。

#### 4. 观念意识有待提高

出于经济成本问题的考虑，我国诸多企业缺乏节能和环保意识，尤其是中小型企业认为节能减排政策对企业的自身发展是一种约束，尚未建立真正科学的企业发展理念。此外，很多节能先进适用技术的投资风险较高，经济效益却较差，很多中小企业由于规模和资金的限制，不仅节能技术科技研发能力较弱，而且严重缺乏引进先进技术的动力。

# 1.9
## 结论与建议

当前，全球能源资源紧缺已成为人类经济社会发展面临的重要挑战，我国正处在经历

经济结构调整的关键时期。在追求低碳与经济协同发展的背景下，节能环保产业无疑具有巨大的优势和发展前景。我国节能环保产业体系虽已初步形成，拥有一批较为成熟的常规节能环保技术和装备。但随着节能环保产业的迅速发展，一些问题也逐步出现。例如，节能环保企业普遍缺乏对产业发展有重大带动作用的节能环保关键技术和共性技术，自主创新能力弱，拥有自主知识产权和品牌、核心竞争力强的企业少，产品和服务的附加值低，对产业链拉动效果不明显，长远发展受制于国外等。为了促进我国节能环保产业的可持续发展，初步建议如下。

（1）推进节能环保体制机制建设。节能环保产业市场是政策驱动型市场，结合我国国情，借鉴发达国家的有益经验，从而建立健全管理体制、市场机制和保障体系，特别是要重视和强化节能环保技术，产品及服务的标准化、系统化工作，大力制定完善我国主导的相关标准体系，引导产业朝着规范化、规模化、高水平、高效益方向发展。

（2）修改并完善法规体系。建立完善促进节能环保产业健康发展的综合法规标准体系。修订完善节能环保相关法律法规；提高节能环保准入标准，加大重点领域节能环保标准的研究、制定和修订，进一步健全节能环保标准体系；建立行业准入许可制度，提高准入门槛，促使企业高起点投入，保障节能环保产业健康发展，增强行业整体竞争力；加强节能环保工作执法队伍建设，形成一个良好的监督机制。

（3）加强节能环保技术研发和示范推广。完善节能环保技术创新体系，建立政府指导下的以企业为主体、以市场为导向，形式多样化，符合国情的产学研战略联盟，组建一批国家级的节能环保工程实验室和国家重点实验室，强化节能环保基础性、前沿性和贡献性研究平台建设，增强自主创新能力。

（4）建立技术交易机制和技术交易市场。建立技术交易机制和技术交易市场，是提升节能环保技术水平、发展这一新兴产业的关键之一。通过交易机制和交易市场推动节能技术、设备、产品的研发和应用，帮助节能环保技术资源在中小企业和大企业间合理配置，有效推动节能环保产业的发展。

（5）培育专业化大型企业，提高产业集中度。大企业是节能环保市场的主力，具有资金雄厚、技术先进、管理科学等优势。政府有关部门应积极推动资产重组、产业整合，形成全国性的或区域性的节能环保专业化集团。

（6）大力扶持节能环保科技型中小企业。节能环保科技型中小企业具有创新热情高、市场反应快、投入成本低、经营机制灵活等特点，是技术创新的主要源泉之一。其发展难点在于技术的产业化和市场化。把目前各部门分散扶持中小企业技术进步的计划、基金加以有效整合，提高专业化管理运作水平；鼓励节能环保领域大型企业对中小企业开展并购、风险投资等。

# 参 考 文 献

[1] 江苏省经济和信息化委员会，江苏省环保厅.江苏省节能环保产业发展规划纲要（2009—2012 年）. http://www.jiangsu.gov.cn/tmzf/zfgb/2010/9/szfbgtwj/201005/t20100531 _ 459528.html［2011-04-02］.

［2］ International Energy Agency. World Energy Outlook 2009. http：//www. iea. org/textbase/nppdf/free/2009/weo2009. pdf ［2011-4-2］.

［3］ 江苏省建设节约型社会领导小组办公室. 发展再生资源产业的世界潮流与对策建议. http://www. jsdpc. gov. cn/pub/jsdpc/jyxsh/gzdt/200803/t20080306 _ 74033. htm ［2011-04-02］.

［4］ 华创证券研究所. 电力节能：电力电子技术是节能产业腾飞的关键. http：//www. microbell. com/UpFile/2010 _ 12/20101222133721708. pdf ［2011-4-8］.

［5］ 王金南，逯元堂，吴舜泽，等. 国家"十二五"环保产业预测及政策分析. 中国环保产业，2010，(6)：24-29.

［6］ 中国资源综合利用协会. 中国再生资源产业技术创新战略联盟在北京成立. http：//www. carcu. org/html/xiehuigongzuo/2009/1028/3825. html ［2011-4-8］.

［7］ Ketchun L H. First Cost Analysis of Sequencing Batch Biological Reactors. J. WPCF, 1979, 51 (2)：51-56.

［8］ 王凯军，宋英豪. SBR 的发展类型及其应用特征. 中国给水排水，2002，18 (7)：23-26.

［9］ 杨云龙，程启斌. SBR 工艺的现状与发展. 工业用水与废水，2002，33 (2)：1-3.

［10］ 方先金. SBR 工艺特性及讲解过程研究. 给水排水，2000，26 (7)：18-21.

［11］ 罗万申. 新型污水处理工艺——MSBR. 中国给水排水，1999，15 (6)：22-24.

［12］ 程晓如，魏娜. SBR 工艺研究进展. 工业水处理，2005，25 (5)：10-13.

［13］ 羊寿生. 一体化活性污泥法 UNITANK 工艺及其应用. 给水排水，1999，12 (3)：60.

［14］ 顾平. 中空膜生物床处理生活污水中的中试研究. 中国给水排水，2000，16 (3)：3-8.

［15］ 张军. 复合浸没式中空膜生物反应器处理生活污水的特性研究. 中国给水排水，1999，15 (9)：13-16.

［16］ 何富强. 水玻璃旧砂湿法再生污水处理系统研究. 华中科技大学硕士学位论文，2008.

［17］ 赵耀，等. 浅析氧化沟污水处理技术. 中州建设，2006，(7)：60，61.

［18］ 李汉章. 建筑节能技术指南. 北京：中国建筑工业出版社. 2006.46-100.

［19］ 许志中，曹双梅，郭红. 我国建筑节能技术的研究开发与发展前景探讨. 工业建筑，2004，34 (4)：73-75.

［20］ 方志烈. 半导体照明技术. 北京：电子工业出版社. 2009，244-245；282-284.

［21］ 李国华. 国外节能现状分析及对中国的启示. 科学与管理，2007，(5)：19-21.

［22］ 窦义粟，于丽英. 国外节能政策比较及对中国的借鉴. 节能与环保，2007，(1)：26-29.

［23］ 刘虹. 国外工业节能政策与措施. 中国能源，2007，29 (3)：41-43.

［24］ 其峰辑. 国外节能面面观. http：//finance. sina. com. cn/g/20050707/0342183225. shtml ［2011-10-8］.

［25］ 王灿发. 国外的节能立法及其借鉴意义. 世界环境，2007，(3)，49-50.

［26］ 中国科学院可持续发展战略研究组. 中国可持续发展战略报告 2011. 北京：科学出版社. 2011，49，50.

［27］ 翁均飞. 构建竞争优势 拉动产业升级 诸暨打造环保装备产业集群. 浙江日报，2012，第 20 版.

［28］ 宜兴科技. 国家火炬计划环保装备制造及服务特色产业基地落户我市. http：//www. yxs. gov. cn/kjxw/kjdt/2399. shtml ［2011-11-02］.

［29］ 何芬. 湖北省科技厅副厅长王东风到青山高新技术创业中心调研. http：//www. hubei. gov. cn/yghb/xw03c/200801/t20080104 _ 43961. htm ［2011-11-02］.

［30］ Galitsky C, Price L, Worrell E. Energy efficiency programs and policies in the industrial sector in industrialized countries. Environmental Energy Technologies Division，LBNL54068，2004.

［31］ 中国环境保护产业协会. 发达国家环保产业发展现状及特点. http：//www. caepi. org. cn/highlights/26058. shtml ［2011-10-10］.

［32］江苏省发展和改革委员会．宋林飞：发展再生资源产业的世界潮流与对策建议．http：//www.jsd-pc.gov.cn/pub/jsdpc/jyxsh/xcjy/200804/t20080409_78930.htm［2011-10-12］.

［33］王卫权，尹菁菁．再生资源及产业．http：//www.bjqx.org.cn/qxweb/n19362c117.aspx［2011-10-12］.

［34］王晏，韩宏伟．LED 照明产业的现状与前景分析．青海科技，2010，(5)：18-22.

［35］康艳兵，张扬，尹志芳．我国节能服务产业的发展现状与展望．中国能源，2010，32 (8)：29-32.

［36］中国科学院可持续发展战略研究组．中国可持续发展战略报告 2011．北京：科学出版社．2011.42-47.

［37］中华人民共和国工业和信息化部规划司．工业转型升级规划系列解读材料（二）．http：//ghs.miit.gov.cn/n11293472/n11294974/n11296767/14451622.html［2012-02-10］.

［38］赵鹏．我国环保产业发展现状及对策建议．中国经贸导刊，2004，(15)：28-29.

［39］刘晶．我国环保产业的发展现状、问题与对策．海南师范大学学报（社会科学版），2011，24 (5)：78-81.

［40］李强，王晓伟，雷克刚．我国环保产业发展现状与未来发展之路．科技创新导报，2011，(08)：145.

［41］周宏春．我国再生资源产业发展现状与存在问题．中国科技投资，2010，(4)：22-24.

［42］周宏春，河北省政府信息公开平台．2008-05-27．促进我国再生资源产业发展的思路与对策．http：//www.hebei.gov.cn/article/20080527/981109.htm［2011-12-07］.

# 第 2 章

## 新一代信息技术产业技术分析

# 2.1 / 新一代信息技术产业相关概述

## 2.1.1 新一代信息技术产业定义

新一代信息技术产业的主要培育和发展内容如下：加快建设宽带、泛在、融合、安全的信息网络基础设施，推动新一代移动通信、下一代互联网核心设备和智能终端的研发及产业化，加快推进三网融合，促进物联网、云计算的研发和示范应用；着力发展集成电路、新型显示、高端软件、高端服务器等核心基础产业；提升软件服务、网络增值服务等信息服务能力，加快重要基础设施智能化改造；大力发展数字虚拟等技术，促进文化创意产业发展[1]。

## 2.1.2 新一代信息技术的主要研究领域

新一代信息技术研究领域分为六个，分别是下一代通信网络、物联网、三网融合、新型平板显示、高性能集成电路和以云计算为代表的高端软件[2]。各个领域的定义及研究要点如表 2-1 所示。

表 2-1　新一代信息技术的主要研究领域概述

| 研究领域 | 定义 | 要点 |
|---|---|---|
| 下一代通信网络 | 以软交换为核心的，能够提供语音、数据、视频和多媒体业务的基于分组技术的综合开放的网络架构 | 开放的网络构架体系，基于业务驱动和统一协议的分组网络 |
| | | 光网络的建设、软交换及 3G 通信网络的建设 |
| 物联网 | 按约定的协议，把任何物体与互联网相连接，进行信息交换和通信，以实现对物体的智能化识别、定位、跟踪、监控和管理 | 射频识别技术（RFID） |
| | | 传感器技术 |
| | | M2M 技术 |
| 三网融合 | 电信网、有线电视网和计算机通信网的相互渗透和兼容并逐步整合成为全世界统一的信息通信网络 | 在同一的 IP 网上进行信息的传输与交流 |
| | | 实现网络资源的共享，避免低水平的重复建设 |
| | | 形成适应性广、容易维护、费用低的高速带宽的多媒体基础平台 |
| 新型平板显示 | 平板显示技术的发展方向，以柔性平板显示技术为代表 | 有机发光二极管（OLED） |
| | | 激光显示 |
| | | 三维立体显示 |
| | | 电泳显示 |
| 高性能集成电路 | 采用半导体制作工艺，在一块较小的单晶硅片上制作许多晶体管及电阻器、电容器等元器件，并按照多层布线或隧道布线的方法将元器件组合成完整的电子电路 | 小型集成电路，晶体管数 10～100 个 |
| | | 中型集成电路，晶体管数 100～1000 个 |
| | | 大规模集成电路，晶体管数 1000～100 000 个 |
| | | 超大规模集成电路，晶体管数超过 100 000 个 |
| 云计算 | 一种计算模式，在这种模式中，应用数据和 IT 资源以服务的方式通过网络提供给用户使用 | 平台即服务（PaaS） |
| | | 软件即服务（SaaS） |
| | | 基础设施即服务（IaaS） |

资料来源：根据《中华人民共和国国民经济和社会发展第十二个五年（2011—2015 年）规划纲要》整理

## 2.1.3　新一代信息技术市场容量

### 1. 下一代通信网络市场容量分析

随着 3G（第三代移动通信技术）网络的大规模建设、IPv6（互联网协议第 6 版）的试用和建设，中国移动、中国电信等国内运营商对光通信相关设备的需求进一步高涨，光通信行业迎来了黄金发展时期。

按照现在宽带接入用户总数每年 22％的稳定增长速率，到 2013 年年底[①]，我国光纤用户的渗透率将占宽带用户的 50％，2010～2013 年光纤到户（FTTH）和光纤到楼（FTTB）用户复合增长率将达到 55.4％。

移动互联网方面，中国移动互联网已步入快速发展轨道，这不仅体现为用户规模持续地快速增长，也体现为移动互联网产品和应用服务类型不断丰富。2011 年中国移动互联网市场规模达 393.1 亿元，同比增长 97.5％，这主要受益于移动电子商务的大力推动。在外部环境方面，移动互联网网络环境有所改善，智能手机用户规模快速增长，"无线城市"正在积极打造；在内部因素方面，移动互联网的参与者众多，移动营销、移动游戏等细分领域都有不同程度的增长，并且细分领域之间相互促进，共同增长。2007～2015 年移动互联网的市场容量及预测如图 2-1 所示。

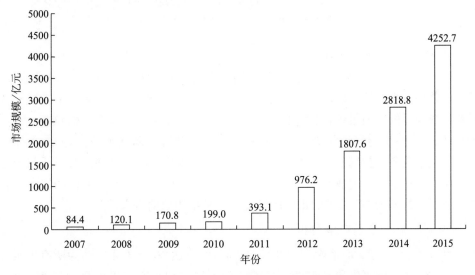

图 2-1　2007～2015 年移动互联网产业市场容量及预测

资料来源：根据 DCCI 互联网数据中心相关资料整理

### 2. 物联网市场容量分析

中国物联网产业呈现出良好的发展态势。2009 年，中国物联网市场规模达到 1933 亿元，增长率达 61.1％。据赛迪顾问预计，到 2013 年，中国物联网市场规模将达到 4896 亿元，2010～2013 年中国物联网市场增长率都将保持在 30％以上。

新华社在"2010 中国国际物联网（传感网）大会"上发布的《2009～2010 年中国物联

---

① 本书成稿于 2012 年，部分数据未更新

网年度发展报告》预测，至 2015 年，中国物联网整体市场规模将达到 7500 亿元，年复合增长率超过 30%。其中，2009～2015 年的物联网市场容量及预测如图 2-2 所示。

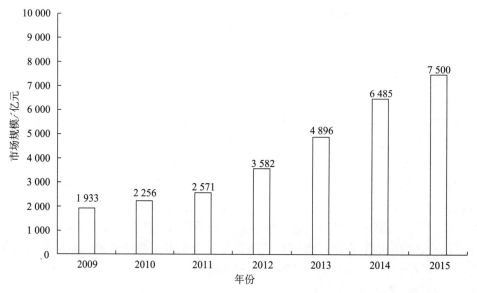

图 2-2　2009～2015 年物联网产业市场容量及预测
资料来源：根据工业和信息化部相关资料整理

### 3. 三网融合市场容量分析

根据国务院三网融合领导小组估算，三网融合将启动的相关产业市场规模达 6880 亿元。其中，电信宽带升级、广电双向网络改造、机顶盒产业发展，以及基于音视频内容的信息服务系统建设的有效投资，估算达 2490 亿元；可激发和释放社会的信息服务与终端消费近 4390 亿元；数字内容开发制作、机顶盒生产与安装等将新增就业岗位 20 万个，由此推动的固网宽带业务将拉动 GDP 增长 0.8 个百分点。随着三网融合的发展，手机电视和互联网电视业务也将进入快速成长阶段，两者作为广播电视网内容承载平台的转移，在三网融合的号令下，将成为 3G 需求的重要内容支撑，满足用户的需求。

### 4. 新型平板显示市场容量分析

2011 年，有机发光二极管显示（OLED）面板产值达 40 亿美元，约为所有平板显示器产值的 4%；2018 年则将创造超过 200 亿美元产值，达到了所有平板显示器产值的 16%。此外，OLED 应用在照明上也自 2011 年开始起飞，OLED 照明预计到 2018 年将达到 60 亿美元产值。NPD DisplaySearch 预测 AMOLED（主动矩阵有机发光二极管显示面板）TV 将于 2017 年达到 1000 万台以上的规模，如图 2-3 所示。

虽然在 AMOLED TV 量产初期会有规模经济不够、量产稳定性不够及成本过高等问题，但在电视品牌厂商追求产品差异化的动机之下，预计将会有策略性的 AMOLED TV 定价方式，以刺激终端市场消费者的购买动机。

电子纸、激光投影等新型显示技术也开始呈现可观的市场机遇。电子纸面板的数量将由 2009 年的 2000 万片增长到 2015 年的 8 亿片，产值将由 2009 年的 4 亿美元增长到 2015 年的 60 亿美元，并将在 2018 年接近百亿美元，而且激光投影电视也已开始进入市场。

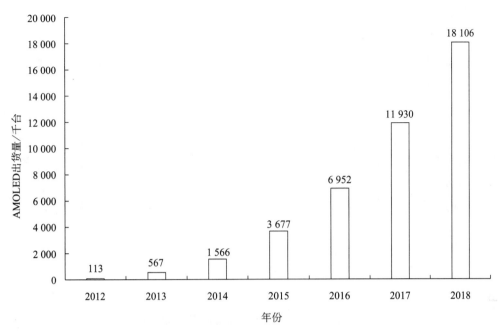

图 2-3 AMOLED TV 出货量预测

资料来源：根据 Display Search《OLED 技术与市场趋势报告》整理

### 5. 高性能集成电路市场容量分析

2010 年全球集成电路市场规模为 2983.2 亿美元，市场增速达 31.8%，是继 2000 年以来市场增速最快的年份之一，在经历了 2009 年的下滑之后，市场大幅反弹，结束了连续多年来的低迷发展态势。

中国集成电路市场方面，2010 年市场增速达 29.5%，实现销售额 7349.5 亿元，是继 2005 年之后市场增速最快的一年。市场的反弹得益于全球经济的复苏，市场对下游整机电子产品的需求旺盛，从而带动对上游集成电路产品的需求。

进口方面，根据中国海关总署的统计数据，2010 年，中国集成电路进口额达 1569.9 亿美元，同比增速为 31.0%；出口方面，中国集成电路 2010 年出口额为 292.5 亿美元，同比增速为 25.5%。可以看出，中国集成电路产品进出口差额较大，中国所需的集成电路多数仍然需要进口。

2011 年，受日本地震及泰国水灾的影响，集成电路行业发展放缓，其规模基本与 2010 年持平。2012 年，全球半导体市场再现负增长，为 2916 亿美元，比 2011 年下降了 2.7%。国内集成电路产业在宽带提速、家电下乡等宏观政策影响下好于全球市场，其市场规模及预测如图 2-4 所示。

### 6. 云计算市场容量分析

2010～2013 年，云计算应用将以政府、电信、教育、医疗、金融、石油石化和电力等行业为重点，云计算在中国市场逐步被越来越多的企业和机构采用，市场规模也从 2010 年的 167.31 亿元增长到 2013 年的 1174.12 亿元，年均复合增长率达 91.5%。其市场规模及预测如图 2-5 所示。

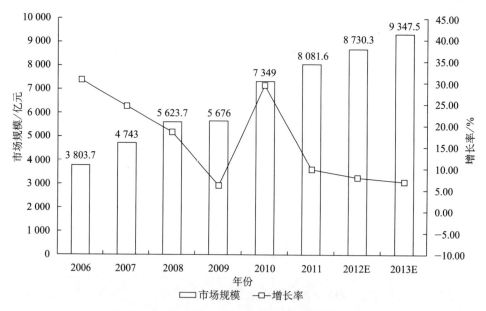

图 2-4　2006～2013 年中国集成电路市场规模及预测
资料来源：根据赛迪顾问相关资料整理

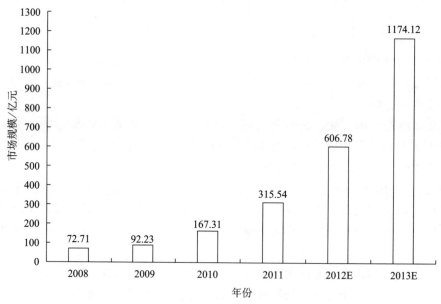

图 2-5　2008～2013 年中国云计算应用市场规模及预测
资料来源：根据赛迪顾问《中国云计算产业发展趋势（2011）》整理

## 2.1.4　新一代信息技术产业链和技术链分析

1. 下一代通信网络产业链和技术链分析

1）下一代通信网络产业链分析

我国的下一代通信网络以移动互联网为起点，工业和信息化部对国内三大运营商发放

3G 牌照之后，移动互联网在国内的发展势头迅猛。3G 通信网络产业链如图 2-6 所示。整条产业链呈现两个明显特点：纵向不断延伸链条，产业链不断拉长、细分和开放，加入一些新的市场主体和价值创造者；横向不断深化分工和扩展协作伙伴，稳固和提升每一个环节的价值形成能力，不再对应单一的价值链，而逐渐催生出更加相互依赖、紧密协作的价值网络。每一个参与分工协作的电信企业，都成为价值网络中的一个"节点"。

在产业链中，各环节承担着一种或多种角色，同时在不同的发展阶段，产业链主体的重要性也会产生差异。在 3G 准备期，网络设备制造商的重要性最大，设备提供能力决定产业链是否能正常启动；在 3G 启动阶段，电信运营商的作用最重要，起着支配性作用；在 3G 成熟运营阶段，应用软件商及终端制造商有望发挥更大的作用。

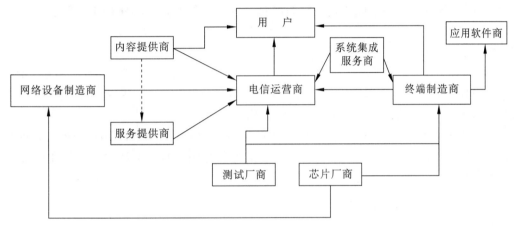

图 2-6　3G 通信网络产业链

资料来源：根据和讯《3G 网络 TD-SCDMA 产业链发展分析报告》整理

2）下一代通信网络技术链分析

随着通信技术的发展和业务量的增加，原有的电路交换网络已经不能满足数据通信的需要，而下一代通信网络是集话音、数据、传真和图像通信（视频业务）于一身，能够满足人们各种需求的多功能通信网络。从目前来看，以软交换为核心的下一代网络（NGN）技术能够完成和实现未来发展的需求。用来支撑下一代网络的主要技术还有如下几种：IPv6，宽带接入技术，城域网技术，光交换与智能光网络技术，软交换技术，光纤高速传输技术，3G、4G 技术，IP 终端技术，网络安全技术等。

软交换作为下一代通信网络技术的核心部件可以全面继承原有的交换网络的功能和业务，并且能和现有智能网的 SCP（业务控制点）互通，提供智能网业务。下一代通信网络技术的七个基本特征如下。

（1）基于分组传送。

（2）控制功能与承载能力、呼叫/会晤及应用/业务能力分离。

（3）可以提供并通过开放接口，便于第三方提供业务；业务的提供与网络独立开发。

（4）支持广泛类型的业务，包括实时业务、流媒体业务、非实时业务和多媒体业务。

（5）具有端到端透明性的宽带能力。

（6）与现有网络互通的通用移动性，用户通过各种接入设备，如中继媒体网关、接入媒体网关、无线接入网关等，以及各种 IP/ATM（异步传输模式）终端连接到 IP/ATM 网络，通过 IP/ATM 承载提供各种呼叫连接，通过各种业务提供系统向用户提供各种业务。

（7）用户无限制的接入和业务的自由选择能力。

软交换目前存在的问题主要有五个。

（1）软交换组网方面与协议的成熟性问题。多个软交换协同工作的问题主要是软交换系统之间的通信，目前的协议尚缺乏标准化，在互联互通方面面临实际的考验。

（2）IP 地址问题。设备的地址在 IP 网络中是有限的，随着软交换设备使用的增加及用户的增加，这个问题将非常突出。而现有的解决办法是实现 IPv6 协议。

（3）路由的选择。如果软交换采用平面组网方法，此时网络中任何一个设备都可以直接定位和寻找另外一个对等设备，现时的由路由设备本身的数据库保存路由信息的方式无法使用，需要设置集中的可供所有设备使用的路由器服务器（群），需要研究设置方式、访问方法和遍历模式。

（4）OSS（运营支撑系统）实现。由于 Internet 在网管、计费等方面缺乏考虑，所以，对 OSS 中其组成、功能工作方式、网元设备的信息提供，OSS 与应用系统的接口、与现有的网管/计费/认证系统的互通及实现的策略，均需要研究确定。

（5）QOS（服务质量）的保证。作为软交换设备需要提供一定的保证。IP 技术在发展的起始阶段，就是尽力而为，缺乏保证。目前的办法是用带宽换取质量，但是在宽带甚至 FTTH 进入以后，这一点的保证还需要研究。

2. 物联网产业链和技术链分析

1）物联网产业链分析

如图 2-7 所示，产业链上游是 RFID 技术和传感器厂商，中游是物联网应用基础设施服务业及物联网软件开发与应用集成服务业，包括云计算服务及 M2M 信息服务等，下游是在此基础上的应用服务业，包括智能电网等行业服务及一些公共性质的服务。

根据以上产业链，二维码、RFID 厂商和 SIM 卡（用户识别卡）企业将是物联网产业的基础。在物联网导入期，应用多处于垂直行业应用阶段，对系统集成的要求并不是特别高，RFID 厂商可以兼顾。在物联网成长期，由于涉及技术和界面开始增多，专业的系统集成企业需求会突增。物联网以传感器和 RFID 为感知终端，大规模的传感器分布将会产生大量的数据，这就需要物联网应用基础设施服务业来作为大数据处理的平台，从而推动云计算服务及存储服务等一系列行业的发展[4]。在大数据存储和处理的基础上，物联网产业所带来的社会推动力及经济效益将会凸显出来。

2）物联网技术链分析

物联网技术不是对现有技术的颠覆性革命，而是对现有技术的综合运用。物联网技术融合现有技术实现全新的通信模式转变，同时，通过融合也必定会对现有技术提出改进和提升的要求，催生出一些新的技术。

如图 2-8 所示，在通信业界，物联网通常被公认为有 3 个层次，从下到上依次是感知层、传送层和应用层，物联网涉及的关键技术非常多，从传感器技术到通信网络技术，从嵌入式微处理节点到计算机软件系统，包含了自动控制、通信、计算机等不同领域，是跨学科的综合应用。

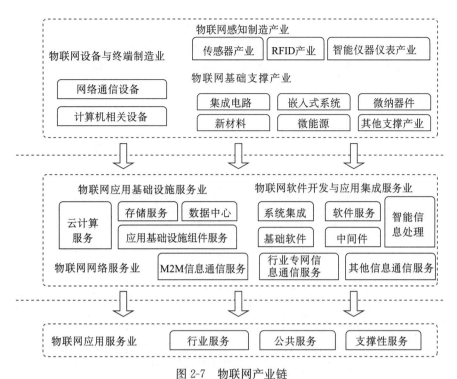

图 2-7 物联网产业链

资料来源：根据工业和信息化部《2011 年物联网产业发展白皮书》整理

实现物联网服务主要涉及的关键技术有传感器技术、传感器网络技术、传感网络相关的通信技术、通信网络技术、物联网平台技术，以及它们之间的结合技术。

传感器负责物联网信息的采集是实现对现实世界感知的基础，是物联网服务和应用的基础。传感器网络的研究很丰富，针对传感器网络的特性形成了一套完整的物理层、链路层、网络层规范，但缺乏大规模应用[5]。通信网络技术为物联网数据提供传送通道，如何在现有网络上进行增强，适应物联网业务需求，是现在物联网研究的重点。

物联网平台技术主要是和物联网终端之间，以及现有网络、系统之间进行配合，用来提供物联网能力给不同的物联网应用，在网络架构上，需要考虑一个能适合多个行业应用的统一业务平台，为跨行业的统一信息服务提供支撑，尤其是随着物联网的进一步发展，发展到协同感知甚至泛在服务的阶段后，必然需要考虑更为有效的物联网架构、名址、路由、通信协议。

### 3. 新型平板显示产业链和技术链分析

#### 1）新型平板显示产业链分析

新型平板显示产业链包括上游的材料和设备，中游的面板和模组，下游的电视、笔记本电脑、手机、显示屏等应用。上游的材料和设备包括玻璃基板、彩色滤光片、偏光片、液晶和其他材料，如图 2-9 所示。

我国平板显示产业链在下游整机方面处于全球优势地位。平板显示的三大主流产品是手机、计算机和电视，我国的年产量均居全球首位。中游的面板和模组，尤其是大尺寸显示产品我国在过去几年有了较快的发展，随着我国多条高世代 TFT-LCD（薄膜场效应晶体

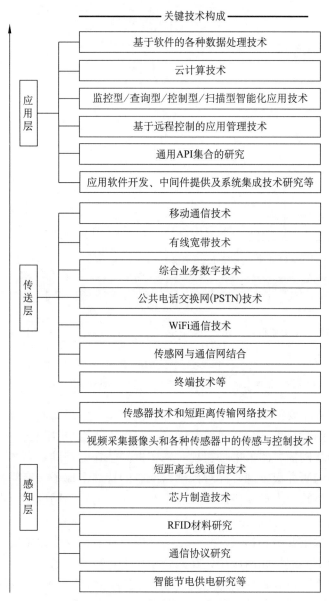

图 2-8 物联网产业技术链

资料来源：根据《2010 年物联网产业链分析及运营模式研究报告》整理

管）生产线相继投产，2012 年，中国 G5 以上 TFT 产能规模超过日本跃居世界第三位，占全球的 20%。

　　面板产业发展到一定阶段时，为了降低成本及实现可持续发展，产业链必然向上游延伸。日本是全球最早制造平板显示的国家，产业链布局十分完善。后来的国家和地区可以从日本有条件进口材料和设备，如韩国和我国台湾都是先发展面板，再延伸到上游的材料和设备，我国的情形也是如此。尽管近几年我国的上游产业取得了可喜的进展，但与国际先进水平相比还存在较大差距。因此"十二五"期间，我国在大力发展面板的同时，应格外重视上游产业的发展。

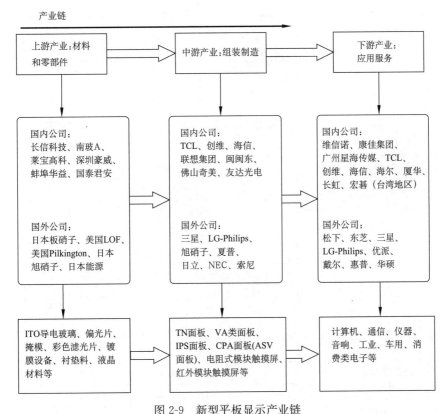

图 2-9　新型平板显示产业链

资料来源：根据《合肥市新型平板显示产业"十二五"发展规划要点》整理

2）新型平板显示技术链分析

LCD（液晶显示器）和 PDP（等离子显示板）是新型显示技术的主流技术，在市场掌握主动权。OLED、数字光处理（DLP）、激光显示（LD）、厚膜电致发光（TDEL）、半导体发光二极管显示器（LEDD）、电子纸（E-ink）等亦属新型显示技术。新型平板显示的技术链如图 2-10 所示。

激光显示技术在中国已经完成了实验室的研发，但激光显示尚无国家标准和国际标准。另外激光显示技术现在面临一个很大的问题是成本高，成本高的主要原因是成品率不高，而成品率不高的根源在于企业没有经过认真的产业化示范研究。尽管如此，激光显示因具有功耗低的特点，前景还是很乐观的。

在 OLED 的两大技术体系中，低分子 OLED 技术为日本所掌握，而高分子的 PLED 相关技术与专利则由英国公司 CDT 掌握，PLED 产品相比 OLED 产品在彩色化上仍有困难。我国在 OLED 器件设计和制备方面，PMOLED（被动式有机电激发光二极管）技术及其制造工艺已经成熟，并进入了产业化阶段。中小尺寸的 AMOLED（主动式有机电激发光二极管）显示技术也已取得了重要突破[6]。

4. 高性能集成电路产业链和技术链分析

1）高性能集成电路产业链分析

集成电路行业的上游是原材料和各种设备，原材料包括晶圆制造材料和封装测试材料。

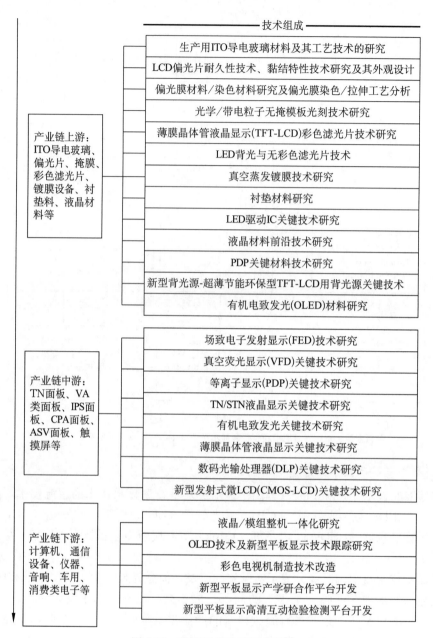

技术组成

**产业链上游：**
ITO导电玻璃、偏光片、掩膜、彩色滤光片、镀膜设备、衬垫料、液晶材料等

- 生产用ITO导电玻璃材料及其工艺技术的研究
- LCD偏光片耐久性技术、黏结特性技术研究及其外观设计
- 偏光膜材料/染色材料研究及偏光膜染色/拉伸工艺分析
- 光学/带电粒子无掩模板光刻技术研究
- 薄膜晶体管液晶显示(TFT-LCD)彩色滤光片技术研究
- LED背光与无彩色滤光片技术
- 真空蒸发镀膜技术研究
- 衬垫材料研究
- LED驱动IC关键技术研究
- 液晶材料前沿技术研究
- PDP关键材料技术研究
- 新型背光源-超薄节能环保型TFT-LCD用背光源关键技术
- 有机电致发光(OLED)材料研究

**产业链中游：**
TN面板、VA类面板、IPS面板、CPA面板、ASV面板、触摸屏等

- 场致电子发射显示(FED)技术研究
- 真空荧光显示(VFD)关键技术研究
- 等离子显示(PDP)关键技术研究
- TN/STN液晶显示关键技术研究
- 有机电致发光关键技术研究
- 薄膜晶体管液晶显示关键技术研究
- 数码光输处理器(DLP)关键技术研究
- 新型发射式微LCD(CMOS-LCD)关键技术研究

**产业链下游：**
计算机、通信设备、仪器、音响、车用、消费类电子等

- 液晶/模组整机一体化研究
- OLED技术及新型平板显示技术跟踪研究
- 彩色电视机制造技术改造
- 新型平板显示产学研合作平台开发
- 新型平板显示高清互动检验检测平台开发

图 2-10　新型平板显示技术链[6]

其中，晶圆制造材料主要是指半导体单晶硅；封装测试材料包括封装基板、引线框架、塑封材料及键合丝等。集成电路所需设备包括光刻机、刻蚀机、离子注入机、CVD（化学气相沉积）设备、PVD（物理气相沉淀）设备、清洗机、晶圆抛光机、封装设备和检测设备等。集成电路行业的下游行业是计算机制造、消费电子制造、汽车电子制造、通信设备制造、工业控制和卡类制造（智能卡等）等。

集成电路行业产业链如图 2-11 所示。

我国绝大多数电子产品仍处于流通过程中的下端，多数组装型企业扮演为国外集成电路厂商打工的角色。这种脆弱的规模经济模式，其附加值极低，致使诸多产量世界第一的

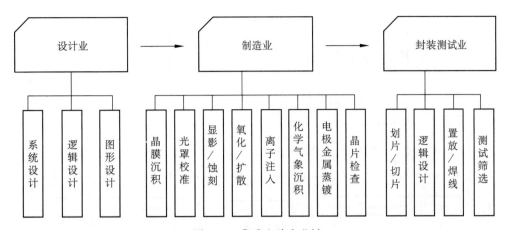

图 2-11  集成电路产业链

资料来源：根据《集成电路产业"十二五"发展规划》整理

产品并未给企业和国家带来可观的收益，反而使掌握关键技术的竞争者通过集成电路打入中国市场，攫取了绝大部分的利润。

2）高性能集成电路技术链分析

集成电路的设计主要包括如下五个方面：晶圆材料的选取、设计工具与设计方法、制造工艺与相关设备、系统芯片的测试及集成电路的封装。集成电路技术与产业链上、中、下游的关系如图 2-12 所示。

我国需要发展的集成电路关键技术具体包括八个方面。

（1）纳米级可重构芯片系统（SOC）创新开发平台与设计工具的研究。该项目主要内容包括基于纳米级工艺的集成电路设计方法学研究与设计工具开发、可重构 SOC 创新开发平台技术与 IP 测评技术研究、数模混合与射频电路设计技术研究与设计工具开发等。

（2）SOC 设计平台与单列直插式封装（SIP）重用技术。该项目主要内容如下：嵌入式中央处理器（CPU）、数字信号处理（DSP）、存储器、可编程器件及内部总线的 SOC 设计平台；集成电路 IP 的标准、接口、评测、交易及管理技术；嵌入式 CPII 主频达 1 吉赫兹，并有相应的协处理器；在信息安全、音视频处理上有 10～12 种平台；集成电路 IP 数量达 100 种以上等。

（3）10 纳米 1012 赫兹互补金属氧化物半导体（CMOS）研究。该项目的研究对象为特征宽度为 10 纳米的 CMOS 器件，主要内容如下：绝缘硅（SOI）技术，双栅介质结构技术，应变硅衬底技术，高介电常数（高 k）栅介质技术，金属电极技术，超浅结形成技术，低介电常数（低 k）介质材料的选择、制备及集成，铜互联技术，化学机械平坦化（CMP）技术，清洗技术等。

（4）12 英寸[①] 90/65 纳米微型生产线。该项目主要内容如下：等离子体氮化栅 SiON 薄膜（等效膜厚＜1.5 纳米）的形成工艺；多晶 SiGe 电极的形成方位，获得低耗尽多晶栅电极、低阻抗的栅电极形成技术；研究铜/低 k 介质制备方法、低 k 介质的稳定性及可加工性、铜/低 k 介质界面可靠性和质量控制，获得适用于纳米 CMOS 器件的后端互联技术等。

_____

① 1 英寸＝0.0254 米

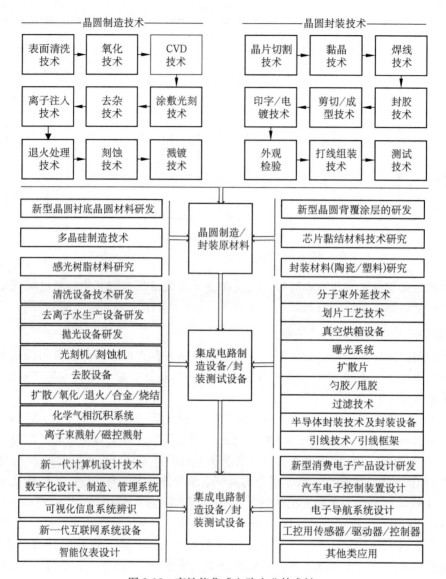

图 2-12　高性能集成电路产业技术链

资料来源：王金全.2010.论中国研发掌握集成电路及其封装产业链上各原材料的制造技术的重要性.
材料导报网刊，5（03）：44-48

（5）直径 450 毫米硅单晶及抛光片制备技术。

（6）应变硅材料制备技术。应变硅的电子迁移率和空穴迁移率明显高于普通的无应变硅材料，其中以电子迁移率提高尤为明显。对于现有的许多集成电路生产线而言，如果采用应变硅材料，则可以在基本不增加投资的情况下使生产的 IC 性能明显改善，还可以大大延长花费巨额投资建成的 IC 生产线的使用年限。

（7）60 纳米节点刻蚀设备（介质刻蚀机）。

（8）60 纳米节点曝光设备（F2 准分子激光曝光机）。F2 准分子激光步进扫描机将从 70 纳米介入，可引申到 50 纳米，因此它涵盖了 60 纳米技术节点，与下一代曝光（NGL）比，最为重要的是可在大气下工作，而 NGL 都要在真空中进行。

5. 云计算产业链和技术链分析

1) 云计算产业链分析

中国云计算产业链（图 2-13）的构建是在政府的监管下，云计算服务提供商与软硬件、网络基础设施服务商，以及云计算咨询规划、交付、运维、集成服务商，终端设备厂商等一同构成了云计算的产业链，为政府、企业和个人用户提供服务。

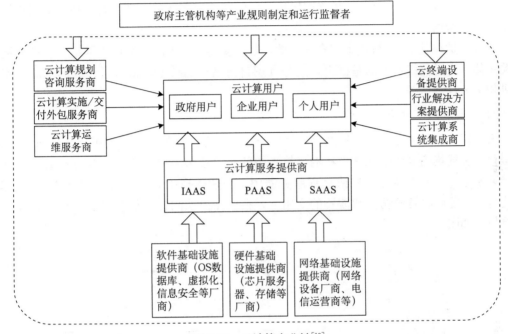

图 2-13 云计算产业链[19]

云计算产业链重点包括以下关键环节。

（1）硬件设备供应商：云计算市场的积极参与者及基础设备提供商。众多的服务器、存储硬件厂商及网络设备厂商都希望通过云计算平台将自己的产品推广到云计算服务提供商，为各类企业提供服务，并将其 IT 环境锁定在自己的设备上。其主要包括服务器制造商、储存设备制造商、芯片制造商、嵌入式设备制造商。

（2）云平台开发商：提供云计算平台实现所需的相关技术及软件，开发云计算平台。

（3）系统集成商：将软硬件设施相连接，提供云计算平台建设的解决方案。

（4）云应用开发商：为云应用服务商开发及提供云计算应用软件及解决方案。

（5）云资源服务提供商：从设备提供商处获得硬件资源，并通过云计算支撑软件生成资源池，实现资源动态调配，为云平台服务商、云应用服务商和用户提供及时、稳定、安全、顺畅的基础资源服务。

（6）云平台服务提供商：提供灵活的、通用的、可扩展的云计算平台服务，满足用户的个性化需要，同时也为云应用服务提供商提供平台服务。

（7）云应用服务提供商：与云应用开发商合作，为用户提供丰富的、个性化的各类应用。这是云计算服务的最上层，也是获利最丰厚、话语权最高的提供商，可以将云资源服务提供商、云平台服务提供商、云应用服务提供商统称为云服务提供商。

（8）网络运营商：为云计算服务到达最终用户提供接入手段。网络运营商提供的带宽能力将直接影响用户的体验和满意度。网络运营商是云计算服务的一个通道。主要的网络运营商是电信运营商、移动运营商、终端供应商。

（9）终端供应商：根据云计算服务提供商的业务需要，提供定制或非定制的移动或个人计算机（PC）等多种类型的终端，满足用户获取服务的需求及云计算服务提供商业务发展的需求。

（10）最终用户：云服务的最终归属地，价值链的最终环节，其主要包括企业用户、个人用户、政府用户。

云计算是在整个 IT 行业中孕育而生的，是产业链上、下游通力协作的结果，产业链上相关主体在自己传统业务的基础上，充分利用自身擅长的技术，适应云计算的潮流转型而提供相关云计算服务。

2）云计算技术链分析

云计算涉及的关键技术包括网格计算、分布式计算、并行计算、效用计算、网络存储、虚拟化、负载均衡等传统计算机和网络技术中的相关技术，通过使计算分布在大量的分布式计算机上，而非本地计算机或远程服务器中，企业数据中心的运行将与互联网更相似。这使得企业能够将资源切换到需要的应用上，根据需求访问计算机和存储系统。其涉及的主要技术如图 2-14 所示。

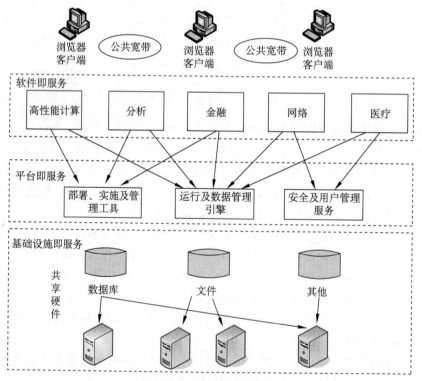

图 2-14　云计算技术链[19]

在基础设施即服务层，主要的技术包括硬件共享，以及数据库和文件管理技术；在平台即服务层，主要的技术有部署和实施管理工具技术、虚拟化技术、数据库引擎管理技术及安全技术；在软件即服务层，主要包括一些高性能软件技术，比如高性能计算及大数据分析等。

# 2.2 / 新一代信息技术产业发展环境

## 2.2.1 美国新一代信息技术产业发展环境

### 1. 美国新一代信息技术产业发展背景

美国信息产业发展的特点是产业竞争力领跑全球，技术创新水平居首位，注重掌控标准制高点。根据英国经济学家信息部（EIU）的《IT 产业竞争力指数》报告，美国 IT 产业竞争力在全球居于领先位置，这主要得益于美国拥有良好的创新氛围、雄厚的人才资源、先进的技术基础设施、健全的法律制度、政府的支持及开放的商业环境[7]。

基于全球最雄厚的技术创新成果储备、最充裕的人才储备和巨额的信息技术研发投入，美国的信息技术水平在全世界处于绝对领先地位。第二次世界大战后，全球 60％的信息科技发明出自美国，70％在美国最先交付使用，这些创新一直推动着美国信息产业的发展。

标准规范代表着信息技术的主流，掌握标准往往就意味着掌握市场。美国政府和信息企业都非常注重对标准的掌握，积极争取在制定信息技术标准方面发挥重要作用[8]。对基础软件、办公软件、移动通信等领域标准的掌控帮助美国企业获得了巨额利润。美国信息产业年增加值及增长率如图 2-15 所示。

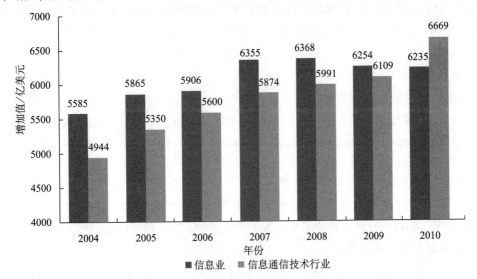

图 2-15 美国信息产业年增加值

资料来源：根据美国商务部经济分析局的相关数据整理，其中信息业包括软件及计算机服务业等第三产业，信息通信技术行业指的是传统的 ICT 行业

新一代信息技术产业在美国的产业发展背景如表 2-2 所示。

**表 2-2　美国新一代信息技术产业发展背景[7,8]**

| 发展环境 | 具体措施 |
|---|---|
| 政策环境 | 美国是世界上制定国家信息产业战略最早、颁布国家信息产业政策最多的国家。政府主要从宏观上把握信息产业的发展趋势，制定信息产业发展的国家战略，设立相应的管理机构并采取一系列中长期科学技术发展规划促进信息产业的发展 |
| 研究环境 | 美国在信息技术领域的发明专利数量在全世界遥遥领先，占全世界总额的 67.4%。美国从克林顿政府时期起就扩大政府与企业界的合作，拟订了一系列的电子信息开发计划。美国民间数目众多的私人企业基金、风险投资基金向国内许多的非营利性研究机构和大学实验室提供大量基础研究资助 |
| 投资环境 | 主要体现在风险投资上，风险投资对半导体行业的大力资助为信息产业的基础——微电子技术奠定了基础 |
| 税收优惠 | 美国的政策法律中明确规定：政府下属的科研机构，免征所得税；任何人如果向一家政府下属的科研机构捐款，捐款人可以获得相应的减税待遇；大学是美国从事基础研究的重要力量，它可以获得免税待遇；对独立的科研机构，只要它是非营利性机构，并且从事的是"公益性科研活动"，就可以享受免税待遇 |
| 知识产权保护 | 美国的知识产权保护制度历史悠久。早在美国建国之初，就在《宪法》第一条第八款规定："国会将有权通过保障作者和发明者对其作品和发现的独占权利，促进科学等有用艺术的进步。"随着新经济的发展，美国的知识产权政策对信息产业提供了强有力的知识产权保护，明确保护与计算机相关的各种创新 |
| 人才策略 | 政府通过建立网上大学等形式直接参与人才培养计划；政府和教育部门联手，政府提供资金，教育部门提供技术支持；采取相关措施，调动企业培养信息技术人才的积极性；增加了信息技术人才的签证数量 |

### 2. 美国新一代信息技术产业政策

#### 1）下一代通信网络政策

2008 年 7 月 9 日，美国下一代互联网组织 Internet 2 通过了新的五年战略规划（2008～2013 年），旨在让美国的科研和教育网络拥有最先进的性能，同时也使其可以更方便地为非专业人员所用。该组织还希望推动制定一个全国性的电信政策以支持建立满足新的通信需要的基础设施，用来支撑学者和管理人员进行网络虚拟聚会。

#### 2）物联网政策

美国非常重视物联网的战略地位，在国家情报委员会（NIC）发表的《2025 对美国利益潜在影响的关键技术》报告中，将物联网列为六种关键技术之一。美国国防部在 2005 年将"智能微尘"（Smart Dust）列为重点研发项目。国家科学基金会（NSF）的"全球网络环境研究"（GENI）把在下一代互联网上组建传感器子网作为其中重要一项内容。

2009 年 2 月 17 日，奥巴马总统签署生效的《2009 年美国恢复与再投资法案》中提出在智能电网、卫生医疗信息技术应用和教育信息技术方面进行大量投资，这些投资建设与物联网技术直接相关。物联网与新能源共同成为美国摆脱金融危机、振兴经济的两大核心武器。

#### 3）高性能集成电路政策

2010 年 9 月，美国国家科学基金会与美国半导体产业合作的"纳米电子学计划"联合发布招标计划，支持"2020 年及未来纳米电子学"计划的创新研究和教育行动。该项目招标目标是推动计算、信息处理、传感器技术、通信基础设施等前沿技术的发展，突破当前技术的物理和观念局限。电子学要实现超越摩尔定律升级限制的持续发展、需要跨学科的广阔思维，该项目旨在支持跨学科团队的合作申请，探索纳米电子学的创新研究理念，包括从新材料、化学和逻辑器件等基础研究到电路设计、系统架构、算法等，同时还可能包括计算、感应和信息处理的新算法。

4）云计算政策

2009 年 9 月中旬，美国政府宣布开始执行一项长期性的云计算政策，随后美国启动了一个新网站，info. Apps. gov，通过它展示并提供得到政府认可的云计算应用，帮助政府机构更好地接受云计算的理念。

2010 年 11 月，美国政府产业工会联合会（CIO）委员会发布由维维克·昆德拉签署的关于政府机构采用云计算的政府文件，文件阐述了美国政府对云计算服务的基本立场和政策，分析了为什么需要考虑评估云计算，采用云计算带来了什么挑战，接下来政府、各机构、私营企业等需要采用哪些行动等，并针对云计算的安全防护，以美国国家标准与技术研究院（NIST）和《联邦信息安全管理法案》（FISMA）的相关安全标准和控制为基础，发布了征求意见稿[9]。

3. 美国新一代信息技术产业规划与研发计划

2008 年，美国 IBM 公司提出了"智慧地球"概念，其本质是以一种更智慧的方法，利用新一代信息通信技术来改变政府、公司和人们相互交互的方式，以便提高交互的明确性、效率、灵活性[10]。

2010 年 3 月，美国联邦通信委员会（FCC）公布了"美国宽带计划"（National Broadband Plan，NBP），其中一个重要的建议是建立一个全国性的可互操作的公共安全宽带无线网络，供应急救援人员和其他公共安全人员使用。4 月 23 日，FCC 发布了一份题为"宽带网络成本模型：美国应急互操作通信的公共筹资重要依据"的白皮书，全面分析和提出了公共安全机构如何利用 4G 商业无线网络大大降低全国宽带网络构建成本的观点[11]。该白皮书还提供了这一公共安全宽带网络的构建、运行和发展成本的公共筹资基础，说明了美国构建这一网络和利用现有技术保障公共安全的可行性，并提供了未来的技术发展设想。

美国新一代信息技术产业规划与研发计划布局如表 2-3 所示。

表 2-3　美国新一代信息技术产业规划与研发计划布局

| 领域 | 政策名称 | 年份 | 发布机构 | 内容概述 |
|---|---|---|---|---|
| 下一代通信网络 | 2009 年美国复苏与再投资法案 | 2009 | 美国政府 | 提出了总投资 72 亿美元的宽带刺激计划，将创建覆盖全美且资费合理的高速互联网 |
| | 美国国家宽带计划 | 2010 | 美国联邦通信委员会 | 建立一个全国性的可互操作的公共安全宽带无线网络，供应急救援人员和其他公共安全人员使用 |
| 物联网 | 全球网络环境研究计划 | 2005 | 美国国家科学基金会 | 将"在下一代互联网上组建传感器子网"作为一项重点研究课题 |
| | "智慧地球"发展理念 | 2009 | IBM 公司 | 旨在将感应器嵌入和装配到电网、铁路、建筑、大坝、油气管道等各种物体中，形成物物相连 |
| | 2009 年美国复苏与再投资法案 | 2009 | 美国政府 | 将在智能电网、卫生医疗信息技术应用和教育信息技术等领域积极推动物联网的应用与发展 |

| 领域 | 政策名称 | 年份 | 发布机构 | 内容概述 |
|------|---------|------|---------|---------|
| 平板显示 | 国家半导体照明研究计划 | 2002 | 美国政府 | 帮助扶持美国在 LED 照明领域稳居全球 LED 产业的领导者地位，并创造在美国本土的更多高科技、高附加值的工作机会 |
| | 固态照明技术研究计划 | 2002 | 美国能源部 | 要求在 LED 领域夯实已有的制造技术优势，在 OLED 领域建立制造技术基础 |
| | SSL 研发七年计划 | 2009 | 美国能源部 | 重点强调了 LED 和 OLED 产品开发中所遇到的问题并修订了 LED 和 OLED 的任务结构，以及产品开发与核心任务的最新优先权 |
| 云计算 | 联邦云计算策略 | 2011 | 美国政府 | 对云计算定义、云计算转移 IT 基本构架、云计算改变公共信息部门等内容进行了阐述 |
| | 关于政府机构采用云计算的政府文件 | 2011 | 美国政府 | 提出了制订一个政府层面风险授权的计划，增强政府管理目标的开放性和透明度，积极推广云计算在政府各部门的应用 |

## 2.2.2 欧洲新一代信息技术产业发展环境

### 1. 欧洲新一代信息技术产业发展背景

欧洲新一代信息技术产业发展背景如表 2-4 所示。

**表 2-4 欧洲新一代信息技术产业发展背景**

| 发展环境 | 具体措施 |
|---------|---------|
| 政策环境 | 欧盟要求各成员国在信息通信技术领域所采取的步骤必须标准化，以有利于欧盟各成员国之间的合作。其各项政策的重点在于推进宽带应用，广泛推广信息通信技术，以及通过教育、培训等方式为欧洲培养信息通信技术人才等 |
| 企业发展环境 | 欧洲拥有众多信息产业龙头企业带动其信息技术水平的发展，德国西门子公司在计算机和通信领域的巨大成就，对德国电子信息产业的迅速崛起功不可没。爱立信在移动互联网及宽带互联网领域居领导地位，带动瑞典成为电子信息产业的研发生产基地。诺基亚集团公司在通信技术领域里不断创新，已发展成为芬兰经济的"火车头" |
| 市场环境 | 信息通信技术推动欧盟在生产率、创新、组织结构、劳动技能和领导能力方面取得了长足进展。同时，信息技术的进步和信息产业的发展，提高了欧盟企业在全球的竞争力 |
| 社会需求 | 欧盟特别关注信息社会建设，把它作为促进经济发展和增加就业的重大举措，制订了 E-Europe、i2010 等一系列相关行动计划。随着电子商务应用和网络服务的扩展，互联网在欧盟经济社会发展中发挥了基础性作用，成为制造业和服务业的有机组成部分，并广泛渗透于传统产业之中 |

### 2. 欧洲新一代信息技术产业政策

#### 1）下一代通信网络政策

2010 年 5 月 19 日，欧盟委员会公布为期 5 年的"数字化议程"计划，将在欧盟 27 个成员国部署超高速宽带，并将促进电信领域增长定为首要任务。

欧盟规定，各成员国应该做到以下几点：2012 年前制订国家宽带发展计划，实现"欧洲 2020 战略"提出的速率 30 兆位/秒、100％全覆盖的目标，依据《欧盟竞争法》和《国家援助法》利用公共资金，欧洲委员会将每年报告进度，并使之成为数字议程管理的组成部分；采取各种措施，包括法律措施，促进宽带投资，支持投资者介入土木工程建设，颁发许可，制订计划在楼房基础设施中布线或线路升级；充分利用已列入 ICT 基础设施与服务投资计划的结构与农村发展基金；贯彻执行欧洲频谱政策计划和下一代网络建议，确保协调分配频谱，实现 2020 年的目标。

2）物联网政策

为了主导物联网未来的发展，欧盟委员会近些年来一直致力于鼓励和促进欧盟内部物联网产业的发展，并将发展物联网作为欧盟数字经济的重要组成部分。为此，欧盟专门在网络企业和射频识别司内任命一位物联网总监，以具体负责物联网的工作。2009 年 6 月，欧盟委员会就正式提出了"欧盟物联网行动计划"。该行动计划提出了促进物联网发展的一些具体措施：严格执行对物联网的数据保护立法，建立政策框架使物联网能应对信用、承诺及安全方面的问题[12]。2010 年 5 月，欧盟将物联网作为实施"欧洲数字计划"的重要平台之一。该计划提出的 100 项主要行动中有许多都要靠物联网来落实。

3）新型平板显示政策

2004 年 10 月，欧盟正式启动了"用于信息通信技术与照明设备的高亮度有机发光二极管"项目（OLLA），该项目的经费大约为 2000 万欧元，由欧盟第六框架计划（FP6）中的信息社会计划（IST）提供。项目由来自 8 个欧盟成员国的 6 所大学、8 个研究所和 10 个公司共同完成，该项目持续到 2008 年 7 月，使有机发光二极管的效率最终达到 50 流明/瓦。该项目对美国的"下一代照明计划"和日本的"21 世纪照明计划"都是一个补充。

4）高性能集成电路政策

2009 年 3 月，欧盟启动了一个新的项目"用于电子学和光子学的有机纳米材料：设计、合成、表征、加工、制造和应用"（ONE-P），旨在推动纳米材料在有机电子学和有机光子学领域的应用。该项目是欧盟第七框架计划（FP7）中"纳米材料、纳米技术和新的生产技术"（NMP）主题下的一个项目。该项目为期三年，所获得的经费为 1800 万欧元，项目参与者包括来自 10 个欧盟成员国的 28 个合作伙伴。

2010 年 7 月 19 日，欧盟第七框架计划发布了 2011 年工作计划，其中包括信息通信技术（ICT）领域的工作计划。该计划确立了 2011～2012 年 ICT 领域项目招标重点，它们将对市场产生平均 5～10 年的影响，并可能导致全球 ICT 基础设施和市场结构发生巨大变化。

5）云计算政策分析

欧洲近几年在全球云计算产业中一直扮演跟随者的角色。当前，每个欧盟国家都设有自己的数据保护和保存政策。欧盟各国这种分散不统一的隐私政策可能会阻碍其云计算产业的发展。为此，微软、谷歌等云计算主力厂商不断通过改进技术和解决方案努力消除欧盟国家的忧虑，期望在欧洲建立一个统一的云计算服务市场。

3. 欧洲新一代信息技术产业规划与研发计划

2010 年，欧盟委员会推出了信息化战略行动计划，这一行动计划是欧洲数字计划几项旗舰举措中的一项，它包括如下内容：统一数字市场的建立、更强的互操作性、增强互联网的信任度和安全性、更快的互联网接入、更多的研发投资、增强数字化文化技能和包容性。具体行动计划如下。

1）新的统一市场将从数字时代发展中受益

欧盟决定简化版权许可、管理和跨边境的许可，开放合法的在线内容。在这方面，其他的行动计划还包括使电子支付、电子发票的使用更容易,在线争端解决更方便,让消费者可从跨边界的商业服务和文化娱乐中受益。

2)改善信息与通信技术(ICT)标准的制定和互操作性

该计划意在使ICT产品和服务的生产、结合和创新是开放的,并具有互操作性。

3)增强互联网的可信度和安全性

为了提升互联网的可信度和安全性,欧盟不应选择信任度差的技术,而应让用户感受到在线使用的可靠性和安全性。为了应对网络袭击,欧盟应更好地进行内部协调,加强个人信息保护也是解决方案的一部分。在这一领域的其他行动还包括网站运营商有义务在用户个人数据安全性受影响时提醒用户。

4)增加欧洲对快速和超快速互联网的接入

欧盟制定了如下目标:到2020年,所有欧洲居民互联网的接入速度要达到或超过30兆/秒;半数的欧洲家庭接入速度达到100兆/秒或更高[14]。此外,欧盟委员会还将通过信任增强机制探索吸引宽带投资的方式,对基于光纤网的投资提供指导,以鼓励投资。

5)促进ICT领域的尖端研究和创新

2007年,欧洲在ICT研究上的投资是880亿欧元,现在这方面的投资只有370亿欧元,只相当于美国的一半。因此,欧洲决定加大研发(R&D)方面的投资,确保私人投资和欧洲区域性投资的平衡,增加欧盟的R&D投资,确保欧洲在这一领域的竞争力和发展水平。

6)推出欧洲数字战略

要确保这些措施能尽快实现和实施,欧盟委员会将与欧洲其他组织和机构密切合作,以实现数字化目标。数字战略行动计划对欧盟经济和社会的发展非常重要,欧盟首脑会议于2010年6月在"欧洲2020战略"的框架内对这一行动计划进行了讨论,以推动欧盟实现以发展知识经济为主的智能增长。

欧洲新一代信息技术产业规划和研发计划布局如表2-5所示。

**表2-5 欧洲新一代信息技术产业规划与研发计划布局**

| 领域 | 政策名称 | 年份 | 发布机构 | 内容概述 |
| --- | --- | --- | --- | --- |
| 下一代通信网络 | "欧洲2020战略" | 2010 | 欧盟委员会 | 在高速和超高速互联网的基础上,提高信息化对欧洲社会经济增长的贡献率 |
| 物联网 | i2010 | 2005 | 欧洲委员会 | 整合不同通信网络、内容服务、终端设备,发展面向未来型、更具市场导向及弹性的技术 |
| | 欧盟物联网行动计划 | 2009 | 欧洲委员会 | 提出了包括物联网管理、安全性保证、标准化、研究开发、开放和创新、达成共识、国际对话、污染管理和未来发展等在内的9个方面的14点行动内容 |
| | 物联网战略研究路线图 | 2009 | 欧盟第七框架 | 提出了新的物联网概念,并进一步明确了欧盟到2010年、2015年、2020年三个阶段物联网的研究路线图 |
| | 未来物联网战略 | 2009 | 欧盟委员会 | 计划让欧洲在基于互联网的智能基础设施发展上引领全球 |
| | 物联网战略研究路线图 | 2009 | 欧洲物联网项目总体协调组 | 将物联网研究分为10个层面,系统地提出了物联网战略研究的关键技术和路径 |
| | 第七框架"2011年工作计划" | 2010 | 欧盟第七框架 | 确立了2011~2012年ICT领域需要优先发展的项目 |

续表

| 领域 | 政策名称 | 年份 | 发布机构 | 内容概述 |
|---|---|---|---|---|
| 平板显示 | OLED100.eu 项目 | 2004 | 欧盟第七框架 | 加速发展欧洲 OLED 技术，尽快形成高效 OLED 在普通照明领域应用的科技基础 |
| | CombOLED 项目 | 2008 | 欧盟第七框架 | 整合新设备的结构，充分利用先进的制造技术及复杂度低的材料，从而开发出性价比高的基于 OLED 的照明技术 |
| 云计算 | 云计算公私伙伴关系行动计划 | 2012 | 欧盟委员会 | 投资 1000 万欧元，分为三个阶段。第一阶段：研究云计算采购的基本规则，内容包括云计算采购标准、云计算安全和激励竞争的措施等。第二阶段：提出云计算采购实施方案。第三阶段：在欧盟范围内实施云计算 |

资料来源：根据欧盟委员会相关数据整理

## 2.2.3　日本新一代信息技术产业发展环境

### 1. 日本新一代信息技术产业发展背景

日本新一代信息技术产业发展背景如表 2-6 所示。

表 2-6　日本新一代信息技术产业发展背景

| 发展环境 | 具体措施 |
|---|---|
| 投资环境 | 对高新技术研究开发提供补助金：为 IT 风险企业提供一部分必要的研究开发补助金 |
| | 对 IT 风险事业提供补助金：为刚刚创业的 IT 风险企业提供一部分必要的新事业补助金 |
| | 向远距离通信的风险投资出资：对经总务大臣批准、认可的通信、广播新事业，可由远距离通信风险投资事业组合提供资本金 |
| | 提供低利率优惠贷款：通过日本政策投资银行等政府金融机构，向有助于开拓新事业并提高其活力的事业提供低利率优惠贷款 |
| | 鼓励民间基础技术研究开发：在信息通信领域基础技术的研究开发中实行招标制，对参与重要课题研究的企业，独立行政法人情报通信研究机构委托其进行研究 |
| 发展策略 | 建立 IT 风险交流网络：为 IT 风险企业提供与大企业、信息专家进行交流的平台；建立 IT 风险企业数据库，公布 IT 风险企业的财务状况、事业概要，以及其接受政府采购和公共机构补助金的情况 |
| | 提供免费咨询服务：IT 风险支援中心主页开辟专栏组织律师、注册会计师和各方面的专家，为 IT 风险企业提供免费咨询服务 |
| | 提供信息服务：IT 风险支援中心主页开辟专栏为 IT 风险企业提供创业、经营的经验，以及各种会议和政府补助金等方面的信息 |
| | 举办创业者学习班：为 IT 风险企业的经营者和立志于 IT 风险创业的人员举办学习班，使其系统学习创业、风险投资，以及市场营销、会计、税务等方面的基本知识，提高其风险创业和经营管理的能力 |
| | 召开经验交流会：以 IT 风险企业为对象召开经验交流会，为其公布经营计划，以及召开新产品、新服务说明会等提供舞台，帮助其与经营伙伴开展各方面的信息交流 |
| | 召开知识产权战略研讨会：为提高 IT 风险企业知识产权创造、知识产权活用和知识产权保护的意识和能力，IT 风险支援中心与日本律师协会合作，召开知识产权战略研讨会，邀请 IT 风险企业参加 |
| | 召开信息化经营研讨会：为使 IT 风险企业及时了解信息化经营的最新动向，主动学习信息化经营的最新经验，召开信息化经营研讨会，邀请 IT 风险企业参加 |

续表

| 发展环境 | 具体措施 |
|---|---|
| 税收政策 | 扣除风险投资后纳税：IT风险企业在获得特定中小企业的股份时，可从当年度其他股份转让利润中扣除应交投资额后纳税 |
| | 降低非上市股份转让利润的税率：对非上市股份的转让利润，把其税率由26%降低为20% |
| | 允许新股预购权收益延期纳税：获得新股预购权者在行使其权益时，如果一年内所获得的利润不超过1200万日元，则可延缓纳税期限 |
| | 对研究开发实行税收优惠：试验研费可从纳税额中扣除；官产学共同研究费和接受政府委托研究的研究费可从纳税额中扣除；中小企业加强基础技术的费用可从纳税额中扣除 |

### 2. 日本新一代信息技术产业政策

#### 1）下一代通信网络政策

早在2006年，日本政府已将光纤接入普及率视为国家信息化程度的标志，采取政府和企业合作的方式，由政府提出"新一代宽带战略2010"，各大运营商随后发布了光纤接入发展计划。

#### 2）物联网政策

2009年3月，总务省通过面向未来三年的"数字日本创新计划"："泛在城镇"、"泛在绿色ICT"、"不撞车的下一代智能交通系统"等物联网项目。2009年7月发表"I-Japan战略2015"，"实现以国民为中心的数字安心、活力社会"，强化了物联网在交通、医疗、教育、环境监测等领域的应用。

#### 3）新型平板显示政策

2010年，日本政府通过对LED照明产业相关扶持预算，有望对LED照明产业的扩大起到推动作用。信息政策预算的具体内容包括：①用于延长环保积分（Eco-point）制度的2321.4亿日元；②用于推进基于IT技术的生活低碳化的54.7亿日元；③用于推动绿色创新的9.9亿日元；④用于扶持在日本国内推进创造低碳型产业就业机会的297.1亿日元。

#### 4）高性能集成电路政策

2010年6月4日，日本产业技术综合研究所（AIST）发布全新的第三期《研究战略》，其中信息技术与电子领域战略旨在通过新器件开发和IT的有效利用实现能源节约和安全保障，打造一个健全的社会。

#### 5）云计算政策分析

日本在云计算上的主要应用表现在四个方面：一是运用云计算技术把汽车变成信息终端；二是把云计算应用于新型急救医疗系统；三是将云计算应用于电影院的实况转播；四是积极开发建立在电力云基础上的"电力银行"，运用包括云计算在内的IT和通信技术，参与世界各国的智能电网和智能城市的开发和试验。

### 3. 日本新一代信息技术产业规划与研发计划

日本在大力推进向低碳经济转型的过程中，已经对新一代信息技术产业从产业政策、技术政策及贸易政策等方面作出一系列调整。早在2009年，日本就宣布了一项由三大领域十大计划构成的"未来开拓战略"，指出要建立世界最高能效的云数据中心，利用IT构筑亚洲知识经济圈，引领世界绿色 IT 潮流等。日本发展新一代信息技术值得推广的突出经验如下。

1）重视新一代信息技术的国际标准化战略实施

2010 年 3 月，日本总务省发布了以"地球变暖对策信息通信技术创新推进事业"为主题的通告，主要围绕下一代网络技术、安全的 ICT 系统、无障碍的交流等三大方面的 11 个重点领域进行研究开发课题的征集行动。这对日本推行信息通信技术国际标准化战略、抢占新一代信息技术的战略制高点具有非同寻常的价值。

2）重视围绕新一代信息技术的产业发展进行科技外交

新一代信息技术是日本进行科技外交和对外科技合作的重点领域之一。通过出台加强科技外交的战略、主办或参加重大国际会议、持续的国际研究开发合作、知识产权战略等具体的行动措施，有组织、有战略地实施新一代信息技术的科技外交举措。

日本新一代信息技术产业规划与研发计划布局如表 2-7 所示。

表 2-7　日本新一代信息技术产业规划与研发计划布局

| 领域 | 政策名称 | 年份 | 发布机构 | 内容概述 |
|---|---|---|---|---|
| 下一代通信网络 | E-Japan 战略 | 2001 | 日本政府 | 一是建设超高速的网络，并尽快普及高速网络的接入；二是制定有关电子商务的法律法规；三是实现电子政务；四是为日本下一个十年的经济振兴提供高素质的人才 |
| 物联网 | U-Japan 战略 | 2004 | 日本总务省（信息通信产业的主管机关） | 到 2010 年将日本建设成一个"实现随时、随地、任何物体、任何人均可连接的泛在网络社会" |
| | U-Japan xICT | 2008 | 日本总务省 | 将 U-Japan 政策的重心从之前关注居民生活品质的提升拓展到带动产业及地区的全面发展，通过各行业、各地区与 ICT 的深化融合，最终有力促进经济增长 |
| | I-Japan 战略 | 2009 | 日本 IT 战略本部 | 通过打造数字化社会，参与解决全球性的重大问题，提升国家的竞争力，确保日本在全球的领先地位 |
| 平板显示 | 新一代大型 OLED 显示器基础技术开发计划（绿色 IT 计划） | 2008 | 日本新能源和产业技术开发组织 | 力争在 2015～2020 年开发出 40 英寸以上 OLED 显示器的量产技术 |
| 集成电路 | 飞鸟计划与未来计划 | 2001 | 日本政府 | 确定了 65 纳米和 45 纳米的工艺研究指标 |
| 云计算 | 智能云战略 | 2010 | 日本总务省 | 借助云服务，推动整体社会系统实现海量信息和知识的集成与共享 |
| | 云计算与日本竞争力研究 | 2010 | 日本经济产业省 | 将从完善基础设施建设、改善制度、鼓励创新三方面推进云计算发展 |

资料来源：根据日本信息通信产业总务省相关数据整理

## 2.2.4　韩国新一代信息技术产业发展环境

### 1. 韩国新一代信息技术产业发展背景

韩国新一代信息技术产业发展背景如表 2-8 所示。

**表 2-8　韩国新一代信息技术产业发展背景**[15]

| 发展环境 | 具体措施 |
| --- | --- |
| 企业发展 | 在韩国信息产业发展过程中，成长起来一批具有国际竞争力的大企业。大型电子企业集团在应对国际市场竞争、树立国家形象等方面起着非常重要的作用。三星电子、LG 电子、现代电子等几家大的跨国集团的产品已发展成世界知名品牌 |
| 研究环境 | 韩国政府通过三个途径来支持信息产业技术研发，第一种是韩国政府直接拨款给学术机构组织，如大学、公立研究所。第二种是资助企业的自主技术研发。第三种是通过财政政策来鼓励私营企业技术创新，其给新技术创业企业以无息贷款、提供办公室及资金等，私营企业进行技术开发，可以享受 3 年的税收减免 |
| 人才策略 | 为了培养高科技人才，在立法的基础上，建立由政府资助的各类研究机构，为高科技人才提供了较好的工作环境和工作条件，避免了人才流失。同时韩国政府给予优厚的待遇吸引海外技术人员回国创业，也派遣科研人员到国外学习先进技术 |

## 2. 韩国新一代信息技术产业政策

### 1）下一代通信网络政策

近年来，韩国通信业取得了飞速发展。早在 2004 年 3 月，韩国情报通信部就公布了旨在满足产业和经济增长，为人民日常生活带来革命性进步的"U-Korea"战略。该战略已经取得了明显的成绩，特别是韩国农村通信市场发展已经取得了相当大的成绩。2009 年数据显示，即使在韩国最为偏远的农村地区，宽带网络的覆盖率也已经高达 98.9%。而韩国家庭的宽带普及率已经超过了 90%，居世界前两位[15]。

### 2）物联网政策

2006 年，韩国政府在 IT-839 计划中引入"无处不在的网络"概念，韩国信息通信部将 IT-839 计划修订为 U-IT839 计划。U-IT839 计划仍旧以原有计划的框架为蓝本，同时使"服务—基础设施—技术创新产品"三方面的关系更加紧密，更好地发挥三方的互动作用。

2009 年 6 月，韩国通信委员会决定促进"未来物体通信网络"建设，实现随时随地人与物、物与物智能通信。

2009 年 10 月，韩国通信委员会在《基于 IP 的泛在传感器网基础设施构建基本规划》中将传感器网确定为新增长动力。同月，韩国通信委员会通过《物联网基础设施构建基本规划》，并确立到 2012 年"通过构建世界最先进的物联网基础实施，打造未来广播通信融合领域超一流 ICT 强国"的目标。

### 3）新型平板显示政策分析

2010 年 5 月 19 日，韩国政府推出了《显示器产业动向及应对方案》，明确 OLED 发展目标是到 2013 年能够成为世界首个实现 AMOLED 电视和 OLED 照明面板量产的国家，引领新一代显示器市场的发展；到 2015 年，韩国基本进入显示器时代；让韩国国产显示器设备产品及零配件材料，在韩国市场份额由 50% 扩大到 70%。

## 3. 韩国新一代信息技术产业规划与研发计划

2009 年 1 月，韩国通信委员会开始制订宽带增速计划，目标是提供 1Gbps 的宽带连接。同期开始制订的还有无线网络带宽增速计划，目标是将现在 10 兆/秒无线带宽提升 10 倍以上。鉴于在 3G 及 3.5G、3.9G 方面的技术专利已基本被欧美、日本企业占有，韩国企业发挥空间有限，韩国政府大力推行新兴移动无线宽带互联网技术（WiBro），旨在推动全国无线宽带普及和开创不对称的市场竞争局面。

2010 年 4 月,韩国通信委员会公布了以政府与民间共同投资共计 15 000 亿韩元(约合人民币 92 亿元)为主要内容的无线网络发展 5 年计划。该计划具体包括增强智能手机全球竞争力,推动智能手机的普及与生产应用,构建世界最高水平的宽带无线网络,开发下一代移动技术与培养人才等 4 大目标及 10 大核心推进课题。

韩国新一代信息技术产业规划与研发计划布局如表 2-9 所示。

**表 2-9　韩国新一代信息技术产业规划与研发计划布局**

| 领域 | 政策名称 | 年份 | 发布机构 | 内容概述 |
|---|---|---|---|---|
| 下一代通信网络 | IT839 战略规划 | 2003 | 韩国政府 | 计划逐步发展 FTTx 替代原有的 DSL 网络 |
| | BCN(宽带融合网络)计划 | 2004 | 韩国政府 | 使最后一公里全面走向 FTTH |
| | IT 韩国未来战略 | 2009 | 韩国政府 | 将 IT 融合、软件、主力 IT、广播通信、宽带网络等五个领域确定为核心战略领域 |
| 物联网 | Cyber-Korea 21 | 1997 | 韩国情报通信部 | 计划到 2011 年对 RFID、云计算等技术的发展明确部署规划 |
| | U-IT 核心计划 | 2005 | 韩国信息和通信部 | 包括 "U-City"、"Telematics 示范应用与发展"、"U-IT 产业集群" 和 "U-Home" 4 项 U-IT 核心计划 |
| | U-Korea 战略 | 2006 | 韩国情报通信部 | 韩国政府希望通过该计划使韩国的 IT 产业在 2007 年占到 GDP 的 20% |
| | U-IT839 计划 | 2006 | 韩国信息和通信部 | 根据韩国 IT 产业发展情况对 IT839 计划进行增减,引入 "无处不在的网络" 概念,使 "服务—基础设施—技术创新产品" 三方面的关系更加紧密 |
| | 物联网基础设施构建基本规划 | 2009 | 韩国通信委员会 | 提出了到 2012 年实现 "通过构建世界最先进的物联网基础实施,打造未来广播通信融合领域超一流的信息通信技术强国" 的目标 |
| | RFID/USN 等相关政策 | 2010 | 韩国政府 | 主要由三大板块构成:RFID 先导计划、RFID 全面推动计划及 USN 领域测试计划 |
| 平板显示 | 平面显示器产业发展计划 | 2002 | 韩国产业资源部 | 规划主要以 TFT LCD、PDP 及 OLED 为主,合计出口值将达 1 兆亿韩元(约合 315 亿美元)。同时,设备与材料自制率从 2001 年的 20%~40% 增加到 2010 年的 80% |
| | 显示器产业动向及应对方案 | 2010 | 韩国知识经济部 | 方案目标是使韩国最终成为世界首个实现 AMOLED 电视和 OLED 照明面板量产的国家,并确保在柔性显示器、电子印刷等新一代显示器领域的核心技术竞争力 |
| 集成电路 | 下一代半导体研发计划 | 2011 | 韩国产业资源部 | 确定下一代半导体策略技术的四大重点研发领域:系统设计、纳米集成工程、下一代存储器、系统统合 |
| 云计算 | 云计算扩散和加强竞争力的战略计划 | 2011 | 韩国放送通信委员会、行政安全部和知识经济部 | 计划到 2014 年前,向云计算领域投入 6146 亿韩元(约合 6 亿美元),大力培育云计算产业,从而使韩国在 2015 年发展成为全球 "云计算" 强国 |

资料来源:根据韩国通信委员会相关数据整理

## 2.2.5　中国新一代信息技术产业发展环境

### 1. 中国新一代信息技术产业发展环境

我国不仅工业化、城市化落后于发达国家,信息化也面临同样的问题,但中国信息化在发展过程中除了学习、借鉴乃至模仿以外，仍不失自己的特色。在信息化和信息产业发展的道路上，中国走的是一条在政府指导规划下、在市场环境逐步激励下的循序渐进的发展道路。传统信息产业如此，新一代信息技术产业更是如此。

在产业规模上，就电子信息产业的规模来看，我国电子信息产业规模仅次于美国，居世界第二位。虽然全球金融危机给我国电子信息产业带来了巨大影响，但在国家一揽子计划的激励下，我国电子信息产业在 2009 年下半年出现回暖，产业生产增速平稳回升，经济效益逐步好转[16]。

我国虽然形成了珠江三角洲、长江三角洲、环渤海地区和中西部地区的四大电子信息产业基地，但电子信息产业基地主要从事一般元器件的生产，以及整机的加工和组装，还处于产业链的底端，与产业链中高端的国家和地区相比还存在着较大的差距。表 2-10 显示了我国信息技术产业的主要问题。

表 2-10　我国信息技术产业主要问题

| 问题 | 具体内容 |
| --- | --- |
| 产业链 | 跨国公司在全球产业链中处于主导地位，通常采用独资的形式达到控制核心技术的目的。我国电子信息企业大多从事消费类电子制造和通信产品制造、计算机组装等，仅凭借廉价的劳动力参与国际竞争，最终受制于人 |
| 核心技术 | 我国电子信息产业技术研发投入不足，高度依附于外资企业。尽管外资企业的进入，带动了技术、管理的升级，但外资企业掌握着核心芯片技术和整机设计技术，我国的电子信息企业得到的只是外围的技术和管理知识。此外，我国的中小企业因为资金的限制，没有自主开发研究机构，不能自主地开发新技术、新产品，只能模仿和转化外资企业的技术和知识，大多数企业没有创新能力 |
| 集群竞争力 | 我国的电子信息产业在空间上的集聚较为明显，形成四大产业基地，但集群内企业间尚未形成完善的专业化分工与协作。集群中小企业没有起到协作配套的作用，与集群中其他企业没有任何技术、资金上的联系，对产业集群的建立与完善作用甚微，使得集群企业享受不到集群所带来的外部规模经济等方面的好处，不能促进集群企业间的竞争与合作 |
| 人才结构 | 高层次和产业领军人才缺乏。我国电子信息产业人才结构不合理，呈橄榄形分布，不仅高层次的专业人才、领军人物、技术和学术带头人缺乏，而且技能型工人严重不足。这种橄榄形人才结构，已成为我国电子信息产业升级的严重障碍 |

### 2. 中国新一代信息技术产业政策

#### 1）下一代通信网络政策

当前我国高度重视下一代互联网发展，在 2011 年 3 月最新颁布的《中华人民共和国国民经济和社会发展第十二个五年规划纲要》（简称"十二五"规划）中已明确指出，要重点发展下一代互联网等新一代信息基础产业，实施相关战略性新兴产业创新发展工程，推动相关重点领域跨越式发展，从而实现转型升级和提高产业核心竞争力。

我国下一代通信网络产业相关政策如表 2-11 所示。

表 2-11　我国下一代通信网络产业相关政策

| 时间 | 政策名称 | 相关内容 |
| --- | --- | --- |
| 2006 年 3 月 | 国家中长期科学和技术发展规划纲要（2006—2020 年） | 突破制约信息产业发展的核心技术，掌握宽带无线移动通信、下一代网络等核心技术，提高自主开发能力和整体技术水平 |
| 2006 年 3 月 | 中华人民共和国国民经济和社会发展第十一个五年规划纲要 | 重点培育光电通信、无线通信、高性能计算及网络设备等信息产业群 |

| 时间 | 政策名称 | 相关内容 |
|---|---|---|
| 2010 年 10 月 | 国务院关于加快培育和发展战略性新兴产业的决定 | 推动新一代移动通信、下一代互联网核心设备和智能终端的研发及产业化 |
| 2011 年 3 月 | 关于开展国家电子商务示范城市创建工作的指导意见 | 深化"三网融合"、"两化融合"等试点工作，促进第三代移动通信网络、物联网、云计算、移动互联网、下一代互联网等高新技术的应用 |
| 2011 年 10 月 | 国务院关于支持河南省加快建设中原经济区的指导意见 | 支持新型显示、信息家电、新一代信息通信产品等发展 |
| 2012 年 1 月 | 国务院办公厅关于加快发展高技术服务业的指导意见 | 充分发挥现有信息网络基础设施的作用，依托宽带光纤、新一代移动通信网、下一代互联网、数字电视网等信息基础设施建设 |
| 2012 年 1 月 | 国务院关于进一步促进贵州经济社会又好又快发展的若干意见 | 重点发展电子元器件、软件、混合集成电路等产业，支持发展新一代移动通信技术相关产业 |
| 2011 年 12 月 | 工业转型升级规划（2011—2015 年） | 重点支持 TD-SCDMA 高端产品、TD-LTE 等新一代移动通信设备和系统的研发及产业化，完善 TD-LTE 移动终端基带和射频芯片、应用平台和测试仪器等配套产业 |

资料来源：根据工业和信息化部及中国政府网相关数据整理

2）物联网政策

国家"十二五"规划明确提出，物联网将会在智能电网、智能交通、智能物流、金融与服务业、国防军事等十大领域重点部署。我国物联网产业相关政策如表 2-12 所示。

表 2-12  我国物联网产业相关政策

| 时间 | 政策名称 | 相关内容 |
|---|---|---|
| 2009 年 3 月 | 物流业调整和振兴规划 | 适应物流业与互联网融合发展的趋势，启动物联网的前瞻性研究工作 |
| 2011 年 3 月 | 产业结构调整指导目录（2011 年本） | 鼓励物联网（传感网）、智能网等新业务网设备制造与建设 |
| 2011 年 4 月 | 关于进一步加强城市生活垃圾处理工作的意见 | 研究运用物联网技术，探索线路优化、成本合理、高效环保的收运新模式 |
| 2011 年 6 月 | 国务院关于加强地质灾害防治工作的决定 | 探索运用物联网等前沿技术，提升地质灾害调查评价、监测预警的精度和效率 |
| 2011 年 3 月 | 关于加快推进信息化与工业化深度融合的若干意见 | 把智能发展作为信息化与工业化融合长期努力的方向，推动物联网等新一代信息技术应用 |
| 2011 年 10 月 | 国务院关于支持河南省加快建设中原经济区的指导意见 | 提升郑州信息集散中心和通信网络交换枢纽地位，促进物联网等产业发展 |
| 2011 年 11 月 | 公路水路交通运输信息化"十二五"发展规划 | 深入实践和深度应用物联网等先进技术，建设一批带动性强的重大工程及示范、试点项目 |
| 2011 年 12 月 | 国家环境保护"十二五"规划 | 利用物联网和电子标志等手段，对危险化学品等的存储、运输等环节实施全过程监控 |
| 2011 年 12 月 | 工业转型升级规划（2011—2015 年） | 发展传感网络关键传输设备及系统，统筹部署物联网等关键技术的研发和产业化，培育自主可控的物联网感知产业和应用服务业 |
| 2011 年 12 月 | 物联网"十二五"发展规划 | 规定了物联网的若干重点发展方向，确立了物联网的市场规模 |

资料来源：根据工业和信息化部及中国政府网相关数据整理

3）新型平板显示政策

财政部为鼓励和促进新型显示器件产业的发展，出台了《关于新型显示器件生产企业进口物资税收政策的通知》，此项优惠政策的发布促进了新型平板显示产业的发展。我国平板显示相关产业政策如表 2-13 所示。

**表 2-13　我国平板显示产业相关政策**

| 时间 | 政策名称 | 内容 |
| --- | --- | --- |
| 2002 年 3 月 | 外商投资产业指导目录 | 鼓励新型平板显示器件、中高分辨率彩色显像管/显示管及玻壳生产 |
| 2006 年 3 月 | 国家中长期科学和技术发展规划纲要（2006—2020 年） | 重点发展高清晰度大屏幕显示产品，开发有机发光显示、场致发射显示、激光显示等各种平板和投影显示技术，建立平板显示材料与器件产业链 |
| 2006 年 3 月 | 关于加快振兴装备制造业的若干意见 | 发展集成电路关键设备、新型平板显示器件生产设备等 |
| 2009 年 9 月 | 关于抑制部分行业产能过剩和重复建设引导产业健康发展若干意见 | 支持大企业集团发展电子平板显示玻璃、光伏太阳能玻璃、低辐射镀膜等技术含量高的玻璃及优质浮法玻璃项目 |
| 2009 年 9 月 | 关于支持福建省加快海峡西岸经济区工业和信息化发展的意见 | 支持福建省重点发展消费电子、软件和集成电路、平板显示、LED、新型电子元器件、移动通信终端等特色优势产业 |
| 2011 年 12 月 | 产业结构调整指导目录（2011 年本） | 鼓励企业为 TFT-LCD、PDP、OLED、激光显示、3D 显示等新型平板显示器件生产专用设备 |
| 2011 年 12 月 | 工业转型升级规划（2011—2015 年） | 重点支持 TFT-LCD 面板发展，加快大 OLED、电子纸、三维显示、激光显示等新型显示技术的研发和产业化，发展上游原材料、元器件及专用装备等配套产业 |

资料来源：根据工业和信息化部及中国政府网相关数据整理

### 4）高性能集成电路政策分析

2011 年 2 月，国务院发布了《进一步鼓励软件产业和集成电路产业发展的若干政策》，旨在继续完善激励措施，明确政策导向，优化产业发展环境，增强科技创新能力，提高产业发展质量和水平。

利用多种资金渠道，进一步加大对科技创新的支持力度。发挥国家科技重大专项的引导作用，大力支持软件和集成电路重大关键技术的研发，努力实现关键技术的整体突破，加快具有自主知识产权技术的产业化和推广应用[17]。我国集成电路产业相关政策如表 2-14 所示。

**表 2-14　我国集成电路产业相关政策**

| 时间 | 政策名称 | 内容 |
| --- | --- | --- |
| 2000 年 6 月 | 鼓励软件产业和集成电路产业发展若干政策的通知 | 推动我国软件产业和集成电路产业的发展，增强信息产业创新能力和国际竞争力，带动传统产业改造和产品升级换代 |
| 2001 年 6 月 | 集成电路布图设计保护条例 | 保护集成电路布图设计专有权，鼓励集成电路技术的创新，促进科学技术的发展 |
| 2010 年 10 月 | 国务院关于加快培育和发展战略性新兴产业的决定 | 推动新一代移动通信、下一代互联网核心设备和智能终端的研发及产业化 |
| 2003 年 11 月 | 集成电路设计企业及产品认定机构管理办法 | 加强对从事集成电路设计企业及产品认定工作的有关机构的管理，规范其执业行为 |
| 2008 年 6 月 | 国家知识产权战略纲要 | 加强集成电路布图设计专有权的有效利用，促进集成电路产业发展 |
| 2009 年 5 月 | 国务院关于支持福建省加快建设海峡西岸经济区的若干意见 | 加快发展集成电路设计和软件、光电、消费电子等高技术产业 |
| 2011 年 10 月 | 国务院关于加快培育和发展战略性新兴产业的决定 | 着力发展集成电路、新型显示、高端软件、高端服务器等核心基础产业 |

续表

| 时间 | 政策名称 | 内容 |
| --- | --- | --- |
| 2011 年 1 月 | 进一步鼓励软件产业和集成电路产业发展的若干政策 | 进一步优化软件产业和集成电路产业发展环境，提高产业发展质量和水平，培育一批有实力和影响力的行业领先企业 |
| 2011 年 12 月 | 产业结构调整指导目录（2011 年本） | 鼓励大规模集成电路设计与制造业发展 |
| 2011 年 12 月 | 工业转型升级规划（2011—2015 年） | 着力发展集成电路设计业，持续提升先进和特色集成电路芯片生产技术和能力，发展先进封装工艺，进一步提高测试水平，攻克关键设备、仪器、材料和电子设计自动化（EDA）工具技术工艺，实现重大产品、重大工艺和新兴领域的突破。到"十二五"末，集成电路产业规模占全球 15％以上 |
| 2012 年 1 月 | 国务院关于进一步促进贵州经济社会又好又快发展的若干意见 | 重点发展电子元器件、软件、混合集成电路等产业，支持发展新一代移动通信技术相关产业 |
| 2012 年 2 月 | 电子信息制造业"十二五"发展规划 | 打造高性能集成电路完整的产业链，突破一批关键技术 |
| 2012 年 2 月 | 集成电路产业"十二五"发展规划 | 确立发展目标：到"十二五"末，产业规模再翻一番以上，关键核心技术和产品取得突破性进展，结构调整取得明显成效，产业链进一步完善 |

资料来源：根据工业和信息化部及中国政府网相关数据整理

政策重点支持基础软件、面向新一代信息网络的高端软件、工业软件、数字内容相关软件、高端芯片、集成电路装备和工艺技术、集成电路关键材料、关键应用系统的研发及重要技术标准的制定[18]。

5）云计算政策分析

为加快我国云计算服务创新发展，推进云计算产业建设，工业和信息化部、国家发展和改革委员会于 2010 年 10 月 18 日联合印发了《关于做好云计算服务创新发展试点示范工作的通知》，确定在北京、上海、深圳、杭州、无锡等五个城市先行开展云计算服务创新发展试点示范工作。

试点示范工作主要包括四个方面的重点内容：一是推动国内信息服务骨干企业针对政府、大中小企业和个人等不同用户需求，积极探索 SaaS 等各类云计算服务模式；二是以企业为主体，产学研用联合，加强海量数据管理技术等云计算核心技术研发和产业化；三是组建全国性云计算产业联盟；四是加强云计算技术标准、服务标准和有关安全管理规范的研究制定，着力促进相关产业发展。

我国云计算产业相关政策如表 2-15 所示。

表 2-15 我国云计算产业相关政策

| 时间 | 政策名称 | 内容 |
| --- | --- | --- |
| 2010 年 10 月 | 国务院关于加快培育和发展战略性新兴产业的决定 | 促进云计算的研发和示范应用 |
| 2011 年 9 月 | 产业结构调整指导目录（2011 年本） | 鼓励云计算安全服务等科技服务业的发展 |
| 2011 年 10 月 | 关于开展国家电子商务示范城市创建工作的指导意见 | 促进云计算等高新技术的应用 |

续表

| 时间 | 政策名称 | 内容 |
|------|---------|------|
| 2011 年 3 月 | 关于加快推进信息化与工业化深度融合的若干意见 | 把智能发展作为信息化与工业化融合长期努力的方向，推动云计算等新一代信息技术应用 |
| 2011 年 9 月 | 新闻出版业"十二五"时期发展规划 | 打造基于"云计算"技术的学术论文发布平台 |
| 2011 年 11 月 | 公路水路交通运输信息化"十二五"发展规划 | 加强对云计算、海量存储、高速传输、我国第二代卫星导航、遥感遥测等新技术的一体化应用研究 |
| 2011 年 12 月 | 产业结构调整指导目录（2011 年本） | 培育基于移动互联网、云计算、物联网等新技术、新模式、新业态的信息服务 |
| 2011 年 12 月 | 工业转型升级规划（2011—2015 年） | 统筹部署云计算等关键技术、产品的研发、产业化及应用，积极推动设计、产品、应用、服务融合创新和互动发展，加快移动互联网终端的研制，加强云计算平台建设，推进先导部署和应用示范 |

资料来源：根据工业和信息化部及中国政府网相关数据整理

### 3. 中国新一代信息技术产业规划与研发计划

2010 年 3 月 17 日，工业和信息化部、国家发展和改革委员会、科技部、财政部、国土资源部、住房和城乡建设部、国家税务总局联合印发了《关于推进光纤宽带网络建设的意见》。该意见指出，到 2011 年，光纤宽带端口超过 8000 万个，城市用户接入能力平均达到每秒 8 兆比特以上，农村用户接入能力平均达到每秒 2 兆比特以上，商业楼宇用户基本实现每秒 100 兆比特以上的接入能力。3 年内光纤宽带网络建设投资超过 1500 亿元，新增宽带用户超过 5000 万户[19]。

在物联网方面，"十二五"期间，中国将制定和推广应用中国自主编码体系，突破核心技术和重大关键共性技术，初步形成从感测器、芯片、软件、终端、整机、网络到业务应用的完整产业链，培育一批具有较强国际竞争力的物联网产业领军企业。同时，重点推动以物联网为特征的智能物流产业的发展，2013～2015 年逐步形成物流信息化的体系，2015 年初步建立起与国家现代物流体系相适应的协调发展的物流信息化体系。

在集成电路方面，中国政府将在 2010～2015 年向芯片行业投资 250 亿美元，其中包括投资 50 亿美元建立苏州创投与日本半导体芯片制造厂商尔必达（Elpida）的合资企业，以及向山东华芯半导体有限公司投资 50 亿美元，到 2013 年，中国半导体加工厂能够满足 1/3 的中国集成电路需求[20]。

在云计算方面，国内云计算标准化主要涉及标准主体、切入点、运营、建设等方面。其中重点是互联网数据中心（IDC）的管理，将从 IDC 的能量、安全、用户体验等方面衡量，划分为四个等级。由各大运营商和设备商等考取认证证书，证书等级决定 IDC 建设等级。这将使 IDC 建设更加正规化。

在新型平板显示方面，《电子信息产业调整和振兴规划》、《2010—2012 年平板显示产业发展规划》都明确提出，要集中力量实施彩电工业转型升级，坚持自主创新，以突破新型显示产业发展瓶颈为目标。在国家相关部委及地方政府的高度关注和重点支持下，以 TFT-LCD 为代表的我国平板显示产业发展取得了阶段性进展。随着产业规模逐步扩大、技术水平稳步提升、产业配套不断完善、政策措施逐步到位，我国将会发展成为全球重要的平板显示产业研发和生产基地。

## 2.3 ╱ 新一代信息技术产业之云计算科技文献计量分析

### 2.3.1　云计算领域 SCIE 科技文献计量分析

#### 1. 概况

本章分析数据来源于科学引文索引数据库（science citation index expanded，SCIE）。检索字段为主题词，检索时间段为 1991～2011 年，检索日期为 2011 年 11 月 27 日，共检索到 21 536 条数据。通过限定文献类型，去掉通信等无用数据，只保留论文（article）、综述（review）、会议论文（proceedings paper）等文献类型，并通过期刊筛选与云计算相关度较高的文章，得到有效数据 13 679 条。采用的分析工具为 TDA。

图 2-16 是全球及我国云计算的论文数量年度变化趋势图。虽然云计算首次被提出是在 2006 年，但与云计算相关的领域，如并行计算、分布式计算、网格计算、效用计算、网络存储等起步较早。2010 年全球发文量达到 943 篇，2011 年截止到检索之日为 670 篇，预计 2011 年全球云计算领域 SCIE 发文量将突破 1000 篇。

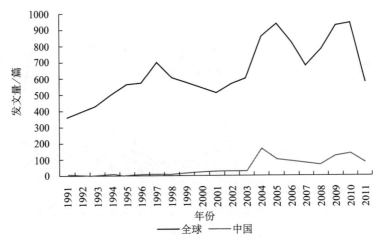

图 2-16　1991～2011 年全球及我国云计算论文数量年度变化趋势
资料来源：根据 SCIE 相关数据整理

#### 2. 国家和地区情况

##### 1）主要国家发文量对比分析

图 2-17 为云计算领域发表论文量排名前 10 位的国家。由此可知，美国发表的论文数量最多，共 3490 篇，占全球的 20.99%，反映出美国在该研究领域具有较强的实力。我国发表论文的数量以 1109 篇位居美国之后，占全球的 6.33%，位居我国之后的国家分别是德

国、日本、英国、意大利、法国、西班牙、加拿大、韩国等，其论文数量均少于 1000 篇。

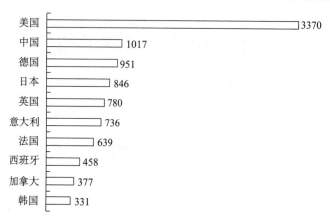

发文量/篇

图 2-17　1991～2011 年主要国家云计算领域论文数量
资料来源：根据 SCIE 相关数据整理

从上述 10 个国家的论文数量随年度的变化趋势（图 2-18）中可以看出，美国在云计算领域优势很明显，1996～1998 年，美国在云计算领域的发文量增长迅速，到 2005 年，其发文量接近 300 篇。我国在 2004 年出现了较大幅度的提升，达到了 166 篇。

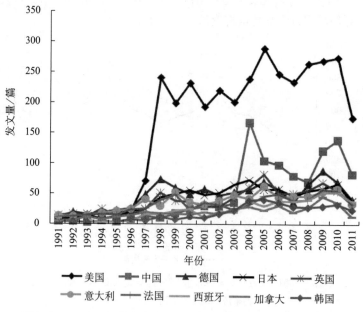

图 2-18　1991～2011 年主要国家云计算领域论文数量变化趋势
资料来源：根据 SCIE 相关数据整理

图 2-19 为发文量前 10 位的国家在 2009～2011 年的发文量占各国 1991～2011 年总发文量的比例。从分布来看，我国 2009～2011 年在云计算领域的研究相对活跃，占比为 33.24%。

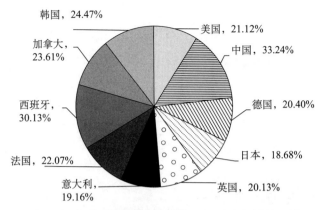

图 2-19 主要国家的发文量占各国的总发文量的比例

资料来源：根据 SCIE 相关数据整理

2）主要国家论文被引频次分析

从图 2-20 可以看出，主要国家云计算领域研究论文的总被引次数最多的为美国，这一方面说明美国的关于云计算领域的发文量较多，另一方面也说明美国发文质量普遍较高。图2-20显示我国的篇均被引次数较少，只有 3.25，一定程度上说明我国论文发文质量有待加强。

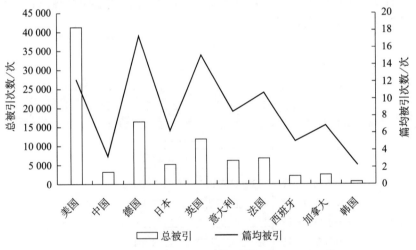

图 2-20 主要国家论文总被引次数及篇均被引次数

资料来源：根据 SCIE 相关数据整理

3）主要国家和地区论文研究合作及主题关联分析

通过对发文量最多的 23 个国家和地区的研究合作进行对比分析，得到各国在云计算领域的合作网络，如图 2-21 所示。可以看出，美国、英国、法国、德国、意大利在云计算领域合作较为紧密。

3. 机构情况

1）主要机构发文量对比分析

1991～2011 年，云计算领域发文量排名前 10 位的机构如图 2-22 所示。云计算的研究

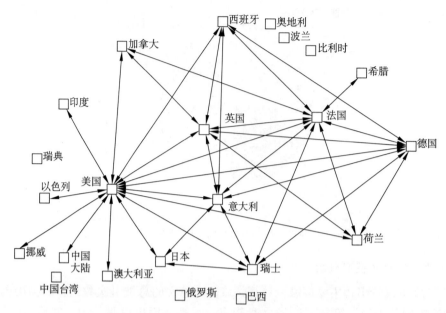

图 2-21  云计算领域国家和地区合作网络图
资料来源：根据 SCIE 相关数据整理

以高校为主，且来自美国的较多。中国科学院以 152 篇的发文量居全球首位，说明中国科学院对云计算领域的研究投入较多。

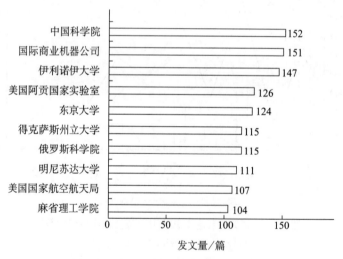

图 2-22  主要机构云计算领域论文数量
资料来源：根据 SCIE 相关数据整理

2）主要机构论文被引频次分析

图 2-23 为发文量排名前 10 位的研究机构论文总被引次数及篇均被引次数的情况。从中可以看出，美国阿贡国家实验室的论文总被引次数及篇均被引次数最多。中国科学院虽然发文总量位居第一，总被引次数及篇均被引次数在前十中位居末席，说明中国科学院在发文质量上有进一步提升的空间。

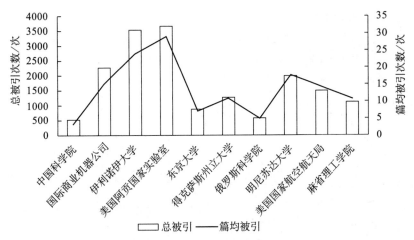

图 2-23　主要研究机构云计算领域论文总被引次数和篇均被引次数
资料来源：根据 SCIE 相关数据整理

3）主要研究机构主题分析

从各机构的研究主题来看（如表 2-16 所示，以由高到低的词频顺序列出了各机构最受关注的主题词），计算机科学、工程学、数学、物理学、组合学、通信学等主题受到多机构的关注。

表 2-16　全球云计算主要研究机构研究主题文章数量　　　　　　　　　（单位：篇）

| 机构名 | 计算机科学 | 工程学 | 数学 | 物理学 | 组合学 |
| --- | --- | --- | --- | --- | --- |
| 中国科学院 | 64 | 17 | 22 | 8 | 2 |
| 国际商业机器公司 | 119 | 35 | 21 | 10 | 0 |
| 伊利诺伊大学 | 88 | 49 | 24 | 9 | 9 |
| 美国阿贡国家实验室 | 86 | 13 | 14 | 12 | 3 |
| 东京大学 | 38 | 28 | 22 | 26 | 9 |
| 俄罗斯科学院 | 47 | 5 | 30 | 12 | 2 |
| 明尼苏达大学 | 61 | 28 | 34 | 18 | 19 |
| 美国国家航空航天局 | 51 | 40 | 15 | 5 | 15 |
| 麻省理工学院 | 69 | 17 | 22 | 11 | 5 |

资料来源：根据 SCIE 相关数据整理

4）主要研究机构主题分析

图 2-24 是发文数量最多的前 30 家机构基于著者的合作网络图（发文量大于 3 篇）。分析表明，各机构云计算领域研究机构间的合作紧密，且合作主要发生在美国，以美国各大实验室为中心，呈现出整体合作网络关系，这也能够解释美国云计算研究机构所发论文的总被引次数和篇均被引次数均为第一的原因。中国科学院、清华大学、上海交通大学等机构的发文量较多，但是彼此之间的合作交流较少。

5）研究热点分析

根据 SCIE 数据库的学科分类（有的期刊属于多学科领域），对 1991～2011 年全球云计算领域的全部论文的研究主题进行分析，结果如图 2-25 所示。可以看出，计算机科学是重

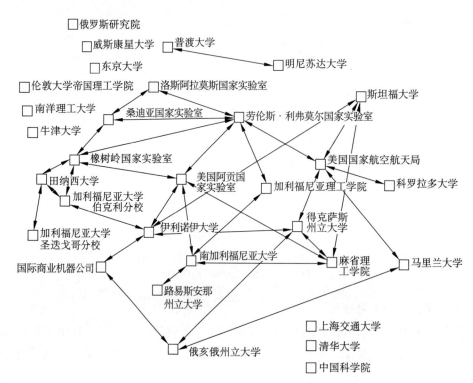

图 2-24　主要云计算研究机构基于著者的合作网络
资料来源：根据 SCIE 相关数据整理

点研究领域，其次是工程学、数学、物理学等，此外，还涉及组合学、通信学、运筹学和管理科学等多学科领域。

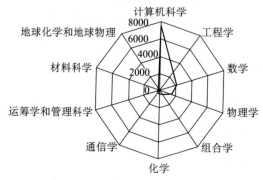

图 2-25　1991～2011 年全球云计算论文（单位：篇）主要研究领域分布
资料来源：根据 SCIE 相关数据整理

　　根据论文的关键词（著者关键词）词频分布，1991～2011 年全球云计算的研究主要集中于系统和模型、算法原理、程序设计、计算机和计算等关键词（图 2-26），由此可见，计算机科学、计算方法等方向是云计算领域研究的重点和发展趋势。

　　表 2-17 是 1991～2011 年云计算领域各个时间段的研究主题，包括各时间段的热点关键词。系统、算法、程序、计算、仿真、并行等在各阶段均受到较多关注，但其关注的程度有所不同。

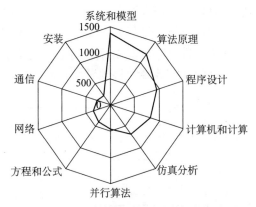

图 2-26 1991～2011 年全球云计算论文关键词分布
资料来源：根据 SCIE 相关数据整理

表 2-17 **1991～2011 年全球云计算各阶段研究主题** （单位：个）

| 年份 | 系统 | 算法 | 程序 | 计算 | 仿真 | 并行 |
|---|---|---|---|---|---|---|
| 1991～1996 | 219 | 222 | 44 | 97 | 70 | 90 |
| 1997～2001 | 271 | 262 | 55 | 120 | 124 | 150 |
| 2002～2006 | 352 | 255 | 65 | 94 | 131 | 112 |
| 2007～1011 | 489 | 240 | 69 | 83 | 199 | 112 |

资料来源：根据 SCIE 相关数据整理

## 2.3.2 云计算领域 EI 科技文献计量分析

本次利用 EI Compendex Web 检索到了 1991～2011 年的云计算领域文献共 13 560 篇，检索日期为 2011 年 7 月 27 日。

1. 发文量年度变化情况

图 2-27 是 EI 数据库中有关云计算领域科技文献近 20 年来的整体数量趋势图。1991～2002 年发展缓慢，年发文量均低于 500 篇；自 2003 年起文献数量快速增长并于 2010 年达到历史高峰，年发文量超过 3800 篇。

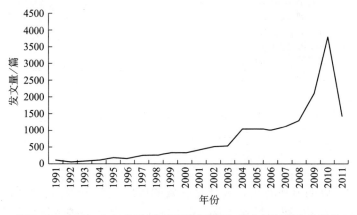

图 2-27 1991～2011 年全球云计算领域 EI 发文量年度变化趋势
资料来源：根据 EI 相关数据整理

根据 EI 数据库对期刊的学科分类（有的期刊属于多学科领域），对 1991～2011 年全球云计算的全部论文的研究领域进行分析，结果如图 2-28 所示。可以看出计算机应用，计算机软件、数据处理，数字计算机，数学，计算机系统等领域是云计算领域研究的热点，此外还涉及无线通信、光通信、电信系统等多学科领域。

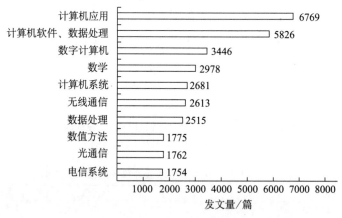

图 2-28  1991～2011 年全球云计算领域 EI 文献研究热点
资料来源：根据 EI 相关数据整理

### 2. 国家情况

由图 2-29 可以看出，美国、中国、德国、英国等国家在云计算领域 EI 文献数量较多，并且排名前 10 位的国家和 SCIE 排名前 10 位的国家相同，只是排名有所变化。其中，美国发文量为 4652 篇，占全球发文总量的 28.97%。中国发文量为 2530 篇，仅次于美国。

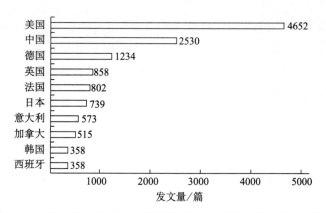

图 2-29  1991～2011 年全球云计算领域 EI 文献数量排名靠前的国家
资料来源：根据 EI 相关数据整理

### 3. 机构情况

从图 2-30 中可以明显地看出，云计算领域的国际主要机构间合作较多，美国高校合作呈现出紧密态势，以加利福尼亚大学、华盛顿大学为核心构成网络结构。中国的清华大学、北京大学、华中科技大学等均与其他高校有合作，并且我国高校内部之间均有一定的合作。

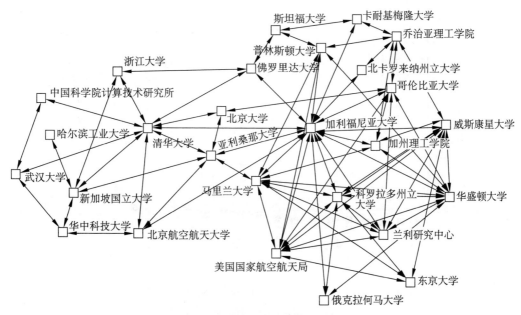

图 2-30 全球云计算领域发文量前 27 家机构合作网络
资料来源：根据 EI 相关数据整理

# 2.4 新一代信息技术产业之云计算专利分析

## 2.4.1 全球专利态势分析

本部分主要是分析了美国、日本、中国、韩国、欧洲、德国、英国等全球主要国家/地区的云计算专利技术整体发展态势，选择德温特专利索引（Derwent Innovation Index）作为检索数据库，以 TDA 和 Excel 等为主要科技信息分析工具进行分析。

为了提高专利检索的主题相关性，采用"关键词＋分类号"的组合检索策略。通过检索，共检索到云计算相关专利 5098 件，数据检索日期为 2012 年 6 月 20 日。以下主要从专利年度申请趋势、主要技术领域、国家/地区年度趋势、国家/地区技术领域分布和主要专利权人布局等角度揭示云计算专利的发展态势。

1. 专利年度申请量变化趋势分析

图 2-31 给出了全球云计算专利的年度申请数量变化趋势。自 2006 年云计算的概念正式提出后，全球云计算相关专利的申请量逐年快速增长，从趋势上看，云计算专利申请量仍然处在增长阶段，反映出云计算技术处于技术发展期的特征。

2. 专利所属技术领域分析及发展趋势

本书选取云计算技术的 20 个主要技术领域进行阐释，以协议为特征的传输控制规程技

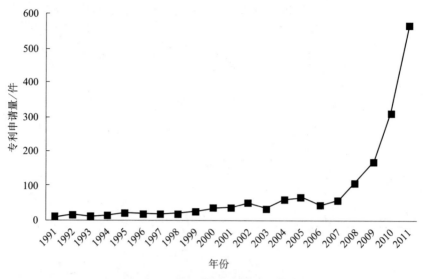

图 2-31　全球云计算专利综合趋势图
资料来源：根据德温特专利索引相关数据整理

术、两个或多个可联网数字计算机的组合技术、信息检索及其数据库结构技术位列前三名。其中以协议为特征的传输控制规程技术相关专利 700 件，占云计算专利申请总量的 13.7%，两个或多个可联网数字计算机的组合技术相关专利 608 件，占云计算专利申请总量的 11.9%。表 2-18 为主要申请机构云计算技术领域的布局。

表 2-18　主要申请机构云计算技术领域布局

| 序号 | IPC | 数量/件 | 技术领域 |
| --- | --- | --- | --- |
| 1 | H04L029/08 | 700 | 以协议为特征的传输控制规程，如数据链级控制规程 |
| 2 | G06F015/16 | 608 | 两个或多个数字计算机的组合，其中每台至少具有一个运算器、一个程序器及一个寄存器 |
| 3 | G06F017/30 | 471 | 信息检索及其数据库结构 |
| 4 | H04L029/06 | 293 | 以协议为特征的通信控制、通信处理 |
| 5 | G06F015/173 | 288 | 使用一互联网络的处理器之间的通信 |
| 6 | G06F012/00 | 177 | 防止未授权行为，保护计算机或计算机系统的安全装置 |
| 7 | G06F009/455 | 161 | 程序的装载或启动 |
| 8 | G06F009/44 | 134 | 用于执行专门程序的装置 |
| 9 | G06F009/46 | 130 | 多道程序装置 |
| 10 | H04L009/32 | 116 | 使用特殊的加密算法，包括用于检验系统用户的身份或凭据的装置 |
| 11 | G06F009/50 | 112 | 资源分配，如中央处理单元 |
| 12 | G06Q030/00 | 112 | 商业，如行销、购物、签单、拍卖或电子商务 |
| 13 | G06Q010/00 | 101 | 行政，办公自动化或预定；管理，如资源或项目管理 |
| 14 | G06F017/00 | 82 | 特别适用于特定功能的数字计算设备或数据处理设备或数据处理方法 |
| 15 | H04L012/24 | 82 | 用于维护或管理的装置 |
| 16 | G06Q050/00 | 78 | 专门适用于特定经营部门的系统或方法，如保健、公用事业、旅游或法律服务 |
| 17 | G06F003/048 | 70 | 图形用户界面的交互技术，如与窗口、图标或菜单的交互 |
| 18 | H04L012/56 | 67 | 分组交换系统 |
| 19 | G06F019/00 | 66 | 专门适用于特定应用的数字计算或数据处理的设备或方法 |
| 20 | G06F015/177 | 62 | 初始控制或配置控制 |

资料来源：根据德温特专利索引相关数据整理

3. 专利申请主要国家和组织分析

图 2-32 给出了全球云计算专利受理数量居前 8 位的国家（地区和组织）的专利申请年度分布。可以看出，全球云计算专利主要集中在美国、中国大陆和日本。从年度受理趋势来看，美国受理的专利主要集中在近 10 年，受理数量呈现逐年上升趋势，而且数量占绝对优势。

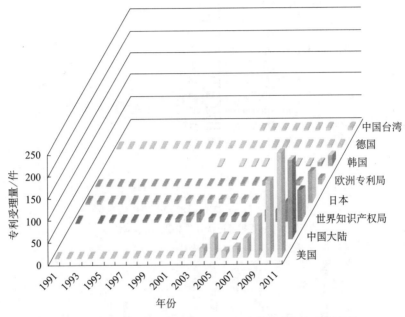

图 2-32　主要国家（地区和组织）云计算专利年度受理趋势
资料来源：根据德温特专利索引相关数据整理

4. 主要专利申请机构分析

图 2-33 给出了全球云计算专利申请量最多的前 16 家申请机构。从图 2-33 中可以看出，国际商业机器公司、微软公司、鸿海精密工业股份有限公司居前三位。美国、中国大陆、日本、韩国的企业近年来占领了云计算专利市场的主要份额。

图 2-34 给出了全球云计算主要专利申请机构的技术领域构成。可以总结出以下特点：①主要企业在十种重点技术领域均有专利布局，其主要的技术领域构成基本一致。②云计算专利主要集中在电数字数据处理（G06F）和数字信息的传输（H04L）两大领域，美国的国际商业机器公司（IBM）和谷歌公司在电数字数据处理（G06F）领域的专利申请量占其云计算专利申请总量的比重超过 80％；中国大陆的中兴通讯股份有限公司、浪潮电子信息产业股份有限公司和华中科技大学则在数字信息的传输（H04L）专利申请占比较高。③与其他机构相比，日本的理光株式会社对云计算相关的图像通信领域技术布局较多，较为重视。

## 2.4.2　中国专利态势分析

本部分主要分析研究了我国云计算专利技术的发展概况和态势，选择中国专利数据库作为检索数据库。

本部分所采用的主要统计分析工具包括：知识产权出版社开发的中外专利数据库服务平台和专利在线分析系统。为了提高专利检索的主题相关性，采用"关键词＋分类号"的

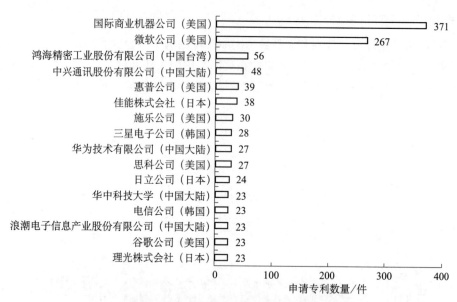

图 2-33　全球云计算专利主要申请机构排名

资料来源：根据德温特专利索引相关数据整理

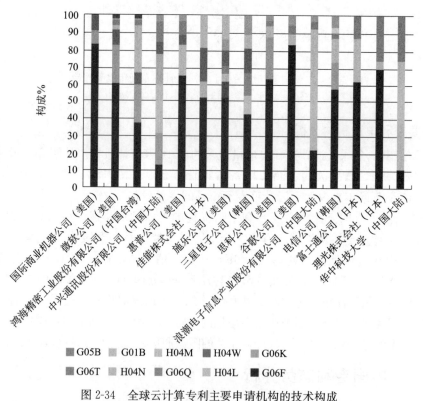

图 2-34　全球云计算专利主要申请机构的技术构成

资料来源：根据德温特专利索引相关数据整理

组合策略进行检索。通过检索，共得到云计算相关专利 2641 件，数据检索日期为 2012 年 6 月 20 日。以下主要从专利年度申请趋势、主要国家在我国的整体布局、主要专利申请机构在我国的布局等方面展开分析，从不同的角度揭示我国云计算相关专利技术的发展态势。

1. 专利年度申请量变化趋势分析

图 2-35 给出了中国云计算专利的年度申请数量和公开数量变化趋势。可以看出，2006～2009 年，中国云计算专利数量稳步增长，2009 年开始急剧上升，表明我国在这一领域的发展趋势良好。

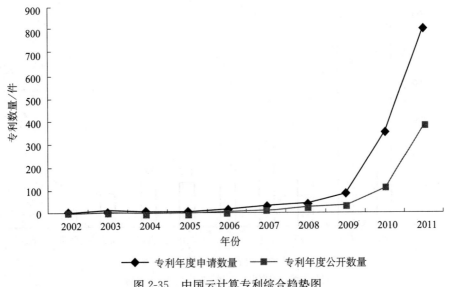

图 2-35  中国云计算专利综合趋势图

资料来源：根据中国专利数据库相关数据整理

2. 专利所属技术领域分析及发展趋势

表 2-19 给出了我国云计算专利技术领域分布情况。本报告对选取云计算技术的前 10 个主要技术领域进行了详细分析。从我国云计算市场技术布局来看，以协议为特征的传输控制规程、通信控制与通信处理、信息检索及数据库结构等技术是云计算技术中受关注度较高的领域。

表 2-19  我国云计算专利技术领域分布情况

| 序号 | IPC | 数量 | 技术领域 |
| --- | --- | --- | --- |
| 1 | H04L29/08 | 1048 | 以协议为特征的传输控制规程，如数据链级控制规程 |
| 2 | H04L29/06 | 443 | 以协议为特征的通信控制、通信处理 |
| 3 | G06F17/30 | 259 | 信息检索及其数据库结构 |
| 4 | H04L12/24 | 97 | 用于维护或管理的装置 |
| 5 | G06F9/455 | 79 | 程序的装载或启动 |
| 6 | G06T17/00 | 67 | 三维（3D）模型，如 3D 目标的数据绘图 |
| 7 | G05B19/418 | 66 | 全面工厂控制，即集中控制许多机器，如直接或分布数字控制 |
| 8 | G06F9/50 | 61 | 资源分配，如中央处理单元 |
| 9 | H04L12/56 | 54 | 分组交换系统 |
| 10 | G06Q10/06 | 45 | 适用于资源、工作流、人员或项目管理的数据处理系统或方法 |

注：根据中国专利数据库相关数据整理

3. 中国主要省市专利市场布局

图 2-36 给出了我国云计算专利申请数量在 35 件及以上的主要省市。可以看出，我国云

计算专利分布大致可以分成以下几个集团。①北京、广东为第一集团，专利数量超过500件，遥遥领先于其他省市；②江苏、上海与山东为第二集团，其专利数量超过200件；③其余省市专利申请数量少于150件，位于第三集团。从以上集团的地理分布可以看出，排名靠前的省市主要是首都和沿海等经济发达地区，占云计算专利总量的比例超过40%。

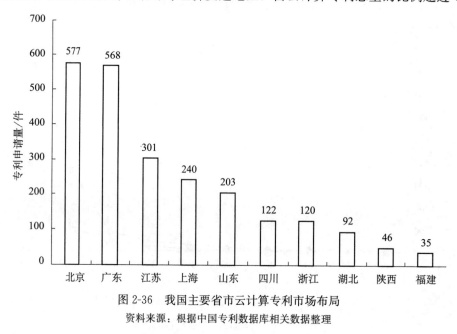

图 2-36　我国主要省市云计算专利市场布局

资料来源：根据中国专利数据库相关数据整理

### 4. 主要专利申请机构分析

图 2-37 给出了中国云计算专利的主要申请机构。可以看出，浪潮集团走在云计算技术研究的前沿，中兴通讯股份有限公司也在云计算领域布局较多专利。值得注意的是，华中科技大学、清华大学等高校也十分注重云计算领域的技术研究。

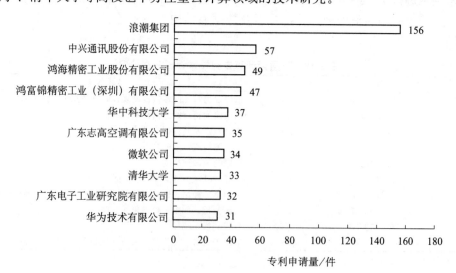

图 2-37　主要专利申请人的云计算专利申请量

资料来源：根据中国专利数据库相关数据整理

# 2.5 / 新一代信息技术产业相关标准分析

## 2.5.1 物联网相关标准分析

### 1. 标准总体分布情况

图 2-38 表示了 ISO、欧洲、美国、德国、英国等世界主要国家和组织的物联网标准的数量对比情况（通过调研情况来看，IEC 和中国的物联网标准暂时还未制定）。制定物联网标准最多的机构是 ISO，标准项数达到 38 项，其次是英国和德国的物联网国家标准，标准项数分别达到 14 项和 13 项。

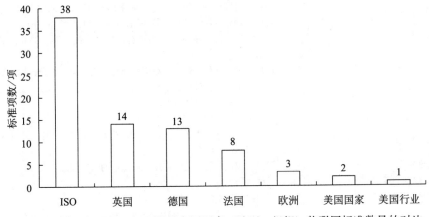

图 2-38　国际标准化组织和世界主要国家（地区、组织）物联网标准数量的对比

### 2. 主要国家/机构的标准分析

#### 1）ISO 物联网标准的具体分析

ISO、英国和德国是物联网标准最多的组织和国家。首先，表 2-20 反映了 ISO 物联网标准的情况。①从标准类别来看，ISO 物联网标准主要是技术标准，涉及的范畴包括了技术标准分类中的基础标准、产品标准和方法标准。②从标准制定时间来看，现行有效标准的时间主要是在 2005 年以后，尤其是在近三年时间标准的数量达到全部有效标准的 73.7%，表明 ISO 非常注重及时地根据该领域技术的发展对技术标准进行制修订。③从物联网国际标准的制定机构来看，国际物联网标准有 17 项是由 ISO 和 IEC 联合制定（占比为 44.7%）的，有 21 项由 ISO 单独制定。④从物联网技术应用领域来看，主要包括信息技术、道路车辆、货物集装箱、射频识别、智能运输等方面。

**表 2-20　ISO 物联网标准一览表**

| 序号 | 标准号 | 标准名称 |
|---|---|---|
| 1 | ISO/IEC TR 18047—2 Technical Corrigendum 1—2010 | 信息技术．射频识别装置一致性试验方法．第 2 部分：135 千赫以下空中接口通信的试验方法．技术勘误 |
| 2 | ISO 11784 AMD 2—2010 | 动物无线射频识别．代码结构．修改件 2. 高级转调器指示 |
| 3 | ISO/IEC TR 18047—7—2010 | 信息技术．射频识别装置合格试验方法．第 7 部分：433 兆赫有效空中接口通信的试验方法 |
| 4 | ISO/IEC 29133—2010 | 信息技术．数据采集和自动识别技术．可重写混合介质数据载体的质量检验规范 |
| 5 | ISO/IEC 18000—3—2010 | 信息技术．项目管理的射频识别．第 3 部分：13.56 兆赫的空中接口通信用参数 |
| 6 | ISO/PAS 18186—2010 | 货物集装箱．射频识别设备货船标记系统 |
| 7 | ISO/TS 22239—2—2009 | 道路车辆．儿童座椅的存在和定位检测系统第 2 部分：共振器规范 |
| 8 | ISO 24631—3—2009 | 动物的射频识别．第 3 部分：符合 ISO 11784 标准和 ISO 11785 标准的无线射频识别转发器的性能评估 |
| 9 | ISO 24631—4—2009 | 动物的射频识别．第 4 部分：符合 ISO 11784 标准和 ISO 11785 标准的射频识别收发机的性能评估 |
| 10 | ISO 24631—2—2009 | 动物的射频识别．第 2 部分：符合 ISO 11784 标准和 ISO 11785 标准的无线射频识别收发机的性能评估 |
| 11 | ISO 24631—1—2009 | 动物的射频识别．第 1 部分：符合 ISO 11784 标准和 ISO 11785 标准的射频识别转发器的评估（包括制造商代码的发放和使用） |
| 12 | ISO/TS 22239—1—2009 | 道路车辆．儿童座椅的存在和定位检测系统．第 1 部分：规范和试验方法 |
| 13 | ISO/IEC TR 24729—4—2009 | 信息技术．项目管理的射频识别执行指南．第 4 部分：标签数据安全 |
| 14 | ISO/IEC TR 24729—3—2009 | 信息技术．条目管理的射频识别执行指南．第 3 部分：物流应用中超高频射频识别系统的实施和运行 |
| 15 | ISO 17366—2009 | 使用射频识别的供应链．产品包装 |
| 16 | ISO/IEC 18000—2—2009 | 信息技术．项目管理的无线电频率识别．第 2 部分：135 千赫以下的空中接口通信用参数 |
| 17 | ISO 17364—2009 | 无线射频识别的供应链应用．可退换的运输物品 |
| 18 | ISO 17365—2009 | 无线射频识别．传送装置 |
| 19 | ISO 17367—2009 | 使用射频识别的供应链．产品标签 |
| 20 | ISO/IEC 18000—7—2009 | 信息技术．项目管理的射频识别．第 7 部分：433 兆赫有源空中接口通信用参数 |
| 21 | ISO/TS 10891—2009 | 货物集装箱．无线电频率识别．许可牌标签 |
| 22 | ISO/TS 10891 Technical Corrigendum 1—2009 | 运集装箱射频识别．车牌标签．技术勘误表 1 |
| 23 | ISO/IEC TR 18047—3 Technical Corrigendum 2—2008 | 信息技术．射频识别装置合格试验方法．第 3 部分：13.56 兆赫空中接口通信的试验方法 |
| 24 | ISO/IEC 19762—3—2008 | 信息技术．自动识别和数据采集技术．第 3 部分：无线电频率识别 |
| 25 | ISO/IEC TR 18047—6—2008 | 信息技术．射频识别装置合格试验方法．第 6 部分：860～960 兆赫空中接口通信的试验方法 |
| 26 | ISO/IEC TR 24729—1—2008 | 信息技术．项目管理的射频识别执行指南．第 1 部分：射频识别激活的标签和包装支持 ISO/IEC 18000-6C |
| 27 | ISO/IEC 18000—1—2008 | 信息技术．项目管理用无线电频率识别．第 1 部分：标准化参数的参考体系机构和定义 |
| 28 | ISO/IEC TR 24729—2—2008 | 信息技术．项目管理的射频识别执行指南．第 2 部分：再循环和 RFID 标签 |
| 29 | ISO/IEC 18046—3—2007 | 信息技术．射频识别装置性能试验方法．第 3 部分：标签性能的试验方法 |
| 30 | ISO/IEC 15459—6—2007 | 信息技术．唯一标识符．第 6 部分：产品分组的唯一标识符 |

| 序号 | 标准号 | 标准名称 |
|---|---|---|
| 31 | ISO/IEC 15459—5—2007 | 信息技术.唯一标识符.第5部分:可重复使用运输单元的唯一标识符 |
| 32 | ISO 17363—2007 | RFID供应链应用.货运集装箱 |
| 33 | ISO 14814—2006 | 道路运输和交通远程信息处理.自动车辆和设备识别.参考体系结构和术语 |
| 34 | ISO 21007—2—2005 | 储气瓶.用射频识别技术识别和标记.第2部分:射频识别的编号方案 |
| 35 | ISO 21007—1—2005 | 储气瓶.用射频识别技术识别和标记.第1部分:参考体系结构和术语 |
| 36 | ISO/TS 17261—2005 | 智能运输系统.自动车辆和设备识别.联运货物运输体系和术语 |
| 37 | ISO/IEC TR 24710—2005 | 信息技术.项目管理的射频识别.对ISO/IEC 18000而言的空中接口定义的基本标签许可证牌功能 |
| 38 | ISO/TS 17261 Technical Corrigendum 1—2005 | 智能运输系统.自动车辆和设备识别.联运货物运输体系和术语 |

2)英国物联网标准具体分析

表2-21是英国物联网技术14项国家标准的一览表。从时间来看,英国物联网现行标准的制定时间是2004年至今,其中2009年以来的标准所占比例达到57%;从标准等效程度来看,英国物联网国家标准有21%等效于欧洲地区标准,有85.7%的标准等效于ISO的标准,其中有21%的标准同时等效于ISO和IEC制定的共同标准,反映出英国标准和国际标准的等效性非常高。从标准类别来看,英国物联网国家标准主要以技术标准为主,这和ISO相似,但是英国物联网标准中主要涉及技术标准中的方法标准和产品标准,暂时还未有物联网的基础标准。

表 2-21 英国物联网国家标准一览表

| 序号 | 标准号 | 标准名称 |
|---|---|---|
| 1 | BS EN 50364—2010 | 人体暴露于0~300吉赫频率范围工作的电子物质监视(EAS)、射频识别和类似用途设备所产生的电磁场中的极限值 |
| 2 | BS EN 62369—1—2009 | 人体暴露在频率范围为0~300吉赫的各种设备中短程装置(SRDs)产生的电磁场的评估.电子产品监测、无线电频率鉴定和类似系统用装置产生的电磁场 |
| 3 | BS ISO 24631—2—2009 | 动物射频识别.射频识别收发器与ISO11784和ISO11785一致性评价 |
| 4 | BS ISO 24631—4—2009 | 动物射频识别.射频识别收发器与ISO11784和ISO11785性能评价 |
| 5 | BS ISO 24631—1—2009 | 动物射频识别.符合ISO11784和ISO11785的无线射频识别转发器一致性评价 |
| 6 | BS ISO 24631—3—2009 | 动物射频识别.符合ISO11784和ISO11785的无线射频识别转发器性能评价 |
| 7 | BS ISO 17364—2009 | 无线射频识别的供应链应用.可退换的运输物品 |
| 8 | BS ISO 17365—2009 | 无线射频识别的供应链设施.传送装置 |
| 9 | BS ISO/IEC 15459—5—2007 | 信息技术.唯一标识符.可重复使用运输单元的唯一标识符 |
| 10 | BS ISO 17687—2007 | 运输信息和控制系统.综合运队管理和商业货运业务.危险材料/危险品运输电子识别和监控用数据字典和信息集 |
| 11 | BS ISO/IEC 15459—6—2007 | 信息技术.唯一标识符.产品分组的唯一标识符 |
| 12 | BS ISO 17363—2007 | 射频识别供应链应用.货运集装箱 |
| 13 | BS EN ISO 21007—2—2006 | 储气瓶.用射频识别技术识别和作标记.射频识别的编号方案 |
| 14 | BS ISO/IEC 18000—2—2004 | 信息技术.细则管理用射频识别.135千赫以下空中接口通信参数 |

3）德国物联网国家标准具体分析

表 2-22 是德国 13 项物联网国家标准的一览表。从时间上看，德国现行物联网国家标准的时间是 2005 年至今，其中 2010 的标准所占比例为 69%，反映出德国在近年对物联网应用的关注较高，同时也非常重视相关技术标准的制定工作。从物联网应用领域来看，主要涉及包装业、电磁技术、信息技术和智能运输等四大行业，这可能和物联网在德国的具体应用情况有关。从标准的类别来看，德国物联网国家标准主要是技术类标准，其中涉及技术标准中的基础标准、产品标准和方法标准，这与 ISO 物联网标准的类别非常相似。

**表 2-22  德国物联网国家标准一览表**

| 序号 | 标准号 | 标准名称 |
|---|---|---|
| 1 | DIN 6113—7—2010 | 包装业．无源无线射频识别芯片用严格工业包装、定位和系统阐述的射频识别．第 7 部分：复合中型储运箱 |
| 2 | DIN EN 302208—1—2010 | 电磁兼容性和射频频谱物质．功率小于 2 瓦、865～868 兆赫频带上运行的射频频谱识别设备．第 1 部分：技术要求和测量方法 |
| 3 | DIN EN 302208—2—2010 | 电磁兼容性和无线电频谱物质．功率小于 2 瓦在 865～868 兆赫频带上运行的无线电频谱识别设备．第 2 部分：包括无线电和电信终端设备指令第 3.2 条款基本要求协调一致的欧洲标准 |
| 4 | DIN 6113—1—2010 | 包装业．无源无线射频识别芯片用严格工业包装、定位和系统阐述的射频识别．第 1 部分：总则 |
| 5 | DIN 6113—3—2010 | 包装业．无源无线射频识别芯片用严格工业包装、定位和系统阐述的射频识别．第 3 部分：总容量超过 200 升的可拆端盖（开式）无塞子/塞子关闭系统的铁桶 |
| 6 | DIN 6113—5—2010 | 包装业．无源无线射频识别芯片用严格工业包装、定位和系统阐述的射频识别．第 2 部分：额定容量超过 200 升的不可拆端盖（密封式）塑料桶和可拆端盖（开式）有塞子/塞子关闭系统的塑料桶 |
| 7 | DIN 6113—4—2010 | 包装业．无源无线射频识别芯片用严格工业包装、定位和系统阐述的射频识别．第 4 部分：额定容量大于 250 升的纤维板桶 |
| 8 | DIN 6113—6—2010 | 包装业．无源无线射频识别芯片用严格工业包装、定位和系统阐述的射频识别．第 6 部分：额定容量超过 200 升的可拆端盖（开式）无塞子/塞子关闭系统的塑料桶 |
| 9 | DIN 6113—2—2010 | 包装业．无源无线射频识别芯片用严格工业包装、定位和系统阐述的射频识别．第 2 部分：总容量超过 200 升的不可拆端盖（密封式）铁桶和可拆端盖（开式）有塞子/塞子关闭系统的铁桶 |
| 10 | DIN V 66403—2006 | 信息技术．自动识别和数据捕获技术．系统识别符 |
| 11 | DIN EN ISO 14814—2006 | 道路运输和交通远程信息处理．自动车辆和设备识别：参考体系结构和术语 |
| 12 | DIN ISO/TS 17261 Berichtigung 1—2006 | 智能运输系统．自动车辆和设备识别．联运货物运输体系和术语（ISO/TS 17261：2005) |
| 13 | DIN ISO/TS 17261—2005 | 智能传输系统．自动车辆和设备识别．联运货物运输体系和术语 |

## 2.5.2  新型平板显示相关标准分析

### 1. 标准总体分布情况

图 2-39 表示 ISO、IEC、美国、欧洲、日本、中国的新型平板显示技术标准分布情况。在新型平板显示技术的标准方面，中国的行业标准和国家标准最多，分别为 60 项和 41 项；其次是 ISO、IEC 和欧洲标准，分别为 33 项、29 项、28 项。这表明中国、ISO 和 IEC 都非

常注重对新型平板显示面板显示技术的开发和推广。

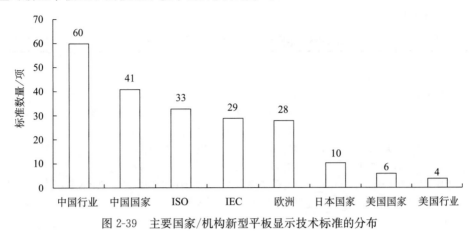

图 2-39  主要国家/机构新型平板显示技术标准的分布

2. 主要国家/机构的标准分析

图 2-40 表示各国和国际标准化机构的新型平板显示产品标准的总体情况。图中显示中国制定的新型平板显示产品标准最多，达到 63 项，其次是 IEC、欧洲和 ISO 的产品标准，分别为 15 项、13 项和 9 项，美国和日本规定的产品标准数量最少，分别为 4 项和 5 项，反映出中国从国家层面和产业界层面都非常注重对新型平板显示产品的研发、市场培育和推广应用。

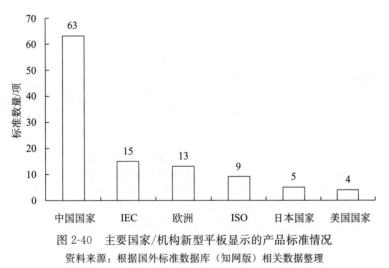

图 2-40  主要国家/机构新型平板显示的产品标准情况

资料来源：根据国外标准数据库（知网版）相关数据整理

表 2-23 显示了中国 63 项新型平板显示产品标准的分布状况。其反映出中国的新型平板显示产品标准系列不仅系统，而且还很丰富，包括显示器的原材料，液晶、等离子体等各种显示屏，单色、彩色的显示管，各种用途的显示管，各种显示配件、模块及所用的玻璃和玻璃管等产品标准。从时间上来看，产品标准最早开始于 1988 年，此后得到长足发展。根据产品标准的数量多少，可以划分为三个时间阶段：第一阶段是 1988～1989 年，是显示产品开始大规模应用的起步阶段，当时的产品标准有 7 项；第二阶段是 2002～2003 年，在这期间的新型平板显示产品标准达到 13 项，主要是制定液晶显示技术的相关产品标准；第

三阶段是 2006～2008 年，产品标准的数量达到最多，共有 18 项，主要包括 LCD 显示屏、数字电视等产品标准。

表 2-23　中国新型平板显示产品标准分布

| 编号 | 标准号 | 产品标准 |
| --- | --- | --- |
| 1 | GB/T 18910.3—2008 | 液晶和固态显示器件. 第 3 部分：液晶显示屏 |
| 2 | GB/T 18910.22—2008 | 液晶显示器件. 第 2-2 部分：彩色矩阵液晶显示模块 |
| 3 | GB/T 18910.2—2003 | 液晶和固态显示器件. 第 2 部分：液晶显示模块 |
| 4 | GB/T 20314—2006 | 液晶显示器用薄浮法玻璃 |
| 5 | GB 21520—2008 | 计算机显示器能效限定值及能效等级 |
| 6 | GB/T 18910.1—2002 | 液晶和固态显示器件 第 1 部分：总规范 |
| 7 | GB/T 14279—1993 | 交流等离子体显示器件 空白详细规范（可供认证明） |
| 8 | GB 50464—2008 | 视频显示系统工程技术规范 |
| 9 | GB/T 18680—2002 | 液晶显示器用氧化铟锡透明导电玻璃 |
| 10 | GB/T 18910.21—2007 | 液晶和固态显示器件. 第 2-1 部分：无源矩阵单色液晶显示模块 空白详细规范 |
| 11 | GB/T 20528.2—2009 | 使用基于平板视觉显示器工作的人类工效学要求 第 2 部分：平板显示器的人类工效学要求 |
| 12 | GB/T 11482—1989 | 交流等离子体显示器件总规范（可供认证用） |
| 13 | GB/T 20528.1—2006 | 使用基于平板视觉显示器工作的人类工效学要求 第一部分：概述 |
| 14 | GB/T 18904.3—2002 | 半导体器件第 12-3 部分：光电子器件显示用发光二极管 空白详细规范 |
| 15 | GB/T 18978.1—2003 | 使用视觉显示终端（VDTs）办公的人类工效学要求 第一部分：概述 |
| 16 | GB/T 9313—1995 | 数字电子计算机用阴极射线管显示设备通用技术条件 |
| 17 | GB/T 10317—1988 | 示波管和显示管用 Y10 荧光粉 |
| 18 | GB/T 10309—1988 | 示波管和显示管用 Y14 荧光粉 |
| 19 | GB/T 10308—1988 | 示波管和显示管用 Y1 荧光粉 |
| 20 | GB/T 11496.1—1989 | 彩色显示管用 Y30-G1 荧光粉 |
| 21 | GB/T 11496.3—1989 | 彩色显示管用 Y30-R1 荧光粉 |
| 22 | GB/T 11496.2—1989 | 彩色显示管用 Y30-B1 荧光粉 |
| 23 | SJ 20078—1992 | 液晶显示器件总规范 |
| 24 | SJ/T 11141—2003 | LED 显示屏通用规范 |
| 25 | SJ 20463/5—1997 | 8SG32Y43 型单色显示管详细规范 |
| 26 | SJ 52146/2—2002 | GS1113K 型低功耗数码显示器详细规范 |
| 27 | HB 7270—1996 | 直升机平视显示系统通用规范 |
| 28 | SJ/T 11339—2006 | 数字电视等离子体显示器通用规范 |
| 29 | SJ/T 11342—2006 | 数字电视阴极射线管显示器通用规范 |
| 30 | CB 1381—2005 | 军用加固液晶显示器通用规范 |
| 31 | SJ 20845—2002 | 高清晰显示管用稀土彩色荧光粉 |
| 32 | SJ 20463/14—2003 | 16SG302Y22-DC60 型彩色显示管详细规范 |
| 33 | SJ/T 11292—2003 | 计算机用液晶显示器通用规范 |
| 34 | SJ 20463/17—2006 | 2SG51Y43 型单色显示管详细规范 |
| 35 | SJ 20463.1—1994 | 14SG31Y43 型单色显示管详细规范 |
| 36 | SJ/T 10544—1994 | 彩色显示管空白详细规范（可供认证用） |
| 37 | SJ/T 11272—2002 | 车载彩色显示器通用规范 |
| 38 | SJ 20463/8—1997 | 14SG36Y4 型单色显示管详细规范 |
| 39 | SJ 20463/13—2003 | 5SG31Y43 型单色显示管详细规范 |
| 40 | SJ 20477—1995 | 交流等离子体显示器件总规范 |
| 41 | SJ 20463/20—2006 | M12CPDD01P4301 型单色显示管详细规范 |
| 42 | SJ 20463/12—2004 | 2SG707 型单色显示管详细规范 |

续表

| 编号 | 标准号 | 产品标准 |
|---|---|---|
| 43 | SJ 20463/15—2003 | 26SG301Y22-DC70 型彩色显示管详细规范 |
| 44 | SJ/T 11406—2009 | 体育场馆用 LED 显示屏 |
| 45 | SJ/T 11338—2006 | 数字电视液晶背投影显示器通用规范 |
| 46 | SJ 20463/10—1998 | 16SG32Y43 型单色显示管详细规范 |
| 47 | SJ 20463/6—1997 | 8SG91Y1 型单色显示管详细规范 |
| 48 | SJ 20463/19—2006 | M29CGDD01Y4302 型单色显示管详细规范 |
| 49 | SJ/T 11198—2007 | 显像管、显示管和电光源用玻管 |
| 50 | SJ 20463/18—2006 | M14CNDD01Y43 型单色显示管详细规范 |
| 51 | SJ/T 11343—2006 | 数字电视液晶显示器通用规范 |
| 52 | SJ 20477.5—1997 | DP-14 型 768×512 线交流等离子体显示器件详细规范 |
| 53 | SJ 20477.3—1997 | DP-12 型 640×400 线交流等离子体显示器件详细规范 |
| 54 | HB 6697—1993 | 民用飞机多功能电子显示器最低性能要求 |
| 55 | HJ/T 313—2006 | 环境标志产品技术要求 微型计算机、显示器 |
| 56 | SJ 20477.2—1997 | DP-10 型 512×512 线交流等离子体显示器件详细规范 |
| 57 | SJ/T 11341—2006 | 数字电视阴极射线管背投影显示器通用规范 |
| 58 | SJ 20477.1—1996 | DP-9 型 512×256 线交流等离子体显示器件详细规范 |
| 59 | SJ 20477.4—1997 | DP-13 型 640×480 线交流等离子体显示器件详细规范 |
| 60 | SN/T 1429.9—2007 | 进出口信息技术设备检验规程.第 9 部分：液晶显示器 |
| 61 | SJ/T 10271—1991 | 电子元器件详细规范.31SG7Y14 型单色显示管（可供认证用） |
| 62 | TY/T 1001.1—2005 | 体育场馆设备使用要求及检验方法.第 1 部分：LED 显示屏 |
| 63 | GA/T 669.6—2008 | 城市监控报警联网系统.技术标准.第 6 部分：视音频显示、存储、播放技术要求 |

表 2-24 是日本 5 项新型平板显示产品标准分布状况。日本的新型平板显示技术的产品标准数量较少，时间最早的在 1994 年，主要是在 2002 年以后形成的产品标准。

**表 2-24　日本新型平板显示产品标准分布**

| 编号 | 标准号 | 产品标准 |
|---|---|---|
| 1 | JIS Z8513—1994 | 人机工程学.有可视显示终端.可视显示要求 |
| 2 | JIS Z8528—2—2006 | 基于平板与视觉显示共同工作的人类工效学要求.第 2 部分：平板显示用人类工效学要求 |
| 3 | JIS Z8511 AMD 1—2007 | 人类工效学.办公室工作视频显示终端.一般介绍（修改件 1） |
| 4 | JIS Z8519—2007 | 人类工效学.办公室工作视频显示终端.非键盘输入装置的要求 |
| 5 | JIS Z8528—1—2002 | 使用基于平板的可视显示装置工作的人类工效学要求.第 1 部分：说明 |

表 2-25 表示美国 4 项新型平板显示产品标准情况，主要是在 2005～2009 年制定，包括彩色图形显示器、LED 设备、电子信息产品显示模版、计算机制图显示产品。

**表 2-25　美国新型平板显示产品标准分布情况**

| 编号 | 标准号 | 产品标准 |
|---|---|---|
| 1 | ANSI/INCITS/ISO/IEC 19774—2009 | 信息技术.计算机制图和图像处理.类人直观显示（H-Anim） |
| 2 | ANSI INCITS391—2005 | 信息技术.信息和电子产品通过远程接口、变更接口及智能代理的简化操作协议：显示模板 |
| 3 | UL 8750—2009 | 用于照明产品的发光二极管设备 |
| 4 | ANSI CGATS—2005 | 图形技术.彩色校样用显示器.特征和观察条件 |

表 2-26 是欧盟标准化委员会制定的 13 项欧洲新型平板显示产品标准情况。在 13 项产品标准中，有 3 项等同于 ISO 国际标准。欧洲的产品标准主要包括高清晰度电视（HDTV）显示器、LCD 器件、PDP 器件、LED 及相关产品。

**表 2-26　欧盟新型平板显示技术的产品标准分布情况**

| 编号 | 标准号 | 产品标准 |
| --- | --- | --- |
| 1 | EN 111100—1991 | 分规范：显示存储管 |
| 2 | EN 60107—7—1997 | 电视接收机测量方法．第 7 部分：HDTV 显示器 |
| 3 | EN 61747—3—2006 | 液晶和固态显示器件．第 3 部分：液晶显示屏 |
| 4 | EN 61747—2—1999 | 液晶和固体显示装置．第 2 部分：液晶显示模块 |
| 5 | EN 61747—1—2003 | 液晶和固态显示器件．第 1 部分：总规范 |
| 6 | EN 61988—3—1—2005 | 等离子体显示板．第 3-1 部分：机械接口 |
| 7 | EN ISO 9241—300—2008 | 人-机交互作用人类工效学．第 300 部分：电子可视显示器 |
| 8 | EN ISO 9241—11—1998 | 办公用视觉显示终端的人类工效学要求．第 11 部分：可用性指南 |
| 9 | EN ISO 11064—5—2008 | 控制中心的人类工效学设计．第 5 部分：显示器和控制器 |
| 10 | EN 61747—4—1—2004 | 液晶显示器件．第 4-1 部分：矩阵彩色 LCD 模件．基本额定值和特性 |
| 11 | EN 61966—4—2000 | 多媒体系统和设备．颜色测定和管理．第 4 部分：使用液晶显示屏的设备 |
| 12 | EN 61966—5—2009 | 多媒体系统和设备．颜色测定和管理．第 5 部分：使用等离子显示屏的设备 |
| 13 | EN 120001—1992 | 空白详细规范 发光二极管、发光二极管阵列和没有内逻辑部件和电阻的发光二极管显示器 |

表 2-27 是 IEC 制定的 15 项新型平板显示产品标准情况。从时间上看，IEC 从 1997 年开始制定新型平板显示产品标准，在 2008～2009 年，制定的产品标准数量较多，有 5 项，表明 IEC 从这段时期起开始关注新型平板显示产品标准的制定工作。从产品标准来看，IEC 主要包括液晶显示器、等离子体显示器、多媒体显示器、有机发光二极管显示器（OLED）和 HDTV 显示器。

**表 2-27　IEC 新型平板显示产品标准分布情况**

| 编号 | 标准号 | 产品标准 |
| --- | --- | --- |
| 1 | IEC 61747—3—2006 | 液晶显示器件．第 3 部分：液晶显示屏．分规范 |
| 2 | IEC 61747—2—1998 | 液晶和固态显示器件．第 2 部分：液晶显示模块．分规范 |
| 3 | IEC/TR 60825—3—2008 | 激光产品的安全性．第 3 部分：激光显示器和显示指南 |
| 4 | IEC 61747—1 Edition 1.1—2003 | 液晶和固态显示器件．第 1 部分：总规范 |
| 5 | IEC 61747—1—1998 | 液晶和固态显示器件．第 1 部分：总规范 |
| 6 | IEC 61988—3—1—2005 | 等离子体显示板．第 3-1 部分：机械接口 |
| 7 | IEC 61988—5—2009 | 等离子显示器．第五部分：通用规范 |
| 8 | IEC 61747—4—1998 | 液晶和固态显示器件．第 4 部分：液晶显示模块和屏基本额定值和特性 |
| 9 | IEC 61747—1 AMD 1—2003 | 液晶和固态显示装置．第 1 部分：总规范．修改件 1 |
| 10 | IEC 62341—1—1—2009 | 有机发光二极管显示器．第 1-1 部分：通用规范 |
| 11 | IEC 61747—4—1—2004 | 液晶显示器件．第 4-1 部分：矩阵彩色液晶显示屏模件基本额定值和特性 |
| 12 | IEC 60107—7—1997 | 电视广播传输接收机的推荐测量方法．第 7 部分：HDTV 显示器 |
| 13 | IEC 61966—6—2005 | 多媒体系统和设备．色彩测量和管理．第 6 部分：正面投影显示器 |
| 14 | IEC 61966—4—2000 | 多媒体系统与设备．色彩测量和管理．第 4 部分：使用液晶显示屏的设备 |
| 15 | IEC 61966—5—2008 | 多媒体系统与设备．色彩测量和管理．第 5 部分：使用等离子显示屏的设备 |

表 2-28 是 ISO 制定的 9 项新型平板显示产品标准情况。从时间上看，ISO 从 1997 年开始制定新型平板显示产品标准，2006～2008 年制定的产品数量较多，有 7 项，表明 ISO 从这段时期起开始关注新型平板显示产品标准的制定工作。从产品标准来看，主要包括电子可视显示器、OLED、制图技术显示器等。

**表 2-28　ISO 新型平板显示产品标准分布情况**

| 编号 | 标准号 | 产品标准 |
| --- | --- | --- |
| 1 | ISO 9241—303—2008 | 人-机交互作用的人类工效学．第 303 部分：电子可视显示器要求 |
| 2 | ISO/TR 9241—309—2008 | 人-机交互作用的人类工效学．第 309 部分：有机发光二极管显示器 |
| 3 | ISO 9241—300—2008 | 人-机交互作用的人类工效学．第 300 部分：电子可视显示器要求介绍 |
| 4 | ISO/TR 9241—308—2008 | 人-机交互作用的人类工效学．第 308 部分：表面传导电子发射体显示器 |
| 5 | ISO 9355—2—1999 | 显示和控制指示器设计的人类工效学要求．第 2 部分：显示 |
| 6 | ISO 12646—2008 | 制图技术．颜色校样的显示器．特征和观察条件 |
| 7 | ISO 9241—1—1997 | 办公用视觉显示终端的人类工效学要求．第 1 部分：概述 |
| 8 | ISO/IEC 19774—2006 | 信息技术．计算机制图和图像处理：类人直观显示 |
| 9 | ISO 9355—3—2006 | 设计显示和控制制动器时的人类工效学要求．第 3 部分：控制制动器 |

# 2.6 新一代信息技术产业基地分析

## 2.6.1　中国新一代信息技术产业总体区域分布

从新一代信息技术产业看，信息技术正在纵深发展并深刻改变着人类的生产和生活方式。随着工业化、信息化、城镇化、市场化、国际化的深入发展，以及我国的资源环境约束日趋严峻，促使我们从高能耗经济转向低碳绿色经济，可见新一代信息技术必然是我国产业结构优化升级的最核心技术之一。

凭借巨大的市场需求、较低的生产成本、丰富的人力资源、经济的稳定发展和宽松的政策环境等众多优势，中国已形成了以环渤海湾地区、长江三角洲地区、珠江三角洲地区及中西部地区为代表的产业基地。

## 2.6.2　主要产业基地分析

综合国内新一代信息技术产业自身行业的特点与未来的发展趋势，以及国内各区域资源条件与经济发展的总体趋势，中国新一代信息技术产业的整体空间布局，将呈现"有聚有分，东进西移"的演变趋势，即产业的区域分布将更加集聚，企业区域投资则趋于分散，设计业将向东部会聚，制造业将向西部转移。

具体而言,随着中心区域与中心城市新一代信息技术产业集聚效应的日益凸显,未来国内新一代信息技术将进一步向这些地区集聚。相应地,随着国内新一代信息技术企业实力的不断增强,它们走出各区域,进行全国乃至全球布局的趋势将日益明显。这里将对新一代信息技术中心区域及中心城市的发展状况和政策指导进行分析。

### 1. 环渤海湾地区

包括北京、天津、河北、辽宁和山东等省市在内的环渤海湾地区是国内重要的新一代信息技术产业区域。该地区不仅是国内重要的集成电路研发、设计和建造基地,同时也是重要的新型平板显示产业基地。该地区已经基本形成了从设计、制造、封装、测试到设备、材料的产业链,具备了相互支撑、协作发展的条件。2010 年,该地区集成电路的产业规模为 268.88 亿元,占国内集成电路产业整体规模的 18.8%。表 2-29 显示了环渤海湾地区新一代信息技术产业现状。

**表 2-29　环渤海湾地区新一代信息技术产业现状分析表**

| 主要地区 | 发展状况 | 规划政策 |
| --- | --- | --- |
| 北京 | 形成了集成电路设计、制造、封装调试及装备材料互动协调发展的良好格局,确立了北京在全国新一代信息技术产业中的重要地位 | 《北京市国民经济和社会发展第十二个五年规划纲要》指出,"十二五"时期,北京要在后 3G 移动通信、物联网、超级计算、云计算、卫星应用等领域攻克核心关键技术 |
| 辽宁 | 新一代信息技术产业粗具规模,在集成电路等领域产业链条逐渐形成,产业环境日趋完善,具备了快速发展的基础和条件 | 《辽宁省国民经济和社会发展第十二个五年规划纲要》指出要加快发展战略性新兴产业,重点发展物联网、集成电路、半导体照明、软件等领域,积极推动信息化和工业化的融合 |
| 河北 | 产业整体规模偏小,传统产业庞大,但在部分专业领域具有独特的竞争优势 | 《河北省国民经济和社会发展第十二个五年规划纲要》中提出:今后要加快战略性新兴产业发展,促进新能源、新材料、生物医药、新一代信息技术等产业的快速增长 |
| 天津 | 拥有 IC 企业及相关单位 40 余家,产业链条相对完整,在集成电路方面形成了 IC 设计、芯片制造、封装测试、半导体分立器件及相关设备材料的完整链条 | 《天津市国民经济和社会发展第十二个五年规划纲要》指出,要加快培育和发展航空航天、新一代信息技术、生物技术与健康等战略性新兴产业,加快形成先导性、支柱性产业,构建新的增长点和发展优势 |
| 山东 | 新一代信息技术产业已具备一定的条件,在齐鲁软件园中关于集成电路设计、封装、测试和制造的企业已经起步,基本形成了集成电路材料、IC 设计、IC 封装测试和 IC 制造的产业链条 | 《山东省物联网产业发展规划纲要(2011—2015 年)》明确指出,采用传感网、智能控制、射频识别等技术,建设智能建筑项目,应用物联网技术的建筑面积达到 300 万平方米以上 |

### 2. 长江三角洲地区

包括上海、江苏和浙江在内的长江三角洲地区是国内最主要的新一代信息技术产业基地。该地区的集成电路开发和生产,在国内集成电路产业中占有重要的地位。国内 55% 的集成电路制造企业、80% 的封装测试企业及近 50% 的集成电路设计企业集中在该地区。长江三角洲已经初步形成了包括研究开发、设计、芯片制造、封装测试及支撑业在内的较为完整的集成电路产业链。2010 年该地区集成电路产业销售额达到 978.43 亿元,占全国集成电路产业的 67.9%。表 2-30 显示了长江三角洲地区新一代信息技术产业现状。

表 2-30　长江三角洲地区新一代信息技术产业现状分析表

| 主要地区 | 发展状况 | 规划政策 |
|---|---|---|
| 上海 | 在新一代信息技术产业中独具优势，形成以芯片制造和设计为龙头、设备用材料和封装协同发展的集成电路产业链，整个产业进入了前所未有的快速发展时期 | 《上海市国民经济和社会发展第十二个五年规划纲要》指出，围绕战略性新兴产业发展重点，抓紧实施云计算、物联网、智能电网、大规模集成电路、半导体照明等一批具有引领带动作用的专项工程 |
| 浙江 | 新兴设计企业的崭露头角、制造领域骨干企业快速成长、外资项目的顺利引进，进一步巩固了浙江集成电路产业在国内的优势地位 | 《浙江省国民经济和社会发展第十二个五年规划纲要》指出，对于电子信息，重点发展专用集成电路和关键器件，第三、第四代移动通信技术网络设备和终端产品，宽带无线等通信网络产品，新型显示与光电子产品，半导体照明，以及云计算、"三网"融合、应用电子等新一代信息技术产品 |
| 江苏 | 形成了一个较为完备的产业链，拥有大批骨干企业，在集成电路方面成为中国集成电路产业发展的重要基地 | 江苏公布的《2009—2012年物联网产业发展规划纲要》提出，发展物联网产业要"举全省之力"。至2012年，物联网产业销售收入要超过1500亿元，至2015年，这一数字要超过4000亿元 |

### 3. 珠江三角洲地区

珠江三角洲地区是国内重要的电子整机生产基地和主要的集成电路器件市场，集成电路市场需求一直占据全国的40%以上。依托发达的电子整机制造业，近年来该地区的集成电路设计业发展较快，在国内集成电路业中所占比例也逐年上升。2010年该地区集成电路销售收入规模已达121.62亿元，占全国集成电路产业的8.4%。表2-31显示了珠江三角洲地区新一代信息技术产业现状。

表 2-31　珠江三角洲地区新一代信息技术产业现状分析表

| 主要地区 | 发展状况 | 规划政策 |
|---|---|---|
| 广东 | 形成了以集成电路设计业为龙头的发展模式，推动了集成电路相关产业的发展 | 《广东省发展高端新型电子信息产业行动计划》显示，广东已将高端新兴电子信息产业作为战略性新兴产业的主攻方向之一，为打造一个万亿元产业规模的新兴产业，广东重点锁定125个高端新型电子信息产业重大项目，总投资达到1500亿元 |
| 深圳 | 形成以设计业为龙头、制造业为核心、设备制造和配套产业为支撑、整机企业应用为促进的较为完整的集成电路产业链。深圳是全国三网融合、云计算的示范城市，是国家软件出口基地和国家软件产业基地，最近深圳创建中国软件名城的工作也正式启动 | 《深圳市国民经济和社会发展第十二个五年规划纲要》明确指出，"十二五"时期，"深圳物联网"产业发展定位与方向：要促进物联网等重点领域跨越发展，推进三网融合，加强物联网关键技术攻关和应用，抢先布局移动互联网，建设物联网传感信息网络平台、物联信息交换平台，提高信息服务支撑能力，建设高效低碳的智能交通系统 |

### 4. 中西部地区

包括武汉、长沙、西安、成都等城市在内的中西部地区，和新一代信息技术相关的电子信息产业发展快于东部地区。2010年，中部地区规模以上电子信息制造业收入、利润分别增长42.5%和80.4%，高出全行业平均水平14和26.7个百分点；西部地区收入、利润分别增长46.6%和55.8%；东部地区收入、利润分别增长27.3%和51.8%。从投资看，中部地区完成1645亿元，同比增长49.5%，高于2009年2.9个百分点；西部地区完成643亿元，同比增长14.6%，低于2009年57.7个百分点；东部地区完成3705亿元，同比增长

49.1%，高于 2009 年 47.7 个百分点。

产业向中西部地区转移加快：一是沿海地区的周边省区增长加快，安徽、江西、河南、湖南、广西等地区销售产值增速均超过 35%[21]；二是随着西部大开发战略推进和川渝综合改革试验区实施，四川、重庆加大招商引资和电子信息产业发展力度，销售产值分别增长 49.6%、74.4%。表 2-32 显示了中西部地区新一代信息技术产业现状。

**表 2-32　中西部地区新一代信息技术产业现状分析表**

| 主要地区 | 发展状况 | 规划政策 |
|---|---|---|
| 武汉 | 在光通信、消费电子、高端器件和集成器件、集成电路等领域发展迅速，富士康武汉科技园、中芯国际武汉芯片等重大项目在建，正在努力打造全国重要通信设备供应基地、国内大型消费电子产品生产基地、国际光电子产业基地、全国重要的集成电路设计和生产基地 | 《武汉市国民经济和社会发展第十二个五年规划纲要》指出，武汉新一代信息技术产业将重点发展新一代移动通信、新型显示器件、地球空间信息、软件及服务外包等产业，培育物联网、云计算、三网融合、网络增值服务等新型产业，打造区域性信息服务及服务外包基地 |
| 长沙 | 长沙地区拥有中部地区唯一的国家软件产业基地——长沙软件园。该软件园共吸纳了 1200 多家企业，30 多家大型骨干企业，在嵌入式软件、服务外包、动漫产业领域形成特色和优势 | 《长沙市国民经济和社会发展第十二个五年规划纲要》指出，"十二五"时期，长沙将重点发展信息网络。以推进信息化与工业化深度融合为主线，构建以应用自主技术为主、具有国内先进水平的信息基础设施，培育壮大网络电视、手机电视、移动多媒体广播电视等新一代信息网络终端产品，大力发展基础软件、应用软件等软件产业及信息服务业 |
| 西安 | 具有人才、科研及产业等基础和优势，碧辟普瑞、金风科技、西部超导、世纪互联等行业龙头发展态势良好。2010 年，西安经开区率先布局的战略性新兴产业突破百亿元大关、实现产值 104 亿元，同比增长 83%，为大力发展战略性新兴产业赢得先机 | 《西安高新区"十二五"软件与服务外包产业发展规划》指出，西安 7 公里² 的软件新城将成为"智慧＋互联"的全球性创新和可持续发展的样本。在云计算、物联网等领域，创建云计算数据中心、基于下一代互联网（下一代通信网络）的基础骨干网，初步实现产业服务、政府公共服务、居民服务的"互联互通" |
| 成都 | 在 IC 设计、服务外包、信息安全、数字新媒体、物联网、云计算、电子商务等多个产业领域竞争优势显著，在政策、人才和载体建设等产业环境方面吸引力突出 | 成都市《关于制定国民经济和社会发展第十二个五年规划的建议》提出，大力发展现代产业体系。优先发展总部经济、金融保险、现代物流、现代商贸、文化创意等现代服务业和电子信息、航天航空、生物医药等高新技术产业 |

# 2.7 新一代信息技术产业重点机构分析

## 2.7.1　通信网络产业重点机构分析

1. 国外通信网络产业重点机构分析

1）美国电话电报公司

美国电话电报公司（AT&T）有 8 个主要部门：贝尔实验室、商业市场集团、数据系统公司、通用市场集团、网络运营集团、网络系统集团、技术系统集团、公司国际集团。该公司主要业务有四项。①为国内国际提供电话服务。利用海底电缆、海底光缆、通信卫星，可联系 250 个国家和地区，147 个国家和地区可直接拨号。②提供商业机器、数据类产品和消费类产品。③提供电信网络系统。④各种服务及租赁业务。它还为政府提供产品和服务。

2008 年 8 月，AT&T 公司面向商业用户推出了一项计算机网络和存储服务 SynapticHosting，由此成为首个"云计算"领域的电信运营商。2011 年，AT&T 公司推动应用和网络战略，在继续搭建遍布全球的网络的同时，着力构建基于网络之上的应用，包括网络托管、以云计算为基础的服务、网真、统一通信、内容交付、流媒体解决方案以及网络安全等。

2）德国电信股份公司

德国电信股份公司（简称德国电信）是欧洲最大、世界第四大电信运营者，于 1995 年 1 月 1 日从国有企业改组成为股份公司。1996 年 11 月股票在东京、纽约和法兰克福同时上市。德国电信旗下的 DETECON（德国电信咨询）公司是全球领先的管理和电信、信息技术咨询公司。

2010 年前三季度，德国电信实现收入 469 亿欧元，同比下降 3%；税息折旧及摊销前利润为 149 亿欧元，同比下降 4.3%。由于集团层面的运营成本和资本支出分别有所下降，所以净利润同比增长 7.9%，达 23 亿欧元。移动数据业务成为德国电信收入增长的重要动力，2010 上半年移动数据业务收入同比增长 27.9%。第四季度德国电信营收 155 亿欧元（约合 213.36 亿美元），同比下滑 4.5%，净亏损 5.82 亿欧元，主要是由希腊和罗马尼亚业务的巨额账面资产减记所致。2011 年，德国电信一季度核心利润降至 45.4 亿欧元（约合 67.5 亿美元），降幅为 7.1%。销售总收入为 147.3 亿欧元，下滑 7%。

3）爱立信

爱立信（Telefonaktiebolaget LM Ericsson）1876 年成立于瑞典的斯德哥尔摩。爱立信的业务体系包括通信网络系统、专业电信服务、技术授权、企业系统和移动终端业务。

2011 年 2 月，爱立信与印度投资低端电脑公司 Novatium 宣布在全球推出"PC 即服务"。"PC 即服务"采用基于云的操作系统，省却了防病毒、软件升级、应用安装和维护等复杂程序。这些功能都转移到云计算，由专家对客户硬件等服务进行端到端远程管理。

4）阿尔卡特-朗讯

阿尔卡特-朗讯是一家提供电信软硬件设备及服务的跨国公司，总部设于法国巴黎。是由美国的朗讯科技及法国的阿尔卡特于 2006 年 12 月 1 日起正式合并而成的，以阿尔卡特为存续公司。2011 年 2 月，赛肯通信（Sequans Communications）宣布与阿尔卡特朗讯合作，推出适用于所有频段的 TD-LTE 解决方案，以支持 2011 年世界各地大规模的试验和商业部署，包括中国和印度。由于两家公司的协作和和赛肯通信的 4G/LTE 芯片组和阿尔卡特朗讯的 LTE 基础设施之间的高级互操作性测试（IOT），运营商将受益于赛肯通信的生产合作伙伴开发的新产品，产品将在 2011 年支持大众市场部署。

2011 年 4 月，阿尔卡特-朗讯在以色列正式成立全球云计算中心，实现了在 3 月关闭光学研发中心时的承诺，新的全球云计算中心包括研发中心，专注于开发基于云计算的智能、开放、安全的基础架构，服务于全球通信运营商。

### 2. 中国通信网络产业重点机构分析

#### 1）中国移动通信集团公司

中国移动通信集团公司（简称中国移动）是一家基于 GSM 网络的移动通信运营商。中国移动于 2000 年 4 月 20 日成立。注册资本为 518 亿元，资产规模超过 7000 亿元。

2011 年 4 月 20 日，中国移动发布 2011 年第一季度业绩报告，报告显示，中国移动在报告期内实现营收 1181.7 亿元，同比增长 8.3%；净利润为 268.63 亿元，比 2010 年同期增长 5.4%。其中，数据流量业务及其他数据业务继续保持较快增长，得益于客户基础巩固、话务量稳定增长、增值业务拉动，首季度运营收入获得 8.3% 的持续稳定增长。中国移动 2012 年上半年营收同比增长 6.6%，利润同比增长率仅为 1.5%，这两项数据去年同期分别为 8.8% 和 6.3%。作为中移动主要增长动力的语音业务收入增速不断下降，语音业务收入仅增长 2.8%。曾经作为数据业务最大收入的短信业务，已经退到第三位，营收同比下滑 3%，数据业务营收同比增长 17%。

2010 年 5 月，在第二届中国云计算大会上，中国移动公布了在开源软件基础上开发的云计算系统——大云平台（BC1.0）。中国移动大云产品包括五部分：并行数据挖掘工具、分布式海量数据仓库、弹性计算系统、云存储系统和 MapReduce 并行计算执行环境。大云项目自启动以来，经过四年的风风雨雨，已经发布了 0.5、1.0、1.5、2.0 四个版本。到 2012 年 8 月，大云在全国有 70 多个试点，其中有 25 个已经正式进入商用阶段。

#### 2）中国电信集团公司

中国电信集团公司（简称中国电信）由中央管理，是经国务院授权投资的机构和国家控股公司的试点。注册资本为 1580 亿元人民币，主要经营国内、国际各类固定电信网络设施，包括本地无线环路；基于电信网络的语音、数据、图像及多媒体通信与信息服务；进行国际电信业务对外结算，开拓海外通信市场；经营与通信及信息业务相关的系统集成、技术开发、技术服务、信息咨询、广告、出版、设备生产销售和进出口、设计施工等业务，并根据市场发展需要，经营国家批准或允许的其他业务。

2011 年，中国电信针对云计算提出了长远性的发展计划，即"星云计划"。中国电信已经正式启动星云计划，在四个城市已经开展了云计算现场实验。为了更好地发展云技术，中电信还与全球第一大企业管理软件与解决方案供应商 SAP 签署战略协议，双方将共同搭建基于 SaaS 模式的信息化服务平台，通过云计算技术、服务和商业模式的创新，为企业提供丰富的云服务。从中国电信与手机厂商宇龙酷派的合作上可以看出，中国电信对云计算的战略部署远不止于与软件商的合作，还将延伸到整个"云"产业链。中国电信云计算公司目前在成都、上海、广州建有三个实验室，基本能覆盖全国需求。2013 年，中国电信在内蒙古将有一个新的大规模绿色数据中心进行拓展，这是其在全国规划建设的第二个大规模数据中心。

#### 3）华为技术有限公司

华为技术有限公司（简称华为）是一家总部位于中国广东深圳的生产销售电信设备的员工持股的民营科技公司，于 1988 年成立于深圳，是电信网络解决方案供应商。华为的主要营业范围是交换、传输、无线和数据通信类电信产品，在电信领域为世界各地的客户提供网络设备、服务和解决方案。

2010 年 11 月 30 日，华为正式面向全球发布云计算战略及端到端的解决方案。该战略主要包括三个方面，构建云计算平台，促进资源共享、效率提升和节能环保；推动业务与应用云化，促进各个行业应用向云计算迁移；开放合作，构筑共赢生态链。华为云计算解决方案包括单云（Single Cloud）云平台解决方案和电信应用云解决方案。其中电信应用云解决方案包括云计算业务交付平台和基站设备（BSS）系统。在 2012 华为云计算大会上宣布推出基于小型化和一体化的桌面云解决方案"三剑客"、Desktop Cloud M1（mini 桌面云）、桌面云一体机 Desktop Cloud A1 和 A2。

4）中兴通讯股份有限公司

中兴通讯股份有限公司（简称中兴通讯）是全球领先的综合通信解决方案提供商。公司成立于 1985 年，在中国香港和深圳两地上市，是中国最大的通信设备上市公司。

中兴通讯于 2011 年 5 月 17 日在南京成立了供公司内部 1 万名研发人员使用的云计算中心，通过企业内部的全方位云化，不断完善解决方案，继而对社会开放，为所有用户提供服务；同时中兴通讯计划还将在其他城市与当地政府合建云计算中心。在中兴通讯的 2011 年重要举措中，重点强调了公司将加强政企网产品研发，充分发挥公司优势。2012 年上半年，中兴通讯在国内市场实现营业收入 208.85 亿元人民币，占集团整体营业收入的 48.98%，同比增长 26.37%。国际市场实现营业收入 217.57 亿元人民币，同比增长 6.20%。

## 2.7.2 物联网产业重点机构分析

1. 国外物联网产业重点机构分析

1）国际商业机器公司

国际商业机器公司（International Business Machines Corporation，IBM），其总公司在纽约州阿蒙克市，1911 年创立于美国，是全球最大的信息技术和业务解决方案公司，目前拥有全球雇员 30 多万人，业务遍及 160 多个国家和地区。

IBM"智慧的地球"计划是未来几年中 IBM 战略发展的核心，IBM 每年的研发投资达 60 亿美元，其中一半都用在"智慧的地球"项目上。该战略定义大致如下：将感应器嵌入和装备到电网、铁路、建筑、大坝、油气管道等各种现实物体中，物物相连，然后通过超级计算机和云计算将其整合，实现社会与物理世界融合。在此基础上，人类可以更加精细和动态的方式管理生产和生活，达到"智慧"状态，提高资源利用率和生产力水平，改善人与自然间的关系。

2）株式会社日立制作所

株式会社日立制作所（简称日立）又名日立制作所，创建于 1910 年，是目前日本最大的综合性电气公司，也是世界十大电气公司之一，拥有员工约 8 万人。主要产品有电气设备、家用电器、通信设备、电子器件与设备、测量仪器、通用机械、交通运输机械等。

2010 年，日立在南昌高新区设立物联网暨新技术体验中心揭牌仪式，这是日立在中国设立的首家日立物联网研发基地。日立是全球"物联网"研发领先企业，此次在南昌高新区设立研发基地，主要目的在于利用江西的人才优势，推进"物联网"技术的研发推广及高层次人才培养，将南昌建成"物联网"产业及对日软件外包人才培养的重要基地，推动南昌服务外包企业和信息产业的发展。日立还在南昌高新区设立新技术体验中心展示最新

研发技术成果，这将是日立在中国唯一的尖端产品展示中心，主要展示产品包括世界上最先进的生物识别手指静脉认证技术、多套物联网应用系统，世界上最先进、最小的 u-chip 芯片等。

3）富士通株式会社

富士通株式会社（简称富士通）于 1935 年在日本以生产电信设备起家，1954 年开发出日本第一台中继式自动计算机后开始跨足信息产业。其间随着个人化信息处理技术、网络多媒体技术、业务集约在因特网兴起，富士通以不断创新的高科技形象享誉日本和全球。现在，富士通已经发展成为横跨半导体电子器件、计算机通信平台设备、软件服务等三大领域的全球化综合性 IT 科技巨人。

2009 年，富士通开发了一款可弯曲超高频 RFID 标签，可以耐华氏 250 度（约 121℃）和两个大气压的环境。富士通这个 1 克重的标签是设计给需要高温消毒的工厂的，如医疗器材、半导体厂商的员工制服。大部分微生物会在 100℃ 时被消灭，有些有机体对热的抵抗力比较强，需要比较高的气压来销毁。制造业已经使用可弯曲超高频 RFID 标签来管理制服供应，但是富士通说它们的可弯曲超高频 RFID 标签可以耐其他产品不能忍耐的温度。这代表着执行上更有效率。使用富士通耐高温标签，可以一次同时扫描 100 件制服，省掉很多人工追踪制服的麻烦。

4）摩托罗拉

摩托罗拉企业移动业务是全球企业移动解决方案领域的领导者，即原美国讯宝科技公司。该公司成立于 1975 年，总部设在美国纽约。目前在世界范围内，拥有 92 家办事处，在 60 多个国家拥有销售和支持系统。致力于技术创新的摩托罗拉企业移动业务，在自动识别和无线网络通信领域做出了卓越的贡献，目前拥有近 1000 项专利。在 2000 年获得了美国科技进步的最高荣誉——国家科技进步勋章。此项荣誉至今美国只有杜邦、通用等 8 家公司获得。该公司位列"全球 IT 企业 100 强"，到 2005 年，连续三年被《财富》杂志评为美国"最受尊重的企业"。

原美国讯宝科技公司（Symbol Technologies Inc.）为客户提供的产品和解决方案能够实时采集、移动和管理不同业务端之间的信息，被誉为业界全球领袖。Symbol 企业移动解决方案集成了先进的数据采集产品、RFID 技术、坚固强大的移动计算系统、无线系统、移动软件和世界级的 Symbol 企业移动服务。Symbol 所提供的端到端、实时的企业移动解决方案已被证明可以提高员工生产力、降低运营成本、改进运营效率并增强竞争优势。

2. 国内物联网产业重点机构分析

1）深圳市远望谷信息技术股份有限公司

深圳市远望谷信息技术股份有限公司（简称远望谷）是中国领先的 RFID 产品和解决方案供应商，自 1993 年起就开始了 RFID 技术和产品的研发，开国内 RFID 技术和产品规模化应用的先河。远望谷拥有 40 多项 RFID 专利技术及 5 大系列 60 多种具有自主知识产权的 RFID 产品，包括阅读器、电子标签、天线及其衍生产品。公司在铁路、烟草、军事行业的 RFID 产品具有技术领先和市场先入优势，并为图书管理、资产追踪、物流及供应链、机动车辆、畜牧业、医药、门票门禁等多个领域提供了高性能的 RFID 产品方案。远望谷在国内率先建设了世界一流的物流电子标签海量生产线，具有年产电子标签 1.5 亿只以上的生产能力。

为使 RFID 硬件和应用系统之间的互动更为顺畅，2010 年 3 月，远望谷与 IBM 共同开发了 RFID 中间件适配层软件，该软件在 IBM 中国创新中心实验室顺利通过测试，测试结果得到了 IBM 总公司的认证。认证通过后，远望谷的读写器将会添加到 IBMRFID 中间件官方支持列表，这意味着使用 IBM 企业级软件平台的用户通过 IBMRFID 中间件可直接使用远望谷的 RFID 产品。

2）新大陆科技集团公司

新大陆科技集团公司（简称新大陆）1994 年由 18 位知识分子创办于福建省福州市，其产业横跨物联网信息、三网融合通信和绿色环保科技三大领域，是国内领先的集物联网核心技术、核心产品、行业应用和商业模式创新于一身的综合性物联网企业、三网融合数字电视综合业务供应商和无线通信设备供应商。新大陆通过坚持不懈的技术攻关，实现并推出了一系列高科技领域的"中国创造"；凭借市场导向的"科技成果快速商品化"能力和依托中国台湾产业资源优势的产业化能力，通过长期积累，构建了企业的竞争优势和核心竞争力。

新大陆拥有国际领先、完全自主知识产权的物联网二维码识读核心技术、行业芯片设计技术，2010 年正式发布了"全球首颗物联网应用二维码芯片"。创办至今，新大陆开发出并拥有自主知识产权的产品和技术 500 多项（其中软件产品 80 余项），科研成果的转化率超过 80%；先后有 100 多项创新项目获得国家及省各类科技专项的立项。集团现有 600 多项中国国家专利和 5 项美国专利。

3）厦门信达股份有限公司

厦门信达股份有限公司（简称厦门信达）致力于发展电子信息产业，以光电、电子标签和电子元件制造为主营业务，该公司已经成长为以电子信息产业为核心的大型高新技术企业集团。该公司股票于 1997 年年初在深圳证券交易所上市，是全国有影响力的 IT 产业股。该公司主产业信息产业形成了以超高亮度 LED 封装、应用研发与生产、电子标签研发与生产、电子元件制造等为主要支柱的产业架构。信达光电科技公司主要从事建立超高亮度 LED 封装、应用研发与产业化基地业务；信达汇聪科技公司（简称汇聪）从国外引进第一条倒贴式电子标签生产线，是福建省物联网制造业龙头企业之一，厦门市电子标签重点实验室在汇聪挂牌成立；信达电子公司与世界排名第二的生产商德国西门子所属的 EPCOS 合作，利用 EPCOS 的品牌和技术优势发展电子元件业务。

厦门信达产品广泛应用于食品溯源、服装行业、危险品管理、票证管理、供应链物流、仓储管理、防伪识别、图书馆管理、人员和资产管理、航空行李管理、工业制造等领域。公司成立伊始即战略性地从欧洲引进了国内首条电子标签自动化生产线，现拥有 MUEHL-BAUER、DATACON 等世界先进电子标签生产线，配合标签二次加工覆合及异形标签生产设备，可年产各式高频、超高频电子标签 2 亿片。产品种类涵盖应用软件系统、读写器、各类标签及电子票证等。

4）东信和平智能卡股份有限公司

东信和平智能卡股份有限公司（简称东信和平）是全球知名的智能卡产品及相关系统集成与整体解决方案的提供商和服务商，成立于 1998 年，注册资本为 2.18 亿元人民币，2004 年在深圳证券交易所中小企业板上市，是国家火炬计划重点高新技术企业、国家规划布局内重点软件企业，是"广东省工程技术研究开发中心"、"广东省企业技术中心"的依托单位，设有博士后工作站，为国内经营规模最大的智能卡行业上市公司。

公司的产品和服务广泛应用于电信、金融与支付与安全、社会与公共事业、终端通信等主要智能卡及相关应用领域。产品和技术服务涵盖卡类、增值业务类、解决方案类、终端与工具类等方面。其中卡类产品包括接触式智能卡、非接触式智能卡、双界面卡、磁条卡及刮刮卡等。公司在研发能力、产业规模、管理水平、市场份额等方面均处于行业前列。

经过十余年的发展，公司已形成了强大的智能卡芯片封装、模块封装、个人化生产能力和智能卡相关系统解决方案的研发能力。累计向市场提供了芯片卡 16 亿张，刮刮卡 40 亿张，曾获"国际质量领袖金星奖"。拥有向全球 70 多个国家和地区提供产品与技术服务，以及相关解决方案的经验。随着第三代移动通信技术的发展，公司成为活跃在一卡通、移动支付、信息安全加密等新技术和新市场领域的一支生力军。

## 2.7.3 新型平板显示产业重点机构分析

### 1. 国外新型平板显示产业重点机构分析

#### 1）三星 SDI 公司

三星 SDI 公司（简称三星 SDI）是韩国三星集团旗下电子领域附属企业，产品主要包括电视机显像管（CPT）、显示器彩色显像管（CDT）、液晶显示面板（LCD）、等离子显示器（PDP）、荧光显示板（VFC）等。三星 SDI 已成为世界一流的显像管及综合显示设备制造商，同时生产 LED、高能电池、LCD 用彩色滤光片等产品。三星 SDI 除在韩国有釜山、水原、天安工厂外，在马来西亚、德国、墨西哥、巴西、匈牙利、中国都设立了工厂。

2011 年 5 月 31 日，三星移动显示公司（三星电子与三星 SDI 的合资公司，简称三星移动）宣布其在韩国投资 21 亿美元建设的 5.5 代 OLED 面板生产线已提前两个月进入量产。6 月 2 日，三星移动显示宣布其第 8 代 AMOLED 面板试验线将于明年 5 月投入使用，可以切割 46 英寸、55 英寸等大尺寸 OLED 面板，三星移动计划将 OLED 面板的使用领域从智能手机、平板电脑延伸到电视等领域。2011 年第一季度，三星移动在 3.5 英寸以上 AMOLED 面板的市场占有率超过 99%。在 2010 年推出 42 英寸 OLED 电视样品后，三星移动又开始在高世代 OLED 面板布局，试图改写液晶面板领域群雄并起的格局，并确定其在 OLED 领域一家独大的优势。

#### 2）夏普株式会社

夏普株式会社（简称夏普）创立于 1912 年，是世界知名的电器生产商。ASV（Advanced Super View）技术是夏普众多领先技术中最具代表性的技术之一。夏普采用 ASV 技术的第 10 代液晶面板生产线是全球首条进入量产阶段、玻璃基板尺寸最大的生产线，于 2009 年 10 月在日本大阪府堺市建成投产，主攻 40 英寸以上的高端液晶电视面板产品。

夏普 2011 年 4 月 21 日宣布，将开发驱动元件采用氧化物半导体 TFT 的液晶面板，并于 2011 年内在该公司的龟山第二工厂开始量产。量产采用的氧化物半导体 TFT 驱动的液晶面板为"全球首例"（夏普显示器元件事业本部副本部长迫周司如是说）。将用于需求有望扩大的智能手机和平板终端等配备 10 英寸以下中小型面板的产品。

在 2011 年 4 月 Infocomm 展会上，夏普一举展出了由 PN-V601 拼接的五维立体显示墙，并且此次还亮相了 108 英寸的全球最大 LED 背光源液晶显示器及超窄边高亮度拼接屏。夏普 60 英寸专业液晶显示器 PN-V601，采用超窄边框，是专业视屏墙的理想选择。超窄边 PN-V601 的拼接缝隙仅为 6.5 毫米，LED 背光源做到了亮度均一，成为当今视屏墙的全新展示标准。

3）索尼株式会社

索尼株式会社（简称索尼）创立于 1946 年 5 月，索尼的电子业务涉及家用视听产品、数码摄像机、数码照相机、个人计算机、个人音频产品、专业广播电视器材及电子零部件和其他领域。在电子零部件领域，包括半导体产品、液晶屏、阴极射线管、拾光头、电池、FA 系统等。其专业产品包括高清晰度及标准清晰度的电影电视节目制作系统、媒体资产管理系统、视频服务器系统、专业显示设备、视频通信、网络监控和数字展示等面向宽带网络的系统解决方案，已被广泛应用于包括节目制作、网络通信、政府机构、工矿企业、医疗和教育在内的等各行各业。

市场调查公司捷孚凯（GFK）2010 年 8 月发布的研究报告显示，2010 财年第一季度索尼 BRAVIA 平板电视的销售数量突破 10 万台，为印度市场上平板电视品牌中的最高销量，并且 BRAVIA 平板电视销售数量和销售金额的市场份额分别达到 32% 和 29.5%。在索尼 BRAVIA 系列平板电视产品中，销量最好的三种产品尺寸为 22 英寸、32 英寸和 42 英寸，并且上述三种尺寸电视销量占 BRAVIA 在印度销售总量的 75%。

2011 年 4 月 26 日，索尼发布两款自主研发的平板电脑 S1 与 S2，均搭载谷歌 Android 操作系统、兼容 Wi-Fi、广域网（WAN）无线通信技术，并计划 2011 年秋季向全球市场推出。S1 款为传统长方形平板电脑，拥有一个 9.4 英尺①的触摸显示屏，专注丰富的媒体连接。S2 款为对开折叠式平板电脑，装载两个 5.5 英寸的触摸显示屏，两个触摸屏可连接成一个大屏幕使用，也可将其中一个作为游戏时的键盘使用，专注移动通信与娱乐方面。

4）惠普公司

惠普公司（简称惠普）成立于 1939 年，主要专注于打印机、数码影像、软件、计算机与资讯服务等业务。该公司的中心研究机构惠普实验室成立于 1966 年，早期的研究成果包括便携式科学计算器、发光二极管、热喷墨打印、精简指令架构技术（RISC）及第一台具有台式机性能的笔记本电脑等。近期的技术创新应用在从公用计算技术到纳米技术的各个领域。最新的基础设施和管理创新包括作为英特尔安腾微处理器基础的 64 位架构、用于公用计算的开放源 SmartFrog 语言、自动化存储管理、用于数据中心的智能电源管理，以及安全可靠的 Linux 和类似数字动画公用渲染服务的公用计算服务。

2010 年，惠普推出了旗下最新的 LED 背光液晶显示器新品，21.5 英寸宽屏 x22LEDch。惠普 x22LEDch 液晶显示器得益于 LED 背光的设计，动态对比度数值高达 1000：1，拥有 5 毫秒的响应时间，每平方米 250 坎德拉的亮度，在接口方面，惠普 x22LEDch 设计有 D-Sub、DVI-D 两种接口设计，能够支持 1920×1080 的全高清分辨率大小。

2. 中国新型平板显示产业重点机构分析

1）京东方科技集团股份有限公司

京东方科技集团股份有限公司（简称京东方）创立于 1993 年 4 月，并于 1997 年在中

---

① 1 英尺＝0.3048 米

国深圳证券交易所上市。截至 2010 年 6 月 30 日，公司注册资本为 82.8 亿元，净资产为 174 亿元，总资产 386 亿元，员工人数超 12 900 人。在北京、四川成都、安徽合肥、河北固安、江苏苏州、福建厦门拥有 6 个建造基地，营销和服务体系覆盖欧洲、美洲、亚洲等全球主要地区，是国内最大的显示产品与解决方案的供应商之一。

2011 年 4 月 26 日，京东方发布了 2010 年年度报告，年报显示，2010 年营业收入为 80 亿元，同比增长 28.4％，全年亏损 20 亿元。该公司 2011 年第一季度亏损 6.7 亿元，上年同期亏损 2.9 亿元。该公司一季度营业收入 20 亿元，基本每股收益亏损 0.06 元。京东方表示，报告期内合肥第 6 代 TFT-LCD 生产线运营良好，良品率稳定，预计于 2011 年第二季度实现满产，达到设计产能 90K 玻璃基板/月；北京第 8 代 TFT-LCD 生产线正在进行设备安装和调试工作，计划于 2011 年 6 月底投产，第三季度量产。京东方鄂尔多斯 5.5 代 AMOLED 生产线项目建筑面积约 46.7 万米$^2$，计划总投资 220 亿元，设计产能每月 5.4 万片玻璃基板，产品定位为中小尺寸显示产品，计划于 2013 年 4 季度投产。

2）深圳天马微电子股份有限公司

深圳天马微电子股份有限公司（简称深圳天马）成立于 1983 年，1995 年在中国深圳证券交易所上市。深圳天马是专业生产、经营 LCD 及液晶显示模块（LCM）的高科技企业。经过 20 多年的发展，已发展成一家集 LCD 的研发、设计、生产、销售和服务为一体的大型上市公司。深圳天马专注于中小尺寸显示的研发与生产，其产品广泛应用于移动电话、MP3/MP4、车载显示、仪器仪表、家用电器等领域。

2011 年 5 月 16 日，厦门天马微电子有限公司（厦门天马）低温多晶硅（LTPS）TFT-LCD 及彩色滤光片（CF）生产线项目开工。本次开工的项目是厦门天马投资 70 亿元在厦门火炬（翔安）产业区新建的低温多晶硅（LTPS）TFT-LCD 及彩色滤光片（CF）生产线，产品应用覆盖移动终端、车载显示、娱乐显示、工业仪表、办公显示等中小尺寸中高端显示市场。

3）友达光电股份有限公司

友达光电股份有限公司（简称友达光电）是全球前三、台湾地区第一大 TFT-LCD 设计、研发及制造公司，为明基友达集团的成员企业。友达光电系列产品涵盖 1.5～65 英寸 TFT-LCD 面板，应用领域包含桌上型显示器、笔记本电脑、液晶电视、车用显示器、工业用计算机、数码相机、数码摄像机、手持 DVD、掌上游戏机、手机等，也是全球少数供应大、中、小完整尺寸产品线的厂商。其中，友达光电的大尺寸 TFT-LCD 面板在全球市场占有率达 20.1％，居全球第二位。

2011 年 6 月 22 日，台湾地区投资审查部门通过了友达光电参股昆山龙飞光电 8.5 代厂的计划。这也是迄今台湾地区放行的第一个投资中国大陆的 8.5 代面板项目。获批内容包括友达申请西进中国大陆投资的金额，大约为 7.96 亿美元，友达光电通过友达光电（马来西亚）间接参股昆山龙飞光电。

## 2.7.4 高性能集成电路产业重点机构分析

1. 国外高性能集成电路产业重点机构分析

1）美国英特尔公司

美国英特尔公司（简称英特尔）是全球最大的半导体芯片制造商，成立于 1968 年。英特尔为全球日益发展的计算机工业提供建筑模块，包括微处理器、芯片组、板卡、系统及软件等。这些产品为标准计算机架构的组成部分。

2011 年 2 月，英特尔宣布，将在美国亚利桑那州钱德勒建设 14 纳米工艺以后的半导体工厂。计划 2011 年中期开工建设，2013 年竣工。据英特尔介绍，该工厂为 300 毫米晶圆量产生产线，总投资额预计为 50 亿美元以上，将是全球最先进的半导体工厂。英特尔在亚利桑那州钱德勒拥有两家半导体工厂。2011 年 5 月 4 日，英特尔表示，该公司已经研发出可大规模生产的三栅三维结构晶体管，配备了新晶体管的芯片在能耗大幅降低的同时，性能也得到了改进。英特尔当天还展示了名为"常春藤桥"的 22 纳米微处理器，2012 年 4 月，英特尔推出了采用 22 纳米 3D 晶体管构筑的常春藤桥系列处理器，旨在提高计算能力，降低能源消耗。

2）美国德州仪器

美国德州仪器（TI）是全球领先的模拟及数字半导体 IC 设计制造公司。除提供模拟技术、数字信号处理（DSP）和微处理器（MCU）半导体以外，TI 还设计制造用模拟和数字嵌入及应用处理的半导体解决方案。

美国市场调查公司 Databeans 公布了 2010 年模拟 IC 销售额排名。发布资料显示，位列第一的供应商与 2009 年相同，仍是 TI。该公司的销售额为 61.9 亿美元，占 14.6％的市场份额。在 TI 近期的结算报告中（2010 年第四季度），公司整体的销售额比上年同期增长 17.3％、达到了 35.25 亿美元。其中模拟 IC 的销售额同比增长 20.2％、为 15.18 亿美元。推动实现这一增长的主要是产业设备用 IC，包括高性能模拟 IC、HVAL（大量生产的模拟 IC 和标准逻辑 IC）及电源管理 IC。消费产品用 IC 的业绩也比较出色，尤其是计算机和电视用 IC，为销售额的增长作出了贡献。

3）恩智浦半导体股份有限公司

恩智浦半导体股份有限公司（简称恩智浦）成立于 2006 年，以其领先的射频、模拟、电源管理、接口、安全和数字处理方面的专长，提供高性能混合信号（high performance mixed signal）和产品标准解决方案。这些创新的产品和解决方案可广泛应用于汽车、智能识别、无线基础设施、照明、工业、移动、消费和计算等领域。

恩智浦 2011 年 4 月 13 日宣布推出基于 ARM CortexTM-M0 的低成本微控制器 LPC11U00 系列，该系列采用高度灵活的全新 USB 架构和智能卡接口。LPC11U00 配备了高度可配置的全速 USB2.0 设备控制器，为消费者的电子产品和移动设备提供了无与伦比的设计灵活性和可靠的 USB 连接性。

2011 年 6 月，恩智浦推出全系列超模压塑料（OMP）射频功率器件，其峰值功率可达 2.5～200 瓦。新型 OMP 器件系列将进一步补充恩智浦的陶瓷封装产品线，在不降低射频性能的同时为成本敏感型应用提供更多灵活选择。根据发展规划，恩智浦 OMP 系列将涵盖所有高频应用。

4）意法半导体

意法半导体（ST）成立于 1987 年，是意大利 SGS 微电子和法国汤姆逊（Thomson）半导体合并后的新企业。

2011 年 2 月 28 日，意法半导体上市了小型 LED 灯泡用驱动 IC"HVLED805"。该 IC

用在反激型绝缘 AC-DC 转换器的一次侧，在一个芯片上集成了 PWM 控制 IC 和 800 伏耐压的功率 MOSFET。无须使用电流检测电阻便可检测出在一次侧流动的电流，使供应给 LED 的电流实现稳定化，因此无须通常在二次侧使用的电流检测电阻及光耦合器。据意法半导体介绍，由此不仅可削减部件成本，还能提高可靠性。

2011 年 6 月，意法半导体发布新一代 FingerTip 触摸屏技术，只需一颗芯片即可实现 10 英寸电容式触摸屏的多点控制功能。意法半导体的 MEMS 传感器和 FingerTip 技术拥有相似的结构，即传感单元与高性能电容触摸屏感应电路相连。意法半导体利用独有的模拟和混合信号接口技术研发出一款创新的模拟前端芯片，能够检测出 10~18 法拉的电容变化，最大限度地提高系统的抗噪性能。

### 2. 中国高性能集成电路产业重点机构分析

#### 1）台湾积体电路制造股份有限公司

台湾积体电路制造股份有限公司（简称台积电）于 1987 年在新竹科学园区成立，是全球第一家专业集成电路制造服务公司。身为业界的创始者与领导者，台积电是全球规模最大的专业集成电路制造公司，提供业界最先进的制程技术及拥有专业晶圆制造服务领域最完备的组件数据库、知识产权、设计工具及设计流程。台积电总产能已达全年 430 万片晶圆，其营收约占全球晶圆代工市场的 60%。

2011 年，台积电宣布：其 20 纳米制程自动化设计系统将可支持双重成像技术。相关的电路自动化布置软件厂商将在台积电 20 纳米制程芯片设计用软件中加入对双重成像技术的支持，这样芯片设计者就不需要像过去那样专门针对双重成像技术进行计算，而一旦芯片设计方确定芯片电路的布局准则，那么台积电的软件便可将该设计拆分到两个双重成像用掩模板上。台积电已经开始为部分客户生产 28 纳米制程芯片产品，而且台积电还推出了专门面向智能手机和平板电脑产品的新 28 纳米 HPM 工艺，并于 2011 年 10 月正式进入量产。

#### 2）联发科技股份有限公司

联发科技股份有限公司（简称联发科技，MediaTek），创立于公元 1997 年，是世界顶尖的 IC 专业设计公司，位居全球消费性 IC 片组的领航地位。产品领域覆盖数码消费、数字电视、光储存、无线通信等多大系列。联发科技作为全球 IC 设计领导厂商，专注于无线通信及数位媒体等技术领域。公司提供的晶片整合系统解决方案，包含无线通信、高解析度数位电视、光储存、高解析度 DVD 等相关产品。

联发科技于 2010 年 7 月正式加入由谷歌为推广 Android 操作系统而发起的"开放手机联盟"之后，已研发出基于 Android 平台的 MT6516 Android 2.1 版。联发科技于 2010 年 11 月在成都设立的中国大陆第五家子公司，即联发芯软件设计（成都）有限公司将以系统研发为主，并将作为联发科技整体系统设计团队中的一部分，承担部分新产品研发的主要工作。

#### 3）中芯国际集成电路制造有限公司

中芯国际集成电路制造有限公司（简称中芯国际）成立于 2000 年，总部位于中国上海，是世界领先的集成电路芯片代工企业之一，也是中国内地规模最大、技术最先进的集成电路芯片制造企业。主要业务是根据客户本身或第三者的集成电路设计为客户制造集成电路芯片。中芯国际的技术能力包括逻辑电路、混合信号/射频电路、高压电路、系统级芯片、嵌入式及其他存储器，硅基液晶和影像感测器等。中芯国际快速的技术研发能力及卓越的工厂运营管理得益于来自北美、欧洲、亚洲的资深工程师及全球领先的技术及制造伙伴。

根据环境保护部 2011 年 3 月 30 日公示的资料，国内最大半导体代工企业中芯国际计划在北京新建集成电路工厂，总投资高达 460.6 亿元。2012 年 5 月，中芯国际北京公司二期项目合作框架签字仪式在北京举行，中芯国际联合北京市相关机构共同筹集资金，在北京经济技术开发区建设 40～28 纳米 18 英寸集成电路生产线。公司在上海建有一座 300 毫米晶圆厂和三座 200 毫米晶圆厂。在北京建有两座 300 毫米晶圆厂，在天津建有一座 200 毫米晶圆厂，在深圳有一座 200 毫米晶圆厂在兴建中，在成都拥有一座封装测试厂。

## 2.7.5　云计算产业重点机构分析

### 1. 国外云计算产业重点机构分析

#### 1）美国谷歌

谷歌（Google）是一家美国上市公司，于 1998 年 9 月 7 日以私有股份公司的形式创立，以设计并管理一个互联网搜索引擎。谷歌应用（Google Apps）是该公司试图把业务范围扩大到消费者搜索市场以外的领域而作出的举措，希望成为企业市场的玩家。谷歌在 2007 年 2 月发布了企业版的谷歌应用，这是针对竞争对手微软的一项竞争举措；随后又在 2008 年 4 月发布了应用引擎（App Engine）。

2011 年 2 月，谷歌一直在努力推广期基于谷歌应用程序云的企业套装软件，在包括《经济学家》杂志在内的各种杂志的显要位置刊登广告。谷歌最近在《经济学家》杂志上刊登的广告反映了谷歌要使其办公套装软件领先于微软的决心。这个长达四页的广告称，每天有 30 个企业转向谷歌的平台。自从谷歌应用程序在 2007 年推出以来，已经有 300 万个企业应用了这个软件。

2011 年 4 月 21 日，谷歌宣布，推出基于云计算的谷歌地球生成器（Google Earth Builder），该生成器允许应用程序开发人员和软件公司使用谷歌的计算资源组织地理空间数据和其他相关信息。谷歌计划在第三季度向 100 多个国家推出这一服务。

#### 2）微软公司

微软公司（微软）是世界个人计算机软件开发的先导，由比尔·盖茨与保罗·艾伦创建，始于 1975 年。在 IT 产业中云计算产业发展的浪潮中，微软具有如下六大优势：庞大的客户群基础；公有云、私有云双管齐下；微软专家帮助企业作规划；丰富的网络运营实战经验；Windows Azure 平台的应用；云计算不会完全抛弃企业现有的解决方案。

其中，Windows Azure 平台是微软自主研发的一个云服务平台。微软想借助这个平台，与每个国家的本地服务商合作，共同为用户搭建硬件平台。通过 PaaS，微软可以保证这一平台的先进性。而本地服务商则可以侧重于在这个平台上挖掘更多具有价值的在线应用，并与企业用户的应用系统进行整合。简单地说，就是微软提供一个先进的云计算平台。而在这个平台上到底要实现什么服务，则会因企业而异。各个服务提供商可以根据企业的需要，在上面实现所需要的服务。

2011 年 6 月 8 日，富士通与美国微软宣布，将从 8 月 1 日起联手推出"云计算"服务，把双方 2010 年 7 月达成的合作协议变为现实。"云计算"与企业自身拥有服务器相比具有削减成本的优势，双方希望以此占据今后将日益扩大的市场需求。该服务已向宝印刷等约

20 家日本企业提供试运行。

3）美国 NetSuite 公司

NetSuite 成立于 1998 年，总部设在美国加利福尼亚州的圣马特奥（San Mateo），是专门为中小型企业提供定制企业管理软件的应用程序制造商。它在美国、加拿大，以及欧洲、亚洲，已有数以千计的客户。此外，NetSuite 还与美国联邦快递集团、苹果计算机公司、联合包裹服务公司等众多知名企业成为长期的合作伙伴。NetSuite 业务已遍及全球，在加拿大、澳大利亚、新西兰、英国、日本、中国香港及新加坡等地均设有分部。

2011 年 3 月 4 日，数据集成软件提供商 Informatica 与基于云的财务 ERP（企业资源计划）软件套件的供应商 NetSuite 宣布结成战略伙伴关系，携手提供首个基于云计算的双层 ERP 系统部署解决方案。通过结合 Informatica 的企业数据集成产品和 NetSuite 的云计算 ERP 套件，众多跨国公司可以针对其地区子公司和分部利用基于云的 ERP 解决方案，扩展和增强其预置企业系统。

2011 年 5 月，ERP 软件供应商 NetSuite，在其 SuiteWorld 旧金山用户年会上，宣布了一项关于其进入大型企业的新措施。NetSuite 已经开始在自己的数据中心推出甲骨文 Exadata 云数据库服务器，工作时与该公司现有的数据中心业务同时运行。在该数据中心，Exadata 支持更多的资源密集型工作负载，为其大客户执行诸如电子商务等应用。

4）美国亚马逊公司

亚马逊公司是美国最大的一家网络电子商务公司，也是最早开始经营电子商务的公司之一。成立于 1995 年，一开始只经营网络的书籍销售业务，现在则囊括了范围相当广的其他产品，包括了 DVD、音乐光碟、计算机、软件、电视游戏、电子产品、衣服、家具等。

2011 年 1 月 28 日，亚马逊发布了 2010 财年第四季度财报。报告显示，亚马逊第四季度净利润为 4.16 亿美元，较 2010 年同期的 3.84 亿美元增长 8％；净销售额为 129.5 亿美元，较去年同期的 95.2 亿美元增长 36％。在整个 2010 财年，亚马逊的净利润为 11.5 亿美元，比 2009 财年的 9.02 亿美元增长 27.5％。2010 年，云计算服务为亚马逊带来了 5 亿美元的营收，占亚马逊 342 亿美元营收总额的约 1.5％。

2. 中国云计算产业重点机构分析

1）浪潮电子信息产业股份有限公司

浪潮电子信息产业股份有限公司（简称浪潮信息）成立于 1998 年，经营范围包括计算机硬件、软件及系统集成的开发、生产和销售，计算机应用及信息技术服务。

2011 年，公司将投资云计算操作系统研发升级和产业化项目、集装箱可移动式数据中心研发和产业化项目两个项目。云计算操作系统研发升级和产业化项目耗资 3.41 亿元，集装箱可移动式数据中心研发和产业化项目耗资 6.63 亿元，建设期均为两年。

2）北京华胜天成科技股份有限公司

北京华胜天成科技股份有限公司（简称华胜天成）是中国卓越的 IT 综合服务提供商，公司于 2004 年在上海证券交易所成功上市。其业务领域涵盖 IT 产品化服务、应用软件开发、系统集成及增值分销等多种 IT 服务业务，是中国最早提出 IT 服务产品化的公司。

2011 年 6 月底，华胜天成非公开发行 A 股股票申请获得中国证券监督管理委员会（中国证监会）有条件通过。该融资方案拟向不超过 10 名特定对象募集资金 5.051 亿元人民币，投向"云计算环境下的信息融合服务平台建设及市场推广"、"面向服务型城市的新一代信息整合解决方案"、"数据治理软件及行业解决方案"、"软硬一体化的 IT 资源和机房监控产品研发及推广"等 4 个项目。其中投入资金最大的项目"云计算环境下的信息融合服务平台建设及市场推广"的具体建设内容包括数据中心、服务中心管理软件系统开发、IT 服务总控中心及软件研发中心，涵盖了云计算的三个主要领域。2012 年 5 月，华胜天成正式对外发布了公司云计算业务线品牌"天成云"。

3）东软集团股份有限公司

东软集团股份有限公司（简称东软集团）成立于 1991 年，是中国领先的 IT 解决方案与服务供应商。东软集团以软件技术为核心，通过软件与服务的结合、软件与制造的结合、技术与行业管理能力的结合，提供行业解决方案和产品工程解决方案及相关产品与服务。

作为国内最大的 IT 解决方案与服务供应商，东软集团自 2009 年开始，针对国家"新医改"目标，在国内全面推进并实施医疗信息化解决方案："健康云"。所谓"健康云"，就是把云计算技术运用到城市及农村居民的健康监测上，终端感应设备具有多样性，比如手表、计步器、手机等，利用物联网技术监控居民的体重、血糖、血压，计算食物和运动消耗的卡路里，把个人的信息传到后台服务器，提供远程健康指导。通过这朵"健康云"，让更多的人及时了解身体健康状况。

2011 年 6 月，重庆市政府同东软集团签订战略合作备忘录。双方以"健康重庆"为目标，结合东软实施的重庆金保系统，合作推进基于云计算、物联网等新兴技术的医疗健康服务平台建设，携手打造"健康云"。

4）用友软件

用友软件股份有限公司（简称用友软件）成立于 1988 年，长期致力于提供具有自主知识产权的企业应用软件、电子政务管理软件的产品、服务与解决方案，并在金融信息化和软件外包等领域占据市场领先地位。

2011 年 2 月，用友软件在继发布云战略和年度策略之后发布了"用友 3＋1 世界级产品"新版本。新版产品包括高端企业管理软件用友 NC5.7、中高端企业管理软件用友 U9V2.1 中小企业管理软件 U8V10.0，此外，还包括一个全新的云融合平台 UAP。用友软件将此次新版产品的发布看做是其云战略应用快速落地之举。

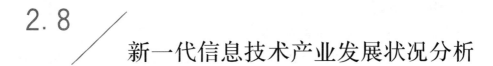

# 2.8 　新一代信息技术产业发展状况分析

## 2.8.1　世界新一代信息技术产业的发展分析

### 1. 美国新一代信息技术产业发展分析

美国云计算及其应用已进入政府领域。美国联邦政府 2012 年财政预算显示，在联邦政府每年 800 亿美元的 IT 项目支出中，25％的份额（约 200 亿美元）用于云计算。美国联邦政府各部门必须在 18 个月内作出本部门完成云计算迁移的具体部署。

美国在物联网技术基础方面占有很大的优势，在基础芯片和通信模块方面，德州仪器是美国著名的模拟器件解决方案和数字嵌入及应用处理半导体解决方案供应商，在物联网领域能够提供 ZigBee 芯片和移动通信芯片产品[23]。英特尔是全球最大的计算机、网络和通信产品制造商，在物联网方面能够提供 Wi-Fi 芯片、蓝牙芯片、WiMAX 芯片和 RFID 芯片产品。意法半导体、高通、飞思卡尔等芯片企业也可以提供物联网所需的基础通信芯片。此外，Telit、Cinterion、Sierra Wireless 等通信模块企业将通信芯片整合成能够独立完成通信功能的模块，可以直接嵌入到设备中使其拥有通信能力。在传感网和 RFID 方面，美国是传感网技术的发源地，在全球市场处于领先地位，拥有 Crossbow Technology、Dust Networks、Eka Systems、Honeywell、Ember 等全球领先的传感网公司。全球主要的 RFID 企业也集中在美国，包括 Aero Scout、Savi Technology、RFCode、摩托罗拉、ODIN 等。

### 2. 欧洲新一代信息技术产业发展分析

在通信网络方面，信息和通信技术产值占欧盟 GDP 的 5％，市场价值近 6600 亿欧元。欧盟负责通信事务的机构发布的新规定将会刺激高速宽带服务，希望建立基于超高速互联网的数字化单一市场，创造可持续的经济和社会效益，增强欧盟经济竞争力。

总体来看，欧盟物联网产业仍处于发展初级阶段，缺乏完整的技术标准体系和有效的商业模式。瑞典在物联网应用方面走在前列，瑞典已经在全国建立起了一个由 85 万个智能电表组成的智能电子信息系统，从而让电力公用事业企业足不出户就可以对电力的使用情况进行远程监控，用户再也不需要靠评估来计算自己的能源消费量了，从而节省了大量的资金和能源。

云计算方面，IBM 与一些学术机构签署了一项合作协议以组建一个新的关于云计算的研究联盟。这个工作组旨在帮助中小企业理解云计算系统的性质、结构和业务目的，让中小企业使用新的"电子服务"（云计算服务）解决复杂的与 IT 有关的业务流程。这个名为 ACSI（Artifact-Centric Service Interoperation，以工件为中心的服务互操作）的项目将利用新的和现有的开源软件设法解决企业在优化集中管理的平台中使用单独管理的电子服务时遇到的问题。

平板显示方面，欧盟启动了一个名为 OLED100 的综合研究项目，其目标是以不超过 100 欧元每平方米的成本、在 100 厘米×100 厘米的单元面积上，使 OLED 的效率达到 100 流明/瓦、使用寿命超过 10 万小时。

### 3. 日本新一代信息技术产业发展分析

2010 年，日本半导体企业销售额合计约为 635 亿美元，占全球半导体市场 2983.2 亿美元销售额的 21％左右[24]。2010 年全球前 20 大半导体厂商中，日本企业有 5 家。其中，东芝是全球仅次于三星的第二大闪存芯片供应商，瑞萨电子是全球最大的 MCU 供应商，尔必达是全球第四大 DRAM（动态随机存取存储器）厂商。索尼与松下的产品则主要是为本企业配套的逻辑 IC。截至 2010 年，日本的 Flash 存储器产量约占全球的 36％，DRAM 产量约占全球的 14％。

日本同样是电子元件产业强国。2010 年日本企业被动元件（包括电阻、电容、电感）

产值占据全球 60% 左右的份额，特别是在高端元件领域更具有突出优势。2010 年，日本企业在全球晶片电感、固态电容、陶瓷电容等高端元件的产值所占份额都在 50% 以上[24]。从竞争角度来看，2010 年的全球十大被动元件（包括电阻、电容及电感）厂商中，位居前三位的村田、TDK、贵弥功均为日本企业。10 家企业中日本企业达到 6 家，其销售收入约占全球市场的 56%。

日本玻璃基板、滤光片、偏光片、液晶材料等原材料环节具有明显的优势，其中玻璃基板产量占全球的 60% 左右，拥有旭硝子、电气硝子、板硝子等企业，康宁的第一个海外工厂也建在日本；滤光片产量占全球的 65% 左右，全球前两大滤光片厂商——凸版印刷和大日本印刷都在日本；偏光片产量占全球的近 50%，拥有日东电工、住友化学等企业；高档液晶材料产量占全球的近 40%，拥有 Chisso 和 Rodic 两大企业。

4. 韩国新一代信息技术产业发展分析

自 2000 年以来，韩国电子信息产品销售额不断增长，IT 产业规模日益增大，逐渐形成了在政府政策引导下，以几家大公司为行业发展龙头、中小企业蓬勃发展的完整的"技术创新链条"和"产业链"。其发展特点表现为以下两个方面。

1）进出口额增长加快，国际竞争力不断加强

韩国 IT 产业对外贸易额一直保持着高速增长的态势。其中，出口额的增长率要大于进口额的增长率，据韩国情报通信部所公布的数据，韩国 IT 产业产品的出口额由 1990 年的 92 亿美元上升到 2004 年的 743.4 亿美元，占全国出口额的比重由 23.1% 上升到 30%。2004 年以后，IT 产业的出口份额在对外贸易中所占比重持续上升，贸易顺差始终保持在 200 亿美元以上，国际竞争力不断增强。

2）产业结构不断升级，高端技术产业粗具规模

电子信息产品和设备、信息服务、软件和计算机服务是韩国 IT 产业的三大领域。其中，电子信息产品和设备约占 2/3 的比重，信息服务、软件和计算机领域仅占有 1/3 的比重。但是近年来，韩国网络游戏软件发展迅猛，基于世界领先的宽带网络和无线通信技术开发出的多种数字内容（网络游戏、网络内容、手机游戏、移动内容等）使韩国成为"21世纪数字内容强国"。

## 2.8.2　中国新一代信息技术产业的发展分析

1. 下一代通信网络产业的发展分析

以下从下一代通信网络的三个主要方面来分析前景趋势。

1）光通信行业方面

2010 年上半年，政府频频出台行业发展政策，下半年，几大运营商巨头加码光通信建设。中国光通信行业显然已驶入快车道。随着 3G 网络的大规模建设、IPv6 的试用和建设、"光进铜退"战略进一步实施，中国移动、中国电信等国内运营商对光通信相关设备的需求进一步高涨，光通信行业在未来的 2～3 年内有望迎来黄金发展时期[25]。

2）电信业和宽带业务方面

"十二五"电信业投资将达 2 万亿元，其中宽带投入占 80%。工业和信息化部通信研究

所行业发展部指出："十二五"期间，预计电信业投资将达到 2 万亿元的规模，较"十一五"期间增长 36%。"十一五"期间通信投资有 40%用于宽带建设，而"十二五"期间80%的投入将用于移动宽带和固定宽带建设。宽带在"十二五"中被作为投入重点有利于光通信行业发展，1.6 万亿的巨额宽带相关建设投资，也将为光通信行业在未来 5 年的发展提供强大保障。

2. 物联网产业的发展分析

未来 10 年，全球物联网可能大规模普及，将会发展成为一个上万亿元规模的高科技市场，其产业要比互联网大 30 倍[26]。

1）物联网发展良好的政策环境

中国政府高层一系列的重要讲话、研讨、报告和相关政策措施表明：大力发展物联网产业将成为中国今后一项具有国家战略意义的重要决策，各级政府部门将会大力扶持物联网产业发展，一系列对物联网产业利好的政策也将出台。

2）物联网发展良好的国际环境

美国、欧盟、中国等都在投入巨资深入研究探索物联网。我国也正在高度关注、重视物联网的研究，工业和信息化部会同有关部门，在新一代信息技术方面正在开展研究，以形成支持新一代信息技术发展的政策。

3）物联网所带来的巨大效益

在物联网普及以后，用于动物、植物，机器、物品的传感器与电子标签，以及配套的接口装置的数量将大大超过手机的数量。物联网的推广将会成为推进经济发展的又一个驱动器，为产业开拓又一个潜力无穷的发展机会。

3. 新型平板显示产业的发展分析

OLED 具有十分广阔的应用前景，OLED 作为下一代最理想的平板显示技术，引起了各国政府部门的高度重视。在国际范围内，OLED 技术经过 20 年的发展，已经进入产业化的起步阶段并呈现出朝大尺寸方向发展的趋势。

1）良好的国际环境

全球方面，政府和企业对 OLED 的研发投入持续增长，韩国 LG 宣布兴建 OLED 八代生产线，并将于年内推出大尺寸 OLED 电视面板，台湾友达也再次注资 OLED 产业，增加AMOLED 面板产能，三星、国内彩虹等企业也纷纷布局 OLED 产业。

2）国内政策的支持

作为下一代显示技术的 OLED 正处于技术不断发展、产业化刚起步的关键时期，为中国显示产业实现跨越式发展提供了一个难得的也是不能再错过的机遇，在这个关键时期，政府提出了发展新一代显示技术的相关政策，这为平板显示技术的发展提供了良好的支持[27]。

3）技术上的日渐成熟

在工业和信息化部支持下，中国内地的 OLED 研发取得了突破性进展。2008 年 10 月，由清华大学组建的维信诺公司在昆山成功建成中国内地第一条 OLED 大规模生产线，实现了小尺寸 OLED 显示屏的量产。截止到 2010 年年底，中国内地主要有昆山维信诺、汕尾信利、四川虹视、佛山彩虹等企业从事小尺寸 OLED 生产。而中国首条 AMOLED 中试线已经在昆山建成投产并于 2010 年年底打通全部生产工艺，维信诺、华星光电、彩虹、虹视、中显科技、南京第壹有机光电等 OLED 制造商也展开 4.5 代与 2.5 代 AMOLED 生产线部署。

### 4. 高性能集成电路产业技术的发展分析

高性能集成电路技术的发展主要体现在以下几个方面。

#### 1) 受全球半导体技术和信息产品市场双重驱动，技术创新更加明显

2008～2010 年正值 3G 移动通信、数字电视、下一代互联网等重大技术和市场快速发展时期。"三网融合"和 4C 产品（计算机、通信、数字消费类产品和汽车电子）不断更新将进一步驱动集成电路产业的技术创新和产品创新。纳米技术的发展，以及集成电路技术与其他高新技术的结合，使集成电路技术孕育着更多的新的突破。

#### 2) 65～45 纳米工艺技术将实现产业化

当前全球 65 纳米工艺技术已实现产业化，45 纳米工艺技术开始进入量产。随着我国集成电路工艺技术的不断提升，2008～2010 年，我国（65～45）纳米/12 英寸工艺技术将实现产业化。铜互联和低 K 介质系统、高 K 栅介质和新型栅介质材料、193 纳米浸润式光刻技术、硅化物的应用、绝缘衬底上的硅材料、SiGe 等材料和技术将逐步产业化。

#### 3) 集成电路设计新技术不断涌现

随着 90 纳米及以下工艺技术和 SOC 设计技术的发展，许多集成电路设计新技术将更快和更广泛地应用。这些技术包括软硬件协同设计，高速、高频、低功耗设计，IP 复用，可测性/可调试性设计，可靠性设计，芯片综合/时序分析和总线架构等技术。

#### 4) 新型的封装形式和测试技术将成为主流

2008～2010 年，我国将广泛采用球栅阵列封装（BGA）、芯片倒装焊封装（flip-chip）、三维堆叠（3D）芯片封装、芯片级封装（CSP）、多芯片组装（MCM）等新型封装形式，并逐步成为封装形式的主流。随着芯片规模扩大和功能增加，自动测试技术和测试设备将快速发展。高效率、低成本的测试技术，以及更有效的可靠性筛选方法等将成为测试技术发展的重点。

从高性能集成电路产业发展来看，我国高性能集成电路的发展将面临更好的产业发展环境，政府支持力度将进一步加大，新的扶植政策有望尽快出台，支持研发的专项基金将会增多，国内市场空间广阔，我国高性能集成电路产业仍将保持一个较快的发展速度。

### 5. 云计算产业的发展分析

中国的云计算产业发展潜力巨大。一方面，中国拥有世界上数量最多的中小企业，对于这些中小企业来讲，自己投资建立数据中心的投资回报率较低，并且与业务的快速成长很难匹配，而云计算的租用模式可以较好地解决这个问题；另一方面，众多的服务器、存储硬件厂商及平台软件厂商都希望通过云计算平台将自己的产品推广到中小企业中，以便未来能获得更多的市场机会；同时，云计算运营商也将会在这次大潮中实现跨越式发展，一些在国内各地兴建的高性能计算中心、超级计算中心有望成为公共云的运营主体，而众

多的电信运营商、IDC 托管服务商、互联网公司也有望成为云计算的潜在运营商。直到 2011 年,中国的云计算市场仍处于市场培育发展阶段。2012~2013 年为中国云计算市场的巩固时期,各种类型的云计算运营商和解决方案层出不穷,云计算成为吸引更多的应用程序开发组织的主流。2013~2015 年,基于云计算的低成本服务将可能蚕食市场上重要企业高达 15％ 的利润,而中国市场也将进入云计算商品化的成熟时期,商品化的云计算将成为很多应用发展项目最可取的办法[28]。

## 2.8.3 中国新一代信息技术产业发展中存在的问题

1. 下一代通信网络产业发展中存在的问题

未来,下一代通信网络的发展必须解决以下问题。

1)服务质量

下一代通信网络的承载网基于分组网络(主要是 IP 网),其特征是按照尽力而为策略提供业务。与传统的基于 ATM 的 PSTN 网络相比,IP 网络的服务质量不尽如人意,一直是业界努力改进的一个重点。

2)用户管理

控制和承载分离所带来的一个突出问题是用户不受控,造成该问题的一个主要因素是软交换设备仅完成呼叫控制功能,用户之间的媒体流交互在媒体网关之间直通,无法满足对用户的实时监控功能。如何避免非法用户的通信资源盗用和避免用户旁路软交换设备是下一代通信网络业务开展所面临的一个难题。

3)终端接入安全风险

传统的基于 ATM 的公共交换电话网络(PSTN)中,用户终端设备为"傻瓜"终端,网络的智能服务全部由专用业务网络实现。每个接入网络的用户均有对外公开的全球唯一 ID,因此在这种网络中较难发生恶意攻击,而且发生攻击时会很容易追查攻击的来源。在下一代通信网络中,所有终端均为智能终端,终端用户可通过多种接入方式接入城域网。通常,软交换设备采用 IP 地址和端点标志等参数来对终端接入进行认证。因此,如何防止端点伪装和 IP 地址盗用等非法行为也是运营下一代通信网络所面临的一个难题。

4)业务模式

除技术因素外,缺乏"杀手锏"业务也是制约下一代通信网络发展的一个因素。下一代通信网络的落脚点是如何提供更加丰富的电信应用,以更优惠的价格、更便利的方式、更有吸引力的业务组合方案来满足客户与市场的需求,但到 2011 年为止,下一代通信网络还没有所谓的"杀手锏"业务。当前运营商统一面临的情况是增值业务匮乏,ARPU(每单元平均收益)值不断下滑。

2. 物联网产业发展中存在的问题

1)物联网的政策和法规

物联网不仅需要技术,它更牵涉到各个行业、各个产业,需要多种力量的整合。这就需要国家在产业政策和立法上先行,要制定出适合这个行业发展的政策和法规,保证行业的正常发展。对复杂的物联网,必须要有政府的政策支持,政府必须要有专门人和专门的机构来研究和协调，物联网才能有真正意义的发展。

### 2）技术标准的统一与协调

互联网发展到今天，像 TCP/IP 协议、路由器协议等技术标准起到至关重要的作用。物联网发展过程中，传感、传输、应用各个层面会有大量的技术出现，可能会采用不同的技术方案。尽快统一技术标准，形成一个管理机制是物联网即将要面对的问题。

### 3）管理平台的形成

如果物联网缺少一个足够大的网络体系去支撑，就很难进行管理和整合。因此，建立一个全国性的、庞大的、综合的业务管理平台，把各种传感信息进行收集，进行分门别类的管理，进行有指向性的传输是一个大问题。一个小企业甚至都可以开发出传感技术、传感应用，但是一个小企业没有办法建立起一个全国性高效率的网络。没有这个平台，各自为政的结果一定是效率低、成本高，很难发展起来，也很难收到效果。

### 4）安全体系的建立与形成

物联网的传感技术主要是 RFID，植入这个芯片的产品，可以方便地进行管理。但是，它也存在着一个巨大的问题，如何做到在感知、传输、应用过程中的安全保障，形成一个强大的安全体系。

### 5）应用的开发

物联网的价值不是一个可传感的网络，而是必须各个行业参与进来应用，不同行业，会有不同的应用，也会有各自不同的要求，这些必须根据行业的特点，进行深入的研究和有价值的开发。这些应用开发不能依靠运营商，也不能仅仅依靠所谓物联网企业，因为运营商和技术企业都无法理解行业的要求和这个行业具体的特点。要想全面把握行业的要求和具体的特点，需要一个物联网的体系基本形成，需要一些应用形成示范，更多的传统行业感受到物联网的价值，这样才能有更多企业看清楚物联网的意义，看清楚物联网有可能带来的商业价值，也会把自己的应用与业务与物联网结合起来。

### 6）商业模式

物联网商业模式有待完善。要发展成熟的商业模式，必须打破行业壁垒、充分完善政策环境，并进行共赢模式的探索，要改变改造成本高的现状。

### 3. 新型平板显示产业发展中存在的问题

### 1）材料方面

材料、工艺、设计等还处在研究和探索的阶段。过高的工作电压、较低的载子迁移率、不稳定的材料与组件特性、缺乏互补式晶体管技术及组件模型等都使材料、工艺的使用有较多的不确定性。在产品方面，柔性电子产品因采用有机材料，结构特性较松散，产品寿命较短，按每天使用 5 个小时推算，1～2 年内产品的寿命就到期了，在生产和使用中也比较容易损坏，生产设备不成熟、产品成品率低、成本和价格较高等，这些都阻碍了产品的普及化。

### 2）技术层面

柔性电子技术的研发还需要整合多种高科技技术，如纳米电子、半导体构装、平面显示和微机电技术等，产业间的合作和利益模式均未明确，产业链如何构造还未明朗，因此，商业化的步伐似乎不如预期，即便是实现了产品化的技术，也仅被用于有限的用途上。

3）制造成本方面

和液晶电视相比，OLED 电视面临最大的问题就是制造成本。受到制造工艺的制约，尺寸越大的 OLED 面板，其成本也在成倍增长，尽管如 2.4 英寸、2.8 英寸的 OLED 面板价格相对 LCD 面板不会高出太多，但若屏幕尺寸增加到了 11 英寸、14 英寸、31 英寸甚至是 40 英寸，OLED 面板的成本就要远远高于液晶面板[29]。虽然 LED 背光的使用寿命非常长，但 OLED 的寿命却相对较短，而且 OLED 面板对显示的颜色较为敏感，并且亮度会随着使用时间的增加而逐渐减少，这也是亟待解决的问题。

4. 高性能集成电路产业发展中存在的问题

尽管微电子技术给人类带来了前所未有的进步，但它进一步发展却遭遇瓶颈。能否突破这些瓶颈是微电子技术发展所面临的极大挑战。这些瓶颈主要包括以下三个方面。

1）光刻技术的限制

集成电路的加工设备中，光刻技术的支持起到了极为关键的作用，它直接决定了单个晶体管器件的物理尺寸。每一代新的集成电路的出现，总是以光刻所获得的最小线宽为主要标志。而光学光刻工艺、离子注入工艺等将接近其物理极限，无法满足器件进一步缩小的制备需要[30]。

2）材料和制造工艺的限制

随着集成电路集成度的提高，芯片中晶体管的尺寸会越来越小，这就对制作集成电路的半导体单晶硅材料的纯度要求越来越高。哪怕是极其微小的缺陷或杂质，都有可能使集成电路中的某个或数个晶体管遭到破坏，最终导致整个集成电路的失败。同时，集成电路集成度的提高还会引发另一个十分棘手的问题。随着集成块上晶体管器件之间绝缘厚度的减小，当小到 5 个原子的厚度时（特别容易出现在绝缘层的缺陷处），量子隧道效应将会出现，即传输电荷的电子将会穿过绝缘层，使晶体管器件之间的绝缘失效。

在制造工艺方面，随着光刻精度的提高，也需要相应提高硅片（基板）和光刻掩模板的表面平整度，对数十纳米的最小线宽制程，表面平整度几乎是原子尺度。除此之外，光刻精度的提高对基板和掩模板之间的平行度要求也越来越高。这些十分苛刻的制造工艺条件，无疑也将成为提高光刻精度的另一个重要瓶颈。

3）能耗和散热的限制

微电子学技术除了在光刻加工技术上和半导体材质上存在着亟待突破的技术限制之外，它还受到了器件能耗过大和芯片散热困难的严重困扰。随着集成电路芯片中晶体管数量大幅度增多，芯片工作时产生的热量也同样在大幅度增加，芯片的散热问题已经成为当今超大规模集成电路进一步发展的严重障碍，降低器件的能耗和解决芯片的散热也已成为微电子学技术进一步发展的一个主要技术瓶颈。

5. 云计算产业发展中存在的问题

1）安全性

使用云计算意味着数据被转移到用户主权掌控范围外的机器上，也就是云计算服务提供商的手中，那么人们担心这些数据的安全性也不无道理，如何保证用户信息和隐私抑或是商业数据不被泄露或盗取这是用户最关心的；云计算低成本提供极高效能服务的特点，也将成为一个重大的安全隐患，黑客也因此能以极少的成本就能获得极大的网络计算能力，如果一旦这些"云"被用来破译各类密码，进行各种攻击、破坏等活动，将对社会造成极大危害。

2）可靠性

2008 年亚马逊 S3 服务的中断、Google Apps 的服务中断、Gmail 服务的中断对用户尤其是大型企业造成的损失是不可估量的，如何保证云计算的可靠性（网络中断导致服务的不可用）、如何完善云计算的可控性（网络依赖于电信服务商）也是影响云计算发展的重要因素之一。

3）稳定性

在云服务器上，没有规定物理定义在哪里，看不到定位在哪里。如果某个用户的云服务是由两家经营商提供的，一个在国内，一个在国外，国外的服务就可能因为网络的带宽、远程距离等的影响在性能上不如国内的方便，而且还面临性能是否稳定的问题。

4）可信赖性

云计算提供给客户的确信度为 99.99%，实际情况是达不到的。由于网格运营厂商数据中心的数据安全没有任何有公信力的第三方在制度上的保证，所以用户不敢把数据放进运营商的数据中心里。另外，由于云计算的特点，用户也不知道自己存储的数据位于全球哪个服务器，这本身对传统用户存储数据习惯构成挑战，用户需要花更多时间去适应。各个国家、地区对信息保护的法律法规不尽相同，很难保证数据的隔离；当今 IT 业界竞争激烈，服务商公司很有可能随时被淘汰、吞并，如何保证用户数据长期生存性也是值得关注的问题。

5）数据交换标准

云端运算及其衍生的网络服务必定会受到网络使用者的青睐和选用，但是这个条件成立的前提是网络浏览器的数据交换标准必须符合国际规约，电信运营商提出足够吸引人的资费方案，以网络和收集为基础的应用服务也必须到位。

# 2.9 结论与建议

下一代通信网络方面，光网络的建设、软交换及 3G 的建设是关键，其中光通信技术是重中之重。从国家层面的政策指引看，工业和信息化部指出电信企业要按照国家有关规定和技术规范开展光纤宽带网络建设，积极采取多种模式，以需求为导向，以光纤尽量靠近用户为原则，加快光纤宽带接入网络部署，推进"光进铜退"的建设。

物联网方面，从 2009 年无锡物联网产业基地的设立到温总理提出以"感知中国"为中心的物联网概念，三年间，从中央主管部委到行业、省市，多点、多层次的物联网规划密集出台；5亿元物联网专项基金启动；18个一级城市提出"智慧城市"规划方案，80％以上的二级城市明确提出建设"智慧城市"的发展目标。而"十二五"规划中，物联网已经取得非常重要的战略地位。RFID在物联网建设初期将会迎来爆发式增长。RFID从技术上主要分为低频、高频、超高频和微波，而从应用上看，低频和超高频以上将会迎来巨量增长。在物联网建设初期，物联网的典型应用拓展是产业的关键。

全球云计算的发展速度，是传统IT行业的数倍。当前中国正处于移动互联网发展的初期、两化融合（工业化和信息化融合）政策讨论期，云计算概念刚刚兴起，在国际与国内的良好环境下，未来的潜能巨大，可以说中国将迎来云计算发展的黄金十年。

新型平板显示方面，随着人们对平板显示效果、便利性和经济性的更高的要求，新型平板显示技术已经浮出水面，在不远的将来逐渐取代传统的TFT-LCD。我国新型平板显示相关企业的技术和世界一流水平的差距正在缩小，同时具有非常明显的成本优势，产品未来的替代空间巨大。

高性能集成电路方面，集成电路产业属于传统电子制造业，市场规模非常庞大，我国作为集成电路技术的新兴国家，市场规模的复合增长率显著高于全球平均水平，可达年均16％以上。我国IC产品处于低端，高端集成电路产业仍然处于成长期，未来随着对专用高集成度IC的需求越来越大、大功率型IC在节能减排中的应用越来越广泛，高性能集成电路产业将具有很好的发展前景。

综上所述，从世界范围来看，新一代信息技术得到了大部分国家在政策上的大力支持，处于全面发展的时期。而就我国来说，在国家政策的支持和指引下，"十二五"期间，新一代信息技术必将迎来一个全面发展的黄金时期。

# 参 考 文 献

[1] 国务院办公厅. 国务院关于加快培育和发展战略性新兴产业的决定. http：//www. gov. cn/zwgk/2010-10/18/ content _ 1724848. htm［2010-10-18］.

[2] 国务院. 国民经济和社会发展第十二个五年规划纲要. http：//www. gov. cn/2011lh/content _ 1825838 _ 4. htm［2011-03-16］.

[3] 黄中祥. 三网融合的市场机遇及促进措施。中国新通信，2010，（03）：11-14.

[4] 缪惠茹，侯攀峰，马辛玮. 物联网及应用. 科技向导，2011，（17）：19.

[5] 刘伟，张益铭. 物联网关键技术. 数字技术与应用，2011，（06）：172，173.

[6] 张芳. 我国平板显示技术现状及发展趋势. 中国科技财富，2011，（23）：58-61.

[7] 杨春立. 美国信息产业做强有道. 中国电子报，2011-07-05，第4版.

[8] 杨文宇，李德甫. 美国信息产业发展经验及启示. 商业时代，2010，（07）：106，107.

[9] Simson L G. IMPACT Cloud Computing. Technology Review, 2011, 114 (6)：73-75.

[10] 史文涛. 国内物联网发展战略研究. 东方企业文化，2011，（08）：125.

[11] Weber R H. Internet of things—New security and privacy challenges. Computer & Security Review, 2010, （26）：23-30.

[12] 薛刚，徐伟群. 《欧盟物联网行动计划》对我国物联网发展的启示. 江苏通信，2010，（01）：38-41.

［13］ 刘广荣. IBM 预示半导体微细化的未来. 半导体信息，2010，（02）：18-20.

［14］ ITU Strategy and Policy Unit. ITU Internet Reports 2005：The Internet of Things. International Tele-communication Union，2005，2，3.

［15］ 孟令娟，吴宗杰. 韩国信息产业发展经验及对中国的启示. 山东理工大学学报（社会科学版），2006，22（5）：30-34.

［16］ 吴松飞. 我国电子信息产业发展环境分析. 重庆科技学院学报（社会科学版），2010，（14）：73-75.

［17］ 赛迪顾问半导体研究中心. 2010 年中国集成电路市场大幅反弹市场规模达 7349.5 亿元. 电子工业专用设备，2011，（03）：50，51.

［18］ 李明杰，曹倩文. 我国集成电路产业自主创新战略的对策思考. 财经界（学术版），2009，（09）：134，135.

［19］ 赛迪顾问. 中国云计算产业发展白皮书，2011，6，7.

［20］ 李珂. 中国集成电路产业运行态势分析及 2010 年发展展望. 电子产品世界，2010，（03）：7，8.

［21］ 中华人民共和国工业和信息化部. 2010 年电子信息产业呈现前高后稳态势. http：//www. miit. gov. cn/n11293472/n11293832/n11293907/n11368223/13578902. html ［2011-03-07］.

［22］ Mezmaz M，Melab N，Kessaci Y. A parallel bi-objective hybrid metaheuristic for energy-aware scheduling for cloud computing systems. Journal of Parallel and Distributed Computing，2011，71（11）：1497-1508.

［23］ Chien C，Xu Z，Molloy S. Topics in integrated circuits for communications. IEEE Communications Magazine，2011，49（10）：180，181.

［24］ 单详茹. 日本大地震会引发半导体市场的"海啸"吗. 中国电子商情，2011，（04）：84.

［25］ 赛迪网. 2010～2011 中国通信市场发展回顾与展望. http：//news. ccidnet. com/art/3157/20110510/2384553 _ 1. html ［2011-07-23］.

［26］ 赛迪顾问. 2010～2011 年中国物联网产业发展研究年度报告，2010，14-16.

［27］ 陈向真. 平板显示技术现状和发展趋势. 光电子技术，2008，28（01）：1-6.

［28］ 包东智. 云计算产业市场发展及其应对策略. 现代传输，2012，（02）：74-79.

［29］ 徐美君. 中国平板显示器产业发展面临新机遇. 玻璃与陶瓷，2010，38（06）：45.

［30］ 陈飚. 集成电路技术的发展. 微处理机，2011，（03）：1-6.

# 第3章

# 生物产业技术分析报告

# 3.1 / 生物产业相关概述

## 3.1.1 生物产业的定义

生物产业是指捕捞、狩猎、采集、养殖、种植或培育生物体，对生物体进行加工制造、利用各种生物技术进行生产以提供产品和服务；或者通过学习研究、科学实验及教育培训等方式提供生物技术（产品）的产业活动单位的集合[1]。生物产业包括生物医药、生物农业、生物能源、生物制造、生物环保等领域。

## 3.1.2 生物产业的分类

生物产业以生物技术、生物资源为基础，包括传统生物产业与现代生物产业两部分。传统生物产业是指运用传统工艺对各种生物资源进行加工处理，制造市场可流通商品的实体经济总和，主要有发酵类产品、天然药物和健康食品等。现代生物产业是指将基因工程、细胞工程、酶工程、发酵工程与蛋白质工程等现代生物技术的研究成果应用于相关行业，制造市场上可流通的商品并规模化生产的经济实体总和[2]。

目前，国内外研究的热点为现代生物产业，其分类如表 3-1 所示。

**表 3-1 现代生物产业行业分类及其主要产品类别**

| 行业 | 行业概念 | 行业分类 | 主要产品类别 |
|---|---|---|---|
| 生物医药 | 疫苗与诊断试剂生产、药品制造、医疗仪器设备生产和其他现代生物技术医药产品 | 疫苗与诊断试剂 | 疫苗、诊断试剂等 |
| | | 生物制药 | 重组蛋白药物、治疗性抗体等 |
| | | 化学药制造业 | 化学药品原药、化学药品试剂等 |
| | | 中药等民族药 | 中药材种植、中药饮片加工、制造等 |
| | | 生物医学工程 | 医用植入器械、新型医用高端耗材等 |
| 生物农业 | 利用现代生物技术从事农业良种及林业新品种的培育，以及绿色农用生物产品的生产 | 农业良种育种 | 粮食类、油料类、畜牧类、蔬菜类等 |
| | | 林业新品种育种 | 林木新品种、野生动物品种等 |
| | | 绿色农用生物制品 | 生物农药、生物肥料、可降解薄膜等 |
| | | 海洋生物资源 | 海洋生物资源开发利用 |
| 生物能源 | 利用生物质开发新型能源，包括能源植物品种培育及种植行业 | 能源植物育种种植 | 木本油料作物、蓬生乔木等 |
| | | 生物液体燃料 | 燃料乙醇、生物柴油、生物丁醇等 |
| | | 生物质气化固化 | 沼气、生物质气化发电、固化发电等 |
| 生物制造 | 利用可再生生物质制造新型材料和化学品等，以及利用生物的机能进行制造、替代化学制造 | 生物基材料 | 生物塑料、生物基化学品、生物质能高分子材料、木基工程材料等 |
| | | 微生物制造 | 酶制剂、用微生物加工替代化学加工、微生物反应器件等 |
| 生物环保 | 利用生物技术从事环境污染及生态环境退化等方面的治理，开发环保生物新技术及相关设备 | | 污水处理、固体垃圾处理、土壤修复等 |
| 生物服务 | 以合同的方式为制药企业和研发机构在药物研发过程中提供专业化服务 | | |

资料来源：根据《生物产业"十一五"发展规划》整理

### 3.1.3　生物产业的市场容量

1. 全球生物产业市场容量分析

　　伴随生物技术与计算机信息、组合化学合成、纳米技术等高技术领域的迅速融合，世界科技、经济和军事竞争格局已随之彻底改变，生物产业发展空间亦日益广阔。生物技术已是世界各国谋求战略性技术储备和发展的制高点，各国纷纷从生物国防和生物安全角度开展研究，国家安全的思维也从传统的基于武器的战略，转向现代基于技术能力的战略[3]。

　　由于各国政府的高度重视和生物技术的飞速发展，生物产业在全世界范围内迅速成长，全球从事生物技术产品开发和生产的专业公司呈激增态势，尤其是生物产业中比重最大的生物医药产业，已经成为当前世界医药市场上新的增长点。

　　全球生物产业近年来的年均增长率一直维持在 20%～30%，在 20 多年的时间里，市场总值增长了 50 多倍，体现了一个新兴产业的高增长特征。如图 3-1 所示，2004～2010 年，是全球生物产业发展相对较快的时期，产值规模由 2004 年的 1200 亿美元增长到 2010 年的约 3590 亿美元。2004～2007 年出现的快速增长，一方面是受到生物医药需求与投入增加影响，另一方面受到高油价引发的生物质能投资热潮推动；2008～2009 年，全球金融危机对以生物医药为代表的高新技术产业冲击很大，同时油价下降也降低了人们对生物质能的热忱；2009～2010 年，全球经济企稳回升，生物医药、生物农业市场需求强劲，与此同时，生物制造和生物环保等产业和技术的融合市场增长迅猛，从而推动形成生物产业整体较快发展。

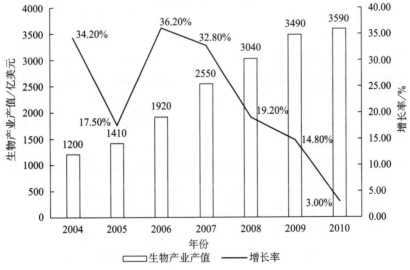

图 3-1　2004～2010 年全球生物产业规模及增长

资料来源：赛迪顾问. 2010. 中国生物产业研究报告

　　据 Datamobitor 统计，2010 年，全球生物技术市场增长了 8.1%，达到 2499.69 亿美元。预计到 2015 年，全球生物技术市场规模将达到 3982.36 亿美元，比 2010 年增长 59.3%[4]。到 2020 年，生物医药占全球药品的比重将超过 1/3，生物能源占世界能源消费的比重将达到 5% 左右，生物基材料将替代 10%～20% 的化学材料。继信息产业之后，生物产业将逐渐成为未来全球经济社会发展的又一重要推动力[5]。

## 2. 全球生物产业结构及规模

2010 年生物产业各领域所占比例如图 3-2 所示。

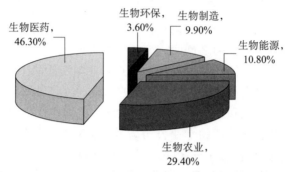

图 3-2　2010 年全球生物产业结构
资料来源：赛迪顾问．2010．中国生物产业研究报告

生物医药产业自 20 世纪 90 年代以来一直保持年均 15%～30% 的快速增长，但受全球金融危机影响，生物医药产业在 2008～2009 年增长速度出现大幅下滑。经历了 2009～2010 年的企稳回升阶段之后，2010 年全球生物医药产业产值规模为 1662 亿美元左右。

生物农业主要包括生物种业、生物农药、生物疫苗（生物兽药）、生物饲料和生物肥料等几大领域，其中生物育种是生物农业的龙头。目前，全球转基因作物的商品化种植面积不断扩大，转基因作物产品的市场销售额也在快速增长。以转基因生物种业为主的全球生物农业 2010 年产值接近 1055 亿美元。全球生物农业在生物产业中所占比例也从 2009 年的 11.5% 上升至 2010 年的 29.4%。

生物能源主要指以淀粉质生物，如粮食、薯类、作物秸秆等为原料生产的石油替代油料，而其中燃料乙醇和生物柴油尤被看好。2010 年全球生物能源产值约为 387 亿美元。

生物制造是指以现代生物技术改造提升传统产业，发展生物催化剂取代化学催化剂、生物可再生原料取代化石原料等新技术。由于下游食品行业、生物化工领域的发展相对较快，生物制造的规模增长逐渐加速，到 2010 年全球生物制造产值约为 355 亿美元。

生物环保是随着环保产业的发展而新兴的一个行业，目前全球产业规模相对较小，但增长速度很快，产值规模已经达到 131 亿美元左右。

## 3. 我国生物产业市场容量分析

"十一五"以来，在国家相关政策的大力推动及社会各方面的共同努力下，我国生物产业发展迅猛。2006～2008 年，生物产业总产值年均增长 23%，出口年均增长 22%，利润年均增长 23%[6]。在 2001～2010 的 10 多年中，作为生物产业核心的生物医药产业几乎保持了年均 20% 以上的增长速度。同时，我国生物农业中生物技术产品的应用规模及转基因抗虫棉等种植面积不断扩大，也取得了很好的经济和社会效益；海洋生物技术在水产养殖、生物制品开发等领域已形成产业规模；由于关键技术不断取得突破，生物柴油、非粮燃料乙醇、甲醇等生物能源领域吸引了很多企业的投资；生物制造、生物环保、生物服务等一批新兴产业正在形成。近年来，我国生物产业产值变化态势如图 3-3 所示。

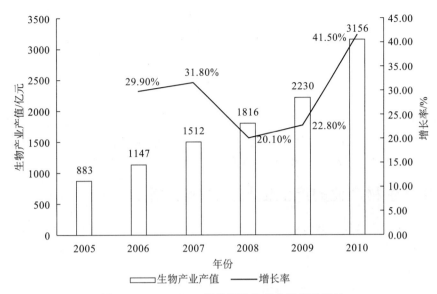

图 3-3 2005～2010 年我国生物产业规模及增长

资料来源：赛迪顾问 . 2011. 战略性新兴产业研究系列之十五 . 新研究，(1)

依据《国务院关于加快培育和发展战略性新兴产业的决定》，生物产业将主要关注生物医药和生物农业。截至 2015 年，中国的生物产业规模将达到 4 万～5 万亿元，截至 2020 年左右，将达到 10 万亿元，其中生物医药、提升个体化医疗能力等是其中的重点。

4. 我国生物产业结构及规模

在 2010 年中国生物产业 3156 亿元的总规模中，生物医药所占比重最大，其次是生物农业、生物制造、生物能源和生物环保，具体比重参见图 3-4。

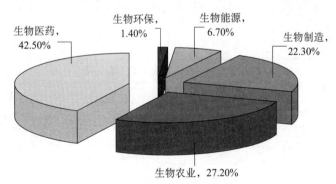

图 3-4 2010 年中国生物产业结构

资料来源：赛迪顾问 . 2011. 战略性新兴产业研究系列之十五 . 新研究，(1)

随着国家近年来对生物农业支持力度进一步加大，转基因棉花、生物农药、畜禽疫苗等农业生物技术产品的应用范围不断扩大，经济效益和社会效益日趋显著。2010 年，中国生物农业规模在 857 亿元左右，生物种业约有 640 亿元，生物饲料和生物疫苗分别达到 74 亿元和 60 亿元，生物农业和生物肥料则仅有 23 亿元和 10 亿元，其他生物农业产品产值约有 50 亿元。

2010 年中国燃料乙醇和生物柴油的产量分别为 260 万吨和 100 万吨，产值约为 70 亿元和 32 亿元;生物质发电发展平稳,实现产值约 35 亿元,农村沼气估计产值约为 68 亿元。

生物制造产品主要集中在生物基材料、生物发酵和酶等食品及工业用产品,2010 年产值大约在 705 亿元。

生物环保在中国仍属于新兴领域,是生物技术与产品在环保领域的应用,预计"十二五"期间将实现年均 30% 以上的增长。

到 2020 年,中国广义生物医药市场规模将达 4 万亿元,生物制造市场规模将达 1 万亿元、生物农业市场规模将达 5000 亿元、生物能源市场规模将达 3000 亿元、生物环保市场规模将达 1000 亿元等,合计广义生物产业市场规模约为 6 万亿元。

### 3.1.4 生物产业的产业链与技术链分析

本节重点对生物医药、生物农业、生物能源、生物制造、生物环保等五大产业的产业链和技术链进行分析。

1. 生物医药产业的产业链和技术链分析

1)生物医药产业的产业链分析

生物医药产业价值链可分为四个主要阶段,即药物发现、开发、制造和销售,每个阶段包含着一系列专业化的环节,它们共同构成了一条完整的价值链,其中每个价值链的参与者可能占据着整条价值链,也可能仅专业化于价值链中的某一个环节或某一个阶段的功能活动[7]。根据生物医药的价值链,生物医药的产业链可以用图 3-5 表示。

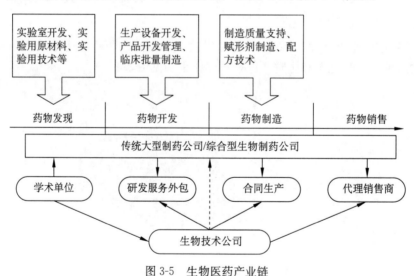

图 3-5　生物医药产业链
资料来源:北京君略产业研究院.2009.生物医药行业产业链延伸分析

研发阶段——产业链的上游。新药研发工作的行为主体主要集中在政府机构和大学,传统的大型制药企业也会有自己的研究与开发(research and development,R&D)实验室或研究部门。

中试、临床阶段——产业链的中游。通常由一些生物工程中心、孵化基地与有关制药企业构成,临床试验阶段主要由医疗机构来完成。中游环节主要包括中试、临床前研究、质量验证和临床试验阶段。

制造和销售阶段——产业链的下游。这个环节主要有两部分，即产品的生产过程和产品的市场化过程。其行为主体是生产企业和物流企业，以及医院的医生、药商和消费者等。

生物医药产业价值链的价值实现不再仅仅集中在产业链的最下游的销售环节，而且开始向产业链的上游扩散[8]。知识创新和营销渠道是产业价值链的驱动力[9]，把持住研发和营销渠道的双重驱动，可在某种产品或产业中长期占据优势地位。

2）生物医药产业的技术链分析

生物医药产业技术链是以研究开发作为开端，将科学转化为技术，再通过实验/试验、临床阶段和生产加工阶段等来实现上、中、下游技术链化的发展过程[10]。根据生物医药产业的产业链，绘制出关于生物医药产业的技术链，如图 3-6 所示。

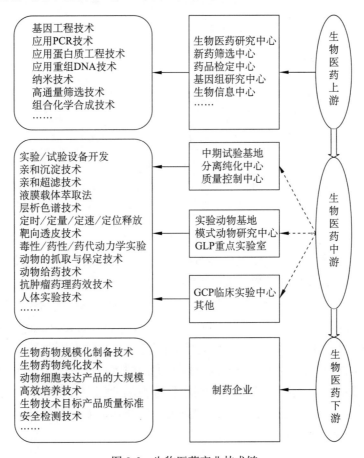

图 3-6　生物医药产业技术链

资料来源：张木，魏于全．2002．医药生物技术研究与产业化进展．生物工程进展，22（1）：3-8

生物制药涉及生物技术领域多项前沿技术和平台技术，包括生物药物的制备、药物筛选、药物分子设计、制药技术、药物新剂型、给药系统、药物安全及药效评价体系等，也包括利用生物技术手段对疾病进行治疗的方法[11]。未来生物技术将为当代重大疾病治疗创造更多的有效药物，并在前沿性医学领域形成新领域。生物医学技术将和其他相关领域相结合，如微机电系统、材料科学、图像处理、传感器和信息技术等，这种结合在基因组图谱、克隆技术、遗传修改技术、生物医学工程、疾病疗法和药物开发等方面的进展正在加快。生物技术还可以改进预防和治疗疾病的疗法。这些新疗法可以封锁病原体进入人体并进行传播的能力，使病原体变得更加脆弱并且使人的免疫功能对新的病原体作出反应。除解决传统的细菌和病毒问题之外，人们正在开发解决化学不平衡和化学成分积累的新疗法。

各种新技术的出现有助于新药物的开发。计算机模拟和分子图像处理技术相结合可以继续提高设计具有特定功能特性的分子的能力，成为药物研究和药物设计的得力工具。

2. 生物农业产业的产业链和技术链分析

1）生物农业产业的产业链分析

根据农业产业链的模式，结合生物农业产业的特色[12]，绘制出了生物农业产业链，如图 3-7 所示。

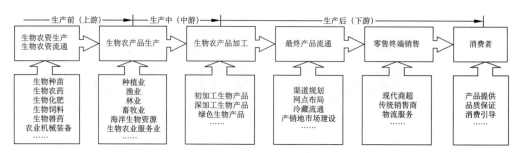

图 3-7　生物农业产业链

资料来源：清科研究中心 . 2011. 现代农业产业链发展之道 整合抑或分化 .
http：//news. china. com. cn/rollnews/2011-10/31/content _ 10910296. htm［2012-02-11］

生物农业产业链的上游主要是生物农资的生产与流通。农资是直接服务农业的物资，是农业生产的基本要素，因而生物农资环节在整个生物农业产业链中的位置非常重要，是保障生物农业产业快速发展的重要环节[13]。

生物农业产业中游主要是生物农产品的生产过程[14]。在中国，生物农业市场集中度较低，并没有形成产业化经营。事实上，产中环节的主体是数量众多的农户，其资本实力和生产技术有限，在产业链中的角色非常被动，容易受到自然灾害、上游生物农资成本高的压力。

在下游的产品和市场开发中，众多国家以强大的技术、专利、市场组织和资本运作优势，通过合资、参股、并购等资本运作，利用目标市场业已存在的育种、生产、加工、销售网络等基础，以本土化的资源整合等组织方式，将技术、专利的优势转化成产品、市场的优势，实现对整个产业链和市场的掌控[15]。

2）生物农业技术链分析

目前，关于生物农业产业技术方面的转基因技术、发酵工程、细胞克隆技术、分子育种等的研究比较深入，并能够利用各项技术培育动植物新品种、生产生物农药、兽药与疫苗、生物肥料等农业相关产品，并使生物农业产品在某些领域规模化、商业化。其中生物农业产业以生物技术研发为基础，以市场为导向，以生物技术成果推广应用为目的[16]。其技术构成如图 3-8 所示。

未来农业生物技术的发展，重点在中下游，研究成果商品化产业化进程加速，研究方式、生物农产品再加工朝集约化、规模化方向发展。

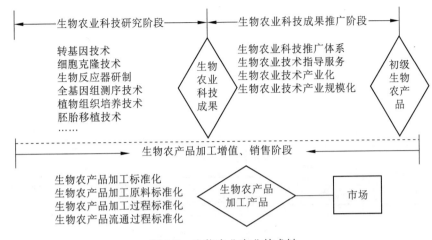

图 3-8　生物农业产业技术链

资料来源：根据《农业科技发展纲要（2001～2010 年）》整理

### 3. 生物能源产业的产业链和技术链分析

#### 1）生物能源产业的产业链分析

生物质产业是指以可再生或可循环的有机物质（包括农作物、林木和其他植物及其残体、禽畜粪便、有机废弃物，以及利用边际性土地和水面种植的能源植物）为原料，通过工业加工转化，进行生物基产品、生物质燃料产品和生物能源产品生产的一种新兴产业[17]。生物能源产业的产业链条通过把农林业提供的薪柴、秸秆、木炭等原始燃料，利用现代生物、能源和化工技术，将其生物质转换为油、气、醇、醚、烯烃等高品位的绿色能源，最终在产品贸易市场进行交易应用[18]。目前，生物质能源产业已经成为解决能源问题、改善生态环境、实现绿色增长的重要突破口之一。

生物质能源产业是循环经济中的一个主要环节，对上下游产业（图 3-9）有明显的带动作用[19]。

（1）对上游生物质能原料产业的带动。生物质能原料的生产基础是大规模开发利用农、林后备土地，发展高效生物质生产。根据我国目前耕地、林地生产状况及可开发后备土地资源量分析，我国农、林生物质能产业，分别可以生产 20 亿吨和 6 亿吨生物质，相当于 13 亿吨标煤。加上现有农业、林业生产可进一步开展利用的 7 亿吨生物质（其中农业 5 亿吨，林业 2 亿吨），如秸秆、薪材、农林产品加工废弃物、畜禽养殖粪便、城乡垃圾、生产、生活污水、化学需氧量（COD）等，可形成一个巨大生产规模的生物质能原料产业。

（2）对下游生物质能制造与应用产业的带动。从产业链出发，生物质能生产设备制造的发展潜力更大，特别是一些关键设备，如生物质发电项目中的直燃锅炉、风机、阀门、电动机、仪表等市场需求量巨大。

#### 2）生物能源产业的技术链分析

生物质能是世界上较为广泛的可再生能源。目前我国已初步形成了以沼气利用、生物质成型固体燃料、燃料乙醇、生物柴油和生物质发电等多种形式的生物质能源利用模式[20]。现代生物质能的利用是通过生物质的厌氧发酵制取甲烷，用热解法生成燃料气、生物油和

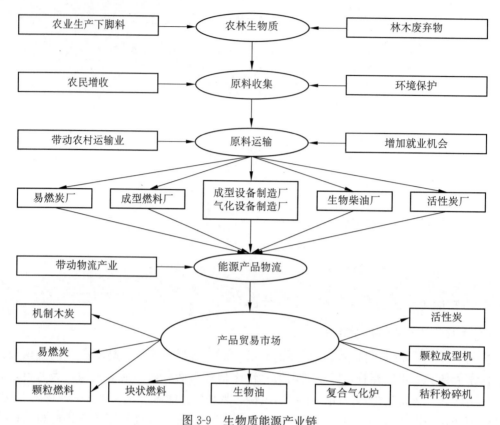

图 3-9 生物质能源产业链

资料来源：黄雷.2008.中国开发林木生物质能源与其产业发展研究.北京：北京林业大学：40-44

生物炭，用生物质制造乙醇和甲醇燃料，以及利用生物工程技术培育能源植物，发展能源农场。生物质能产业利用技术构成如图 3-10 所示。

生物质物化转换技术主要包括以下几种[21]。

(1) 生物质致密成型。生物质致密成型技术，是把秸秆、杂草、灌木枝条乃至果壳果皮等农林废弃物压缩成高密度燃料棒或颗粒，使能源密度大大提高的一种技术。

(2) 生物质裂解液化与干馏。干馏技术主要是可以生产生物质炭和燃气，从而把能量密度低的生物质转化为热值较高的固定炭和燃气。

(3) 热解制生物质油。生物质热解液化是在完全缺氧或有限供氧的情况下使生物质受热降解为液体主产物——生物油的一种技术。

(4) 生物质生化转换技术。生物质生化转换技术主要包括燃料乙醇和生物柴油两大技术。

4. 生物制造产业的产业链和技术链分析

1) 生物制造产业的产业链分析

生物制造是近年来制造技术发展的新方向，其研究主要包含利用生物的机能进行制造（基因复制、生物去除或生物生长）及制造类生物或生物体，将生命科学、材料科学及生物技术的知识融入制造技术之中[22]，为人类的健康、保护环境和可持续发展提供关键技术。近年来，在国家政策的强力推动下，生物制造产业进入发展关键期[23]。生物制造产业链如

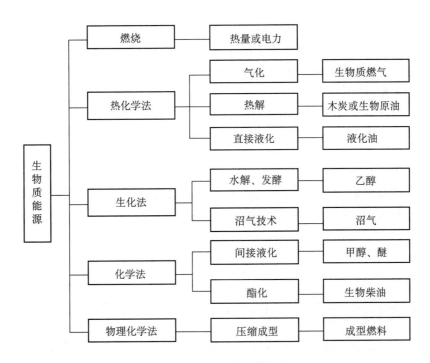

图 3-10 生物质能利用技术

资料来源：王贤华，周宏伟，王德元，等.2009.生物质能转化利用技术系统探讨.新能源与新材料，（02）：1-4

图 3-11 所示。

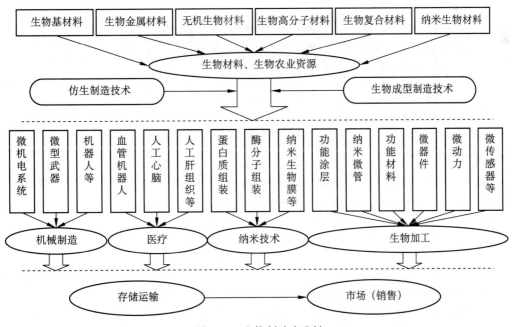

图 3-11 生物制造产业链

资料来源：石维忱.2011.生物制造产业"十二五"时期发展展望.北京工商大学学报，29（05）：1-5

2）生物制造产业的技术链分析

生物制造技术是通过制造科学与生命科学相结合，在微滴、细胞和分子尺度的科学层次上，通过受控组装完成器官、组织和仿生产品的制造的科学和技术的总称[24]。从生物制造工程研究的主要内容可容易看出，生物制造的主要技术支持包括类生物体、组织细胞、快速成型、生物材料技术、微细结构仿生建模技术、复杂曲面的三维重建技术、CT 医学图的轮廓信息获取技术[25]。生物制造工程融入的核心技术是细胞组装技术[26]。对应于产业链，生物制造产业的技术链构成如图 3-12 所示。

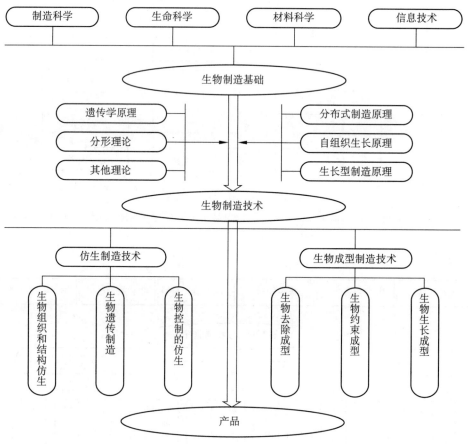

图 3-12　生物制造产业技术链
资料来源：杨继全 . 2004. 先进制造技术 . 北京：化学工业出版社：133-146

5. 生物环保产业的产业链和技术链分析

1）生物环保产业的产业链分析

生物环保是 21 世纪国际生物技术应用的热点领域之一，生物技术在环境治理上发挥着不可替代的作用。生物环保产业的价值不是简单的市场份额能够衡量的，它将在可持续发展中起着不可替代的作用。生物环保产业在很大程度上还表现为生物技术对传统产业的改造方面[27]。其产业链如图 3-13 所示。

虽然生物环保产业目前规模不大，环保生物技术企业的营业额仅占整体生物技术产业

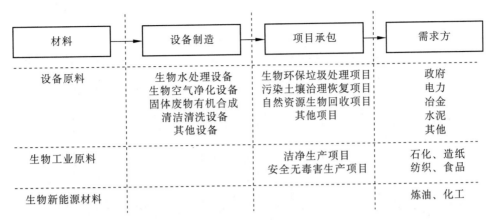

图 3-13 生物环保产业链

资料来源：天相投顾．2011-04-12．大气污染治理：政策强化下的全方位提升——环保专题系列之一

的 2.2%，但是环保生物技术产业在各领域的研发投入相当积极[28]。据赛迪顾问统计[29]，2009 年生物环保产业产值约为 20 亿元，较 2008 年增长 22.0%，是生物产业中增长较快的细分领域。

2）生物环保产业的技术链分析

生物技术在环境保护方面的应用体现在两方面：一方面是在工业生产过程中的清洁生产，另一方面是应用于环保产业的生物技术。

目前，应用于环境保护中的生物技术主要是利用微生物，少部分利用植物作为环境污染控制的生物。生物技术已是环境保护中应用最广的、最为重要的单项技术，其在水污染控制、大气污染治理、有毒有害物质的降解、清洁可再生能源的开发、废物资源化、环境监测、污染环境的修复和污染严重的工业企业的清洁生产等环境保护的各个方面，发挥着极为重要的作用[30]。

应用环境生物技术处理污染物时，最终产物大都是无毒无害的、稳定的物质，如二氧化碳、水和氮气。利用生物方法处理污染物通常能一步到位，避免了污染物的多次转移，因此它是一种消除污染安全而彻底的方法，特别是现代生物技术的发展，尤其是基因工程、细胞工程和酶工程等生物高技术的飞速发展和应用，大大强化了上述环境生物处理过程，使生物处理具有更高的效率、更低的成本和更好的专一性，为生物技术在环境保护中的应用展示了更为广阔的前景[31]。生物环保产业的技术链如图 3-14 所示。

## 3.1.5 生物产业发展重点分析

《中华人民共和国国民经济和社会发展第十二个五年规划纲要》[32]（简称"十二五"规划）中明确了作为战略性新兴产业之一的生物产业的发展重点，具体包括重点发展生物医药、生物医学工程产品、生物农业、生物制造。其中，生物医药是传统发展重点，而生物农业和生物制造方面有望在政策的扶持下，在"十二五"期间成为新的经济增长引擎。

### 1. 生物医药发展重点

对生物医药这一长期以来备受重视的行业，"十二五"规划进一步予以细化。在"推进海洋经济发展"部分，该规划纲要明确提出"培育壮大海洋生物医药等新兴产业"。在"大

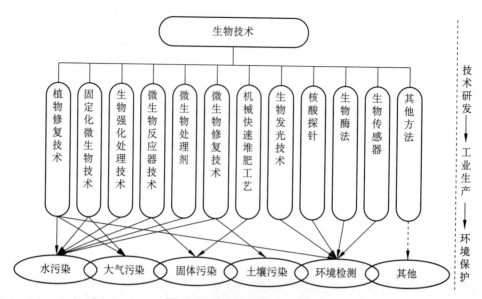

图 3-14　生物环保产业技术链

资料来源：唐琼，李正山，尹华强 . 2002. 生物技术在环境保护中的应用及前景 .
环境污染治理技术与设备，3（10）：29-33

力增加转移性收入"部分中，该规划纲要明确"增加新型农村社会养老保险基础养老金，提高新型农村合作医疗补助标准和报销水平，提高农村最低生活保障水平"。这意味着我国医疗总投入将持续增加，这将对基础医疗设施及基本药物领域的上市公司带来持续利益。

我国生物医药产业的热点领域包括以下五个方面[33]。

一是大力发展新型疫苗和改造传统疫苗。发展新型疫苗和改造传统疫苗是必然的趋势，这有助于大幅度提高对重大传染性疾病的防控能力，还能培育 1000 亿～1500 亿元规模的疫苗产业。

二是抗体药物和蛋白质药物等生物技术药物的产业化，未来有望培育成 3000 亿～5000 亿元的产业。

三是重大疾病诊断和检测技术的研究与产品开发。SARS、禽流感、结核病、艾滋病及甲型 H1N1 流感等疾病的爆发流行，要求诊断技术及相关产业的发展。未来有望培育成 500 亿元左右的诊断和检测市场。

四是加强基因治疗、细胞治疗等生物治疗技术。到 2015 年全球干细胞医疗潜在市场大约为 800 亿美元，核酸药物市场将达到 2000 亿美元。我国未来有望培育 1000 亿元人民币规模的个性化治疗体系。

五是再生医学技术的研究与应用。全球对组织工程产品的需求巨大，预计组织工程产品可以开拓 800 亿美元的市场。到 2020 年，95％的移植细胞、组织和器官将由组织工程技术产生。我国因创伤、疾病、遗传、衰老造成的器官缺失很多，预计可培育 500 亿元规模的再生治疗和康复市场。

生物医药在相关领域形成以下技术趋势[34]：在药物设计方面，随着遗传信息方面的研究进展越来越快，以核酸为靶点的药物设计已成为新的热点；在疫苗方面，基因疫苗的研制已成为新方向，其技术应用趋向可调控、更安全、更高效生产等，科研人员同时还致力于解决基因疫苗的安全性；在治疗方面，抗体工程和组织工程分别成为药物治疗和组织器官再造的热点；新型药物输送技术正成为业界追逐的目标，药物传输公司正在开发多技术平台，提高药物的效能，减少不良反应和降低成本；药物安全问题已在全球范围内达成共识，美国、英国、日本、欧盟等均在积极开展药物安全性方面的研究，开发药物安全监测系统；疾病诊断与检测的新技术表现为更高效、准确、快速、早期的趋势。

### 2. 生物农业发展重点

在生物农业领域，生物技术主要应用于转基因育种、饲料、动物疫苗、农药等方面。我国生物农业方面的热点领域将主要包括以下几个方面：重点发展优质、高产、高效、多抗的农业、林业新品种和野生动植物繁育种源；大力发展生物农药、生物饲料及饲料添加剂、生物肥料、植物生长调节剂、动物疫苗、诊断试剂、现代兽用中药、生物兽药、生物渔药、微生物全降解农用薄膜等绿色农用生物制品，推进动植物生物反应器的产业化开发，促进高效绿色农业的发展；开发具有抗病和促进生长功能的微生物药品及其他生物制剂，保护和改善水域生态环境，发展健康养殖等。

### 3. 生物制造发展重点

生物制造产业将重点突破工业生物催化、生物炼制、生物加工等共性关键技术，系统优化生物基产品、生物材料、生物化工等重大工业产品经济技术指标，研究生物制造的新理论、新方法和新工艺。生物制造产业未来的热点领域有四个。①生物化工与生物制造的发展趋势是由生物催化剂代替化学催化剂，提高溶剂、精细化学品与大宗化学品的生物工艺技术水平；开展酶工程的新方法与新技术研究；实现重要酶制剂和生物基产品的规模化开发。②传统产业升级改造，今后的发展趋势是利用生物加工技术对造纸、纺织、制革、矿产开发等工艺过程进行技术升级；开展微生物发酵体系优化技术与清洁工艺研究，系统优化抗生素、维生素、有机酸等发酵产品的技术指标，提升传统发酵行业技术水平。③生物材料开发与仿生技术应用，今后的发展趋势是开发生物塑料、生物橡胶、生物纤维、生物尼龙等生物基材料；开展仿生机制研究，开发微纳米仿生技术与材料。④生物制造的新方法和新技术，今后的发展趋势是开展高温酶等极端酶的研究与应用，非水相等重要工业生物催化反应体系的研究与应用；利用合成生物学的方法，设计和重构自然界的生物基化学品生产线，构建高效的细胞工厂；生物制造的反应过程模拟仿真、在线检测和实时分析。

# 3.2 / 生物产业发展环境

21 世纪以来，以生命科学和生物技术为代表的新技术革命正在蓬勃兴起和飞速发展，生物技术已经成为当今世界高技术发展最快的领域之一。基因重组技术、蛋白质组学、干细胞及单克隆抗体技术等前沿生物技术得到大量应用，医药生物技术、农业生物技术、工业生物技术等新技术、新产品不断涌现，极大地推动着生物医药、生物农业、生物能源和生物制造的发展。为掌握生物产业发展的先机，占据生物产业庞大的市场，世界各国纷纷制定国家战略规划、计划和专项政策，大幅度增加资金投入，为生物产业的持续、快速、健康发展铺平道路。

## 3.2.1 美国生物产业发展环境

### 1. 美国生物产业发展背景

美国在生命科学研究和生物技术产业始终处于领先地位，进入 21 世纪以来，美国 51 个大都市圈中的 9 个集聚了全美 3/4 以上的现代生物产业资源，它们分别是波士顿、圣迭戈、旧金山、华盛顿、北卡罗来纳研究三角园、西雅图、纽约、费城等城市为中心的产业聚集带，各产业聚集带拥有生物技术研发实力雄厚的研究中心，如波士顿的哈佛大学和麻省理工学院，旧金山的加利福尼亚大学和斯坦福大学等，美国国立卫生研究院（NIH）、美国食品和药物管理局（FDA）、霍华德休斯医学院研究实验室、约翰斯霍普金斯大学、马里兰大学研究中心等一批世界级的教学、研究、管理机构则云集在华盛顿地区[35]。科学和产业的完美结合为美国生物技术产业的快速发展提供了有利的条件。

美国管理体制比较完善，为生物产业的快速健康发展创造了必要的条件。美国总统府和国会均设有专门的生物技术委员会，监测生物技术的发展方向，研究并制定相应的财政预测、管理法规、税收政策、战略规划决策等一系列领导、协调生物产业健康发展的措施。美国食品和药物管理局、环境保护代办处、农业部、商务部、卫生与人类服务部、国际开发署等国家管理机构均参与美国生物产业的调控与管理。美国生物技术工业组织致力于协调生物产业与政府之间的关系，引导政府制订有利于生物产业发展的政策计划和项目计划。2008 年 12 月，该组织已经拥有了包括生物技术公司、州地方产业协会等在内的会员 1200 余家[36]。

美国政府通过政策法规的不断调整和更新来鼓励发明、创新和技术转让，对生物技术及产业实施税务优惠[37]。美国对现代生物产业的税收激励政策如表 3-2 所示。

**表 3-2　美国现代生物产业主要税收激励政策列表**

| 税收政策 | 相关说明 |
| --- | --- |
| 销售和使用税减免或延期 | 将销售和使用税的豁免或降低作为企业获得 R&D 额外资本的来源，支付 R&D 费用和购买原材料。生物企业购买 R&D 生产资料将产生消费税或使用税，许多州通过减免或允许延期支付所应缴纳的税费，鼓励生物企业增加 R&D 投入 |
| 投资税收信贷 | 投资税收信贷包括生物企业投资现代生产线时的税收抵扣、购买计算机等 R&D 设备时的消费税减免及设备等财产税减免 |
| 资本所得税减免 | 降低个人投资者税率可以刺激民间资金进入生物技术产业。假如投资者在售卖股票后继续投资生物企业上市公司至少一年，部分美国州允许投资者缓缴投资所得税 |
| R&D 税收信贷 | 该项措施允许企业内将其 R&D 费用的一定比例用于税收抵扣 |
| 净经营损失（NOL 累计抵免） | 加利福尼亚州、康涅狄克州等都允许净运营损失的冲抵可以向后推延，期限是 8～20 年。适用于生物技术和生物制药企业的规定更加优惠 |
| 可转让税收信贷 | 康涅狄克州、夏威夷州和新泽西州允许生物技术企业通过转让税收信贷形成资本 |

资料来源：根据美国生物技术产业协会（BIO）相关资料整理

美国生物技术企业获得竞争优势的基础和在激烈的竞争中保持优势的途径为知识产权保护，一些拥有雄厚实力的生物技术公司，依靠自身的研发实力，基于对未来发展方向的准确预测，抢先研制出了富有技术竞争力和市场前景的核心专利产品，同时申请了多项外围专利，为未来的发展提供了广阔的空间，并在所拥有的市场中获得高额的利润。大型企业轻视甚至未曾涉足的技术领域反而为中小企业提供了重要的发展空间。此外,专利合作开发、专利共享等方式极大地促进了美国生物技术公司发展。

2. 美国生物产业发展计划

在金融危机的背景下,为了应对全球传染性疾病、能源危机、全球变暖等问题带来的挑战,美国政府发布了一系列的政策、计划及投资项目,借以继续推进美国生物产业的发展,具体如表 3-3 所示。

表 3-3　近年来美国政府制订的与生物产业相关的一系列计划

| 年份 | 政策/计划 | 内容简介 |
| --- | --- | --- |
| 2012 | 全球卫生战略 | 明确 3 个全球卫生远景目标:通过全球卫生行动,保护和促进美国国民的健康和福利;在科学、政策、项目和实践领域发挥引导作用并提供技术技能;与跨机构的伙伴合作,通过全球卫生行动推进美国在外交、发展、安全领域的影响等 |
| 2011 | 扩大基因组测序项目研究范围 | 将基因组测序项目的研究领域扩展到医学范围,从 2012 年起的未来 4 年内将启动一项价值 4.16 亿美元的新计划,旨在发现罕见遗传性疾病的病因,加速将基因组测序信息应用于患者治疗,该计划主要包括大规模基因组测序中心、遗传疾病基因组中心项目、临床测序探索研究项目、高通量测序数据分析的信息学工具等 |
| 2011 | 美国国立卫生研究院资助广谱新疗法开发 | 美国国立卫生研究院国家过敏与传染病研究所(NIAID)与五家企业签订 4 项合同,在未来 5 年内投资 1.5 亿美元资助这些企业开发广谱新疗法——抗生素、抗病毒药物和抗毒素药物,资助企业包括 CUBRC、Tetraphase、Enanta、Unither、XOMA 等 |
| 2011 | 美国国立卫生研究院启动探索气候变化对人体健康的影响研究计划 | 该项目由国家环境健康科学研究所领导,研究容易给人们带来危害的风险因素如下:热暴露危害;变化无常的天气;环境暴露因子,如空气污染和有毒化学物质;适应气候变化和减排行动的负面影响等。确定哪些人群容易由气候变化导致疾病加重是其目标之一 |
| 2011 | 全球精神健康巨大挑战行动计划 | 该计划呼吁全球加强对精神疾病、神经疾病及物质使用相关疾病的治疗和护理,并加强这一领域的研究。该计划通过德尔菲法确定了未来 10 年精神健康研究的优先领域和 25 项挑战,并指出未来 10 年发展的目标,主要包括识别基本的致病原因、风险和保护因素;改进预防,促进早期干预;提高治疗水平,增加治疗机会;提高对全球负担的意识;构建人力资源能力;改变医疗系统和政策相应等 |
| 2011 | FDA 食品安全现代化法案 | 该法案扩大了 FDA 对食品生产、加工、包装、配送、接收、存储或进口的记录进行检查的权限,强化了对注册企业的管理,将危害分析和风险预防控制措施的理念、方法以法律形式强制应用于食品链的所有企业和所有环节等 |
| 2011 | 国家预防和健康促进计划 | 计划旨在提高美国处于各个生命阶段的健康人群数量,该战略的一个重要基石包括应对传染病的疫苗 |
| 2011 | 美国生物防御高级研究发展局公布了 2011~2016 五年战略计划 | 该计划提出未来五年的 5 个发展目标:发展先进的生物防御能力,包括医疗应对措施和平台,以满足公共卫生需求,强化创新能力;为医疗应对措施创新者提供便利条件;建立敏捷、稳固和可持续的生物防御生产基础设施;构建反应迅速和灵活的机制以处理新出现的威胁;建立公共卫生紧急事件发生后的应对方案等 |
| 2011 | 生物多样性规模行动 | 2011 年资助的研究方向主要包括海洋细菌、古细菌、原生生物的多样性及对人类的影响,贝加尔湖对全球变化的影响,利用蛋白稳定同位素类明确由细菌引起有关营养的共同体的功能多样性等 |
| 2011 | 促进生物燃料产业发展的举措 | 美国农业部、能源部和海军部门将在未来 3 年投资 5.1 亿美元,与私营公司建立伙伴关系,生产先进的航空和航海用生物燃料,用于军事和商业交通 |
| 2011 | 推进制造业伙伴关系计划 | 该计划通过政府、高校及企业的合作来强化美国制造业,计划将投入 3 亿美元用于合作投资与创新技术产业,其中包括生物制造和替代能源等,借以提高美国国家安全相关行业的制造水平,并实现经济的可持续发展 |
| 2011 | 生物燃料资助计划 | 美国能源部将提供 1200 万美元资金支持奥巴马总统提出的到 2025 年美国石油进口减少 1/3 的目标,这些资金将用于来自生物质能的汽油、柴油或是喷气燃料的研发,每个应征项目需在热化学过程中利用木材生物质、玉米秸秆等类型的生物质原料 |

| 年份 | 政策/计划 | 内容简介 |
|---|---|---|
| 2011 | 生物燃料产业发展资助计划 | 该资助计划共5.73亿美元,包括生物炼制援助项目4.63亿美元,可再生电力援助项目2500万美元、生物能源项目中先进生物燃料领域8500万美元,美国农业部的生物炼制援助计划的目的是为商业规模生物炼制工厂的发展建设或为使用符合要求的先进生物燃料技术的现有设施的维护改造提供担保贷款 |
| 2010 | 10亿美元生物技术公司产业救助 | 根据"治疗性税收优惠",员工少于250名的生物技术公司可以申请最多500万美元的税前抵免,前提是在2009年和2010年的投资有50%用于创新疗法和创新产品方面 |
| 2009 | 美国创新战略:推动可持续增长和高质量就业 | 该创新战略主要有三个层面组成,包括强化创新要素、激励创新创业、催生重大突破等,其中催生重大突破的主要内容包含支持研发新一代生物能源,减少石油消费,降低温室气体排放等。美国政府在《经济复苏法案》中设立了8亿美元资助基金和5亿美元贷款担保金,加速发展纤维素和藻类等生物燃料清洁技术 |
| 2009 | 重整美国制造业政策框架 | 提出优先发展高技术清洁能源产业,发展资本密集和高生产率的生物工程产业,保持航空产业的领先地位,成立存进技术商业化和创新型企业发展办公室及国家创新咨询委员会,加强政府研发投入,加大制造业技术创新计划实施,促进技术扩散和产业化 |
| 2009 | 2009年美国复兴与再投资法 | 推出总额7870亿美元的经济刺激方案,主要用于发展生物医药、新能源、混合动力汽车、信息和航天产业等,其中生物医学领域的基础性投入占100亿美元 |

资料来源:根据美国生物技术产业协会(BIO)相关资料整理

## 3.2.2 欧洲生物产业发展环境

### 1. 欧洲生物产业发展背景

欧洲各国十分重视生物经济的发展,为转变经济增长模式、促进经济转型,欧盟大力倡导基于知识的生物经济,培育发展生物产业。为积极推动生物科技创新和发展,欧盟提出了3个技术平台和6个科技发展计划,包括可持续化学平台、未来植物技术平台、生物燃料平台,"欧盟第七框架计划"、"生物燃料指导计划"、"环境技术行动计划"、"生物质行动计划"和"先导市场活动计划",借以支持生物经济相关领域的创新和发展,并指出发展生物经济重点7大领域,其中包括生物制药与健康、农业生产与食品安全、生物炼制、生物质能源、生物酶、生化品、生物塑料等。

欧盟是全球最早搭建生物仿制药研制、审批、生产和监管的法律框架的,关于生物仿制药法规政策体系较为完善。1998年,欧洲药品管理局(EMA)陆续出台了对生长激素和胰岛素的指导草案,2001年出台了生物仿制药产品基本法律条文,2003年陆续公布了一批生物仿制药指导原则和指南。2010年发布了关于单克隆抗体生物仿制药开发的新规定,一系列的措施扩宽了欧洲生物仿制药的市场。然而欧盟批准生物仿制药上市并未进行严格的药品安全性证明。

转基因食品已成为欧洲生物经济时代的主流食品。欧盟采取过程管理模式对转基因产品进行管理,欧盟认为生物技术本身具有潜在的危险性,与生物技术相关的活动均需进行安全评价并严格管理。2003年欧洲议会出台关于转基因食品等的新法规,措施包括加贴标签、确立登记制度、进入市场前由食品安全机构进行安全评价等。然而,面对转基因产品良好的发展态势,欧盟政策由严厉转向有限支持,已有部分欧盟国家种植了转基因作物。

为实现《京都议定书》中制定的2008~2012年将二氧化碳排放减少8%的目标,欧洲各国出台各种措施,鼓励生物燃料、生物柴油的推广和应用,具体措施包括对生物柴油免征增值税、规定机动车使用生物动力燃料占动力燃料营业总额的最低份额。一系列的政策计划推动了欧盟生物燃料的发展，2009 年，生物燃料约占欧盟能源消费总量的 5％，其中生物柴油占 80％，燃料乙醇占 20％。

在生物炼制、生物酶、生物化学品、生物塑料方面，欧盟也进行了一系列的布局。奥地利、丹麦、冰岛、德国、瑞士等国家都在进行生物炼制技术研发；在生物化学品方面，欧洲于 2007 年开始实施《关于化学品注册、评估、许可和限制制度》，以法律形式明确了化学品生产、使用、许可等；在生物塑料方面，欧盟为其贴上欧洲环境标准的绿色标志，并给予政策优惠。

下面分别对英国、德国、法国三个欧洲主要国家的生物产业发展情况进行介绍[38,39]。

1）英国生物产业发展基础

英国政府非常支持生物产业的研发工作，强大的研发能力、不断完善的综合资金市场管理和法律框架、丰富的人力资源促使英国在生物产业领域取得了不错的成绩。

英国发展较快的生物技术领域主要有神经生物学研究、癌症研究、生物制造和加工处理、组织工程、海洋生物、生物制药等领域。

英国科研预算相对充足，2007 年英国政府投资 5 亿英镑成立的医学研究和创新中心于 2013 年开始运行，2011 年，英国政府宣布投资 8 亿英镑，以推动在医学领域的科学研究，促进新药研发、诊断和治疗手段的提高。自 2008 年 4 月起，英国公司税率为 28％，成为世界该项税率最低的国家之一，英国在欧洲的优惠营业税率和资金资助计划，以及对小型未上市公司投资的优惠政策，鼓励了科学研究的不断突破。

2）德国生物产业发展基础

在发展生物技术产业方面，德国政府发布了一系列的政策计划，促进生物技术基础研究和产业化研究开发，发挥德国自身优势抢占生命科学前沿制高点，实施一系列科技计划全方位推进生物科技创新，加大后备人才培养力度，依托区域优势，多层面促进生物技术产业发展，大力扶持创新性生物技术企业。

德国生物技术发展主要由德国联邦教育科学研究技术部（BMBF）负责，该部是德国科技政策的主导机构，负责科技政策的规划协调，并赞助大部分基础研究与应用研究计划。在生物技术发展方面，德国政府通过实施从基础研究、产业化开发、中小企业基金到特色园区建设等投资力度大、针对性强的计划来引导生物技术研发和产业化。

德国生物科技产业涵盖四个重要部分：医学生物技术、工业生物技术、农业生物技术及服务供货商。德国核心生物技术产业有 500 多家，规模多为中小企业，员工人数大多在 50 人以下。德国最大的生物科技集群位于慕尼黑、柏林/布兰登堡、科隆/杜塞道夫以及莱茵-内卡河三角洲（海德堡）。另一个新兴的生物技术中心坐落于莱比锡/德勒斯登。

德国拥有欧洲最大规模的医疗护理产业。该国的医疗保健支出从 2000 年的 2125 亿欧元攀升至 2007 年的 2528 亿欧元，增长 19％。2008 年该产业的总营收细分如下：药品 318 亿欧元、医疗设备 177.6 亿欧元、生物制药 11 亿欧元。在未来，医疗保健及管理等相关企业将面临高龄化所带来的挑战，德国政府通过的医疗改革政策也将有助于这些企业的发展。2007 年，德国拥有 21 500 家药局、3326 间医院及预防和复健中心、809 个健康维护组织、34 所教学医院、11 000 间医疗设备公司、1031 间制药公司及 500 间生物科技公司。

3）法国生物产业发展基础

法国政府在先进医疗的生命科学产业中布局充分，2005 年政府确定了与生物产业相关的企业、大学研究机构及医院组成竞争产业集群，地方政府配合并支持该集群的发展，并对参与企业实施财政支持、社会保险减免及税收优惠等政策，旨在以技术革新为动力提高法国医疗、医药行业的国际竞争力。法国生物产业集群特色明显，明确将重大疾病研究课题作为重点发展方向，包括西南部癌症-生物-健康集群中的癌症课题、东南部里昂生物园区中的感染症课题、南部新兴及稀有疾病竞争力集群中的新型感染病与稀少疾病课题等。

2009 年，法国提出了生物技术计划，其目的是在遗传学和生物技术领域建设具有国际水准的技术平台，开展涉及人类健康、新能源和可持续发展等方面的新的研究课题。法国政府为此设立了 13.5 亿欧元的基金，项目主要内容如下：建立具有国际水准的技术平台；向生物技术工业的研发部门提供资助；支持 EVRY 国家基因测序中心，开展迄今知之甚少的海洋微生物种群的基因分析，开展从藻类生产第三代生物燃料的实验，以抗衡英国、美国和中国在这方面的能力。

2. 欧洲生物产业政策

欧盟生物经济战略——"为可持续增长创新：欧洲生物经济"提出，随着世界人口的增加和自然资源有限之间的矛盾加剧，欧盟应该借助可再生自然资源来获得能源、材料、食品、饮料和其他产品。欧盟生物经济战略提出了该政策的目标，其中包括实施更加创新和更低排放的绿色经济发展模式，实现农业、渔业、食品安全等的可持续发展，实现工业可再生生物资源的可持续发展。

在欧盟生物产业政策的推动下，英国、德国、法国等纷纷制定一系列促进生物产业发展的政策、计划，具体如表 3-4 所示。

表 3-4　欧盟及英国、德国、法国近年来制定的生物产业相关政策、计划

| 国家（组织） | 年份 | 政策/计划 | 内容简介 |
|---|---|---|---|
| 欧盟 | 2012 | 为可持续增长创新：欧洲生物经济 | 该战略主要着眼于三个方面：一是增加生物经济的科研、创新与技术投资，开发新技术与推动生物经济发展进程；二是通过主要生产的可持续集约化，充分利用废弃物转换成高附加值产品，建立提高生产和资源利用效率的机制，开拓生物经济市场和提高该领域的竞争力；三是通过建立一个生物经济专家委员会、生物经济观察平台和定期的利益相关者会议，强化政策协调和利益相关者的参与，推动决策者和利益相关者更紧密地合作 |
| 欧盟 | 2011 | 欧洲创新药物计划科学研究议程 | 将最初的由安全性、有效性、教育与培训、知识管理 4 个部分组成的科学研究议程更改为由患者、疾病-药物有效性、知识与知识管理、研发战略、药物开发与监管框架、工具与技术、教育与培训等 7 个部分组成的议程，并对各个部分的责任进行了明确规定；新增 8 个重要研究领域：药物遗传学与人类疾病分类学、罕见病与分层治疗、药物研究中的系统方法、超越高通量筛选-分子水平的药理学相互作用、API 技术（药物化合物开发）、先进剂型、用于药物开发和毒性筛选的干细胞、将成像技术整合到药物研究等 |
| 欧盟 | 2011 | 欧洲创新药物计划年度科学优选问题（2011年） | 2011 年科学优先问题：药物引发的在相关器官中毒性的评价（早期药物研究失败的代用品）、加强神经疾病的转化性研究；EFPIA（欧洲制药工业协会联合会）提出的将会进一步讨论改良的系列"大主题"包括发展新的欧洲医学信息系统的研究、药物研发和毒性筛选方面的干细胞研究、"在高通量筛选之上"的研究、疾病异质性和分类的研究、极端表型遗传图谱的研究、发展联合治疗研究等 |
| 欧盟 | 2011 | 第七框架计划 | 该计划提出了 48 个项目招标，其中，第二代生物燃料招标项目主要包括微藻或大型海藻制生物燃料、先进可持续航空生物燃料的开发与测试、预商业化工业规模木质纤维素乙醇示范厂、开发新的或改进型木质纤维素生物质收集、存储和运输的物流系统等 |

续表

| 国家（组织） | 年份 | 政策/计划 | 内容简介 |
|---|---|---|---|
| 欧盟 | 2011 | 促进创新计划 | 欧盟启动 70 亿欧元科研资助资金来促进创新，其中欧盟委员会将投入超过 3.07 亿欧元，打造强有力的生物经济，这将改进生产方法、创造新的产业，并提供就业机会 |
| 欧盟 | 2011 | 藻类生物能源研究计划 | 该计划汇集欧洲多家研究机构，开展为期四年半的藻类生物能源研究，项目经费达到 1400 万欧元，其目的是解决目前西北欧缺乏巨藻和微藻生产率信息的问题。该项目包括 6 个欧盟成员国（英国、德国、法国、爱尔兰、荷兰、比利时），以及大学、研究机构、产业协会和企业等 19 家参与机构 |
| 欧盟 | 2011 | EU-RED 生物燃料可持续性认证计划备忘录 | 批准了 7 个生物燃料可持续性认证计划，帮助欧盟进行生物燃料可持续认证，生物燃料生产和进口企业除可通过欧盟成员国的可持续认证系统之外，还可经过这 7 家获欧盟委员会批准的自愿性认证系统进行认证 |
| 欧盟 | 2011 | 保护生物多样性 10 年战略 | 该战略提出到 2020 年阻止欧盟地区生物多样性的流失和生态服务功能的退化，为实现 2050 年欧盟生物多样性和生态系统服务功能得到保护、重视和回复的目标奠定基础 |
| 欧盟 | 2011 | 地平线 2020 | 该计划将集中欧盟资助经费 800 亿欧元，重点投资能给欧盟带来附加值、能够使优先领域互相促进的领域。在"卓越的科学"部分（预算 246 亿欧元），计划资助跨领域合作研究，并拓展新的具有前景的研究领域，6 项前沿技术涉及脑科学、新材料、机器人、医学应用、纳米技术等领域。其中"人脑工程技术"可用于对人脑的低能耗、高效率进行研究；"医学信息技术"旨在推动信息技术在医学领域的大规模应用 |
| 欧盟 | 2011 | 关于干细胞提取技术不得授予专利的裁定 | 以治疗诊断为目的运用人类胚胎并对胚胎有利，这种胚胎提取可以取得专利；以科学研究为目的的胚胎应用不能授予专利 |
| 英国 | 2012 | 生物学人才培育计划 | 英国大学与科学部宣布投资 6700 万英镑用于生物学领域的研究生培训和学科发展，该资金来自生物技术与生物科学研究理事会（BBSRC），该项计划包括支持分布于英国全国范围内的 14 项博士培训合作项目（DTP）及一些产业 CASE 助学金 |
| 英国 | 2011 | 英国皇家学会与维康信托基金会合作计划 | 该合作计划主要内容为联合设立亨利戴尔奖学金，资助生物医学领域杰出的科学家开展对生命至关重要的分子、细胞研究，资助研究人员对重大疾病预防和治疗方法进行研究。该计划将提供丰富资源，吸引全世界杰出研究人员到英国，受资助研究人员在研究中保持独立。戴尔亨利奖学金将为研究提供最长 8 年的支持。2012 年 6 月发布第一项资助 |
| 英国 | 2011 | 生命科学战略 | 旨在促进生命科学行业增长与发展，该战略聚焦于生命科学的健康相关行业，主要内容包括构建生命科学生态系统、将临床研究置于 NHS 创新的核心位置、鼓励在 NHS 内采用并传播创新产品、促进英国对生命科学创新的投资，推崇英国作为产生与投资生命科学创新的目的地等 |
| 英国 | 2011 | 英国技术战略委员会（TSB）与英国医学研究理事会（MRC）继续投资个性化药物研发 | TSB 与 MRC 共同向 7 个重要的新研究项目投资 370 多万英镑，该投资首次通过 TSB 管理的分层医学创新平台开展。此次资助的 7 个项目分别由英国阿斯利康公司、IG 创新公司、杨森制药有限公司、葛兰素史克、英国朗道公司负责。7 个项目中有 4 个是关于炎症生物标记物的开发，新兴的炎症生物标记物将用于开发更有效的治疗药物；另外 3 个涉及商业模式和价值体系的开发 |
| 英国 | 2011 | 北爱尔兰生物能源行动计划（2012 ~ 2015 年） | 该计划设立了 4 个生物能源发展的关键目标，分别是：提高社会对生物能源的优点及发展前景的认识程度；建立生物能源发展支持和鼓励政策的管理框架；鼓励支持有针对性的投资；估计对生物能源研究进行集中投资 |

续表

| 国家（组织） | 年份 | 政策/计划 | 内容简介 |
| --- | --- | --- | --- |
| 英国 | 2011 | 临床应用研究数据集（CPRD）服务计划 | CPRD的特征是集数据服务、介入研究服务、研究服务于一体，组合已有的能力，合并现有的服务。到2016年3月，计划中的产品和服务将交付，全英国和全世界的研究群体将可以使用 |
| 英国 | 2010 | 生物科学时代（2010～2015年）战略规划 | 选定3个主要的战略研究优先领域，主要包括粮食安全、生物能源和工业生物技术，提出了3个发展主题，主要包括注重知识交流、创新和技能；开拓新的工作方式，改进相关科学研究工具和技术方法；与国内外其他资助机构建立伙伴关系等 |
| 英国 | 2010 | 未来4年（2011/2012～2014/2015年）的资助计划 | 该资助计划明确表示未来4年将资助"可再生医学、干细胞和组织修复"方面的研究1.3亿英镑 |
| 德国 | 2011 | 德国研究基金会资助生命科学领域成像质谱仪 | 德国研究基金会于2011年决定为9所大学配置生命科学领域所需的重要质谱成像设备，总投资580万欧元。该行动为"生命科学质谱成像"行动计划的一部分。受资助的大学分别为柏林洪堡大学、慕尼黑技术大学、亚琛技术大学等 |
| 德国 | 2011 | 《可再生能源法》调整修改 | 着重对生物质能源发展进行合理引导和规范 |
| 德国 | 2011 | 医学技术创新国家战略进程 | 来自政府、学术界、企业界和医药健康界专家共同组建医学技术创新国家战略进程专家委员会，为促进德国医疗技术发展研究制定具有连贯性的创新政策 |
| 德国 | 2011 | 生物质能源技术研究投资 | 德国联邦农业部决定在2011～2014年投入1.8亿欧元用于支持生物质能源技术研究，研究经费来自《可再生原料研究计划》和联邦政府能源气候基金 |
| 德国 | 2010 | 生物经济2030国家研究战略 | 提出三个优先主题：培育新型抗病、高产农作物和家畜品种，减少化肥和杀虫剂的使用；开发新技术，改良现有方法，降低收获后的损失；改善土壤肥力，促进生态农业的发展 |
| 德国 | 2010 | 德国2020高技术战略——思想·创新·增长 | 该战略目标明确地去激发德国在科学和经济上的巨大潜力。新战略推出5大需求市场和11项"未来规划"，其中，气候/能源领域的行动计划包括生物经济框架计划；营养/健康领域的行动计划包括个性化医疗、基因研究/系统生物学等。此外，新战略提出关键技术包括生物技术、纳米技术微电子学和纳米电子学、光学技术、微系统技术、材料技术、生产技术、服务研究、航空技术及信息通信技术等 |
| 德国 | 2010 | "健康研究框架计划" | 确立了未来几年医学研究的总体战略方向，新健康研究框架计划包括6大行动范围：结构性挑战——常见病联合攻关；研究挑战——个性化医学；预防挑战——预防与营养研究；系统挑战——供应研究；创新挑战——健康经济；全球挑战——国际合作中的健康研究 |
| 法国 | 2009 | 生物技术计划 | 生物技术计划的目的在于建设遗传学和生物技术领域具有国际水准的技术平台，开展涉及人类健康、新能源和可持续发展等方面的新的研究课题。项目基金为13.5亿欧元，项目内容包括建立具有国际水准的技术平台、向生物技术工业研发部门提供资助、支持EVRY国际基因测序中心，开展海洋微生物种群基因分析等 |

资料来源：根据欧洲生物产业协会（EuropaBio）相关资料整理

## 3.2.3 日本生物产业发展环境

### 1. 日本生物产业发展背景

日本政府于2002年12月提出"生物技术产业立国"口号，把生物产业作为国家核心产业加以发展，并出台了多项政策，加速生物技术的利用和生物产业的发展。随着生物技术的不断创新和重大突破，生物农业、生物医药、食品、生物化工、海洋和生物环保等产业进入国际领先行列。

日本政府十分注重生物技术和产业的总体规划，以提高生物技术产业的竞争力为目标，积极发挥政府在顶层设计中的作用，陆续推出多项规划和方案，完善国家生物技术与产业发展体系，营造了良好的产业发展环境。同时，日本政府倡导和推进"官产学"合作和交流，先后制定了"研究交流促进法"、"前沿研究、省际基本研究和地域流动研究制度"、"与民间企业共同研究、受托研究、受托研究员等制度"、"产业研发促进计划"等政策，促进科学研究和成果的迅速转化。"官民合作"是日本生物技术企业的主要形式，在共同推进生物技术及其产业化的过程中起到了很好的作用。一方面，日本科研投入的 80% 以上来自民间企业，科研人员的 65% 以上也在民间企业，企业为生物技术的发展起着支撑作用[40]；另一方面，生物技术产业化又是企业发展的原动力，合作发展是必然选择。

生物相关企业数显著增加，并且已形成完整的产业集群。由于日本政府的大力支持、庞大的市场需求、强大的人力资源保证和完善的研发设施，近年来日本的生物相关企业得到较快的发展。生物相关企业涉足的领域主要有基因药物研究、生物芯片开发、功能食品制造、组织修复、再生医疗等，其中从事生物信息学等研究辅助型的企业占第一位，从事药品、诊断试剂开发及再生医疗的企业占第二位，从事环境修复技术等环境研究的企业占第三位，其后是从事转基因技术等农作物开发的风险企业。

日本注重生物技术与产业的统筹协调。由全国 70 多家大企业、50 多家公司和 20 家大型设备制造厂联合组成了生命科学委员会，其目的在于减少研究上的重复，避免经济和时间上的浪费。日本已经形成医工学科强强联合的合作研究体制。同时日本不断加强生物技术领域的国际合作，与中国、美国、英国、德国、法国合作完成了人类基因组测序，日本农林水产省参与国际水稻基因组测序计划，积累了大量关于遗传基因功能解析研究的资料和数据。

为加速科技成果转化、促进生物产业发展，日本政府颁布了一系列政策，对研究机构进行全面改革，鼓励大学创办公司，同时大幅度削减研究基金支持，目的在于加强各大学和研究所的独立性，提高其商业化运作能力。此外，日本对专利所有权进行了改革，改革后，专利归大学所有。专利所有权的变化大大促进了大学将生物技术科研成果转化为商业产品的积极性和主动性。在金融市场方面，日本政府实行柜台登记特股种制度，通过测算企业研发经费占销售额的比例来评估上市条件，从而避开利益额度的限制。另外，日本政府调整了股份公开价格的评估方式。2006 年日本政府修订了《日本商业法》，该商业法克服了此前只许使用认购公司股份的限制，从而鼓励了生物技术企业之间的并购，促进其迅速成长和壮大，此外，日本在知识产权法上面也进行了修订和完善，扩大了保护范围。

经费投入上面，日本在严峻的财政形势下，科技投入基本保持稳定，重点领域的投入还有所增加，显示出日本政府对科技发展的高度重视。日本科技政策重心和以前相比有所调整，在政策、环境营造及资金投入方面进一步向能源、生物等领域倾斜。2010 年日本还相继推出了一系列与科技相关的重要政策，包括"经济增长新战略"、"基础研究长期战略"及人才培养等方面的综合配套政策。

2. 日本生物产业政策

近年来，日本十分重视生物技术研究，制定了一系列和生物产业相关的政策、计划

（表 3-5），研发投入逐年增加，在基因组研究、蛋白质研究、个性化医疗和再生医疗研究及食品与医药品安全性研究等领域不断涌现出研究成果。

表 3-5　日本近年来制定的生物产业相关政策/计划

| 年份 | 政策/计划 | 内容简介 |
|---|---|---|
| 2012 | 经济产业省 2012 年度预算案 | 该预算围绕生活革新和绿色革新展开，投资 68.6 亿日元开展再生医疗早期产业化及医学工业合作等课题，主要包括诱导性多潜能干细胞（iPS）细胞等干细胞研究应用，促进再生医疗、创新药物等产业化；革新医疗器械开发等，投资 60.9 亿日元研究生物质燃料等非化石能源制造技术、人工遗传合成技术开发、微生物废水处理技术、土壤污染处理技术开发等 |
| 2011 | 第四期科技基本计划（2011 ～ 2015 年） | 基本计划提出了五大目标、三大任务，旨在塑造未来日本国家形象，实现日本的复兴与重生。其中三大任务分别为灾后复兴计划、绿色创新计划及民生创新计划。基本计划重点推出了发展全新的疾病预防措施和方法、早期诊断方法的研发、实现安全高效治疗方式等重点任务。基本计划还提出了未来日本急需突破的五个发展方向，技术领域研发方向包括转基因生物技术、病原体的预防诊断治疗技术等方面 |
| 2011 | 用地震木质肥废料发电预案 | 日本大地震造成的大量木质废料用于生物发电原料的项目调研费已列入该预案中，其费用约 1 亿日元，正式批准复兴预算的第三次修正预算案将列入 100 亿日元的发电站建设经费，计划在震灾区建 5～6 座发电站 |
| 2011 | 最尖端研究开发支援计划 | 329 项最尖端研究开发支援项目围绕绿色创新和生活创新主题，在新能源计划中，未来核能比例将大幅度削减，生物质燃料等可再生自然能源及节能将会被大力提倡 |
| 2011 | 辐射与健康研究计划 | 日本立法机构批准追加经费，支持震后重建工作，其中 12 亿美元用于健康保健和对暴露于福岛第一核电站辐射的人们进行长期跟踪研究，目标人群包括福岛县 200 多万居民 |
| 2010 | 新成长战略 | 新成长战略围绕绿色革新与生活革新展开，重点包括环境、能源大国战略、健康大国战略、亚洲经济战略、地区振兴战略、科学技术情报通信立国战略、雇佣人才战略、金融战略等 |
| 2009 | 数字日本创新计划纲要 | 将生物工程、节能和新能源开发、信息通信、海洋开发等作为重点扶持领域，推出了环境能源技术创新计划、新经济成长战略、低碳社会行动计划、扩大利用太阳能发电的行动计划、海洋基本计划等 |
| 2009 | 面向光辉日本的新成长战略 | 依托日本优势，发展环境与能源、健康（医疗、护理、医药）两大产业，加强健康技术、医药和医疗器械的研发和应用，到 2020 年在上述领域要分别创造 50 万亿日元、45 万亿日元新市场并且创造 140 万人和 280 万人的就业岗位 |
| 2007 | 普及新型环保汽车生物燃料新战略 | 到 2015 年，通过"产官学"联合开发技术，将生物燃料的价格降低至 40 日元/升，并决定开发以日本能大量供应的稻秸为原料的生物燃料，到 2030 年将运输部门对石油的依赖程度从 2007 年的 100%降低至 80%，"水稻·日本工程"是其重要一环 |

资料来源：赖渝.2011.日韩生物产业政策浅析.重庆教育学院学报，24（06）：107-110

## 3.2.4　其他国家生物产业发展环境

### 1. 其他国家生物产业发展背景

随着生物技术的不断发展，生物产业在全球范围内得到了广泛的重视，世界各国都把生物产业作为促进经济增长的重点因素来培育和支持。然而，由于政治环境、地理环境、经济水平、产业基础等方面的不同，各国政府根据自身的区域优势，纷纷提出具有个性化的发展战略，借以推动生物产业的发展。

巴西生物多样性丰富，其种类占全球生物种类的 20% 以上，其中植物达到 22%，动物达到 20%，丰富的自然资源使得巴西生物产业得到迅速的发展。巴西政府非常重视科学技术的发展，巴西在农业生物技术和基因测序等方面取得了丰富的成果。巴西目前拥有位于贝洛奥里藏特的米纳斯吉拉斯产业区、位于里约热内卢的 Bio-Rio 生物科技园和圣保罗科技园等生物产业园。巴西生物技术公司中的 80％位于巴西的东南部，其中圣保罗占 52.5％、米纳丝杰累斯占 36.25％、里约热内卢占 11.25％；10％位于巴西南部；6％位于巴西西部；4％位于巴西北部。巴西联邦政府持续改善投资政策、简化手续和促进设备进口以吸引私人资本和外资进入巴西生物技术产业。巴西为促进本国生物技术的发展，对国家法律进行了适当的修改。为了不违背世界贸易组织的《与贸易有关的知识产权协议》对知识产权保护的规定，1997 年，巴西通过了专利法；1999 年巴西成立了巴西卫生监督局专门负责药物和医疗器械的注册、管理；巴西议院在 2004 年 10 月通过《生物安全法》修正案，允许科研人员利用从人类胚胎中提取的干细胞进行科研和医疗；巴西环保署修订了《生物资源法》，以让研究人员在进行相关研究时可以不至于因为过时禁令而影响研发进度。巴西政府也积极努力吸引私人资本进入生物技术领域，减少了对大学研究者进入公司的限制。2004 年通过《科技创新法》，该法的策略重点是鼓励产学研有机结合，改变技术成果转化滞后的被动局面。

加拿大的生物技术企业数目、从业人数仅次于美国，居世界第二位。加拿大生物产业区域性分布格局明显，生物产业从业人员 38％分布于安大略省，35％分布于魁北克省，15％分布于卑诗省，其余的 12％分布于草原省份和大西洋区。早在 1987 年加拿大就制定了促进生物科技发展的战略，将生物科技作为加拿大科技发展的重点方向加以引导和资助。加拿大生物技术顾问委员会职责之一是负责出版生物技术咨询备忘录，供部长协调委员会参考，加拿大国家研究委员会是加拿大生物技术创新主要的规划和资助者，致力于引导加拿大生物技术创新。联邦政府重视生物技术和生命科学研究，不断为其发展提供宏观的指导和政策性的调控。为进一步促进生物技术等优先领域技术发展，加拿大联邦预算为加拿大商业发展银行专门拨出 2.5 亿加元，建立种子基金和运作风险投资，资助生命科学、生物技术、医学技术、环境技术等优先领域技术的早期开发和商业化，并对私人投资产生示范效应。

俄罗斯生物技术研究基础雄厚，在政府的大力支持下，从制订生物技术发展计划到对研究成果的推广运用，俄罗斯生物技术得到了全面发展，并在许多领域达到或超过世界先进水平。早在 1996 年，俄联邦政府科技政策委员会将生物技术列为国家科技优先领域，2005 年俄罗斯生物技术协会通过了《2006～2015 年俄罗斯生物技术发展计划（草案）》，该计划分为四个部分，包括《国家生物技术优先发展项目》、《联邦项目》、《地区项目》和《专项计划》。

南非是非洲经济最发达的国家，但南非生物技术发展起步相对较晚。2002 年南非颁布了《南非国家生物技术战略》，通过修订和完善相关法律法规，建立区域创新中心，培养高水平人才，加强知识产权保护和成果转化，以及重视国际合作等措施，推进生物科技及产业发展。为保障生物技术的发展，南非政府在转基因作物、生物燃料、生物制药和保护生物多样性等方面先后颁布《转基因生物法》、《南非生物技术战略》、《生物技术公众理解计划》、《生物多样性法》等法规和政策文件，鼓励创新，使得生物技术的研究卓有成效。为促进非洲地区的生物科技发展，南非还专门设立了"地区生物技术创新中心"，开普敦大学传染病和分子药物研究所新建了国际基因工程和生物技术中心。

韩国政府对生物科技产业非常重视，早在1982年就将生物科技纳入国家研发规划之中，1983年颁布实施《生物技术促进法案》。进入21世纪后，韩国全力发展生物科技，将其视为引领经济发展的新引擎，其生物产业年产值已进入世界前15位，韩国在发酵技术、干细胞技术、体细胞克隆牛、艾滋病DNA疫苗开发、抗除草剂作物等领域均达到世界先进水平。韩国生物产业除了整体水平上升外，还形成了生物医药、发酵工业、生物能源、特色生物制品等几个特色领域。生物医药产业是韩国生物产业的主要领域，韩国生物技术公司中60％左右为生物制药企业，占生物产业市场的一半以上。韩国生物产业政策的制定以"务实应用"为基本，兼顾抢占战略制高点，政府以"三步走"战略方案出台了相关政策，引导和推动韩国生物技术和产业稳步向前。三步走战略主要为鼓励并支持已有技术成果的应用，重点支持成熟技术的产业化、鼓励引进国际先进技术和产品、鼓励并支持原始创新。

澳大利亚在利用生物技术方面占有优势，其生命科学专利的申请高于世界平均水平，而且还呈上升趋势。澳大利亚拥有500多家核心生物技术企业，包括初创型公司和一些大型公司，其中包括从事人类疾病治疗的企业（48％）、农业生物技术企业（16％）和诊断企业（12％），还有从事化学、环境、食品饮料和生物信息等领域的企业。澳大利亚的生物技术公司受益于其先进的研发基础设施，澳大利亚也是许多国际知名研发机构及世界一流的医疗研究机构的所在地。澳大利亚政府鼓励该行业的投资，并启动了一系列项目来支持研发，主要包括结合了研发技术领域公共和私人投资的合作研究中心项目；实施了一种新的研发税收优惠政策，为年营业额在2000万澳元以下的企业提供了45％的可退还性税收抵免，为年营业额超过2000万澳元的企业提供40％的不可退还性税收抵免；投资3820万澳元的"国家技术战略启动"项目，主要是为像纳米技术和生物工程技术等技术的安全开发提供一个国家性框架等。

自20世纪80年代开始，印度就对遗传工程、细胞培养、免疫学、蛋白质工程和发酵技术等生物技术给予高度重视，并将生物技术作为国家科学技术发展的优先领域。印度农业生物技术研究的重点是作物的基因改良，并成功地完成了对豌豆、油菜籽以及棉花等作物的转基因研究，提高了作物的抗病性能、产量和环境适应能力；印度在软件产业方面的优势完全适用于生物信息技术，社会各界也普遍看好印度在生物信息技术方面的发展；印度医药市场发展迅速，有制药企业1600多家，将会发展成为一个技术创新导向型产业。在政策上印度政府大力支持生物产业的发展，印度已经逐步取消了大多数产品生产的许可证，生物产业出口型企业享有优惠政策，为保证生物技术工作者在实验室环境下的安全性，印度颁布了生物技术安全规则和关于遗传工程生物及其制品的生产、进口、利用、研究、保存和分发的条例，印度生物技术部负责组织实施印度生物技术研究，以及小规模田间及实验室实验的生物技术安全规则等。

2. 其他国家生物产业政策

世界许多国家都把生物产业列为发展重点，把其视为信息产业之后又一战略性产业，纷纷制订发展计划，不断加大政策扶持力度和资金投入规模，希望在激烈的竞争中争取主动，占据生物产业的一席之地。其他主要国家近年来制定的相关生物产业的政策计划如表3-6所示。

表 3-6 其他主要国家近年来制定的相关生物产业政策

| 国家（组织） | 年份 | 政策/计划 | 内容简介 |
| --- | --- | --- | --- |
| 巴西 | 2012 | 甘蔗乙醇业发展计划 | 安排信贷 40 亿雷亚尔，期限到 2012 年年底，主要支持巴西国内大、中型甘蔗乙醇企业，开展土地复壮和扩大甘蔗种植面积 100 万公顷 |
| 加拿大 | 2010 | 可再生燃料法 | 要求汽油当中应包含 5% 的可再生能源成分，而在柴油及取暖油气里要包含 2% 的可再生能源成分 |
| 加拿大 | 2007 | 国家中长期科技发展战略 | 结合自身优势和保持世界领先优势的目标，将发展主要集中在四大领域：环境领域、资源能源领域、生命科学领域、信息通信领域，其中资源能源领域包括生物燃料等，生命科学领域包括再生医学、神经科学、老龄健康、生物工程和医药技术等 |
| 俄罗斯 | 2011 | "生物 2020" 计划 | 计划中指明，至 2020 年俄罗斯的生物技术产品产值将从 2010 年的 240 亿卢布增加到 8000 亿卢布。到 2020 年俄罗斯生物技术产品的进口比重将从 2010 年的 80% 下降到 40%，而出口比重将从 2010 年的不足 1%，增加到 25% |
| 南非 | 2009 | 《2009～2014 年中期战略框架》 | 该战略强调对当前支持企业创新和公私部门研发的计划给予支持，重点是生物技术和医药、空间科技、能源安全和气候变化等领域 |
| 韩国 | 2010 | 生物经济基本战略 | 从研发投入、基础设施、商业环境三个方面提出了生物经济的发展目标，通过 12 个计划，最终实现建立以 "财富、健康、绿色" 为主题的 21 世纪 "生物社会" |
| 韩国 | 2010 | 科学技术未来愿景与战略 | 具体目标包括：将国家研发投入占 GDP 的比重从 2010 年的 3.37% 提升到 2040 年的 5%；将全球大学排名前 100 强的韩国大学数量从 2010 年的 2 所提升到 2040 年的 10 所以上；将韩国的支柱产业从 2010 年的半导体、汽车、造船与信息通信业转型为 2040 年的生物制药、新材料、清洁能源和机器人产业 |
| 韩国 | 2010 | 国家会聚技术地图 | 确定了到 2020 年韩国会聚技术的发展方向及目标，该地图在预测 2040 年韩国的发展全貌的基础上，从推动未来科技发展的众多核心技术中遴选了生物医疗、能源环境、信息通信三大领域必须进行战略投资和管理的 15 个优先科技和 70 项原创技术，并绘制了这 70 项技术至 2020 年的发展路线图 |
| 韩国 | 2009 | 新动力规划及发展战略 | 重点发展能源与环境、新一代运输装备、新兴信息技术产业、生物产业、产业融合、知识服务 6 大产业，以及太阳能电池、海洋生物燃料、绿色汽车等 22 个重点方向。目标是在 2013 年，创造 156 万～158 万个就业岗位，到 2030 年，将再生能源普及率由 2.1% 提升至 11%，产值从 5 亿美元提升至 1300 亿美元 |
| 澳大利亚 | 2011 | 投资精神健康研究 | 澳大利亚精神健康与老龄化部向精神健康领域投资 2620 万澳元，用于研发更好的精神健康治疗产品，改进临床效果，这是澳大利亚第一次由政府制定精神健康研究方面的战略并给予专项资助 |
| 印度 | 2007 | 生物技术发展战略 | 提出了未来 10 年印度生物技术及产业发展的国家目标和政策措施，其中包括加强生物技术产业基础设施建设，促进生物技术产业发展和贸易，为企业制定优惠的金融和贸易政策，加大公共领域的投资，鼓励公共与私有企业的合作，加强生物技术园和孵化器建设，完善管理机制等 |
| 印度 | 2008 | 生物技术产业伙伴计划 | 投资 35 亿卢比，推动生物技术产业化发展，该计划分为三类，一类是满足国家经济和社会发展需要的项目；一类是提高印度企业国际竞争力项目；一类是对有重要价值的高新技术产品的评估与产业化等 |

资料来源：①巴西政府网；②刘羿．2008．我国生物产业政策研究．华中科技大学硕士学位论文：20-27；③赖渝．2011．日韩生物产业政策浅析．重庆教育学院学报，24（06）：107-110．根据以上资料整理

## 3.2.5 中国生物产业发展环境

### 1. 中国生物产业发展基础

我国是最大的发展中国家和最具增长潜力的生物产业新兴市场，加快生物产业发展，既是主动抢占 21 世纪产业竞争制高点的战略选择，也是推动当前产业结构优化升级的现实需要。

我国发展生物产业基本情况如下[41]。

1）生物资源是世界上最丰富的国家之一

中国幅员辽阔、自然地理条件复杂多样，生物种类极为丰富，生物多样性在全球居第8位。据统计，中国拥有约26万种生物物种，其中高等植物30 000种，占世界的10%；脊椎动物6347种，占世界的14%。中国特有的高等植物17 300种，中国特有的脊椎动物有667种，药用动植物资源有12 800种。中国具有十分珍贵的人类遗传资源，至今已收集了3000多个家系样本；建立了全球保有量最大的农作物种质资源库与亚洲最大的微生物资源库。

2）生物技术已达到国际先进水平

1982年，当世界上第一个现代生物技术产品——基因工程生产的人胰岛素投向市场后不久，我国就把生物技术列为《高技术研究发展计划纲要》重点突破的6大领域之首。21世纪以来，我国政府大力培育和发展生物技术产业，特别是在国家科技计划基金的专项扶持下，我国生物科技发展迅速，在基因组和蛋白质组、干细胞、生物信息、生物医药、生物育种等前沿领域已经具备了较好的产业基础，原始创新能力不断提升，产生了一批有重要影响的成果，在农业、工业、环保等领域突破了一些关键技术，完成了国际人类基因组计划1%测序工作，在超级杂交水稻育种技术与应用、转基因植物研究等领域达到国际先进水平，动物体细胞克隆技术也日臻完善，废水处理新型反应器和新工艺的开发研究取得重要进展，一大批生物技术成果已申报专利，对产业支撑和引领作用不断增强。生物技术是我国高新技术领域和国外差距最小的领域。

3）生物技术的产业化能力有了很大提高

我国生物医药、生物农业已粗具规模，生物农药、生物基材料等许多新产品、新行业快速发展。

生物医药方面，国家从整个产业的各个领域进行政策的配套和资源资金的支持，来促进生物制药产业化的跨越式发展。从中国生物医药的发展方式和药品临床需求来看，中国生物医药产业化的重点扶持领域为科研技术成果的产业化和临床必需产品、生产质量和水平不高的产品的再开发方面。在产业集聚方面，中国生物医药产业集群化分布进一步显现，初步形成以长江三角洲、环渤海为核心，珠江三角洲、东北等中东部地区快速发展的产业空间格局，但区域发展凸显不平衡，东部沿海地区与中西部差距将持续拉大，研发要素将进一步向上海、北京集聚，制造环节加速向江苏、山东集聚。

生物农业方面，重点领域是生物良种选育，包括农作物和畜禽水产良种，动物疫苗和药物。转基因育种，是生物农业中发展最快、应用最广、发展最有潜力的一个领域，转基因抗虫棉是我国独立发展转基因育种、打破跨国公司垄断、抢占国际生物技术制高点的范例。生物农药方面，中国登记的生物农药品种达到140种；登记注册的生物农药生产企业200多家，已经形成10多个产值超数亿元、粗具规模的现代生物农药创新企业。在生物肥料、疫苗与酶添加剂等方面取得了成效，有些已实现产业化，高效固氮耐氮工程菌、饲料用植酸酶生产工艺达到国际先进水平，畜禽药物、生物兽药使中国基本控制了高致病性禽流感、口蹄疫等重大疫病的发生。

生物能源方面，我国从2002年开始燃料乙醇的试点，目前已经成为继巴西、美国之后的第三大燃料乙醇生产国和消费国，黑龙江、吉林、辽宁、河南、安徽五省，以及湖北、河北、山东、江苏部分地区已基本实现车用乙醇汽油替代普通无铅汽油。我国生物质能源的资源量是水能的 2 倍和风能的 3.5 倍,且分布在近东部沿海高能耗地区。每年可开发的生物质能源约合 12 亿吨标准煤,仅秸秆每年就有 7 亿吨以上,每年产生畜禽粪便、农产品(淀粉、酒精等)废水数十亿吨。在我国生物质工程兴起之初,先行者们就提出了"不争粮、不争地、不争糖(油)、不争利"的总思路;具体提出充分开发利用我国的秸秆资源,可产生相当于 6 座三峡发电站的生物质电厂,并促进农民每年增收 800 亿~1000 亿元;利用非粮低质边际性土地种植甜高粱和薯类,每年可生产 1 亿吨燃料乙醇(相当于 2010 年全国石油消费量的 1/4),并促进农民增收 1000 亿~1500 亿元;开发畜禽粪便和高浓度有机废水等有机废弃物,每年可生产 900 亿米³ 的生物天然气(相当于 2010 年全国天然气消费量),并促进农民增收 1000 亿元等。

生物制造方面,包括采用微生物细胞、生物酶,以及基因工程、合成生物学和细胞融合为代表的现代生物技术、以酶转化和发酵为代表的近代生物技术成果形成的生物制造业。制造的产品主要是大宗化工产品,包括生物能源、生物材料和化学品等。中国生物制造业已经进入工业化阶段,正在形成产业。我国生物制造领域与规模不断扩大,其中,氨基酸、维生素、有机酸等大宗发酵产品规模稳居全球第一,产值超过 1000 亿元;乙二醇、丁醇、乙烯等实现生物法制造;生物塑料、生化纤维等新材料生物法生产粗具规模;泛酸、丙烯酰胺、乳链菌肽等占据世界市场的 50%~70%;酶制剂产量从 2005 年的 45 万吨增加到 2010 年的 80 万吨,年产值近 100 亿元,年增长率达到 10.1%。

生物环保方面,目前我国生物环保产业的某些环保产品和技术已达到国际先进水平,但由于起步较晚,并且受到相关产业技术水平的制约,我国的生物环保产业还很不成熟。我国生物环保产业粗具规模,2005 年,全国专营或兼营环保产业企事业单位 18 000 多家,其中专营单位近 15 000 家,科研院所等事业单位 3000 多家;为满足污染防治和生态环境保护的需要,国家投入了大量的人力物力用于生物环保产品产业的开发与生产,生物环保产品品种增加,技术水平不断提高;环境服务市场需求不断扩大,服务范围由过去的环保技术和咨询服务,拓展到环保工程总承包、环保设施专业化运营、投融资及风险评估等方面。

### 4) 生物技术人才发展战略

目前,我国有 4 万余人从事生物技术研发工作,与中长期生物技术及产业发展对人才的需求相比,总体数量明显不足,缺尖端人才,少创新创业人才。据统计,1978 年至今,超过 58 万名的生物技术领域的中国学生到海外深造,但仅有约 15 万人回国,约占留学总人数的 25%。对此,中国提出了《国家中长期生物技术人才发展规划(2010—2020 年)》,该规划指出,未来 10 年,中国将开展世界顶尖人才、国际一流创新人才和创新团队、领军人才、产业人才、生物技术管理人才等五大人才培养行动。力争到 2020 年,在生物能源、重大疾病治疗等领域造就 3~5 名世界顶尖科学家;在基因组和功能基因组、干细胞与组织工程、转基因动植物与克隆动物、神经生物学等方向培养造就 30~50 名国际一流创新人才及若干创新团队;在生物医药、生物农业、生物制造、生物环保等领域培养造就领军人才300~500 名、学科骨干 3 万~5 万名;培养和造就 30 万名生物产业人才;培养和造就3000~5000 名生物技术高级管理人才。

## 2. 中国生物产业政策

2009 年国务院关于《促进生物产业加快发展的若干政策》颁布后，政府陆续出台了关于生物产业的一系列政策（表 3-7），大力推进生物技术创新和生物科技成果产业化。

表 3-7　中国关于生物产业的政策/计划列表

| 年份 | 政策/计划 | 内容简介 |
| --- | --- | --- |
| 2012 | 全国现代农业发展规划（2011～2015年） | 规划确定了"十二五"期间现代农业发展的主要指标，明确了现代农业发展的重点任务，其中包括完善现代农业产业体系、强化农业科技和人才支撑、改善农业基础设施和装备条件、增强农产品质量安全保障能力、提高农业产业化和规模化经营水平、大力发展农业社会化服务、加强农业资源和生态环境保护、创建国家现代农业示范区等，围绕重点建设任务，提出了 14 个重大工程建设，其中包括现代种业工程、农业信息化建设工程、农村沼气工程等 |
| 2012 | 国家药品安全"十二五"规划 | 该规划提出了"十二五"期间发展的总体目标、主要任务和重点项目。主要任务和重点项目主要包括全面提高国家药品、医疗器械标准，强化药品全过程质量监管，健全药品检验检测体系，提高药品安全监测预警水平，依法严厉打击制售假劣药品行为，完善药品安全应急处置体系，加强药品监管基础设施建设，加快监管信息化建设，提升人才队伍素质等 |
| 2012 | "十二五"控制温室气体排放工作方案 | 该方案提出了"十二五"期间温室气体排放的总体要求和主要目标，同时给出了多种控制措施，包括加快调整产业结构，运用高技术和先进实用技术改造提升传统产业；积极发展低碳能源，因地制宜大力发展风电、太阳能、生物质能等非化石能源，促进分布式能源系统的推广应用；努力增加碳汇，积极增加农田、草地等生态系统碳汇，加强滨海湿地修复恢复，积极探索利用藻类、贝类、珊瑚等海洋生物进行固碳等 |
| 2011 | 关于加快发展高技术服务业的指导意见 | 意见指出，当前要重点推进八个领域的高技术服务加快发展，其中包括生物技术服务：大力完善生物技术服务体系，加快培育和发展新业态。重点发展创新药物及产品的临床前研究和评价服务，形成具有特色的研发外包服务体系，积极发展胚胎工程、细胞工程、分子育种等现代生物农业技术服务，加速生物技术成果在农业领域的应用等 |
| 2011 | 关于加快推进现代农作物种业发展的意见 | 意见提出了现代农作物种业发展的总体要求，在重点任务中明确指出，重点开展育种理论方法和技术、分子生物技术、品种检测技术、种子生产加工和检验技术等基础性、前沿性和应用技术性研究，推进实施转基因生物新品种重大专项，建立商业化育种体系等 |
| 2011 | 关于促进牧区又好又快发展的若干意见 | 该意见提出，在保护草原生态的前提下，因地制宜发展生物质能，完善民族医药标准体系和检测体系，合理开发利用药用动植物资源，扶持民族医药产业发展等 |
| 2011 | 关于进一步加强城市生活垃圾处理工作意见 | 该意见明确提出了要加强资源利用，全面推广废旧商品回收利用、焚烧发电、生物处理等生活垃圾资源化利用方式，加强可降解有机垃圾资源化利用工作，统筹餐厨垃圾、园林垃圾等无害化处理和资源化利用，确保工业油脂、生物柴油、肥料等资源化利用产品的质量和使用安全，加快生物质能源回收利用工作，提高生活垃圾焚烧发电和填埋气体发电的能源利用效率，重点支持生活垃圾生物质燃气利用成套技术装备和大型生活垃圾焚烧设备研发，努力实现生活垃圾处理装备自主化等 |
| 2011 | 医疗器械科技产业"十二五"专项规划 | 该规划明确提出了到 2015 年中国医疗器械科技产业发展的总体目标和具体目标，确定了"十二五"医疗器械领域科技发展的主要指标。指出了医疗器械的基础研究重点、关键技术发展重点、产品发展重点方向，并明确了"十二五"期间重点任务的布局 |
| 2011 | 国家中长期生物技术人才发展规划（2010—2020年） | 该规划明确提出了中国中长期生物技术人才发展的目标和主要任务，主要任务包括世界顶尖人才培养行动、国际一流创新人才和创新团队培养行动、领军人才培养行动、产业人才培养行动、生物技术管理人才培养行动等 |
| 2011 | "十二五"现代生物制造科技发展专项规划 | 该规划明确了"十二五"期间中国生物制造科技发展的目标和重点任务，重点任务包括解决现代生物制造的重大科学问题、突破一批核心关键技术、研究开发一批重大产品和技术系统、提升生物制造科技创新能力，并在规划中明确了六项保证现代生物制造科技发展的保障措施 |

| 年份 | 政策/计划 | 内容简介 |
| --- | --- | --- |
| 2011 | "十二五"生物技术发展规划 | 该规划明确了生物技术"十二五"期间发展的目标和重点任务，重点任务主要包括加强前瞻性基础研究、突破一批核心关键技术、研究开发一批重大产品和技术系统、加强生物技术创新能力建设，并提出了六项保障生物技术发展的保障措施 |
| 2011 | 医学科技发展"十二五"规划 | 该规划提出了医学科技"十二五"期间发展的总体目标、技术目标和能力目标，提出要把握科技前沿领域的发展趋势，以生物、信息、材料、工程、纳米等前沿技术发展为先导，加强多学科的交叉融合，大力推进前沿技术向医学应用的转化；以解决人体健康和疾病防治的关键科学问题为目标，研究和阐明生命过程本质，探索疾病发生与发展规律，深入揭示传统医学对生命和疾病认识的理论基础和科学内涵，力争在生命活动的生理与病理过程、疾病的发生发展机制及其防治的基础理论研究等方面取得突破，为疾病防治和健康促进提供理论和技术基础等 |
| 2011 | 国家"十二五"科学和技术发展规划 | 该规划提出加快实施国家科技重大专项，其中包括转基因生物新品种培育、重大新药创制、艾滋病和病毒性肝炎等重大传染病防治等；大力培育和发展战略性新兴产业，大力发展创新药物、医疗器械、生物农业、生物制造等关键技术和装备。实施生物医药、生物医用材料、先进医疗设备、生物种业、农业生物药物、先进生物制造等科技产业化工程。推动传统产业制造过程的绿色化、低碳化，加快发展绿色农用生物产品，促进优质高效农业发展等 |
| 2011 | 食品工业"十二五"发展规划 | 该规划指出到2015年食品工业发展的目标，同时在食品工业科技发展重点前沿技术研究中指出，支持食品物性修饰技术、食品生物技术、非热杀菌技术、新型食品制造技术、食品质量与安全干预技术、现代冷链与物流技术等前沿技术研究，重点攻克适应工业化生产的信息技术、生物工程技术、新型分离技术、清洁生产技术等共性关键技术，严格限制生物化工等非食品用途的玉米深加工产品，保证口粮和饲料用粮需求，重点利用生物工程技术提高酶制剂、生物发酵制品等行业的技术水平等 |
| 2011 | 外商投资产业指导目录（2011年修订） | 鼓励外商投资的产业如下：生物产业中的农林牧渔业；制造业中的农副食品加工业；化学原料及化学制品制造业中的环保用无机、有机和生物膜开发与生产，新型肥料开发与生产，生物农药及生物防治产品开发与生产；医药制造业；化学纤维制造业中的生物质纤维；电气机械及器材制造业中的生物质干燥热解系统、生物质气化装置制造；工艺品及其他制造业中的全生物降解材料的生产；电力、煤气及水的生产和供应业中的生物质能源电站；科学研究、技术服务和地质勘查业中的生物工程与生物医学工程技术、生物质能源开发技术，海洋医药与生化制品开发技术。禁止外商投资的产业目录中涉及生物产业的包括转基因生物研发和转基因农作物种子、种畜禽、水产苗种生产；生物饲料、秸秆饲料、水产饲料的开发、生产。限制外商投资的有生物液体燃料等 |
| 2011 | "十二五"农作物秸秆综合利用实施方案 | 该实施方案确定了2013年的总体目标和重点发展领域，重点发展领域包括秸秆肥料化利用、秸秆饲料化利用、秸秆基料化利用、秸秆原料化利用、秸秆燃料化利用等，重点工程包括秸秆循环型农业示范工程、秸秆原料化示范工程、能源化利用示范工程、棉秆综合利用专项工程、秸秆收储体系工程、产学研技术体系工程等，并制定了相应的保障措施 |
| 2011 | 关于促进战略性新兴产业国际化发展的指导意见 | 该意见指出，促进战略性新兴产业国际化发展就是把握经济全球化的新特点，在更高层次上参与国际合作，提升战略性新兴产业自主发展能力和核心竞争力。在生物产业领域，鼓励开展全方位国际合作，充分利用全球创新资源，提升创新能力；支持生物医药、生物种业等国内企业兼并重组，培育大型跨国经营集团；鼓励企业承接国际医药研发和生产外包；支持有条件的生物医药企业"走出去"，开展对外投资和合作；通过对外援助等多种方式，带动生物育种企业开展跨国经营，加强对重点市场分类指导，推动节能环保、生物育种、生物医药等产业开拓亚洲、非洲、拉丁美洲等新兴市场，开展生物制药研发及试验检测，在生物医药、新能源、新材料等领域规范出口秩序，重点对生物育种、生物医药等外资加速进入的产业，加强国内、国外产业发展动态监测与研究，尽快完善产业预警体系 |

续表

| 年份 | 政策/计划 | 内容简介 |
|---|---|---|
| 2011 | 当前优先发展的高技术产业化重点领域指南（2011年度） | 该指南指出，在生物领域，重点开展生物反应及分离技术、生物制造关键技术及重大产品、新型疫苗、重大疾病创新药物及关键技术、生物技术药物及关键技术、单克隆抗体系列产品与检测试剂、新型给药技术及药物新剂型、计划生育器具、中药材及饮片、中药制品、中药制药工艺及设备、生物医学材料、新型医用精密诊断及治疗设备、医学信息技术及远程医疗、生物芯片、生物材料及产品、功能性食品、生物质能、新型高效生物肥料、生物农业、海洋生物活性物质及生物制品、海水养殖良种繁育和育苗技术、生物技术服务等 |
| 2011 | 关于鼓励和引导民营企业发展战略性产业的实施意见 | 该意见指出鼓励民营企业发展生物等七大战略新兴产业领域，实施意见具体包括清理规范现有针对民营企业和民间资本的准入条件、战略性新兴产业扶持资金等公共资源对民营企业同等对待、保障民营企业参与战略性新兴产业相关政策制定、支持民营企业提升创新能力、扶持科技成果产业化和市场示范应用、鼓励发展新型业态、引导民间资本设立创业投资和产业投资基金等 |
| 2011 | 循环经济发展规划编制指南 | 该指南指出，在农业循环经济中，将种植业、养殖业、林业、饲料工业、食品工业、造纸工业、林板加工业、橡胶提取工业、农产品深加工产业、沼气等生物能产业、高效生物有机肥产业、太阳能利用、节水技术、农业废弃物循环利用等产业和技术进行高效集成，与科学施用化肥农药技术相结合，用高效生物有机肥和生物农药替代部分化肥和化学农药，降低面源污染等 |
| 2011 | 医药工业"十二五"发展规划 | 该规划提出医药工业"十二五"主要发展目标，在主要任务中提出增强新药创制能力，提升生物医药产业水平，持续推动创新药物研发。加强药品生物利用度和等效性研究，重点提高固体口服制剂溶出度等质量指标，利用现代生物技术改造传统医药产业，重点推进基因工程菌、生物催化等生物制造技术对传统工艺技术的优化与替代，积极采用生物发酵方法生产药用植物活性成分，提升医药大品种的生产技术，围绕生物技术药物、化学药、现代中药、先进医疗器械等重点领域，立足现有产业基础，加快新产品产业化，推进医药工业绿色发展 |
| 2011 | 工业转型升级投资指南 | 工业转型升级指南中涉及生物产业领域的如下：鼓励发展生物农药，支持生物技术的应用和推广；新型专用肥领域发展包括生物化肥在内的高端专用肥；重点发展完全生物降解塑料；发展生物可降解材料、生物医用高分子材料、生物陶瓷、医用金属及合金等材料；发展生物质纤维等家纺产品加工技术；新型生物质纤维材料的生产及应用技术；发展行业生物技术，重点包括生物制药技术等 |
| 2011 | "十二五"产业技术创新规划 | 规划指出，在医药制造业中，重点开发重大疾病和多发性疾病领域自主知识产权药物，罕见病用药，单克隆抗体药物、疫苗、基因工程蛋白质及多肽药物、核酸药物等新型生物技术药物，市场用量大的新专利到期药物等 |
| 2011 | 全国农业和农村经济发展第十二个五年规划 | 该规划确定了"十二五"期间我国农业发展的主要目标，明确了发展的任务。其中包括培育农业农村新兴产业，加快生物技术产业发展，培育动植物新品种、生物农药、兽药、疫苗、生物肥料和农用材料，扩大应用面积，加快发展农作物秸秆等农林废弃物为主要原料的生物质能源，强化水资源保护和农业生物资源养护等 |
| 2011 | 农业科技发展"十二五"规划 | 规划中，农业发展的重点任务包括农业科技创新，突破一批关键技术，瞄准农业高技术发展前沿，加强转基因、分子标记、细胞工程等植物分子育种高技术研究，加强畜禽分子设计和细胞工程育种技术、家畜体细胞克隆与干细胞技术、动物生物反应器等高技术研究，加强绿色生物制品创制技术研究，培育战略性新兴产业生长点，抢占未来农业科技竞争制高点等 |
| 2010 | 关于加快培育和发展战略性新兴产业的决定 | 该决定指出，立足国情，努力实现重点领域快速健康发展，其中，要大力发展用于重大疾病防治的生物技术药物、新型疫苗和诊断试剂、化学药物、现代中药等创新药物大品种，提升生物医药产业水平；加快先进医疗设备、医用材料等生物医学工程产品的研发和产业化，促进规模化发展；着力培育生物育种产业，积极推广绿色农用生物产品，促进生物农业加快发展；推进生物制造关键技术开发、示范与应用；加快海洋生物技术及产品的研发和产业化 |

续表

| 年份 | 政策/计划 | 内容简介 |
|---|---|---|
| 2009 | 关于印发促进生物产业加快发展若干政策的通知 | 政策指出，现代生物产业发展重点领域主要包括生物医药领域、生物农业领域、生物能源领域、生物制造领域、生物环保领域等，同时指出要培育具有较强创新能力和国际竞争力的龙头企业，鼓励和促进中小生物企业发展，大力推进生物产业基地发展，积极推进国际合作，充分发挥企业技术创新主体的作用，加强创新能力基础设施建设，切实做好生物技术成果转移服务等工作，加速资助创新成果的产业化，培养高素质人才队伍等 |

资料来源：根据国务院办公厅、国家发展和改革委员会、工业和信息化部相关资料整理

# 3.3 / 生物医用材料产业科技文献计量分析

生物医用材料是生物医药产业的重要基础，主要包括生物医用高分子材料、生物医用陶瓷材料、生物医用金属材料、生物医用复合材料等。生物医用材料的研发和产业化，在保障人民生命健康和生活质量、促进医疗技术的进步和完善方面发挥着举足轻重的作用，已成为新技术革命中最为重要的组成部分。

我国作为世界人口最多的国家，生物医用材料市场空间巨大。国内常用生物医用材料产品国产率超过 50%，植（介）入生物医用材料产品市场需求旺盛，仅国家"复明计划"每年就需要人工晶体 5 万套，国内每年需求 40 万个左右的起搏器，25 万个左右的人工心脏瓣膜，1 亿多条介入体内的导管，50 万套左右的人工关节、血管支架，骨修复材料的需求也在急剧增加。

生物医用材料涉及领域繁多，是材料学与工程的重要分支，随着新材料、新技术、新应用的不断涌现，各国纷纷制订不同项目计划保证该领域的科学研究，许多科学家投入这一领域的研究。对生物医用材料进行文献计量工作，对了解我国生物医用材料研究水平的国际地位、掌握生物医用材料国际学科发展前沿具有十分重要的意义。

## 3.3.1 概况（SCIE）

该部分分析数据来源于美国科技信息研究所（ISI）的科学引文索引数据库（science citation index expanded，SCIE）。检索字段为主题词，即这些词组在论文的标题、关键词、摘要中出现，检索时间段为 1992～2011 年，检索时间为 2012 年 2 月 8 日，共检索到 38 129 条数据，通过限定文献类型及主题领域，去掉通信等无用数据，只保留论文（article）、综述（review）、会议论文（proceedings paper）等文献类型，得到有效数据 34 550 条。采用的分析工具为汤姆森数据分析器（TDA）和网络分析集成软件（UCINET），TDA 是美国 Thomson Scientific 公司提供的用于计算机桌面的数据挖掘和可视化分析工具，可以对信息和数据进行整理、分析和汇总，UCINET 由加利福尼亚大学欧文分校的一群网络分析者编写而成，具有很强的矩阵代数和多元统计分析功能。

图 3-15 是全球生物医用材料的论文数量年度变化趋势图。从中可以看到，1992～2011

年生物医用材料年论文发表数量增长迅速，特别是2000年以后生物医用材料的发文量增速加大，说明生物医用材料领域的全球研发势头良好，生物医用材料技术水平取得长足进展。近年来，随着我国国民经济的发展，国民生活水平得到显著提高，人们对重大疾病治疗和健康保障的需求不断加大，从而促进我国在生物医用材料领域科研投入的增加和科研水平的提高，我国在生物医用材料领域的研究论文发表数量增长幅度较大，在国际刊物上占的比重越来越大，我国某些生物医用材料研究已经达到了国际前沿水平，从而增加了我国生物医用材料的国际影响力。

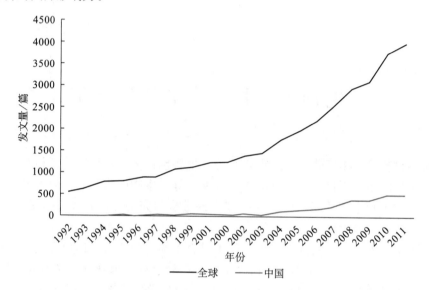

图 3-15 1992～2011 年全球及我国生物医用材料论文数量年度变化趋势

资料来源：根据 SCIE 相关资料整理

## 3.3.2 国家情况（SCIE）

### 1. 主要国家发文量对比分析

图 3-16 为生物医用材料领域发表论文量排名前 10 位的国家。由图 3-16 可知，美国发表的论文数量最多，共 8209 篇，占全球的 23.76%，反映出美国在该研究领域具有较强的实力。德国发表论文的数量以 2778 篇位居美国之后，占全球的 8.04%，德国在该领域的研究和美国相比具有一定的差距。我国在该领域的论文发表数量仅次于德国，位居第三，论文数量差距仅有 54 篇，占全球的 7.88%，可以表明，我国生物医用材料的科学研究在国际上占有一定的地位。论文发表量位居我国之后的国家分别是日本、英国、意大利、法国、加拿大、西班牙、印度等，论文数量均高于 1000 篇。

从上述 10 个国家的论文数量年度变化趋势（图 3-17）中可以看出，美国在生物医用材料方面优势很明显，1998 年后均在 300 篇以上，之后逐年增加，2005 年后增速加快，2011 年美国在生物医用材料领域的发文量高达 1009 篇。中国在生物医用材料领域的研究起步较晚，但是近年来发展速度较快，尤其是在 2007 年后我国每年的发文数量仅次于美国，2011 年，我国在生物医用材料领域的发文量达到 538 篇。其余国家的发文量虽然也呈上升趋势，

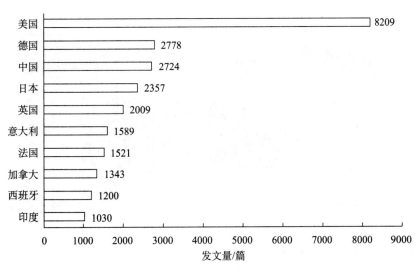

图 3-16　1992~2011 年主要国家生物医用材料领域论文数量
资料来源：根据 SCIE 相关资料整理

但增速缓慢，每年的发文数量均在 400 篇以下。

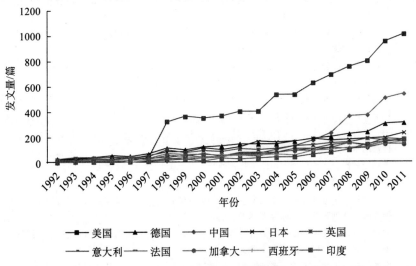

图 3-17　1992~2011 年主要国家生物医用材料领域论文数量年变化趋势
资料来源：根据 SCIE 相关资料整理

图 3-18 分别为发文量排名前 10 位的国家在 2009~2011 年的发文量占各国 1992~2011 年总发文量的比例。从数据来看，我国 2009~2011 年在生物医用材料领域的研究比较活跃，占比高达 52.35%，从而说明我国在"十一五"期间，生物医用材料领域研究取得了显著的成绩。印度仅次于中国，达到了 47.79%，该现象说明，印度 2009~2011 年在该领域的科研投入比重加大。

表 3-8 展示了全球发文量排名前 10 位的国家所发论文涉及的主要关键词。从中可以看出，排名前 10 位的国家所发论文中大都涉及生物材料、生物相容性、组织工程、活检等关键词。对比美国和中国的关键词可以发现，美国的重要关键词中，和医用方面相关的关键

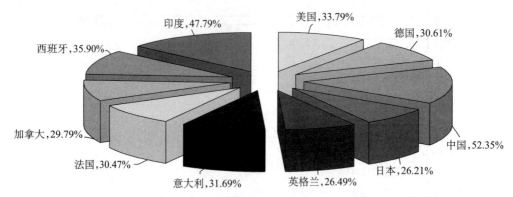

图 3-18　主要国家 2009～2011 年的发文量占各国 1992～2011 年的总发文量的比例
资料来源：根据 SCIE 相关资料整理

词较多，比如前列腺肿瘤、药物递送、脚手架等；中国的重要关键词主要以材料、材料改性为主，比如羟基磷灰石、生物可降解、表面改性、生物活性、纳米粒子等。

表 3-8　主要国家研究重要关键词

| 编号 | 国家名称 | 重要关键词 |
| --- | --- | --- |
| 1 | 美国 | 生物材料；组织工程；活检；生物相容性；前列腺肿瘤；机械性能；水凝胶；药物递送；生物力学；自组装；胶原质；脚手架等 |
| 2 | 德国 | 生物材料；生物相容性；组织工程；活检；钛金属；羟基磷灰石；生物可降解；生物矿化；生物膜；机械性能；纳米粒子；高分子聚合物等 |
| 3 | 中国 | 生物材料；生物相容性；壳聚糖；机械性能；羟基磷灰石；组织工程；生物可降解；表面改性；生物传感器；生物活性；水凝胶；纳米粒子等 |
| 4 | 日本 | 生物材料；羟基磷灰石；生物相容性；机械性能；生物活性；组织工程；表面改性；生物可降解；钛金属；壳聚糖；复合材料；胶原质等 |
| 5 | 英国 | 生物相容性；生物材料；组织工程；生物活性玻璃；羟基磷灰石；骨骼；生物膜；生物活性；活检；纳米粒子；脚手架；机械性能等 |
| 6 | 意大利 | 生物相容性；生物材料；组织工程；活检；羟基磷灰石；机械性能；水凝胶；胶原质；脚手架；生物活性；生物可降解；药物递送等 |
| 7 | 法国 | 生物材料；机械性能；生物相容性；生物可降解；活检；羟基磷灰石；生物膜；磷酸钙；淀粉；细胞黏附；前列腺肿瘤；成骨细胞等 |
| 8 | 加拿大 | 生物材料；生物相容性；生物可降解；胶原质；活检；壳聚糖；组织工程；水凝胶；药物递送；细菌；生物过滤；机械性能等 |
| 9 | 西班牙 | 生物材料；生物相容性；机械性能；药物递送；组织工程；羟基磷灰石；生物可降解；壳聚糖；生物样本；生物膜；生物陶瓷；生物活性玻璃等 |
| 10 | 印度 | 生物材料；生物相容性；羟基磷灰石；壳聚糖；组织工程；生物可降解；药物递送；纳米粒子；机械性能；细胞毒性；蚕丝蛋白；吸附等 |

资料来源：根据 SCIE 相关资料整理

## 2. 主要国家论文被引频次分析

从图 3-19 可以看出，主要国家生物医用材料领域研究论文的总被引次数、篇均被引用次数最高的都为美国，篇均被引次数高达 21.84 次，该现象充分说明了美国论文质量水平及美国在该领域的研究实力。篇均被引次数排名第二的为英国，达到 21.74 次。我国的篇均被引次数为 10.06 次，说明我国在该领域所进行的研究得到了国际的认可，然而，和美国等发达国家相比，我国在该领域发表论文的篇均被引次数较低，这也充分说明了我国在该领域的研究还与美国、德国、英国等发达国家具有一定的差距。

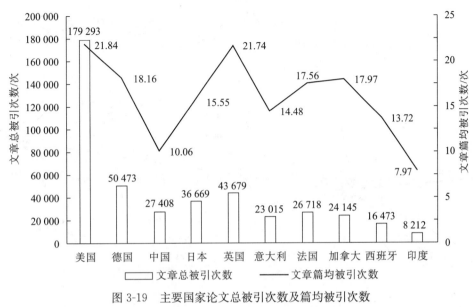

图 3-19　主要国家论文总被引次数及篇均被引次数

资料来源：根据 SCIE 相关资料整理

3. 主要国家和地区论文研究合作关联分析

通过对发文量最多的 20 个国家/地区的合作研究情况进行分析，得到各国/地区在生物医用材料领域的合作图（图 3-20）（合作发文量大于 30 篇连线）。从图中可以看出，生物医用材料领域的合作研究主要以美国、德国、英国、法国为中心，形成了包括中国、日本、加拿大、意大利等国家和地区在内的研究合作网络，它们在生物医用材料的研究上合作较为紧密。分析可知，美国成为生物医药发文量、论文篇均被引次数最多的国家，英国的论文篇均被引次数排名第二的主要原因就是英国在生物医药领域加强与各个国家/地区的交流沟通。

### 3.3.3　机构情况（SCI）

1. 主要机构发文量对比分析

1992～2011 年生物医用材料领域发文量排名前 10 位的机构如图 3-21 所示。在这些机构中，中国科学院的总发文数量以 291 篇排名第一，说明该阶段中国科学院较为关注生物医用材料的研究，并在该领域取得了显著的成果。在排名前 10 的研究机构中，美国的大学较多，有麻省理工大学、得克萨斯州立大学、华盛顿大学、哈佛大学、密歇根大学等五所高校。

2. 主要机构论文被引频次分析

图 3-22 为发文量排名前 10 位的研究机构论文总被引次数及篇均被引次数。从图 3-22 中可以看出，篇均被引次数排名靠前的研究机构有哈佛大学、得克萨斯州立大学、密歇根大学、麻省理工学院、华盛顿大学等，说明这些研究机构的研究成果得到了国际上的广泛认可。中国科学院的论文篇均被引次数为 12.96，说明中国科学院在生物医用材料领域取得的成果在国际上具有一定的影响力，同时，和美国的研究机构相比，中国科学院的论文篇

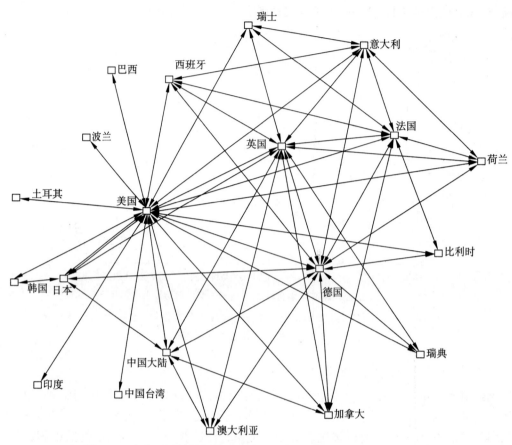

图 3-20　生物医用材料领域 SCI 发文量排名前 20 的国家/地区合作图
资料来源：根据 SCIE 相关资料整理

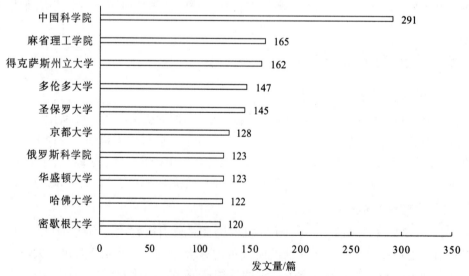

图 3-21　主要机构生物医用材料领域论文数量
资料来源：根据 SCIE 相关资料整理

均被引次数较少，说明中国科学院需要在该领域需要进一步加强研究，在关键核心技术上取得突破。

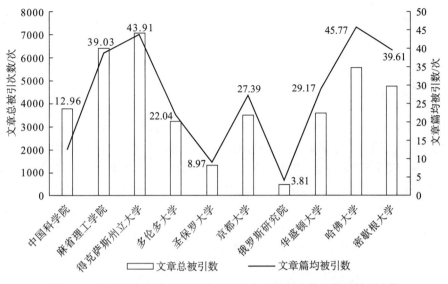

图 3-22 主要研究机构生物医药领域论文总被引次数和篇均被引次数

资料来源：根据 SCIE 相关资料整理

### 3. 主要研究机构主题关键词分析

从各机构的研究主题关键词来看（表 3-9 以由高到低的词频顺序列出了各机构最受关注的主题词），生物材料、生物相容性、组织工程、羟基磷灰石、机械性能、生物可降解等关键词受到多机构的关注。对比中国科学院和美国的哈佛大学、得克萨斯州立大学，可以发现，中国科学院重点关注生物医用材料及其性能的研究，关键词中包括生物可降解、羟基磷灰石、壳聚糖、纳米粒子等，而哈佛大学、得克萨斯州立大学重点为生物医用材料的医学应用研究，关键词中包括前列腺肿瘤、放射疗法、前列腺专用抗原、肾脏、骨组织、癌症、血管再生等。

表 3-9 主要机构研究主题

| 编号 | 机构名称 | 最受关注的主题词 |
| --- | --- | --- |
| 1 | 中国科学院 | 生物相容性；生物材料；生物可降解；生物活性；机械性能；生物传感器；降解；外科；药物递送；羟基磷灰石；壳聚糖；纳米粒子等 |
| 2 | 麻省理工学院 | 机械性能；生物材料；组织工程；药物递送；自组装；水凝胶；胶原质；缩氨酸；生物相容性；生物力学；高分子聚合物；细胞外基质等 |
| 3 | 得克萨斯州立大学 | 前列腺肿瘤；放射疗法；活检；前列腺专用抗原；肾脏；生物材料；生物膜；钛金属；骨组织；控释；聚乳酸；癌症等 |
| 4 | 多伦多大学 | 生物材料；生物可降解；壳聚糖；水凝胶；组织工程；药物递送；细胞毒性；聚氨酯；细菌；生物相容性；胶原质；表面改性等 |
| 5 | 圣保罗大学 | 生物相容性材料；生物相容性；生物材料；活检；胶原质；诊断；细胞培养；骨骼再生；电热原子吸收光谱法；羟基磷灰石；生物膜；降解等 |
| 6 | 京都大学 | 磷灰石；生物活性；生物相容性；组织工程；机械性能；模拟体液；生物材料；控释；羟基磷灰石；药物递送；表面改性；溶胶凝胶等 |
| 7 | 俄罗斯科学院 | 生物相容性；生物材料；生物可降解；羟基磷灰石；高分子材料；黏附；动力学；复合材料；扩散；药物递送；溶胶凝胶；钛金属等 |

| 编号 | 机构名称 | 最受关注的主题词 |
|---|---|---|
| 8 | 华盛顿大学 | 生物材料；细菌；生物相容性；组织工程；蛋白吸附；活检；纳米技术；创伤愈合；表面改性；壳聚糖；前列腺肿瘤；自组装等 |
| 9 | 哈佛大学 | 前列腺肿瘤；水凝胶；前列腺专用抗原；组织工程；生物材料；生物膜；自组装；降解；黏附；血管再生术；复合材料；生物相容性等 |
| 10 | 密歇根大学 | 组织工程；生物材料；骨组织；藻朊酸盐；药物递送；水凝胶；仿生材料；生物相容性；高分子材料；壳聚糖；胶原质；生物可降解等 |

资料来源：根据 SCIE 相关资料整理

图 3-23 是发文数量排名前 20 位的研究机构合作网络图（合作发文量大于 10 篇连线）。分析表明，生物医用材料领域研究机构间的合作较为紧密，以美国哈佛大学、麻省理工学院为中心的各个研究机构形成整体合作网。中国科学院分别与俄罗斯科学院、美国哈佛大学、美国华盛顿大学、新加坡国立大学、日本东京大学等研究机构均有合作，说明中国科学院注重在生物医用材料领域研究的交流与合作。

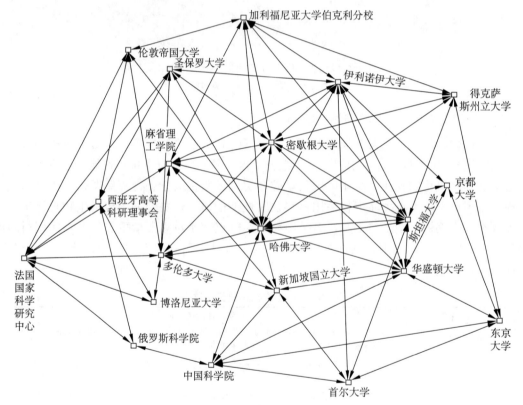

图 3-23　主要研究机构基于著者的合作网络
资料来源：根据 SCIE 相关资料整理

## 3.3.4　研究热点分析

根据 SCIE 数据库对期刊的学科分类（有的期刊属于多学科领域），1992～2011 年全球生物医用材料的全部论文的研究领域的分析结果如图 3-24 所示。可以看出，材料科学是重点研究领域，其次是化学、工程学、物理、高分子科学等学科。该现象充分说明了生物医用材料是众多学科的交叉，广泛的学科交叉一方面增加了生物医用材料的研究难度，另一方面为实现生物医用材料的重大突破指明了方向。

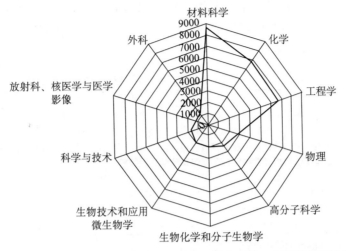

图 3-24 1992～2011 年全球生物医药论文（单位：篇）主要研究领域分布
资料来源：根据 SCIE 相关资料整理

根据论文的关键词（著者关键词）词频分布，1992～2011 年全球生物医学的研究主要集中于生物材料、生物相容性、组织工程、羟基磷灰石、机械性能、活检、生物可降解、壳聚糖、水凝胶、药物递送等领域（图 3-25），可见生物材料的相容性研究、羟基磷灰石、生物可降解材料等领域是目前生物医用材料研究的主要方面。

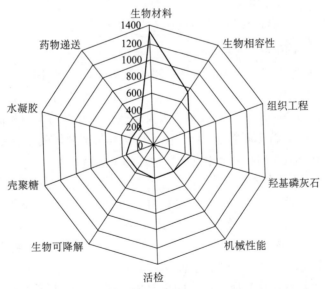

图 3-25 1992～2011 年全球生物医用材料论文（单位：篇）关键词分布
资料来源：根据 SCIE 相关资料整理

表 3-10 是 1992～2011 年全球生物医学四个时间段（每五年为一个时间段）的研究主题关键词。生物材料、活检、生物相容性等关键词在各阶段均受到较多关注；1992～1996 年

的热门关键词中包含了原子吸收光谱测定法等；1997～2001年生物医用材料的研究重点逐渐向医用领域过渡，包括前列腺肿瘤、免疫组织化学等；2002～2006年生物医用材料的研究更进一步，生物活性、表面改性、药物递送等关键词成为热门；2007～2011年生物医用材料的研究又逐渐转向材料及材料性能的基础研究上，主要有羟基磷灰石、壳聚糖、水凝胶、胶原质、生物质等材料。

表 3-10　1992～2011 年全球生物医用材料各阶段研究主题

| 时间段 | 热点关键词 |
| --- | --- |
| 1992～1996 年 | 生物材料；生物相容性；活检；生物可降解；生物相容性材料；胶原质；原子吸收光谱测定法；羟基磷灰石；诊断；生物样本；生物质；免疫组织化学等 |
| 1997～2001 年 | 活检；生物材料；生物相容性；羟基磷灰石；生物可降解；前列腺肿瘤；诊断；组织工程；钛金属；生物相容性材料；免疫组织化学；生物膜等 |
| 2002～2006 年 | 生物材料；生物相容性；组织工程；羟基磷灰石；机械性能；生物可降解；活检；生物活性；壳聚糖；表面改性；前列腺肿瘤；药物递送等 |
| 2007～2011 年 | 生物材料；生物相容性；组织工程；羟基磷灰石；机械性能；活检；生物可降解；壳聚糖；水凝胶；药物递送；胶原质；生物质等 |

资料来源：根据 SCIE 相关资料整理

## 3.3.5　EI 文献分析

EI Compendex Web 是 EI Village 的核心数据库，包括著名的工程索引 EI Compendex 1969 年至今的文摘数据及 EI Page One 题录数据，是目前世界上收录工程技术期刊文献和会议文献最全面的权威数据库和检索系统。该数据库更新速度快，能够帮助用户了解工程技术领域的最新进展。本次分析，利用 EI Compendex Web 检索到了 1992～2011 年的生物医用材料领域文献 66 461 篇，检索日期为 2012 年 2 月 9 日。

1. 发文量年度变化情况

图 3-26 是 EI 数据库中有关生物医用材料领域研究文献 20 年来的整体数量年度变化图。1992～2001 年的 10 年里年发文量增速缓慢，2002 年起年发文数量呈阶梯形增长，2011 年全球发文数量达到 8491 篇。中国在该领域年发文数量变化趋势与全球相似，2001 年中国在该领域的发文数量首次突破 100 篇，2002 年以来中国在该领域的发文数量快速增长，到 2010 年首次突破 1000 篇，2011 年全年发文数量达到 1521 篇。

根据 EI 数据库对期刊的学科分类，1992～2011 年全球生物医用材料领域全部论文的学科的分析结果如图 3-27 所示。可以看出，生物材料与组织工程是重点研究领域，其他相关生物医用材料的领域包括有机化合物，化学反应，化工，气体、流体和固体的物理性质，化学产品，化学过程，生物化学，材料科学，生物学等，说明生物医用材料交叉学科广泛，涉及生物、化学、物理、医学、工程学等诸多领域。

图 3-28 为全球生物医用材料所发论文的重要关键词。从图中可以看出，生物材料、生物相容性、组织工程、生物可降解、高分子材料、骨骼、蛋白质、机械性能、生物质、纳米结构材料等关键词为该领域的热门关键词，从热门关键词可以看出，EI 收录的关于生物医用材料的研究热点重点为材料及材料的性能，偏重于医学应用的研究未占主流，该现象与 EI 收录论文的特点有关。

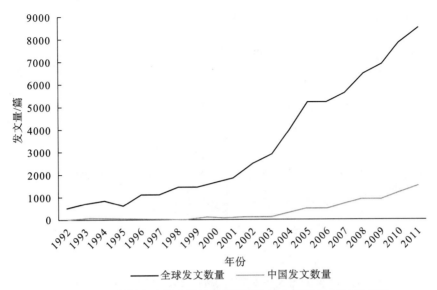

图 3-26 　EI 数据库生物医用材料领域研究发文量近 20 年变化趋势
资料来源：根据 EI Compendex Web 相关资料整理

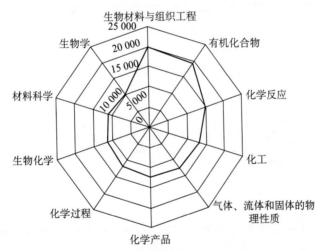

图 3-27 　发文量（单位：篇）排名前 10 位的生物医用材料相关领域
资料来源：根据 EI Compendex Web 相关资料整理

## 2. 国家情况

由图 3-29 可以看出，EI 数据库中，美国、中国、德国、英国、日本等国家在生物医用材料领域发表的论文数量较多，并且排名前 10 位的国家和 SCIE 排名前十的国家一致，只是顺序有所不同。从数量上来看，美国发文数量超过 10 000 篇，为 17 027 篇，远超过其他国家；中国发文数量排名第二，总发文量达到 7056 篇，不及美国的 1/2，说明中国在生物医用材料的研究中具有一定的实力，但与美国相比还具有相当大的差距。排在中国之后的有德国、英国、日本，其发文数量均超过 4000 篇。印度发文数量为 1789 篇，排名第 10 位。

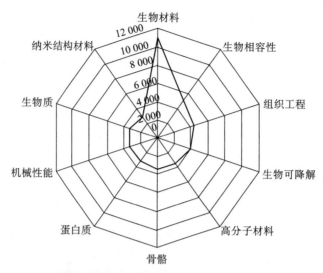

图 3-28　1992～2011 年全球生物医用材料论文（单位：篇）关键词分布
资料来源：根据 EI Compendex Web 相关资料整理

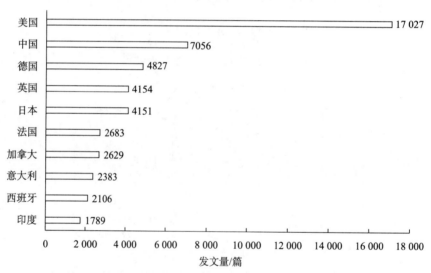

图 3-29　生物医用材料领域发文量排名前 10 位的国家
资料来源：根据 EI Compendex Web 相关资料整理

### 3. 机构情况

1992～2011 年生物医用材料领域发文量排名前 10 位的机构如图 3-30 所示。排名第一位的研究机构为美国加利福尼亚大学，发文总量为 840 篇，清华大学发文总量以 386 篇排名第二，说明该阶段清华大学在生物医用材料领域取得了一定的成果。在排名前 10 位的研究机构中，美国有 5 个，包括加利福尼亚大学、麻省理工学院、宾夕法尼亚州立大学帕克分校、密歇根大学、乔治亚理工学院等；中国有 3 个，包括清华大学、浙江大学、四川大学等。

在生物医用材料研究机构合作方面，可以从图 3-31 中较明显地看出，生物医用材料领域的国际主要机构间合作较多，美国高校合作呈现出紧密态势，以加利福尼亚大学为核心，

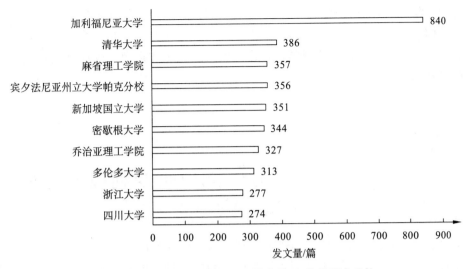

图 3-30 生物医用材料发文量排名前 10 位的研究机构

资料来源：根据 EI Compendex Web 相关资料整理

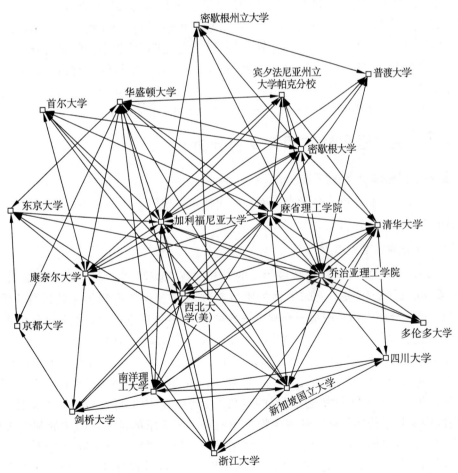

图 3-31 发文量前 20 家机构合作网络

资料来源：根据 EI Compendex Web 相关资料整理

包括麻省理工学院、乔治亚理工学院、密歇根大学、华盛顿大学在内的众多研究机构构成网络关联结构。中国的清华大学、浙江大学、四川大学彼此之间相互合作，并且与国际上其他著名高校在生物医用材料领域紧密合作，极大地促进和提高了这些高校在生物医用材料领域的研究水平。

# 3.4 / 生物医用材料产业专利技术分析

为全面了解、分析全球生物医用材料专利技术的整体发展态势和各个国家在生物医用材料领域的研发实力，本节选用汤森路透集团出版的权威专利数据库——德温特世界专利信息和专利引文信息数据库（Derwent Innovations Index，DII）作为检索数据库，以 TDA 和 MS Excel 为主要分析工具进行研究。DII 收录了来自全球 40 多个国家/地区专利局的 1000 多万件基本发明专利、3000 多万件专利，数据可追溯到 1963 年，并且所有的专利文献以专利族为单位进行组织，可以对世界主要国家/地区进行比较全面的对比分析。

在进行生物医用材料相关文献调研的基础上，综合考虑生物医用材料相关关键词、国际专利分类号（IPC）及德温特手工代码（MC），设定综合检索策略，通过检索、去重，共获得生物医用材料相关专利 56 578 件，检索日期为 2012 年 2 月 9 日。

## 3.4.1 生物医用材料相关专利分析

### 1. 全球专利总体态势分析

该部分主要从专利年度申请趋势、专利所属技术领域、主要国家/地区及主要专利权人等角度揭示全球生物医用材料专利的发展态势。

#### 1）专利年度申请变化趋势分析

1992～2011 年生物医用材料领域相关的专利共有 56 578 件，其年度变化如图 3-32 所示。可以看出，近 20 年来，全球生物医用材料领域的专利数量整体呈阶段性上升趋势，1992～1998 年，全球生物医用材料专利申请数量在 1000 件以下徘徊，说明该阶段生物医用材料的研究进展缓慢；1999 年，全球生物医用材料专利数量突增至 2013 件，是 1998 年的 3.5 倍，说明生物医用材料研究在该年取得了重要突破；1999 年之后生物医用材料的专利申请数量快速增长，到 2002 年达到 4158 件，说明生物医用材料在全球得到了重视；2002～2006 年，这五年里生物医用材料的专利数量保持在 4000 件左右，生物医用材料研发在这段时间内保持平稳的发展；随着生物医用材料市场需求的扩大，高额的利润必然刺激着生物医用材料的发展，2006 年后，生物医用材料专利申请数量开始取得突破，2009 年全球在该领域的专利申请数量达到 6026 件，随后两年专利数量有所降低，2010 年专利申请数量为 5973 件，2011 年专利申请数量为 4208 件，这种情况可能由数据库搜集、整理、更新存在一定的时滞性，以及统计时间比较近、数据不完整造成。随着生物医用材料开发技术的成熟及市场需求的增加，在未来几年，全球生物医用材料领域的专利申请数量将继续保持稳定发展态势。

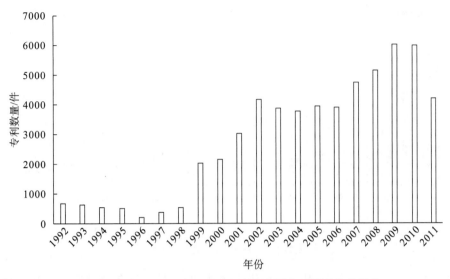

图 3-32　1992～2011 年生物医用材料领域专利数量变化趋势

资料来源：根据 DII 相关资料整理

2）主要国家（组织）分析

图 3-33 为生物医用材料专利申请数量排名前 10 位的国家（组织），主要包括世界知识产权组织、美国、中国、日本、德国、欧洲专利局、俄罗斯、韩国、法国、英国。世界知识产权组织专利数量高达 21 282 件，排在第二位的为美国，美国在生物医用材料领域的专利申请数量超过 10 000 件，达到 10 502 件；中国以 6877 件专利申请数量排在第三位，然后为日本，专利申请数量达到 6263 件，前四位的专利申请数量遥领先于其他国家，前四位的专利申请总量占全球的 79.40%。

3）主要国家（组织）分析专利年度分布

图 3-34 展示了全球排名前 5 位的国家（组织）生物医用材料专利申请数量年度变化情况。从图中可以发现，世界知识产权组织、美国、日本、德国的专利申请数量年度变化趋势基本相同，1992～1998 年均低于 200 件；1999 年为转折点，生物医用材料申请数量取得了突破，世界知识产权组织专利数量达到 1034 件，美国的专利申请数量也达到 285 件；1999 年后生物医用材料在各主要发达国家（组织）形成了研究的热潮，专利申请数量均呈现快速增长趋势，2002 年后，生物医用材料的专利申请数量在各主要发达国家（组织）呈现出平稳发展态势，世界知识产权组织在该领域的申请数量徘徊在 1500 件，美国专利申请数量徘徊在 1000 件，日本专利申请数量徘徊在 500 件，德国专利申请数量徘徊在 200 件。

中国在生物医用材料专利申请数量变化趋势上与其他国家的不同，中国在生物医用材料领域的研究起步较晚，截至 2004 年，中国在生物医用材料领域的年度专利申请数量均在 100 件以下。2005 年达到 116 件，2008 年，中国在该领域的专利申请数量取得了突破，高达 1163 件，数量上超过了美国，2009 年、2010 年专利申请数量呈现快速增长态势，2010

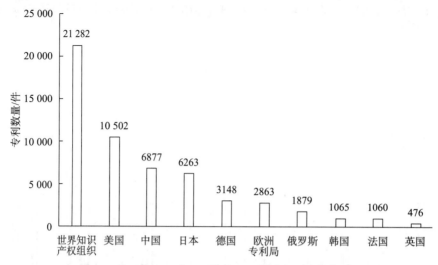

图 3-33　主要国家（组织）生物医用材料领域专利申请数量
资料来源：根据 DII 相关资料整理

年专利申请数量超过了世界知识产权组织，高达 1968 件，排名全球第一。从整体情况来看，中国近 5 年来在生物医用材料领域取得了显著的成绩。

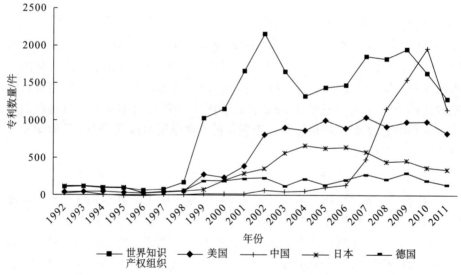

图 3-34　主要国家（组织）生物医用材料领域专利申请数量年度变化
资料来源：根据 DII 相关资料整理

**4）主要国家（组织）专利技术领域布局**

按照国际分类号（International Classifications）的分类，1992～2011 年全球生物医用材料相关专利分布居前 20 位的领域（按 IPC 分类号）如表 3-11 所示。综合分析表 3-11 可以发现，医用或牙科用的配制品类、材料或物体消毒的一般方法或装置、化合物或药物制剂的治疗活性、生物化学、有机化学，借助于测定材料的化学或物理性质来测试或分析材料等领域为生物医用材料专利申请的热点，生物医用材料专利的申请重点体现在医用上面，如假体材料或假体被覆材料、免疫测定法、抗肿瘤药、医疗卫生制剂等。

表 3-11 1992~2011 年全球生物医用材料相关专利量前 20 位的 IPC 分类号

| 编号 | IPC 代码 | 内容 | 专利数量 |
|---|---|---|---|
| 1 | C12Q-001/68 | 核酸类 | 3928 |
| 2 | A61L-027/00 | 假体材料或假体被覆材料 | 2624 |
| 3 | G01N-033/53 | 免疫测定法；生物特有的结合方法的测定；相应的生物质 | 2534 |
| 4 | C12N-015/09 | DNA 重组技术 | 2332 |
| 5 | C07H-021/04 | 以脱氧核糖基作为糖化物基团 | 2129 |
| 6 | A61P-035/00 | 抗肿瘤药 | 2067 |
| 7 | A61P-043/00 | 用于特殊目的的药物 | 1958 |
| 8 | A61K-009/14 | 细粒状（如微型胶囊） | 1768 |
| 9 | A61K-038/00 | 含肽的医药配制品 | 1698 |
| 10 | A61K-000/00 | 医疗卫生制剂 | 1622 |
| 11 | A61K-009/00 | 以特殊物理性状为特征的医药配制品 | 1609 |
| 12 | C07H-021/00 | 含有两个或多个单核苷酸单元的化合物 | 1488 |
| 13 | A61K-045/00 | 含有效成分的医药配制品，排除有机有效成分和用波能或粒子辐射处理材料的方法制得 | 1436 |
| 14 | A61P-031/00 | 抗感染药 | 1421 |
| 15 | A61P-025/00 | 治疗神经系统疾病的药物 | 1405 |
| 16 | A61P-009/00 | 治疗心血管系统疾病的药物 | 1402 |
| 17 | C12N-005/10 | 经引入外来遗传物质而修饰的细胞 | 1379 |
| 18 | G01N-033/50 | 生物物质的化学分析 | 1323 |
| 19 | A61P-017/00 | 治疗皮肤疾病的药物 | 1267 |
| 20 | A61P-029/00 | 非中枢性止痛剂、退热药或抗炎剂 | 1261 |

资料来源：根据 DII 相关资料整理

图 3-35 从主要专利申请国家（组织）的专利技术布局来分析各国（组织）在生物医用材料领域研究的重点。从图 3-35 中可以看出，各主要国家（组织）的专利布局不同，世界知识产权组织专利申请中各个领域的申请量较为平均，数量差距不太明显；美国专利重点为 C12Q-001/68（核酸类）、G01N-033/53（免疫测定法）、C07H-021/04（以脱氧核糖基作为糖化物基团）、A61K-009/14（细粒状）等；中国专利重点为 A61L-027/00（假体材料或假体被覆材料）、C07H-021/04（以脱氧核糖基作为糖化物基团）、A61P-043/00（用于特殊目的的药物）、A61P-031/00（抗感染药）等；日本专利重点为 A61L-027/00（假体材料或假体被覆材料）、C12N-015/09（DNA 重组技术）、A61P-043/00（用于特殊目的的药物）、A61P-017/00（治疗皮肤疾病的药物）等。其他国家和组织，如德国以 C12Q-001/68（核酸类）为主，欧盟以 A61L-027/00（假体材料或假体被覆材料），俄罗斯以 A61L-027/00（假体材料或假体被覆材料）为主，韩国以 C12Q-001/68（核酸类）为主，法国以 C12Q-001/68（核酸类）为主，英国以 C12Q-001/68（核酸类）为主。

2. 主要专利申请机构分析

1）主要专利申请机构分布及其专利年度变化

图 3-36 展示了生物医用材料领域专利申请数量排名前 10 位的申请机构。从机构申请的

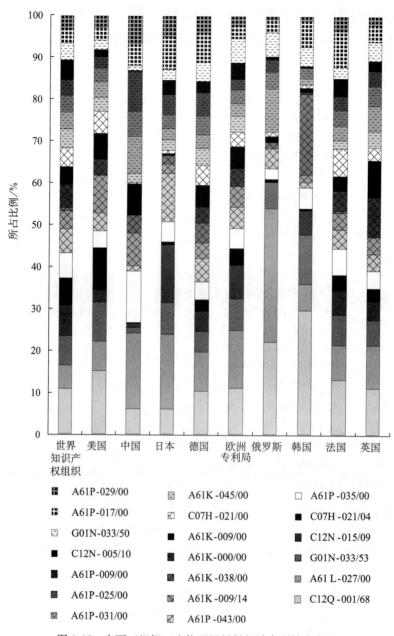

图 3-35　主要（组织）生物医用材料领域专利技术布局

资料来源：根据 DII 相关资料整理

专利数量来看，德国拜耳专利申请数量最多；前 10 位申请机构中美国有 4 个，分别为加利福尼亚大学、杜邦、宝洁、3M；其他机构有瑞士诺华、日本独立行政法人产业技术所、法国科学研究中心。在排名前 10 位的申请机构中，企业单位占据主流，生物医用材料专利主要掌握在以市场为导向的企业手中，该现象充分说明在市场需求的刺激下，众多企业纷纷加大在生物医用材料领域的科研投入，从而掌握市场的主动权，赢得高额利润。

从生物医用材料主要专利申请机构（排名前 5 位）专利申请年度分布情况（图 3-37）

可以看出，德国拜耳在该领域的专利申请主要集中在 1999～2004 年，2002 年的数量高达 173 件；加利福尼亚大学的专利申请数量年度分布较为平均，主要集中在 1999～2010 年，数量在 20 件附近徘徊；德国巴斯夫（SE）专利申请自 1999 年开始逐年递增，到 2009 年其专利申请数量达到 63 件；德国巴斯夫（AG）专利申请主要集中在 1999～2008 年，年均申请专利 20 件；美国杜邦专利申请自 1999 年开始逐年递增，到 2005 年达到 29 件，之后，年申请专利量有所下降，2009 年申请量仅有 8 件。

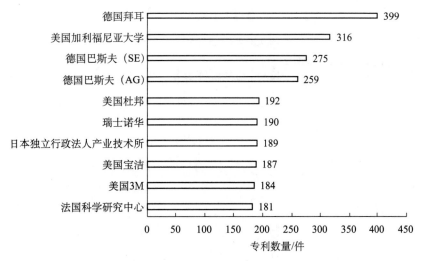

图 3-36　生物医用材料专利申请数量排名前 10 位的申请机构
资料来源：根据 DII 相关资料整理

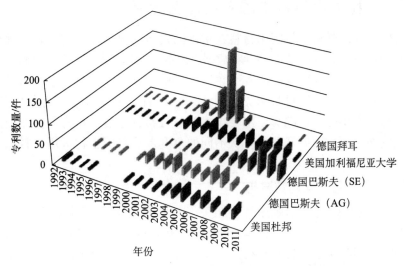

图 3-37　生物医用材料主要专利申请机构专利年度变化
资料来源：根据 DII 相关资料整理

2）专利申请机构关联分析

图 3-38 是排名前 20 位的专利申请机构合作关系图，图中点与点之间的连线及其粗细代表机构与机构之间在生物医用材料研究开发领域的合作程度。可以看出，美国国内的研究

机构相互合作较为密切，德国国内的相互合作较为密切。由于专利对于企业来说至关重要，直接影响着企业的市场占有和产品利润，所以在专利申请上不同机构之间的合作紧密程度不及 SCIE、EI 文献计量中各个机构之间的合作。

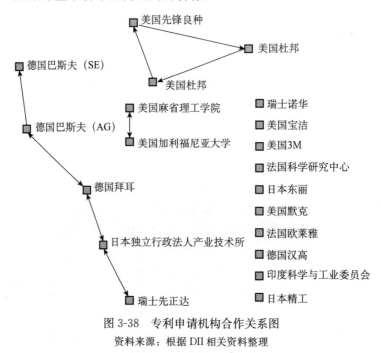

图 3-38　专利申请机构合作关系图

资料来源：根据 DII 相关资料整理

## 3.4.2　生物医用材料中国专利态势分析

为了更有针对性地分析生物医用材料在中国的发展状况和竞争态势，本部分利用国家知识产权局知识产权出版社的"中外专利数据库服务平台"，对生物医用材料在华专利进行重点分析，根据"中外专利数据库服务平台"提供的检索字段，对检索策略进行合理的限制。通过检索，得到生物医用材料相关专利共 40 542 件，数据检索日期为 2012 年 2 月 15 日。以下主要从专利年度申请趋势、主要技术领域分布、主要省市专利分布、主要专利申请机构在我国的布局等方面展开分析，从不同的角度揭示我国生物医用材料相关专利的发展态势。

1. 专利年度申请量变化趋势分析

图 3-39 显示的是国内生物医用材料相关专利的年度申请变化趋势。可以明显地看出，近 20 年来，中国生物医用材料领域的专利申请数量整体呈明显的上升趋势，1992～2000 年生物医用材料在华专利的申请数量保持在 800 件以下，说明这 9 年里生物医用材料的研究处于初期的探索阶段，2001 年以来，该领域在华专利申请数量呈现出指数式增长，2002 年该领域专利申请数量突破 1000 件，达到 1114 件，2008 年专利申请数量突破 4000 件，达到 4075 件，2009 年、2010 年专利申请数量分别为 4972、4580 件。从年专利公开数量来看，1993～2009 年变化趋势与专利申请数量的变化趋势趋于一致，2010 年该领域公开专利数量达到 5367 件，2011 年专利公开数量高达 6312 件。

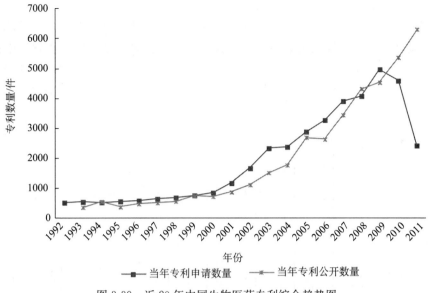

图 3-39 近 20 年中国生物医药专利综合趋势图

资料来源：根据 DII 相关资料整理

### 2. 专利所属技术领域分析及发展趋势

在华生物医用材料专利所属技术领域如表 3-12 所示，在华生物医药专利所处的领域大类主要包括 A61（医学或兽医学、卫生学）、C08L（高分子化合物的组合物）、G01N（借助于测定材料的化学或物理性质来测试或分析材料）等。

表 3-12 在华生物医用材料专利所属主要技术领域分析

| 编号 | 技术分类构成 | 数量/件 | 内容 |
| --- | --- | --- | --- |
| 1 | A61K | 5879 | 医用、牙科用或梳妆用的配制品 |
| 2 | A61L | 4543 | 材料或物体消毒的一般方法或装置；灭菌、消毒或空气的除臭；绷带、敷料或吸收垫等 |
| 3 | A61P | 3296 | 化合物或药物制剂的治疗活性 |
| 4 | A61F | 3259 | 可植入血管内的滤器；假肢体；矫形、护理或避孕装置等 |
| 5 | A61M | 2187 | 将介质输入人体内或输到人体上的器械；为转移人体介质或从人体内取出介质的器械等 |
| 6 | A61B | 1841 | 诊断；外科；鉴定等 |
| 7 | A61N | 1382 | 电疗、磁疗、放射疗；超声波疗 |
| 8 | A61H | 1227 | 理疗装置 |
| 9 | C08L | 1120 | 高分子化合物的组合物 |
| 10 | G01N | 808 | 借助于测定材料的化学或物理性质来测试或分析材料 |

资料来源：根据 DII 相关资料整理

### 3. 中国主要省市专利市场布局

图 3-40 给出了我国近 20 年来在生物医用材料领域专利申请数量排名前 10 位的主要省市。可以看出，我国生物医用材料领域专利申请数量最多的省市主要集中在经济比较发达的地区，北京在该领域拥有的专利数为 3570 件，排名第一，其次为上海，其拥有的专利数为 3271 件，专利数量超过 3000 件的其他省市还包含山东和江苏，可见北京、上海、山东、江苏在生物医用材料研发领域取得了显著的成果。从区域上来看，专利申请数量较多的省

市主要集中在沿海地区，包括上海、山东、江苏、广东、浙江、辽宁、天津等 7 个省市；北京是我国科研实力最强的省市之一；四川、湖北依托地域生物资源多样性的优势，在国家政策和各地政府政策的推动下，借助四川大学、武汉大学、华中农业大学、中国科学院成都分院、中国科学院武汉分院等具有较强科研实力的高等院校和研究机构的努力，在生物医用材料领域取得了较好的成绩，其专利申请数量分别为 1250 件和 1092 件。

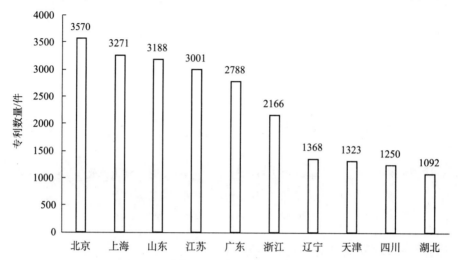

图 3-40　近 20 年我国生物医用材料领域专利申请量排名前 10 位的主要省市
资料来源：根据 DII 相关资料整理

图 3-41 展示了 1992～2011 年在华生物医用材料领域专利申请数量排名前 10 位的国家。从图中可以看出，美国在中国申请的专利数量最大，高达 3196 件，该现象说明在中国生物医用材料市场，充斥着大量美国产品。排在美国之后的国家分别为日本、德国、瑞士、法国、英国、韩国、荷兰、瑞典、意大利等，其中日本在华专利申请量达到 1569 件。

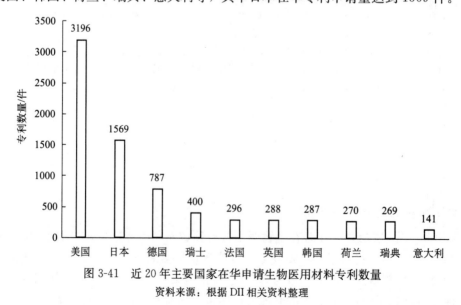

图 3-41　近 20 年主要国家在华申请生物医用材料专利数量
资料来源：根据 DII 相关资料整理

图 3-42 展示了 1992～2011 年在华生物医用材料领域专利申请数量排名前 6 位的国家年

度分布。从图中可以看出，各国在华专利申请数量变化趋势基本相同，均呈现出阶段性上升趋势，其中美国在华专利申请数量占主导地位，2006 年、2007 年、2009 年美国在华专利申请数量超过了 300 件，分别为 317 件、331 件、308 件；日本在华专利申请数量主要集中在 2003～2010 年，其中 2004 年、2005 年的专利数量分别达到 154 件、159 件。

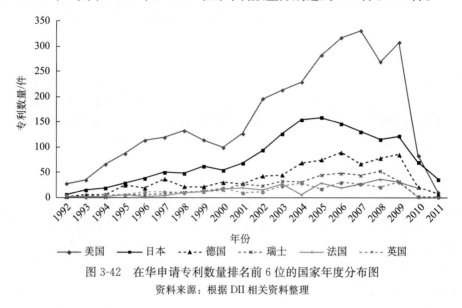

图 3-42　在华申请专利数量排名前 6 位的国家年度分布图

资料来源：根据 DII 相关资料整理

### 4. 主要专利申请机构分析

图 3-43 给出了在华生物医用材料领域专利的主要申请机构。可以看出，我国生物医用材料领域专利申请量位居前列的主要申请机构均为高等院校，上海交通大学、浙江大学的专利申请量均达到 317 件而位居第一。排在前 10 位的中国科研机构还有清华大学、复旦大学、四川大学、东华大学、天津大学、同济大学等；美国宝洁以 259 件专利申请数量排名第三位，排在前 10 位的专利申请机构中还包括美国的金伯利-克拉克环球。

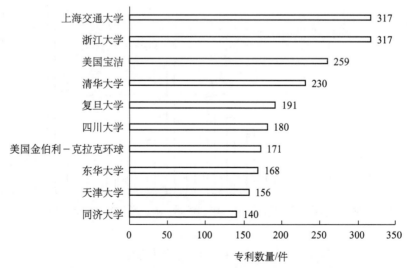

图 3-43　主要专利申请机构的生物医用材料专利申请量分布

资料来源：根据 DII 相关资料整理

# 3.5 生物产业相关标准分析

本部分对美国（ANSI）、中国（GB）、英国（BS）、德国（DIN）和法国等国家与地区级生物材料相关技术标准进行了检索。其中包括生物材料、医用材料、羟基磷灰石、医用高分子材料等在内的技术标准共 116 条，最早的技术标准制定于 1988 年，但大多数技术标准分布在近 15 年之内。

## 3.5.1 标准总体年度态势分布情况

按照使用性质不同，标准可分为基础标准、产品标准和方法标准，其中方法标准可分为分类方法、测量方法、技术要求等。基础标准是指名词、术语等在所有相关领域的标准中适用的通用规范；产品标准是规定某一领域产品的技术要求和规范。标准数量是标准体系建设的基本元素，是标准体系发展和规模的体现。本部分主要从生物材料领域分别对各国及国家机构的标准数量分布进行分析。

图 3-44 展示了国际上生物材料技术标准数量变化发展的年度分布态势。其中最早的技术标准是牙齿植入物、生物材料短时期肌肉植入对兔的忍耐性的研究、活体法，标准号为 NF S91-150-1988。从时间分布来说，生物材料的技术标准制定有两个高峰，一个是 1997～2004 年，另一个是 2007～2009 年。这表明在这两个阶段全球生物材料技术与产业进入了一个快速发展的阶段。

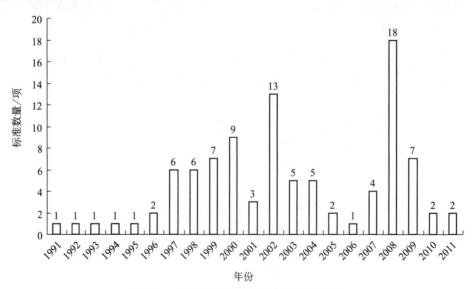

图 3-44　生物材料技术标准年度态势分布

### 3.5.2 生物材料技术标准机构分布

图 3-45 展示了截至 2012 年 3 月 1 日，美国、中国、英国和德国、法国等国家与机构的生物材料技术现行有效标准的数量情况分布情况。按照数量递减顺序，依次为美国材料与试验协会（33 项）、中国医药行业标准（14 项）、英国标准学会（13 项）、德国和法国标准化协会（12 项）等。从国家级层面而言，美国国家级标准明显多于其他国家或机构的技术标准，这反映出美国在生物材料技术领域的领先地位，以及其在技术应用及产业化方面已经有一定规模。

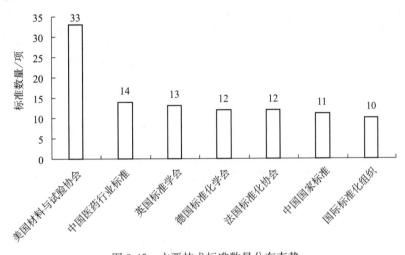

图 3-45 主要技术标准数量分布态势

### 3.5.3 主要国家的技术标准分析

1. 美国生物材料技术标准的具体分析

美国是生物材料技术标准最多的国家。表 3-13 反映了美国生物材料技术标准的情况。表中反映出如下方面：①从标准类别来看，美国的生物材料标准主要是技术标准，涉及的范畴包括标准分类中的基础标准、产品标准和地方标准。②从标准制定时间来看，现行有效标准的时间主要是在 2000 年前后，尤其是在 2007～2011 年标准的数量较多，表明美国材料与试验协会非常注重及时地根据该领域技术的发展对技术标准进行制定、修订。③从生物材料技术应用领域来看，主要应用于组织工程医用材料、植入材料等方面。

表 3-13 美国生物材料技术标准一览表

| 序号 | 标准号 | 标准名称 |
|---|---|---|
| 1 | ASTM E1287—1989（1999） | 生物材料的无菌取样 |
| 2 | ASTM E1564—2000 | 用于保存低温防腐生物材料的低温冷藏设备的设计与维护标准指南 |
| 3 | ASTM E1564—2000（2006） | 用于保存低温防腐生物材料的低温冷藏设备的设计与维护标准指南 |
| 4 | ASTM E1565—2000 | 低温下保存的生物材料库存量控制与搬运的标准指南 |
| 5 | ASTM E1565—2000（2006） | 低温下保存的生物材料库存量控制与搬运的标准指南 |
| 6 | ASTM E1566—2000 | 放在液氮中的危险生物材料搬运的标准指南 |
| 7 | ASTM E1566—2000（2006） | 放在液氮中的危险生物材料搬运的标准指南 |

续表

| 序号 | 标准号 | 标准名称 |
|---|---|---|
| 8 | ASTM F1185—2003 | 外科植入物用羟基磷灰石构成的标准规范 |
| 9 | ASTM F1185—2003 (2009) | 外科植入物用羟基磷灰石构成的标准规范 |
| 10 | ASTM F1251—1989 (2003) | 医疗和外科器械用聚合生物材料的相关术语 |
| 11 | ASTM F1439—1992 (1996) | 植入物潜在致瘤性的使用期生物鉴定性能的标准指南 |
| 12 | ASTM F1538—1994 | 植入用玻璃和玻璃陶瓷生物材料标准规范 |
| 13 | ASTM F1538—2003 | 植入用玻璃和玻璃陶瓷生物材料标准规范 |
| 14 | ASTM F1538—2003 (2009) | 玻璃和玻璃瓷质植入人体生物材料的标准规范 |
| 15 | ASTM F1581—1999 | 外科植入用无机骨成分标准规范 |
| 16 | ASTM F1983—1999 | 植入用可吸收和再吸收的生物材料的兼容性评定的标准操作规程 |
| 17 | ASTM F1983—1999 (2003) | 植入用可吸收和再吸收的生物材料的兼容性评定的标准操作规程 |
| 18 | ASTM F1983—1999 (2008) | 植入用可吸收和再吸收的生物材料的兼容性评定的标准实施规程 |
| 19 | ASTM F2027—2008 | 组织工程医学产品对原料或生物材料的特性和测试的标准指南 |
| 20 | ASTM F2150—2001 | 组织工程医疗产品中使用的生物材料支架的表征和试验标准指南 |
| 21 | ASTM F2150—2002e1 | 组织工程医疗产品中使用的生物材料支架的表征和试验标准指南 |
| 22 | ASTM F2150—2007 | 组织工程医疗产品中使用的生物材料支架的表征和试验标准指南 |
| 23 | ASTM F2664—2007 | 用物理方法评估生物材料表面细胞附属物的标准指南 |
| 24 | ASTM F2664—2011 | 用物理方法评估生物材料表面细胞附属物的标准指南 |
| 25 | ASTM F2739—2008 | 测定生物材料支架内细胞活性的标准指南 |
| 26 | ASTM F2791—2009 | 在二维对非渗透生物材料表面纹理评测的标准指南 |
| 27 | ASTM F719—1981 (1996) e1 | 用兔作生物材料试验对皮肤的刺激 |
| 28 | ASTM F719—1981 (2002) | 用兔作生物材料试验对皮肤的刺激 |
| 29 | ASTM F719—1981 (2002) e1 | 用兔作生物材料试验对皮肤的刺激 |
| 30 | ASTM F719—1981 (2007) e1 | 用兔作生物材料试验对皮肤的刺激 |
| 31 | ASTM F981—1999 | 外科植入用生物材料与肌肉及骨骼材料效应相容性的评定 |
| 32 | ASTM F981—2004 | 外科植入物用生物材料与肌肉及骨骼用材料效应相容性的评定的标准规程 |
| 33 | ASTM F981—2004 (2010) | 外科植入用生物材料与肌肉及骨骼材料效应相容性的评定 |

注：时间截至 2012 年 3 月 1 日

### 2. 中国生物材料技术标准的具体分析

表 3-14 反映了中国生物材料技术标准的情况。①从标准类别来看，中国的生物材料标准主要由行业标准与国家标准组成。②从标准制定时间来看，现行有效标准的时间主要是在 2000 年以前，近年制定或修订的标准数量比较少，这说明中国需要加大生物材料方面的技术研发以紧跟国际发展趋势。③从生物材料技术应用领域来看，主要应用于医用高分子材料和外科植入物等方面。

表 3-14  中国生物材料标准一览表

| 序号 | 标准号 | 标准名称 |
|---|---|---|
| 1 | YY 0242—1996 | 医用输液、输血、注射器用聚丙烯专用料 |
| 2 | YY 0292.1—1997 | 医用诊断 X 射线辐射防护器具．第 1 部分：材料衰减性能的测定 |
| 3 | YY 0303—1998 | 医用羟基磷灰石粉料 |
| 4 | YY 0304—1998 | 等离子喷涂．羟基磷灰石涂层—钛基牙种植体 |
| 5 | YY 0304—2009 | 等离子喷涂．羟基磷灰石涂层—钛基牙种植体 |
| 6 | YY 0305—1998 | 羟基磷灰石生物陶瓷 |
| 7 | YY 0602—2007 | 测量、控制和试验室用电气设备的安全使用热空气或热惰性气体处理医用材料及供试验室用的干热灭菌器的特殊要求 |

| 序号 | 标准号 | 标准名称 |
|---|---|---|
| 8 | YY 91119—1999 | 医用高分子制品术语 |
| 9 | YY/T 0110—1993 | 医用超声压电陶瓷材料 |
| 10 | YY/T 0313—1998 | 医用高分子制品 . 包装、标志、运输和贮存 |
| 11 | YY/T 0458—2003 | 超声多普勒仿血流体模的技术要求 |
| 12 | YY/T 0586—2005 | 医用高分子制品 . X 射线不透性试验方法 |
| 13 | YY/T 1119—1999 | 医用高分子制品术语 |
| 14 | YY/T 1119—2008 | 医用高分子制品术语 |
| 15 | GB 23101.1—2008 | 外科植入物 羟基磷灰石 第 1 部分：羟基磷灰石陶瓷 |
| 16 | GB 23101.2—2008 | 外科植入物 羟基磷灰石 第 2 部分：羟基磷灰石涂层 |
| 17 | GB 23101.3—2010 | 外科植入物 羟基磷灰石 第 3 部分：结晶度和相纯度的化学分析和表征 |
| 18 | GB 23101.4—2008 | 外科植入物 羟基磷灰石 第 4 部分：涂层黏结强度的测定 |
| 19 | GB 4793.4—2001 | 测量、控制及实验室用电气设备的安全实验室用处理医用材料的蒸压器的特殊要求 |
| 20 | GB 4793.8—2008 | 测量、控制和试验室用电气设备的安全要求 第 2-042 部分：使用有毒气体处理医用材料及供试验室用的压力灭菌器和灭菌器的专用要求 |
| 21 | GB/T 11751—1989 | 医用高分子软管 尺寸系列 |
| 22 | GB/T 15812—1995 | 医用高分子软管 物理性能试验方法 |
| 23 | GB/T 9885—1988 | 食品用及医用橡胶制品术语 |
| 24 | GBZ/T 210.5—2008 | 职业卫生标准制定指南 第 5 部分：生物材料中化学物质的测定方法 |

注：时间截至 2012 年 3 月 1 日

### 3. 英国生物材料技术标准的具体分析

表 3-15 反映了英国生物材料技术标准的情况。①从标准类别来看，英国的生物材料标准涉及的范畴包括了标准分类中的基础标准、产品标准和地方标准。②从标准制定时间来看，现行有效标准的时间主要是在 2000 年以后，表明英国标准协会非常注重及时对技术标准进行制定、修订。③从生物材料技术应用领域来看，主要应用于外科植入物和污水处理等方面。

### 表 3-15 英国生物材料技术标准一览表

| 序号 | 标准号 | 标准名称 |
|---|---|---|
| 1 | BS EN 12255—15—2003 | 污水处理厂 . 活性污泥处理厂曝气池清水中充氧量的测量 |
| 2 | BS EN 12255—7—2002 | 污水处理厂 . 生物固定薄膜反应器 |
| 3 | BS EN 12255—9—2002 | 污水处理厂 . 气味控制和通风 |
| 4 | BS EN 61010—2—041—1997 | 测量、控制和实验室用电气设备安全性要求 医用材料处理及实验室处理用高压蒸汽消毒锅专门要求 |
| 5 | BS EN 61010—2—042—1997 | 测量、控制和实验室用电气设备安全性要求 医用材料处理及实验室处理用使用毒气的高压消毒锅和消毒器专门要求 |
| 6 | BS EN 61010—2—043—1998 | 测量、控制和实验室用电气设备安全性要求 医用材料处理及实验室处理用热空气或热惰性气体干热灭菌器专门要求 |
| 7 | BS EN ISO 15193—2009 | 体外诊断医疗器械 生物源样品的数量测量 基准测量规程的内容和表示要求 |
| 8 | BS EN ISO 17511—2003 | 体外诊疗装置 生物样品的定量测量 校准仪和控制材料赋值的测量溯源性 |
| 9 | BS ISO 13779—1—2008 | 外科植入物 羟基磷灰石 陶瓷羟基磷灰石 |
| 10 | BS ISO 13779—2—2008 | 外科植入物 羟基磷灰石 羟基磷灰石涂层 |
| 11 | BS ISO 13779—3—2008 | 外科植入物 羟基磷灰石 结晶性和相纯度表征的化学分析 |
| 12 | BS ISO 13779—4—2002 | 外科植入物 羟基磷灰石 涂层黏结强度的测定 |

注：时间截至 2012 年 3 月 1 日

# 3.6 / 生物产业基地分析

## 3.6.1 生物医药产业基地分析

### 1. 杭州生物医药国家高技术产业基地

#### 1) 基地概况

杭州是长三角南翼经济、金融、物流和文化的中心，生物产业一直是杭州市重点发展的高技术产业，以医药和农业为主体，2010 年生物产业总产值约 750 亿元。其中医药行业总产值为 260 亿元，规模在全国副省级城市中位居前列。杭州生物医药产业形成以生物制药为先导、化学制药为基础、现代中药为重点、新型医疗器械为后发优势的产业结构，拥有默沙东、赛诺菲、泰尔茂、华东、青春宝、民生、海正、康恩贝、九源基因、艾康生物、艾博生物等一批国际国内知名企业。

基地功能园区及其基本情况如表 3-16 所示。

**表 3-16　杭州生物医药国家高技术产业基地功能园区**

| 功能园区 | 情况介绍 | 发展计划 |
|---|---|---|
| 品牌仿制药 | 以引进默克为基础，重点发展一批品牌仿制药的大企业、大品种 | 组建国内第一个品牌仿制药产业功能区 |
| CMO（合同加工外包） | 每年拥有 20～30 个 Ⅱ 期后新药做 CMO，可大大提高开发区新药转化能力 | 建设生物医药的中试产业基地，为国内外中高端生物企业服务 |
| 生物农业 | 以园区内易邦生物、下沙生物为基础，引进国内外生物农业、生物育种、动物疫苗等中高端企业 | 组建国内第一家以生物农业为核心的产业功能区，规划 20～30 家研发型和生产型企业 |
| 生物多肽 | 以园区现有多肽生物企业为基础，引进国内外一批临床前研究、临床研究、产业化企业 | 建设纵向一体化的完整多肽产业链功能园区 |
| 医疗器械 | 以现有泰尔茂、旭化成等企业为基础 | 建设中国第一个以家庭医疗、康复医疗、护理理疗为主体的医疗器械产业功能区，规划 30～40 家企业 |
| 个性化基因 | 以现有九源基因和正在引进的两家生物基因公司等企业为基础 | 建设中国第一个个性化基因药物产业功能区，规划 15～20 家中高端研发、中试、生产型企业 |

资料来源：根据杭州生物产业国家高技术产业基地官方网站整理

#### 2) 服务平台

为了专业高效地服务于生物医药产业，全面推进生物医药产业园区建设，杭州经济技术开发区管委会批准由杭州生物医药国家高技术产业基地投资管理有限公司进行生物医药公共服务平台的建设。公共实验中心是服务平台的整体基础，针对生物医药研究、检测过程的需求，配备全面的生物化学仪器设备，组建多个实验室实现不同功能分区，主要包括有效成分分析实验室、理化实验室、含量检测实验室、基因微生物实验室等。公共实验中心的服务对象包括本省市及生物医药园区内的各类型生物医药企业。

基地正在建设或计划建设的服务平台包括以研究药物晶体结构的药物晶型平台、基因工程新药平台、药物传递系统（DDS）技术平台、药物安全性评价技术平台、药物纳米技术平台等。

3）扶持政策

为促进杭州生物医药国家高技术产业基地的快速成长及生物医药产业的发展，杭州市政府制定了一系列政策，具体如表 3-17 所示。

表 3-17　杭州生物医药国家高技术产业基地建设扶持政策

| 政策 | 相关说明 |
| --- | --- |
| 《杭州市专利试点、示范企业管理办法》 | 该管理办法充分发挥专利制度促进企业技术创新，形成自主知识产权，提高企业创造、管理、实施和保护知识产权的能力 |
| 《杭州经济技术开发区企业高新技术研究开发中心管理办法》 | 该管理办法明确了高新技术研究开发中心的申报条件和程序，其中，申报条件包括企业主导产品占有较大的市场份额，企业当年度销售产值达到 1 亿元以上等 |
| 《杭州经济技术开发区关于加强高层次人才队伍建设的暂行办法》 | 该办法鼓励和支持高层次人才到开发区工作，各类人才到开发区工作享有优惠待遇，鼓励培养各类高层次人才，对区内优秀人才实施奖励等 |
| 《关于进一步鼓励留学人员来杭州经济技术开发区创业发展的若干意见》 | 该意见提出，自 2009 年起财政每年安排 1000 万元专项资金，用于留学人员创业园建设和鼓励留学人员来开发区创业发展工作。该意见同时对高层次留学人员作了说明 |
| 《关于加快工业经济发展的奖励政策》 | 该政策设立年度双"十佳"、优秀企业家称号、企业规模贡献奖、企业纳税贡献奖、企业节能减排奖、企业设立总部及上市奖、安全生产奖、企业品牌与标准建设奖等奖项对获奖企业进行奖励 |
| 《关于鼓励科技发展的若干政策》 | 该政策针对在开发区投资、经营，符合开发区产业发展导向的企事业单位，政策内容包括大力培育自主创新、促进产学研合作交流、鼓励科技型初创企业发展、实施知识产权战略、加快企业信息化建设等方面 |
| 《开发区关于鼓励服务外包产业发展的若干政策（试行）》 | 该政策确定了适用范围，政策内容包括大力培育外包企业、积极引进高端人才、实施教育培训战略、鼓励离岸外包业务、优化配套服务环境等方面 |
| 《关于加快产学研合作中心发展的若干政策》 | 该政策用于开发区产学研合作中心成员单位，设立"开发区产学研合作专项资金"1000 万元，内容包括产学研项目合作、产学研共建合作、人才合作、仪器设备共享、科技创新平台建设等方面 |

资料来源：根据杭州生物产业国家高技术产业基地官方网站整理

## 2. 石家庄国家生物产业基地

1）基本概况

石家庄把生物（医药）产业作为第一主导产业，依托现有的医药产业基础，充分发挥产业优势，促进产业集聚，重点建设"产业核心区、高端医药园、深泽生物产业园、栾城生物产业园、赵县生物产业园"五个各具特色的园区，实现规模效应。重点实施"大型企业跨越工程、中小企业提升工程、产业链开发工程、重大专项工程、创新能力提升工程、国际合作工程"等六大工程。2010 年石家庄市生物产业完成主营业务收入 470 亿元，利税 70 亿元。城市医药工业整体实力居全国前列，初步建立起以生物医药为特色的生物产业体系。

该基地共有五大产业园区，具体如表 3-18 所示。

**表 3-18　石家庄国家生物产业基地产业园区列表**

| 产业园区 | 基本情况 | 建设规划 |
|---|---|---|
| 高端医药园 | 2009 年，进区企业已达 53 家，华药、石药、以岭等骨干企业都在区内建成了新的生产基地 | 谋划在产业园内建设三大主题区域：核心研发区、高端产业区和现代医药物流区 |
| 产业核心区 | 区内已建成华药倍达、爱诺、四药等规模生物企业 38 家 | 发展生物医药、医药中间体、中成药、医疗器械、保健食品等门类 |
| 赵县生物产业园 | 设有生物发酵、生物制药、生物化工、生物材料 4 个功能区，8 家企业相继入驻 | 依托兴柏药业等骨干企业，延伸玉米淀粉糖生产链条，开发和引进下游产品，建设生物医药产业集群 |
| 深泽生物产业园 | 园区侧重于医药中间体的加工生产。主要企业有华运、柏奇，以及新引进的龙泽制药、美图制药等 | 由医药原料、中间体生产向高科技、高附加值的医药成品生产发展 |
| 栾城生物产业园 | 包括加工制造、传统中药生产、商贸流通服务、科教研发 4 个功能区，园区内已建成大中型企业 13 家，小型企业 5 家 | 预计 2013 年实现销售收入 225 亿元、利税 25 亿元的发展目标 |

资料来源：根据石家庄国家生物产业基地官方网站整理

2）基地企业

石家庄国家生物产业基地拥有华药、石药、神威、以岭、四药等知名企业，8 家上市公司。

3）服务平台

石家庄市生物产业基地技术服务中心是由石家庄市科技局、石家庄柏奇化工有限公司和石家庄学院共同组建的大型仪器设备公共服务平台。该中心涵盖生物医药、基础化学、精细化工、药物鉴定、功能材料等领域的检测设备。中心采用开放管理模式，面对石家庄市的生物医药、医药化工、精细化工行业提供非营利性、开放式服务，主要包括生物医药、医药中间体及化工产品的分析检测，技术咨询、技术服务等。服务范围为本地区的医药、化工企业，大专院校和科研机构。

石家庄市生物产业基地公共服务平台有实验动物中心、生物技术公共实验中心、药物筛选及化合物制备公共实验中心、生物制造公共实验中心、生物芯片公共实验中心等。

4）扶持政策

为促进石家庄生物医药国家高技术产业基地的快速成长及生物医药产业的发展，石家庄政府制定的政策具体如表 3-19 所示。

**表 3-19　石家庄市生物产业发展扶持政策列表**

| 政策 | 简介 |
|---|---|
| 《关于加快建设石家庄国家生物产业基地的办法》 | 该政策制定了发展生物产业基地的办法，具体内容包括进一步改善投资环境、加大政府投资引导力度、市应用技术研究与开发专项资金向生物技术的研究与开发倾斜、积极引入生物医药产业风险投资机制等方面 |
| 《关于实施工业倍增计划建立现代工业体系指导意见等 7 个意见的通知》 | 7 个意见中包含了关于生物（医药）产业调整振兴实施意见。该意见指出，根据生物产业发展趋势和石家庄国家生物产业基地现有基础，以现有生物制药企业为主体，以技术创新为动力，以产业链和工业园区为载体，加大产业集中度，加快产业化步伐 |

| 政策 | 简介 |
|------|------|
| 《高新技术成果落地石家庄奖励办法（试行）和石家庄市企业项目建设奖励办法》 | 该办法确定，成果奖的奖励对象为高新技术成果持有人和高新技术成果产业化项目投资人，且必须在石家庄市域范围内进行产业化项目建设，同时对奖励方法和奖励金额进行了明确的规定 |

资料来源：根据石家庄国家生物产业基地官方网站整理

### 3. 上海国家生物产业基地

#### 1）基本概况

上海以建设国家生物产业基地为重要抓手，加大产业政策扶持力度，努力营造良好产业环境，结合本市实际情况，推动以生物医药产业为主的生物产业实现跨越式发展。2010 年上海生物医药产业经济总量达 1427.75 亿元，同比增长 13.87%。其中，制造业实现工业总产值 638.17 亿元，同比增长 17.88%；医药商业实现销售总额 703.08 亿元，同比增长 8.46%；服务外包业实现服务收入 86.5 亿元，同比增长 34.65%。上海重点发展浦东张江-周康、徐汇、闵行、奉贤、金山、青浦等六大生物产业基地，产业集聚度明显提高。2009 年以来，新建项目落户在上海市六大生物产业基地的超过 90%。

下面重点对上海张江生物医药基地的企业、服务平台、政策进行简要分析。

#### 2）张江生物医药基地企业

张江生物医药基地位于上海张江高新技术产业开发区的核心园区张江高科技园区，基地重点集聚和发展生物技术与现代医药产业领域创新企业。

#### 3）张江生物医药基地服务平台

上海张江高科技园生物医药服务平台建设较为完善，包括新药安全评价服务平台、药物代谢研究技术平台、浦东新区动物实验和药物安全评价公共服务平台、张江药谷公共服务平台、中药制药研发孵化技术服务平台、基于蛋白质晶体学的药物发现与筛选平台、新药筛选技术服务平台、药物制剂技术服务平台、生物工程制药中试服务平台、抗体药物质量检测技术平台、张江生物医药信息检索平台、南方基因组（南方）研究中心、中药研发公共服务平台、生物芯片有限公司、浦东分析测试公共服务平台、新药临床试验平台、张江生物医药公共服务平台二期、上海浦东医学检测科技公共服务平台、非人灵长类动物实验研究技术服务平台、上海浦东药学工艺研究科技公共服务平台、生物检测技术服务平台、浦东生物医药仪器设备共享网络、上海生物医学工程中心、模式生物技术公共服务平台、上海中药标准化研究中心、上海市针灸经络研究中心等 26 类公共服务平台，为上海张江高科技园生物医药产业的发展奠定了坚实的基础。

#### 4）张江生物医药基地扶持政策

为支持张江高科技园区技术研发，吸引众多大中型企业在该基地投资建设，上海市出台了一系列支持基地发展的政策，具体如表 3-20 所示。

表 3-20　张江高科技园区生物医药相关扶持政策

| 政策 | 简介 |
|---|---|
| 《浦东新区科技公共服务平台建设和管理暂行办法》 | 该办法指出，鼓励企业、机构开放其拥有的科技资源，浦东新区政府以参与投资、补贴等形式鼓励企事业单位投资建设、运营公共需求较大的经营性平台，同时确定了平台认定的标准和政策扶持的力度 |
| 《张江高科技园区关于进一步支持行业协会发展的实施办法》 | 该办法指出，鼓励行业协会发挥行业组织与服务功能，提供园区产业、企业发展信息形成相应月报、季报、半年报、年报，鼓励行业协会牵头，引导园区相关企业按行业组建产业联盟，并对此进行经费资助 |
| 《关于推进张江高科技园区孵化器建设实施办法》 | 办法确定了申请张江园区孵化器的认定标准，鼓励有条件的孵化器通过购买专业服务或引进专业的海内外孵化器管理人员或团队来为孵化企业提供高质量的创业服务 |
| 《浦东新区促进高新技术产业发展的财政扶持意见》 | 意见主要内容包括提升产业能级、鼓励自主创新、完善配套产业等，扶持对象重点针对新引进的生物医药、光仪电、集成电路、软件产品、新材料、新能源及高精装备等生产企业 |

其他政策：《上海市促进高新技术成果转化的若干规定》、《关于进一步做好有突出贡献的中青年科学技术管理专家工作的意见》、《浦东新区促进高新技术产业发展的财政扶持意见》、《张江高科技园区科学专项实施办法》、《关于进一步推进张江高科技园区自主创新的实施意见》、《上海张江医疗器械产业专项资金管理办法（试行）》、《上海张江高科技园区"国家高新技术产业标准化示范区（试点）"资助扶持实施办法》等

资料来源：根据国家上海生物医药科技产业基地官方网站整理

### 4. 北京国家生物产业基地

#### 1）基地概况

北京国家生物产业基地是 2006 年 10 月国家发展和改革委员会第二批认定的"国家生物产业基地"之一。北京国家生物产业基地是中关村国家自主创新示范区的重要创新中心，包括中关村生命科学园、北京经济技术开发区和大兴生物医药产业基地三个核心区，集聚了生物芯片、中药复方药物开发、病毒生物技术、新型疫苗、蛋白质药物、信息菌素靶向药物、作物生物育种、CGMP 新型固体药物制剂 CRMO 平台、抗体工程等国家或市级工程研究中心和工程实验室。

中关村生命科学园是北京国家生物产业基地主要承担创新功能的核心区，是以生命科学研究、生物技术和生物医药相关领域研发创新为主的高科技专业园区。北京经济技术开发区是北京国家生物产业基地承担国际制造功能的核心区，是北京市唯一同时享受国家级经济技术开发区和国家高新技术产业园区双重优惠政策的国家级经济技术开发区。中关村大兴生物医药产业基地是北京国家生物产业基地承担新兴制造功能的核心区。

#### 2）基地企业

北京国家生物产业基地企业云集，三大核心区的主要入驻企业如表 3-21 所示。

表 3-21　北京国家生物产业基地主要企业列表

| 核心区 | 企业 | 主要产品 | 企业 | 主要产品 |
|---|---|---|---|---|
| 中关村生命科学园 | 北京乐威泰克科技有限公司 | 新型小分子药物及中间体的合成 | 北京安波特基因工程技术有限公司 | 基因抗体"生物导弹"药物、诊断性试剂盒 |
| | 丹麦临床与基础研究中心 | 骨质疏松、骨性关节炎，更年期后的妇女健康保健，心血管疾病及肥胖症等疾病预防和治疗 | 德国贺利氏集团公司 | 贵金属材料与技术、齿科材料、石英玻璃 |

续表

| 核心区 | 企业 | 主要产品 | 企业 | 主要产品 |
|---|---|---|---|---|
| | 保诺科技（北京）有限公司 | 新药开发和生命科学研发外包服务 | 诺和诺德（中国）制药有限公司 | 用于糖尿病治疗的胰岛素开发 |
| | 其他公司：北京中关村生命科学园生物医药科技孵化有限公司、深圳迈瑞生物医疗电子股份有限公司、北京博晖创新光电技术股份有限公司、北京北大国际医院投资管理有限公司、先正达生物科技有限公司等 | | | |
| 北京经济技术开发区 | 北京赛生药业有限公司 | 蛇毒纤溶酶、肌氨肽苷、薄芝糖肽、大规格胸腺肽等用于心脑血管疾病及免疫调节功能药物 | 康龙化成（北京）新药技术有限公司 | 利用现代药物化学和生物技术为核心的药物临床前研发外包服务企业 |
| | 北京亚宝生物药业有限公司 | 生物制药、纳米技术、靶向给药及控释制剂 | 北京泰德制药有限公司 | 生物医药研发生产、处方药 |
| | 国中医药股份有限公司 | 医院药房托管、药学采购包、药事管理集成服务等 | 悦康药业集团有限公司 | 头孢曲松、头孢哌舒、头孢吡肟，以及胃肠类用药等 |
| | 其他公司：北京绿竹生物制药有限公司、北京昭衍新药研究中心有限公司、北京巨能制药有限责任公司、北京京精医疗设备有限公司、北京金豪制药股份有限公司、北京凯正生物工程发展有限公司等 | | | |
| 大兴生物医药产业基地 | 北京依生兴业生物制药有限公司 | 无佐剂冻干人用狂犬疫苗、乙型脑炎纯化疫苗、预防流感疫苗、无细胞百白破疫苗等 | 北京市兽医生物药品厂 | 兽医生物药品 |
| | 北京民海生物科技有限公司 | 基因工程乙肝疫苗、基因工程莱姆病疫苗、纯化狂犬疫苗等 | 北京同仁堂制药有限公司 | 丸剂、颗粒剂、片剂、胶囊剂、浓缩丸及散剂等 |
| | 北京以岭药业有限公司 | 现代中药、创新药物及功能食品的研发、生产、销售 | 北京红惠新医药科技有限公司 | 服务领域涵盖有机化学，药物化学以及组合化学等 |
| | 其他公司：中粮丰通（北京）食品有限公司、北京麦邦光电仪器有限公司、北京国药龙立科技有限公司、北京世农种苗有限公司、北京紫竹药业有限公司、北京康必得制药有限公司、北京协和药厂、北京三元基因工程有限公司等 | | | |

资料来源：根据中关村生命科学园、北京经济技术开发区、中关村大兴生物医药基地官方网站整理

3）服务平台

北京生物医药孵化基地是由中关村生命科学园发展有限责任公司投资开发的园区配套公建项目，以市场为导向，创建具备国际水平和国内最先进的生物医药孵化基地。公司致力于成为科技成果转化的桥梁、中小企业成长的摇篮、生物医药专业信息集散中心。为有效控制入孵项目的技术风险、提高孵化成功率，北联公司专业孵化管理软件体系和技术人员整体加入新组建的公司形成8大专业孵化服务平台，主要包括项目筛选服务平台、实验中试服务平台、工艺技术服务平台、临床研究服务平台、专业中介服务平台、新药申报代理平台、风险融资服务平台、工商管理服务平台等。

4）扶持政策

为促进基地生物产业的发展，北京市政府出台了一系列促进北京国家生物产业基地发展的扶持政策，具体如表3-22所示。

表 3-22    北京国家生物产业基地发展扶持政策列表

| 政策 | 简介 |
|---|---|
| 《关于鼓励高层次人才来大兴区、北京经济技术开发区创新创业的意见》 | 该意见确定了高层次人才的具体对象,鼓励用人单位持续引进高层次人才,建设创新创业团队,并对到大兴区、北京经济技术开发区发展的高层次人才给予补助 |
| 《北京经济技术开发区职业技能培训补贴办法实施细则》 | 该细则规定由用人单位出资组织员工开展职业技能培训,员工经过职业技能鉴定并取得职业资格等级证书的,用人单位可于每季度第二个月的1~10日向开发区劳动行政部门申请培训补贴 |
| 《关于鼓励和吸引海外高层次人才来北京经济技术开发区创业和工作的意见》 | 该意见指出,海外高层次人才创办的企业加入"开发区生物医药产业专业技术平台和公共服务平台",可以享受相关的优惠政策 |

其他政策:《关于进一步促进高新技术产业发展若干政策的实施办法》、《北京市关于高新技术成果产业化项目的认定办法》、《北京经济技术开发区"博大贡献奖"实施办法》、《北京经济技术开发区技术标准鼓励资金管理办法》等

资料来源:根据中关村生命科学园、北京经济技术开发区、中关村大兴生物医药基地官方网站整理

### 5. 广州国家生物产业基地

#### 1) 基地概况

广州地处珠江三角洲腹地,毗邻港澳,是广东政治、经济、文化中心,华南地区陆、海、空交通枢纽、信息枢纽和区域物流中心,凭借良好的区位优势,广州经济发展综合实力不断增强。2010 年,全市生产总值达 10 604.5 亿元,成为全国第三个经济总量超万亿元的城市。生物产业作为广州四大支柱产业之一,2010 年产值已超 1000 亿元,产业规模位居全国前列。其中,生物医药产值约 386 亿元,生物制造产值约 382 亿元,生物农业产业约 104 亿元,海洋生物产业约 69 亿元。此外,生物技术服务业发展迅速,2010 年收入约 59 亿元,逐步成为广州生物产业新的增长点。

广州国家生物产业基地由两个核心区、扩展区和辐射区组成。基地拥有近 30 个生物技术创新平台,其中国家级工程研究中心 5 个,省级和市级工程技术研究开发中心 10 多个。广州国家生物产业基地以广州科学城和广州国际生物岛为核心区,以广州白云生物医药健康产业基地、流溪湾生物港等为扩展区,还包括分散在若干点的工程研究系统、生物服务系统和药品流通系统。广州国家生物产业基地重点发展基因工程药物、现代中药、化学合成创新药物、海洋药物等四大生物医药领域,着力发展生物农业,推进生物服务业发展。

下面对广州国家生物产业基地核心区广州科学城生物医药相关企业、服务平台和扶持政策进行简要介绍。

#### 2) 广州科学城生物医药相关企业

广州市将生物医药产业作为新兴支柱产业和高新技术产业重点领域加以培育,通过科技创新和投融资体制创新、改善投资和创业环境等措施,为各类生物医药企业快速发展提供了良好的产业环境。全球众多知名跨国公司集聚广州发展,广州科学城中云集的生物医药相关企业有广东华南新药创制中心、广州泰默生物医药、安利中国、广州香雪制药等。

#### 3) 广州科学城生物医药服务平台

企业在运营过程中,一般都涉及工商、税务、法律、专利、会计等与政府各职能部门相关的业务,而处于创业阶段的企业大多没有人力和物力来很好地完成这部分工作。因此,

公共服务区的建立，能在很大程度上解决企业的后顾之忧，集中精力进行科研和市场开拓等企业的重要活动。目前广州科学城所引进和建立战略联盟的中介机构有广州市大公会计师事务所、广东世纪专利事务所、博融管理咨询公司、广州三环专利代理有限公司、广东唯杰律师事务所、华进联合专利商标代理有限公司、广州生产力促进中心等。

4）广州科学城生物医药服务政策

为促进广州生物产业的发展，广州市政府制定了一系列政策，扶持和发展基地生物医药产业，具体如表 3-23 所示。

**表 3-23　广州市政府制定的基地生物医药相关扶持政策**

| 政策 | 简介 |
| --- | --- |
| 《关于企业研究开发费税前扣除管理试行办法的实施细则》 | 该实施细则明确了企业研究开发费加计扣除政策实施的工作程序和加强税收管理，实施细则所指的研究开发活动是指从事研究开发新产品、新工艺和新技术的活动 |
| 《广州市知识产权专项资金管理办法》 | 该资金用于资助广州市专利申请、促进专利技术实施与运用和实施知识产权重点推进计划 |
| 《广州开发区关于促进高新技术产业发展的若干措施》 | 该措施指出，开发区重点发展电子信息、生物医药、新材料三大高新技术产业，推进科技成果产业化，加快科技孵化器建设，对科技企业研发及生产场地给予优惠 |
| 《企业提前投产奖励办法》 | 该办法确定了申请企业提前投产奖励的条件，在规定的筹建时间内建成投产的确定了奖励的标准 |
| 其他政策：《企业技术改造技术创新节能降耗和自愿清洁生产项目配套资金管理暂行办法》、《关于加快推进循环经济发展的若干意见》、《广州高新技术产业开发区引进高新技术项目奖励办法》、《广州经济开发区鼓励引荐外资奖励办法》等 | |

资料来源：根据广州国家生物产业基地官方网站整理

## 3.6.2　生物农业产业基地分析

### 1. 武汉国家生物产业基地

#### 1）基本概况

武汉国家生物产业基地核心区在东湖高新区区域内，重点围绕生物医药、生物农业、医疗器械、生物能源、生物服务和生物信息 6 大领域，计划用 3～5 年的时间，建设生物创新园、生物医药园、生物农业园、医疗器械园、生物能源园、中新（武汉）生物科技园 6 大园区，打造集研发、孵化、生产、物流、行政、居住为一体的生物产业新城。

武汉国家生物产业基地建设已全面展开，九峰创新基地主体部分基础建设已初步完成，雏形初现；九龙产业基地内部的生物医药园、生物农业园、医疗器械园建设稳步推进。2010 年区域生物产业总产值达 250 亿元人民币（估算），2010 年年底入驻企业有 300 余家。

武汉生物城整体规划如表 3-24 所示。

**表 3-24　武汉生物城整体规划**

| 产业园区 | 面积/公里$^2$ | 园区功能 |
| --- | --- | --- |
| 生物创新园 | 4 | 建设研发区、孵化区、医疗区、行政服务区，以及生物技术研究院、中法医院、中试放大平台、仪器共享中心、动物实验中心、金融投资超市等 |
| 生物医药园 | 6 | 建设生物医药生产制造及物流专业园区，配套符合 cGMP 标准的中试车间 |

续表

| 产业园区 | 面积/公里² | 园区功能 |
|---|---|---|
| 生物农业园 | 3 | 建设两个总部服务区和三大主导产业区 |
| 医疗器械园 | 2 | 突出研发、制造、交易和服务四大功能，加快医疗器械企业集群发展 |
| 生物能源园 | 1 | 建设生物能源研发中心，致力发展节约、先进、清洁、可再生、可替代的生物能源核心技术 |
| 中新（武汉）生物科技园 | 14 | 和新加坡合作建设，规划生物产业国际企业区域总部和研发中心，配套高端会展、教育培训、金融、商业服务 |

资料来源：根据武汉国家生物产业基地官方网站整理

2）基地企业

经过几年的努力，区内已聚集了包括辉瑞制药、军事医学科学院、药明康德、武汉生物技术研究院、中国医药集团联合工程公司、中国医药工业研究院光谷分院、中国种子集团、华大基因、永安药业、人福科技、马应龙药业在内的 300 余家生物医药研发机构和生产企业。

3）服务平台

武汉国家生物产业基地积极推动综合支撑平台建设，为生物产业快速、健康发展提供强有力支撑。主要包括六大服务平台，具体如表 3-25 所示。

**表 3-25　武汉国家生物产业基地六大服务平台列表**

| 平台名称 | 简单介绍 |
|---|---|
| 生物技术研究院 | 面向产业化，会聚中科院、华中科技大学、武汉大学、华中农业大学雄厚研发实力 |
| 公共服务平台 | 专业仪器共享中心、符合标准的中试平台、公共实验室、试验动物中心、模式动物中心 |
| 企业孵化平台 | 专业新药孵化器，提供新药研发孵化、IND、NDA 过程一站式服务 |
| 信息资源共享平台 | 集成文献、生物资源、科学数据、科研仪器、分析工具、产品营销等信息，提供产业策划、科学研究、产品研制、产品中试、产品营销、电子商务等各项综合性专业信息服务 |
| 投融资平台 | 武汉光谷生物产业创业投资基金，规模 100 亿元 |
| 人才引进平台 | 东湖高新区"3551"人才工程，积极吸引鼓励国内外高层次的生物专业人才和团队创新创业 |

资料来源：根据武汉国家生物产业基地官方网站整理

4）扶持政策

为了加快武汉国家生物产业基地的发展，发挥本地区生物资源优势，推进生物产业园区的建设，加快生物产业的发展，培育一批生物产业骨干企业，武汉市政府制定了一系列扶持政策（表 3-26）。

**表 3-26　武汉一系列扶持基地生物产业发展的政策列表**

| 政策 | 简介 |
|---|---|
| 《武汉东湖新技术开发区鼓励生物产业发展的实施意见》 | 该意见确定生物医药、生物农业、生物能源、生物制造、生物环保等重点行业领域为重点鼓励对象，并对具体的鼓励方法进行了明确说明 |
| 《武汉市新兴产业投资贴息补助实施办法》 | 该办法确定市财政资金投资贴息补贴的支持对象为节能环保、生物、激光、新动力汽车、新材料等 13 个战略性新兴产业 |
| 《武汉国家生物产业基地公共服务平台建设和管理暂行办法》 | 该办法目的是进一步完善武汉国家生物产业基地科技创新支撑和技术服务体系，提高科技资源的综合利用效率，规范公共服务平台的管理及运营 |

续表

| 政策 | 简介 |
|------|------|
| 《东湖高新区管委会关于加快科技成果转化的暂行办法》 | 该办法设立科技成果转化资金5000万元，主要用于支持科技成果项目转化、产学研合作、科技成果转化平台的建设、引导各类资金对科技成果转化的投入，以及科技创新奖励等 |
| 《东湖高新区管委会关于推进科技人员创业的实施意见（试行）》 | 该意见确定对于来高新区进行科技创业、开办公司的，实行税收优惠政策，并确定对于年营业额在500万元以下的科技型企业，其缴税的地方留成部分，按照实际缴纳数额的50%给予补贴 |
| 《关于强化企业技术创新主体地位提升企业自主创新能力的若干意见》 | 该意见的目的是强化企业技术创新主体地位，使企业真正成为研发投入的主体、技术创新活动的主体、创新成果应用的主体和创新人才聚集的主体，全面提升企业自主创新能力，加快东湖国家自主创新示范区和武汉国家创新型试点城市建设步伐 |

其他政策：《武汉市促进服务外包产业发展暂行规定》、《武汉东湖新技术开发区管委会关于实施3551人才计划的暂行办法》、《东湖国家自主创新示范区鼓励担保机构从事融资性担保业务实施办法》等

资料来源：根据武汉国家生物产业基地官方网站整理

### 2. 昆明国家生物产业基地

#### 1）基地概况

云南是我国生物多样性资源最为丰富的省份之一，有"生物资源王国"和"生物基因宝库"之称，拥有北半球除沙漠和海洋外的各类生态系统，是全球生物物种高富集区和世界级的基因库，物种数约占世界物种的10%。

2009年云南全省广义生物产业实现农业增加值1070亿元，工业增加值836亿元，销售收入1572亿元，生物医药实现工业产值121.5亿元，同比增长26%；花卉总产值达201亿元，同比增长14.2%，出口1.2亿美元，同比增长19%。2010年，昆明国家生物产业基地实现工业总产值约500亿元，工业增加值200亿元；其中"核心区"预计实现工业总产值150亿元左右，出口创汇1亿美元以上，吸引外资2.84亿美元，有关研究人员达到8000人以上。

#### 2）基地企业

昆明国家生物产业基地已粗具规模。2011年，高新区已聚集生物企业360多家，其中规模以上生物产业企业近50家，从业人员4.5万人。包括昆明龙津药业股份有限公司、昆明滇虹药业有限公司、昆明盛飞生物医药技术有限公司等在内的总投资50亿元的17个生物产业项目，已经相继在基地核心区开工建设。

#### 3）服务平台

昆明国家生物产业基地相继建设和投入使用的公共服务平台包括昆明基地公共实验中心、实验动物中心、生物医药中试生产中心等公共服务平台，以及生物医学动物模型、花卉新品种开发与生产、微生物菌种筛选与应用、病毒性传染病生物制品等工程研究中心等。根据培育和发展战略性新兴产业和将云南建设成为中国面向西南开发的桥头堡的需要，2010年启动了云南省天然药物工程研究中心、远程医疗设备及服务工程研究中心、酶资源开发与应用工程研究中心、三七生物技术与制药工程化研究中心、云南省热带亚热带草食家畜良种繁育生物工程研究中心、植物提取物工程研究中心、烟草废弃物资源综合利用工程研究中心等一批区域产业技术创新平台的建设。

#### 4）扶持政策

自2007年国家正式认定"生物多样性可持续利用——昆明国家生物产业基地"以来，

昆明市政府出台了一系列政策规划（表 3-27），重点发展生物农业、生物医药、特色生物资源深度开发、生物服务、生物能源等产业领域。

**表 3-27　昆明制定的扶持基地生物产业发展的相关政策**

| 政策 | 简介 |
| --- | --- |
| 《昆明高新技术产业开发区条例》 | 该条例确定将高新区的建设与发展纳入昆明市国民经济和社会发展规划，并规定高新区享受国家、省、市促进高新技术产业发展的各项优惠政策 |
| 昆明高新区"十二五"期间实施"三步走" | 三步走具体是指一年完善规划布局、三年取得显著成效、五年实现规模提升 |
| 《昆明高新技术产业开发区招商引资政策》 | 该政策针对新设立、增资扩股和固定资产投资的企业，确定了项目扶持政策、税收优惠政策及产业政策等 |
| 《昆明高新技术产业开发区科技企业孵化器管理暂行办法》 | 该办法确定科技企业孵化器的主要功能是以科技型中小企业为服务对象，为入孵企业提供研发、中试生产、经营的场地和办公方面的共享设施，提供政策、管理、法律、财务、融资、市场推广和培训等方面的服务 |
| 其他政策：《昆明高新技术产业开发区博士津贴发放办法》、《昆明高新技术产业开发区人才公寓管理办法》等 | |

资料来源：根据新城高新技术产业基地网站内容整理

### 3. 重庆国家生物产业基地

#### 1）基地概况

到 2010 年，重庆实现生物产业总产值 500 亿元。培育年销售额超过 100 亿元的企业 1 家，年销售额 50 亿～100 亿元的企业 2 家，年销售额 10 亿～50 亿元的企业 5 家。形成较为完整的生物产业技术创新体系，初步建成功能较为齐全、特色更加鲜明的生物技术研发及成果产业化基地。

重庆国家生物产业基地定位于长江上游地区特色鲜明生物产业基地的科学研究、新产品开发和产业化基地，通过完善生物产业技术创新平台，培育特色产业集群，形成特色化、专业化发展模式，重点发展生物医学工程、道地中药材规范化种植与现代制药、兽药及绿色农用生物产品，积极培育特色生物育种和生物质工程，加快壮大发展生物技术服务业，带动长江上游地区乃至全国生物产业发展。

#### 2）基地企业

生物技术企业 550 余家，主要分布在医药、生物医学工程、生物农业、生物制造、生物能源等行业，产业集聚程度相对较高。其中生物农业和兽药及绿色农用生物制品相关企业有重庆荣大种猪发展有限公司、重庆中一种业有限公司、重庆畜牧科学研究院、重庆劲丰饲料公司等。

#### 3）服务平台

重庆国家生物产业基地拥有重庆大学、西南大学、重庆市农业科学院、重庆市畜牧科学院等高校和科研机构；涉及生物技术的省部级以上工程（技术）研究中心 23 个、重点实验室 62 个、企业技术中心 17 个；建立了重庆创新技术产权交易所、重庆联合产权交易所等产权交易机制；推动成立了医药行业协会、医疗器械行业协会、农兽药行业协会等社会组织，培育了一批知识型中介服务机构。

#### 4）扶持政策

重庆市政府近年来出台了基地建设发展市级专项、龙头企业发展市级专项、科技重大专项等财政扶持政策；15％企业所得税率、房产税减免、研发费用加计扣除等税收政策；高新技术贷款担保、科技风险投资等融资政策，具体政策计划如表 3-28 所示。

**表 3-28 重庆市扶持生物产业相关政策**

| 政策 | 简介 |
| --- | --- |
| 《重庆市促进高新技术成果转化条例》 | 该条例指出，各级人民政府负责管理、指导和协调本行政区域内的科技成果转化工作，加大对科技成果转化的投入。把科技成果转化纳入年度计划和目标责任考核范围，并组织实施、协调科技成果转化工作 |
| 《重庆市科学技术投入条例》 | 该条例指出将逐年提高科技投入的总体水平，建立和完善以财政投入为引导，企业事业单位投入为主体，银行贷款为支撑，社会集资、引进外资为补充，多层次多渠道的科技投入体系 |
| 《重庆市推进高新技术产业化的若干规定》 | 该规定指出，围绕产业结构调整，从重大项目入手，推进高新技术产业化。将全市高新技术产业化项目建设纳入国民经济和社会发展的中长期规划和年度计划 |
| 《关于加强技术创新，发展高科技，实现产业化的实施意见》 | 该意见明确了重庆市技术创新和高新技术成果商品化、产业化的方向与目标，并提出大力发展优质、高效、低耗的现代农业，推进农业产业化 |
| 其他政策：《重庆市科技成果转化管理决策人奖励实施办法的通知》、《重庆市鼓励外来投资进一步扩大内联的相关优惠政策》、《关于进一步优化人才环境的决定》等 | |

资料来源：根据重庆国家产业基地信息网整理

#### 4. 郑州国家生物产业基地

##### 1）基地概况

河南具有丰富的农作物资源、动植物资源、花卉资源和中药材资源，为郑州生物产业基地发展提供了坚实的基础。近年来，河南生物产业向郑州国家高新技术开发区、郑州新区、河南省现代农业示范基地集聚日益加快。2007 年，郑州 2007 年生物产业销售收入超过 200 亿元，生物农业实现销售收入 82 亿元，生物医药实现销售收入 111 亿元。"十一五"期间，郑州通过省级以上审定（鉴定）的农作物新品种有 15 个，新申请专利 11 件，获得授权 9 件。通过 GMP 认证的企业已达 211 家，居全国第二位。

##### 2）基地企业

郑州生物产业基地中郑州国家高新技术开发区聚集了以辅仁药业、宛西制药、天方药业等为代表的一大批重点生物企业的总部和研发中心；以联保作物、好想你枣业为代表的生物企业向郑州新区聚集；以农业科学研究、农业科技成果中试项目向河南省现代农业示范基地集中。

##### 3）服务平台

郑州高新区科技创新信息服务平台是郑州高新区公共技术服务平台的重要组成部分，该平台集成了大量的博硕论文、会议论文，期刊，国内外专利、标准、成果等国内外领先科技情报信息，支持各类公开资源、园区内部资源、互联网信息资源的统一整合使用，提供基于知识点的科技创新内容挖掘。

高新区企业网络视频会议平台是郑州高新区公共服务平台的重要组成部分，是解决高新区和区内企业国际化问题重要手段，以期实现提高效率、减少开支，逐步实现扁平化管理的目标。目前该平台对高新区区内企业免费使用。

培训平台囊括了中外名家前沿讲座、领导力提升与素质建设、执行力与管理新概念、

区域竞争力与可持续发展等一系列资源。

其他服务平台包括无线宽带平台、云存储中心、软件平台、IDC 平台等。

4）扶持政策

郑州生物产业基地的政策支持力度较大，建立了生物产业发展重大问题协调机制，定期组织联席会议，研究确定产业发展重点，负责相关政策的制定和落实，协调解决重点项目建设中的重大问题；积极落实国家出台的各项税收优惠政策，鼓励生物企业增加研发投入，开发新产品、新工艺和技术，提高自主创新能力，加快创新成果转化；在户口、税收、收入分配方式等方面，对有特殊贡献的海内外优秀人才提供绿色通道，完善技术参股和入股等产权激励机制，为优秀生物技术人才提供在郑州创业的最优环境等，具体政策计划如表 3-29 所示。

**表 3-29　郑州高新区生物产业相关扶持政策列表**

| 政策 | 简介 |
|---|---|
| 《郑州高新技术产业开发区招商引资奖励办法》 | 该办法进一步扩大对外开放、提高利用外资水平，招引大项目入区，并对引进项目确定了奖励的办法和标准 |
| 《关于对工业项目投资实行补贴的办法（暂行）》 | 该办法对符合高新区产业政策的企业，按照每亩投资强度、总投资、建设周期等指标进行不同额度的奖励 |
| 《关于完善科技创新体系提升自主创新能力的若干意见》 | 意见指出，要加强科技创新系统平台和科技基础条件平台建设，进一步提高创新资源整合能力；提高主导产业技术创新能力，培育高新技术产业集群，力争形成以现代中药、生物体外诊断试剂及预防用生物制品为主导的生物医药等产业集群 |
| 《鼓励高端人才到高新区投资创业的优惠政策（试行）》 | 该政策对满足不同条件的高端人才确定了补贴的标准，并提出由所在企业或个人提出申请，郑州高新区管委会财政安排高端人才补贴资金预算 |
| 其他政策：《留学人员及留学人员企业的认定》、《符合免税条件的饲料生产企业可按规定享受免征增值税优惠政策》、《郑州高新技术产业开发区失业保险管理办法》、《科技型中小企业技术创新专项资金管理暂行办法》、《关于以高新技术成果出资入股若干问题的规定》等 | |

资料来源：根据郑州高新技术产业开发区整理

## 3.6.3　生物制造产业基地分析

### 1. 德州国家生物产业基地

1）基地概况

德州是享誉中外的中国太阳城。近年来，德州市大力推动生物产业的发展，初步形成了以生物制造为主，生物农业、生物能源、生物制药和生物环保共同发展的生物产业体系。基地各类生物企业 300 余家，2010 年实现销售收入 420 亿元，其中销售收入过 10 亿元的企业 14 家。德州已形成了玉米、玉米芯、大豆、棉籽和红枣等产业链，成为全国最大的功能糖生产基地、非转基因大豆加工基地和棉籽加工基地。

2）基地企业

2010 年，全市共有生物技术企业 300 余家。其中，规模以上企业 88 家，实现销售收入 344.7 亿元，销售收入过 30 亿元的 5 家，过 10 亿元的 9 家。企业 65％集中在生物制造业，35％集中在生物农业、生物医药行业。基地主要企业有保龄宝生物股份有限公司、山东福田药业有限公司、山东绿健生物科技有限公司、禹王集团、山东龙力生物科技股份有限公司等。

3）服务平台

基地组建了 40 余个生物技术创新平台，其中包括国家糖工程、国家马铃薯工程技术研究中心和保龄宝公司国家企业技术中心等 14 个国家级技术中心，山东省功能糖、山东省大豆等 13 个省级工程技术中心及企业技术中心，3 个博士后工作站，初步形成了较为完整的生物技术工程研究体系。

4）扶持政策

德州以生物制造产业为特色和主导，积极培育生物能源产业，支持生物农业和生物医药产业发展，着力营造良好的体制政策环境，深入实施生物经济强市战略，德州市出台了一系列支持生物产业发展的政策措施，具体如表 3-30 所示。

表 3-30  德州出台的一系列生物产业相关政策

| 政策 | 简介 |
| --- | --- |
| 《德州国家生物产业基地发展规划》 | 规划明确了德州国家生物产业基地的发展目标：到 2015 年生物产业实现销售收入 1000 亿元，利税 220 亿元；到 2020 年生物产业实现销售收入 1800 亿元，利税 400 亿元 |
| 《高新技术企业认定管理办法》 | 该办法确定了高技术企业认证的标准，其中包括具有大学专科以上学历的科技人员占企业当年职工总数的 30% 以上，其中研发人员占企业当年职工总数的 10% 以上 |
| 《德州留学人员创业园优惠政策》 | 优惠政策包括留学人员企业自入驻中心之日起两年内所上缴的企业所得税、增值税、营业税地方留成的全部以财政奖励的形式给予企业资金扶持，第三年所得税、增值税、营业税地方留成的 50% 奖励给企业 |
| 《德州市高新技术创业服务中心大学生创业优惠政策》 | 优惠政策包括大学生创业企业从入驻中心之日起两年内所上缴的各项税收地方所得部分给予全额补贴，第三年按地方所得的 50% 进行补贴 |
| 其他政策：《关于引进海外留学人才来我市创业服务的暂行规定》、《关于留学归国人员创业的管理办法》、《德州经济开发区关于高新技术创业服务园区的扶持政策》等 | |

资料来源：根据德州经济技术开发区网站内容整理

## 2. 南宁生物产业国家高技术产业基地

1）基地概况

在全国生物产业总体布局中，南宁生物产业国家高技术产业基地被定位为中国南方和广西北部湾经济区重要生物产业基地。南宁市独特的亚热带资源造就了丰富的生物质资源，使其成为广西最大生物制造基地。南宁的区位优势决定了它可以获得周边省、市甚至是东南亚各国的资源支持。根据南宁市发展态势、资源禀赋、增长潜力及其重要性来考虑，南宁国家高技术生物产业基地重点发展领域包括生物能源、生物医药、生物制造、生物农业等四大方面。

2）基地企业

2007 年，南宁市生物制造类产业企业数量为 90 多家，总产值约 65 亿元。其中，共有万吨级以上的生物乙醇企业 13 家，生产潜力达 100 万吨以上；木薯淀粉生产企业 71 家，生产潜能达 76 万吨以上；规模以上经营的酶制剂生产企业近 10 家，如广西南宁桂盐科技有限责任公司、广西皇氏生物工程乳业有限公司、广西田园生化股份有限公司、桂林集琦俊龙医疗电子有限公司南宁分公司、广西博科药业有限公司、广西桂西制药有限公司、培力（南宁）药业有限公司、南宁中诺生物工程有限责任公司。

3）服务平台

南宁生物产业基地核心区基础设施建设不断推进，生物技术创新平台和公共服务平台进一步完善，其服务平台如表 3-31 所示。

**表 3-31　南宁生物产业基地主要服务平台列表**

| 平台名称 | 平台组建方 | 平台简介 |
|---|---|---|
| 南宁国家生物产业基地生物医药公共服务平台 | 广西新东源生命科技发展有限公司 | 开展生物医药工程技术集成、质量控制技术研究、特色中药和民族药新科品开发、中药物质基础研究及药效学筛选和药物临床前安全性评价 |
| 生物炼制公共服务平台 | 广西科学院 | 拥有国家非粮生物质能源工程技术研究中心和特色生物能源国家地方联合工程研究中心，非粮生物质酶解国家重点实验室，同时还拥有两个自治区级研发平台及一个自治区级联盟试点 |
| 西南濒危药材资源开发国家工程实验室 | 广西药用植物园 | 实验室研究濒危药用动植物的收集、保育、繁育、规模移栽、生态生产等，大力开发相关的核心技术和关键技术，并将创新的各项技术和成果直接应用到规模化生产及南宁国家生物产业基地生物医药产业发展的各个环节中 |
| 投融资平台 | 南宁产业投资有限责任公司 | 向国家开发银行融资 30 亿元，用于推进生物产业基地基础设施建设 |

4）扶持政策

2009 年南宁市委、市政府出台《关于加快建设国家高技术生物产业基地的决定》之后，拟定了一系列关于加快南宁市生物产业发展的政策，从财政、土地、投融资、人才等方面加大对南宁生物产业的扶持力度，发挥政策对产业扶持、引导的作用。具体如表 3-32 所示。

**表 3-32　南宁出台的一系列支持基地生物产业发展的相关政策**

| 政策 | 简介 |
|---|---|
| 《南宁高新技术产业开发区入区项目产业定位管理规定》 | 确定高新区产业定位：依托现有的产业基础及科技研发比较优势，重点发展生物工程及制药（中成药、生物制品、生物能源、药用包装）等高新技术产业 |
| 《关于鼓励和促进企业上市的暂行办法》 | 该办法规定，涉及土地、房产、车船、专利技术、自有品牌等权证过户登记，地方行政事业性规费除国家、广西壮族自治区、南宁市征收部分外，其余免收 |
| 《关于进一步支持中小企业融资的意见》 | 该意见确定了小企业贷款风险补偿机制、中小企业信用担保机构风险补偿机制，鼓励各类投融资机构进驻高新区等 |
| 《关于鼓励企业开展技术标准化工作的暂行办法》 | 该办法确定了扶持的范围和条件，并提出对技术标准研制项目进行资助 |
| 其他政策：《引进高层次专业人才享受待遇的暂行规定》、《科技型中小企业技术创新专项配套基金的暂行规定》、《重点技术改造项目配套财政贴息管理办法的实施细则》、《关于科技企业孵化园管理暂行办法》、《关于实施企业所得税过渡优惠政策的通知》、《关于推进承接产业转移工作的决定》等 ||

资料来源：根据南宁高技术产业开发区网站内容整理

### 3. 长春国家生物产业基地

1）基地概况

吉林省作为农业大省粮食年产量为 2500 万吨左右，其中玉米年产量为 2000 万吨左右，产量约占全国的 1/7，玉米秸秆年产量为 2500 万吨左右，玉米芯为 600 万吨左右。丰富多样的农牧业资源为生物技术的广泛、深度开发利用提供了巨大的市场空间和资源条件。

长春市生物产业起步较早，在国家支持下，逐步成为生物产业领域技术、人才和企业聚集度较高的地区。全市初步形成了以生物科研为依托，以生物制造为支撑，以生物医药为特色，生物农业、生物能源、生物材料、生物环保等其他生物产业门类协调发展的新兴产业格局。

长春国家生物产业基地目前为亚洲最大的疫苗和基因药物生产基地。在生物制造领域，长春大成实业集团为世界最大的赖氨酸生产商。在生物能源领域，乙醇汽油项目为国家唯一试点城市。

2）基地企业

长春经济技术开发区聚集了以长春大成实业集团为代表的生物化工企业和以吴太集团为代表的生物医药企业 50 余家，2010 年生物产业实现产值 358 亿元，被评为国家新型工业化生物产业示范基地和吉林省新型工业化生物产业示范基地，生物产业呈现璀璨的发展前景。

3）服务平台

长春国家生物产业基地公共平台建设较为完善（具体如表 3-33 所示），集中了吉林大学等全日制大专院校 27 所、生物医药类研发机构 103 个、国家酶工程重点实验室等国家及省部级重点实验室 42 个，初步形成了从基础研究、应用研究、小试、中试直至产业化的研发平台和创新体系。

表 3-33  长春国家生物产业基地主要公共平台列表

| 平台 | 简介 |
| --- | --- |
| 实验动物繁育与实验中心 | 该项目依托长春高新医学动物实验研究中心，该中心可以辐射辽宁、黑龙江、内蒙古及环渤海经济圈 |
| 基因工程药物中试中心 | 该项目依托长春基因工程研究所，建设该项目可有效解决科研和生产严重脱节问题 |
| 生物酶工程技术中心 | 该项目依托吉林省奇健生物技术有限公司，可广泛应用于生物领域的开发与生产、医药卫生领域的诊断与治疗 |
| 疫苗研发工程中心 | 该项目依托吉林大学通源生物工程有限公司，建立国家级干细胞库，从一定程度上缓解我国对干细胞及其衍生物的需求缺口 |
| 药物筛选中心 | 项目依托国家教育部农业与医药基因工程研究中心，该中心可以大幅度加速药物发现的过程，为创新药物开发特别是现代中药开发开辟技术源头 |
| 中药制剂工程研究中心 | 项目依托吉林天药科技股份有限公司、吉林省本草堂制药有限公司和浙江大学，建成后将对中医药国际化及中药制剂的创新起到积极的推动作用 |
| 食品药品检验与信息咨询服务中心 | 该项目依托长春生物产业基地建设有限公司和长春市药品检验所，将建立中国生物医药及北药信息数据库 |
| 长春永兴中药前处理公共平台 | 该项目依托长春永兴中药产业发展有限公司，为中药生产企业提供优质的中药种源和药材，还可进行大规模、低成本的中药材前处理 |
| 辐照灭菌装置中心 | 该项目依托长春新宇药业有限公司，为医药、食品企业提供生产过程中的辐照灭菌 |

资料来源：根据长春经济技术开发区网站内容整理

4）扶持政策

为加速基地建设，长春国家生物产业基地坚持开放式发展，愿积极开展国际国内合作，广泛吸引境内外人才、技术和资金参与。为此制定了一系列扶持政策，如表 3-34 所示。

表 3-34  长春国家生物产业基地扶持政策列表

| 政策 | 简介 |
| --- | --- |
| 《关于激励增强自主创新能力的若干政策》 | 该政策规定要大幅度增加科技投入，优化财政科技投入结构，加大对企业自主创新投入的所得税前抵扣力度，允许企业加速研究开发仪器设备折旧，完善促进高新技术企业发展的税收政策 |

续表

| 政策 | 简介 |
| --- | --- |
| 《关于企业所得税若干优惠政策》 | 该政策规定对农村的为农业生产的产前、产中、产后服务的行业，对其提供的技术服务或劳务所取得的收入，以及城镇其他各项事业单位开展上述技术服务或劳务所取得的收入暂免征所得税 |
| 《长春市招商引资中介奖励暂行办法》 | 该办法提出鼓励农牧业、农产品深加工、生物医药、机械设备制造、建筑和材料制造、金融保险、旅游会展、文化、现代物流及城市基础设施建设等行业的引进和发展 |
| 《长春市科学技术奖励办法》 | 该办法指出，长春市科学技术进步奖授予对象包括在实施技术开发项目中，完成具有重大市场价值的产品、技术、工艺、材料、设计和生物品种及其应用推广，且取得显著经济效益的公民和组织 |
| 其他政策：《创业投资企业管理暂行办法》、《长春经济技术开发区管理条例》等 ||

资料来源：根据长春经济技术开发区网站内容整理

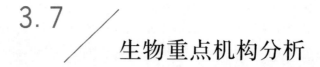

# 3.7 / 生物重点机构分析

## 3.7.1 生物医药重点机构分析

### 1. 国外生物医药重点企业分析

#### 1) 辉瑞制药有限公司

辉瑞制药有限公司（简称辉瑞制药）创立于 1849 年，产品主要包括处方类药品、健康营养类药品、动物保健类药品等。2010 年，辉瑞制药全球研发投入 94 亿美元，销售收入高达 670 亿美元，公司的创新产品行销全球 150 多个国家和地区。

辉瑞制药拥有世界上最先进的生产设施和检测技术，其一流的检测分析手段及其完美的质量保障体系，使公司的产品全部达到或超过了中国药典和美国药典标准，且公司产品获准出口日本、澳大利亚、菲律宾及欧洲等地。目前，在中国上市的产品包括头孢哌酮、舒普深、希舒美、氟康唑、氨氯地平、左洛复、瑞易宁、万艾可、西乐葆、立普妥等。

辉瑞中国研发中心于 2005 年 10 月 31 日成立于上海的世界一流的研发基地，为中国和亚洲地区提供研究协作和战略合作的机会。2009 年 11 月，辉瑞中国研发中心签署备忘录，在武汉光谷生物产业中心成立高科技研发中心，主要为全球辉瑞药物研发提供支持工作，包括第 I 期到第 IV 期的临床试验的支持工作。

1992～2011 年 20 年来辉瑞制药在华申请专利总数为 1235 件，其中发明专利 1216 件，外观设计专利 14 件，新型专利 9 件。

辉瑞制药在华申请专利主要集中在 1998～2005 年，近年来专利申请数量呈下降趋势。

#### 2) 美国强生公司

美国强生公司（简称美国强生）（Johnson&Johnson）成立于 1886 年，是全美 50 家最大的企业之一，同时也被列入全世界阵容最为强大的药品制造商之一。美国强生主要产品有针对敏感及流行性/非流行性感冒、慢性支气管炎、消化系统治疗、头皮健康治疗、皮肤症状治疗、心理治疗、疼痛症状缓解、骨骼治疗、癌症治疗的药物；针对女性健康护理、糖尿病、微创手术、伤口缝合、心脑血管健康、骨骼健康、器械消毒、诊断类产品及服务的医疗器材及诊断产品；针对婴儿健康护理系列、成人护肤品系列、女性健康护理用品、视力保健产品、个人健康护理产品等系列的个人护理产品。在我国，强生产品主要有英夫利西单抗（商品名：类克）、利培酮（商品名：利培酮）、芬太尼透皮贴剂（商品名：多瑞吉）、帕利哌酮（商品名：芮达）等。

2010 年，美国强生研发投入达到 68.4 亿美元，全年销售额为 615.87 亿元，净利润为 133 亿美元，其中药品销售额为 224 亿元。美国强生在《财富》500 强企业中的排名如表 3-35 所示。

**表 3-35　美国强生在《财富》500 强企业中排名**

| 年份 | 2006 | 2007 | 2008 | 2009 | 2010 |
|------|------|------|------|------|------|
| 排名 | 104 | 112 | 107 | 103 | 108 |

资料来源：《财富》世界 500 强排名

1985 年，美国强生在中国成立了第一家合资企业——西安杨森制药有限公司，之后分别于 1992 年、1994 年、1995 年和 1996 年成立了强生（中国）有限公司、强生（中国）医疗器材有限公司、上海强生制药有限公司与强生视力健商贸（上海）有限公司。

1992～2011 年，20 年来美国强生在华申请专利总数为 603 件，其中发明专利 429 件，外观设计专利 119 件，新型专利 55 件。美国强生在华申请专利自 1997 年开始逐年增加，2006 年后基本保持平稳，年专利申请数量维持在 40 件上下，2011 年专利申请数量有所增加，达到 61 件。

### 2. 中国生物医药重点企业分析

1）华北制药集团股份有限责任公司

（1）公司简介。华北制药集团股份有限责任公司（简称华北制药）位于河北省省会石家庄市，经营产品主要有青霉素、半合成青霉素、链霉素、四环素、林可霉素、维生素及现代生物技术产品等。

（2）在华专利申请情况。华北制药在华申请专利总数为 10 件，其中发明专利 9 件，新型专利 1 件。

2）通化东宝药业股份有限公司

通化东宝药业股份有限公司位于吉林省通化市，是一家以生产中成药、西药和生物药品为主的大型制药企业。始建于 1985 年 12 月 1 日，1992 年 11 月改制为股份有限公司，1994 年在上海证券交易所挂牌上市。公司的主导产品有基因重组人胰岛素原料药、基因重组人胰岛素注射液、镇脑宁胶囊等。

近年来通化东宝药业股份有限公司在华专利共有 19 件，其中发明专利 5 件，外观专利 14 件。专利申请主要集中在 2005～2009 年，其中，2008 年专利申请量达到 4 件。

3）北京天坛生物制品股份有限公司

北京天坛生物制品股份有限公司（简称天坛生物），是一家从事疫苗、血液制剂、诊断用品等生物制品的研究、生产和经营的企业，于 1998 年由北京生物制品研究所在上海证券交易所发起上市。

天坛生物在华申请专利总数为 2 件，北京生物制品研究所在华申请专利 9 件。

## 3.7.2 生物农业重点机构分析

1. 国外生物农业重点企业分析

1）拜耳公司

拜耳公司是一家在医药保健、作物营养、高科技材料领域拥有核心竞争力的全球性企业。拜耳分为 3 个子公司，分别是拜耳材料科技、拜耳作物科学、拜耳医药。拜耳作物科学是拜耳子公司之一，2009 年销售额达 65.10 亿欧元，2010 年销售额达 68.3 亿欧元。

作为全球领先的创新型作物科学公司，其业务范围涉及作物保护、非农业害虫治理、种子和生物技术等领域。拜耳作物科学在农药市场的地位一直名列前茅，如杀虫剂居首位、杀菌剂居第二位、除草剂居第三位。在粮食、水果、蔬菜、花卉等作物上，拜耳作物科学都有相应的支柱产品并具有很大的发展潜力。

1991 年拜耳作物科学在中国成立了首个农业化学品合资企业；2000 年拜耳作物科学在杭州经济技术开发区建立生产基地，该基地拥有符合国际标准的本土化生产能力；2010 年拜耳作物科学与中国农业科学院油料作物研究所签署合作协议，双方同意就有关油菜的高含油量和抗菌核病领域开展共同研究合作。

1992～2011 年，20 年来拜耳作物科学在华申请专利总数为 132 件，其中发明专利 130 件，外观设计专利 2 件。

拜耳作物科学在华申请专利主要集中在 1992～2002 年，2003～2006 年该公司在生物农业领域没有申请专利，2009 年专利申请量最多，达到 32 件。

2）先正达

先正达是世界领先的农业科技公司，总部设在瑞士巴塞尔。公司在全球植保领域名列前茅，并在高价值商业种子领域排名第三。先正达年度部门销售业绩如表 3-36 所示。

表 3-36 先正达年度部门销售业绩

| 业务部门 | 2011 年/百万美元 | 2010 年/百万美元 | 变动率/% |
| --- | --- | --- | --- |
| 作物保护 | 10.162 | 8.878 | +14.5 |
| 种子 | 3.185 | 2.805 | +13.5 |
| 税息折旧及摊销前利润 | 2.905 | 2.505 | +16.0 |

资料来源：根据先正达公司年报整理

先正达的领先技术涉及多个领域，包括基因组、生物信息、作物转化、合成化学、分子毒理学，以及环境科学、高通量筛选、标记辅助育种和先进的制剂加工技术。作为全球领先的、以研发为基础的农业科技企业，先正达与全球 400 多家大学、研究机构和私人企业开展广泛的合作。

先正达在中国的总投资近 2 亿美元，建有 5 家独资企业、1 家合资公司和数十家代表处。先正达与农业部 1999 年起合作成立了先正达农业科教及农村发展基金，资助了国内 11 所著名农业院校的 2000 多名本科生和研究生的学习和研究活动。先正达与部分省级农业和农机科研单位合作，资助并参与了包括用药减量增效、杂草抗性试验、免耕技术试验示范等多项涉及水稻、甘蔗、玉米等作物的植保方案研究项目。

先正达在华申请专利主要分布在 2000 年以后，集中在 2005～2010 年，2008 年专利申请量最多，达到 115 件。

2. 中国生物农业重点企业分析

1）袁隆平农业高科技股份有限公司

袁隆平农业高科技股份有限公司（简称隆平高科）是由湖南省农业科学院、湖南杂交水稻研究中心、袁隆平院士等发起设立的、以科研单位为依托的农业高科技股份有限公司。公司经营范围包括以杂交水稻、蔬菜为主的高科技农作物种子、种苗的培育、繁殖推广和销售，新型农药的研制、生产、销售，政策允许的农副产品优质深加工及销售，提供农业高新技术开发及成果转让、农业技术咨询、培训服务等，主要产品有三系杂交水稻种子、两系杂交水稻种子、不育系水稻种子、"湘研"牌系列杂交辣椒种子、农化产品及瓜类杂交种子等。

隆平高科在华申请专利总数为 4 件（包括 2 件种子包装袋），具体专利如表 3-37 所示。

**表 3-37 隆平高科在华申请专利具体内容列表**

| 申请年份 | 专利名称 | 关键词 |
|---|---|---|
| 2002 | 转反义 VP1 基因培育水稻抗穗萌雄性不育系的方法 | 抗穗萌；基因；雄性不育系；转反义；培育水稻；启动子；目标片段等 |
| 2001 | 一种用于防治粮食仓贮害虫的杀虫组合物 | 杀虫组合物；粮食；防治；仓贮害虫；甲基嘧啶磷；马拉硫磷；辛硫磷；敌杀死等 |

资料来源：根据中外专利数据库服务平台（CNIPR）相关资料整理

2）新疆天康畜牧生物技术股份有限公司

新疆天康畜牧生物技术股份有限公司（简称天康生物）于 1993 年成立，是隶属于新疆兵团农业局的国有企业，经营范围包括种畜胚胎移植生产、兽药的生产、销售，饲料的生产、销售，自营和代理各类商品和技术的进出口（国家限定公司经营或禁止进出口的商品和技术除外），玉米的收购，添加剂预混饲料的生产及与经营范围相关的技术咨询服务等。主要产品为猪禽饲料。

天康生物在华申请专利总数为 6 件。

3）合肥丰乐种业股份有限公司

合肥丰乐种业股份有限公司（简称丰乐种业）是中国种子行业第一家上市公司，公司是以种业为主导，农化、香料产业齐头并进，跨地区、跨行业的综合性公司，是农业产业化国家级重点龙头企业。公司经营范围有农药、专用肥、植物生长素、食用香料香精、薄荷脑及薄荷油、茶叶生产、销售，一般经营项目包括农副产品及其深加工产品、花卉、包装材料生产、销售，全息生物学技术应用、开发等。公司主要产品为粮、棉、油、麻、瓜、菜等各类种苗，杀虫剂、杀菌剂、除草剂、微肥等农化产品。

丰乐种业在华申请专利总数为 22 件，其中发明型专利 5 件，外观型专利 17 件。按年度分布来看，专利主要集中在 1999 年、2001 年，分别为 11 件和 7 件。2010 年申请专利 1件，2011 年申请专利 3 件。

### 3.7.3 生物制造重点机构分析

1. 国外生物制造重点机构分析

1）杜邦

杜邦是一家以科研为基础的全球性企业，成立于 1802 年，在全球 70 个国家经营业务。杜邦经营范围包括农业、建筑、电子材料、能源、医疗与保健、制造业、包装及平面艺术、工程塑料、安全与防护、交通运输等方面。

杜邦应用生物技术部门由生物染料、生物材料、生物专项技术和生物医药业务组成。杜邦致力于运用生物技术支持全球粮食生产力、农产品营养价值和农民收益的提升；在工业领域，杜邦致力于利用生物技术采用可再生原料生产特殊化学品，减少人们对消耗型资源的依赖。杜邦-泰特利乐生物基产品有限公司以可再生原料生产的特殊化学品，可制成衣服、地毯、汽车零件、化妆品乃至航空防冻液等各种终端消费产品；同时，杜邦还致力于开发生物燃料，凭借新技术使之成为有竞争力的石油替代品。2009 年 11 月，杜邦与英国能源公司 BP 共同组建金士顿研究团队，重点主攻先进生物燃料技术的商业化。

杜邦 1992～2011 年在华专利申请共 4224 件，其中，生物技术相关 215 件，全部为发明专利。该公司专利主要集中在 2002～2009 年，年申请专利数量均在 15 件之上。

2）孟山都

孟山都是一家跨国农业生物技术公司，创始于 1901 年。其业务领域较广：农业用品方面，主要采用生物技术开拓农作物市场和除草剂产品，这些产品能提高农作物的产量和保护环境，有一半以上在美国以外销售；医用药品方面，开发、制造和销售处方药品，产品包括治疗关节炎，控制高血压、治疗失眠症、预防溃疡、处理感染等药品，还提供妇女保健用品；食品添加剂方面，主要生产和销售甜味剂，同时开发、制造和销售藻肤酸盐、生物胶和其他食品添加剂；化工产品方面，主要生产高性能化工产品，包括尼龙、丙烯酸纤维、Safiex 牌塑料夹层、磷及其衍生物和其他特种化学品。2010 年孟山都全球销售额为105 亿美元，其中除草剂业务占 28%，种子和基因组学技术业务占 72%。

孟山都 1993～2011 年在华专利申请共 439 件，其中，发明专利 437 件，新型专利 2件。该公司专利分布较为平均，年申请专利数量均在 20 件左右。

2. 国内生物制造重点机构分析

1）保龄宝生物股份有限公司

保龄宝生物股份有限公司成立于 1997 年 10 月 16 日，位于山东禹城高新开发区。经营范围主要有低聚糖、糖浆、糊精、赤藓糖醇、保健食品的研发、生产、销售，自用粮食收购，本企业产品及技术的自营进出口业务等。主要产品包括低聚糖和果葡糖浆等。

保龄宝生物股份有限公司在华申请专利总数为 35 件，其中发明型专利 30 件，新型专利 5 件，该公司专利申请主要集中在近 5 年，2009 年专利申请量最多，达到 9 件。

2）山东鲁抗医药股份有限公司

山东鲁抗医药股份有限公司是我国大型的综合化学制药企业，国家重要的抗生素生产基地。主要经营范围有生物发酵及生物合成产品，抗生素、半合成抗生素、兽用和农用抗生素、生物技术药品等。主要产品有抗生素原料药、兽用抗生素、粉针、片剂等。

山东鲁抗医药股份有限公司在华申请专利总数为 45 件，其中发明型专利 13 件，新型专利 2 件，外观专利 30 件。该公司专利申请主要集中在 2008～2010 年，2009 年专利申请量最多，达到 16 件。

3）上海科华生物工程股份有限公司

上海科华生物工程股份有限公司创立于 1981 年，是中国规模最大的医疗诊断用品产业基地。经营范围为生化试剂、临床诊断试剂、医疗器械产品、兽用针剂、生化试剂检验用具、基因工程药物、微生物环保产品的研究、生产、经营、租赁及相关的技术服务，对外投资，以及经营企业自产产品的出口业务和本企业所需的机械设备、零配件、原辅材料的进口业务等。其主要产品有酶联免疫法诊断试剂、临床生化试剂和核酸诊断试剂等。

该公司在华申请专利总数为 29 件，其中发明型专利 15 件，新型专利 14 件。该公司 2009 年专利申请量最多，达到 14 件。

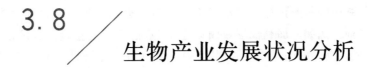

# 3.8 生物产业发展状况分析

## 3.8.1 世界生物产业发展状况分析

目前，全球生物技术的开发、应用和消费仍然集中在美国、欧洲和日本，美国处于领先地位。美国的生物技术起步最早，经过几十年的发展，已具备全球最先进的技术水平、最多数量的技术成果储备，也具备了比较完整的产业技术链，技术进步领先，人力资源充足，专利保护得力，资本市场结构合理，关联产业和支撑产业发展完备，并制定了长远产业发展战略和实施了有力的产业发展推动措施，已经形成多个发展势头良好的产业集群和优秀的产业发展环境。欧洲的生物技术产业市场以英国、德国、法国为主体，英国目前在欧洲领先，瑞典、以色列等新兴国家发展潜力巨大。日本在生物技术的开发上仅次于美国，生物技术产业已成为继汽车和信息产业之后，又一个被日本明确纳入国家发展战略的领域。此外，澳大利亚、印度和巴西等国家生物技术产业市场具有巨大潜力，生物技术企业方兴未艾。

### 1. 各国政府高度重视，科研成果层出不穷

纵观全球生物产业的发展，越来越多的国家从战略高度加强了对生物产业重要性的认识，并纷纷出台了一系列措施促进生物产业的发展。美国为发展生物产业出台了多项政策和措施，包括加强组织领导、优化融资渠道、完善产业立法等。日本提出了"生物技术立国"的战略思想，将生物产业确定为巩固经济大国地位的重要支撑，通过提高研发和产业化的效率、整顿发展生物产业的社会环境、建立推进生物产业的体制等一系列举措，积极推动生物产业的发展。印度更是把"生物产业大国"作为其发展

目标，通过生物产业的加速发展来提高国家实力，力争在 2020 年成为世界第四经济大国。这些重大举措都显现了外国政府抢占生物产业制高点的魄力和决心。在我国，"十二五"期间，生物产业被列为全国重点发展的战略性新兴产业，它将成为继信息产业之后又一个新的主导产业。

由于生物产业本身具有高知识密集和高智力密集的特点，并受到各国的高度重视，近年来，生物产业的发展呈现出更加旺盛的生命力。国内外每年评出的十大科技成果有 40%～50% 是生命科学领域的，这说明生命科学领域的研究开发非常活跃。以生物技术和生命科学为支撑的生物产业更是以前所未有的速度在迅猛发展，新产品不断推出，新专利也在不断增加。作为以知识密集型、智力密集型的产业为代表的生物产业，也在日益吸引着大量的科技人才跻身研发行列，为生物产业的发展提供了强劲的动力。

## 2. 研发经费投入加大，投资主体趋向多元

作为高科技产业的生物产业，从研发到试制到生产的一系列环节都需要巨大的资金投入。伴随着生物产业在全球的升温，各国各地区也逐步加大了对生物产业的投资力度。美国国立卫生研究院在生命科学领域投入的经费从 1998 年的 130 亿美元猛增到 2005 年的 279 亿美元，在联邦政府的研究预算中仅次于军事科技。美国各州也纷纷加大投入，鼓励大力发展生物医药产业。例如，加利福尼亚州设立了 30 亿美元的基金，马萨诸塞州 2008 年首次拨款 10 亿美元，新泽西州科委明确规定每年 4000 万美元科研资金中的 60% 用于支持干细胞研究，引领了生物医药产业的研发方向。日本政府在生物技术及产业领域的研究投入仅次于美国。1990 年日本生物技术研发经费为 2900 亿日元（仅研究经费就为 900 亿日元）。2007 年日本政府生物技术研发预算达 2541 亿日元，2008 年增加到 3025 亿日元。德国 2010 年生物技术领域的 R&D 经费总支出接近 10 亿欧元。

另外，生物产业高回报的特点也日益吸引着越来越多的企业主体投资于该领域。国际上很多大型的跨国公司及大企业正不失时机地把握这一机遇，投资于生物技术产业。例如，微软公司、杜邦公司等都设立了生物技术研究院，日本三菱化工公司每年投入 5000 万美元用于生物技术研究开发等。

## 3. 产业聚集度高，市场前景看好

美国的生物技术产业主要聚集在波士顿、旧金山、圣迭戈、华盛顿和北卡罗来纳研究三角园等五个区域。英国生物技术企业主要集聚在以牛津大学、剑桥大学为中心的方圆 10 公里的区域内，该地区专业生物技术公司数量占英国的 27%；法国巴黎"基因谷"生物技术公司数量占全国的 30%；瑞典生物技术公司 90% 以上集聚在四大区域；德国生物技术企业主要分布在巴伐利亚州、汉堡和柏林地区。目前欧洲最大的生物技术产业集群在莱茵河上游生物谷，已聚集了包括生物技术企业、研究机构、技术转移中心、金融机构等在内的 700 家机构，250 个公共实验室和 150 个私人实验室，凝聚了万名生物技术研究人员，从业人员达到 10 万人。与传统产业相比，生物技术产业是一种具有高技术、高投入、高风险、高附加值特征的产业，知识和技术是其主要投入要素，技术创新能力形成是决定其生存和发展的关键。生物技术产业的集聚并不仅仅是为了追求本地物质联系带来的成本节约，更多的是为了获取集聚所产生的技术外部性、丰富并快速流动的知识和信息以及共享的高级劳动市场等。因此，智力密集、信息丰富、交通通信等基础设施完备及良好的地方环境都

被认为是生物技术产业集聚的诱因。

## 3.8.2　中国生物产业发展状况分析

**1. 具备较好的发展基础**

1）生命科学与生物技术总体上在发展中国家居领先地位，生物产业粗具规模

近年来，我国生命科学与生物技术研究取得长足进展，在后基因组学、蛋白质组学、干细胞等生命科学领域具有较高研究水平，在杂交水稻、转基因棉花等生物育种领域具有一定的优势。全国进入临床研究的生物新药已达 150 多个，已有基因工程干扰素等 21 种生物技术药物投入生产，脑恶性胶质瘤、血友病 B 等疾病的 6 种有自主知识产权的基因治疗方案进入临床实验阶段。

2）生物技术的产业化能力有了很大提高

我国生物医药、生物农业已粗具规模，生物农药、生物基材料等许多新产品、新行业快速发展。2008 年全国广义生物产业（传统生物产业加现代生物产业）总产值接近 11 000 亿元。

3）我国生物资源丰富，为发展生物产业提供了宝贵的资源库

我国拥有约 26 万种生物物种、12 800 种药用动植物资源，已经收集 32 万份农作物种质资源；具有十分珍贵的人类遗传资源，至今已收集了 3000 多个家系样本；建立了全球保有量最大的农作物种质资源库与亚洲最大的微生物资源库。

4）从事生物技术研究的人才具有广泛的国内外基础

目前，我国每年培养 2000 多名生物学博士生，在涉及生命、医学、农学等领域的 300 余家科研机构拥有 2 万余名科研人员。国外有 10 多万名我国留学生从事生命科学及其相关领域的研究，国际著名刊物上生物技术方面的论文有 25% 是华人独自或参与完成的。在大型跨国生物企业科研所中有 40%～50% 是我国留学生或华人、华侨。

**2. 市场前景极其广阔**

我国作为世界上人口最多的国家，对生物产业的需求潜力巨大，并将成为世界最大的生物技术产品消费市场之一。到 2020 年，我国广义生物医药市场规模将达 4 万亿元，生物制造市场规模将达 1 万亿元、生物农业市场规模将达 5000 亿元、生物能源市场规模将达 3000 亿元、生物环保市场规模将达 1000 亿元等，合计广义生物产业市场规模约为 6 万亿元。

**3. 处于重大战略机遇期**

从全球生物产业发展历程及趋势看，其初始阶段大致为 1980～2000 年，成长阶段为 2000～2025 年，成熟阶段将在 2025 年后。当前世界生物技术正处于大规模产业化的开始阶段。与世界先进国家相比，我国生物产业的技术、人才和基础是高技术领域当中差距最小的领域之一，而且生物资源丰富，是最有希望实现跨越式发展的领域。

## 3.8.3　生物产业发展中存在的问题

尽管我国生物产业具备进一步加快发展的诸多有利条件，但与生物技术强国相比仍有

较大差距。据估计，我国生物产业基础研究与发达国家的差距为5年左右，产业化差距为15年以上，且有进一步扩大的趋势，迫切需要解决生物产业发展的重点制约因素和突出问题。

### 1. 自主创新能力弱

全球生物技术专利中，美国、欧洲、日本分别占59％、19％和17％，包括中国在内的发展中国家仅占5％。我国已批准上市的13类25种382个不同规格的基因工程药物和基因工程疫苗产品中，只有6类9种21个不同规格的产品属于原创，其余都是仿制。

### 2. 产业组织不合理

我国生物企业规模普遍较小，大型生物企业严重缺乏；产业集中度低，结构趋同，市场无序竞争，导致企业利润低、积累能力弱，难以步入良性发展轨道。例如，国内最大生物农业企业年销售收入不足5亿元人民币，而美国孟山都公司年销售收入为55亿美元，美国现代生物医药企业安进公司年销售收入超过134亿美元；基因工程药G-CSF临床应用剂量很小，1个厂家就能满足全国市场需求，而国内生产厂家超过15家，大多数处于亏损状态。

### 3. 产业发展资金匮乏，融资渠道单一

我国全部生物医药研发全年费用不及国外一家跨国医药公司的研发费用，如美国安进公司一年的研发费用超过30亿美元。我国绝大多数生物企业规模小，缺乏信用、资产抵押等条件，很难从银行贷款。加之国内创业风险投资机制缺失，资本市场、担保体系不健全，生物企业科研成果无论在初创还是产业化阶段均难获资金支持。

### 4. 科技成果产业转化率低

因科技与经济结合不紧密，"中试、放大、集成"工程化环节薄弱，全国生物科技成果转化率普遍不到15％，西部地区甚至不到5％。与发达国家相比，我国生物技术在产业化方面的差距，比基础研发更大。

### 5. 市场环境有待完善

例如，医药市场流通秩序混乱、药品招标采购不规范，生物能源、生物农业、生物基材料等领域技术规范和产品标准不系统，技术产品市场尚不成熟等。

### 6. 相关体制机制不完善

生物产业涵盖面较广，研发、生产、安全监管、进出口、人才培养等管理分散在多个部门，缺乏对重大问题的协调决策机制，难以很好体现国家战略和国家意志。与生物产业发展相关的科研创新体制、医药卫生体制、投融资体制、产品评价机制、产品定价机制、转基因市场准入制度、政府采购制度、企业评价制度等改革滞后，难以适应大规模产业化需要。此外，还存在生物资源流失和外来物种入侵比较严重，生物安全存在较大隐患等问题。

# 3.9 / 结论与建议

　　生物技术在医疗保健、农业、环保、轻化工、食品等重要领域对改善人类健康与生存环境、提高农牧业和工业产量与质量、节能减排、资源替代等发面发挥着越来越重要的作用。生物技术已经成为现代科技研究和开发的重点。随着生物技术的不断进步，生物产业必将对我国国民经济的可持续发展、提高人民生活水平和保证国家安全起着越来越大的作用。我国也制定了一系列政策措施来加快生物产业的发展，但是随着生物产业的迅速发展，问题也逐步出现，我国生物产业与国外先进水平也有一定差距。为了促进我国生物产业的可持续发展，初步建议如下。

　　1）健全和完善管理体制、加强整体协调、形成优势集成

　　我国目前尚没有全国性统管生物技术研究开发及产业化的组织管理机构，缺乏全局性的战略部署。在具体实施和操作过程中，往往倾向于选择短期能产生效益的研究项目，导致创新的源头匮乏。更为严重的是，各类计划之间缺乏必要的沟通与协调，各部门、地方自成一体、封闭运行，导致科研力量分散，形不成合力，而且造成低水平重复。

　　发展我国的生物技术产业，必须结合我国具体国情，同时运用政府和市场两种资源配置的调节手段，盘活我国技术、设备与设施、人才等方面的存量，使各方面的优势系统有效地集成；必须同时调动国家、地方和企业，以及科技人员的内动力和凝聚力；适时成立全国性的组织管理机构，对全国生物技术产业及产业发展进行总体规划和协调指导，从而做到整体协调，避免多头指挥和政出多门，实现决策、协调和实施系统的统一、简便和高效。

　　2）进行战略布局调整，形成产业聚集区

　　国外生物技术及其产业发展的经验表明，在一些地理、交通、信息、政策等环境较好的地域，容易形成生物技术研究开发和产业的"聚集区"。这种"聚集"促进了不同研究开发领域的交流与合作，不仅加速了生物技术研发及产业的发展，同时通过"聚集"进一步吸引人才、技术和资金，起到了"聚集"带动"聚集"的作用，形成了良性发展的循环。

　　根据目前我国生物技术产业及产业发展情况，结合现有国家级高技术产业开发区，可选择技术力量比较雄厚、投资环境好并已有一定生物技术产业基础的上海、北京、沈阳等地作为生物技术产业化基地，给予更为优惠的财政和税收扶持政策。集中力量有选择地发展若干个生物技术产业聚集区，发挥生物技术产业发展的聚集效应，尽快形成较大的生物技术产业规模。针对生物技术产业聚集区，国家应积极发挥引导作用，充分调动地方和企业界的积极性，以国家重大项目为纽带，促进优势互补的联合与协作，逐步形成既有合作（包括跨国和跨地区合作）又有竞争的社会化的生物技术研发与生产的格局。

3）选定战略重点，目标定位国际市场

对某些我国有较好基础、接近或达到国际先进水平或是我国有资源优势的技术领域，如转基因动物反应器、转基因植物、功能基因组、生物芯片、组织工程、中药等领域，应选择部分重大项目，目标是瞄准国际市场，通过运用优势集成、整体设计、分段实施的操作方式，加大协同攻关力度，尽快将一批拥有自主知识产权的生物技术和产品推向国际市场，增强并确立我国生物技术及产业的国际竞争能力和地位。

4）加大投资力度，建立国家生物技术产业重大项目孵化器

我国科技成果转化难、转化率低制约了高科技产业的发展，影响了科技作为第一生产力作用的发挥，已成为普遍关注的问题。生物技术因其自身的综合性、多学科特点，生物技术转化更具有特殊性。在目前我国资本市场尚不完善的条件下，孵化器的作用尤为重要。孵化器的作用是，通过与研究开发机构建立广泛联系，并有力地引导企业介入，密切生物技术上下游的结合，有效地使单一技术的突破尽快孵化为成熟配套的技术和工艺，向产业进行技术转移和辐射，从而加速具有商业前景的技术和产品尽快形成商品化和产业化。为此，应在已有的工作基础上，择优建立数个生物技术国家重大项目孵化器，结合具有自主知识产权、独特性的生物技术重大项目和重大产业工程的实施，力争在5～10年内开发出一批具有自主知识产权和国际竞争力的重大生物技术产品，同时走出一条生物技术成果转化的成功之路。

5）加强国际合作，建立战略联盟，加强生物产业技术及装备的产业化及国际化

高技术需要在合作和竞争中求发展。一方面是在合作中竞争，另一方面又要在竞争中合作。国际上，企业间的联合与建立战略伙伴关系越来越成为一种重要的发展趋势。我国在发展生物技术及产业的过程中，必须加强与国外政府间和民间的合作与交流。此外，还应利用国内巨大市场的吸引力，积极与某些大型跨国公司建立战略伙伴关系，在国内合作建立合资企业，合作开发新产品，合作开拓国际市场。

在国外，生物技术的支撑技术与装备本身就是一个巨大的产业。生物技术的支撑技术与装备具有两大特点，一是涉及多学科、多技术领域的交叉；二是绝大多数生产经营专用仪器、装备的公司都拥有国际市场，只有占有国际市场才能在国际竞争中生存和发展。目前我国尚不具备自主研制和生产并占有国际市场的能力。因此，对重要的生物技术仪器、设备和装备，应走与国外大公司合资合作的发展道路。第一步通过合资合作，引进建设组装线或生产线，这样一方面可以迅速提高技术水平和管理水平，另一方面可以与外国公司共同参与国际竞争；第二步加速引进技术的消化吸收，逐步加大国产化比重，同时加强新型号、新设备的研制开发，进而逐步增强参与国际竞争的能力。在此方面，应注意避免闭门造车、封闭发展。

# 参考文献

[1] 伍业锋，刘建平. 生物产业的界定及统计制度方法初探. 统计与决策，2011，(20)：35，36.

[2] 黄学忠. 大力发展生物产业是应对金融危机的重要选择. 当代经济，2009，(11)：99.

［3］李志能，苑波，陈波．形成和确保代际优势——美国生物技术产业集群的发展和组织状况．中国生物工程杂志，2006，26（1）：97，98.

［4］Datamonitor. Biotechnology：Global Industry Guide 2010. http：//www. pharmavision. co. uk/uploads/rp_94. pdf［2011-09-03］.

［5］国家发展和改革委员会．生物产业发展"十一五"规划. http：//www. gov. cn/zwgk/2007-04/23/content_592879. htm［2011-11-12］.

［6］张晓强．中国生物产业发展报告2008．北京：化学工业出版社：2009：7-13.

［7］马彦．生物医药产业价值链的整合化研究．复旦大学博士学位论文：2007，52-62.

［8］李中华．从价值链的变化谈如何发展我国制药产业．中国医药技术经济与管理，2007，（3）：1-3.

［9］郑海涛．生物医药产业的创新链模式研究．科技进步与对策，2003，20（7）：113-115.

［10］马彦．生物医药产业价值链分析．中国医药生物技术，2007，2（2）：144-147.

［11］张俊祥，李振兴，武治印．我国生物制药产业技术路线图研究．中国科技论坛，2009，（6）：37-41.

［12］洪绂曾，刘荣志，李厥桐，等．生物农业引领绿色发展．农业学报，2011，（10）：1-4.

［13］蒋桂华．加强农资监管促进农业发展．上海农业科技，2008，（4）：6-8.

［14］张利庠，张喜才，谢树凤．我国现代农业产业链整合研究．教学与研究，2007，（10）：2-9.

［15］杨海霞．生物农业亟待政策助力国际竞争．农药市场信息，2009，（20）：3-5.

［16］曾海燕，邓心安．农业生物技术产业化模式的要素分析．中国高校科技与产业化，2010，（9）：44，45.

［17］何国生，林思祖，黄云鹏．福建生物质能源树种现状及其开发前景．生物质化学工程，2006，（S1）：224，225.

［18］冯忠民，张仲德，王一栋．生物质能源产业及在我国发展前景的分析．循环经济理论与实践——长三角循环经济论坛暨2006年安徽博士科技论坛论文集．2006.

［19］赛迪顾问．生物产业之生物质能. http：//www. ccidconsulting. com/ei/gdcy/swcy/sdpl/webinfo/2011/02/1301533332084098. htm［2012-02-05］.

［20］吴进，闵师界，胡启春，等．典型生物质能技术比较分析．中国沼气，2011，（5）：21-28.

［21］余英．生物质能及其发电技术．北京：中国电力出版社，2008：108-256.

［22］颜永年，刘海霞，李生杰，等．生物制造工程的发展和趋势．中国科学基金，2007，（2）：65-80.

［23］赵沛楠．生物制造：迎来发展关键期．中国投资，2009，（9）：64-67.

［24］杨继全．先进制造技术．北京：化学工业出版社，2004：133-146.

［25］林岗，许家民，马莉．生物制造——制造技术和生命科学的完美组合．机械制造，2006，44（4）：46-48.

［26］卢继传，李健新．未来社会经济的支柱——生物技术．北京：新华出版社，1992.125-211.

［27］上海情报服务平台．工业生物技术与生物环保产业. http：//www. istis. sh. cn/list/list. aspx? id＝3936［2012-02-21］.

［28］上海情报服务平台．全球生物环保产业特点之一：直接市场规模不大，发展预期相当乐观. http：//www. istis. sh. cn/list/list. aspx? id＝3572［2012-02-21］.

［29］赛迪顾问．生物产业之生物环保. http：//data. ccidconsulting. com/ei/gdcy/swcy/sdpl/webinfo/2011/02/1301533332081669. htm［2012-02-22］.

［30］战兴花．谈生物技术特点及在环境保护中的应用．中国新技术新产品，2011，（11）：205.

［31］孔繁翔．环境生物学．北京：高等教育出版社，2000：96-110.

［32］国务院．国民经济和社会发展第十二个五年规划纲要. http：//www. gov. cn/2011lh/content_1825838. htm［2012-02-22］.

［33］饶子和．我国生物医药产业5大领域前景广阔. http：//www. yn. xinhuanet. com/newscenter/2010-

12/04/content _ 21551157. htm［2012-02-25］.

［34］王萍. 生物医药关键技术发展趋势. 中国生物工程杂志，2005，25（6）：87-95.

［35］王芳，曹阳，张文杰. 美国加州地区生物医药产业集群发展特点及借鉴意义. 中国医药技术经济与管理. 2009，(10)：53-59.

［36］付红波，范明杰. 美国生物科技及产业发展概况. 中国生物工程杂志，2010，30（4）：135-138.

［37］纪云涛，高汝熹，陈志洪. 美国现代生物产业：现状、特征及扶持政策. 上海管理科学，2005，(3)：33-36.

［38］王宇. 欧洲生物技术产业发展现状分析. 江苏科技信息产业前沿，2010，(10)：6-8.

［39］孟胜利. 英国生物技术产业的最新进展. 生物技术世界，2009，(6)：5-9.

［40］尹军祥，李瑞国. 日本生物产业发展现状与趋势分析. 中国生物工程杂志，2010，30（8）：131-135.

［41］付红波. 中国生物科技及产业发展概况. 中国生物工程杂志，2010，30（4）：135-138.

# 第4章

# 高端装备制造产业技术分析

# 4.1 高端装备制造产业概述

## 4.1.1 高端装备制造产业定义

装备制造业是为国民经济和国防建设提供各种技术装备的制造业总称，是各行业产业升级、技术进步的重要保障。高端装备制造业作为装备制造业的高端环节，具有技术密集、附加值高、成长空间大、带动作用强等突出特点，是衡量一个国家制造业发展水平和整体经济综合竞争实力的重要标志。

根据中华人民共和国国务院于 2010 年 10 月 18 日颁布的《国务院关于加快培育和发展战略性新兴产业的决定》，高端装备制造产业："重点发展以干/支线飞机和通用飞机为主的航空装备，做大做强航空产业。积极推进空间基础设施建设，促进卫星及其应用产业发展。依托客运专线和城市轨道交通等重点工程建设，大力发展轨道交通装备。面向海洋资源开发，大力发展海洋工程装备。强化基础配套能力，积极发展以数字化、柔性化及系统集成技术为核心的智能制造装备。"[1.]

## 4.1.2 高端装备制造产业的分类

### 1. 航空产业

航空产业通常包括航空飞行器、动力装置、机载设备、机载武器等多种产品制造和修理行业，以及独立的或隶属于企业的研究设计单位、试验基地和管理机构等。主要产品有固定翼飞机、旋转翼飞机、偏转翼飞机、地面效应飞行器、飞艇、气球、飞机发动机、机载设备、机载武器、地面保障设备等，同时涵盖机场设施建设、飞机维护/修理、航空人员（空勤、地勤、服务等）培训等。

### 2. 航天产业

航天产业是研制与生产航天器、航天运载器及其所载设备和地面保障设备的工业，是国防科技工业的重要组成部分，是知识密集型的综合性高技术产业。

航天产业具有技术密集、高度综合、广泛协作、研制周期长和投资费用大等特点，在国民经济中能起到先导作用，可以带动一批新兴产业和新兴学科的发展。航天工业代表着一个国家的经济、军事和科技水平，是一个国家综合国力、国防实力的重要标志。

### 3. 轨道交通产业

轨道交通是一种利用轨道列车进行人员运输的方式，城市中的轨道交通包括地铁、轻轨、空中轨道列车、有轨电车和磁悬浮列车等，具有运量大、速度快、安全、准点、保护环境、节约能源和用地等特点。

**4. 海洋工程装备产业**

海洋工程装备主要指海洋资源（特别是海洋油气资源）勘探、开采、加工、储运、管理、后勤服务等方面的大型工程装备和辅助装备。具有高技术、高投入、高产出、高附加值、高风险的特点，是先进制造、信息、新材料等高新技术的综合体，产业辐射能力强，对国民经济带动作用大。海洋工程装备分为三大类：海洋油气资源开发装备、其他海洋资源开发装备和海洋浮体结构物，包含各类钻井平台、生产平台、浮式生产储油船、卸油船、起重船、铺管船、海底挖沟埋管船、潜水作业船等。

**5. 智能制造装备产业**

智能化是制造自动化的发展方向，智能制造是由智能机器和人类专家共同组成的人机一体化智能系统。智能制造装备是指具有感知、分析、推理、决策、控制功能的制造装备。它是先进制造技术、信息技术和智能技术的集成和深度融合。它能够把制造自动化的概念更新、扩展到柔性化、智能化和高度集成化。

## 4.1.3 高端装备制造市场容量分析

**1. 航空产业市场容量分析**

中国的通用飞机市场需求巨大，如图 4-1 所示，2000～2011 年中国在册通用航空器持续增长，国内飞机整机设计及制造产业进入快速发展期。随着国民经济的不断发展，中国民用航空的需求不断增加。

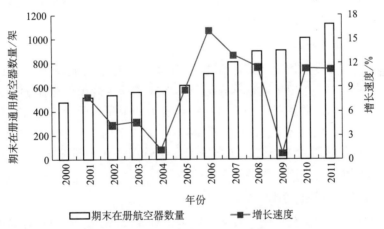

图 4-1 2000～2011 年中国在册通用航空器数量

资料来源：根据中国民用航空局发展计划司发布的《民航行业发展统计公报》整理

据波音公司 2011 年度报告称，2011～2031 年，该公司将先后向全球客户交付总计 34 000 架飞机，其中亚洲/太平洋市场 12 030 架[3]。同时，中国通用航空的运用领域不断拓宽，为通用航空工业的发展提供了广阔的天空，到 2012 年，中国各类通用航空飞机的需求为 10 000～12 000 架，未来 5～10 年，增长率则将达到 30%。中国幅员辽阔，地形复杂，直升机的市场需求数量迅速扩大。然而，截至 2008 年年底，全国只有 300 架军民用直升机可用于应急救援，平均每 10 万平方公里约为 3 架，是主要西方国家平均水平的 1/25，直升机的数量缺口较大。随着中国有能力购买和使用直升机的企业和用户越来越多，以及国家空管制度的日趋进步和逐步放开，巨大的个人消费潜力也将被逐渐释放出来。未来 10 年，中国的直升机需求量可能超过 1500 架[4]。

2. 航天卫星产业市场容量分析

卫星导航产业具有高成长、高效益的特点，发展前景光明。根据《全球卫星移动通信市场 2018 年发展前景调查报告》，2008～2018 年，卫星移动业务总收入的年复合增长率有望达到 8%，而实际使用的卫星移动通信终端数量年复合增长率甚至高于 13%，预计到 2018 年其销售量有望达到近 700 万台。《2018 年卫星对地观测市场前瞻》指出，2018 年全球卫星对地观测业务将接近 39 亿美元。2019 年全球卫星付费电视入网用户将达 2.4 亿[5]。

按照北斗卫星导航系统"三步走"的发展战略，中国将在 2012 年发射 10 多颗北斗导航卫星，形成导航信号覆盖中国及周边地区能力。到 2020 年，建成由 5 颗静止轨道卫星和 30 颗非静止轨道卫星组成的具备全球覆盖能力的卫星导航系统。按照年复合增长率 20% 保守估计，中国卫星导航产业在 2015 年将突破 2500 亿元，2020 年增长至 4000 亿元，将带动导航芯片和模块、通信芯片和模块、接收机组件、显示器件与整机集成等制造业进入高速发展期[6]。

1）卫星遥感产业市场容量

截至 2009 年年底，国内拥有 10 多个卫星遥感地面接收站，160 多个遥感机构和 400 多家地理信息服务企业，卫星遥感已应用到气象、陆地、海洋、环境等公益性服务方面，但在短期内尚不能实现产业化和商业化。随着国家对卫星遥感及其应用的重视和扶持，以及卫星遥感应用领域的拓展，卫星遥感及其应用产业具有广阔的发展前景及现实意义，中国的卫星遥感产业正开始进入商业化探索阶段[7]。

2）卫星通信产业市场容量

中国卫星通信产业发展情况良好，截至 2009 年拥有在轨对地静止卫星 17 颗、非对地静止卫星 6 颗，共有 179 个卫星通信网在运行，形成了一定规模的卫星通信网和较大规模的卫星广播电视传输网，并发展了一批具有一定实力的卫星通信运营企业。中国卫通公司是中国卫星应用产业的代表之一，该公司在 2009 年完成境内卫星运营资源重组整合，卫星运营服务规模和能力得到大幅提高，在全球卫星运营服务业中排第 8 位，业务覆盖亚太、中东、非洲、欧洲等数十个国家和地区[7]。

3）卫星导航产业市场容分析

卫星导航系统的应用十分广泛，具有很强的产业带动作用。在卫星导航的应用中，大众消费应用领域的发展最为迅猛。其中，车辆监控、信息服务和车辆导航是最主要的三个应用领域，卫星运用领域的分类如图 4-2 所示[7]。

在车载导航领域，中国汽车导航设备消费市场多以中低端、便携式自动导航系统为主，2006～2009 年，其复合增长率达到 77%。2009 年，中国车载 GPS 和 PND（Portable Navigation Device，便携式导航仪）的销量分别达到 169.5 万台和 210.6 万台，增长率分别为 99.2% 和 28.0%[11]。预期未来几年内，PND 仍将实现 20%～30% 的增长率[7]。

在导航手机领域，随着卫星导航产业的发展，导航芯片价格的下降及耗电量的降低，都增加了电信产业各方推广手机 GPS 业务的积极性。2009 年，中国的 GPS 手机销量为 1540.6 万部，年增长率为 310.1%。可以预见，未来几年中国 GPS 手机市场将快速增长。

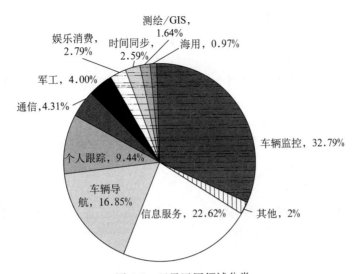

图 4-2　卫星运用领域分类

资料来源：赛迪顾问 . 2011. 高端装备制造产业之卫星装备

基于位置的服务（location based service，LBS）是近年来国际市场高速发展的应用，欧洲、美国、日本都已进入高速成长期。相比之下，中国的 LBS 市场仍需培育。国内的 LBS 应用主要分为公众用户（占比 42％）与政企用户（占比 58％）两块。中国消费者对 LBS 应用虽然接受得很快，但是大多不愿意为服务付费。随着卫星导航产业的发展，GPS 手机、智能手机的普及，多种应用融入及高精度定位技术的应用，未来国内的 LBS 市场也将逐渐进入高速发展。

3. 高速铁路及轨道交通产业市场容量分析

截至 2009 年年底，中国在铁路领域已累计完成投资 7875.6 亿元，建成 10 条客运专线共计 3459.4 公里。未来，中国在高铁建设、货运线路改造及城市轨道交通领域的建设将进一步加大。

1）干线铁路市场容量

根据《中国铁路中长期发展规划》[8]，到 2012 年，中国将建成"四纵四横"高速铁路网，总里程 1.3 万公里，客车速度目标值达到 200 公里/小时及以上；预计到 2020 年，中国 200 公里及以上时速的高速铁路建设里程将超过 1.8 万公里，将占世界高速铁路总里程的一半以上。2012 年年底，规划的"四纵四横"高铁网初步形成。

未来 5 年（2010～2015 年）内，中国高速铁路建设都将维持大规模投入，投资额将保持在每年 7000 亿元左右。规划"四纵四横"铁路快速客运通道及六个城际快速客运系统。

"四纵"客运专线：北京—上海（京沪高速铁路）、北京—武汉—广州—深圳—香港（京港高速铁路）、北京—沈阳—哈尔滨（大连）、杭州—宁波—福州—深圳（沿海高速铁路）。

"四横"客运专线：徐州—郑州—兰州、杭州—南昌—长沙—贵阳—昆明（沪昆高速铁路）、青岛—济南—石家庄—太原、上海—南京—武汉—重庆—成都（沪汉蓉高速铁路）。

六大城际客运系统：①环渤海地区：北京—天津，天津—秦皇岛，北京—秦皇岛，天津—保定；②环鄱阳湖经济圈地区：南昌—九江，九江—景德镇，南昌—鹰潭；③长株潭地区：长沙—株洲，长沙—湘潭；④长江三角洲地区：南京—上海，杭州—上海，南京—

杭州，杭州—宁波；⑤珠江三角洲地区：广州—深圳，广州—珠海，广州—佛山；⑥昌九城际高铁：南昌—九江。其他：深圳—茂名，福州—厦门，龙岩—厦门。

2）城市轨道交通市场容量

截至 2008 年年底，中国城市轨道交通营运总里程达到 835 公里。预计到 2015 年，中国城市轨道交通运营里程将达到 2500 公里，投资规模将近 1 万亿元，包括在建线路将达到 158 条，总里程 4200 公里。2010～2015 年，平均每年要开通 250 公里，其中 2010 年一年将有约 500 公里新线开通运营，建设速度和投资规模都是前所未有的，在未来 10 年甚至 20 年内，中国的城市轨道交通将处于高速发展时期。

3）区域高速铁路市场容量

在区域高速铁路建设方面，除六大城际客运系统以外，国家规划并准备建设城际圈铁路，包括武汉、郑州、成都和沈阳及周边城际圈，长沙—株洲—湘潭地区，长春—吉林地区，赣江经济区，皖江经济区等经济集中带或经济据点，均将规划修建城际铁路。除此之外，广州—南宁，成都—兰州，成都—西安，成都—贵阳，太原—西安等重要省会之间或重大城市之间，将按经济规模的扩大和客运需求，陆续修建时速 200 公里及以上的高速铁路或高速客运铁路专线。

4. 海洋工程装备产业市场容量分析

中国是一个海洋大国，拥有 1.8 万公里的海岸线和 299.7 多万公里$^2$ 的海洋国土面积，200 海里专属经济区居世界第五位，海洋工程产业市场前景广阔，发展潜力巨大。海洋工程产业对海洋石油开采、船舶工业和装备制造业都具有带动作用。投入收益比例接近 1：2，算上配套产业产值，投入收益比例可以达到（1：4）～（1：3）[9]。"十一五"期间，中国用于海上油气资源的开发投入将达 1200 亿元人民币；预计"十二五"期间，这笔投入将为 2500 亿～3000 亿元人民币。在国家政策的支持下，海洋工程产业有望成为今后 30 年中国经济增长的一大新兴产业。

海洋工程装备对钢材的需求量巨大，将带动对海洋平台用钢、海洋能源装备用钢及海底油气管线用钢产业。以海洋平台用钢为例，海洋钻井每米耗资约 1 万元人民币，海上钢结构平台每平方米造价高达 2 万美元，建设一个中型海上油田总投资要在 6 亿美元以上，一个大型油田总投资至少数十亿美元。

中国的海洋工程装备市场起步较晚，目前仍处于发展初期，全球占有率为 5％～7％，年市场容量为 30 亿～35 亿美元。到 2015 年，中国市场份额将有望超过 20％，达到 190 亿美元，预计到 2020 年，全球海洋工程装备市场容量约为 1125 亿美元，中国的海洋工程装备全球市场份额有望达到 35％，市场容量约 400 亿美元，相当于现有市场容量的 11～13 倍，空间非常广阔。另据中船重工的相关人士统计，全球海洋工程装备利用率超过 90％，未来几年将进入更新淘汰高峰期，这将直接推动海洋工程装备市场需求的上升。

1）钻井平台市场容量

截至 2009 年 3 月，全球拥有自升式钻井平台 381 座，半潜式钻井平台和钻井船 203 座，其中，80％装备寿命达到 20 年，40％平台的寿命超过 25 年，老龄化相当严重[10]。当前，全球现有的 165 个钻井装备订单中，自升式钻井平台有 71 个，半潜式钻井平台和钻井船有 94 个。依照平台的平均使用寿命 25～30 年估计，未来 10 年全球将会有超过 400 座钻井平台需要更新，再加上平台船队的扩大新增需要，预计年均更新和新增量在 50 座左右。

2）采油平台市场容量

截至 2009 年 3 月，全球拥有浮式生产设施 328 座，其中 FPSO 151 座、FSO 88 座、SEMI 43 座、TLP 22 座、Spar 16 座，再加上订单在建的 44 座（FPSO 27 座、FSO 6 座、SEMI 6 座）。

世界范围内有 600～800 座平台，现役的钻井平台中大多设计寿命为 20～30 年，达到 30 年使用寿命并被继续使用的平台比比皆是，老龄化相当严重。未来 FPSO 的年均需求有可能达到 15～20 艘。

3）海洋工程船舶市场容量

全球共有各类海洋工程辅助船 5000 余艘，订单 500 余艘，其中 70% 为平台供应船（PSV）和三用工作船（AHTS）。根据海洋平台与海洋工程辅助船的（1：2）～（1：3）的比例分析，未来海洋工程辅助船需求量为 100～150 艘/年。

5. 智能制造装备产业市场容量分析

1）工业机器人市场容量

2003～2008 年，中国工业机器人的销售收入和利润额不断增加，2007 年销售收入和利润分别为 41.2 亿元和 2.19 亿元，分别为 2013 年的 4.59 倍和 2.52 倍，如表 4-1 所列。

表 4-1 2003～2008 年中国工业机器人发展状况

| 年份 | 产值/万元 | 销售产值/万元 | 利润/万元 | 收入/万元 | 从业人数/人 |
| --- | --- | --- | --- | --- | --- |
| 2003 | 107 501 | 90 851 | 8 686 | 89 644 | 1 056 |
| 2004 | 193 128 | 176 689 | 12 951 | 204 610 | 2 049 |
| 2005 | 294 659 | 285 564 | 21 071 | 281 469 | 2 951 |
| 2006 | 364 620 | 380 368 | 21 581 | 353 100 | 3 258 |
| 2007 | 423 963 | 407 995 | 21 893 | 412 291 | 3 728 |
| 2008 | 470 997 | 449 923 | 36 966 | 444 294 | — |

资料来源：根据国家统计局、中国机电数据网相关资料整理

2007 年，中国共装配了约 6581 台工业机器人，较 2006 年上升了 14.05%，汽车及其零部件制造仍然是工业机器人的主要应用领域[11]。

随着中国制造业的发展，特别是作为工业机器人主要应用领域的汽车及汽车零部件制造业的发展，工业机器人的装配量将会快速增长。加上工业机器人应用领域正逐渐向电子信息产业，以及建筑、采矿等领域延伸。预计 2012～2015 年工业机器人年均增速有望达到 25% 左右。此外，由于自动化立体仓库以每年新增 40～60 座快速增长，用于物流、搬运的移动机器人每年增幅也将不低于 20%。

2）机床市场容量

2011 年，全国机床工具行业完成工业总产值 7437.61 亿元，同比增长 32.50%；完成销售产值 7231.19 亿元，同比增长 31.34%；产销率为 97.22%。其中，金属切削机床的产量达 85.99 万台，同比增长 15.11%；数控金属切削机床的产量为 25.7 万台，占总产量的 29.9%；金属成形机床的产量达 23.85 万台，同比增长 0.88%；数控金属成形机床的产量为 1.5 万台，仅占总产量的 6.3%，同比增长 12.99%。2011 年，整个机床工具行业发展同比增速仍出现下滑的态势，机床工具行业实现出口交货值 419.98 亿元人民币，同比增长 18.21%，与去年同期相比下降了 13.44 个百分点[12]。

2010～2015 年，机床行业复合增长率为 25%～30%，中高端数控机床成为增长主力。

预计在"十二五"末，中国机床工具行业有望实现工业总产值 7000 亿元人民币，国内市场占有率达 70％以上（按销售额计）的目标，同时，全行业年出口额达到 100 亿美元，其中机床出口占 40％以上[13]。

## 4.1.4 高端装备制造产业链和技术链分析

### 1. 航空产业链

航空产业链如图 4-3 所示[14]，产业上游是航空发动机，机体构件，飞机零部件及航电、增压应急等子系统，中游是整机组装，下游是通用航空的运营，包括飞行员培训、机场设施建设、气象服务、航油、金融服务等，再往下延伸还有飞机维修、航材租赁等。通用航空装备产业的发展不但将极大地提高中国航空制造能力，而且还将带动新材料、电子、通信、能源、精密制造等一系列相关高新技术产业的发展。

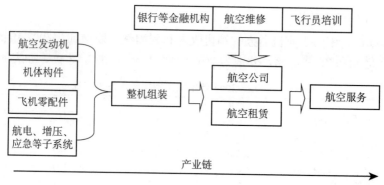

图 4-3 通用航空产业链

资料来源：根据《基于钻石模型的航空运输产业链研究》文献整理

### 2. 航天卫星产业链

如图 4-4 所示，航天卫星产业链的上游为卫星和芯片的设计和制造、系统集成、调试或测试等，中游为发射机构负责卫星的发射和入轨、遥测和管理等，下游为卫星的运营商、卫星租赁和服务业务。卫星应用主要有三大方向——卫星通信、卫星导航、卫星遥感等。

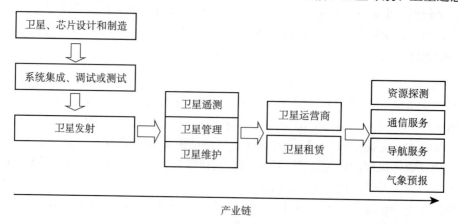

图 4-4 航天卫星产业链

资料来源：根据《航天恒星——从五大领域打造完整卫星应用产业链》整理

### 3. 高速铁路及轨道交通产业链

从产业特性上来看，高速铁路及轨道交通的产业链可以划分为上游的公务工程、车辆配件、牵引供电系统等，中游是车辆的组装、调试，下游的信息系统则包含客运管理安全监控、旅客服务和订票系统等，具体如图 4-5 所示[15]。

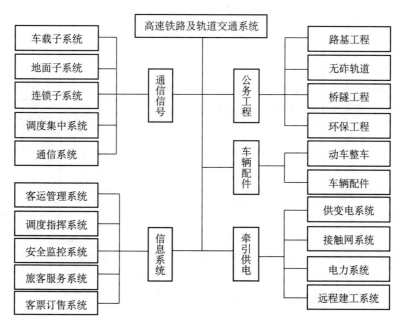

图 4-5　高速铁路产业树状图

资料来源：根据《高铁产业链的整合》整理

### 4. 海洋工程装备产业链

由于海洋工程装备主要用于海洋资源勘探、开采、加工、运输、管理及后勤服务等，所以以海洋油气资源的开发产业链作为海洋工程装备的产业链的代表，如图 4-6 所示。

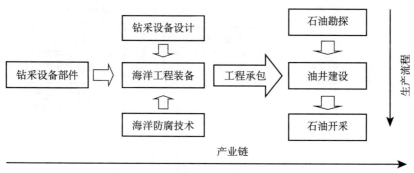

图 4-6　海洋工程产业链

资料来源：根据《海洋工程装备制造业中长期发展规划》整理

海洋油气资源开发产业链包括上游的物探钻探，中游的油井建设和下游的油气开发三个过程，海洋工程装备的产业链融入其中。

5. 智能制造装备产业链

智能制造装备产业链如图 4-7 所示，上游产业包含传感器、智能仪器仪表和智能控制系统等电子零部件和丝杠、铸件等机械部件，并组装成模块化的控制单元及机械模块。中游则是由零部件和模块组成的数控机床及基础制造设备、智能化机器人及自动化成套生产线。下游是智能制造装备的应用领域，如汽车、普通机械、航空航天等领域。

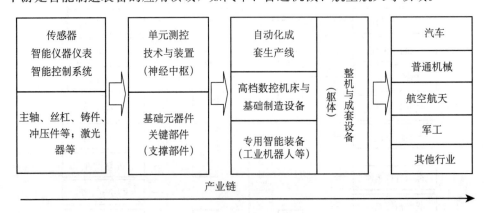

图 4-7　智能制造装备产业链

资料来源：根据《智能制造科技发展"十二五"专项规划》和《"十二五"智能制造装备产业发展思路》整理

## 4.1.5　高端装备制造产业技术链分析

1. 航空发动机叶片制造技术链

目前，全球只有美国、俄罗斯、英国、法国四国能够自主研发全系列先进航空发动机。航空动力技术成为大国强国对其盟友也要严密封锁的核心技术领域，即使是对盟友，上述四国也对转让航空发动机核心材料的制备和加工技术持保留态度。航空发动机的分类如图 4-8 所示。

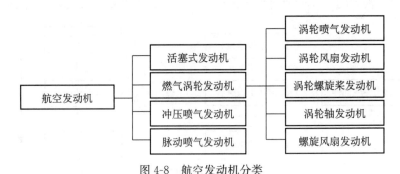

图 4-8　航空发动机分类

资料来源：根据《航空发动机（上）》整理

与西方航空发动机强国相比，中国航空发动机仍存在较大的差距，特别是发动机叶片制造技术落后于俄罗斯、乌克兰，以及西方国家。目前，航空发动机叶片的单晶定向凝固制造技术链如图 4-9 所示。

现阶段，国外发达国家已经实现了液态金属冷却（LMC）定向凝固技术的工程化应

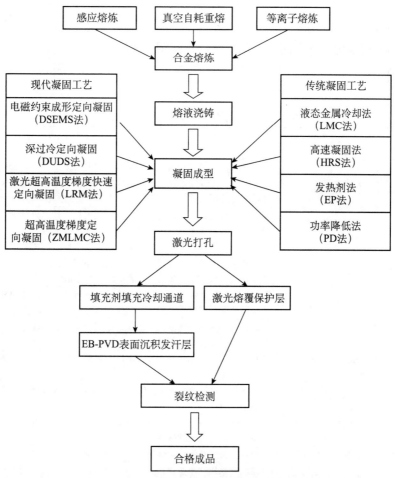

图 4-9 航空发动机叶片的单晶定向凝固制造流程

资料来源：根据《材料合成与制备新技术》整理

用。国内小型 LMC 定向凝固技术在实验室中已有应用，但只能制备体积很小的样品。2003 年，中国科学院沈阳金属研究所在国内率先开展了 LMC 定向凝固设备及技术的研发工作，2008 年，在中国科学院"重大科研装备研制项目"的资助下，中国科学院沈阳金属研究所开始自主研制大型 LMC 定向凝固设备，突破了低熔点合金污染的控制、隔热层装置选材及配置、大型铸件稳定悬臂拉伸系统、大型 LMC 设备半连续工作、高强防裂型壳等一系列关键技术，并在 2010 年成功制备出了长度为 430 毫米的大型定向结晶铸件和叶片样件。

大型 LMC 装备的研制成功为中国大型燃气轮机叶片、航空发动机叶片和高性能复杂结构定向和单晶叶片的研发奠定了基础，将有利于推动高性能 LMC 定向凝固高温合金叶片的工程化应用。

2. 高速铁路及轨道交通技术链

高速铁路技术主要包含基础设施技术和移动设备技术。其中，基础设施包含无砟轨道技术、铁路勘测技术、工程公务技术、一体化交通枢纽技术和施工工艺。移动设备技术包含列车运行控制技术、300～350 公里时速高速动车组整体技术，以及动车组的九大关键技术，该九大关键技术分别为系统集成、转向架、牵引电机、牵引变压器、牵引变流器、制动系统、牵引控制系统、列车网络控制系统、不锈钢车体等。

中国高速铁路总体技术路线为"引进—消化—吸收和再创新"路线，表 4-2 列出了中国高速铁路技术掌握程度状况。

**表 4-2　中国高速铁路技术掌握程度状况**

| 技术内容<br>技术层次 | 技术项目 | 掌握程度 |
|---|---|---|
| 基础设施层次 | 无砟轨道技术 | 基本掌握无砟轨道绝缘处理措施及 ZPW-2000 轨道点传输性能、立即沉降控制、线下工程变形控制、测量控制、扣件、道岔、施工装备和无砟轨道技术经济适用条件 |
| | 铁路勘测技术 | 掌握采用航测、物探、遥感、卫星定位测量、计算机辅助设计、人工智能等一大批高新技术 |
| | 工程公务技术 | 自主研发钢轨、重型轨枕等新装备新技术，桥梁、隧道工程技术 |
| | 一体化交通枢纽技术 | 掌握系统考虑车站、站房建筑、广场、轨道交通及其他公共交通的衔接，集多种交通方式于一体的大型客运综合交通枢纽建设 |
| | 施工工艺 | 掌握长钢轨工地焊接施工工艺，跨区间进行长大无缝线路建设，主要结构均采用高性能混凝土，线下结构与无砟轨道实现高精度对接 |
| 移动设备层次 | 列车运行控制技术 | 掌握有效解决不同速率值列车高密度混合运行、动车组跨线运行、系统设备互联互通等技术 |
| | 300～350 公里时速高速动车组 | 基本掌握高速动车组在供电、车型、牵引、制动、减震、列车控制、检测等专业技术 |
| | 系统集成、转向架、牵引电机、牵引变压器、牵引变流器、制动系统、牵引控制系统、列车网络控制系统、不锈钢车体等九大关键技术 | |
| 运营组织层次 | 不同速率值列车运输模式 | 掌握不同速率目标值、不同运行交路列车共线、跨线运输组织模式，并有相应的调度指挥系统保障 |
| | 旅客服务系统 | 掌握网上售票技术，实现售票方式的民航化 |
| | 设备管理模式 | 京津城际采用"小业主，大咨询"模式，主要进行合同管理，把大量业务外包给国外具有技术专长的企业，实现了成本节约 |
| | 运营管理模式 | 采用委托运输管理的方法 |
| 政策体质层次 | 节能环保工程 | |
| | 铁路主要技术政策 | |
| | 铁路技术管理规程 | |
| | 钢轨、道岔等技术标准、条件 | |
| | 工程测量、工程设计、施工技术、质量验收等规划、规定、标准、指南 | |
| | 动车组试验、试运行、运用检修等技术条件、管理方法、操作规程 | |
| | 列车控制系统（CTCS）相关规范、技术条件 | |
| | 构建混成组织，实现产学研相结合的制度安排 | |

资料来源：李红昌，高珊.2009.开启中国高速铁路新时代.铁道经济研究，（04）：5

### 3. 固体强激光技术链

固体激光器常用于以下几种制造加工领域：①打标；②焊接；③切割；④热处理；⑤激光武器[16]。

掺钕铝石榴石晶体（Nd：YAG）具有较高的热导率和抗光伤阈值，同时 3 价钕离子取代 YAG 中的钇离子无须电荷补偿而提高激光输出。与单晶体相比，Nd：YAG 陶瓷具有容易制造、成本低、尺寸大和掺杂浓度高、可大批量生产等优点，最重要的是 Nd：YAG 陶瓷具备与单晶一样的光学和机械性能。目前，Nd：YAG 透明陶瓷激光材料主要朝 3 个应用方向发展：①采用高掺杂浓度陶瓷激光材料来发展高效、高功率微片激光器；②采用掺杂浓度相对较低而尺寸大的材料发展高功率激光器；③发展超大尺寸材料用于激光核聚变系统的激光点火装置中。

　　Nd：YAG 激光的制造技术链如图 4-10 所示，常用的 Nd：YAG 粉末制造技术有固相法、溶剂（水）热法、溶胶-凝胶法和共沉淀法。Nd：YAG 晶体生长常用的技术有焰熔法、温梯法和提拉法。

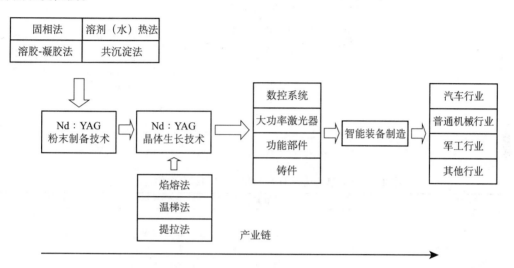

图 4-10　Nd：YAG 固体激光器结构和工作原理
资料来源：根据《现代激光制造技术》整理

## 4.1.6　高端装备制造产业重点技术分析

### 1. 航空发动机涡轮叶片制造技术

　　近半个多世纪以来，航空发动机技术取得了巨大的进步，军用航空发动机推重比由 2～3 提高到 10～20，这对材料和制造技术的发展提出了更高的要求。航空发动机涡轮叶片（包括涡轮工作叶片和导向叶片）是航空发动机中最关键的部件，也是承受温度载荷最剧烈和工作环境最恶劣的部件之一，在高温下要承受很大、很复杂的应力，因而对其材料的要求极为苛刻[17]。

　　航空发动机涡轮叶片材料最初普遍采用变形高温合金。随着材料研制技术和加工工艺的发展，铸造高温合金逐渐成为涡轮叶片的候选材料，先后研制出了定向凝固高温合金、单晶高温合金等具有优异高温性能的新合金材料。中国涡轮叶片用高温合金材料研究始于 20 世纪 50 年代，铁镍基高温合金占有较大比例。虽然研制出了几种耐高温的合金，如可在 950℃工作的“红星 11”（GH3128）和在 1000℃工作的“GH170”[18]，但高温铁镍基合金与新型的金属间化合物——铝钛合金（TiAl 合金）相比，在耐高温和比强度方面处于劣势，如图 4-11 所示[19]和表 4-3 所示[20]。

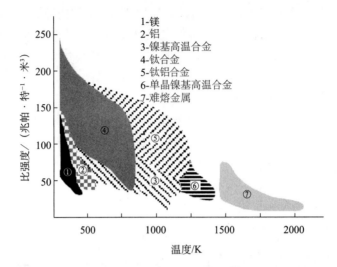

1-镁
2-铝
3-镍基高温合金
4-钛合金
5-钛铝合金
6-单晶镍基高温合金
7-难熔金属

图 4-11　TiAl 合金与其他合金在不同温度下的比强度比较

资料来源：Buhl H. 1993. Advanced Aerospace Materials. German：Spring-Verlag

**表 4-3　TiAl 基合金、Ti 合金和 Ni 基超级合金的性能对比**

| 性能 | Ti 合金 | Ti$_3$Al 基合金 | TiAl 合金 | Ni 基超级合金 |
|---|---|---|---|---|
| 结构 | Hcp/bcc | Do19 | L10 | Fcc/L12 |
| 密度/（克/厘米$^3$） | 4.5 | 4.0～4.7 | 3.7～3.9 | 7.9～8.5 |
| 弹性模量/吉帕 | 95～115 | 110～145 | 160～180 | 206 |
| 屈服强度/兆帕 | 380～1150 | 700～900 | 350～600 | 800～1200 |
| 抗拉强度/兆帕 | 480～1200 | 800～1140 | 440～700 | 1250～1450 |
| 抗蠕变极限/℃ | 600 | 750 | 750～950 | 800～1090 |
| 抗氧化极限/℃ | 600 | 650 | 800～950 | 870～1090 |
| $\delta_{5,室温}$/% | 10～25 | 2～10 | 1～4 | 3～25 |
| $\delta_{5,高温}$/（%/℃） | 12～50 | 10～20/660 | 10～60/870 | 20～80/870 |

资料来源：Wang B，Jia T C，Zou D X，et al. 1992. A study on long-term stability of Ti$_3$Al Nb V Mo alloy Materials Science and Engineering

　　由图 4-12 可以看出，与高温镍合金和钛合金相比，TiAl 合金具有更好的温度-比强度综合性能。TiAl 合金的最大优点是高温性能好、抗氧化能力强、抗蠕变性能好和低密度（密度是镍基高温合金的 1/2），这些优点使 TiAl 合金成为未来航空发动机最具竞争力的材料，可用于制作压气机高压叶片，燃气涡轮机中的中、低压叶片，压气机定子挡风板，定子机座，以及其他形状复杂的大尺寸铸造和锻造零件。

　　TiAl 合金主要有 Ti$_3$Al（α2 相）基、Ti$_2$AlNb（O 相）基和 TiAl（γ 相）基三种和正在研发的高铌（Nb）TiAl 基合金。Ti$_3$Al（α2 相）基合金工作温度为 600～700℃，比近 α 型热强 Ti 合金高出约 200℃，对于短时服役的航空/航天发动机零部件，使用温度可达 1000℃；Ti$_2$AlNb（O 相）工作温度为 700～800℃，短时使用温度可达 1100℃；TiAl（γ 相）基工作温度为 750～900℃，与高温镍合金接近，但密度小于 4.0 克/厘米$^3$；高铌（Nb）TiAl 基合金的目标是发展 800℃以上，能在 900～1000℃工作的高性能 TiAl 合金。

　　航空发动机涡轮叶片在普通生产过程中受到冷变形（磕碰、吹砂、机械加工等），又在高于再结晶温度下停留，发生再结晶现象，直接破坏合金的组织形态，从而显著降低叶片的疲劳和持久寿命。采用定向凝固技术则可以生产出具有优良的抗热冲击性能、较长的疲劳寿命、较低的蠕变速率[21]（图 4-12）和中温塑性的薄壁空心涡轮叶片。

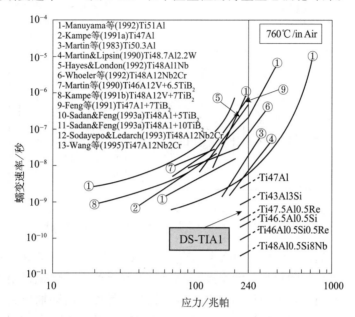

图 4-12　普通铸造和定向凝固 TiAl 合金蠕变速率比较

资料来源：傅恒志. 钛铝合金电磁冷坩埚定向凝固技术的研究. 稀有金属材料与工程，2008

定向凝固技术可获得生长方向与主应力方向一致的单向生长的柱状晶体，消除了垂直于应力轴方向的横向晶界，使晶界不再成为断裂的萌生源，从而提高了材料抗高温蠕变和疲劳的能力。定向凝固铸件的组织分为柱状、单晶和定向共晶 3 种。应用这种技术能使涡轮叶片的使用温度提高 10～30℃，涡轮进口温度提高 20～60℃，提高发动机的推力和可靠性，并延长使用寿命。

定向凝固技术可分为传统工艺和现在工艺两大类。传统的定向凝固工艺有功率降低法（PD）、发热铸型法（EP）、高速凝固法（HRS）和高温度梯度液态金属冷却法（LMC）；现代凝固工艺有电磁约束成形定向凝固（DSEMS）、深过冷成形（DUDS）、激光超高温度梯度快速定向凝固（LRM）和超高温度梯度液态金属冷却法（ZMLMC），如图 4-13 所示。

在传统工艺中，发热铸型法（EP）无法调节温度梯度和凝固速度，单向热流条件很难保证，故不适合生产大型优质铸件；功率降低法（PD）可以获得较大的冷却速度，但是在凝固过程中温度梯度是逐渐减小的，致使所能允许获得的柱状晶区较短，且组织也不够理想，设备相对复杂，能耗大；高速凝固法（HRS）是通过辐射换热来冷却的，所能获得的温度梯度和冷却速度都很有限；高温度梯度液态金属冷却法（LMC），是在 HRS 法的基础上，将抽拉出的铸件部分浸入具有高热导率的高沸点、低熔点、热容量大的液态金属中，形成了一种新的定向凝固技术。这种方法提高了铸件的冷却速度和固液界面的温度梯度，而且在较大的生长速度范围内可使界面前沿的温度梯度保持稳定，结晶在相对稳态下进行，能得到比较长的单向柱晶[22]。

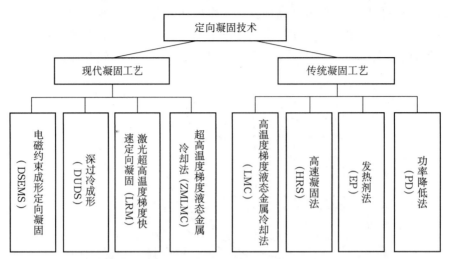

图 4-13 传统定向凝固工艺

资料来源：根据汤国兴等《定向凝固技术的发展与应用》整理

在现代工艺中，超高温度梯度液态金属冷却法（ZMLMC）采用在距液固界面极近的位置处设置感应线圈进行强制加热，使金属局部熔化过热，产生的熔化区很窄，从而将液固界面位置下压，同时使液相中的最高温度尽量靠近凝固界面，启动抽拉装置，不断地向下抽拉熔化的试样进入液态合金中冷却。ZMLMC 定向凝固装置最高温度梯度可达 1300K/厘米，最大冷却速度可达 50K/秒，凝固速率可在 61 000 微米/秒内调节。

综上所述，随着中国商业航空市场发展、军民两用大型飞机的迫切需求，航空发动机市场必须摆脱对国外公司的依赖。因此，LMC 高温（900～1000℃）TiAl 合金材料的自主研发刻不容缓。

2. 高速滚动轴承技术

高速滚动轴承的结构设计上常采用减少滚动体的质量来提高轴承的高速性能，即选用特轻和超轻直径系列，或者采用陶瓷作为滚动体材料，保持架多用酚醛层压布塑料、聚酰亚胺或青铜等实体保持架，为减小摩擦发热，还可以在引导面上镀银。在同时要求轴承具备高速和高刚性的使用场合，通常选用圆柱滚子轴承或柔性滚子轴承。高速列车所使用的高速滚动轴承常采用的两种技术如下[23]。

（1）轻量化技术：减轻簧下质量，减少转向架簧下的冲击振动，改善转向架的动力学性能和提高轴承的使用寿命等。具体工艺有选择合理的轴承结构形式，提高加工水平，减轻轴承组件质量等。

（2）降低轴承摩擦因数技术：降低滚动轴承的动摩擦因数，并降低轴温。轴承的高摩擦因数会使轴承的轴温升高，增加能耗，而且会缩短轴承和润滑剂寿命，尤其是游隙的减少会危及列车的行车安全。常用的解决措施有三项：①在有大轴向力同时轴向力作用频率高的状态下，选用圆锥滚子轴承（此类轴承的轴温偏低）；②采用优化设计（结构参数）的带挡边的圆柱滚子轴承，对轴承套圈挡边与滚子端面采用修正设计，保证其作用有良好的弹性流体动力润滑状态；③提高轴承的制造精度，调整轴承的径向间隙，采用非接触式密封形式。

### 3. 固体激光加工技术

固体 Nd：YAG 激光加工技术的主要应用方向有五个。

#### 1）激光打标

激光打标技术是目前激光领域应用最广泛的、最成熟的一项技术。固态 Nd：YAG 激光器，可在不同金属材料上实现打标，已广泛用于电子、汽车、航空、仪表机械、五金等行业。

#### 2）激光焊接

激光焊接技术利用金属材料在激光照射下，吸收光能，局部温度急剧升高并达到熔点实现焊接。它具有能实现金属的快速加热/冷却，对零件无外力作用，能够焊接高熔点、难熔、难焊金属（如钛合金、铝合金等）等优点，并可在空气中实现直接焊接。常用的激光源有二氧化碳和 Nd：YAG。激光焊接技术与计算机、工业机器人等结合后，能够实现自动焊接和生产效率的提高。

#### 3）激光切割

激光切割利用激光束聚焦成的高功率光斑，将材料快速加热至气化温度，蒸发形成小孔洞后，再使光束与材料相对移动，从而获得窄的连续切缝。连续激光可用于各种材料的高效切割，红外脉冲激光主要用于金属材料的精密切割，紫外脉冲激光主要用于薄板金属或非金属材料的精密切割。Nd：YAG 脉冲激光器，可实现对薄板材料的微波水波导激光切割。其切割速度往往超过传统的激光切割速度，可用于薄板切割、晶片切割等领域。

#### 4）激光热处理

激光热处理是一种表面改造技术，包含激光淬火、激光毛化、激光表面合金化、非晶化、冲击强化等。常用的热处理技术有三种：①激光淬火加工，在相同的功率密度下，Nd：YAG 激光器比二氧化碳激光器的淬火深度要深，且变形量小，Nd：YAG 在黑色金属表面的吸收率达到 40%，因而无须任何预涂黑化吸光层；②激光熔覆，可以使航空发动机钛合金和镍合金摩擦副的接触器表面覆盖一层性能优异的熔覆层，也可使涡轮叶片表面得到保护，大大提高航空发动机零件的使用寿命，并能修复报废的大型工件（如叶片、轧辊等）；③激光毛化，轧辊表面对 Nd：YAG 激光的吸收率比二氧化碳激光高出一个数量级，可以有效降低对激光器输出功率的要求，也不需要涂层处理。

#### 5）激光雕刻

激光束经过导光聚焦后射向被雕刻材料，利用激光和材料的相互作用，将材料的制定范围除去，而在未被激光照射到的地方材料保持原样。金属微加工时常选用 Nd：YAG 激光器，它的波长涵盖了如 Al、Cu、Ni、Ag、Pt、Zn 和 Pb 等大部分金属。在印染行业，Nd：YAG 激光器常用于雕刻陶瓷网纹辊，可雕刻高网线数的陶瓷辊。而在激光内雕方面，一般都采用固态 YAG 激光器。

# 4.2 / 高端装备制造产业发展环境

## 4.2.1 美国高端装备制造产业发展环境

### 1. 美国高端装备制造产业发展背景

在 2008 年金融危机之后，美国开始把注意力转向以先进制造为代表的实体经济。2009 年，奥巴马政府发布《美国制造业振兴框架报告》，提出振兴制造业的建议。2010 年年初，奥巴马总统的国情咨文中提出："出口五年倍增。"其底气来自于美国高端装备制造业的振兴。

2008～2010 年，美国吸引的外资中有 24%（2008 年）、33%（2009 年）和 36.46%（2010 年）投入制造业。但 2010 年，美国制造业只占世界制造业产出的 19.4%，已落后于中国，中国对美国制造业的投资比例占所有产业投资比例的 27%。2011 年 9 月，美国制造业产出较上个月增长 0.4%，采矿业产出增长 0.8%，美工业设备开工率为 77.4%，仍低于 1972～2010 年美工业设备 80.4% 的平均开工率，制造业就业人数占总就业人数的比例已下降至 12%，美厂商对工业生产扩张态度仍然谨慎。

### 2. 美国高端装备制造产业政策

2009 年 12 月，美国总统办公室公布《重振美国制造业框架》[24]，详细论述了美国重振制造业的理论基础，重振制造业的优势与挑战，以及为重振制造业而推出的七个方面的政策措施。此外《2009 美国复苏与再投资法案》和《2009 清洁能源法案》同样提出振兴美国制造业的大量措施。

2010 年 8 月，美国公布《2010 制造业促进法案》，与其他 2010 年 7 月底以前通过的各项法案一起，构成了美国振兴制造业的法律保障，根据这些法案，美国将对本土制造业所需的原材料进口削减关税，对投资在本土的美国企业实施税收优惠。

2010 年年底，为了保障战略新兴产业对关键原材料（如稀土等）的需求，美国能源部（DOE）完成了第一份关键材料报告。2011 年年底 DOE 对 2010 年的报告进行了修订，发布了《2011 关键材料战略》（2011 *Critical Materials Strategy*）。该报告认为，短期内有几种清洁能源技术用材料面临供给风险，而从中长期来看，这种风险将会逐渐降低。未来几年，五种稀土金属（镝、钕、铽、铕、钇）的供应挑战会影响清洁能源技术的发展。

2011 年 2 月 14 日，奥巴马向美国国会提出 2012 财年联邦政府预算案，预算总额达到 3.73 万亿美元。由于奥巴马政府认识到制造业对美国长期经济竞争力至关重要，所以 2012 财年预算将大幅增加对先进制造技术的支持力度。奥巴马总统认为仅仅在美国投资几项新技术是远远不够的，建议大力支持先进制造技术的开发和商业应用。这些技术不仅能振兴现有的制造产业，还能在诸如清洁能源等新兴领域支撑新产品的开发。

2011 年 9 月 16 日，《美国发明法案》的修正案正式生效，其内容主要涉及四个方面：①专利法律诉讼改革；②美国专利商标局（USPTO）规费和财政改革；③美国专利商标局审查程序改革；④先发明制改革为先申请制及实体专利法的变化[25]。该修正案还宣布了一系列旨在促进科研成果转化的重要政策措施，从法律基础上支撑科技创新活动。

3. 美国高端装备制造产业规划与研发计划

1）确认并开发产业合作平台技术

2011 年 6 月 24 日，时任美国总统奥巴马宣布了一项超过 5 亿美元的"推进制造业伙伴关系"（Advanced Manufacturing Partnership）计划，通过政府、高校及企业的合作来强化美国制造业。该计划主要包括以下几个方面。①提高美国国家安全相关行业的制造水平。从 2011 年夏季起，美国国防部（DOD）、国土安全部（DHS）、能源部（DOE）、农业部（USDA）、商务部和其他部门将共同努力，利用其现有资金和未来预算，投入 3 亿美元用于合作投资与创新技术产业（包括小型大功率电池、先进复合材料、金属加工、生物制造和替代能源等），提高美国国家安全相关行业的制造水平，并实现经济的可持续发展。②缩短先进材料的开发和应用周期。"材料基因组计划"（Materials Genome Initiative）将通过在研究、培训和基础设施方面超过 1 亿美元的投资，使美国企业发现、开发、生产和应用先进材料的速度提高到目前的两倍。与硅技术的进步帮助创建了现代信息技术产业类似，先进材料将推动超过数十亿美元的新兴先进制造、清洁能源和国家安全相关产业的发展。③投资下一代机器人技术。美国国家科学基金会、国家航空航天局、国立卫生研究院和农业部正在联合推出一项耗资 7000 万美元的"国家机器人计划"（National Robotics Initiative，NRI），新一代机器人承担工人、医护人员、医生和宇航员等工作任务，各部门参与机构如表4-4所列。④开发创新的、能源高效利用的制造工艺。美国能源部将耗资 1.2 亿美元开发创新的制造工艺和材料，以使公司能够削减制造成本，同时使用更少的能源。

美国政府的 2012 年预算中，将向"先进制造技术合作"（Advanced Manufacturing Technology Consortia，AMTech）项目提供 1200 万美元，以推动公私合作关系，提升制造研发投资并减少从创新到市场过程中的障碍。此外，2012 预算还向"技术创新计划"（Technology Innovation Program）提供 7500 万美元资助，以推动提升制造工艺的高风险、高回报创新技术的研发。

表 4-4　NRI 计划的主要政府部门机构及具体参与部门

| 政府机构 | 具体参与部门 |
| --- | --- |
| 国家科学基金会 | 计算机、信息科学工程学部<br>信息和智能系统部<br>社会、行为和经济科学学部，工程学部<br>教育和人力资源学部 |
| 国家航空航天局 | 教育和人力资源学部 |
| 国立卫生研究院 | 国家神经紊乱和中风研究所<br>国家衰老研究所<br>国家生物医药成像和生物工程研究所<br>国家研究资源中心<br>尤尼斯·肯尼迪·施莱佛（Eunice Kennedy Shriver）国家儿童健康和人类发展研究所<br>国家护理研究所 |
| 农业部 | 国家食品和农业研究所 |

资料来源：中国科学院国家科学图书馆 . 2011. 科技研究动态监测快报——先进制造与新材料科技专辑

2）启动先进制造技术突破性竞争力研发

美国政府决定增加国家科学基金会、国防部先进研究项目局、国家标准与技术研究院和能源部能源效率与可再生能源办公室等机构的预算，振兴美国制造业。

美国国家科学基金会在基础和应用研究领域将增加 8700 万美元，以支持先进制造技术中具有极大潜力的研究项目，如材料设计、纳米制造、下一代机器人及信息物理系统（cyber physical systems，如智能建筑和桥梁等）。美国国防部先进研究项目局未来 5 年中在先进制造领域将投入 10 亿美元，改变目前制造的基础模式，并极大降低从设计到制造整个过程所需的时间。例如，自适应车辆制造（*Adaptive Vehicle Make*）计划的重点是复杂国防系统的制造，推动微电子和信息技术的发展。美国国家标准与技术研究院实验室的预算增加了 7.63 亿美元，在纳米制造、网络安全及生物制造等领域推动测量及相关技术的发展。美国能源部的预算将增加 5 亿美元以支持清洁能源领域先进制造技术的研发，如电池或光伏电池柔性电子组件、工业化工材料的低碳生物合成，以及性价比高的超轻、超长寿命的汽车用材料等。此外，预算中增加了额度为 30 亿美元的无线创新基金（Wireless Innovation Fund），用以支持新型无线技术。

3）重新设定清洁能源制造税收抵免政策

美国清洁能源制造业复苏势头强劲，起初复苏法案中的 23 亿美元抵免额度过低，2012 年预算中将追加 50 亿美元额度。该政策至少将吸引来自私营部门 117 亿美元的投资并创造几千个高薪的就业机会。

4）复苏法案支持新兴制造产业的发展

额度为 23 亿美元的清洁能源制造贷款（Clean Energy Manufacturing Credit）至少资助了私营部门 54 亿美元的投资，提升了美国在清洁制造技术（包括可再生能源、建筑效率以及先进车辆技术等）领域的竞争力，并创造了数千个高薪就业机会。到目前为止，美国政府收到了 500 项申请，申请总额高达 80 亿美元。

## 4.2.2 英国高端装备制造产业发展环境

### 1. 英国高端装备制造产业发展背景

英国是世界工业革命的发源地，也是传统的制造业大国。然而，20 世纪 70 年代末，英国就开始进入制造业产值显著下降并导致产业结构剧烈变动的时期。从业人员、就业岗位和产值从制造业向服务业转移，1986 年以后，英国便将制造业列为"夕阳产业"，在 30 多年的时间中，英国制造业在整体经济中所占的份额逐步下降。只有部分制造产业，如航空、汽车、化工、机电、石油等高端产业，在市场竞争中，经过了技术改造和升级得以生存。原规模化生产的企业逐步朝高端的设计、集成、概念化产品和附加值更高的名牌型产品方向转变。同时，在私有化过程中，对新兴的产业，特别是中小企业、高科技企业、咨询性企业的扶持力度加大，使得整个服务行业得到了快速的发展[26]，但是其制造业在世界市场上的份额已不到 3%，从事高级和中高级技术含量制造业的人员（占总就业人员）的比例由 1997 年的 7.68% 下降到 2009 年的 4.87%[27]（图 4-14），这反映出英国制造业严重衰退。

2008 年下半年，受金融危机的影响，英国具有优势的金融业出现问题，英镑直线贬值，英国政府开始意识到只有制造业才能拯救英国经济。

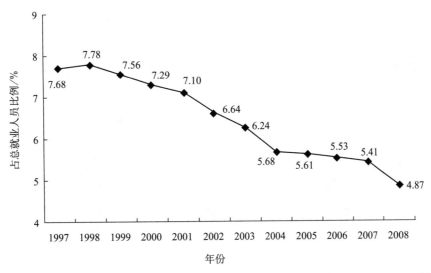

图 4-14　1997～2008 年英国从事高级和中高级技术含量制造业人员占总就业人员的比例变化

资料来源：根据欧盟统计局相关资料整理

2009 年，英国政府明确强调必须重新定位制造业，未来制造业的发展将坚持 7 项原则：①维护宏观经济稳定，为制造业企业制订长远发展规划创造条件；②加大对制造业的投入，包括资本设备、技术、技能及研发的投入；③推动科技创新，帮助企业利用英国的科技优势，生产高附加值产品；④加强制造业优秀经验、工艺的推广；⑤加强制造业从业人员技能教育；⑥提升交通、通信等现代基础设施水平，为制造业再上台阶创造条件；⑦建设良好的市场环境。

英国政府鼓励对英国的高价值投资，并支持外来制造商和前沿科技的发展（英国制造业在吸引外国直接投资方面名列欧洲第一，2006 年英国制造业吸引外国直接投资 260 亿英镑，在西方国家中仅次于美国）。为突出和传播"最佳产业集群"的做法，政府将颁发"集群标志"奖，以提升最佳集群制造商们的形象并扶持本地企业在国际市场的营销，并希望在竞争激烈的全球制造业领域占据产业价值链的高端位置。英国商业、企业和管理改革部还与英国贸易投资总署合作，共同加强对高端外来投资者的后续支持。在参与全球价值链的同时，知识产权署公布新措施，指导英国企业在如中国、印度和巴西等主要新兴市场中知识产权的保护和开发[26]。

2011 年英国采矿、矿石和制造业指数（2005＝100SA，即以 2005 年为基期）如图 4-15 所示[27]。

**2. 英国高端装备制造产业政策**

总体上，英国近 20 年的科技政策的走向，基本朝着适应产业结构的调整和地区振兴的需要方向努力。

2009 年 7 月，英国政府公布了一份新的制造业战略，以取代 2002 年制定的制造业战略。新兴市场的崛起也将给英国制造业带来很大挑战。因此，英国制造业新战略提出了五大竞争策略。①占据全球高端产业价值链。英国希望在竞争激烈的全球制造业领域占据产业价值链的高端位置，巩固现有比较优势，包括在高技术制造业领域的领先地位；②加快

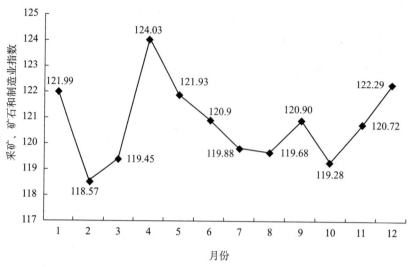

图 4-15　2011 年英国采矿、矿石和制造业指数
资料来源：根据欧盟统计局相关资料整理

技术转化成生产力的速度。英国政府将每年支出 1500 亿英镑，通过政府采购促进企业创新，英国每个政府部门都有自己的"创新采购计划"，从而推动企业及时把技术转化成产品；③增加对无形资产的投资，英国企业联合会的调查显示，55％的企业认为本企业最重要的比较优势来自设计与研发；④帮助企业增加对人和技能的投资，2010～2011 年，英国政府投入 10 亿英镑，帮助 1 万家企业培训员工；⑤抢得低碳经济发展先机。英国环保行业自 2001 年以来已累计投资 1.86 亿欧元，占欧洲总投资的 30％，年产值 250 亿英镑，还拥有欧洲最大的清洁技术风险资本市场，英国政府决定利用这些优势，帮助本国制造企业进军低碳经济前沿[28]。

　　2010 年 12 月 8 日，英国商务创新和技能部（BIS）宣布推迟《制造业增长框架》的发布后，于 12 月 10 日发布了《先进制造业增长评述框架》（*Growth Review Framework for Advanced Manufacturing*）报告。该报告指出，英国先进制造业未来 10 年内的目标是保持英国制造业的增长，使英国成为欧洲高附加值产品和相关服务的主要出口国，提高制造业中高技能劳动力的比例。

　　3. 英国高端装备制造产业规划与研发计划

　　2009 年，为使重振制造业战略达到预期目标，英国政府联合与制造业相关的各公共行政部门、行业协会和各主要制造业企业，制订了七项行动计划，拟全面重振英国的制造业，如表 4-5 所列[28]。

表 4-5　英国政府、行业协会和制造业企业联合制订的振兴制造业行动计划[28]

| 序号 | 行动计划内容 |
| --- | --- |
| 1 | 对贸易投资进行额外拨款，帮助 600 家英国制造企业拓展市场，推介英国制造业的优势，进行一系列的营销宣传 |
| 2 | 投入 3000 万英镑建立制造业技术中心，未来 10 年投入 1.3 亿英镑用于技术的研发，技术战略部门拟投入 2400 万英镑研究增加制造业产品和服务体系的附加值，并帮助技术研发部门从社会筹资 |
| 3 | 帮助 500 家企业与研究创新机构建立联系（在 2011 年上升到 1000 家），政府投资 300 万英镑帮助中小企业与研究单位建立合作关系 |

续表

| 序号 | 行动计划内容 |
|---|---|
| 4 | 要求地方发展和规划部门对本地区规划进行检讨，帮助中小企业找准定位，提高产业规划和产品的设计能力，帮助企业了解国际竞争体系，找准进入国际市场的切入口，并对开发自主知识产权的企业实行减税政策 |
| 5 | 各行业协会至少要提供 1500 个新员工培训岗位，请有经验的大企业员工进行授课，在未来 3 年（2010～2013 年）内，政府将为制造业提供 9000 个员工培训岗位 |
| 6 | 政府、行业协会及制造业企业加强对现在制造业现状及前景的研究，培养青年一代建立对制造业的兴趣及提供参与制造业的机会，发起"制造业未来"运动，"科学和技术网络"组织将参与该运动，以帮助 14～19 岁青年获取技师和设计师文凭 |
| 7 | 政府出台"低碳工业战略"和"国际市场战略"，以确保英国制造业占据全球低碳经济的前沿，优先扶持核电、可再生能源及清洁汽车三大产业的发展 |

2010 年 1 月 7 日，英国商业、创新和技能部（BIS）宣布投资 7000 万英镑，资助建立南安普敦大学光子创新制造中心、拉夫堡大学再生医学创新制造中心、布鲁内尔大学液态金属创新制造中心等三个工程和自然科学研究委员会（Engineering and Physical Sciences Research Council，EPSRC）新中心。此外，英国政府当日还宣布设立首个高价值技术创新中心（TIC），在未来四年将投入 2 亿英镑。首个 TIC 将依托全国的资源，包括罗瑟勒姆的先进制造研究中心、核先进制造研究中心、考文垂的制造技术中心等 7 个中心。

2011 年 3 月 17 日，英国政府宣布再投资 5100 万英镑，以确保英国制造业的国际领先地位，尤其是在制药、航空和汽车领域。其中，4500 万英镑将用于资助英国工程和自然科学研究委员会的 9 个先进制造研发中心（表 4-6），其余 600 万则用于支持制造业的未来尖端研究。

**表 4-6　EPSRC 的 9 个先进制造研发中心概况**　　（单位：万英镑）

| 中心名称（简） | 依托大学 | EPSRC 资助 | 业界资助 |
|---|---|---|---|
| 超精密中心 | 克兰菲尔德大学 | 520 | 120 |
| 产业可持续化中心 | 克兰菲尔德大学 | 450 | 130 |
| 全寿命工程服务中心 | 克兰菲尔德大学 | 480 | 350 |
| 复合技术中心 | 诺丁汉大学 | 490 | 180 |
| 智能自动化中心 | 拉夫堡大学 | 480 | 33.4 |
| 添加制造中心 | 拉夫堡大学 | 490 | 320 |
| 连续制造与结晶中心 | 斯特拉思克莱德大学 | 490 | 180 |
| 先进测量中心 | 哈德斯菲尔德大学 | 400 | 320 |
| 重大大分子治疗中心 | 伦敦大学学院 | 490 | 390 |

资料来源：中国科学院国家科学图书馆 .2011. 科学研究动态监测快报——先进制造与新材料科技专辑

2011 年 10 月，英国政府宣布未来六年投入 1.7 亿英镑建立七大先进制造研究中心（2013 年前全部建成），以提升英国制造业竞争力水平。

这七大中心分别是先进制造研究中心（谢菲尔德大学，罗瑟勒姆）、核先进制造研究中心（罗瑟勒姆）、制造业技术中心（考文垂）、先进成型工艺研究中心（斯特拉斯克莱德大学）、国家复合材料中心（布里斯托尔大学）、工艺创新中心（沃尔顿诉塞奇菲尔德）和沃里克制造业小组（沃里克大学），其中首个先进制造中心已于 2011 年 10 月 11 日成立。

这些中心将通过将一些商业导向的研究和创新产业化，提升包括医药业和生物技术、食品饮料、卫生保健、航空航天、汽车、能源、化学和电子等多行业的竞争力。中心经费主要来自三个方面，技术战略委员会（1/3）、直接商业合同（1/3）和竞争性研究开发资助（包括欧盟的资助，1/3）。

### 4.2.3 欧盟高端装备制造产业发展环境

#### 1. 欧盟高端装备制造产业发展背景

在欧盟区域内，共有 250 万家制造企业，其中 99％是中小企业，提供了 18％的就业岗位，制造产业创造的 GDP 占欧盟总 GDP 的 22％[29]。欧盟成员国中，从事高级和中高级技术含量制造业的人员（占总就业人员）的比例由 2000 年的 7.40％下降到 2007 年的 6.69％，但在 2005 年跌至 6.58％的最低点后，实现了缓慢回升（图 4-16），欧盟的制造业开始出现复苏迹象。

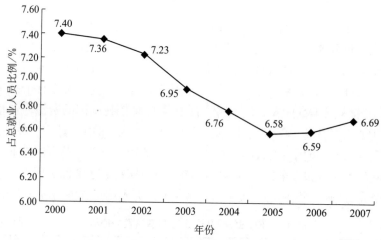

图 4-16　欧盟 27 个成员国从事高级和中高级技术含量制造业的人员占总就业人员的比例变化
资料来源：根据欧盟统计局相关资料整理

从 2003 年开始，欧盟委员会开始研究未来制造业的发展趋势，以求对欧盟制造业的发展作出战略规划。

2004 年 11 月，欧盟专家组提交了一份远景报告——《未来制造业：2020 年展望》（*Manufuture：a Vision for* 2020）。这份报告对欧盟制造业的优势、劣势、机遇、挑战进行了分析，报告充分肯定了制造业在欧盟经济中的重要地位——制造业在财富创造、产品提供、购买服务及提供就业岗位中发挥着重要作用，明确提出单纯依靠服务业的经济不可能长期生存[29]。

欧盟制造业未来的发展目标是：提高制造业的智能化和先进水平，加速制造业的转变，确保在知识经济条件下，欧盟制造业能够在世界制造业中占有较大份额。为此，欧盟的制造业必须调整结构、加速转型，实现从资源密集向知识密集的转变，实现基于知识的"创新生产"。

以国别区分，传统的欧盟制造业大（强）国，如德国、捷克、英国和法国，它们从事高级和中高级技术含量制造业的人员（占总就业人员）的比例如图 4-17 所示。

1997～2008 年，德国从事高级和中高级技术含量制造业的人员（占总就业人员）的比例平均保持在 10.97％，在 2005 年跌至 10.50％后，缓慢回升；捷克从事高级和中高级技术含量制造业的人员的比例由 1997 年的 8.68％上升到 2008 年的 11.64％；法国从事高级和中高级技术含量制造业的人员的比例从 1997 年的 7.1％持续缓慢下降到 2008 年的

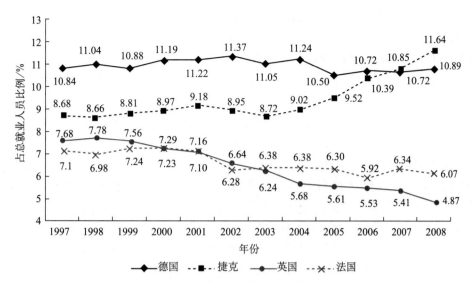

图 4-17 1997～2008 年，德国、捷克、英国、法国从事高级和中高级技术制造业的人员占总就业人员的比例
资料来源：根据欧盟统计局相关资料整理

6.07%；英国从事高级和中高级技术含量制造业的人员的比例由 1997 年的 7.68% 下降到 2009 年的 4.87%。

2010 年 3 月 3 日，欧盟委员会正式公布指引欧盟发展的"欧洲 2020 战略"，提出了七大旗舰计划，其中创新联盟旗舰计划提出在欧盟和国家层面启动"欧洲创新伙伴"计划，将"改变欧洲工业化未来的关键使能技术"作为重点领域之一；全球化时代的产业政策旗舰计划提出，必须制定统一的产业政策，创造最好的环境，维持和发展欧洲强大的、具有竞争力和多样化的工业基础，同时支持制造业部门向提高能源和资源使用效率的方式转变。

2011 年，欧盟 27 成员国采矿、矿石和制造业指数（2005＝100SA，即以 2005 年为基期）如图 4-18 所示[27]。

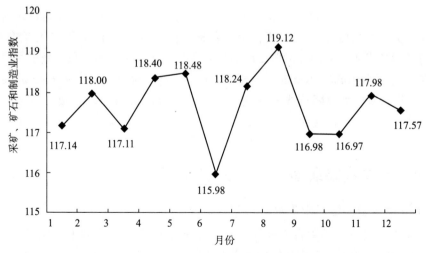

图 4-18 2011 年欧盟 27 成员国采矿、矿石和制造业指数
资料来源：根据欧盟统计局相关资料整理

2012 年 2 月，在德国制造业快速增长的带动下，欧元区制造业采购经理人指数（PMI）终值从 2012 年 1 月的 57.3 升至 59.0，制造业呈现近 11 年以来的最快增长步伐[54]。

截至 2011 年 12 月，德国制造业就业人数约 520 万人，同比增长 3.6%，全年制造业平均就业人数 510 万人，同比增长 2.9%。2012 年 2 月，德国的采购经理指数（PMI）指数达到了 51.0。

捷克是德国的近邻，且德国是捷克最大的贸易伙伴，借助汽车产业（2004 年，对德出口占汽车业总出口的 38%，自德进口占汽车业总进口的 50%），2011 年第三季度，捷工业产值（按不变价格计算）同比增长 4.2%，其中增长较为迅速的工业领域包括机动车制造业（同比增长 21.4%）、机械设备制造业（同比增长 6.3%）和橡胶塑料工业（同比增长 6.2%）。

2011 年，法国工业生产在 11 月增长 1.1% 后，2011 年 12 月法国工业生产衰退 1.4%，在 11 月增加 1.4% 后在 12 月回落 1.4%。2011 年后三个月法国制造业衰退了 0.5%，整个工业则衰退 0.8%。2012 年 1 月，法国制造业 PMI 终值从 12 月的 48.9 降至 48.5，2 月的制造业 PMI 预期指数为 50.2，小幅回升。

2011 年第四季度，英国经济萎缩 0.2%，比 2010 年三季度下降了 0.8 个百分点。同时，英国统计局公布 2011 年英国经济增长率为 0.9%。英国制造业下降了 0.9%，同时，国际货币基金组织将英国 2012 年经济预期从增长 1.6% 调低到增长 0.6%。

2. 欧盟高端装备制造产业政策

在《第七框架计划（2007～2013）》框架下，欧盟委员会 2010 年 7 月 19 日提出将在 2011 年投资约 64 亿欧元用于科研和创新领域，其中纳米科学、纳米技术、材料和新生产技术（NMP）项目计划预算超过 3 亿欧元（第七框架计划总资助额为 35 亿欧元），微型可植入和可接触（interfaceable）器件是前沿交叉和使能重要议题之一。

3. 欧盟高端装备制造产业规划与研发计划

2009 年 3 月启动了 ONE-P（organic nano-materials for electronics and photonics：design，synthesis，characterisation，processing，fabrication and applications）计划。该微型光电探测器研究计划投资额为 1800 万欧元，包括来自欧盟 10 个国家的 28 个合作伙伴。

信息与通信技术主题方面，欧盟 2010 年 10 月启动了 PARADIGM（光子集成通用制造先进研究和开发，photonic advanced research and development for integrated generic manufacturing）计划，有望大幅降低光芯片成本，帮助欧洲保持该领域的领先地位。该计划为期 4 年，总预算为 1270 万欧元，其中 830 万来自欧盟第七框架计划下的信息和通信技术主题。

## 4.2.4　日本高端装备制造产业发展环境

1. 日本高端装备制造产业发展环境

2010 年 6 月，日本首相菅直人领导的内阁批准了长达 113 页的中长期经济发展战略，力倡行政改革和经济转型，希望从脆弱的单一支柱结构（主要是汽车/电子）向稳定的山链结构（即通过电子、机械等基础产业支撑位于山顶的复杂系统，如高铁、智能电网等）转变，从高度功能/单一产品导向的产业向系统销售/解决方案/文化增值产业转变。

该战略提出，日本政府未来十年内在航天工业上的投资将从目前的 767 亿美元提高到 1643 亿美元，主要为官方研发补助，用于新兴经济体国家建设卫星、紧凑型助推运载火箭，并鼓励大学和公司研发低成本卫星技术。

**2. 日本高端装备制造产业政策**

为了在亚洲基础设施建设中占据主导地位，日本政府一方面对内部进行了人事和机构设置调整，组织精兵强将推动日本高端装备制造业的发展。以高速铁路为例，日本政府于 2009 年 9 月 1 日在铁道局内设置了"铁道国际战略室"，室长为大臣官房参事官。该室由 14 名成员组成，在实际运作时，将与东日本钢铁公司、其他日本铁路运营商及研究机构等各种相关团体合作，积极推进日本铁道系统向国外出售和技术标准的国际化。

另一方面日本政府在亚洲积极活动。日本政府单独出资 100 亿日元，构建"东亚东盟经济研究中心"（ERIA），联合亚洲开发银行和东盟秘书处，共同设计了"亚洲综合开发"草案。该草案提出，以 2020 年为目标，以"东盟＋中日韩＋澳新印"等为范围，建设包括交通、通信等基础设施等在内的 650 个大项目，总事业费用将达 2000 亿美元。其目的是推动以东盟、印度为核心的"东亚国际产业分工体系"的构建。

**3. 日本高端装备制造产业规划与研发计划**

日本确定了未来 5 大战略领域：①基础设施/系统出口，包括核能、高速铁路等。②环境/能源问题相关产业。③医疗、卫生及育儿服务等。④创意产业、出口产业，包括时尚、食物、旅游等。⑤先进研究领域，包括机器人、空间技术、飞行器、稀有金属、纳米技术、高温超导、功能化学、信息技术、碳纤维及生物制药等。

基础设施/系统出口（主要包括水运、煤电和煤气、电力传输、核电、铁路、循环工业、智能电网、可再生能源以及信息通信等产业领域）将是日本未来的发展重点。据日本总务省初步估算，仅亚洲的智能电网建设，即可为日本创造 98 万亿日元的商机。而根据日本新经济增长战略，亚洲的基础设施建设至少可为日本提供 200 余个就业机会。

## 4.2.5 中国高端装备制造产业发展环境

**1. 中国高端装备制造产业发展背景**

2011 年，受国际油价、人力资源成本上升、人民币汇率（图 4-19）、国际贸易反倾销调查、金融危机及国内制造业升级转型等多种因素影响，中国制造业采购经理人指数持续下降，根据中国物流与采购联合会（CFLP）和汇丰银行的统计数据，中国制造业在 2011 年 11 月跌至最低，后缓慢回升（图 4-20）但整体形势不容乐观。

2012 年 2 月，根据汇丰银行的预测，中国制造业采购经理人指数（PMI）预览值升至 49.7，高于 1 月的终值 48.8，连续三个月回升。

目前，中国高端装备制造业存在的主要问题在于以下几个方面：过度依赖投资增长；自主创新能力薄弱，缺乏核心技术和自主品牌；基础制造水平滞后，部分领域存在重复建设和产能过剩；能源资源利用率低，产品能耗高等。

高端装备制造业"十二五"规划在发展方向上着眼五个细分行业：航空、航天、高速铁路、海洋工程、智能装备。国家"十二五"规划，预计到 2015 年，中国高端装备制造业年销售产值将达到 6 万亿元人民币以上；力争到 2020 年，高端装备制造业销售产值占装备

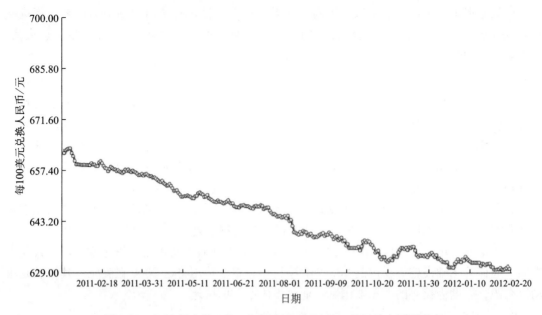

图 4-19　2011 年 1 月 4 日～2012 年 2 月 24 日，美元兑人民币汇率
资料来源：根据中国银行相关资料整理

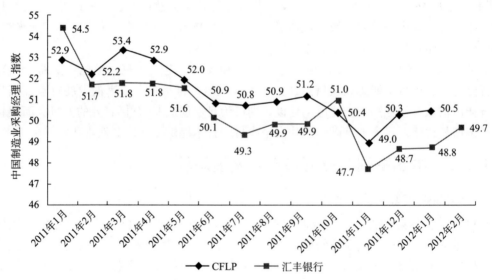

图 4-20　2011 年 1 月～2012 年 2 月，中国制造业采购经理人指数
资料来源：根据中国物流与采购联合会和汇丰银行相关资料整理

制造业销售产值的 30％以上，国内市场满足率超过 25％。

　　重点发展以干支线飞机和通用飞机为主的航空装备，做大做强航空产业。积极推进空间基础设施建设，促进卫星及其应用产业发展。依托客运专线和城市轨道交通等重点工程建设，大力发展轨道交通装备。面向海洋资源开发，大力发展海洋工程装备。强化基础配套能力，积极发展以数字化、柔性化及系统集成技术为核心的智能制造装备。

### 2. 中国高端装备制造产业政策

2010 年 10 月，国务院颁布《国务院关于加快培育和发展战略性新兴产业的决定》，2011 年 3 月，第十一届全国人民代表大会第四次会议审查批准了国务院提出的"十二五"规划草案，明确提出，以重大技术突破和重大发展需求为基础，促进新兴科技与新兴产业深度融合，在继续做强做大高技术产业基础上，把战略性新兴产业培育发展成为先导性、支柱性产业。

### 3. 中国高端装备制造产业规划与研发计划

#### 1）航空产业

根据"十二五"规划，"十二五"期间航空工业的发展将突出以下几点：一是积极拓展重点民用航空产品；二是不断加强科研生产能力建设；三是大力提高自主创新能力；四是积极推进民用航空产业化。将重点加快推进大型飞机研制，大力发展系列支线飞机、通用飞机和直升机，重点突破发动机重要机载系统和关键设备。

#### 2）航天产业

加快推进航天产业化进程，提升重大装备研发制造能力，积极开拓国内、国外两个市场。开展相关企业融资，实施资源重组和业务整合。落实以载人航天工程后续任务、探月二期、高分辨率对地观测系统等国家重大工程和重大科技专项研制保障条件。加快完善技术创新体系建设。深化航天技术发展战略研究和规划论证，加大背景型号及关键技术攻关力度。加强航天技术应用产业和航天服务业自主研发投入，提升核心竞争能力。进一步加强国际化战略研究，强化外事管理和服务，积极开拓国际市场，加强对外交流与合作，努力推进国际化战略的实施，大力提升航天技术的国际竞争力。

#### 3）高速铁路

根据《中国铁路中长期发展规划》，到 2020 年，为满足快速增长的旅客运输需求，将建立省会城市及大中城市间的快速客运通道，规划"四纵四横"铁路快速客运通道及四个城际快速客运系统；建设客运专线 1.2 万公里以上，客车速度目标值达到每小时 200 公里及以上；重点研发高速列车、中转列车、城际和城市快捷轨道车辆列车运行控制系统。

#### 4）海洋工程

根据"十二五"规划草案，"十二五"期间，中国重点发展勘探、开发、生产、加工、储运装备，海上作业与辅助服务装备，特种资源开发装备，大型海上结构物、海下系统及关键设备与系统，同时，扶持海洋可再生能源利用装备、海底矿产资源装备、海洋监测设备的研发和创新，不断拓展产业发展的新领域。

#### 5）智能制造装备

根据"十二五"规划草案，"十二五"期间，中国在智能制造装备方面，重点发展以下几个方面：关键基础零部件、元器件及通用部件，高可靠性力敏、磁敏等传感器，新型复合、光纤、MEMS、生物传感器，仪表专用芯片，色谱、光谱、质谱检测器件；高参数、高精密和高可靠性轴承、液压/气动/密封元件、齿轮传动装置，大型、精密、复杂、长寿命模具，电力电子器件及变频调速装置。整体目标路线如图 4-21 所示。

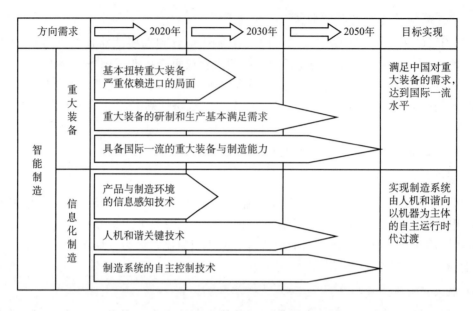

图 4-21　中国智能制造领域科技路线图

资料来源：中国科学院先进制造领域战略研究组 . 2009. 中国至 2050 年先进制造科技发展路线图 .
北京：科学出版社

# 4.3 / 高端装备制造产业之固体激光技术科技文献计量分析

## 4.3.1　SCI 文献计量分析

### 1. 概况

本部分分析数据来源于美国科技信息研究所（ISI）的科学引文索引数据库（Science Citation Index Expanded，SCIE）。检索字段为主题词，即这些词组在论文的标题、关键词、摘要中出现，检索时间段为 1991～2011 年，检索时间为 2011 年 7 月 30 日，共检索到 70 567 条固体激光技术数据，通过限定文献类型，去掉通信等无用数据，只保留论文（article）、综述（review）、会议论文（proceedings paper）等三种文献类型，得到有效数据 43 990 条。采用的分析工具为汤姆森数据分析器（TDA），该软件是美国 Thomson Scientific 公司提供的用于计算机桌面的数据挖掘和可视化分析工具，可以对信息和数据进行整理、分析和汇总。

图 4-22 是全球和中国的固体激光技术论文数量的年度变化趋势图。由图可以看出，1991～2000 年，固体激光技术论文持续增长，这时全球每年的论文发表量均未达 2000 篇；从 2000 年开始（由于数据库的滞后性，2010 年和 2011 年的数据尚不完整），年论文发表量开始迅速增长，固体激光技术开始快速增长。中国被 SCI 数据库收录的新固体激光技术论

文在 1998 年突破 100 篇，达到 114 篇，其后一直处于快速增长阶段。这说明中国在固体激光技术领域突飞猛进。

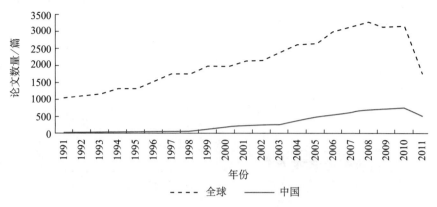

图 4-22  1991～2011 年全球固体激光技术论文数量年度变化趋势
资料来源：根据 SCIE 相关资料整理

### 2. 国家情况

#### 1）主要国家发文量对比分析

检索得到的电控系统技术研究论文共涉及 177 个国家或地区，图 4-23 为发表论文量最多的前 10 个国家。可知美国发表的论文数量最多，共 6417 篇，占全球比例的 14.59%，反映出美国在该研究领域具有较强的实力。位居美国之后的国家分别是中国、日本、德国、法国、俄罗斯、英国，论文数量均高于 2000 篇，其他国家的论文数量也在 1000 篇以上。中国紧随美国排名第二，可见在固体激光技术方面的研究实力雄厚。

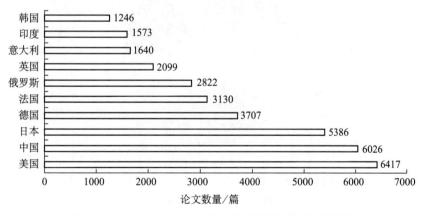

图 4-23  1991～2011 年主要国家固体激光技术论文数量
资料来源：根据 SCIE 相关资料整理

从上述 10 个国家的论文数量随时间的变化趋势（图 4-24）中可以看出，美国、中国在固体激光技术方面优势很明显，2006 年（含）以后均在 500 篇以上，中国在 2007 年超过美国成为在固体激光技术方面发表论文最多的国家，并且保持优势至今。美国和日本的论文数量在 2006 年以后出现下降趋势。其余国家均缓慢上升，但年均论文数量不超过 300 篇。

图 4-25 分别为发文量最多的前 10 位国家在 2009～2011 年的发文量占各国1991～2011

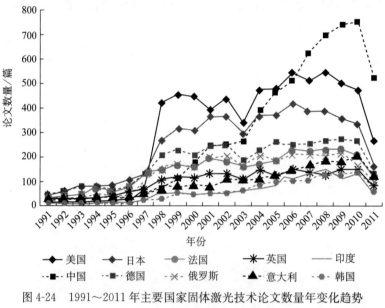

图 4-24　1991～2011 年主要国家固体激光技术论文数量年变化趋势

资料来源：根据 SCIE 相关资料整理

年的发文量的比例。从分布来看，中国和印度 2009～2011 年在固体激光技术领域的研究比较活跃，占比均超过了 30％。其余国家也都超过或接近 20％，表明各主要国家在 2009～2011 年都比较重视固体激光技术的研究，在该领域的研究比较活跃。

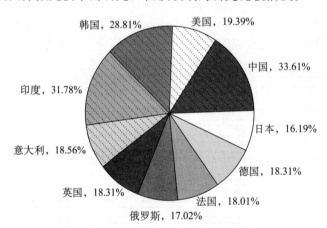

图 4-25　重要国家 2009～2011 年的发文量占各国和地区总发文量的比例

资料来源：根据 SCIE 相关资料整理

2）主要国家论文被引频次分析

从图 4-26 可以看出，美国在固体激光技术领域研究论文的总被引次数和篇均被引次数最多，这与其发文数量较多成正相关。德国的篇均被引次数排名第二，超过了发文数量较多的中国和日本，说明德国在固体激光技术研究领域论文的质量较高。从图中可以看出，其他国家的论文被引次数远远不及美国和德国，说明美国和德国在电控技术方面优势明显，具有领先地位。

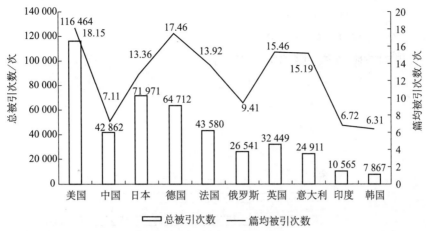

图 4-26 主要国家论文总被引次数及篇均被引次数

资料来源：根据 SCIE 相关资料整理

3) 主要国家论文研究合作及主题关联分析

通过对发文量最多的 10 个国家的研究主题进行对比分析，得到各国在固体激光技术领域的关联可视化图（图 4-27）。从图中可以看出，主要以美国为中心，形成了包括英国、法国、德国、意大利、日本、俄罗斯等国家的主题关联图，它们在研究主题上具有较强的相关性。而中国、印度和韩国分别表现为各自独立的孤立点，与其他国家在研究主题上的相关性较弱。

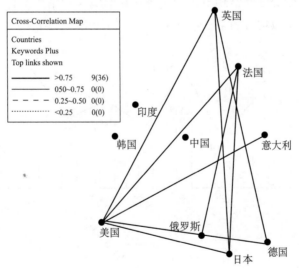

图 4-27 基于研究主题（关键词）的国家关联可视化图

资料来源：根据 SCIE 相关资料整理

3. 机构情况

1) 主要机构发文量对比分析

1991～2011 年新固体激光技术领域发文量排名前 10 位的机构如图 4-28 所示，尤其值得注意的是固体激光技术领域基础研究的主体仍是高校。中国科学院和俄罗斯科学院在固体激光技术领域的发文量最多。其次是日本的大阪大学。

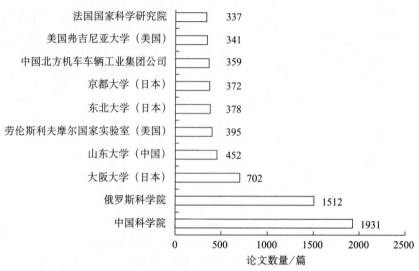

图 4-28　主要机构固体激光技术领域论文数量
资料来源：根据 SCIE 相关资料整理

2）主要机构论文被引频次分析

图 4-29 为发文量最多的前 10 个研究机构论文总被引次数及篇均被引情况。从图中可以看出，中国科学院的论文总被引次数最多，但其篇均被引次数最少。美国弗吉尼亚大学和劳伦斯利夫摩尔国家实验室的篇均引用次数分别排名第一和第二。日本大阪大学的论文总被引次数和篇均被引次数均排名第三，可见，该机构的论文被引较多，质量较高。

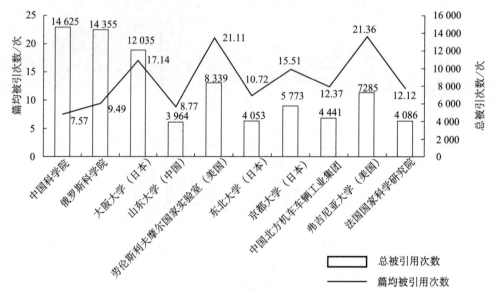

图 4-29　主要研究机构固体激光技术领域论文总被引次数和篇均被引次数
资料来源：根据 SCIE 相关资料整理

3）主要研究机构主题分析

从各机构的研究主题来看（表 4-7，以由高到低的词频顺序列出了各机构最受关注的主题词），电动机控制、运动学习；人力；复原；移动；脊髓神经；小脑；基底神经节；体位等关键词受到多机构的关注。

**表 4-7    固体激光技术主要机构研究主题**

| 机构名称 | 最受关注的主题词 |
|---|---|
| 中国科学院 | 激光；稀土离子；发射；吸收；衍生；光强度；离子；光学性质；增值；冷光；脉冲；光谱性能；玻璃；Nd：YAG 激光；能量转换 |
| 俄罗斯科学院 | 激光；衍生；固态激光；光谱学；吸收；辐射；固态；离子；温度；晶体；玻璃；光学性能；动态特性；脉冲；增值 |
| 大阪大学（日本） | 衍生；脉冲；等离子；激光；固态标靶；发射；标靶；光谱学；吸收；系统；光源；玻璃；辐射；固态激光；激光束 |
| 山东大学（中国） | Nd：YAG 激光；晶体；性能；操作；激光；增值；衍生；能级；连续波；固态激光；纳米；二极管；微米；冷光 |
| 劳伦斯利夫摩尔国家实验室（美国） | 脉冲；标靶；固态；等离子；光束；衍生；传输；玻璃；激光；吸收；驱动；光谱学；辐射；铝 |
| 东北大学（日本） | 衍生；传输；增值；光谱学；波导；薄膜；频谱；辐射；单晶体；LiNbO$_3$；转化；晶体；构造；温度；系统 |
| 京都大学（日本） | 波导；脉冲；光谱学；可穿透材料；玻璃；晶体；吸收；散射；稀土离子；衍生；离子；吸收 |
| 中国北方机车车辆工业集团公司 | 激光；光谱学；薄膜；脉冲；熔损；衍生；散射；固态；增值；吸收；构造；光学性能；储存；玻璃；膜 |
| 弗吉尼亚大学（美国） | 固态氢；密度函数计算；复合材料；振荡频率；原子；分子；矩阵离析；光谱学；能级；红外频谱；密度函数理论；氧；高斯基准设置；化学；氢 |
| 法国国家科学研究院 | 激光；光谱学；增值；玻璃；发射；吸收；温度；衍生；光学性能；薄膜；构造；冷光；晶体；稀土离子；层 |

资料来源：根据 SCIE 相关资料整理

4）主要研究机构合作分析

图 4-30 是发文数量最多的前 30 家机构基于著者的合作网络图。分析表明，固体激光技术领域研究机构间的合作较多，俄罗斯科学院是合作最多的机构。以俄罗斯科学院、中国科学院、劳伦斯利夫摩尔国家实验室和大阪大学为中心，呈现出整体合作网络关系。只有南安普顿大学和麻省理工大学与其他机构合作较少，处于相对独立的位置。

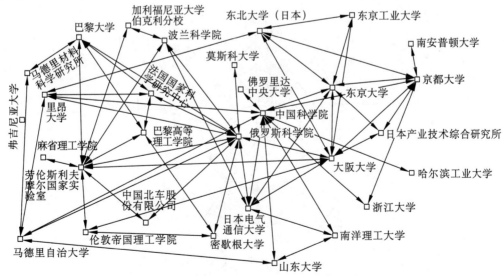

图 4-30    主要研究机构基于著者的合作网络

资料来源：根据 SCIE 相关资料整理

5）研究热点分析

根据 SCIE 数据库对期刊的学科分类（有的期刊属于多学科领域），对 1991～2011 年全球固体激光技术的全部论文的研究领域进行分析，结果如图 4-31 所示。可以看出，物理学是重点研究领域，其次是光学、材料学、化学，此外还涉及工程学，光谱学，机械、仪器和科学技术等多学科领域。需要注意的是，虽然结晶学相对较少，但是结晶学是固体激光技术的重点。

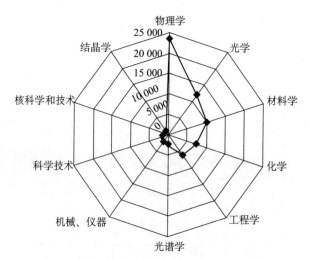

图 4-31　固体激光技术主要研究热点（单位：篇）
资料来源：根据 SCIE 相关资料整理

根据论文的关键词（著者关键词）词频分布（图 4-32）可以看出 1991～2011 年全球固体激光技术的研究主要集中于激光（重点研究领域），其次是光谱学、衍生、玻璃，此外还涉及吸收、脉冲、散射和增值等多学科领域。值得注意的是，固体激光技术的论文涉及了熔损，可见，许多研究者把固体激光运用到了机械加工或激光武器中。

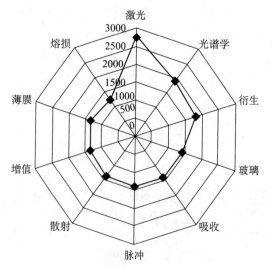

图 4-32　1991～2011 年固体激光技术主要关键词（单位：篇）
资料来源：根据 SCIE 相关资料整理

表 4-8 显示了 1991～2011 年全球固体激光技术各个时间段的研究主题，包括各时间段的热点关键词。激光、光谱、衍生等在各阶段均受到较多关注；1997～2001 年，开始结合薄膜、晶体、动态特性相关领域知识。2002～2006 年，玻璃基体、光子增值成为研究重点；2007～2011 年，玻璃、薄膜等材料的光学特性及激光的熔损特性成为重点。

**表 4-8　1991～2011 年固体激光技术热点关键词**

| 时间段 | 热点关键词 |
| --- | --- |
| 1991～1996 年 | 激光；光谱；衍生；离子；发射；脉冲；沉积 |
| 1997～2001 年 | 激光；光谱；衍生；吸收；增值；薄膜；晶体；动态特性 |
| 2002～2006 年 | 激光；光谱；衍生；脉冲；玻璃；发射；增值；吸收 |
| 2007～2011 年 | 激光；玻璃；衍生；发射；脉冲；薄膜；光学特性；熔损 |

资料来源：根据 SCIE 相关资料整理

### 4.3.2　EI 文献计量分析

#### 1. 概况

EI Compendex Web 是 EI Village 的核心数据库，包括著名的工程索引 EI Compendex 1969 年至今的文摘数据及 EI Page One 题录数据，是目前世界上收录工程技术期刊文献和会议文献最全面的权威数据库和检索系统。该数据库更新速度快，能够帮助用户了解工程技术领域的最新进展。本次分析，利用 EI Compendex Web 检索到了 1991～2011 年的固体激光技术领域文献 70 191 篇，检索日期为 2011 年 8 月 4 日。

#### 2. 年度发文量

EI 数据库中有关固体激光技术领域研究文献近 20 年来的整体数量趋势图如图 4-33 所示。1991～2011 年，20 年固体激光技术平稳进步。在 2008 年相关文献数量达到顶峰，2009 年后有所回落。随着固体激光技术的进步，预计今后数量会继续增长。

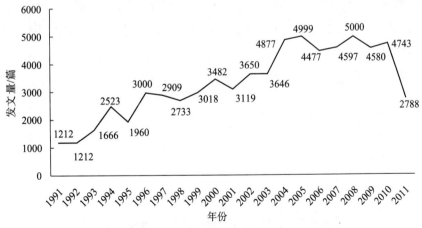

图 4-33　EI 数据库固体激光技术研究发文量 20 年变化情况
资料来源：根据 EI Compendex Web 相关资料整理

#### 3. 期刊文章数量

图 4-34 为发文量居前 10 位的期刊，分别为《国际光学会志》（*The International Society For Optical Engineering*）、《固体薄膜》（*Thin Solid Films*）、《光学通讯》（*Opti-*

*cal Communications*）、《应用物理快报》（*Applied Physics Letters*）、《光学快报》（*Optical Letters*）、《表面应用科学》（*Applied Surface Science*）、《中国激光》（*Chinese Journal of Lasers*）、《应用光学》（*Applied Optics*）、《应用物理 B：激光与光学》（*Applied Physics B：Lasers and Optics*）和《应用物理》（*Journal of Applied Physics*）。

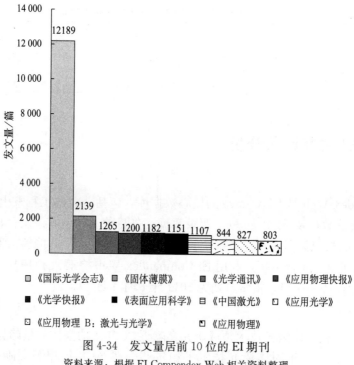

图 4-34　发文量居前 10 位的 EI 期刊
资料来源：根据 EI Compendex Web 相关资料整理

## 4. 国家情况

由图 4-35 可以看出 EI 数据库中，美国、日本、中国、德国等国家在固体激光技术领域发表的论文数量较多。

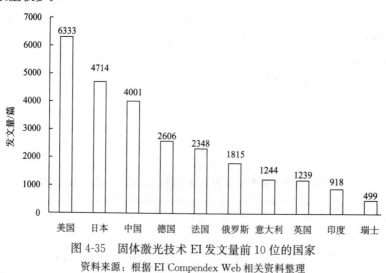

图 4-35　固体激光技术 EI 发文量前 10 位的国家
资料来源：根据 EI Compendex Web 相关资料整理

### 5. 机构情况

在机构合作方面（图 4-36），可以较明显地看出，固体激光技术领域的国际主要机构间合作较多，整体呈现出紧密态势。中国科学院上海光学精密机械研究所（简称上海光机所）、大阪大学、东京大学、京都大学、东京工业大学、日本东北大学等处于中心地位，在国际合作中起到枢纽作用。

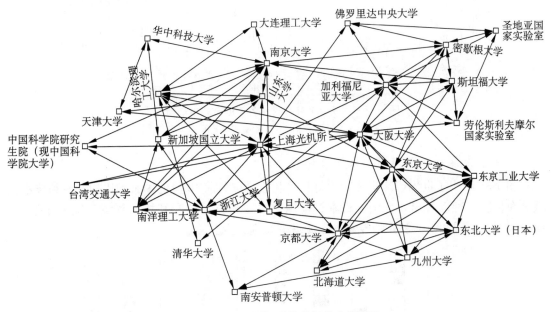

图 4-36 发文量前 30 位的机构合作网络

资料来源：根据 EI Compendex Web 相关资料整理

# 4.4 / 高端装备制造产业关键材料专利计量分析

本节的全球专利分析以德温特创新索引（DII）作为来源数据库，在进行相关知识调研的基础上，综合考虑相关技术领域关键词和有关 IPC 分类号，对固体激光器材料相关专利进行了检索，共检索相关专利（族）18 106 件（数据检索日期为 2011 年 4 月 13 日）。利用汤姆森数据分析器（Thomson Data Analyzer，TDA）和 Aureka 等分析工具与平台，对固体激光器材料专利进行了统计分析，从专利申请的时序分布、国家和地区分布、技术构成，以及主要国家和地区的专利保护策略等方面探讨了固体激光器材料及相关应用技术的整体发展趋势。

## 4.4.1 铝钛合金叶片全球专利技术分析

### 1. 专利年度申请变化趋势分析

图 4-37 是铝钛合金叶片材料各年度专利申请情况，由图可见铝钛合金叶片自 2000 年以

来专利申请数量快速攀升。

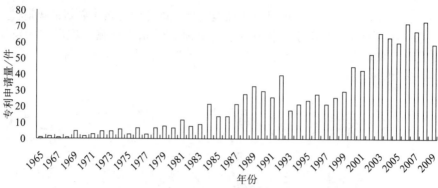

图 4-37　铝钛合金叶片材料各年度专利申请情况

资料来源：根据 DII 相关资料整理

### 2. 专利所属技术领域分析及发展趋势

图 4-38 给出了世界铝钛合金叶片材料专利数量排名前 10 位的国家和机构的专利技术领域分布情况。可以看出，美国、日本、德国、法国和英国的专利技术领域范围分布较广，而俄罗斯、中国和澳大利亚的专利技术领域分布则较少。

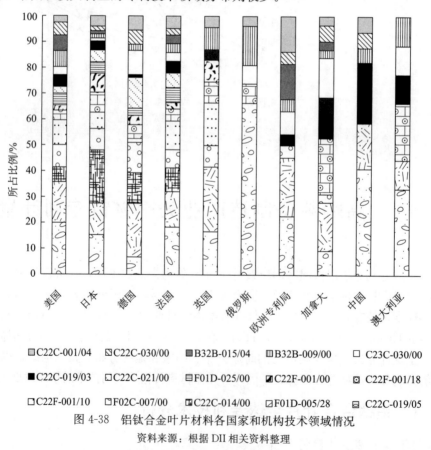

图 4-38　铝钛合金叶片材料各国家和机构技术领域情况

资料来源：根据 DII 相关资料整理

表 4-9 是铝钛合金叶片材料专利按技术领域分布情况，可以看出含铬镍基合金、叶片

选用特殊材料、防止侵蚀或腐蚀和钛基合金专利申请数量较多。

**表 4-9　铝钛合金叶片材料专利按技术领域分布**

| 专利数 | IPC 分类号 | 说明 |
|---|---|---|
| 179 | C22C-019/05 | 含铬镍基合金 |
| 144 | F01D-005/28 | 叶片选用特殊材料；防止侵蚀或腐蚀 |
| 131 | C22C-014/00 | 钛基合金 |
| 82 | F02C-007/00 | 燃气轮机、喷气推动装置、涡轮机零部件 |
| 74 | C22F-001/10 | 镍或钴或它们为基的合金 |
| 54 | C22F-001/18 | 高熔点或难熔金属或以它们为基的合金 |
| 44 | C22F-001/00 | 用热处理法或用热加工或冷加工法改变有色金属或合金的物理结构 |
| 43 | C22C-021/00 | 铝基合金 |
| 43 | F01D-025/00 | 不包含在其他各组或与其无关的部件、零件或附件 |
| 41 | C22C-019/03 | 镍基合金 |
| 33 | B32B-009/00 | 特殊物质组成的层状产品 |
| 33 | C23C-030/00 | 仅以金属材料组成为特征的金属材料镀覆 |
| 32 | B32B-015/04 | 由金属组成作为薄层的主要或唯一的成分，它与另一层由一种特定物质构成的薄层相贴 |
| 32 | C22C-030/00 | 每一种成分的重量都小于 50 的合金 |
| 31 | C22C-001/04 | 用粉末冶金法制造合金 |

资料来源：根据 DII 相关资料整理

### 3. 主要国际和机构分析

图 4-39 是铝钛合金叶片材料各国家和机构各年度专利申请情况，从中可看出，美国、日本在该领域专利申请数量方面遥遥领先。中国在很长一段时间内，铝钛合金叶片的专利数量为 0，严重制约了中国的航空工业发展。只是在近 20 年才有专利申请出现。

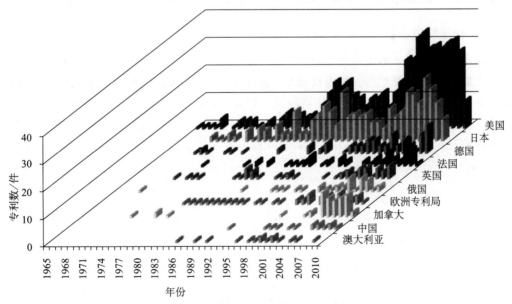

图 4-39　铝钛合金叶片材料各国各年度专利申请情况

资料来源：根据 DII 相关资料整理

### 4. 主要专利申请机构分析

图 4-40 给出了世界范围内申请铝钛合金叶片专利数量最多的前 16 家机构，其中日本 8 家、美国 3 家，德国 2 家、英国、俄罗斯、法国各 1 家。这表明日本在该领域拥有众多的研发

机构且都取得了一定的成就。但是，专利数量最多的仍然是美国通用电气公司（超过120件），为第二名日本三菱重工业株式会社的3倍多，证明美国依然处于航空发动机工业的领头位置。

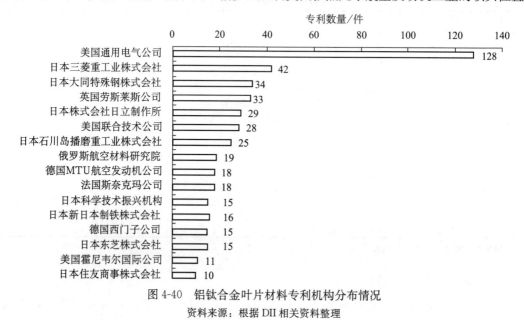

图 4-40　铝钛合金叶片材料专利机构分布情况

资料来源：根据 DII 相关资料整理

## 4.4.2　轴承钢材料全球专利分析

### 1. 专利年度申请量变化趋势分析

本次共检索到轴承钢相关专利 2953 件，图 4-41 是检索得到轴承钢相关专利的年度分布图。有关轴承钢的相关专利申请出现较早，始于 1964 年。该领域的专利申请增长也开始得非常早，20 世纪 70 年代就出现了相当数量的相关专利。轴承钢相关专利申请的第一个周期截至 20 世纪 80 年代中期，在 1984 年降至低谷。随后，相关专利的申请开始以较大幅度增长，其间有几次小的回落，到 2008 年，轴承钢专利的年申请量已经达到了 258 件。

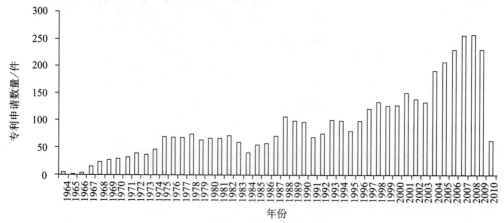

图 4-41　轴承钢各年度专利申请情况

资料来源：根据 DII 相关资料整理

## 2. 专利所属技术领域分析及发展趋势

图 4-42 给出了轴承钢专利数量排名前 10 位的国家和机构的专利技术领域组成。

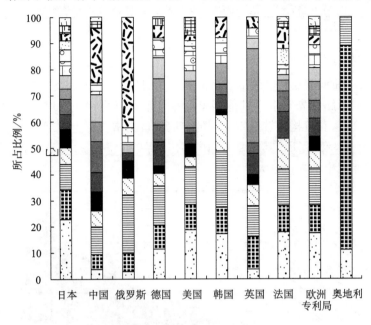

C22C-038/60  C23C-008/22  C21D-001/18  C23C-008/32  F16C-033/34
C21D-001/06  F16C-033/30  F16C-033/12  F16C-033/58  F16C-033/64
F16C-033/32  C22C-038/18  C21D-009/40  F16C-033/62  C22C-038/00

图 4-42  专利数量前 10 位的国家和机构的 IPC 技术领域分布

资料来源：根据 DII 相关资料整理

表 4-10 给出了轴承钢专利的前 15 个 IPC 类别及其技术领域说明。从中可以看出，有相当数量的专利集中在轴承滚道和轴承圈材料方面，如 F16C-033/62、C21D-009/40 和 F16C-033/64 等，其次是轴承滚珠材料，如 F16C-033/32、F16C-033/30 及 F16C-033/34 等。轴承表面的材料应用和表面处理也集中了相当多的专利，如 F16C-033/12、C21D-001/06 及 C23C-008/22 等。

**表 4-10  轴承钢专利的前 15 个 IPC 类别注释**

| 专利数 | IPC 分类号 | 说明 |
|---|---|---|
| 1102 | C22C-038/00 | 铁基合金 |
| 565 | F16C-033/62 | 轴承滚道、轴承圈材料 |
| 549 | C21D-009/40 | 轴承座圈材料的热处理 |
| 340 | C22C-038/18 | 含铬铁基合金 |
| 327 | F16C-033/32 | 轴承滚珠 |
| 310 | F16C-033/64 | 用于轴承滚道或轴承圈的特殊制造方法 |
| 296 | F16C-033/58 | 轴承滚道或轴承圈 |
| 272 | F16C-033/12 | 轴承滑动接触面的特殊材料应用或表面处理 |
| 270 | C21D-001/06 | 表面硬化 |
| 270 | F16C-033/30 | 滚珠或滚柱轴承零件 |
| 213 | F16C-033/34 | 滚珠或滚针 |
| 165 | C23C-008/32 | 黑色金属的碳氮共渗 |
| 160 | C21D-001/18 | 硬化 |

| 专利数 | IPC 分类号 | 说明 |
|---|---|---|
| 158 | C23C-008/22 | 黑色金属表面的渗碳 |
| 155 | C22C-038/60 | 含铅、硒、碲或锑或含大于 0.04（重量）的硫的铁基合金 |

资料来源：根据 DII 相关资料整理

### 3. 专利申请主要国家和机构分析

如图 4-43 所示，轴承钢专利申请量最多的国家是日本，自 20 世纪 60 年代以来，日本在轴承钢专利的申请一路领先于世界其他国家，并且基本以稳定速度增长。相比日本，申请量前 10 位中其他国家和机构在轴承钢专利的申请数量和增长量上表现并不突出（中国除外），特别是总量第三的俄罗斯，其主要专利申请出现在 20 世纪 90 年代以前，近 20 年来，俄罗斯在该领域的专利申请数量已大不如前。

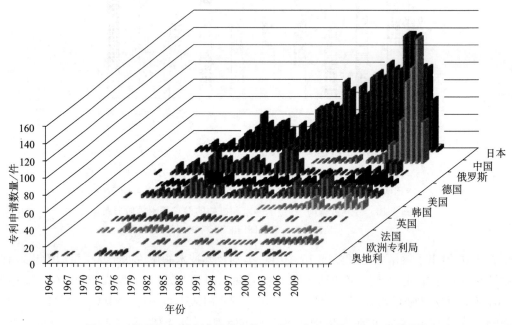

图 4-43　轴承钢专利申请量排名前 10 位国家（机构）年度变化趋势
资料来源：根据 DII 相关资料整理

### 4. 主要专利申请机构分析

图 4-44 给出了轴承钢专利申请数量前 16 位的企业，其中 13 家为日本钢铁企业，瑞典、法国和韩国企业各一家，表明日本在轴承钢方面具有巨大的优势。

## 4.4.3　固体激光器材料全球专利技术分析

### 1. 专利年度申请变化趋势分析

图 4-45 给出了固体激光器材料相关专利数量近 30 年（基于优先权年，1970～2010 年）的分布与变化情况。从中可以看出，前 20 年中，固体激光器材料专利数量经历了持续、快速上升的发展过程，表明固体激光器及其相关材料的研究在这段时间内日益受到关注。在 1998 年突然发生大幅跃迁，年度申请数量超过 1000 件。近 10 年（2000～2010 年）则保持

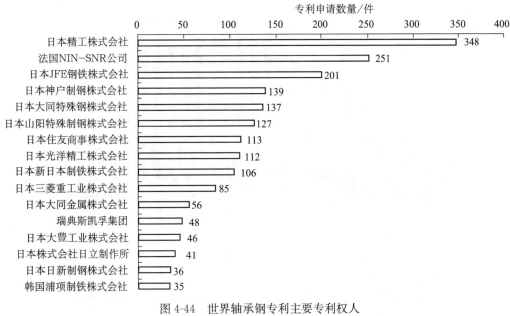

图 4-44　世界轴承钢专利主要专利权人

资料来源：根据 DII 相关资料整理

了一种相对稳定的态势。

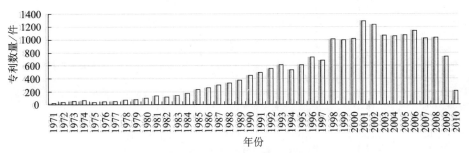

图 4-45　固体激光器材料相关专利数量年度变化

资料来源：根据 DII 相关资料整理

图 4-46 给出了主要国家和机构固体激光器材料优先权专利数量的年度分布情况（1991～2010 年），日本在 1998 年以后一直保持着强劲的研发势头。美国的专利申请数量则在 2001 年历经高峰后，逐年下降，显出颓势。中国则在同年（2001 年）以后，固体激光器材料专利申请数量逐年上升，显示出中国对固体激光器材料的高度重视。同时也表明中国固体激光器材料的研发能力超过美国。专利年申请数量仅次于日本保持在第二位。

2. 专利所属技术领域分析及发展趋势

国际专利分类号（IPC）包含了专利的技术信息，通过对固体激光器材料相关专利进行基于 IPC 的统计分析，可以了解固体激光器材料专利主要涉及的技术领域和技术重点等。

表 4-11 列出了固体激光器材料专利涉及的主要国际专利分类号。可以看出，固体激光器材料专利技术涉及的主要领域和方向如下：含有 PN 结，激活介质为 AⅢBV 族化合物材料；含有量子阱的或超晶格结构，激活介质为 AⅢBV 族化合物材料；相关材料和器件的制备等。

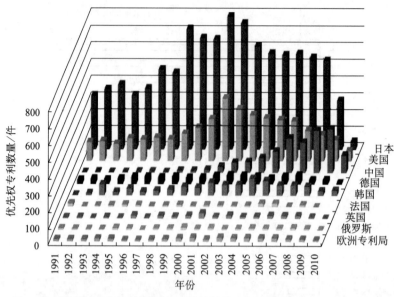

图 4-46　主要国家和机构固体激光器材料优先权专利数量的年度分布情况

资料来源：根据 DII 相关资料整理

**表 4-11　固体激光器材料专利涉及的主要国际专利分类代码及其技术方向说明**

| 分类号 | 专利数量 | 中文释义 |
|---|---|---|
| H01S-005/00 | 4498 | 半导体激光器 |
| H01S-005/30 | 3323 | 激活区的结构或形状；用于激活区的材料 |
| H01S-005/323 | 2566 | 含有 PN 结，激活介质为 AⅢBV族化合物材料 |
| H01L-033/00 | 2560 | 光发射半导体器件及其制造方法和设备 |
| H01S-005/343 | 2406 | 含有量子阱的或超晶格结构，激活介质为 AⅢBV族化合物材料 |
| H01S-003/16 | 2179 | 激活介质为固体材料 |
| H01L-021/02 | 1870 | 半导体器件或其部件的制造或处理 |
| H01S-003/094 | 1637 | 采用相干光泵浦激励方法 |
| H01S-005/22 | 1467 | 具有脊状或条状结构的用于控制光波导的半导体 |
| H01S-003/10 | 1360 | 控制辐射的强度、频率、相位、极化或方向 |
| H01L-021/20 | 1311 | 半导体材料在基片上的沉积 |
| H01S-003/08 | 1178 | 光学谐振器或其部件的结构或形状 |
| H01S-003/06 | 1174 | 激活介质的结构或形状 |
| H01S-003/00 | 988 | 半导体激光器以外的激光器 |
| H01L-021/205 | 986 | 半导体材料的化学沉积 |
| G02B-006/42 | 634 | 光波导与光电元件的耦合 |
| H01S-003/109 | 621 | 倍频 |
| H01S-003/04 | 611 | 激光器冷却装置 |
| H01S-005/183 | 572 | 具有垂直腔的面发射激光器（VCSE-激光器） |
| G02F-001/35 | 555 | 非线性光学 |
| H01S-003/17 | 522 | 激活介质为非晶体固体材料 |

资料来源：根据 DII 相关资料整理

　　图 4-47 给出了主要国家和机构受理固体激光器材料专利的 IPC 技术领域统计分析。可以看出，各主要国家和机构的技术构成差异较大，表明各国或机构的相关研发各有侧重。具体来看，前 5 国（日本、美国、中国、德国、韩国）在各主要技术领域都有较多的专利布局，特别是在"激活区的结构或形状；用于激活区的材料"、"有 PN 结，激活介质为 AⅢBV族化合物材料"、"含有量子阱的或超晶格结构，激活介质为 AⅢBV族化合物材料"、"激活介质为

固体材料"四个领域。但中国的专利分类主要集中在其中"激活介质为固体材料",其他三个领域所占比例明显少于其他四国。

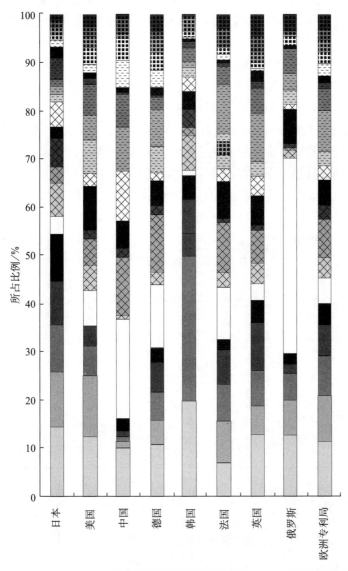

图 4-47 主要国家和机构的技术领域分布

资料来源：根据 DII 相关资料整理

### 3. 主要国家（地区、机构）分析

图 4-48 给出了固体激光器材料优先权专利申请量多于 50 件的前 12 位国家（地区、机构）（基于优先权国）。从中可以看出，固体激光器材料优先权专利申请主要集中在日本、美国、中国、德国、韩国等国家（地区、机构），日本、美国、中国、德国、韩国 5 国的优先权专利数量占到了全球的 93% 以上，特别是日本一国占了全球的 60% 以上，遥遥领先于随后其他国家（地区、机构），显示出日本在固体激光器材料的主导地位。

从各主要国家（地区、机构）固体激光器材料优先权专利申请的年度分布情况来看，日本一直是全球固体激光器材料专利的主导力量，其年度专利数量基本都保持在全球的 50% 以上；美国的固体激光器材料优先权专利申请的年度分布情况与日本基本类似，其固体激光器材料优先权专利数量基本保持在全球第二位，但与日本仍有较大差距，近两年也逐渐被中国超越；中国的固体激光器材料优先权专利申请主要集中在近 10 年，特别是近 5 年增长迅速，目前已超过美国，成为全球固体激光器材料优先权专利的第二大国家，也是近年来前 5 位国家中，专利数量保持持续增长的唯一国家。德国、韩国的固体激光器材料优先权专利申请的年度分布情况也与日本、美国基本类似。

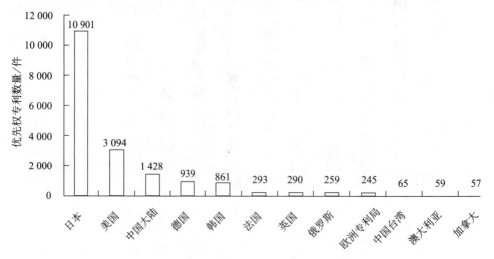

图 4-48　固体激光器材料优先权专利数量最多的前 12 位国家和地区

资料来源：根据 DII 相关资料整理

### 4. 主要专利申请机构分析

图 4-49 给出了固体激光器材料专利数量在 100 件及以上的专利权机构。可以看出，固体激光器材料相关专利申请在 100 件及以上的 26 个专利权机构中，有 2 个来自韩国（LG 和三星）、1 个来自美国（美国电话电报）、1 个来自中国（中国科学院），其余 22 个均来自日本。这充分显示出日本企业对固体激光器材料技术及其应用的高度重视，以及日本公司在该领域的主导地位。

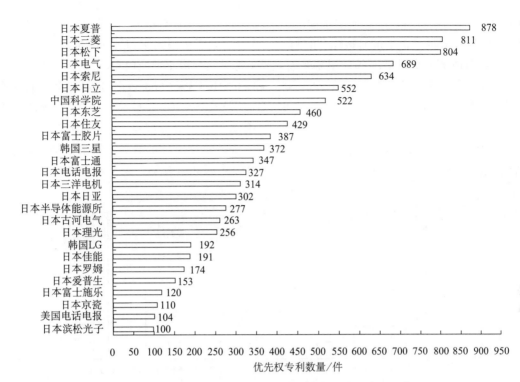

图4-49 固体激光器材料优先权专利数量最多的主要机构
资料来源：根据DII相关资料整理

# 4.5 / 高端装备制造产业技术相关标准分析

## 4.5.1 铝钛合金叶片材料标准分析

从铝钛合金叶片材料标准的制定情况可以看出对铝钛合金叶片相关或相近的标准制定情况无论是在国际还是在国内都非常少，主要原因：一是铝钛合金叶片材料还属于新兴行业，还远未达到产业化的程度；二是相关材料的研究涉及航空航天及军事应用，属于重大国家机密，其标准的获取也有非常大的难度。

## 4.5.2 高铁轴承钢材料技术标准分析

图4-50描述的是国际主要组织和国家轴承钢材料标准的制定情况，由于高铁轴承钢材料相关标准数量较少，故本次分析对轴承钢材料标准制定情况进行总结，显示出国际标准组织对轴承钢材料进行相关标准制定的有ISO和EN，其中ISO相关标准2项，EN相关标准2项，国际铁路联盟（UIC）相关标准1项；轴承钢材料相关标准的国家分布如下：美国

7项，德国3项，日本1项，法国1项，中国国家标准和行业标准各有5项和9项，可以看出，中国比较重视对轴承钢材料标准的制定，相继出台了多项国家和行业标准。

从各国轴承钢材料标准各采用率来看，EN的一项标准EN ISO 683-17-1999采用ISO标准；德国有2项标准DIN EN 12080-2008和DIN EN ISO 683-17-2000，与ISO标准和EN标准呈互为等效关系；中国国家标准中，GB/T 18579-2001和GB/T 308-2002则分别采用了ASTM A295：1994及ISO 3290：1998（滚动轴承、滚珠标准）。从标准制定时间来看，最早制定相关标准的是国际铁路联盟，早在1966年就出台了球墨铸铁滚柱轴承轴箱供货技术条件，而中国的一项国家标准GB/T 3203制定时间也较早，为1982年。

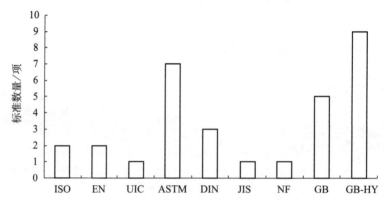

图4-50 国际主要标准化组织和国家高铁轴承钢材料标准制定数量情况
ISO为国际标准；EN为欧盟标准；UIC为国际铁路联盟标准；ASTM为美国材料与试验协会标准；
DIN为德国标准；JIS为日本标准；NF为法国标准；GB为中国国家标准；GB-HY为中国行业标准

表4-12显示了中国轴承钢材料行业标准主要分布情况，从中可以看出轴承钢材料行业标准制定以冶金行业为主，占了整个行业标准总量的66.7%，其次为机械和航空行业。

**表 4-12 中国轴承钢行业标准分布情况**

| 序号 | 行业 | 代码 | 标准项数 | 所占比例/% |
|---|---|---|---|---|
| 1 | 冶金行业 | YB | 6 | 66.7 |
| 2 | 机械行业 | JB | 2 | 22.2 |
| 3 | 航空行业 | HB | 1 | 11.1 |

### 4.5.3 固体强激光材料技术标准分析

如图4-51所示，通过对涉及固体激光器、固体激光材料的相关标准制定情况进行分析整理发现，国际标准化组织对相关领域标准制定较少，ISO和IEC分别制定了1项与之相关的标准，而英国现行的2项相关标准也分别采用了上述国际组织的标准。这表明在国际上，高能固体激光材料尚未达到产业化发展的阶段，相关方面研究多处于实验室及科研阶段，国外对相关技术的应用多在军事、国防等领域。而中国分别有8项与之相关的国家标准和1项行业标准出台，表明中国对高能固体激光材料的发展较为重视。

图4-52中，中国相关标准制定年代情况来看，中国早在1989年就出台了3项相关标

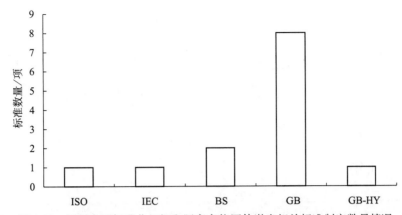

图 4-51　国际主要标准化组织和国家高能固体激光相关标准制定数量情况

ISO 为国际标准；IEC 为国际电工委员会标准；BS 为英国标准；GB 为中国国家标准；GB-HY 为中国行业标准

准，且后续时间中一直有相关标准相继出台，表明中国对高能固体激光材料保持持续关注的状态。

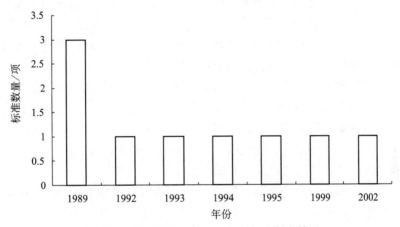

图 4-52　中国高能固体激光材料标准制定情况

从中国相关标准所关注的材料来看（图 4-53），除有关术语、规范和测试方法的 3 项国家标准之外，其余 5 项国家标准全部是关于掺铷钇铝石榴石材料的，而 1 项行业标准是针对钇铝石榴石制定的。

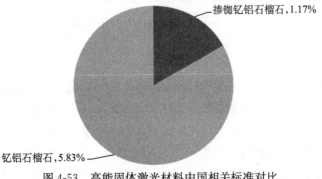

图 4-53　高能固体激光材料中国相关标准对比

# 4.6 高端装备制造产业基地分析

## 4.6.1 西安

### 1. 发展状况

西安市拥有两个高端装备制造国家级经济技术开发区，分别是陕西航空经济技术开发区（又称西安阎良国家航空高技术产业基地）和陕西航天经济技术开发区。

#### 1）西安阎良国家航空高技术产业基地

西安阎良国家航空高技术产业基地，简称"西安航空基地"，是由国家发展和改革委员会批复设立，2005年3月正式启动建设的第一个国家级航空高技术产业基地。2006年11月，被认定为首批"国家科技兴贸创新基地"之一。2010年6月，升级为陕西航空经济技术开发区，成为全国唯一以航空为特色的经济技术开发区。

西安阎良国家航空高技术产业基地中驻有中航工业西安飞机工业（集团）有限责任公司、中国一航飞行试验研究院、中国航空工业第一集团公司第一飞机设计研究院、中国飞机强度研究所、西安航空职业技术学院等航空企业和科研、教学单位，是集飞机研究设计、生产制造、强度检测、试飞鉴定、航空教学于一体的"航空城"，拥有全国唯一的航空科技专业孵化器和全国最先进的飞机试验、实验中心。

该基地拥有四大园区，分别是阎良航空核心制造园，规划面积40公里$^2$，重点发展整机制造、大部件制造和零部件加工；蒲城通用航空产业园，规划面积20公里$^2$，重点发展通用飞机的整机制造、零部件加工、飞行员培训、航空俱乐部等通用航空产业项目；咸阳空港产业园，规划面积12公里$^2$，重点发展民用飞机维修、定检、大修、客机改货机、公务机托管、零部件支援、航空物流等项目；宝鸡凤翔飞行培训园，从事飞行员训练及航空相关的业务培训活动。

#### 2）陕西航天经济技术开发区

陕西航天经济技术开发区原名"西安国家民用航天产业基地"。2010年6月26日，经国务院批复，正式升级为国家级"陕西航天经济技术开发区"，成为中国唯一的航天专业化经济技术开发区。

园区总规划面积86.64公里$^2$，扩展区规划面积63.6公里$^2$。这里集中了航天动力技术研究院、中国航天科技集团公司第六研究院、中国空间技术研究院西安分院，中国航天时代电子公司771所、中国航天时代电子公司7171厂，西安卫星测控中心，中国卫星通信集团有限公司等航天单位，以西安卫星应用产业示范基地、中国-加拿大国际卫星与通信产业园、卫星导航与时间频率技术研发及产业化基地等项目为平台，着力发展以卫星及卫星应用为主的民用航天产业集群。

"十二五"期间，基地计划实现销售收入 1000 亿元人民币，吸引 20 个超过 10 亿元人民币的投资项目，培育出超过 30 个销售超 10 亿元、5 个销售过百亿元的企业。

2. 政策指导

1）税收政策

（1）企业自税务注册关系迁入航空基地后每个年度内缴纳的税款〔增值税（剔除超税负即征即退与出口退税的返还税款后的税额）、营业税、所得税〕在 300 万元或月均在 25 万元以上，在航空基地购地 30 亩以上且投资强度不低于 160 万元/亩，管委会给予最低地价优惠。

（2）企业缴纳税款 300 万～500 万元（含），第一年至第五年的最大补助额度占整体迁入企业缴纳税款留成部分的比例分别为 60%、60%、30%、30%、30%。

（3）企业缴纳税款 500 万～800 万元（含），第一年至第五年的最大补助额度占整体迁入企业缴纳税款留成部分的比例分别为 80%、80%、40%、40%、40%。

（4）企业缴纳税款在 800 万元以上的，第一年至第五年的最大补助额度占整体迁入企业缴纳税款留成部分的比例分别为 100%、100%、50%、50%、50%。

（5）企业根据年度缴纳税款金额所处档次和所处年度，按照上述分档标准享受相应的补助资金[30]。

2）人才政策

（1）与西安市市区用人单位签订聘（招）用协议或依法订立劳动合同的全日制普通高等院校（含科研院所）本科及以上应届毕业生（不含定向生、委培生），均可申请迁入西安市市区非农业户口；博士、硕士研究生的配偶、未婚子女也可以随迁。应届毕业但暂未落实就业单位的博士、硕士研究生可以"先落户后就业"。

（2）全日制普通高等院校专科（含高职）应届毕业生，与西安市市区用人单位依法订立 3 年以上劳动合同并依法参加西安市社会保险的，可迁入西安市市区非农业户口。

（3）全日制普通高等院校本科及以上往届毕业生已取得中、高级专业技术职称的，可参照《西安市迁入市区人口户籍准入暂行规定》第六条、第七条规定执行。未取得专业技术职称，但已在西安市市区用人单位就业并依法订立劳动合同的，可迁入西安市市区非农业户口。

（4）全日制普通中等专业学校应届毕业生，与西安市市区用人单位订立劳动合同并就业满 2 年以上，依法参加西安市社会保险实际缴费满 1 年以上的，可迁入西安市市区非农业户口。

（5）对于已办理营业执照、税务登记的 2006 年及以后毕业的大专学历以上的毕业生，一律支持帮助其办理落户手续。

（6）西安市生源的普通高等院校毕业生（不包括被录用为国家公务员和事业单位工作人员的人员）到中部其他地市和青海省、甘肃省、宁夏回族自治区、新疆维吾尔自治区、西藏自治区的县级以下基层单位和艰苦边远地区就业的毕业生，可将户口保留在西安市；从外地普通高等院校毕业的毕业生要求将户口落回西安市的，可以恢复户口[31]。

## 4.6.2 上海

1. 发展状况

在上海市的 64 个工业区中，上海临港产业园主要以装备制造为主要发展方向。

上海临港产业园距上海市区 50 公里，规划面积 311.6 公里$^2$。由重装备产业区、国际物流园区、综合产业区、三新园区，以及四个与产业区配套的生活镇构成。重装备产业区有六大建造基地；临港物流园区由保税港、国际物流园区组成；综合产业区有五大产业集群；三新园区有知识、技术、产业三大创新园组成。该产业园已基本形成以汽车整车及零部件、大型船舶关键件、发电及输变电设备、海洋工程设备、航空零部件配套等五大装备产业建造基地。

园区中涉及海洋工程类的有中船三井船用柴油机项目、电气船用曲轴项目，中船重工和瓦锡兰合资的中速柴油发电机组项目，中船重件码头项目，沪临金属加工配套项目，韩国东和恩泰热交换器项目，沃尔沃高速游艇发动机项目，船舶工艺设备配套项目等。

到 2015 年，园区规划基本形成以先进制造业为核心、战略性新兴产业为重点的产业格局；完成固定资产 500 亿~800 亿元人民币，引进项目总投资 500 亿元人民币，实现工业总产值 1200 亿~1500 亿元人民币；到 2020 年，建成高端装备制造和新兴产业集聚的国家级新型工业化示范基地，更加注重产业的结构目标、质量目标、企业创新能力和园区成长性，实现工业总产值 5000 亿元人民币；到 2030 年，全面建成汇集全球顶尖智慧、国际竞争力世界领先的高端装备制造和战略性新兴产业的制造和研发转化基地。

2. 政策指导

上海临港产业套园区作为上海闵行开发区的扩区部分，享受国家级开发区优惠政策。

(1) 经批准在闵行开发区新设立的研发机构，凡属研究和中试所需使用的土地和办公、实验用房，经闵行开发区项目审批办公室核定，所需使用土地的场地开发费，按现有收费标准给予一定的优惠；所需租用的办公和实验用房，给予第一、第二年零租金，第三年按标准租金的 40% 收取，第四年按标准租金的 80% 收取的优惠。

(2) 经批准在企业内部投资设立研发分支机构或投资设立研发部门，其研究和中试所需新增使用土地的场地开发费用和办公、实验用房租金的收取标准按本办法第一条规定执行。

(3) 在技术创新、发展高科技工作中作出特殊贡献、取得显著社会效益和经济效益的科技人员，优先向政府部门推荐授予荣誉称号和享受政府津贴；负责评选并授予区内在发展高科技工作中作出特殊贡献的科技人员"闵行经济技术开发区科技功臣"荣誉称号[32]。

## 4.6.3 大连

1. 发展状况

大连市的经济开发区中，大连长兴岛经济技术开发区和大连瓦房店太平湾临港经济区拥有装备制造产业。

1) 大连长兴岛经济技术开发区

2010 年，大连长兴岛临港工业区升级为国家级经济技术开发区，定名为大连长兴岛经济技术开发区，实行现行国家级经济技术开发区的政策。开发区面积 349.5 公里$^2$，拥有长兴岛、交流岛、凤鸣岛、西中岛、骆驼岛等五个岛屿，长兴岛本岛面积 252.5 公里$^2$。该区重点发展船舶制造、石油化工、冶金、装备制造和港口物流业五大主导产业，园区拥有韩国 STX 造船项目、大连新加坡万邦集团项目、中船重工高曼海洋工程技术（大连）有限公司项目等，涉及船用发动机曲轴制造、船用柴油机制造、海洋结构物制造、钻井专用的全套生产设备、设施模块，以及培养海洋工程方面的专业技术人才等。

预计到 2020 年，长兴岛经济技术开发区生产总值将达到 1300 亿元，累计实际使用外资 300 亿美元，内资 3000 亿元人民币，港口吞吐量达到 1 亿吨，新城区基本建成，且常住人口达到 40 万～50 万人。

2）大连瓦房店太平湾临港经济区

大连瓦房店太平湾临港经济区于 2010 年 7 月 15 日成立。园区重点发展轴承及相关产业、装备制造业、金融商贸及房地产开发等现代服务业。区内拥有以大连嘉林船舶、大连鑫来船舶、临港物流为主的临港配套企业。轴承产业园则重点发展轴承及功能部件、风力发电机组及成套设备、数控机床、LED 光电、纺织设备制造与机械加工等产业，拥有包括瓦轴精密技术与制造工业园、大连机床瓦房店工业园等装备制造产业园，以及华锐风电、齐二机床集团大连瓦机数控机床有限公司、瓦房店冶金轴承集团有限公司、大连阿科比轴承制造有限公司等从事装备制造的大型企业。

2. 政策指导

1）税收政策

（1）长兴岛经济技术开发区。①对长兴岛临港工业区、花园口工业园区等重点工业园区内的所有企业（含在建和新建），3 年内免收涉企的行政事业性收费；涉及国家管理的涉企行政事业性收费费额由所在重点区域财政承担；涉及省级、大连市级及县级管理的涉企行政事业性收费费额免收。②3 年内长兴岛临港工业区、花园口工业园区企业上缴市本级的增值税、营业税、企业所得税、个人所得税和房地产税，市财政给予全部返还，主要用于支持园区的开发建设和产业发展。③在长兴岛临港工业区、花园口工业园区内兴办的业经大连市科技行政部门认定的高新技术企业，按 15% 税率征收所得税。新办的高新技术企业，自获利年度起免征所得税两年。④长兴岛工业区新办的高新技术企业，自获利年度起免征所得税两年。高新技术企业（产品）认定程序及条件可比照大连高新技术产业园区内高新技术企业（产品）的认定程序及条件办理[33]。

（2）瓦房店太平湾临港经济区。①企业缴纳的所得税，自企业投产年度起 5 年内，新增财政收入部分，每年进行一次全额补助扶持，支持企业发展。②企业在注册登记和建设期间，按《瓦房店市人民政府关于金融危机时期扶持和保护中小企业发展的意见》（瓦政发〔2009〕26 号）规定，免收或减半征收地方行政事业性收费[34]。

2）人才政策

（1）在长兴岛临港工业区、花园口工业园区等重点工业园区投资产业项目且固定资产投资额达到 2000 万元以上的，投资者本人、配偶及未婚子女可落户大连市区。

（2）重点工业园区企业急需但不符合落户主城区条件的外地在职专业技术人才或应届毕业生，与企业签订 5 年以上劳动合同的，可办理人才引进手续，并将户口落户主城区。到园区就业的产业技术工人，可享受市政府相关人才政策。

（3）为在长兴岛临港工业区、花园口工业园区等重点工业园区工作的外商办理 2～5 年长期签证，并为符合条件的外商争取在华永久居留资格。

（4）鼓励企业招用当地就业困难居民。区内用人单位应优先招用当地居民，招用当地居民的数量不得低于单位用工总数的 6％。对招用当地就业困难居民的，区管委会给予岗位补贴。招用当地就业困难居民，签订 3 年及以上劳动合同且依法缴纳五险（基本养老保险、基本医疗保险、失业保险、工伤保险、生育保险），按照当地最低工资标准的 40％给予岗位补贴，即每人每月 360 元。当地最低工资标准调整时，岗位补贴标准相应调整[35]。

3）扶持政策

（1）长兴岛经济技术开发区。①大连市政府对长兴岛临港工业区、花园口工业园区等重点工业园区内创办的出口加工基地企业给予重点扶持。对此类企业购买知识产权、出口产品升级、新产品研究与开发、农产品的开发与培育、开展质量体系认证、产品对外宣传与推介、参加国际专业展览会等费用，市政府以外贸发展资金和中小企业国际市场开拓资金给予重点资助。②大连市企业信用担保有限公司对长兴岛工业园区内符合条件的中小企业优先提供融资担保。③大连市各级政府通过建立融资平台引导各家金融机构参与项目前期工作，采取设立产业基金、发行企业债券、组织银团贷款等方式，加大对长兴岛临港工业区、花园口工业园区等重点工业园区重点开发项目支持力度。④大连市政府支持长兴岛临港工业区内开展职工培训，建立培训基地，为企业培训合格的技术工人，市政府所设立的民营企业和中小企业发展专项资金可给予一定补助。⑤工业园区贴息资金主要用于支持进入工业园区且符合国家产业政策支持方向及园区规划，总投资在 3000 万元以上的石油化工、先进装备制造、船舶制造、电子信息及软件、机车及交通运输装备、通用机械及基础部件、重型装备、汽车及发动机等零部件、服装纺织、精品钢材、新型建材、家具制造、环保节能、农产品深加工等大连市支柱产业和优势行业中的企业。⑥对入驻重点工业园区的企业，按其项目实际贷款额，给予不超过 6％的补助，贴息年限原则上为 1 年，重点项目不超过 2 年。项目贷款额在 1 亿元以下（含 1 亿元）的项目，年贴息额上限为 500 万元；项目贷款额在 1 亿元以上，5 亿元以下（含 5 亿元）的项目，年贴息额上限为 1000 万元；项目贷款额在 5 亿元以上的项目，年贴息额上限为 1500 万元。获得省"五点一线"贴息政策支持的项目，市重点工业园区贴息资金按照省确定的贴息规模承担 40％[36]。

（2）瓦房店太平湾临港经济区。①符合有关投资额度要求的（外资项目包括增资），按固定资产投资额的 3％予以一次性补助，每个项目最高补助额不超过 500 万元。②对松木岛化工园区固定资产投资额达到 1.6 亿元以上的，或者在西郊工业园区和祝华工业园区固定资产投资额达到 1 亿元以上的，或者在乡镇街道固定资产投资额达到 3000 万元以上的，按固定资产投资额的 5％予以一次性补助，每个项目最高补助不超过 2000 万元。项目投产验收后予以兑现[73]。

## 4.6.4　青岛

### 1. 发展状况

青岛经济技术开发区为首批 14 个国家级经济技术开发区之一，总面积 274.1 公里$^2$，重点发展和建设港口、家电电子、石化、汽车、造修船、海洋工程等"六大产业集群"，集群产值总量占全区规模工业总产值的 78％。2010 年，青岛经济技术开发区完成外贸进出口 71.5 亿美元，同比增长 25.8％。2011 年第一季度，实现地区生产总值 239 亿元，增长 14.7％。1～5 月，完成规模工业总产值 1118.1 亿元，增长 16.3％。

1）青岛海西湾造修船基地

青岛海西湾造修船基地地处青岛经济技术开发区薛家岛湾，由中国船舶重工集团和青岛市人民政府合作兴建。拥有陆域面积 330 余公顷、码头岸线 5 公里，已建成 50 万吨级和 30 万吨级船坞各一座，30 万吨、15 万吨和 10 万吨修船坞各一座，为国家"十一五"重点建设项目，总投资 200 多亿元人民币。

青岛海西湾造修船基地的建成，填补了国内大型船用曲轴的生产空白。该基地有世界领先的船用柴油机、船用电力推进系统、深海钻井平台、海洋工程钢材等核心配套项目，项目建成后，将形成年造船 668 万吨，修船 220 余艘，海洋工程钢材加工 50 万吨，年销售收入达 500 亿元的规模。

2）青岛国家高新技术产业开发区

青岛国家高新技术产业开发区在 2000 年被认定为国家高新技术产品出口基地，2002 年被认定为国家火炬计划软件产业基地和大学科技园区。该区规划面积 58 公里$^2$，拥有电子信息、生物与医药、新材料、新能源和高效节能、先进装备制造、海洋科技、现代服务业等七大主导产业区。园区内的青岛四方车辆研究所有限公司是中国轨道车辆关键系统技术和产品的重要供应商，厂区分别位于青岛市四方区和青岛国家高新技术产业开发区。

2. 发展规划

1）整体规划

到 2015 年，青岛国家高新技术产业开发区整体上要发展成为集知识创新密集区、研发孵化密集区、高端产业密集区、高端服务密集区于一体的自主创新战略高地、战略性新兴产业核心载体和实现创新驱动与科学发展的先行区域，各类孵化器、加速器项目建设面积达到 100 万米$^2$；培育建成海洋仪器仪表、新型显示、光电装备、海洋药物与生物材料、新型能源装备、现代服务业等 6 大新兴产业基地；形成运输装备、数字家电、信息通信等 3 个以上国内领先的优势产业集群，其中 2 家以上年销售收入超过 100 亿元的企业，5 家以上超过 50 亿元的企业。

2）重点建设项目

青岛国家高新技术产业开发区将重点建设中国科学院光电研究院青岛光电工程技术研究中心、中国科学院兰州化学物理研究所青岛研发基地、中国科学院青岛产业技术创新与育成中心、青岛国家大学科技园、中国石化安全工程研究院、青岛市工业技术研究院、青岛国际科技合作园等一批创新载体。围绕企业需求，与高校、科研院所共建一批联合实验室、技术中心。

3）资金投入

到 2015 年，通过青岛市政府专项资金引导和青岛国家高新技术产业开发区管委及各园区所在区政府自筹，将安排资金 200 亿元，用于创新型园区的基础设施建设及创新活动投入。支持创新资源要素向高新区集聚，在创新创业载体建设、人才团队引进、战略性新兴产业培育、高新技术产业化基地建设等方面给予高新区重点倾斜。

### 4.6.5 沈阳

#### 1. 发展状况

沈阳铁西工业基地是中国重要的装备制造业聚集区和重大技术装备研制基地。装备制造业发展示范园区面积50公里$^2$，规划面积100公里$^2$，区内有334家大中型装备制造企业，包括沈阳机床集团有限公司、沈阳鼓风机集团有限公司、北方重工集团有限公司、远大集团等中国装备制造业的领军企业。该基地主要以数控机床、通用石化装备、重型矿山机械、输变电设备、工程机械、汽车及零部件、新能源装备、轨道交通设备、环保与资源综合利用等9大优势产业为主要发展方向，着力打造以汽车及零部件、仪表仪器、模具及压铸件、机泵阀、机床功能部件、输变电配套件等20个产业集群。

#### 2. 整体规划

沈阳铁西工业基地规划用10年时间（2010～2020年），实现制造业销售收入5000亿元人民币以上，年均增加值达到1500亿元人民币。生产性服务业增加值与装备制造业增加值比例达到30：70。研发投入占销售收入比重不低于5％，最终实现9个主导产业、20个产业集群、5个公共服务平台、20家国际一流企业和100个国际一流产品。

# 4.7
## 高端装备制造产业重点机构分析

## 4.7.1 航空发动机制造产业重点企业分析

#### 1. 国外航空发动机制造重点企业

##### 1）美国通用电气公司

通用电气公司是世界上最大的提供航空技术和服务的跨国公司，业务遍及世界100多个国家。2010年，该公司的销售收入是1500亿美元，2011年收入是1470亿美元，收入增长率为－21.93％。

通用电气公司为民用飞机、公务机、军用机和船舶等众多行业提供发动机产品，同时提供技术升级及发动机置换等服务。

通用电气公司燃气轮机产品如表4-13所示。

**表 4-13　通用电气公司燃气轮机产品系列**

| 商务 & 通用型发动机系列 | 商务飞机引擎系列 | 舰船用燃气轮机 | 军用航空发动机 |
| --- | --- | --- | --- |
| CF34 | CF34 | LM1600 | F101 |
| CF700 | CF6 | LM2500 | F103/CF6 |
| CF738 | CFM56 | LM2500＋ | F108 |
| CFM56 | CT77 | LM2500＋G4 | F110 |

续表

| 商务 & 通用型发动机系列 | 商务飞机引擎系列 | 舰船用燃气轮机 | 军用航空发动机 |
|---|---|---|---|
| CJ610 | GE90 | LM500 | F118 |
| HF210 | GEnx | LM6000 | F136 |
| M601 | GP7000 | | F404 |

资料来源：根据通用电气公司《燃气轮机产品》整理

### 2）英国罗尔斯·罗伊斯公司

罗尔斯·罗伊斯公司（Rolls-Royce，RR）成立于 1906 年，早期以生产汽车为主。第二次世界大战后，航空发动机成为 RR 的主业之一。1971 年，RR 负债亏损导致破产后，在英国政府的干预下，RR 公司一分为二，分别为 RR 汽车公司（劳斯莱斯汽车）和 RR 航空发动机公司。在将旗下汽车品牌分别出售给大众（Volkswagen）和宝马（BMW）公司后，现 RR 公司专心致力于航空发动机的研发和生产（表 4-14）。

罗尔斯·罗伊斯公司已累计向世界范围的用户交付了 54 000 台燃气轮机。客户包括 500 多家航空公司，4000 多家公务飞机、通用飞机和直升机用户，160 个武装部队和 2000 多家船舶用户（含 70 家海军用户）。罗尔斯·罗伊斯公司还拥有遍布全球 120 个国家的能源用户。

2011 年，罗尔斯·罗伊斯公司实现 622 亿英镑的订单收入，税前净收入 11.57 亿英镑，实现 113 亿英镑的收入，增长率为 4％，拟出售国际航空发动机公司（IAE）32.5％股权，并与戴姆勒公司一起，通过公开投标获得德国 Tognum AG 95％的股份。

表 4-14　RR 公司燃气轮机产品列表

| 类型 | 引擎类型 | 型　号 |
|---|---|---|
| 民用系列 | 大型客机引擎 | Trent500、Trent700、Trent800、Trent900、Trent1000；RB211-524、RB211-535、V2500（与 P&W 合作开发）系列等 |
| | 小型客机引擎 | AE2100、AE3007 系列、BR700 系列、BR725、TAY、FJ44，RR500 和 M250 涡桨系列 |
| | 直升机引擎 | M250 涡轮轴、RR300、RR500 涡轮轴、CTS800 |
| | 民用燃气发电机 | 501 系列、Avon200、RB211、Trent60 |
| 军用系列 | 喷气式战斗机引擎 | F136、EJ200、RB199、飞马系列、思贝系列、阿杜尔系列等 |
| | 军用直升机引擎 | AE1107C、RTM322、CTS800、MTR390、GEM 系列、M250 涡轮轴、RR300、RR500 涡轮轴 |
| | 运输机引擎 | AE1107C、AE2100、T56、TP400-D6、Tay 系列、M250 涡轮轴 |
| | 教练机引擎 | 阿杜尔系列、FJ44、M250 和 RR500 涡轮轴/涡桨 |
| | 支援战机引擎 | AE1107C、AE2100、T56、思贝系列、BR710、AE3007、Tay 系列、M250 涡桨、T800 等 |
| | 无人机引擎 | AE3007、M250 和 RR500 涡轮轴/涡桨，CTS800 |
| 船用燃气轮机 | 发电机 | AG9140、RR4500 |
| | 直接推进用燃气轮机 | 思贝、MT30、WR-21 |

### 3）美国普拉特·惠特尼联合技术公司

普拉特·惠特尼联合技术公司（Pratt & Whitney A United Technologies Company，P&W），简称普·惠公司，创建于 1925 年，是美国最大的两家航空发动机制造公司之一，也是世界主要的航空燃气涡轮发动机制造商之一，现为美国联合技术公司（United Technologies）的子公司。2011 年，P&W 公司净销售额为 134 亿美元。

P&W 公司新产品包括和 GE 公司合资企业开发的用于宽体大型客机的 GP700，P&W

加拿大公司开发的 PW500 和 ST18，用于更大型波音 777 系列的 PW4098 等（表 4-15）。

**表 4-15　P&W 公司发动机产品列表**

| 类型 | 引擎类型 | 型号 |
|---|---|---|
| 民用系列航空发动机 | 商业飞机引擎（涡扇） | JT8D-200、JT9D、PW2000、PW300、PW4000 系列（94、100、112）、PW500、PW600、PW800、PW6000、V2500（与 RR 合作开发）、GP7200、PW1000G 等 |
| | 涡桨发动机 | PT6A、PW100 |
| | 涡轴发动机（直升机用） | PT6B、PT6C、PT6T、PW100TS、PW200、PW210 |
| | 发电机系列 | FT8 型移动电站、FT8 型固定式电站和 FT8 型联工式电站 |
| 军用航空发动机 | 喷气式战斗机引擎 | F100、F117、F119、F135 |
| 火箭发动机 | 液体火箭发动机 | RS-68、RS-27A、RL-10、RD-180 |

### 4）俄罗斯"留里卡-土星"联合生产体

俄罗斯"留里卡-土星"联合生产体的前身是 1946 年 3 月成立的留里卡发动机设计局，1982 年，该设计局成为"土星"科研生产联合体，是研制生产军用航空、民用航空、海军战舰发动机及工业动力装置的结构设计企业。主要产品有 AL-31 系列和 D-30 系列航空发动机。1985 年研制成功的第四代涡喷发动机 AЛ-31Φ 是 A. M. 留里卡领导设计的最后一个型号，供苏-27 战斗机和苏-27B 战斗教练机使用。20 世纪 90 年代初，该公司研制了第五代涡喷发动机 AЛ-41（即 SAT-41），供未来战术战斗机作动力装置。近年来，该公司又研制成功装矢量尾喷管的 AЛ-31ΦΠ 双涵道涡喷发动机，装备苏-37、苏-30MK 和苏-27 的各种改造型（表 4-16）。

**表 4-16　"留里卡-土星"联合生产体产品列表**

| 类型 | 引擎类型 | 型号 |
|---|---|---|
| 民用系列 | 客机引擎 | SaM146、D30KP　BURLAK、D30KU/KP/KU-154、RD-600V、TVD-1500B、 |
| | 民用燃气发电机 | GTES-2、GTES-5、GTA-6RM、GTA-8RM、GTES-12、GTE-110、GU-170 和 PGU-325 电站 |
| | 燃气泵 | GPA-4RM、GPA-6RM、GPA-3RM、GPA-10RM |
| 军用系列 | 喷气式战斗机引擎 | AL-31F，AL-31FN、AL-31FP、AL-55I、36MT、AL-41F |
| | 舰艇燃气轮机 | M70FRU、M75RU、M90FR |

### 5）法国赛峰集团

法国赛峰集团（SAFRAN）是世界 500 强企业之一，主要从事航空航天推进系统的研发、生产和销售工作，是集航空航天设备、防务-安全和通信设备制造于一体的综合性跨国集团公司。得益于航空事业部门的市场发展，2011 年，赛峰集团的收益大涨 27%，净利润为 6.44 亿欧元，2012 年，赛峰集团营收达 136 亿欧元，同比增长 15.5%。

赛峰集团主要子公司及其经营方向和产品如表 4-17 所示。

**表 4-17　赛峰集团下属子公司及子公司经营方向和主要产品**

| 子公司名称 | 经营方向 | 主要产品 |
|---|---|---|
| 斯纳克玛（Snecma）公司 | 商务客机引擎 | CFM56® 系列（CFM56-3、5A、5B、5C，7B）、LEAP-X®-1C（银冠）、SAM146®、GE90®、CF6®-80、GP7200 |
| | 战机引擎 | M88®、M53®、CFM56®、TP400®（涡桨）、TYNE®、ATAR®、LARZAC®（拉扎克） |
| | 火箭/卫星发动机 | HM7B、火神（Vulcain®2）系列、Vinci® 系列 |

续表

| 子公司名称 | 经营方向 | | 主要产品 |
|---|---|---|---|
| 透博梅卡公司<br>（Turbomeca） | 直升机用燃气涡轮机 | | Arrius 系列、Arriel 系列、TM 333 系列、Ardiden 系列、MTR 390 系列、Makila 系列、RTM 322 系列 |
| | 喷气机发动机 | | Adour 系列 |
| 斯拉克玛<br>固体推进公司<br>（Snecma Propulsion Solide） | 战略导弹推进系统 | | M45、M51 洲际弹道导弹的固体推进分段 |
| | 战术导弹推进系统 | 高级技术类 | 导弹用复合材料、导弹精度控制系统及方案、冲压和超冲压发动机技术、导弹安全性检测、火箭发动机点火装置 |
| | | 火箭发动机 | 西北风（MISTRAL）防空导弹发动机、法国海基巡航导弹（MdCN）起飞发动机 |
| | 空间技术 | 运载火箭发动机 | 阿丽亚娜 5 型（ARIANE V）运载火箭的固体推进段、P80 织女星运载火箭（Vega）的第一、第二和第三级固体推进段 |
| | | 空间部件 | 高温保护罩、发动机喷口锥管 |
| | 航空类 | 民用航空 | SaM146 和 CFM56-5C 发动机的混合器、SaM146 发动机尾罩 |
| | | 军用航空 | M88 发动机后段组件 |
| | | 其他 | 涡扇发动机第一级叶片、民用涡扇发动机后段组件 |
| | 其他 | | 火工品：爆炸螺栓、爆管、传感器、高温工程设备 |
| Techspace Aero<br>集团 | 航空推进系统 | 航空发动机构件 | 现役大、中、小型航空发动机的低压压气机，下一代航空发动机的低压压气机 |
| | | 高技术组件 | 涡轮盘、焊接定子、扩散器、高/低压压气机等 |
| | 仪器类 | 航空仪器 | 航空发动机的润滑和冷却系统 |
| | | 火箭发动机阀门 | Aestus® 止回阀、Vulcain® 2 主燃烧氢/氧阀门、热气阀门、旁路阀门、氮气补偿阀门和液氢系统泄压阀；Vinci® 主燃烧室氢/氧阀门、放气阀、旁路阀、冷冻阀和螺线管箱 |
| 梅西耶-布加迪-道蒂集团<br>（Messier-Bugatti-Dowty） | 起落架系统<br>（装备全球 21 500 架飞机） | | 庞巴迪挑战者 300、达索猎鹰 7X、苏霍伊 Superjet 100、韩国 T-50 教练机和空客 A400M 运输机的起落架 |
| | 机轮和刹车<br>（占据全球 47.8% 的份额，装备 4 400 架飞机） | | 波音 737 下一代碳刹车、波音 787 电控碳刹车、空客 A350 XWB 碳刹车 |
| | 维护、修理和大修翻新 | | 每年修理 10 000 个零部件，大修翻新 1 100 台发动机 |
| | 航空系统<br>（已应用到 10 000 架民用飞机） | | 起落架伸缩系统、操控系统，液压、胎压、刹车温度和集体构件疲劳监测系统 |
| | 绿色电子化形系统 | | 与霍尼韦尔（Honeywell）合作开发 |
| 埃塞集团<br>（Aircelle） | 商务飞机子系统 | | 湾流 V、G500-G550、环球 5000、环球快递 XRS 型飞机的反向推力喷嘴、超轻质复合材料机身和隔音板；挑战者 300 型飞机的平面反向推力装置，铝/复合材料蒙皮和驱动锁定系统；环球 7000/8000 型一体式延展成型的铝制发动机进气唇口、防冰系统、隔音系统、发动机风扇罩和反向推力系统；猎鹰 7X 的复合材料机身、反向推力系统和隔音系统；里尔 200 型的反向推力系统 |
| | 支线飞机子系统 | | 苏霍伊 Superjet 100 反向推力系统、碳纤维机身和隔音系统；巴西航空 170-175 型反向推力系统、隔音系统 |

续表

| 子公司名称 | 经营方向 | | 主要产品 |
|---|---|---|---|
| 埃塞集团（Aircelle） | 中距飞机子系统 | | 空客 A318 反向推力系统、复合材料进气隔音板；空客 A320 四门反向推力系统和隔音系统；中国 C919 短舱和反推力喷嘴 |
| | 主线客机子系统 | | 空客 A330 四门反向推力系统和机尾整流罩的升学处理，空客 A340 的四门反向推力系统、复合材料机身和进气口声学处理，空客 A380 的发动机吊舱；波音 747 的级联型反向推力装置；波音 787 起落架的复合材料构件 |
| 伊斯帕诺-苏莎集团（Hispano-Suiza） | 动力传动装置 | | 20 000 台 CFM56 的副齿轮箱，RR Tent 系列发动机的传动装置，为商务飞机设计的 BR700 副齿轮箱，阵风战斗机 M88 发动机副齿轮箱，与 M53®、TYNE®、ATAR®、LARZAC®（拉扎克）、TP400 配套的减速箱，直升机减速箱 |
| | 电驱动系统 | | 空客 A380 反向推力系统的电力驱动部分（ETRAS®）、波音 787 刹车电驱系统（EBAC）、空客 A400M 的备用机械驱动器（EBMA） |
| 萨基姆集团（Sagem） | 商用航空 | 固定翼飞机子系统 | 飞行控制系统、引擎控制系统、机载电子系统和软件、信息系统和飞行检查系统等 |
| | | 直升机子系统 | 飞行控制系统、导航系统、引擎控制系统、机载电子系统和软件、信息系统、保养、液晶显示系统和机载光电设备 |
| | 军用航空 | 固定翼飞机子系统 | 惯性导航系统、引擎控制系统、机载电子系统和软件、任务规划系统和现代化升级改造 |
| | | 直升机子系统 | 飞行控制系统、导航系统、电操作系统、机载电子系统和软件、机载光电设备、任务规划系统和现代化升级改造 |
| | 武器类 | | 模块化空对面武器（AASM）和多模/红外引导头 |
| | 无人机（UAV） | | 巡逻员（PATROLLER®）R 型、M 型和 S 型无人机，雀鹰 MKII |
| | 海军舰艇 | | 水面舰艇的导航、光电和防卫系统，潜艇的导航、雷达和光电系统 |
| | 其他 | | OEM 惯性导航系统、热像仪、遥控天文望远镜、主动光学系统、高性能光学仪器、空间光学仪器、地面测试设备、半导体等 |
| 拉比纳集团（Labinal） | 航空工程 | 飞机结构 | 气动、载荷和飞行动态分析，飞机结构设计和应力分析，系统安装设计、方法和工具的改进及认证 |
| | | 航空电子设备和嵌入式系统 | 按要求构架和设计系统、系统集成和测试、电子单元设备的开发和集成、DO178B A 级软件开发、安全性分析和认证支持 |
| | | 电气系统 | 布线和互联系统的设计、合乎逻辑的电气设计、线束的设定和安装集成、数字化样机等 |
| | | 机械系统 | 机械系统的部件和组件设计、流体力学和能量分析、复合材料和金属材料科学、制造和供应链支持等 |
| | 工业制造类 | | 工业制造的线束集成，数字模拟，提供生产数据、管理和培训方法，电气测试，配置管理等 |
| | 服务类 | 电气改造 | 提供线束修改的实现方案、项目管理、技术援助、质量检测和升级过程中的全程监控 |
| | | 电气安装 | 提供飞机线束安装全程服务 |
| | | 电气测试 | 机舱及系统测试、飞行试验系统安装 |
| | | 个性化维护 | 线束的物理安装、融入内部的结构布线，内部构件（如厨房、行李箱、座椅等），飞机维护等 |
| | | 项目过程管理 | 线束库存管理、线束配置和状态跟踪和安装测试等 |
| Morpho 集团 | 安检及身份识别系统 | | ID 芯片、X 光安全监测系统、视网膜识别系统等 |

6）意大利芬梅卡尼卡集团

意大利芬梅卡尼卡集团（Finmeccanica S. P. A），原称机械金融集团。芬梅卡尼卡集团属于国家控股公司（国家控股 32.4%），该集团直接或间接控股的公司达 121 家，其中 63 家是意大利公司，另外还占有 128 家公司的小比例股份，其中 42% 属于意大利公司，该集团的总产值占意大利国防工业总产值的 70%。2011 年，芬梅卡尼卡集团整体销售额达到 144.1 亿美元。2012 年 2 月，旗下公司 Telespazio 签署了一份 1.12 亿欧元的合同，在未来 5 年为法国太空署、欧洲太空署和欧洲阿丽亚娜太空公司提供通信和遥测服务。

芬梅卡尼卡集团主要成员结构及主要营业方向表 4-18 所示。

表 4-18　芬梅卡尼卡集团主要成员及主要营业方向和产品

| 部门 | 子公司名称 | 主要经营方向 | | 主要产品 |
|---|---|---|---|---|
| 航空事业部门 | 阿莱尼亚·马基公司（Alenia Aermacchi） | 军用飞机 | 运输机 | 与其他 7 个国家合作生产 C-27J "斯巴达人" 运输机 |
| | | | 特殊任务机 | ATR 42MP、ATR 72MP |
| | | | 战斗机 | AMX |
| | | | 教练机 | M-346、M-345、M-399 |
| | | | 合作生产 | EF-2000、F-35、狂风（Tornado）战机 |
| | | 民用飞机 | 民航机 | ATR 42、ATR 72 |
| | | | 教练机 | SF-260 |
| | | 无人机 | 自主生产 | SKY-X、SKY-Y |
| | | | 合作生产 | 神经元（Neuron）无人机 |
| | | 升级改造和设备维护 | | G. 222/C-27A、E3A AWACS |
| | | 模拟和综合测试系统 | | 天光模拟器、电磁波屏蔽室、模拟飞行中心、新结构和系统实验室 |
| | | 后期服务 | | 主要客户：空客、ATR、波音、达索、欧洲战机、帕拉维亚，意大利空军、海关、海岸警卫队和外国空军 |
| | ATR 公司（阿莱尼亚·马基公司与欧洲宇航防务集团合资成立） | 支线涡桨客机 | | ATR-600 系列、ATR 72-500 系列、ATR 42-500 系列 |
| | | 人员培训 | | 驾驶员、空乘人员、地勤维护人员、操作人员及训练辅助器材等 |
| | SuperJet International 公司 | 国际商务喷气式客机 | | SuperJet-100 |
| 直升机事业部门 | 奥古斯塔韦斯特兰公司（AgustaWestland） | 商务直升机 | | AW119Ke、AW109 Power、GrandNew、AW169、AW139、AW101 |
| | | 军/政府用直升机 | | AW119Ke、AW109 Power、AW109、T129、AW159、AW139M、AW149、APACHE AH MK1、NH90、AW101、Chinook ICH-47F |
| | | 倾翼机 | | AW609 |
| 空间事业部门 | 泰来斯阿莱尼亚航天（Thales Alenia Space） | 航空航天 | | 机载电子设备、客舱系统、电气系统、雷达和传感器、空中交通管制系统、机场解决方案和导航系统、训练和模拟系统、通信和导航、微电子 |
| | | 太空 | | 太空通信、空间站建造与运输、环境监测、导航、地面系统、防务和安全 |

续表

| 部门 | 子公司名称 | 主要经营方向 | 主要产品 |
|---|---|---|---|
| 空间事业部门 | 泰来斯阿莱尼亚航天（Thales Alenia Space） | 防务 | 陆海空三军防务和联合作战系统 |
| | | 安防 | 机场、能源及公共场所的安防系统，工业、金融（反洗钱）、研发等系统安全保障，放射科学研究、无线电及微波科学 |
| | | 交通 | 干线铁路系统、城市轨道交通系统、城市道路及系统规划 |
| | 空间通讯公司（Telespazio） | 商务服务 | 银行保险、教育、能源、健康、交通运输 |
| | | PA 服务 | 政府办公电子化、卫星地面工程和操作运行、大地测量、自然资源测量、导航等 |
| | | 安防 | 监视监控 |
| | | 其他 | 广播服务、卫星图像、太空任务规划、太空实验设备、深太空探索计划等 |

## 2. 中国航空发动机制造重点企业

### 1）中国航空工业集团公司

中国航空工业集团公司（简称中航工业）是由中央管理的国有特大型企业，于 2009 年 11 月由原中国航空工业第一、第二集团公司重组整合而成立，设有航空装备、运输机、发动机、直升机、机载设备与系统、通用飞机、航空研究、飞行试验、贸易物流、资产管理、工程规划建设、汽车等产业板块，下辖 200 余家成员单位，有 20 多家上市公司，员工约 40 万人。截至 2011 年 6 月，中航工业资产规模为 5000 亿元。2011 年集团收入大于 2500 亿人民币，比 2010 年增长 20%，实现利润超过 120 亿人民币，比 2010 年，增长 15%，中国航空工业集团公司主要飞机及发动机制造子公司（机构）如表 4-19 所示。

**表 4-19　中国航空工业集团公司主要飞机及发动机制造子公司**

| 子公司名称 | | 主营方向 | 主要产品 |
|---|---|---|---|
| 中航工业飞机有限责任公司 | 西安飞机工业（集团）有限责任公司 | 轰炸机、歼击轰炸机 | 轰-6 系列、FBC-1“飞豹”系列 |
| | | 支线民航客机 | 运-8、运-9、运-20、C919、L162、新舟-60、新舟 600 |
| | 成都飞机工业（集团）有限责任公司 | 教练机、歼击机、歼击轰炸机 | 歼教 5、歼 5 甲、歼 7FS、歼 7MG、歼 7E、歼 10、歼-20、FC-1 枭龙 |
| | 哈尔滨飞机工业（集团）有限责任公司 | 运输机 | ERJ-145、运-11、运-12、运-12F |
| | | 直升机 | 直 9、H425 系列、EC/HC120 系列、H410 系列、直 15/EC175 系列、吉祥鸟系列三角翼机、 |
| | | 两栖飞行器 | 水轰-5 |
| | 沈阳飞机工业（集团）有限公司 | 歼击机、教练机 | 歼教 1、歼教 6、歼 7、歼 8、歼 8II、歼-8IIM、歼-11、歼-11B、歼-11BS、歼-15（飞鲨）、歼 16 |
| | 中航工业通用飞机有限责任公司 | 超轻型喷气公务机 | 天骄（Starlight）100、天骄（Starlight）200 |
| | | 涡桨飞机 | 领航（Primus）100、领航（Primus）150 |
| | | 其他 | 运-5B、“小鹰”500、“海鸥”300、运 15-2000、“蛟龙”600 |
| | 中国商用飞机有限责任公司 | 商务飞机 | C919、ARJ-21 |
| | 江西洪都航空工业（集团）有限责任公司 | 教练机 | 初教-6、K-8、高教 L-15 |
| | | 强击机 | 强-5 系列 |
| | | 民用机 | 农-5、运-5 |
| | | 导弹 | 上游系列导弹 |
| | | 其他 | 印刷机械、体育器材、电动车等 |

续表

| 子公司名称 | | 主营方向 | 主要产品 |
|---|---|---|---|
| 中航工业飞机有限责任公司 | 昌河飞机工业（集团）有限责任公司 | 直升机 | 直-8、武直-10、直-11、S-92、CA-109、S300C、S76C++ |
| | | 飞机零部件 | 波音 767-300BCF |
| | 贵州航空工业集团 | 教练机 | 高教 9（山鹰） |
| 中航工业发动机控股有限责任公司 | 沈阳黎明航空发动机（集团）有限责任公司 | 燃气轮机组的制造、安装、大修、运营管理，以及燃汽轮机零件的生产 | QD20、QD45、QD70、QD128、QD168、QD185、RO110 燃气轮机机组和 WD905 微型燃气轮机机组 |
| | | 军用涡喷发动机 | 涡喷-5、涡喷-6、涡喷-7、涡喷-14（昆仑）、涡扇-6 |
| | 哈尔滨东安发动机（集团）有限公司 | 航空发动机 | 活塞-7、活塞-8、涡轴-5、涡桨-5 系列、 |
| | | 燃气轮机发电机组 | 车载式 QD-10B、QD-12B、QD-14B、QD-16B；固定式 QD-10、QD-12、QD-14、QD-16、QD-30C； |
| | | 直升机传动系统 | 直-8 直升机减速器、直-9 主减速器、尾减速器，直-11主减速器、尾减速器 |
| | | 航空机电 | 电动驱动机构、传感器、泵类、发电机等 |
| | 成都发动机（集团）有限公司 | 涡扇发动机 | 涡扇-8 |
| | | 燃气轮机 | FT-8 燃气轮机 |
| | | 航空零部件 | 燃烧室内壁、燃气导管、火焰筒、环形蜂窝件等 |
| | | 其他 | 轴流压缩机、叶片铸造模具、拉刀、测量器具等 |
| | 西安航空发动机（集团）有限公司 | 航空发动机 | 涡喷-8、涡扇-9、涡扇-10（太行） |
| | | 航空零部件 | 低压压气机组件、机匣、涡轮轴承座等 |
| | 贵州黎阳航空发动机（集团）有限公司 | 航空发动机及部件 | 涡喷-13、民用航空发动机转动件、叶片、轴类零件、机匣件、短舱环形件、结构件及燃气轮机零件 |
| | | 汽车部件 | 排气管、消声器和净化器 |
| | | 其他 | 工装夹具、五金模具及专用设备的设计与制造等 |
| | 商用飞机发动机有限责任公司 | 航空发动机 | 涡扇-8 |
| | 中国南方航空动力机械集团公司 | 航空发动机 | M-11ФP、活塞-5、活塞-6、涡轴-8、涡桨-6、涡桨-9、涡扇-11 |
| | 常州兰翔机械有限责任公司 | 航空发动机、燃气轮机机组、巡逻艇等 | 涡轴 6 系列发动机、冲压空气涡轮的生产和修理、透默 IIIC6 发动机和燃气轮机启动机大修、涡轴 6G 工业燃气轮机、军用巡逻艇、警用缉私艇、民用交通运输艇、休闲游乐艇及玻璃钢制品等 |

2）无锡透平叶片有限公司

无锡透平叶片有限公司（WTB）是上海电气集团旗下的上海集优机械股份有限公司的核心全资企业，是国内领先、全球知名的电站汽轮机叶片供应商。30 年间累计产量近 200 万片，年产能力 30 万片以上。拥有中国 70% 以上的大叶片市场份额，产品遍布中国每一台 30 万千瓦以上功率的汽轮机，更有产品出口到日本、德国、意大利、法国、美国、印度等国家。该公司拥有世界先进的 6300 吨、18 000 吨、35 500 吨级大型压力机，纵树形直齿、圆弧叶根高精度强力磨，四轴/五轴联动加工中心机群等设备，通过自主创新，形成了对产品的精度锻造成型、全面数字化加工及特种加工的高科技优势。

公司的主要研发方向是：通过对引进技术消化吸收再创新，推进百万千瓦核电机组叶片国产化进程，并实现自主化，提升百万千瓦超临界/超超临界火电汽轮机组、燃气轮机组（含 IGCC、燃压机组）等大型涡轮叶片的自主开发、制造技术和工艺创新能力，通过优化行业资源，提高中国汽轮机行业技术自主创新能力，推动产业升级，支撑行业发展。

3）安泰叶片技术有限公司

西安安泰叶片技术有限公司（简称安泰）是一家由西安航空发动机（集团）有限公司（48.13％股份）、叶片技术国际公司（33％）和普·惠公司（美国联合技术公司子公司）（18.87％股份）三方共同组建的中外合资企业，成立于1997年。

公司结合美国普·惠公司和以色列叶片技术公司（BTL）的技术、资金优势，可加工材料为不锈钢、钛合金或铬钼，最长600毫米、最宽200毫米的叶片，主要生产精密锻造压气机叶片和医疗植入件，年生产能力为57 000件叶片，生产水平达国际标准。产品主要出口到美国、以色列、爱尔兰、墨西哥等国家。安泰已经取得了ISO 9001质量体系认证和ISO 14001：2004环境管理体系认证。

## 4.7.2 高铁及主要轴承制造重点企业分析

1. 国外高铁及轴承制造重点企业

1）加拿大庞巴迪宇航公司

庞巴迪宇航公司（Bombardier Inc.）是一家总部位于加拿大魁北克省蒙特利尔市的国际性交通运输设备制造商。主要产品有支线飞机、公务机、铁路及高速铁路机车、城市轨道交通设备等。2011年全年，庞巴迪宇航公司总收入为177.12亿美元，同比下降8.5％。

庞巴迪宇航公司的主要业务分为两大块，如表4-20所示。

**表4-20 庞巴迪宇航公司的主要经营方向和产品**

| 主营业务类别 | | 主要产品 |
| --- | --- | --- |
| 航空 | 商务机 | 里尔（LEARJED）系列：LEARJET 45XR、LEARJET 60XR、LEARJET 85；挑战者（CHANGER）系列：CHANGER 300、CHANGER 605、CHANGER 850；环球快车（GLOBAL）系列：GLOBAL 5000、GLOBAL 6000、GLOBAL 7000、GLOBAL 8000 |
| | 支线民航机 | C系列：CS100、CS300；CRJ系列：CRJ-100/200、CRJ-100/700、CRJ-100/900、CRJ-100/1000；Q（冲锋-8，Dash8）系列：Q100、Q200、Q300、Q400，CC-142、CT-142、E-9A |
| | 两栖飞机 | 庞巴迪415、庞巴迪415MP、Superscooper（CL-215）、CL-215T |
| 铁路 | 铁路车辆 / 自动运输系统 | INNPVIA APM100、INNPVIA APM200、INNPVIA APM300全自动无人驾驶运输系统，INNOVIA Monorail 300单轨全自动无人驾驶运输系统 |
| | 轻轨车辆 | FLEXITY系列有轨机车，基于轻轨机车的城区轨道交通解决方案 |
| | 高级快速轨道运输 | INNPVIA ART300高速铁路交通系统（全自动无人驾驶，适用于中等运输强度） |
| | 地铁 | MOVIA地铁车辆（销售量：伦敦1700辆、中国1000辆、德里340辆） |
| | 通勤和区域铁路 | TALENT 2型单层多动力单元列车、OMNEO双层列车（最高时速150～200公里/小时）、AGC柴油/柴油、电混合动力列车（最高时速160公里/小时）、单/双层列车车厢 |
| | 城际铁路 | AM96列车、I11型车厢、TWINDEXX列车 |
| | 高速铁路 | ZEFIRO高速（HS）、ZEFIRO超高速（VHS）系列机车（最高时速250～380公里/小时） |
| | 普通机车 | TRAXX系列 |
| | 推进和控制系统 / 轨道系统方案 | MITRAC 500系统，适用于地面轨道交通；MITRAC 1000系统，适用于地铁、城区轨道交通、城际轨道交通、高速铁路；MITRAC 3000，适用于国内铁路交通 |
| | 转向架 | FLEXX系列转向架 |
| | 其他 / 轨道运输系统和控制系统 | 无人驾驶系统、轻轨系统、地铁系统、城际铁路系统、干线铁路方案、大流量铁路运输方案等 |

2）日本川崎重工业株式会社

川崎重工业株式会社（Kawasaki Heavy Industries.Ltd，川崎重工）是日本的重工业公司，主要生产和制造航空航天设备、铁路车辆、重型机械、摩托车、船舶等。2011 年（4～12 月），川崎重工总资产额达到 14 044.98 亿日元，销售额为 9063.14 亿日元，纯利润达到 336.79 亿日元。川崎重工是日本军工产业的重要成员，仅次于三菱重工，是日本自卫队飞机和潜艇的主要生产商。

川崎重工于 1906 年开始生产铁路车辆，现阶段主要的产品有 800 系电动机车转向架、（日本）国铁 103 系、国铁 211 系、JR 北海道 731 系、JR（Japan Railway）东日本 651 系电动列车，JR 西日本 681、683、223、125 系列电动机车，JR 东海 383 系电车，JR 东日本 E231 系电动机车，JR 东日本 E531、701、E721 系电动机车等。

3）德国西门子交通技术集团

西门子交通技术集团（SIEMENS TS）是西门子集团公司（SIEMENS AG）下属的子公司，也是中国铁路主要的国际供应商之一。2011 年，西门子集团公司总收益为 738.14 亿欧元，净利润为 14.39 亿欧元[90]。

作为单交通系统的供应商和系统集成商，西门子交通技术集团为城轨、地区线和干线提供信号与控制系统、牵引供电系统和机车车辆，同时提供项目管理和前瞻性服务。通过与本地合作伙伴携手合作，交通技术集团在西安、株洲和南京建立了三家合资企业，为中国和国际市场生产信号和控制系统、机车关键部件和电气化组件。

西门子交通技术集团参与建造的上海磁悬浮高速列车于 2004 年年初正式投入商业运营。2004 年 12 月，该集团从中国铁道部赢得一份供应 180 辆双端机车的合同，合同总额约 38 亿元人民币。2005 年 11 月，中国铁道部与德国西门子交通技术集团在"以市场换技术"的原则下签订协议，西门子交通技术集团因而获得 60 列时速 300 公里的高速列车订单，总值 6.69 亿欧元（原型车每列 2.5 亿元人民币，技术转让费 8000 万欧元），最终被定型为 CRH3C。CRH3 列车的原型为德国铁路的 ICE-3 列车（西门子 Velaro），中国以引进西门子公司先进技术并吸收的方式，由中国北车唐山轨道客车在国内生产实现国产化。在这份合同中，西门子交通技术集团所占份额价值 67 亿元人民币，是西门子在中国获得的金额最大的单笔合同。

4）法国阿尔斯通公司

阿尔斯通公司（Alstom）是一家大型的法国公司，总部位于法国巴黎附近，其主要业务为电力及轨道交通基础设施（例如 TGV 和欧洲之星）。该公司业务涵盖适用于所有能源形式（煤、天然气、核能、燃油、水力、风能）的技术，并且在环境保护（二氧化碳减排、氧化氮减排等）领域处于领先地位。阿尔斯通将为法国未来的欧洲压水堆核电站供应常规岛。集团还正在开发二氧化碳捕捉工艺，并将在中期内实现商业化。2011 年，阿尔斯通公司收到的订单价值总额为 216.03 亿欧元，销售收入为 195.1 亿欧元。

该公司在交通运输领域的成就有：超高速列车和高速列车世界第一，如 TGV 法国高速列车；城市交通市场、区域列车、基础设施设备以及所有相关服务领域世界第二，如新加坡地铁环线，新加坡地铁东北线等。

5）德国舍弗勒集团

舍弗勒集团（Schaeffler AG）是全球范围内生产滚动轴承和直线运动产品的领导企业，

也是极富声誉的汽车零件供应商，其拥有三个知名品牌：INA，FAG 和 LUK（现转为生产汽车离合器）。舍弗勒集团主要经营方向有汽车制造、工业制造和航空航天。

Schaeffler 在全球大约有 65000 名员工，在超过 50 个国家有超过 180 个分支机构，2011 年前 9 个月，舍弗勒集团销售额为 81 亿欧元，净收入为 7.43 亿欧元。

INA 轴承公司拥有 30 多家生产厂，3 万多名员工，开发的广泛产品有：滚动轴承，滑动轴承，直线导轨系统，高精密产品，发动机零部件。INA 轴承产品涉及的行业包括：机械行业、建筑行业、水力和风力 FAG 轴承工程行业、机床及制造机械行业、材料处理及包装行业、电动工具行业、变速箱行业、半导体行业、泵与风机行业、工业机器人及自动化行业、橡胶、塑料及化工行业、纺织行业、拖拉机行业等。

6）瑞典球磨集团

瑞典球磨集团（SKF，Svenska Kullager-Fabriken，SKF）是全球领先的滚动轴承和密封件供应商，其业务范围包括轴承制造、密封件生产及轴承相关工具的推广，并为客户提供各种解决方案和服务。SKF 的业务分为五大部门：工业部、汽车部、电机电器部、服务部、航天和钢铁部。2011 年，SKF 的净收入为 66.216 亿瑞典克朗。

SKF 所提供的标准产品有各类轴承 2 万余种。SKF 集团除了滚动轴承之外，也制造直线轴承、滑动轴承、轴承箱、球及滚子丝杠、纺织机械部件、保持圈、机床及各种精密机械部件。

2. 国内高铁及轴承制造重点企业

1）中国北车股份有限公司

中国北车股份有限公司（简称中国北车），是经国务院国有资产监督管理委员会批准，由中国北方机车车辆工业集团公司联合大同前进投资有限责任公司、中国诚通控股集团有限责任公司和中国华融资产管理公司，于 2008 年 6 月 26 日共同发起设立的股份有限公司，主营铁路机车车辆、城市轨道车辆、工程机械机电子的研发、设计、制造、修理、服务业务。公司注册资本为 58 亿元人民币，总部设在北京。

中国北车经营范围包括铁路机车车辆（含动车组）、城市轨道车辆、工程机械、机电设备、电子设备及相关部件等产品的研发、设计、制造、修理、服务业务，产品销售、技术服务及设备租赁业务，进出口业务及与以上业务相关的实业投资，资产管理，信息咨询等业务。

中国北车现拥有两个国际领先的动车组技术平台、国际领先的三个产品系列的大功率交流传动电力机车技术平台。和谐 2 型、和谐 3 型电力机车大批量投入运营，占和谐型电力机车总量的 70% 以上，担当了大秦、京沪、京广等重要线路的牵引任务。铁路机车车辆和城市轨道车辆产品占国内市场份额的一半以上。该公司产品现已出口到 30 多个国家和地区。目前，该公司拥有年新造电力机车 370 台、内燃机车 460 台、铁路客车和动车组 2300 辆、城市轨道车辆 1100 辆、各型货车 26 000 辆，年修理电力机车 260 台、内燃机车 600 台、客车 2500 辆、各型货车 32 000 辆的能力，同时具有较强的配件配套生产能力。

2011 年 1～9 月，中国北车营业总收入为 641.82 亿人民币，净利润为 22.78 亿人民币。

2）中国南车股份有限公司

中国南车股份有限公司（简称中国南车），是经国务院国有资产监督管理委员会批准，由中国南车集团公司联合北京铁工经贸公司共同发起设立的，设立时总股本 70 亿股。截至 2009 年年底有 16 家全资及控股子公司，分布在全国 10 个省市，员工 8 万余人。

中国南车主要从事铁路机车、客车、货车、动车组、城市轨道地铁车辆及重要零部件的研发、制造、销售、修理、租赁，轨道交通装备专用技术延伸等产业，以及相关技术服务，信息咨询，实业投资与管理，进出口等业务。中国南车具备铁路机车、客车、货车、动车组、城市轨道地铁车辆及相关零部件自主开发、规模制造、规范服务的完整体系。

中国南车是中国最大的城市轨道地铁车辆制造商，拥有变流技术国家工程技术研究中心、国家高速动车组工程实验室，以及 5 家国家认定技术中心、4 个博士后工作站，并在美国成立了工业电力电子研发中心，其研发和制造水平已达到或接近世界同行业先进水平。

2011 年 1～9 月，中国南车营业总收入为 586.65 亿人民币，净利润为 36.72 亿人民币。

3）瓦房店轴承集团有限责任公司

瓦房店轴承集团有限责任公司（简称瓦轴集团）始建于 1938 年，现综合经济技术指标在中国国内轴承行业排名第一位，是中国最大的轴承企业，在世界排名第十二位。下属公司有瓦房店轴承股份有限公司、大连瓦轴集团轴承装备制造有限公司、瓦轴集团通达轴承制造有限责任公司、瓦轴集团动力公司、光洋瓦轴汽车轴承、瓦轴集团精密锻压公司、瓦轴集团钢球公司。

瓦轴集团的主导产品是重大技术装备配套轴承、轨道交通轴承、汽车车辆轴承、军事装备轴承等，主导产品的国内市场占有率均在 20% 以上。在设计、制造、试验检测三大技术平台和制造水平均具有一定的国际市场竞争能力。拥有国家级技术中心和国家级试验室，技术中心在轴承行业排名第一，试验室检测报告可与国际 16 个国家 23 个组织机构互为承认检测结果，15000 多种轴承产品全部拥有自主知识产权，并以每天诞生 2 种新产品的速度在扩大国内外配套领域。公司先后通过 ISO9000、ISO14001、QS9000 和 ISO/TS16949 等国际管理体系认证。

2011 年 1～9 月，瓦轴集团下属瓦房店轴承股份有限公司（SHE：200706）实现营业总收入 25.20 亿人民币，净利润 0.63 亿人民币。

4）哈尔滨轴承集团公司

哈尔滨轴承集团公司（简称哈轴集团）由原哈尔滨轴承总厂改组而成，现为中国轴承行业三大生产基地之一，总资产为 36.7 亿元，主要生产设备约有 4600 余台，年生产能力为 8000 多万套轴承，可生产九大类型、各种精度等级、6000 余种规格和品种的轴承。其精密机密主轴轴承在国内市场占有率大于 50%；铁路客车轴承市场占有率达 40%（被铁道部认定为提速客车轴承生产基地之一）；航空航天专用轴承国内市场占有率大于 70%。

哈轴集团开发研制时速 160～200 公里的准高速铁路轴承和时速 200 公里以上的高速铁路轴承，来减少国际进口轴承厂商对中国高端机械的垄断。

哈轴集团主要产品涵盖航空航天轴承、机床精密轴承、铁路客车轴承、矿山冶金机械轴承、家电静音轴承、工业电机轴承、汽车圆锥滚子轴承等。同时，着力研发风力发电轴

承、重型数控机床精密轴承、高速铁路客货车轴承、大型工程机械轴承等新产品，形成年产 5600 万套轴承的生产能力。

5）洛阳 LYC 轴承有限公司

洛阳 LYC 轴承有限公司是中国轴承行业规模最大的综合性轴承制造企业，可生产九大类型、各种精度等级的 6000 多个轴承品种，年生产能力 7000 万套，产品最小内径 10 毫米，最大外径 6.07 米，最轻 25.4 克，最重 15 吨。产品广泛应用于轿车、载重车、铁路、船舶、矿山、冶金、石化、电力、农机、轻纺、航天、航空等重要领域。洛阳 LYC 轴承有限公司拥有国家级技术中心，可根据客户要求设计研制各种特殊结构、特殊性能、特殊用途的轴承。公司整体通过了 ISO 2000 版质量体系认证，6 个子公司通过了 ISO 2000 版质量体系认证，其中轿车轴承生产线还通过了 QS 9000 质量体系认证；"LYC" 品牌轴承是 "全国重点保护名优产品"；有 2 种获得国家金质奖，5 种获得国家银质奖，70 多种获得省、部优质产品奖。

2008 年年初在启动 "新洛轴工程项目" 后，该公司又迅速实施了以科技创新带动 "产业全面升级项目"。随着项目的完成，该公司自主创新能力和核心竞争力将得到更大的提升，在研发、装备、产品等关键领域达到国内第一、国际领先水平。

2011 年，该公司获得国家授权专利 22 项，其中发明专利 8 项。

## 4.7.3 激光设备制造重点企业分析

1. 国外激光设备制造重点企业

1）IPG 光子公司

IPG 光子公司（IPG Photonics Corporation，IPG）始创于 1990 年，是全球最大的光纤激光制造商，总部设在美国东部马萨诸塞州，拥有国际领先水平的光纤激光研发中心，主要生产基地分布在德国、美国、俄罗斯、意大利；销售及服务机构分布在中国、英国、印度、日本和韩国。IPG 光子公司在美国、俄罗斯、意大利的生产设施总面积约 35 万英尺[2]，可随时满足原设备生产商和终端用户的各种需求。它生产的高效光纤激光器、光纤放大器及拉曼激光的技术均走在世界的前列，并被各国广泛应用于材料加工、测量、科研、通信、医疗等领域。从 1990 年成立以来，IPG 光子公司已向全球 500 多家客户提供了超过 21 000 台设备。

IPG 光子公司是全球市场上唯一一家光纤激光器的纵向集成生产商。从半导体二极管到特殊激光器和光学部件、光学激光器、放大器，全部自行设计和生产。IPG 光子公司的半导体模块与市场上其他厂家的相比，亮度更高，更为可靠。由于采用了高功率、单芯结二极管泵浦光源，使得 IPG 光子公司的产品远远超过采用寿命短的半导体阵列的同类激光产品，使用寿命约为 10 年。

2）SPI 激光公司

英国 SPI 激光公司（简称 SPI）成立于 2000 年，该公司致力于将英国南安普顿大学光电研究中心的高新技术产业化，其在特种光纤和光纤布拉格光栅等方面的核心技术及专利在公司成立初期被用于制造长距离高速光通信光学器件上。在 2002 年，SPI 加强了光纤激光器的设计和生产，并于 2003 年推出了首台商用光纤激光器。SPI 于 2005 年在英国伦敦股票交易所成功上市。2008 年 9 月，被通快（TRUMPF）公司收购。

SPI 的激光技术已被众多领域采用，如切割、焊接、气化剥离、退火、烧结、印刷、划刻、打标、钻孔和制图等。客户所在领域包括半导体、电子、汽车、医疗、食品、包装及一般的加工工业领域。

SPI 在美国的应用实验室装备有世界领先的设备，并拥有具有多年经验的激光应用专家团队。应用开发团队同客户紧密合作，共同对前沿的激光应用进行开发，优化加工工艺，从而满足用户的需要。该公司对样品进行完全免费的工艺实验，同时在收取一定费用的基础上，也可对后续的工艺进行开发。激光器可有条件地借给客户进行试用。

SPI 同世界著名的大学和激光研究所紧密合作，为工业界同学术界在有关激光研究项目方面提供联系和方便。

### 2. 国内激光设备制造重点企业

#### 1）武汉锐科光纤激光器技术有限责任公司

武汉锐科光纤激光器技术有限责任公司位于武汉东湖开发区"中国光谷"，该公司由国际上为数不多的光纤激光器专家之一的闫大鹏博士于 2007 年创办，有海外光纤激光器行业大师加盟，并聚集了一批有多年从事特种光纤和高功率光纤激光器开发经验的专业人士，公司中两人入选国家"千人计划"，拥有多项世界领先的专利和专有技术，获得国家科技支撑项目和重大专项项目的大力支持。

该公司依托智力密集的优势，自主创新、自主创业，经过三度扩产，已经形成了 100～1000 瓦及更大功率的连续光纤激光器的研发生产能力，具备年产 2 亿元人民币的生产规模，产品开始远销日本、韩国、印度、加拿大、意大利等国家，确定了 3 年内创业板上市成为世界级高功率光纤激光器专业公司的战略目标。该公司是中国首家自主研发、生产和销售光纤激光器的高科技企业，成为继美国 IPG 和英国 SPI 之后，全球第三家研发光纤激光器并规模生产、批量销售的公司。

锐科光纤激光器技术有限责任公司产品成功国产化后，快速实现了产业化，打破了国外少数供应商的技术封锁和价格垄断。现阶段，该公司通过规模化和本土化的生产以及合理的设计制造出高可靠性和低成本的产品满足市场需求。

#### 2）西安炬光科技有限公司

西安炬光科技有限公司（简称炬光科技）是一家由四名归国留学人员组成的团队和中国科学院西安光学精密机械研究所共同创立的高科技企业，是专业从事大功率半导体激光器研发、技术咨询、技术转让、技术服务、生产、销售与应用的高新技术企业。公司总投资 2500 万元，注册资本 1500 万元，位于西安市高新区新型工业园，拥有 1600 米$^2$ 的办公场所与洁净车间。

炬光科技拥有高功率半导体激光器封装结构设计—封装工艺—测试表征—光学整形和耦合—系统集成完整的半导体激光器生产线，年产半导体激光器可达 60 000 件。公司的激光产品功率连续输出从单管的数瓦，到 BAR 条的百瓦，到 BAR 条叠阵的上千瓦。准连续（QCW）输出功率从几百瓦到数千瓦，并可实现光纤耦合、准直输出等，可广泛应用于工业、医疗、印刷、科研、照明、激光显示及军事等领域。

# 4.8 高端装备制造产业发展状况分析

## 4.8.1 全球高端装备制造产业发展综述

### 1. 美国

美国高端装备制造情况如表 4-21 所示。

表 4-21　美国高端装备制造情况

| 方向 | 进展 | 概述 |
|---|---|---|
| 航空航天 | 美国天基太空监视系统指路者卫星发射入轨 | 2010 年 9 月 25 日，美国空军成功发射天基太空监视系统（SBSS）指路者（pathfinder）卫星。指路者卫星进入高度为 630 千米的太阳同步轨道 |
| 航空航天 | 美国 NASA 研发小型太空碎片跟踪演示验证卫星 | NASA 2010 年计划研发一种小型太空碎片跟踪演示验证卫星。该卫星有可能在 2014 年或 2015 年左右发射，将使用一个质量在 100~200 千克的光学、红外、紫外或其他有效载荷，及一个质量在 400~500 千克的卫星平台 |
| 铁路 | 高速铁路及非电力机车 | 在美国 50 个州中，已有 34 个州开始发展高速铁路。美国大多使用的是电力机车，目前正在计划研制一种涡轮发动机来实现能源供应，这种设备体积小、重量轻，对环境污染程度低。机车将利用能源电子的先进性，实现重量轻、提速快、效率高的目标。机车内的能源储藏装置也能使列车在通过弯道后，从慢速状态下快捷提速 |
| 海洋工程 | 钻井平台 | 已有相当数量的企业能提供钻井平台的承包工作，比如美国越洋公司（Transocean）、TSC 海洋公司、普利得国际公司（Pride International）及弗朗克钻井公司（Frontier Drilling）等 |
| 海洋工程 | 装备设计 | 有相当数量的企业能提供专业的装备设计方案，如美国 F&G 公司、戴蒙德海底钻探公司（Diamond Offshore）、美国诺布尔钻井公司 |
| 固体激光 | 固体激光器 | 在固体激光器及固体激光模块都拥有世界顶级技术，如 2007 年诺斯罗普·格鲁曼公司的 100 千瓦级的固体激光器，2011 年美国 CEO 公司推出半导体泵浦固体激光模块 |

### 2. 欧盟

#### 1）航空航天

欧洲航天制造业目前拥有雇员 3 万多人，年产值约 54 亿欧元；欧洲 11 个卫星运营公司拥有约 6000 名员工，运营着 153 颗各类卫星，年营业额达 60 亿欧元。欧盟委员会 2011 年 4 月 4 日公布了航天工业发展目标，重申要建立"独立、具有竞争力"的航天工业，并强调重视航天基础设施建设，鼓励航天工业与其他工业共享成果和共同发展，以科技创新带动竞争力的提升。

#### 2）铁路

意大利已建成总长 438 公里的两条高速线：罗马—佛罗伦萨 252 公里的高速客运专线，开行最高运行时速 259 公里的高速列车（包括机车牵引列车和 ETR 系列动车组列车）；罗马—那不勒斯 186 公里高速线，列车最高运行时速 300 公里。此外，都灵—里昂（法国）

250 公里和维罗那—慕尼黑（德国）409 公里的高速新线正在修建中，这两条线路按照列车最高运行时速 300 公里双线、客货列车混运设计。为了与欧洲高速铁路联网，意大利高速铁路已采用一种最新型的 ETR500 高速列车，60 列车组即将投入服务，称之为"意大利欧洲之星"。

ETR500 高速列车装有列车自动控制和保护系统，ETR460 和 ETR480 高速列车则采用常规的绝对闭塞信号机和机车报警系统。机车车组人员与控制中心的工作人员通过移动通信系统保持密切联系。司机、保卫人员和其他车组人员可进行双向通信。

在法国，高速列车（TGV）普通列车的商业运行速度可以达到 320 公里/小时，经过特殊改造的列车在测试中速度高达 574.8 公里/小时。高速铁路线（LGV）是特别设计的，没有急转弯，使用高功率电动机和铰接车架，轮轴高度较低且机车信号内置。运行在 LGV 上的 TGV 列车可以获得与磁悬浮列车相同的速度。TGV 技术已经成为了法国对外出口的一项技术（表 4-22）。在西班牙，有引进 TGV 技术的 AVE 高速列车，在韩国，有从 TGV 变化而来的 KTX。另外，法国国家铁路局（SNCF）还积极向其他要发展高速列车的国家和地区推荐 TGV。

**表 4-22　法国 TGV 列车性能一览表**

| 制造国别 | | 法国 | | | | |
|---|---|---|---|---|---|---|
| 车型 | | TGV-P | TGV-A | TGV-2N | EUROSTAR | TGV 韩 |
| 运行线路 | | 东南线 | 大西洋线 | | 巴黎—伦敦—布鲁塞尔 | |
| 制造年份 | | 1981 | 1989～1992 | | 1989 | 1998 |
| 运营年份 | | 1981 | 1989 | 1996 | 1994 | 2002 |
| 运营速度/（公里/小时） | | 270 | 300 | 300 | 300<br>160（海峡） | 300 |
| 试验最高速度/（公里/小时） | | | 515.3 | | | |
| 列车组成 | 列车编组 | 2L8T | 2K10T | 2K8T | 2L18T | 2L18T |
| | 动力配置方式 | 两端集中 | 两端集中 | 两端集中 | 两端集中 | 两端集中 |
| | 动/从（M/T）转向架构成 | 6M/7T | 4M/11T | 4M/9T | 6M/18T | 6M/17T |
| | 动/从（M/T）轴构成 | 12M/14T | 8M/22T | 8M/18T | 12M/34T | 12M/34T |
| | 总轴数 | 26 | 30 | 26 | 48 | 46 |
| | 客车总数 | 8 | 10 | 8 | 18 | 18 |
| | 编组长度/米 | 200.12 | 237.59 | 200.19 | 293.72 | 387.43 |
| | 编组质量 空车/吨 | 385 | 435 | 380 | 752 | 699 |
| | 编组质量 定员/吨 | 418 | 479 | 424 | 816 | 774 |
| 定员 | 编组合计/人 | 368 | 485 | 545 | 794 | 1000 |
| | 一等车/人 | 108 | 116 | 197 | 210 | 184 |
| | 二等车/人 | 260 | 369 | 348 | 584 | 816 |
| | 餐车（酒吧）/人 | | | | | |
| | （定员/编组长）/（人/米） | 1.84 | 2.04 | 2.72 | 2.02 | 2.58 |
| 特点 | 连接方式 | 铰接 | 铰接 | 铰接 | 铰接 | 铰接 |
| | 组合运用 | 能 | 能 | 能 | 不能 | 不能 |
| | 其他特征 | 双层 | | | 双层客车 | 1/2 可分离 |
| 单位定员质量/（吨/人） | | 1.14 | 0.99 | 0.78 | 1.03 | 0.77 |
| 轴重 | 最大/吨 | 17.0 | 17.0 | 17.0 | 17.0 | 17.0 |
| | 平均/吨 | 16.0 | 16.0 | 16.3 | 17.0 | 16.8 |
| （额定输出功率）/千瓦 | | 6 800 | 8 800 | 8 800 | 12 200 | 13 200 |

续表

| 制造国别 | 法国 | | | | |
|---|---|---|---|---|---|
| 人输出功率/（千瓦/人） | 18.48 | 18.14 | 16.15 | 15.37 | 13.20 |
| 单位质量功率/（千瓦/吨） | 16.27 | 18.37 | 20.75 | 14.95 | 17.05 |
| 供电制式 | 25 千伏/50 赫兹<br>1.5 千伏/DC | 1.5 千伏/DC | 25 千伏/50 赫兹<br>1.5 千伏/DC | 25 千伏/50 赫兹<br>2 千伏/DC<br>750 伏/DC | 25 千伏/50<br>赫兹 |
| （牵引电机数/编组）/台 | 12 | 8 | 8 | 12 | 12 |
| 启动牵引力/千牛 | 210 | 212.5 | | | |
| 列车人均面积/（米²/人） | | 1.38 | 1.031 | 1.368 | 1.086 |
| 平均制动减速度/<br>［千米/（小时·秒）］ | 3.16 | 3.57 | | | |
| 车外噪声/<br>（分贝·千米⁻¹·小时） | ≤95/300 | | | | |

注：M 表示有动力，T 表示无动力，L 表示动力头车（机车）

### 3）海洋工程

欧洲船运公司控制着世界上 40% 的船队，欧洲沿海地区是旅游业等相关产业的一笔财富，通过实施统一海洋政策，欧洲保持着全球竞争力。欧洲大陆共有 7 万公里海岸线，欧盟 27 个成员国中有 22 个临海，40% 人口居住在沿海地区，海洋为 500 万人提供了就业机会，创造了欧盟 GDP 的 40%。自 2007 年 10 月起，欧盟委员会开始设计欧盟统一海洋政策，目前已就海洋研究、港口发展、沿海地区发展和设立无障碍海运区等提出政策建议；在气候变化领域，欧盟致力于保持海洋生物多样性，欧盟委员会已投入 5 亿欧元用于发展海上风力发电。

### 4）固体激光

欧盟在激光技术方面的发展很快，依托众多大型项目在自由电子激光技术和用于先进光源的激光技术方面取得了领先优势。2009 年，欧盟推出了一系列计划，推动欧洲激光产业的发展，分别是"IRUVX 的自由电子激光"计划、欧洲"X 射线自由电子激光"计划、欧洲"X 射线激光器"（XFEL）计划和欧洲"HiPER"计划等。

### 3. 英国

#### 1）航空航天

英国航空航天产业具有较高的研发及制造水平，是世界上使用航天数据和技术最多的国家之一。其占全球市场份额 13%，排名第二，仅次于美国。英国航空航天业的主要特点有四个。

（1）高投入高产出。2006 年，英国航空航天产业研发投入 27 亿英镑，占英国总研发投入的 13%，2006 年行业新订单金额达 308 亿英镑，增长 33%。2006 年航空航天器进口额 29.3 亿英镑，出口额 31.3 亿英镑。

（2）产业链长。英国航空航天产业有超过 3000 家相关企业，直接从业人员近 15 万人，相关从业人员 25 万人，其海外从业人员还有 3.8 万人。

（3）军民用并举。2006 年，英国航空航天工业销售收入 227 亿英镑，增长 25%，其中民用航天器销售收入 105 亿英镑，增长 18%，军用航天器销售收入 122 亿英镑，增长 30%。

（4）重视国际合作。英国重视加强国际合作以促进其宇航工业的发展。目前，英国政府直接用于欧洲航天项目的支出约占英国航天总支出的 70%。空客 A380 全面投入生产后，英国将成为主要受益者。预计今后 30 年，英国公司每年可获得 10 亿英镑的空客 A380 合同，空客 A380 保证英国 2 万人的制造业就业机会和 4 万人的服务业就业机会。

然而，由于欧盟各成员国在资金和技术水平上参差不齐，加上受到国际金融危机影响，欧盟成员国在航天领域纷纷采取财政紧缩政策。据了解，即将投入运行的"伽利略计划"成本可能大大超过 15 亿欧元的预算。对此，英国坚决反对增加"伽利略计划"的财政预算。根据新的发展计划，欧盟将与欧洲航天局和欧盟成员国加强协调，推动资源互补，优先支持航天工业的技术研发。

2）铁路

英国一些重要铁路干线的运能接近饱和。英国境内只有一条时速 320 公里的连接伦敦与欧洲大陆的高速铁路。

2011 年 6 月，英国公布拟修建首条时速超过 350 公里高速铁路的规划路线。官方和商界都对这一项目表示支持。这条规划中的欧洲最快高速铁路一期工程从首都伦敦至工业城市伯明翰，二期将从伯明翰分别修到曼彻斯特和利兹。一期拟于 2016 年动工，2026 年完成，届时往来于伦敦和伯明翰，单程只需 49 分钟。

3）海洋工程

英国海上石油和天然气大规模开发始于 20 世纪 60 年代的北海油田，很快这里就成为英国矿业经济的支柱产业。北海油田至今已有 40 多年的生产历史，已是一个日趋枯竭的老油田，但目前在满足英国油气需求方面仍发挥着重要的作用，目前英国 98% 以上的石油和天然气产量来自海上油田。2007 年英国原油、凝析油、天然气产量分别为 6908.6 万吨、643.7 万吨和 7198.1 万吨（油当量）。据 2008 年的统计，共有 168 口海上油井，比上一年增加 5 口，但比 2006 年减少近 15%，超过 60% 的生产油井集中在北海中部。

4. 日本

1）航空航天

日本产业界将航空工业作为重要经济增长点，一方面以百座级支线客机为突破口，带动航空工业发展，培育民用飞机配套产业，为民用飞机进一步发展奠定基础；另一方面，以近年来研制成功的两型军用大飞机为基础，试图挖掘军用大飞机的民用潜力，寻求尽快进入国际大型飞机市场。

第二次世界大战后，日本航空工业长期以军工产品订货维持航空产能和研发队伍。航空工业运行处于半计划经济状态，日本防卫省的重大订货基本上以"轮流坐庄"的方式分配给三菱重工、川崎重工等几大企业。不过，进入 21 世纪后，日本航空工业民用"大飞机"外包领域逐步拓展空间，以转包生产为主的民品生产快速增加。

在此形势下，为进一步整合航空工业，突破自主研制"大飞机"瓶颈，日本政府于 2003 年提出新型支线客机项目，并宣布国家将提供半数研制经费。其后，以三菱重工为首的企业团队获得这一项目，并组建专门的"三菱航空机"公司负责型号研发、生产和销售。

2）铁路

日本是世界上第一个建成实用高速铁路的国家。1964 年 10 月 1 日，东海道新干线正式营业，代表了当时世界第一流的高速铁路技术水平，标志着世界高速铁路由试验阶段跨入了商业运营阶段。2011 年 3 月 5 日，日本新干线速度最快的列车"隼鸟号"投入运营。

"隼鸟号"属于最新型 E5 型列车，在首都东京与北部城市青森之间每天往返两班，在东京与北部城市仙台之间每天往返一班。这种新型列车现阶段最高时速 300 公里，可在 3 小时 10 分钟完成东京与青森之间大约 713 公里行程，比现阶段使用的列车快 10 分钟。作为 14 年来首次在新干线采用新型列车的运营商，最高运行时速可达 320 公里。

东海道新干线以其安全、快速、准时、舒适、运输能力大、环境污染轻、节省能源和土地资源等优越性博得了政府和公众的支持和欢迎。东海道新干线投入运营后，高速列车的客运市场占有份额迅速上升，每天平均运送旅客 36 万人次，年运输量达 1.2 亿人次，从而使包括东京、横滨、名古屋、大阪等大城市在内的东海道地区原本旅客运输十分紧张的状况一下得到了缓和，也取得了预期的经济效益。

3）海洋工程

日本作为一个岛国，陆地资源极其匮乏，海洋是其命脉。20 世纪 60 年代以来，日本政府把经济发展的重心从重工业、化工业逐步向开发海洋、发展海洋产业转移，推行"海洋立国"战略。进入 21 世纪，日本政府提出将海洋和宇宙开发作为维系国家生存的优先开拓领域。2004 年，日本发布了第一部海洋白皮书，提出对海洋实施全面管理；2005 年 11 月，日本海洋政策智囊机构向政府提交了经过两年多研究后出台的政策建议书——《海洋与日本：21 世纪海洋政策建议》；2007 年 4 月，日本通过了《海洋基本法案》，确立了未来海洋开发的基本原则；2008 年 3 月，日本内阁会议通过了《海洋基本计划》，规定了未来五年日本在海洋开发领域重点开展的工作。

在海洋工程方面，土木工程、船舶工业、海底通信电缆制造与铺设、矿产资源勘探、海洋食品、海洋生物制药、海洋信息等，也都获得全面发展。日本非常重视海洋科技的发展，海洋科技开发领域也随之不断扩大，并在海洋环境探测技术、海洋再生能源试验研究、深海机器人等领域取得阶段成果。日本海洋科学技术中心深海探测设备见表 4-23。

**表 4-23　日本海洋科技中心深海探测设备**

| 探测深度/米 | 应用设备 | 设备名称 |
|---|---|---|
| 0 | 海洋地球研究船 | 未来号 |
| | 深海研究调查船 | 海灵号 |
| | 支援母船 | — |
| 2 000 | 载人潜水调查船 | 深海 2000 号 |
| 3 000 | 深海无人探查机 | 超级海豚号 |
| | 深海巡航探查机 | 浦岛号 |
| 4 000 | 深海无人探查机 | 海豚-3K 号 |
| 5 000 | 曳航式深海底探查装置 | JAMSTEC |
| 6 500 | 载人潜水调查船 | 深海 6500 号 |
| 7 000 | 深海无人探查机 | UROV7K 号 |
| 8 000～11 000 | 深海无人探查机 | 海沟号 |

4）激光

自 20 世纪 80 年代以来，以激光科技为基础的光电子产业就在日本蓬勃发展起来，使日本一跃成为世界光电子产业的头号大国。因此，日本已经在激光科技研发方面积累了大量的理论和实践经验。日本产业界积极采用激光加工，并逐步扩大到焊接、钎焊领域，激光加工是日本重要的基础制造技术之一。小功率的半导体激光器则是日本占优势，占世界市场的 70% 以上。

## 4.8.2 中国高端装备制造产业发展分析

根据 2009 年的统计数据，中国装备制造业规模总量已经达到 2.2 万亿美元，而美国和日本两国制造业总量分别为 1.5 万亿美元和 1.23 万亿美元，我国装备制造业的产业规模位居世界第一。中国装备自给率虽达到了 85%，但主要集中在中低端市场，高端装备仍主要依赖进口。财政部近日发布了修订后的《基本建设贷款中央财政贴息资金管理办法》，该办法明确，将对西部地区国家级高新技术开发区、战略性新兴产业集聚和自主创新能力强的国家级高新技术开发区给予重点贴息支持。

### 1. 航空产业

人力资源方面，通用航空产业的技术密集性的特征，决定着需要大量的专业技术人才，随着通用航空产业的快速发展，急需飞行员、机务人员等技术人才。同时，通用航空企业中的行政管理、金融投资和销售人员目前来看也是缺乏的。人才的紧缺已严重制约了通用航空企业司的发展，能够既具备专业领域知识又具备通用管理能力的复合型人才更远远供不应求。目前国内除了西安国家航空产业基地通用航空培训公司外，还没有真正的从事通用航空人才培训的专业机构。

在机场资源方面，截至 2010 年年底，通用航空机场、临时起降点共有 329 个，其中持有民用机场使用许可证的通用航空机场、起降场 44 个，通用航空临时机场（起降点）285 个。机场资源整体比较薄弱，已经满足不了通用航空的快速发展需要。在空域资源方面，中国空域资源管理和开发满足不了需求的增长，空域和航路资源紧缺。中国的航空管制技术相对落后，空管设施投资不足，空域管理体制不尽完善，民众对使用空域程序不熟悉等，这些因素都制约了通用航空的快速发展。

截至 2010 年 12 月底，民航西北地区管理局共批准筹建通用航空企业 10 家，也是 2010 年全国民航获批筹建通用企业数量最多的管理局，而且所筹建企业均落户航空基地。这 10 家通用航空企业分别是陕西蓝德通用航空有限公司、西安航空基地曙光航空俱乐部有限公司、陕西天颖航空俱乐部有限公司、陕西凤凰公务航空有限公司、陕西天驹通用航空投资有限公司、西安空中的士股份有限公司、西安直升机公司、陕西凤凰国际飞行学校、西安航空基地金胜通用航空有限公司和西安旋翼机俱乐部有限公司。国内已规划设立的航空产业园如表 4-24 所示。

表 4-24　国内已规划设立的航空产业园汇总表

| 级　别 | 序号 | 省（自治区、直辖市） | 批复年份 | 所在城市 | 园区名称 |
|---|---|---|---|---|---|
| 国家级航空产业基地 | 1 | 陕西 | 2004 | 西安 | 西安阎良国家航空高技术产业基地 |
| | 2 | 辽宁 | 2008 | 沈阳 | 沈阳国家航空高技术产业基地 |
| | 3 | 贵州 | 2008 | 安顺 | 安顺民用航空产业国家高技术产业基地 |
| | 4 | 黑龙江 | 2008 | 哈尔滨 | 哈尔滨市民用航空产业国家高技术产业基地 |
| | 5 | 四川 | 2008 | 成都 | 成都市民用航空产业国家高技术产业基地 |
| | 6 | 天津 | 2008 | 天津 | 天津滨海新区民用航空产业园 |
| | 7 | 上海 | 2008 | 上海 | 上海临港新城航空产业园 |
| | 8 | 江西 | 2009 | 南昌 | 南昌国家航空高技术产业基地 |
| | 9 | 广东 | 2010 | 珠海 | 珠海航空产业国家高新技术产业基地 |
| 地方设立的航空产业园 | 10 | 内蒙古 | 2010 | 包头 | 包头众翔通用航空产业园 |
| | 11 | 河北 | 2010 | 石家庄 | 河北航空城 |
| | 12 | 北京 | 2009 | 北京 | 北京航空产业园 |
| | 13 | 陕西 | 2008 | 汉中 | 陕西汉中航空工业园 |
| | 14 | | 2010 | 西安经开区 | 中航工业基础产业园 |
| | 15 | | 2010 | 宝鸡 | 飞行培训和航空安全装备制造园 |
| | 16 | 山东 | 2010 | 济南 | 济南航空产业园 |
| | 17 | | | 青岛 | 青岛航空城 |
| | 18 | | | 烟台 | 烟台航空航天产业园 |
| | 19 | | | 滨州 | 大高通用航空城 |
| | 20 | | | 威海 | 威海航空通用产业园 |
| | 21 | | | 莱芜 | 莱芜航空运动基地 |
| | 22 | 吉林 | 2010 | 长春 | 长春航空科技产业园 |
| | 23 | 湖北 | 2010 | 武汉 | 武汉航空产业园 |
| | 24 | 安徽 | 2010 | 合肥 | 合肥航空产业园 |
| | 25 | 福建 | 2010 | 福州 | 福州通用航空产业基地 |
| | 26 | 湖南 | 2010 | 株洲 | 株洲航空产业园 |
| | 27 | | 2010 | 长沙 | 长沙航空工业园 |
| | 28 | 浙江 | 2010 | 嘉兴 | 嘉兴航空航天产业园 |
| | 29 | 辽宁 | 2010 | 朝阳 | 朝阳通用航空产业基地 |
| | 30 | | 2010 | 大连 | 大连通用航空城 |
| | 31 | | 2010 | 盘锦 | 盘锦通用航空产业园 |
| | 32 | | 2010 | 法库 | 法库通用航空产业园 |
| | 33 | 河北 | 2010 | 承德 | 承德航空科技产业园 |
| | 34 | 江苏 | 2010 | 建湖 | 建湖航空航天产业园 |
| | 35 | | 2009 | 镇江 | 镇江航空产业园 |
| | 36 | | 2008 | 南京 | 南京航空产业园 |
| | 37 | | 2009 | 昆山 | 昆山航空产业园 |

## 2. 航天工业

中国的航天计划主要由中国航天科技集团公司制订。作为中国航天工业主导力量，中国航天科技集团公司发展建设稳步推进，宇航系统、导弹武器系统、航天技术应用产业和航天服务业 4 大主业加速发展，正在全面构建航天科技工业新体系。

2008 年 7 月，根据《中国航天科技集团公司构建航天科技工业新体系战略转型指导意见》，中国航天科技集团公司将从导弹武器系统、宇航技术与产品、航天民用产业"三大主业"转向宇航系统、导弹武器系统、航天技术应用产业、航天服务业"四大主业";在北京、上海、西安、成都四大科研生产基地的基础上，新增天津、内蒙古、香港（深圳）、海南四大基地。到 2015 年，中国航天科技集团将打造 7 个数百亿元规模的大型科研生产联合体，形成 10 个左右主营业务收入过百亿元的公司，在宇航系统、导弹武器系统、航天技术应用产业、航天服务业领域达到世界先进水平。

### 3. 高速铁路

2009 年，中国将高速铁路作为优先发展的战略性新兴产业，在财政投入、建设用地、技术创新、经营环境等方面加大支持力度。按照国家《中长期铁路网规划》和当时的建设进度，2012 年中国将建成 42 条高速铁路客运专线，高铁总里程将超过 1.3 万公里。实际上截至 2012 年 7 月，中国已建成投入运营的高铁 21 条，总里程达 6894 公里，到 2020 年将达到 1.6 万公里以上。

高铁作为优先发展的新兴产业，"十二五"期间将继续大力发展。根据《铁路中长期发展规划》，到 2020 年高铁里程将达到 1.6 万公里以上，加上其他新建铁路和既有提速线路，铁路快速客运网将达到 5 万公里以上，连接所有省会城市和 50 万人口以上城市，覆盖中国内地 90% 以上的人口。截至 2012 年年底，中国高速铁路总里程达 9356 公里。"十二五"期间，铁路基建总投资在 3.5 亿元左右，比"十一五"高 70%。高铁作为未来客运发展的主方向必然会继续快速发展。

### 4. 海洋工程装备

中国的海洋工程装备目前仍没有形成较为完整的研发体系，也没有形成完善的工程装备产业链，中国国内从事海洋工程设备制造的企业，其设计和核心配件、配套设备依赖于进口，竞争力较弱，处于海洋工程装备产业链的底端。

但是，从手持订单分布情况来看，国内海洋工程企业已经初步具备模块、总装和调试能力，具备全球竞争的潜力。中国已经显现出承接全球海洋工程装备制造转移的趋势，具备显著的成本优势，拥有优良的海洋工程装备建造基地。而且，海洋工程装备与船舶在设计制造环节具有较强的相似性，中国作为"世界船舶制造中心"将为海洋工程装备制造提供良好的平台。

目前，在全中国范围内，规划和在建的海洋工程装备基地已有 20 多个。其中规模较大的投资项目主要由中国石油天然气集团公司（简称中石油）和中国海洋石油总公司（简称中海油）两大石油巨头发起，联合当地政府兴建。中国目前在建的海洋工程基地项目如表 4-25 所示。

**表 4-25 中国目前在建的海洋工程基地项目**

| 分布地区 | 基地名称 |
| --- | --- |
| 环渤海海洋工程装备建造基地 | 大连船舶重工海工建造基地 |
| | 山海关造船重工基地 |
| | 天津新港临港基地 |
| | 青岛海西湾基地 |
| | 中石油青岛海工建造基地 |
| | 中海油天津塘沽海工建造基地 |
| | 中海油青岛海工建造基地 |
| | 烟台来福士船业公司 |
| | 蓬莱巨涛海洋工程重工有限公司 |
| | 河北曹妃甸工业区海洋工程设施建造基地 |

续表

| 分布地区 | 基地名称 |
|---|---|
| 长三角海洋工程装备建造基地 | 中船工业集团长兴造船基地 |
| | 上海振华重工集团股份有限公司 |
| | 南通中远船坞工程有限公司 |
| | 江苏熔盛重工有限公司 |
| 珠三角海洋工程装备建造基地 | 中船工业集团龙穴造船基地 |
| 中部地区海洋工程装备建造基地 | 武昌造船厂 |
| 海南海洋工程装备建造基地 | 中远船务海南修船及海洋工程基地 |

外商投资的海洋工程项目主要采取合资形式筹建，包括设计和制造公司在内的外资项目（含企业）主要有 15 家左右。中国船舶工业集团公司已开工建设世界一流的大型海洋工程与船舶制造专业配套基地，其中专用码头 2 座，年产海洋工程平台 4 座，海洋工程生活模块或船用生活模块 30 个，代表着钻井平台的世界先进水平。今后进一步重点发展具有高技术密集和高附加值特征的自升式钻井平台、半潜式钻井平台等海洋油气装备。

海洋工程装备作为高端装备制造业的重要组成部分，"十二五"发展规划将支持建立产业联盟，支持拥有总承包能力的企业快速发展。为支持海洋工程等高端设备制造业的发展，政府可能出台减免税收的扶持政策。政策支持和订单倾斜有利于中国海工企业快速成长。表 4-26 列出了中国近几年出台的扶持海洋工程产业的政策[99]。

表 4-26　中国近几年出台的扶持海洋工程产业的政策

| 政策 | 主要内容 |
|---|---|
| 《国家中长期科学和技术发展规划纲要（2006—2020 年)》 | 将大型海洋工程技术与装备列为重点突破的 8 大制造业优先主题 |
| 《海洋工程装备科研项目指南》 | 提出要着重提高海洋工程装备的自主研发能力，突破设计瓶颈 |
| 《国务院关于加快振兴装备制造业的若干意见》 | 将海洋工程列入 16 大重点突破领域，重点突破大型海洋石油工程设备、30 万吨矿石和原油运输船、FPSO 等 |
| 《船舶工业中长期发展规划（2006—2015 年)》 | 采取自主研发、中外联合设计、技术引进等多种方式，全面掌握市场需求量大、面广的主力船舶和海洋工程装备的优化和设计技术，培育高技术、高附加值船舶和海洋工程装备设计、制造能力；规划建设 1～2 个海洋工程装备研究开发中心；提高对国内造船企业建造海洋工程装备所需流动资金贷款的支持力度 |
| 《船舶工业调整和振兴规划（2009—2011 年)》 | 规划到 2011 年海洋工程装备市场占有率达到 10%，若干个专业化海洋工程装备建造基地粗具规模，海洋工程装备开发取得突破。加大技术改造力度，加强关键技术和新产品研究开发，提高船用配套设备水平，发展海洋工程装备，培育新的经济增长点，为建设造船强国和实施海洋战略奠定坚实基础 |
| 《关于加快培育和发展战略性新兴产业的决定》 | 包含海洋工程装备的高端装备制造产业要成为国民经济的支柱产业，未来 10 年大力扶持作为新兴产业，海洋工程装备将获得比传统产业更大力度的税收和金融方面的政策扶持 |
| 《关于印发海洋工程装备产业创新发展战略的通知（2011—2020 年)》 | 明确海洋工程装备是我国当前加快培育和发展的战略性新兴产业。并指出到 2015 年，基本形成海洋工程装备产业的设计制造体系初步掌握主力海洋工程装备的自主设计和总包建造等技术。到 2020 年，形成完整的科研开发、总装制造、设备供应、技术服务产业体系，打造若干知名海洋工程装备企业，基本掌握主力海洋工程装备的研发制造技术 |
| 《海洋工程装备制造业中长期发展规划》 | 预计"十二五"期间，在中国的近海大陆架和大陆坡建设将加快，带动的海洋工程装备总投资预计为 2500 亿～3000 亿元，年均 500 亿元人民币以上 |

外商在中国投资的主要海洋工程项目如表 4-27 所示。

表 4-27 外商在中国投资的主要海洋工程装备项目（含企业）

| 名称 | 所在地 | 说明 |
| --- | --- | --- |
| 韩国 STX 造船项目 | 辽宁 | 韩国 STX 造船公司在大连长兴岛投资的造船厂，该项目于 2006 年 9 月签约，总投资 9.02 亿美元，于 2007 年 2 月开工，分为两期，包括船用发动机曲轴制造、船用柴油机制造、海洋结构物制造等 6 个项目 |
| 大连新加坡万邦集团项目 | 辽宁 | 该项目投资 3 亿美元，由长兴岛临港工业区委员会、大连港集团有限公司与万邦集团共同签署《大连长兴岛公共港区项目投资协议书》、《海洋结构物制造项目投资协议书》、《船舶修造项目投资协议书》、《大连长兴岛临港工业区新加坡万邦集团公务员培训协议》。主要生产钻井专用的全套生产设备、设施模块。此技术目前仅美国和新加坡等少数国家拥有，该项目的引进填补了国内的空白 |
| 中船重工高曼海洋工程技术（大连）有限公司 | 辽宁 | 2006 年 9 月，由中船重工船舶设计研究中心与美国 F&G 共同出资组建，利用合资方的技术和市场优势，进入海洋工程设计市场；同时通过合作，逐步积累海洋工程设计经验。培养海洋工程方面的专业技术人才，提高中船重工海洋工程技术的研发能力和设计水平 |
| 蓬莱巨涛海洋工程项目 | 山东 | 由中国海洋石油总公司、新加坡科盛集团、中国南山科技开发技术有限公司（深圳）和巨涛海洋石油服务有限公司共同出资组建。主要从事海上天然气钻井采油平台设计、开发与建造（包含导管架和钢桩、组快、生活模块、浮式生产储油轮上部模块以及港口机械和石油化工设备等），项目总投资 2.2 亿美元，为中海油、海工提供服务，同时参加世界海洋工程市场的竞争，与 ROC 石油、AmClyde、Bluewater 等国际知名公司建立合作关系，相继完成 ROC 石油项目、AmClyde 吊机项目、Bluewater 蓝水单点项目等 |
| 青岛武船重工有限公司 | 山东 | 2008 年 2 月，由中船重工武昌造船厂与美国麦克德谟特公司合资组建，主要建造浮式油气储存系统、海上及陆上油气生产处理木块、大型综合平台、深吃水立柱式平台浮体等海洋油气工程装备 |
| 烟台莱佛士海洋工程有限公司 | 山东 | 由新加坡控股的中外合资企业，主要从事自升式钻井平台、半潜式钻井平台、FPSO、浮式储油船（FSO）、平台供应船、辅管船及其他工程作业船建造 |
| 唐山德龙海洋工程项目 | 河北 | 2007 年 8 月，由德龙公司、韩国 CN 造船公司和唐山厚板有限公司共同投资建设，总投资 137 亿元，年产值 200 亿元。主要从事船舶修理与改装、船舶建造、海洋工程装备及海上构筑物建造等业务 |
| 唐山石油钻采设备和海水淡化设备制造项目 | 河北 | 2007 年 12 月，挪威阿克科瓦纳在河北唐山曹妃甸工业区投资兴建，主要生产钻采设备和海水淡化设备等 |
| 江苏启东新加坡傲拓项目 | 江苏 | 2007 年 10 月，由新加坡傲拓船务公司投资，主要从事海上石油开采服务用船只生产和船舶租赁业务等 |
| 日本森松项目 | 江苏 | 2007 年 12 月，由日本森松工业株式会社与江苏如皋港区签约，总投资 1.727 亿美元，注册资本 5760 万美元 |
| 韩通船舶重工有限公司 | 江苏 | 成立于 2005 年，是一家中韩合资的大型船舶及海洋平台（FPSO）制造企业。2007 年，批量承接挪威船东 FPSO 船项目，成为江苏 FPSO 船建造的首家企业 |
| 吉宝（南通）船厂有限公司 | 江苏 | 2005 年，由新加坡吉宝集团下属吉宝岸外与海事公司在江苏南通成立的外商独资企业，注册资金为 1498 万美元，收购原南通渔轮厂资产并对其进行改造，建立海事生产基地，从事设计、生产建造、维修和改建海洋钻油平台、各类船舶及相关机械设备和配件等延伸产品 |
| 深圳赤德胜宝旺工程有限公司 | 广东 | 中外合资股份有限公司，总投资 3500 万美元。中国海洋石油总公司（36%），中国深圳赤湾石油基地股份有限公司（32%），新加坡胜科国际工程（私人）有限公司（32%），主要为国内外海洋及路上工程项目的业主提供产品和服务，是国家海洋工程施工一级资质企业 |

5. 智能装备

2009 年，国家发布了《高档数控机床与基础制造装备重大专项指南》，主要针对中国航空航天、船舶、汽车和发电设备四大行业，确立专项目标到 2020 年四大行业所需要的高档数控机床与基础制造装备。目标是到 2020 年 80% 以上的高档机床要立足国内生产。目前中国数控机床主要可分为金属切削机床、金属成形机床、铸造机械、金属切割及焊接设备、机床附件以及其他金属加工机械。

近年来，中国的数控机床无论从产品种类、技术水平、质量和产量上都取得了很大的发展，在一些关键技术方面也取得了重大突破。据统计，目前中国可供市场的数控机床有1500 种，几乎覆盖了整个金属切削机床的品种类别和主要的锻压机械。领域之广，可与日本、德国、美国并驾齐驱。这标志着国内数控机床已进入快速发展的时期。

## 4.8.3 中国高端装备制造发展中存在的问题

中国在高端装备领域的大部分领域中未能掌握核心关键技术，对外依存度仍然偏高。科学仪器和精密测量仪器对外依存度达 70%。2009 年装备制造业进口总额高达 1746 亿美元，2010 年高端装备进口额 2553 亿美元，其中进口高档数控机床 120 亿美元。进口的基本是高端装备与核心关键基础件。高端装备所需的关键零部件、元器件和配套设备大量进口，特别是高端装备制造业的发展过度依赖单机、单套的增长，而为用户提供解决方案的服务业，如系统设计、系统成套和工程承包、维修改造、回收再制造等，未能得到培育，大多数企业处于价值链低端的加工装配环节，服务收入所占比重低于 10%。

1. 航空产业

与西方航空发动机强国相比，国内仍存在较大的差距。中国航空工业所需的发动机、机载设备、原材料和配套件，90% 依赖进口。随着通用航空装备产业迎来黄金发展期，预计航空发动机产业也将出现快速发展。未来航空发动机和燃气轮机的研发和生产仍是产业发展的重点，预计"十二五"将会有国家科研重大专项的支持，同时推进航空发动机产业的营销和维修保障体系的构建、优化产业结构，注重形成有梯次的航空发动机谱系化产品，推动航空发动机产业满足国防建设和经济社会发展的需要，摆脱依赖进口的局面。

2. 轴承产业

1) 自主创新能力低

中国轴承行业的设计和制造技术基本上还是模仿，几十年一贯制，产品开发能力低，造成"两弱两少"的局面，即基础理论研究弱，参与国际标准制定力度弱，少原创技术，少专利创新性产品。

2) 行业生产集中度低

在全世界轴承300 多亿美元的销售额中，世界八大跨国公司占 75%～80%。德国三大公司占其全国总量的 90%；日本五家公司占其全国总量的 90%；美国三家公司占其全国总量的56%。而中国十家最大的轴承生产企业，销售额仅占全行业的 36.2%，前 30 家的生产集中度也仅占 49.9%。瑞典 SKF 一家企业的销售额相当于中国近千家企业的销售额的总和。

3) 制造技术水平低

中国轴承工业制造工艺和工艺装备技术发展缓慢，车加工数控率低，磨加工自动化水平低，大多数企业，尤其是作为生产主力的国有老企业仍在使用传统设备。对轴承寿命和可靠性至关重要的先进热处理工艺和装备覆盖率低，许多技术难题没有解决。轴承钢新钢种的研发，钢材质量的提高与稳定，润滑、冷却、清洗和磨料磨具等相关技术的研发水平，不能适应提高轴承产品水平和质量的要求。

4）企业管理水平低

中国轴承行业现处于产能扩张阶段，粗放型的经济增长方式导致粗放型的忽视质量、效益和环境的企业管理模式。企业管理的基础工作不规范、不扎实，在先进的管理理念、方法和技术方面进步较慢，企业信息化水平低，大多数企业计算机技术的应用停留在办公自动化的低层面上，卓越绩效管理模式尚未被多数企业领导所认识和重视。

5）企业人员素质低

决定产品水平和产品质量的重要因素之一就是人员素质。全行业还没有一支门类齐全、掌握现代机电技术的技术工人队伍，熟练工人人数偏少，高级技术工人占技术工人总数的比例偏低，专业技术人员尤其是工程技术人员总量不足。中西部地区对专业技术人才引不进、留不住，东部地区企业缺乏高层次、复合型的专业技术人才，相当多的企业在营造提高劳动者素质，促进各类人才成长的体制、机制、政策和环境上投入不足，力度不够。

3. 智能装备

中国机床行业在 2009 年产值已经跃居世界第一位，实现了"一枝独秀"，但仍是世界机床进口第一大国，经济建设所需的高档数控机床主要依赖进口。虽拥有比较完善的产业链，但发展中高档数控机床所需的数控系统和功能部件主要来自境外。可以说，长期以来，国产数控机床始终处于低档迅速膨胀、中档进展缓慢、高档依靠进口的局面，特别是国家重点工程需要的关键设备主要依靠进口，技术受制于人。究其原因，国内数控机床企业大多处于"粗放型"阶段，在产品设计水平、质量、精度、性能等方面与国外先进水平相比落后了 5～10 年；在高、精、尖技术方面的差距则达到了 10～15 年。

中国 90% 的高档数控机床、95% 的高档数控系统、机器人和工厂自动控制系统仍主要依赖进口；高档数控机床配套的高档功能部件 70% 需要进口；大型工程机械所需 30 兆帕以上液压件全部进口；占核电机组设备投资 1/4 的泵阀主要依赖进口。

同时，中国在应用技术及技术集成方面的能力也还比较低，相关的技术规范和标准的研究制定相对滞后，国产的数控机床还没有形成品牌效应。同时，中国的数控机床产业目前还缺少完善的技术培训、服务网络等支撑体系，市场营销能力和经营管理水平也不高。更重要原因是缺乏自主创新能力，完全拥有自主知识产权的数控系统少之又少，制约了数控机床产业的发展。

# 4.9 结论与建议

高端装备制造业具有门类多、范围广、技术含量高、附加值高、成长空间大、带动作用强等特点，它的发展是加速中国由工业大国转变为工业强国的关键，是中国战略性新兴产业和工业崛起的重要标志，也是中国制造业的基础和核心竞争力所在。

## 4.9.1 结论

### 1. 市场前景广阔

2012 年 5 月 7 日，工业和信息化部发布《高端装备制造业"十二五"发展规划》。该规划指出，到 2015 年，高端装备制造业年销售收入将超过 6 万亿元人民币，较 2010 年增长 2.75 倍，占装备制造业比重提高至 15%，工业增加值率达到 28%，国际市场份额大幅度增加。到 2020 年，高端装备制造产业销售收入在装备制造业中的占比提高到 25%，工业增加值率较"十二五"末提高 2 个百分点。该规划同时指出，航空装备、卫星及应用、轨道交通装备、海洋工程装备和智能制造装备将成为"十二五"期间的发展重点。

目前，我国装备制造业规模居世界第一位，市场规模已经达到 2 万亿美元，超过美国、日本装备制造业市场规模。但是不容忽视的是"大而不强"的局面依然存在。在今后相当长的一段时期内，智能装备制造业将成为推进我国装备制造业迈向"高、精、尖"的重要引擎。经过重大项目攻关和国家政策扶持，我国将在智能制造装备方面取得突破性成果，如极端制造装备、数控机床领域等领域，与国际先进技术的差距必将缩小。

### 2. 产业环境良好

中国高端装备制造产业基础良好，目前，在全国已经初步形成了六大产业集聚区，其中环渤海、长三角地区是产业发展核心，中部、东北部、西部及珠三角地区基于自身产业基础发展迅速。

基地建设速度加快，在工业和信息化部、国家发展和改革委员会、科技部等有关部委及地方政府的大力推动下，一批高端装备制造产业基地（园区）正在逐步形成。未来高端装备制造业基地将在国家区域建设规划的推动下不断扩散，带动周边地区的发展，形成区域性产业集群，区域分工将在各区域性产业集群中得到体现；中西部地区在政策的扶持下，依托其资源优势将加速发展。全国高端装备制造业发展环境良好。

### 3. 央企引领高端装备制造业腾飞

近年来央企制造业整体发展水平有了一定的提高，特备是在高端装备制造产业领域有了较快的发展，在民用航空装备、卫星应用、轨道交通装备、海洋工程装备领域，中央企业的销售收入占行业的 80%，已引领我国高端装备制造业。

央企的高端装备制造业已经建立了比较完善的产业体系，形成了相对完整的产业链和一定的产业规模，国际竞争力不断增强，奠定了产业发展的良好基础；围绕高端装备产业建设了一批国家工程研究中心、技术研究中心、实验室，以及国家认定的企业技术中心及一批公共实验检测平台，以企业为主体，市场为导向，产学研相结合的技术创新体系正在逐步形成；产业化水平也大幅度提高，央企在高端制造业领域具有较好的产业化积累，拥有全球技术领先、规模较大的研发机制和基地，配套能力逐步增强，产品国内市场占有率较高，在核心业务领域占据了市场主导地位，较好满足了经济建设需求。

### 4. 产品结构逐渐转移，传统制造让位高端制造

虽然我国已跻身制造大国行列，但"大而不强"始终困扰着行业科学发展。在高端装

备领域，80%的集成电路芯片制造装备、40%的大型石化装备、70%的汽车制造关键设备及先进集约化农业装备仍依靠进口。多数出口产品是贴牌生产，拥有自主品牌的不足 20%。因此调结构、转方式将成为装备工业实现科学发展的重中之重。

随着我国开始向高端装备制造业快速布局，重型机械、核电、高铁、航空、中高端数控机床、海洋工程等领域已成为产业发展热点。

5. 技术创新

中国是制造业大国，但不是强国，缺乏自主设计能力，缺乏关键核心技术，发展高端装备制造业的重点是实现自主创新，使高端装备制造业国产化。我国企业往往重引进、轻研发，重使用、轻研制，重模仿、轻创新，以引进为终点，始终难以摆脱被动处境。我国企业对采用引进技术和进口设备生产的产品，要逐步实现元器件、原材料和工装模具的国产化，批量生产出与进口原型水平相当的产品；突破和掌握一批重点领域的核心技术，形成自主技术和标准，使重点技术装备自主化能力和水平有较大提升；培育、发展核心技术注重关键技术的研发，政府要加强资金投入，鼓励企业加快研发出"自主品牌"产品。

## 4.9.2 发展建议

1. 加大力度，夯实基础技术

下大力气提高重要的机械、电子基础件（主要是先进的液压、气动、轴承、密封、模具、刀具、低压电器、微电子和电力电子器件、仪器仪表及自动化控制系统等）的基础工艺、基础材料、基础元器件的研发和系统集成水平，加强重大技术成套装备研发及其产业化，突破高端测控系统、关键零部件、高档工作母机、特种优质原材料四个瓶颈环节，并掌握关键技术，提高铸造、锻压、焊接、热处理等基础工艺水平。

2. 以技术创新为核心，驱动产业发展

以政策为导向，将研究和技术发展政策与其他政策（如教育、竞争、管理、地区、农业及对外政策）相融合。研究与技术发展政策尝试通过培育企业网络和创建中介机构，将创新系统机构联为一体，以提高创新体系的沟通能力、协同性和灵活性。加强区域间创新资源的协同与共享，着力构建高端装备制造产业的创新集群。

3. 改造传统产业，培育和发展高端装备制造业市场

发展高端装备制造业，现有的传统产业要在具有系统配套条件的基础上提高素质，改变性能，升级为高端产业。同时，在高端装备制造业的强大拉动下，传统装备制造业将出现新的"革命"。因此，发展新兴产业应与传统产业统筹协调，互相促进，不能有所偏废；加强产业间的沟通交流，组织高端装备制造产品的示范工程，以优质服务增强产品的可信度，创造影响，扩大影响，挖掘潜在市场，培育市场。

4. 推动企业实行联合开发和开放合作

企业联合开发高端技术是普遍现象，也是发展趋势。企业联合开发可分为两大类：一是上下游企业纵向联合开发，一般是在协作配套企业之间；二是互相竞争的企业横向联合开发。企业之间合作联合开发已成为发展高端装备制造业的重要途径。企业之间有灵活多样的合作方式，形成多种形式的联合体：合并成新企业、合资成立企业、互相持股和协议

合作。对缺少某些技术和资源的企业，合作可以有效发挥企业之间技能和资源的互补效应，形成合力。

### 5. 加强政策引导，发展集群产业

发展高端装备制造业离不开政府的政策支持和资源的倾斜。政府要遵循市场经济规律，尊重企业的市场主体地位，加快管理型政府向服务型政府转变，制定产业规划和政策、完善基础设施、改善投资环境、加强公共服务，强化对产业集群和产业龙头的扶持与引导。政府要从主要靠优惠政策扶持转变到优化发展环境与优化政策支持并重上来，从主要依靠政府推动转变到市场拉动和政府引导并重上来。

现代高端装备制造业是集群化产业，单一地发展某一个或几个企业是不能成功的。传统的企业可以看成多个孤立的实体，单独完成最终产品的生产、承担市场风险。现代企业之间的分工十分细致，产业链成为企业的外部环境，每一个企业都是其所在产业链上的一个环节。

## 参 考 文 献

[1] 国务院办公厅．国务院关于加快培育和发展战略性新兴产业的决定．http：//www. gov. cn/zwgk/ 2010-10/18/ content _ 1724848. htm [2011-03-15].

[2] 中华人民共和国工业和信息化部．高端装备制造业"十二五"发展规划．http：//ghs. miit. gov. cn/ n11293472/n11294974/n11296797/ 14580657. html [2012-05-09].

[3] 波音公司．Boeing Current Market Outlook 2012 to 2031. http：//www. boeing. com/commercial/cmo/ [2012-07-03].

[4] 吴戈．雏鹰展翅——中国直升机的现实与前景．兵器，2011，(11)：56-59.

[5] 李铁骊．全球商用卫星对地观测市场现状与前景．卫星应用，2010，(2)：53-54.

[6] 袁本银．北斗系统对 GNSS 用户终端产业的机遇和挑战．交通标准化，2012 (8)：12-13.

[7] 赛迪顾问．高端装备制造产业之卫星装备．http：//www. ccidconsulting. com/portal/hyzx/hydt/hyyj/ gy/webinfo/2011/02/ 1297472553510456. htm [2011-04-08].

[8] 中华人民共和国铁道部．中长期铁路网规划（2008 年调整）．http：//www. china-mor. gov. cn/tljs/tl-gh/201012/t20101228 _ 731. html [2011-04-10].

[9] 赛迪顾问．高端装备制造产业之海洋工程装备．http：//www. ccidconsulting. com/portal/hyzx/hydt/ hyyj/gy/webinfo/2011/02/ 1297472553559913. htm [2011-04-16].

[10] 张子瑞．"十二五"海工装备步入"快车道"．中国能源报，2012-03-28，第 23 版．

[11] 曾一峰，严慧龙，徐聪．工业机器人的现状及其发展趋势．大观周刊，2012，572 (12)：5，6.

[12] 中国机床工业协会．2011 年机床工具行业经济运行情况分析．http：//www. cmtba. org. cn/info/ 2012217/2012217104023. shtml [2012-03-04].

[13] 中国机床工业协会．机床工具行业"十二五"发展规划．http：//www. cmtba. org. cn/info/2011719/ 2011719110524. shtml [2011-07-11].

[14] 祝明皎．基于钻石模型的航空运输产业链研究．中国民航大学硕士学位论文．2008.

[15] 朱晓莉．高铁产业链的整合．中国外资，2011，(247)：106，107.

[16] 苏毅，万敏．高能激光系统．北京：国防工业出版社，2004：96-98.

[17] 何玉怀，苏彬．中国航空发动机涡轮叶片用材料力学性能状况分析．航空发动机，2005，31 (2)：

51-58.

[18] 师昌绪, 仲增墉. 中国高温合金 40 年. 金属学报, 1997, 33 (1): 1-8.

[19] Buhl H. Advanced Aerospace Materials. Berlin: Spring Verlag Press, 1993: 10.

[20] Wang B, Jia T C, Zou D X, et al. A study on long-term stability of Ti₃Al Nb V Mo alloy. Materials Science and Engineering A, 1992, 153 (1-2): 422-426.

[21] 傅恒志. 钛铝合金电磁冷坩埚定向凝固技术的研究. 稀有金属材料与工程, 2008, 37 (4): 565-570.

[22] 李雯霞. 定向凝固技术现状与展望. 中国铸造装备与技术, 2009, (2): 9-13.

[23] 孙振华. 我国铁路客车高速轴承研究分析. 铁道车辆, 2004, (8) 42: 4-8.

[24] 杨长. 美国重振制造业战略对我国可能的影响及我国的对策研究. 国际商务, 2011, (2): 26-34.

[25] 董玎, 王韦玮, 任晓玲. 《美国发明法案》签署生效: 美国专利制度发生深刻变化. 中国发明与专利, 2011 (11): 85.

[26] 贺石昊. 英国重振制造业五大攻略. 中国电子报, 2011-09-02, 第 3 版.

[27] 欧盟统计局. Employment in high-and medium-high-technology manufacturing sectors Share of total employment (%). http://epp.eurostat.ec.europa.eu/tgm/table.do? tab＝table&init＝1&language＝en&pcode＝tsc00011&plugin＝0 [2012-02-22].

[28] 王涛. 英国制定战略提振制造业. 经济日报, 2009-7-30, 第 15 版.

[29] 郑江绥. 美国、欧盟发展制造业的经验及其对我国的启示. 中国科技论坛, 2006, (3): 128-131.

[30] 国家级陕西航空经济技术开发区. 航空基地支持整体迁入企业的优惠政策. http://www.caib.gov.cn/caibnew/ 146649579624857600/20110401/3851.html [2011-04-17].

[31] 陕西省人民政府网. 在西安市区就业的普通高校毕业生申办落户实施程序. http://knews.shaanxi.gov.cn/ xxgkPortalAction.do? dispatch＝getWorkDetail&serverid＝2434&scope＝bszn&onlinkpath＝bszn [2011-04-20].

[32] 上海闵行经济技术开发区. 上海闵行经济技术开发区鼓励支持外商投资设立研发机构的办法和优惠政策. http://www.smudc.com/policy/policy.asp [2012-05-23].

[33] 大连市发展和改革委员会, 大连市财政局. 长兴岛临港工业园、花园口工业园区免除若干行政收费等五则. http://ldjc.dl.gov.cn/0609/52693 _ 52900.htm [2011-04-26].

[34] 瓦房店市人民政府. 瓦房店市人民政府关于印发市招商引资优惠政策（暂行）的通知. http://www.dlwfd.gov.cn: 8080/ filelib/zfwj/16 _ 29980.jsp [2011-05-10].

[35] 辽宁省人民政府. 大连市人民政府关于加快推进重点工业园区和沿海经济带建设的若干政策意见. http://www.ln.gov.cn/zfxx/zfwj/gswj/gswj2/200710/t20071030 _ 143600.html [2011-06-14].

[36] 大连市财政局. 关于印发《大连市重点工业园区项目贴息资金管理暂行办法》的通知. http://www.czj.dl.gov.cn/zcfg/ dffg/9604 _ 52798.vm [2011-05-23].

# 第5章
# 新能源产业技术分析

# 5.1 / 新能源产业相关概述

## 5.1.1 新能源产业定义

新能源产业源于新能源的发现与应用，新能源又称非常规能源，指在新技术基础上，可系统开发利用的可再生能源，包含了传统能源以外的各种能源形式[1]。常规能源指技术上比较成熟且已经被大规模利用的能源，如传统上的煤、石油、天然气及大中型水电。而新能源通常是尚未被大规模应用、正在积极研究开发的能源，包括太阳能、风能、生物质能、地热能、核聚变能、海洋能，以及由可再生能源衍生出来的生物燃料、氢能。新能源产业就是将太阳能、风能、核能等非传统能源实现产业化的一种高新技术产业，是指包括新能源技术及其产品的科研、实验、推广、应用、生产、经营活动。

## 5.1.2 新能源产业分类

2011 年 3 月，国家"十二五"规划出台，把新能源产业作为战略性新兴产业予以重点发展，明确其发展重点方向和主要任务如下："新能源产业重点发展新一代核能、太阳能热利用和光伏光热发电、风电技术装备、智能电网、生物质能。"[2]其中，新能源产业创新发展工程包括建设新一代核电装备、大型风力发电机组及零部件、高效太阳能发电和热利用新组件、生物质能转换利用技术和智能电网装备等产业基地，实施海上风电、太阳能发电和生物质能规模化应用示范工程。

### 1. 核能

化石能源的行将用尽，使人类感受到迫在眉睫的能源危机。与太阳能、风能等可替代能源相比，核能具有能量高度集中、清洁，核电可不间断发电等突出优势。核能主要包括核裂变能和核聚变能。

结合《国家核电中长期发展规划（2005—2020 年）》及近年来核能领域国家重大研究计划项目的申请情况可以看出，当前核能领域关注的重点与攻关的方向包括核裂变能体系中的核燃料及其核过程，核燃料在先进反应堆燃烧过程中的基本行为及其增殖与嬗变，乏燃料后处理的新方法与新机制等。

### 2. 太阳能

太阳能作为一种资源丰富、分布广泛且可永久利用的可再生能源，具有极大的开发利用潜力[3]。太阳能具有普遍、无害、巨大、长久的优点，同时也具有不稳定、分散等缺点，是可再生能源中最重要的基本能源。光热转换与光电转换是太阳能利用的两种主要方式。

光热利用是太阳能最主要的利用方式，其本质在于将太阳辐射能转化为热能加以利用。进入 21 世纪后，太阳能光伏产业发展尤为迅猛，真正成为世界经济发展中的一个独立分支，规模超过数十亿美元[4,5]。光伏产业主要指晶体硅太阳能电池产业，包括高纯硅原料生产、电池片生产、电池组件生产及相关设备的制造等。

在高效太阳能领域，《国家"十二五"科学和技术发展规划》指出："重点发展大型光伏系统设计集成、高效低成本太阳电池、薄膜太阳电池、太阳能热发电等关键技术、组件和成套设备。掌握太阳能发电全产业链的核心技术、生产工艺与设备。扩大实施'金太阳'等示范工程，加强服务体系建设，实现大规模推广应用。"[6]

### 3. 风能

风能是空气流动所产生的动能，作为一种自然资源，风能具有蕴藏量大、可再生、分布广泛、无污染等优点，但其密度低、不稳定、地区差异大等缺陷又影响着风能的有效利用。风力发电是当前人们利用风能的主要形式，此外，以风能作为动力即利用风带动各种机械装置，如提水灌溉等也是风能的利用形式。风力发电是通过风力机带动发电机发电。

在风力发电领域，《国家"十二五"科学和技术发展规划》指出："重点发展 5 兆瓦以上风电机组整机及关键部件设计、陆上大型风电场和海上风电场设计和运营、核心装备部件制造、并网、电网调度和运维管理等关键技术，形成从风况分析到风电机组、风电场、风电并网技术的系统布局。积极推进 100 兆瓦级海上示范风场、10000 兆瓦级陆上示范风场建设，推动近海和陆上风力发电产业技术达到世界先进水平[6]。"

### 4. 生物质能

生物质能是指利用自然界的植物、粪便及城乡有机废物转化成的能源[7]，是以生物质为载体，使太阳能以化学能的形式储存在生物质中的能量形式。生物质能具有清洁、可再生、分布广泛等特点[8]。

在生物质能源领域，《国家"十二五"科学和技术发展规划》指出："重点发展沼气生产车用燃料、纤维素基液体燃料、农业废弃物气化裂解液体燃料、生物柴油、非粮作物燃料乙醇、250~500 吨/日系列生物质燃气开发利用等关键技术和装备，加强生物燃气、城市与工业垃圾能源化、生物液体燃料、固体成型燃料、能源植物良种选育及定向培育等五个方向的研发部署，在重点区域实施十城百座等示范工程。形成 10~20 条生物质能源生产线和成套装备产品供应系统。"

## 5.1.3 新能源产业市场分析

### 1. 核能产业市场分析

#### 1) 全球核能产业市场分析

进入 21 世纪，伴随核电安全技术的快速发展，面对天然气、煤炭价格的高涨及其造成的环境污染等问题，诸多国家都将核能列入本国的中长期能源政策中。2011 年年底，世界上已有 30 多个国家和地区建有核电站。国际原子能机构 2011 年 1 月统计数据显示，全球正在运行的核电机组共 442 个，核电发电量约占全球发电总量的 16%；正在建设的核电机组有 65 个，主要分布在北美、欧洲及东亚的一些工业化国家，其中美国有 104 台、法国 58 台、日本 54 台、俄罗斯 32 台、韩国 21 台、中国 13 台。该机构预测，到 2030 年全球的核电装机容量增加至少 40%。诸多国家开始部署核电市场，据国家能源局统计，日本计划 2015 年核电装机容量达 61.49 吉瓦；韩国计划 2015 年核电份额达 46%；印度计划 2022 年扩充核电容量至当前的 10 倍；巴基斯坦计划 2030 年增加 800 万千瓦核电。

2）中国核能产业市场分析

我国核电装机容量与发电量方面，据中国核工业集团统计，截至 2011 年 12 月，我国在建及已经运行的核电机组共有 41 个，总装机容量达到 4000 多万千瓦，其中已建机组 13 台，装机容量超过 1000 万千瓦。到 2015 年我国核电装机容量将进入世界前三，到 2020 年，我国核电机组有望成为"世界第一机组"。中国电力企业联合会统计数据显示[9]：2011 年，全国核电发电量达 874 亿千瓦时，比 2010 年增长 16.95%，占全国发电量的比重比 2010 年增长 0.08%，核电产量主要来自于广东、浙江、江苏三省，占核电总产量的比例分别达到 49.25%、32.14% 和 18.61%。2011 全年核电工程建设完成投资达 740 亿元。按照当前的建设速度，预计到 2015 年全国核电累计装机容量将超过 4000 千瓦，有望接近 5000 千瓦（图 5-1）。

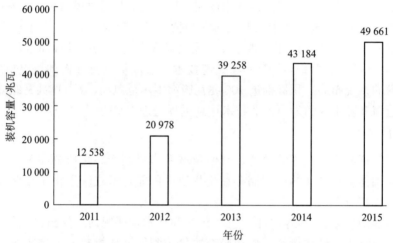

图 5-1　2011～2015 年全国核电累计装机容量预测
资料来源：根据赛迪顾问相关资料整理

当前核电二代半技术的造价为 1.1 万元/千瓦时至 1.5 万元/千瓦时，按 2020 年我国核电在建及运行容量约 8500 万千瓦算，需投入 0.94 万亿元至 1.28 万亿元。设备投资约占总投资的 1/2，市场规模约为 6000 亿元。

2. 太阳能产业市场分析

1）全球太阳能产业市场分析

从图 5-2 可以看出，2001～2010 年这十年里，全球太阳能光伏装机容量呈现逐年上升的态势。

2009 年，得益于德国的太阳能退税补贴政策，全球太阳能光伏装机容量大增，仅德国在 2009 年的光伏装机容量就翻了一番，从 2008 年的 1.8 吉瓦增长到 2009 年的 3.8 吉瓦，占全球太阳能光伏市场总装机容量的 52%；2010 年全球太阳能光伏发电累计装机容量 39.53 吉瓦，新增装机容量 16.63 吉瓦，全球 80% 的市场被德国、意大利、捷克、日本、美国占据。

2011 年，全球光伏行业在经历了市场需求萎靡、原材料价格与组件价格跳水、欧债危机爆发等系列事件的负面影响后一度陷入低迷，但全球太阳能市场仍出现强劲的增长，欧洲光伏工业协会（EPIA）统计显示：2011 年全球光伏发电安装量突破 27.7 吉瓦，全球累计安装量将达 67.4 吉瓦，以意大利、德国居多，安装量占全球市场的 60%（图 5-3）；2012

年是全球太阳能市场应对过去一年的艰难和行业逐步恢复发展的一年。

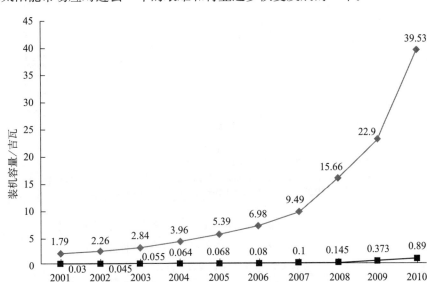

图 5-2　2001～2010 年全球及中国太阳能光伏累计装机容量

资料来源：根据欧洲光伏工业协会相关资料整理

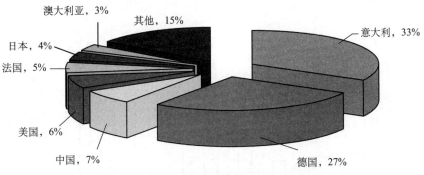

图 5-3　2011 年全球光伏发电安装量市场占比

资料来源：根据欧洲光伏工业协会相关资料整理

在未来全球光伏产业发展方面，2020～2050 年的未来 30 年，全球光伏新增及累计装机容量如图 5-4 所示。未来全球光伏市场规模将继续增长，但短期内仍将出现地区发展不平衡状况，欧、美、日将继续主导全球光伏市场发展趋势。

2）中国太阳能产业市场分析

我国光伏产业在经历了"十一五"末的高速发展后，开始进入了产业调整期。作为"十二五"的开局之年，2011 年，我国光伏产业历经"大起大落"，在产业规模逐步扩大、国际化程度日益增强的同时，出现了产能过剩、供需不均衡、恶性竞争等不利局面。受欧美债务危机及欧洲光伏补贴持续下调影响，欧美光伏市场萎缩，以往依赖出口的中国光伏产业需通过扩大内需来消耗巨大产能。国家《新兴能源产业发展规划（草案）》中指出，2011 年与 2020 年的太阳能发电阶段性发展指标为：太阳能发电装机规模分别达到 200 万千

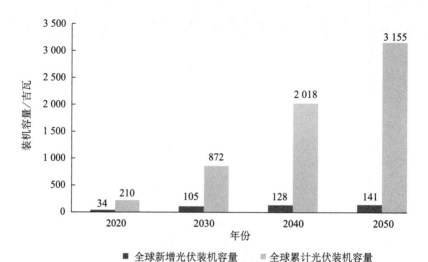

图 5-4　2020～2050 年全球光伏新增及累计装机容量
资料来源：根据国际能源署相关资料整理

瓦和 2000 万千瓦。伴随国外市场的疲软，国内光伏市场将逐步崛起。光伏上网电价预计在"十二五"期内可支撑 2～5 吉瓦的年新增装机容量[10]，据此，对未来 10 年我国光伏年装机容量进行预测如图 5-5 所示。

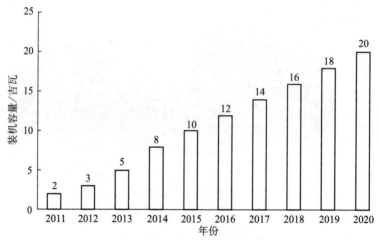

图 5-5　2011～2020 年中国光伏发电年装机容量预测
资料来源：根据中国资源综合利用协会可再生能源专业委员会相关资料整理

在光伏上网发电价格方面，2011 年 8 月，国家发展和改革委员会发布《国家发展改革委关于完善太阳能光伏发电上网电价政策的通知》，确定了全国统一的上网标杆电价："2011 年 7 月 1 号以前核准建设、2011 年 12 月 31 号建成投产的光伏项目，上网电价为 1.15 元/千瓦时（含税）；2011 年 7 月 1 日以前核准但截至 2011 年 12 月 31 日仍然没有建成投产的太阳能光伏发电项目，除西藏仍然执行 1.15 元/千瓦时的上网电价外，其余省（区、市）上网电价均按 1 元/千瓦时执行。"[11]光伏生产技术的提升，国家计划到 2015 年，光伏系统成本下降到 1.5 万元/千瓦，发电成本下降到 0.8 元/千瓦时，到 2020 年，系统成本下降到 1 万元/千瓦，光伏发电成本下降到 0.6 元/千瓦时，在发电侧实现"平价上网"。

3. 风能产业市场分析

1）全球风能产业市场分析

在诸多国家政府制定加快风能发展的政策影响下，全球范围内对风电领域的投资逐步升温。即使受到金融危机的影响，2009 年全球风电装机容量仍保持 3 年以来的翻番增长态势，风电整机投资超过往年，创造产值 50 亿欧元。北美洲的全球新增装机容量位居第二，超过欧洲仅次于亚洲，拉丁美洲风能发展尤为显著，装机总量成倍增长[12]。2010 年全球风能市场整体发展较为稳定，但呈现疲软状态，中国成为风能装机容量全球最大的国家，北美及西欧地区诸多国家风能市场有所萎缩，东欧及北非国家风能产业显著发展，2010 年全球风能产业创造产值 400 亿欧元[13]；2011 年，世界风能市场逐步走出疲软恢复发展，仅上半年实现了全球风电装机总量 215 吉瓦，新增风电装机容量 18.4 吉瓦，中国、美国、德国、西班牙、印度在全球风电市场中保持领先地位[14]；展望 2012 年，罗兰贝格管理咨询公司认为全球风能发展的鼎盛期已经过去，可能迎来风能行业大规模整合。从 2001~2010 年全球风能发电新增与累计装机容量趋势图（图 5-6）可以看出，全球风电装机市场呈现稳步上升态势，2009 年风电装机增长率达到 2001 年以来最高值，2010 年首次出现近 20 年来新增装机容量的回落现象，总装机容量增长率下降到 23.07%，但总体来看，未来全球风能市场发展前景广阔。

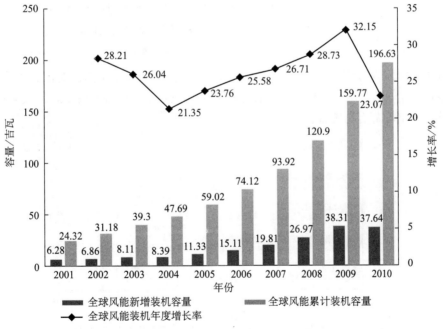

图 5-6　2001~2010 年全球风能发电新增、累计装机容量及年度增长率

资料来源：根据世界风能协会相关资料整理

2）中国风能产业市场分析

我国风能产业近年来发展迅猛，在世界风能产业发展中发挥着领军作用。2009 年我国新增风电装机容量居全球首位，总装机容量达 26 吉瓦，仅次于美国位居全球第二，本土的风电整机制造商首次入围全球五大风电制造商之列，为我国风电整机出口赢得更多关注与

机会。2010 年，我国风能产业展现出强劲增长势头，占据了全球风电市场超过半数的份额，总装机容量达 44.7 吉瓦，也首次跃居世界第一位。2011 年，我国巩固了风电装机容量全球第一的领导地位，总装机容量达 62 吉瓦。从 2001～2010 年我国风电装机容量的变化趋势（图 5-7）可以看出，我国风电行业在经历了近 5 年的迅猛发展后开始回归理性，更加注重产业发展的质量及效率，不再盲目追求规模；从长远来看，我国风电产业的发展前景值得期待。中国风能协会统计预测：2020 年中国风电累计装机容量将达到 247.8 吉瓦，年复合增长率达 22.8%。

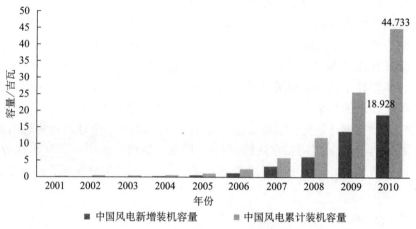

图 5-7　2001～2010 年中国风能发电新增及累计装机容量
资料来源：根据中国风能协会相关资料整理

在海上风电规划方面，2010 年，我国沿海五省市（上海、江苏、浙江、山东、福建）提出了各自"十二五"末、"十三五"末的海上风电规划，如图 5-8 所示，但实际的市场消化情况及投资情况都有待考证。

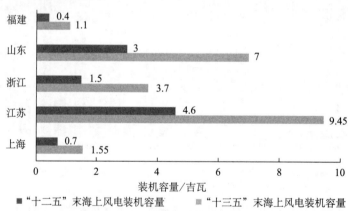

图 5-8　沿海五省市"十二五"末、"十三五"末海上风电规划
资料来源：根据中国风能协会相关资料整理

### 4. 生物质能产业市场分析

### 1）全球生物质能产业市场分析

当前开发生物质能源已经成为人类获取能源的一条新途径，众多国家也纷纷开辟生物

质能产业领域，但当前的开发速度较慢，从近 5 年来全球生物质发电装机容量变化趋势（图 5-9）可以看出，装机新增幅度较小，未来的开发利用潜力巨大。EL Insights 于 2010 年 9 月 23 日发布报告预测：2010～2015 年，预计全球生物制造市场从 5729 亿美元增至 6937 亿美元，年复合增长率达 3.9%。其中，生物质发电的市场价值将从 2010 年的 450 亿美元增加到 2020 年的 530 亿美元。另据生物质发电协会（Biomass Power Association，BPA）统计，生物质工业每年会产生 500 万千瓦时的电力。

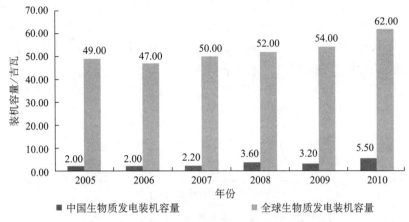

图 5-9 2005～2010 年全球及中国生物质发电装机容量
资料来源：根据 Wind 资讯、国际新能源网相关资料整理

### 2）中国生物质能产业市场分析

我国生物质能源潜力巨大，同时产业从能源作物种植到产品开发具备一定的技术经验，为开发利用生物质能的产业化打下了基础。"十一五"期间，我国大力发展、研发和推广非粮技术路线的燃料乙醇，拥有年产 500 万吨燃料乙醇的潜力，生物质燃气产业的潜在市场达数千亿元人民币。截至 2010 年年底，我国沼气年利用量达 130 亿米³，生物质固体成型燃料年利用量为 50 万吨左右，生物柴油年产量为 50 万吨左右[15]，生物质发电装机容量为 5.5 吉瓦。我国生物质能发电装机容量在可再生能源发电装机容量中只占 0.5% 的份额，而世界平均水平已达 25%，可见提高我国生物质能发电能力的任务依旧艰巨。《可再生能源发展"十二五"规划》提出："到 2015 年年底，国内生物质发电装机规模不低于 1300 万千瓦，其中包括，农林生物质发电 800 万千瓦，沼气发电 200 万千瓦，垃圾焚烧发电 300 万千瓦。"国家发展和改革委员会 2007 年 9 月 4 日颁布的《可再生能源中长期发展规划》对我国生物质能 2020 年的发展目标进行了规划（表 5-1）。

**表 5-1 《可再生能源中长期发展规划》生物质能利用目标**

| 生物质能 | 2010 年 | 2020 年 |
| --- | --- | --- |
| 生物质发电 | 550 万千瓦 | 3000 万千瓦 |
| 生物质成型燃料 | 100 万吨 | 5000 万吨 |
| 沼气年利用量 | 190 亿米³ | 400 亿米³ |
| 非粮食燃料乙醇 | 200 万吨 | 1000 万吨 |
| 生物柴油年利用量 | 20 万吨 | 200 万吨 |

资料来源：根据《可再生能源中长期发展规划》相关资料整理

### 5.1.4 新能源产业链和技术链分析

1. 核能产业链和技术链

1) 核能产业链

核能的产业链主要分为上游的核原料生产；中游的核电核心设备制造（核岛、常规岛）及核电辅助设备制造；下游的核电站建设及运营维护（图 5-10），整个产业链涉及材料/燃料供应商、设备供应商、电力辅业集团、发电企业和输配电企业等多个环节。在我国，上游核燃料及原材料生产环节尚无上市公司；中游的核电设备制造环节技术壁垒高、垄断程度高，企业具有较强的定价能力，毛利润普遍较高；产业链下游环节得益于国家政策倾斜等因素，赢利能力较强。先进核能产业链表如图 5-10 所示。

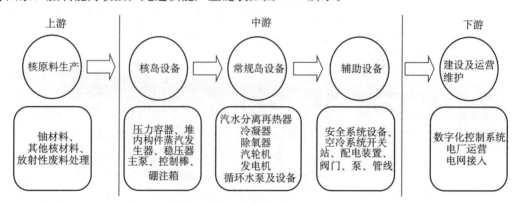

图 5-10　核能产业链

资料来源：中国经济导报社，北京世经未来投资咨询有限公司.2010 年核电行业风险分析报告.2010.51，52

2) 核能技术链

对应核能产业链的上、中、下游三个环节，核能产业的关键技术如图 5-11 所示。

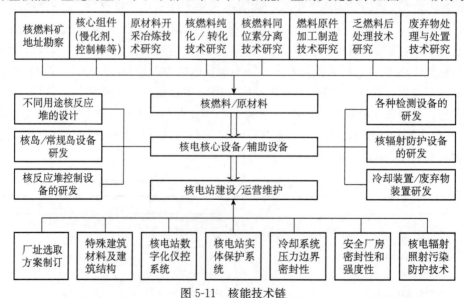

图 5-11　核能技术链

资料来源：张灿勇，马明礼.2009.核能及新能源发电技术.北京：中国电力出版社

### 2. 太阳能产业链和技术链

#### 1）太阳能产业链

太阳能光伏产业链涉及多晶硅原料生产，硅棒、硅锭生产，太阳能电池制造，组件封装，光伏产品生产，光伏发电系统设计、检测、服务等多个环节（图5-12），而太阳能电池的生产是最重要的环节[16]。

太阳能光伏产业链所呈现出的特性如下：产业链上游多为少数几家寡头占据。这主要由于上游原材料的建厂成本高、周期长等因素对资本实力要求较强，进入门槛较高，但该行业享有较高的毛利润；伴随太阳能电池产能的扩充，对上游原材料的需求更加迫切；与专业化生产相比，产业链垂直整合趋势明显[17]。

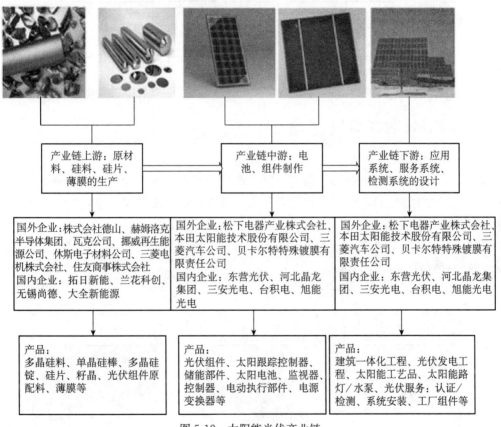

图 5-12 太阳能光伏产业链

资料来源：光伏产业链的探索之路.电源世界，2011，（03）：2，3

#### 2）太阳能技术链

对应太阳能光伏产业链的上、中、下游三个环节，列举出太阳能光伏产业的关键技术如图5-13所示。

当前太阳能领域技术产业化关注的重点如下：太阳能电池制造技术及装备，中、高温太阳能发电技术与设备，太阳能储热材料，光伏逆变并网系统技术，兆瓦级以上光伏太阳能并网发电系统，兆瓦级以上大规模太阳能高温热发电系统，薄膜太阳电池关键技术及装备，聚光光伏发电技术等[18]。

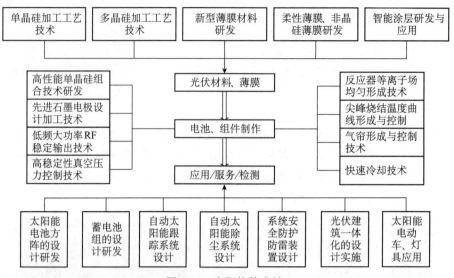

图 5-13   太阳能技术链

资料来源：王长贵，王斯成. 2009. 太阳能光伏发电实用技术. 北京：化学工业出版社

## 3. 风电产业链和技术链

### 1）风电产业链

风电产业是风能产业的核心。与其他能源相比，风能分布广泛且永不枯竭，是一种重要的可再生能源形式，极具经济性和发展前景。我国风电产业发展迅速，2007 年以来，风电装机年均增长速度超过 70%，成为全球风力发电增速最快的市场[19]，已经形成了一套完整的风电产业链条。风电产业链的上、中、下游三个环节分别是零部件制造、整机组装和吊装、风电场运营[20]（图 5-14）。

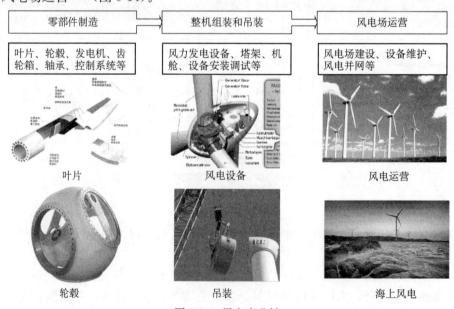

图 5-14   风电产业链

资料来源：中国传动网. 风力发电机产业链和国内外厂商竞争力分析

2）风电技术链

风电技术的发展是决定风电产业能否健康发展的关键因素之一，我国的风电技术由依靠"引进采购"逐步发展为当今的"引进消化＋自主研发"[21]。从风电产业链的上游到下游涉及零部件设计及制造、风电基础设计与施工、输电并网技术等一系列关键技术（图 5-15）。风力发电离不开风电机组，在选定机组前要首先保证风资源评估结果的准确性，这主要由于风资源评估直接影响到风电机组的选型、布置、发电量估算等，是风电场建设过程中的重要依据[22]。因此，风能资源评估技术也是风能技术链中的关键技术。

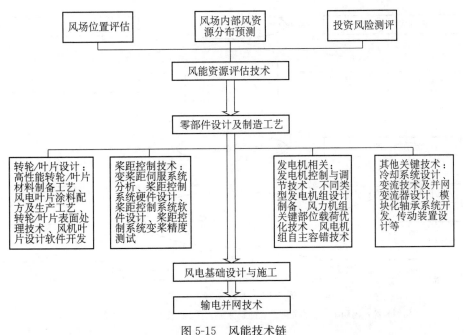

图 5-15　风能技术链

资料来源：中国传动网．风力发电机产业链和国内外厂商竞争力分析．

http://www.chuandong.com/publish/report/2009/11/report＿1＿5433.html［2012-02-13］

### 4. 生物质能产业链和关键利用技术

1）生物质能产业链

生物质能产业是指通过工业化把能源植物和农业废弃物等生物质原料利用化学或生物技术转化为高附加值的生物质能源、生物材料、石油产品替代品及副产品等环境友好型产品的全过程[23]。我国的生物质能产业发展粗具规模，"十二五"期间将迎来产业快速发展期。2011 年年底国家能源局发布的《可再生能源"十二五"发展规划》中有关生物质能源部分规划内容指出，"十二五"期间生物质能源发展目标是[24]：到 2015 年年底，生物质发电装机将达 1300 万千瓦，到 2020 年将达 3000 万千瓦，在 2010 年年底 550 万千瓦的基础上分别增长 1.36 倍和 4.45 倍。生物质能产业链条逐步完善，形成从上游生物质能原料到下游生物质能制造与应用的完整产业（图 5-16）。

2）生物质能关键利用技术

生物质能利用关键技术（图 5-17）主要有燃烧、热化学法、生化法、物理化学法等。

我国生物质能利用技术的重点将集中于四个领域：农林生物质发电、生物液体燃料、沼气及沼气发电、生物固体成型燃料技术[25]。

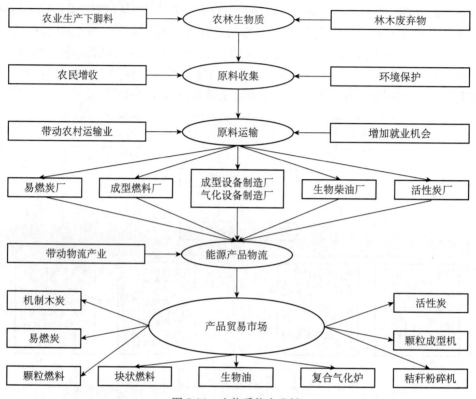

图 5-16　生物质能产业链

资料来源：冯丽敏．生物质能产业前景分析．农业科技与装备，2010，02：8-11

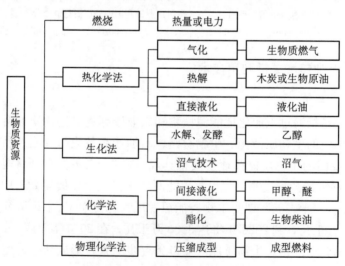

图 5-17　生物质能利用关键技术

资料来源：王丰华，陈庆辉．生物质能利用技术研究进展．化学工业与工程技术，2009，30（03）：32

# 5.2 / 新能源产业发展政策

## 5.2.1 美国新能源产业发展政策

美国新能源产业的发展环境良好，奥巴马政府把加快新能源产业的发展纳入执政纲领的核心，把发展新能源上升到国家安全的战略高度，并积极推进该领域的国际合作，推行"绿色新政"引领全球新能源产业革命。这与美国当前面临的传统能源成本高昂、气候问题日益严重、国内经济发展模式不可持续等被动局面密切相关。汽车与住宅的能源消耗是美国能源消耗的主体，因此，新能源的开发与使用能够有效缓解以上局面，在汽车能耗方面将设置排放要求、采取电动方式来改变，在住宅能耗方面将提高太阳能的开发和利用效率。

美国自 20 世纪 70 年代出台的能源政策法规中就开始涉足新能源领域。1978 年出台的《国家能源法》中提到太阳能的利用、扶持小水电、鼓励地热能的开发等。1980～1982 年又相继颁布了《能源安全法》、《可再生能源法》、《美国合成燃料公司法》、《生物能源和酒精燃料法》、《太阳能和能源节约法》、《地热能法》，这些政策为美国太阳能、生物能源、地热能的发展奠定了基础。1992 年出台的《能源政策法》要求到 2010 年可再生能源供应量要比 1988 年增加 75%。1998 年推出《国家综合能源战略》，提出发展先进的可再生能源技术，包括开发非常规甲烷资源，发展氢能的储存、分配和转化技术等。此外，自 2005 年以来，一系列政策法规、规划计划的出台，大力推动美国新能源战略，扶持与鼓励美国新能源产业的发展（表 5-2）。

表 5-2 美国新能源产业相关政策

| 时间 | 政策/规划名称 | 主要相关内容 |
| --- | --- | --- |
| 2005 年 8 月 | 2005 国家能源政策法 | 规定从 2005 年起，美国开始实施光伏投资税减免政策：居民或企业法人在住宅和商用建筑屋顶安装光伏系统发电所获收益享受投资税减免，额度相当于系统安装成本的 30% |
| 2006 年 2 月 | 先进能源计划 | 把联邦政府在替代能源和清洁能源方面的研究投资增加 22%，还包括研发清洁燃煤技术，开发用于家居、办公和汽车的替代能源，最终目标是争取到 2025 年替代 75% 从中东进口的石油 |
| 2007 年 6 月 | 可再生燃料、消费者保护和能源效率法案 | 在促进生物燃料的研发、提高车辆能源效率、减少车辆平均油耗等方面作出规定 |
| 2007 年 12 月 | 美国能源独立与安全法 | 规定到 2025 年时清洁能源技术和能源效率技术的投资规模将达到 1900 亿美元，其中 900 亿美元投入到能源效率和可再生能源领域，600 亿美元用于碳捕捉和封存技术，200 亿美元用于电动汽车和其他先进技术的机动车，再划拨 200 亿美元用于基础性的科学研发 |

续表

| 时间 | 政策/规划名称 | 主要相关内容 |
|---|---|---|
| 2009 年 2 月 | 美国复苏与再投资法案 | 对 2012 年年底前新投产的风电和封闭式生物质发电厂，2013 年年底前投入运行的地热、城市垃圾发电、沼气发电、海洋和潮汐能等其他可再生能源，实施生产税收抵免政策；对 2012 年年底前投入运行的风电、2016 年年底前投入运行的其他可再生能源发电项目提供投资补贴政策；对 2009 年和 2010 年在役项目，以及 2009 年和 2010 年开工并在联邦政府规定的税务减免截止日期前投入运行的可再生能源项目，按项目建成价的 30％ 由联邦政府提供一次性现金补贴 |
| 2009 年 6 月 | 美国清洁能源安全法 | 提供消费税优惠，促进提高家庭用能效率；设定新的最低能效标准，提高商用和家用电器效率；通过税收优惠，废止过时的不利于基础设施投资的规定，加强和提升国内电网等能源基础设施；通过减税等措施促进可再生能源的开发利用；减少对国外能源的依赖；支持高能效汽车生产等 |
| 2009 年 9 月 | 美国创新战略 | 将新能源技术开发和应用列为国家未来发展的重点领域 |
| 2010 年 7 月 | 千万太阳能屋顶计划 | 计划在 2012～2020 年每年投入资金补贴私人住宅及商业楼宇安装太阳能系统 |
| 2011 年 3 月 | 国家海上风电战略：创建美国海上风电产业 | 聚焦于解决三个主要问题：海上风电的相对高成本，安装、运营和并网方面的技术挑战，现场数据和项目审批程序经验的匮乏 |
| 2011 年 7 月 | 21 世纪加强反应堆安全建议 | 明确美国核监管委员会（NRC）的监管框架，确保防护措施，增强应对事故的能力，加强应急准备工作，提高 NRC 监管项目的有效性 |
| 2011 年 7 月 | 木质能源政策路线图——可持续发展木本生物质能源解决方案指南 | 阐述了如何利用木质生物质满足美国的能源需求，同时增加森林土地覆盖，改善土地环境，为决策者和利益相关者提供了生物能源的发展过程中合理充分利用林地并促进农村经济发展、降低能源供应中的碳排放和促进木制品行业发展等领域的战略规划建议 |

资料来源：根据美国能源部伯克利国家实验室相关资料整理

## 5.2.2 欧盟新能源产业发展政策

欧盟成员国的传统能源资源也相对匮乏，开发利用新能源是满足未来能源需求的必经之路。同时，伴随《京都议定书》的签订，欧盟各成员国在二氧化碳减排上的责任得到明确。在能源、环境、市场等多重因素的影响下，欧盟通过立法、价格支持、税收优惠、行业补贴等多种政策举措鼓励、支持新能源产业的发展。由于新能源产业对科技有较高的依赖度，在新能源技术研发、创新方面，欧盟加大资金投入，为新能源技术成果的转移转化提供支撑。这些新能源研发优先领域包括生物质能、太阳光伏、风力发电、燃料电池、核能技术等。总体而言，欧盟支持新能源产业发展政策的演进经历了 4 个阶段[26]：启动新能源技术创新计划，制定统一的能源发展战略；推出新能源一揽子计划，同时创造新能源的需求与供给；以市场化的碳交易机制为核心，构建新能源可持续发展机制；以绿色技术引领绿色经济，以新能源支撑欧洲经济复苏计划。表 5-3 为近年来欧盟及其部分成员国在新能源产业领域出台相关的政策。

表 5-3　欧盟新能源产业相关政策

| 时间 | 国家 | 政策/规划名称 | 主要相关内容 |
|---|---|---|---|
| 2003 年 2 月 | 英国 | 能源白皮书 | 确定了可再生能源电力 2010 年要占到电力总消费量的 10％、2020 年要占到 20％ 的具体目标 |
| 2005 年 1 月 | 法国 | 实施加速发展生物能源计划 | 该计划目标是在 2007 年之前将法国生物燃料的产量提高 3 倍，使法国成为欧洲生物燃料生产的第一大国 |

| 时间 | 国家 | 政策/规划名称 | 主要相关内容 |
|---|---|---|---|
| 2005 年 7 月 | 法国 | 确定能源政策定位的能源政策法 | 规定可再生能源包括风能、太阳能、地热能、波浪能、潮汐能、水电和生物质能。该法确立了到 2010 年要实现 10% 的需求能源来自于可再生能源的目标 |
| 2006 年 3 月 | 欧盟 | 欧洲安全、竞争、可持续发展能源战略 | 从欧洲能源投资需求迫切、进口依存度上升、资源分布集中、全球能源需求持续增长、油气价格攀升、气候变暖等方面进行分析，呼吁欧盟各国政府和国民重视能源，共同快速行动实现可持续、有竞争力和供应安全的目标 |
| 2006 年 8 月 | 德国 | 国家技术创新计划 | 拨款 14 亿欧元支持氢气与燃料电池技术的研发和商业化推广 |
| 2007 年 3 月 | 欧盟 | 欧盟一揽子能源计划 | 到 2020 年把新能源和可再生能源在能源总体消耗中的比例提高到 20%，将煤、石油、天然气等一次性能源消耗量减少 20%，将生物燃料在交通能源消耗中所占比例提高到 10% |
| 2008 年 2 月 | 欧盟 | 欧盟战略能源技术计划 | 包括欧洲风能启动计划，重点是大型风力涡轮和大型系统的认证（陆上与海上）；欧洲太阳能启动计划，重点是太阳能光伏和太阳能集热发电的大规模验证；欧洲生物能启动计划，重点是在整个生物能使用策略中开发新一代生物柴油；欧洲电网启动计划，重点是开发智能电力系统等 |
| 2008 年 11 月 | 法国 | 发展可再生能源的计划 | 确定了利用风力动能发电的电力收购条件和具体定价办法 |
| 2008 年 12 月 | 欧盟 | 欧洲经济复苏计划 | 将绿色技术作为经济复苏计划的有力支撑 |
| 2009 年 1 月 | 德国 | 可再生能源法 2009 | 设定 2020 年德国可再生能源在电力消费中的占比目标为 30%。以提升价格为主，调整可再生能源补贴性价格标准；调低对新项目入网价格每年递减速度；对供电质量和技术要求规定奖惩机制 |
| 2009 年 4 月 | 欧盟 | 可再生能源指令 | 内容涉及可再生能源发展指标、国家可再生能源行动计划、可再生能源电力、可再生能源供热供冷、生物燃料和沼液、网上透明度平台等 |
| 2009 年 7 月 | 丹麦 | 2008～2011 能源计划 | 通过节能与提高能效、可再生能源、能源税、更高效的能源技术和交通运减少丹麦对石油，煤炭、天然气等化石燃料的使用 |
| 2009 年 8 月 | 法国 | 格纳勒格法案一 | 在能源领域的规定主要有两方面目标：一是要在 2050 年时将温室气体排放量降低到当时的 1/4；二是实现可再生能源的利用比例达到 23% |
| 2009 年 10 月 | 欧盟 | 欧盟低碳技术发展路线图 | 在风能、太阳能、生物能、碳捕获与储存、电网、可持续核能这 6 大具有发展潜力的领域推动低碳能源技术开发与应用，依靠这些技术，欧盟争取到 2020 年完成向低碳经济的转型 |
| 2010 年 2 月 | 英国 | 清洁能源现金回馈方案 | 规定凡是安装太阳能电板和微型风车的家庭和小型商户可从 2010 年 4 月开始领取补贴，补贴年限 10～25 年不等 |
| 2010 年 6 月 | 欧盟 | 欧洲 2020 战略：实现智能、可持续性和包容性增长 | 重点包括通过提高能源使用效率增强竞争力，实现可持续发展。提出将温室气体排放量在 1990 年基础上削减 20%，提高可再生能源在欧盟总能源消耗中的比例，使之占到 20% 的目标 |
| 2010 年 11 月 | 欧盟 | 能源 2020：具有竞争力的、可持续的和安全的能源战略 | 提出欧盟未来 10 年将从五大重点领域着手确保欧盟能源供应：以交通和建筑两大领域为重点推动节能革新；推进欧盟能源市场一体化进程，制定统一的能源政策，在未来 5 年内完成泛欧能源供应网络的基础设施改造；制定和完善"消费者友好型"能源政策；确保欧盟国家在能源技术与创新中的全球领先地位；强化欧盟能源市场的外部空间，把能源安全与外交相结合 |
| 2011 年 7 月 | 英国 | 英国可再生能源发展路线图 | 确定了 2020 年可再生能源满足 15% 的能源需求的发展目标及实现该目标的八大技术：陆上风能、海上风能、海洋能、生物质发电、生物质供热、地源热泵、空气源热泵和可再生能源运输 |

续表

| 时间 | 国家 | 政策/规划名称 | 主要相关内容 |
|---|---|---|---|
| 2011 年 8 月 | 德国 | 第六能源研究计划：环保、可靠和经济的能源供应研究 | 规定了德国政府未来几年在创新能源技术领域资助政策的基本原则和优先事项。2011～2014 年德国政府将为该研究计划拨款 34 亿欧元 |
| 2011 年 9 月 | 欧盟 | 欧盟能源政策：与非成员国合作伙伴建立联系 | 欧盟成员国之间需要共享与第三方国家在能源领域签署的国际合作协议信息，包括尚处于谈判过程中的；与第三方国家的能源协议需要在欧盟层面开展磋商；欧盟将提出与地中海南部国家开展可再生能源项目的合作方案等 |
| 2011 年 9 月 | 欧盟 | 合作研究藻类生物能源计划 | 将建立一系列中试规模的海藻农场和微藻养殖设施以提供评估藻类生物能源生产率所需的信息，该信息将被用来更好地了解西北欧藻类生产燃料、能源和其他产品的经济性和温室气体平衡 |
| 2011 年 11 月 | 丹麦 | 能源发展计划 | 计划到 2020 年，风力发电将占丹麦总发电量的 50%，可再生能源将满足丹麦 36.2% 的能源需求。2020 年温室气体排放总量较 1990 年减排 40%；到 2050 年，整个能源和运输系统将完全依赖于可再生能源。长远目标是逐步转向完全使用电动汽车，而短期的解决方案则是增加生物燃料的使用 |

资料来源：根据欧盟委员会能源部门相关资料整理

## 5.2.3　日本新能源产业发展政策

日本的天然资源匮乏，石油、天然气等能源资源对外进口的依存度高，但日本同时又是能源消费大国，为了减轻对石油的依赖，改善能源结构，日本十分重视新能源的开发和利用。在考虑到自身资源条件限制的情况下，日本努力在"开源"与"节流"两方面进行调控，一方面积极促进太阳能等新能源的开发利用；另一方面高度重视节能管理。

在 20 世纪 70～90 年代，日本政府颁布实施了一系列能源相关政策法规，对日本新能源产业的发展起到了重大的推动作用。1974 年，日本提出"新能源技术开发计划"（"阳光计划"），大力推进太阳能的开发利用，推动地热开发、煤炭液化、气化技术开发、风力发电和大型风电机研制、海洋能源开发和海外清洁能源输送技术等。1979 年颁布实施了《节约能源法》，并根据社会经济发展状况不断进行修订，制定、完善相关的配套政策法规。1980 年推出《可替换能源法》，开始大规模推进核能、太阳能、海洋热能、生物发电、绿色能源汽车、燃料电池等石油替代能源的综合开发。1994 年"新能源基本指南"中第一次正式宣布日本发展新能源及再生能源。此外，1997 年 4 月，日本制定了《促进新能源利用特别措施法》，也称为《新能源法》，该法规定投入能源事业的任何人都有责任与义务全力促进新能源和再生能源推广工作，并于 1999 年、2001 年、2002 年进行了三次修订。1997 年 12 月，日本内阁决议正式通过"环境保护与新商业活动发展"计划，作为政府到 2010 年实施新能源和再生能源行动方案。近年来，日本政府更加重视新能源产业的发展，把该产业的发展提高到战略层次，继而又出台了一系列政策规划（表 5-4）。

表 5-4　日本新能源产业相关政策

| 时间 | 政策/规划名称 | 主要相关内容 |
|---|---|---|
| 2002 年 5 月 | 电力设施利用新能源的特别措施法 | 规定从 2003 年 4 月开始，强制电力企业提高新能源发电（光伏发电、风能发电和生物质发电）使用比率。该法适用的新能源类型：风能、光伏、地热能、小水电（1000 千瓦或以下）、生物质能 |

续表

| 时间 | 政策/规划名称 | 主要相关内容 |
|---|---|---|
| 2002 年 12 月 | 日本生物质能综合战略 | 描绘了日本综合利用生物质能源作为能源或产品,实现可持续的资源循环利用型社会的蓝图 |
| 2003 年 | 可再生能源配额制法 | 要求能源公司提供的能源总量中新能源和可再生能源要占有一定的份额,否则必须到市场上购买绿色能源证书 |
| 2003 年 | 有关电力企业利用新能源发电的特别措施法 | 规定居民太阳能发电设备生产的剩余电力可由各电力公司购买,并计入电力公司需要达到的可再生能源发电配额,提高电力公司购买太阳能发电剩余电量的积极性 |
| 2004 年 5 月 | 新产业创造战略 | 将信息家电、机器人、环境能源等 7 个领域作为重点发展对象,把燃料电池放在举足轻重的地位 |
| 2006 年 5 月 | 新国家能源战略 | 到 2030 年将石油依赖率从当前的 50% 减少到 40% 或更低,把原油自主开发比例由当前的 15% 提高到 40% |
| 2008 年 11 月 | 推广太阳能发电行动方案 | 提出了多项促进太阳能利用的优惠政策,将太阳能发电作为日本新能源产业发展的重点 |
| 2009 年 4 月 | 经济激励计划 | 推广太阳能发电、电动汽车及节能电器实现"低碳革命",包括太阳能在内的环境保护项目总支出计划为 160 亿美元 |
| 2009 年 6 月 | 光伏发电路线图(2030 修订版) | 提高了太阳能产业的发展目标:到 2050 年,日本太阳能发电(PV 系统)每年可以为国内市场提供 25～35 吉瓦电量,出口海外在 300 吉瓦左右,产业规模达到每年国内市场实现 40 000 亿日元的年销售额,国内从业人数达到 60 万人,并减少温室气体排放 7%～20% |
| 2009 年 12 月 | 新成长战略 | 通过绿色技术创新实现环境、能源大国,2020 年的目标是,利用日本技术,使世界减少至少 13 亿吨二氧化碳当量温室气体排放 |
| 2011 年 8 月 | 可再生能源特别措施法案 | 规定电力公司有义务购买个人和企业利用太阳能等发电产生的电力,电力收购对象包括太阳能、风力、地热、生物发电等产生的电力 |
| 2011 年 8 月 | 新能源技术开发及产业化 30 年计划 | 开发新一代大容量蓄电池和电力高效利用等新技术,并力争在未来 20～30 年后实现产业化 |

资料来源:中国新能源网 . 日本新能源政策及发展现状与趋势 . www.china-nengyuan. com/news/6585. html [2012-02-12]

## 5.2.4  中国新能源产业发展政策

未来能源技术发展的主要方向是经济、高效、清洁。中国作为能源消费大国,对新能源的需求日益强烈,同时自然资源丰富为新能源的开发奠定一定基础,面对世界范围内新能源革命的浪潮,中国具备极大的动力占领制高点。中国政府十分重视新能源产业的发展,把该产业的发展视为新的经济增长点。1995 年,由国家计委、国家科委、国家经贸委制定的《1996～2010 年新能源和可再生能源发展纲要》明确要加快新能源和可再生能源的发展和产业建设步伐。2000 年颁布的《2000～2015 年新能源和可再生能源产业发展规划》系统地分析了中国新能源和可再生能源产业化发展的基础、市场开发的潜力、预期效益、制约因素和存在的问题。近年来,中国政府又相继出台了一系列配套的产业政策、规划给予新能源产业重点支持(表 5-5)。

表 5-5  中国新能源产业相关政策

| 时间 | 政策/规划名称 | 主要相关内容 |
|---|---|---|
| 2006 年 1 月 | 中华人民共和国可再生能源法 | 确立了可再生能源总量目标制度、可再生能源并网发电审批和全额收购制度、可再生能源上网电价与费用分摊制度、可再生能源专项资金和税收、信贷鼓励措施 |

续表

| 时间 | 政策/规划名称 | 主要相关内容 |
|------|------|------|
| 2006 年 1 月 | 可再生能源发电价格和费用分摊管理试行办法 | 明确了可再生能源发电上网电价构成，列出国家补贴幅度，对可再生能源发电价格实行标杆电价加补贴电价的方式。适用范围包括：风力发电、生物质发电（包括农林废弃物直接燃烧和气化发电、垃圾焚烧和垃圾填埋气发电、沼气发电）、太阳能发电、海洋能发电和地热能发电 |
| 2006 年 2 月 | 可再生能源发电有关管理规定 | 明确给出了可再生能源发电项目的审批和管理方式 |
| 2006 年 9 月 | 变性燃料乙醇及车用乙醇汽油"十一五"发展专项规划 | 计划到"十一五"末期，中国燃料乙醇的年产能将由现在的刚刚超过 100 万吨达到 500 万吨 |
| 2006 年 11 月 | 关于发展生物能源和生物化工财税扶持政策的实施意见 | 建立风险基金制度，实施弹性亏损补贴；原料基地补助；示范补助；税收优惠 |
| 2007 年 1 月 | 核电中长期发展规划（2005—2020 年） | 详细阐述了我国核电发展技术路线、自主化发展战略、厂址开发和保护、核电建设项目布局和进度安排、核燃料循环方案及核电投资估算等 |
| 2007 年 7 月 | 电网企业全额收购可再生能源电量监管办法 | 赋予国家电力监管委员会监管电网企业全额收购其电网覆盖范围内可再生能源并网发电项目的权力 |
| | 农业生物质能产业发展规划（2007—2015 年） | 明确提出始终要把保障国家粮食安全作为农业发展的第一任务，开发能源作物，寻求对非粮原料的开发，如玉米秸秆为主的作物秸秆 |
| 2007 年 8 月 | 可再生能源中长期发展规划 | 确定到 2020 年可再生能源占到能源总消费的 15% 的目标。具体目标是：水电装机容量要达到 3 亿千瓦（其中小水电 7500 万千瓦），风电总装机容量达到 3000 万千瓦，生物质能总装机容量达到 3000 万千瓦，沼气年利用量达到 440 亿米$^3$，生物燃料乙醇和生物柴油年利用量达到 1200 万吨，太阳能发电总容量要达到 180 万千瓦，太阳能热水器总集热面积达到 3 亿米$^2$ |
| 2008 年 3 月 | 可再生能源"十一五"规划 | "十一五"时期可再生能源发展的总目标是：加快可再生能源开发利用，提高可再生能源在能源结构中的比重；解决农村无电人口用电问题和农村生活燃料短缺问题；促进可再生能源技术和产业发展，提高可再生能源技术研发能力和产业化水平 |
| 2008 年 8 月 | 风力发电设备产业化专项资金管理暂行办法 | 明确了中央财政安排风电设备产业化专项资金的补助标准和资金使用范围，并将对风力发电设备制造给予直接的现金补贴 |
| 2008 年 11 月 | 秸秆能源化利用补助资金管理暂行办法 | 对从事秸秆成型燃料、秸秆气化、秸秆干馏等秸秆能源化生产的企业进行资金补助，支持企业收集秸秆、生产秸秆能源产品并向市场推广 |
| 2009 年 3 月 | 关于加快推进太阳能光电建筑应用的实施意见 | 加快推进太阳能光电技术在城乡建筑领域的应用；支持开展光电建筑应用示范，实施"太阳能屋顶计划" |
| | 太阳能光电建筑应用财政补助资金管理暂行办法 | 中央财政从可再生能源专项资金中安排部分资金，支持太阳能光电在城乡建筑领域应用的示范推广 |
| 2009 年 5 月 | 装备制造业调整和振兴规划 | 提出以核电、风电为代表的高效清洁发电装备和特高压输变电装备是未来的发展重点，其中风电装备包括变频控制系统、风电轴承、碳纤维叶片等产品 |
| 2009 年 7 月 | 关于印发加快推进农村地区可再生能源建筑应用的实施方案的通知 | 以县为单位，实施农村地区可再生能源建筑应用的示范推广，引导农村住宅、农村中小学等公共建筑应用清洁、可再生能源 |
| | 关于印发可再生能源建筑应用城市示范实施方案的通知 | 推动可再生能源在建筑领域的大规模应用 |
| | 关于实施金太阳示范工程的通知 | 中央财政从可再生能源专项资金中安排一定资金，支持光伏发电技术在各类领域的示范应用及关键技术产业化 |
| | 关于完善风力发电上网电价政策的通知 | 规范风电价格管理，继续实行风电价格费用分摊制度 |

| 时间 | 政策/规划名称 | 主要相关内容 |
|---|---|---|
| 2010 年 1 月 | 国家发改委关于取消风电工程项目采购设备国产化率要求的通知 | 取消《关于风电建设管理有关要求的通知》（发改能源〔2005〕1204号）中"风电设备国产化率要达到 70% 以上，不满足设备国产化率要求的风电场不允许建设"的要求 |
| 2010 年 4 月 | 风电设备制造行业准入标准 | 新建风电机组生产企业必须具备生产单机容量 2.5 兆瓦及以上、年产量 100 万千瓦以上所必需的生产条件和全部生产配套设施；企业进行改扩建应具备累计不少于 50 万千瓦的装机业绩；新建风电机组生产企业应具备 5 年以上大型机电行业的从业经历 |
| 2011 年 7 月 | 国家"十二五"科学和技术发展规划 | 提出积极发展风电、太阳能光伏、太阳能热利用、新一代生物质能源、海洋能、地热能、氢能、新一代核能、智能电网和储能系统等关键技术、装备及系统。实施风力发电、高效太阳能、生物质能源、智能电网等科技产业化工程。建立健全新能源技术创新体系，加强促进新能源应用的先进适用技术和模式的研发，有效衔接新能源的生产、运输与消费，促进产业持续、快速发展 |
| 2011 年 7 月 | 海上风电开发建设管理暂行办法细则 | 进一步完善海上风电建设管理程序，促进海上风电健康有序发展，对海上风电规划的编制与审查、海上风电项目预可研和可研阶段的工作内容和程序、建设运行管理中的要求等作了具体规定 |
| 2011 年 8 月 | 关于完善太阳能光伏发电上网电价政策的通知 | 对我国非招标太阳能光伏发电项目实行全国统一的标杆上网电价 |
| 2011 年 11 月 | 可再生能源发展基金征收使用管理暂行办法 | 明确可再生能源发展基金包括国家财政公共预算安排的专项资金和依法向电力用户征收的可再生能源电价附加收入等，其中明确可再生能源电价附加征收标准为 8 厘/千瓦时 |

资料来源：根据中国政府网、国家发展和改革委员会网站相关资料整理

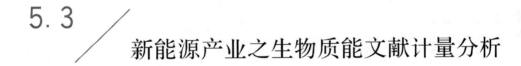

# 5.3 / 新能源产业之生物质能文献计量分析

## 5.3.1 生物质能 SCIE 文献计量分析

### 1. 概况

该部分分析数据来源于美国科技信息研究所（ISI）的科学引文索引数据库（Science citation index expanded，SCI-E）。检索字段为主题词，即这些词组在论文的标题、关键词、摘要中出现，检索时间段为 1991～2012 年，检索时间为 2012 年 3 月 14 日，共检索到 38 129 条数据，通过限定文献类型及主题领域，去掉通信等无用数据，只保留论文（article）、综述（review）、会议论文（proceedings paper）等文献类型，得到有效数据 35 584 条。采用的分析工具为汤姆森数据分析器（TDA）和网络分析集成软件（UCINET），TDA 是美国汤姆森科技信息集团公司提供的用于计算机桌面的数据挖掘和可视化分析工具，可以对信息和数据进行整理、分析和汇总，UCINET 由加利福尼亚大学欧文分校的一群网络分析者编写而成，具有很强的矩阵代数和多元统计分析功能。

图 5-18 是全球生物质能领域的论文数量年度变化趋势图。从中可以看到，1992～2011

年生物质能领域年论文发表数量增长迅速，特别是 2006 年以后生物质能的发文量增速加大，说明生物质能领域的全球研发势头良好，生物质能技术水平取得长足进展。近年来，随着我国国民经济的发展，能源的需求不断加大，而传统能源具有不可再生的特点，所以生物质能源领域的发展有了现实的需求。巨大的能源需求和经济发展压力促进了我国在生物质能领域科研投入的增加和科研水平的提高，我国在生物质能领域的研究论文发表数量增长幅度较大，在国际刊物上占据的比重越来越大，从而增加了我国生物质能领域研究的国际影响力。

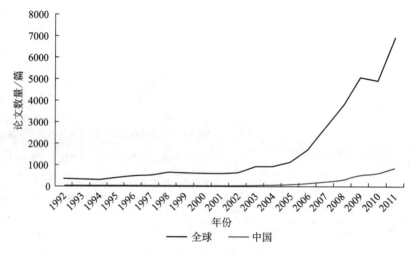

图 5-18　1992～2011 年全球及我国生物质能论文数量年度变化趋势
资料来源：根据 SCIE 相关资料整理

## 2. 国家情况

### 1）主要国家发文量对比分析

图 5-19 为生物质能领域发表论文量排名前 10 位的国家。由图可知，美国发表的论文数量最多，共 7807 篇，占全球的 34.79%，反映出美国在该研究领域具有较强的实力。我国发表论文的数量以 2951 篇位居美国之后，占全球的 13.15%，和美国相比，我国在该领域的研究具有一定的差距，但总体而言，我国生物质能的科学研究在国际上仍占有一定的地位。德国在该领域的论文发表数量仅次于我国，位居第三，论文数量差距有 1060 篇，占全球的 8.42%，论文发表量位居德国之后的国家分别是印度、日本、巴西、英国、西班牙、加拿大、瑞典等，论文数量均高于 1000 篇。

从上述 10 个国家的论文数量年度变化趋势（图 5-20）中可以看出，美国在生物质能方面优势很明显，2003 年后均在 200 篇以上，之后逐年增加，2006 年后增速加快，2011 年美国在生物质能领域的发文量高达 1745 篇。中国在生物质能领域的研究起步相对较晚，但是近年来发展速度较快，尤其是在 2006 年后我国每年的发文数量仅次于美国，2011 年，我国在生物质能领域的发文量达到 822 篇。其余国家的发文量虽然也呈上升趋势，但增速较缓慢，除巴西在 2011 年发文 415 篇之外，其余国家每年的发文数量均在 400 篇以下。

图 5-21 分别为发文量排名前 10 位国家在 2009～2011 年的发文量占各国 1991～2012 年总发文量的比例。从数据来看，我国 2009～2011 年在生物质能领域的研究比较活跃，占比高

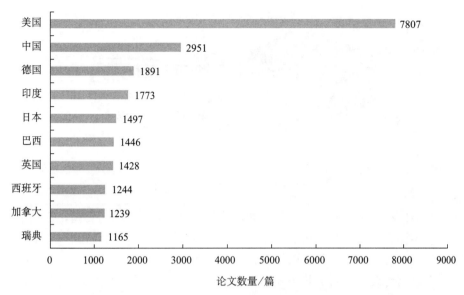

图 5-19　1991～2011 年主要国家生物质能领域论文数量
资料来源：根据 SCIE 相关资料整理

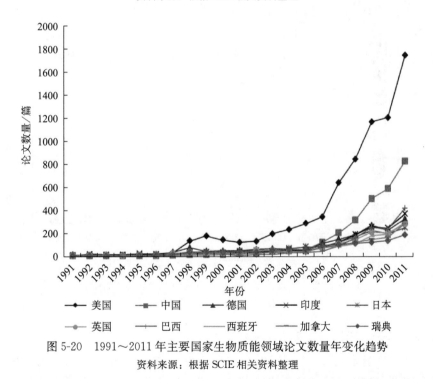

图 5-20　1991～2011 年主要国家生物质能领域论文数量年变化趋势
资料来源：根据 SCIE 相关资料整理

达 67.74%，从而说明我国在"十一五"期间，生物质能领域研究取得了显著的成绩。巴西仅次于中国，达到了 66.80%，该现象说明，巴西 2009～2011 年在该领域的科研投入比重加大。

2）主要国家论文被引频次分析

从图 5-22 可以看出，主要国家生物质能领域研究论文的总被引次数最多的为美国，篇均被引次数排名第二，达到 16.16，仅与排名第一的英国相差 0.28，该现象说明了美国论

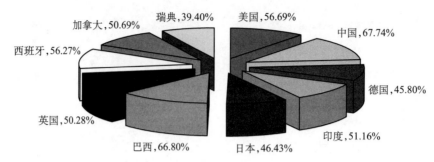

图 5-21  主要国家 2009～2011 年发文量占各国 1991～2012 年总发文量的比例
资料来源：根据 SCIE 相关资料整理

文质量水平及美国在该领域的研究实力。篇均被引次数排名第一的为英国，达到 16.44，但总被引次数与美国有较大差距。我国的篇均被引次数为 9.33，说明我国在该领域所作的研究得到了国际的认可，然而，和美国等其他发达国家相比，我国在该领域发表论文的篇均被引次数较少，这也充分说明了我国在该领域的研究还与美国、英国、德国等发展国家具有一定的差距。

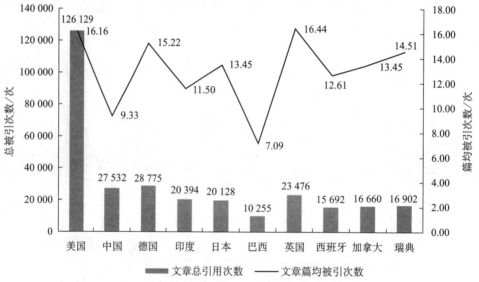

图 5-22  主要国家论文总被引次数及篇均被引次数
资料来源：根据 SCIE 相关资料整理

3）主要国家论文研究合作及主题关联分析

通过对发文量最多的 20 个国家的合作研究情况进行分析，得到各国在生物医用材料领域的合作图（图 5-23）（合作发文量大于 20 篇连线）。从图中可以看出，生物质能领域的合作研究主要以美国、德国、英国、瑞典为中心，形成了包括意大利、法国、中国、澳大利亚、荷兰等国家在内的研究合作网络，它们在生物质能的研究上合作较为紧密。美国成为生物质能发文量第一、论文篇均被引次数排名第二的国家，英国的论文篇均被引次数排名第一，其主要原因就是美国、英国在生物医药领域加强与各个国家之间的交流沟通。

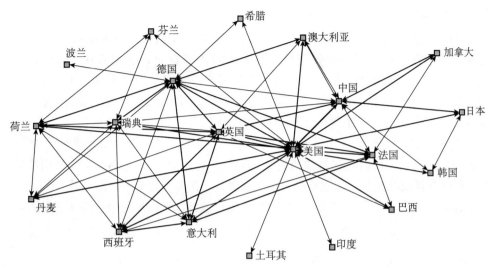

图 5-23 生物质能领域国家合作网络图

资料来源：根据 SCIE 相关资料整理

### 3. 机构情况

#### 1) 主要机构发文量对比分析

1991～2011 年生物质能领域发文量排名前 10 位的机构如图 5-24 所示。在这些机构中，中国科学院的总发文数量以 408 篇排名第一，远远大于其他机构，说明中国科学院较为关注生物质能这一领域，并且取得了显著的研究成果。在排名前 10 位的研究机构中，美国占 6 个，说明美国对生物质能十分关注，并且处于世界领先位置。此外，在排名前 10 位的机构中，高校居多，有印度理工学院、丹麦科技大学、美国伊利诺伊大学、美国艾奥瓦州立大学、瑞典兰德大学、美国密歇根大学六所高校。

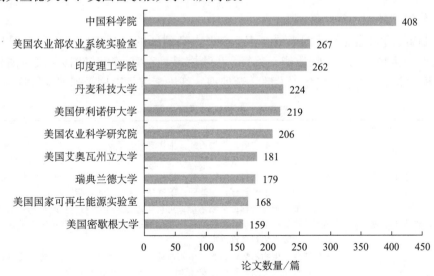

图 5-24 主要机构生物质能领域论文数量

根据 SCIE 相关资料整理

2）主要机构论文被引频次分析

图 5-25 为发文量排名前 10 位的研究机构论文总被引次数及篇均被引情况。从中可以看出，论文总被引次数排名靠前的研究机构有美国农业部农业系统实验室、印度理工学院、丹麦科技大学、瑞典兰德大学等，篇均被引次数排名靠前的研究机构有瑞典兰德大学、美国农业部农业系统实验室、美国国家可再生能源实验室、印度理工学院、美国密歇根大学等，说明这些研究机构的研究成果得到了国际上的广泛认可。中国科学院的论文总被引次数为 3543 次，篇均被引次数为 8.68 次，说明中国科学院在生物质能领域取得的研究成果在国际上具有一定的影响力，但同时，和其他研究机构相比，中国科学院的论文篇均被引次数较少，说明中国科学院需要在生物质能领域进一步加强研究，在关键技术上取得突破。

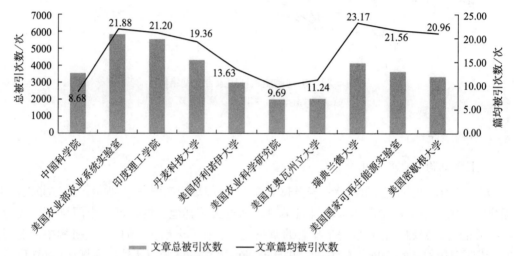

图 5-25　主要研究机构生物质能领域论文总被引次数和篇均被引次数

资料来源：根据 SCIE 相关资料整理

3）主要研究机构主题分析

从各机构的研究主题关键词来看（表 5-6 以由高到低的词频顺序列出了各机构最受关注的主题词），生物柴油、生物质能、沼气、生物燃料、乙醇、酯基转移、厌氧消化、生物乙醇、可再生能源、热解、气化、发酵、预处理、纤维素等关键词受到多家机构关注。

表 5-6　主要机构研究主题

| 编号 | 机构名称 | 最受关注的主题词 |
| --- | --- | --- |
| 1 | 中国科学院 | 生物质能；酶法水解；生物乙醇；生物燃料；微藻类；制氢；生物燃性电池；离子液体；酯基转移；纤维素；酯化；预处理；水解；蒸汽重组；漆酶；热解等 |
| 2 | 美国农业部农业系统实验室 | 生物质能；生物燃料；生物乙醇；柳枝稷；发酵；柴油；浊点；大肠杆菌；氧化稳定性；倾点；酯基转移；预处理；碳封存；半纤维素；脂肪酸甲酯；一氧化二氮等 |
| 3 | 印度理工学院 | 生物柴油；酯基转移；生物质能；可再生能源；生物乙醇；麻风树；氧化；制氢；热解；排放；动力学；植物油；抗氧化剂；利用糖水暗酸酵；厌氧消化；预处理；甘油；纤维素酶；蒸汽重组等 |
| 4 | 丹麦科技大学 | 厌氧消化；生物乙醇；粪肥；生物质能；木质纤维素；生物精炼；麦秆；预处理；沼气；氧化；生物氧化；挥发性脂肪酸；秸秆；酶法水解等 |
| 5 | 美国伊利诺伊大学 | 生物能源；乙醇；生物燃料；芒属；柳枝稷；液化；光合作用；可再生能源；热化学转化；粪肥；发酵；甲酯；玉米；酯基转移；氧化；生物燃性电池等 |

| 编号 | 机构名称 | 最受关注的主题词 |
|---|---|---|
| 6 | 美国农业科学研究院 | 生物柴油；热解；柳枝稷；生物质能；酯基转移；发酵；脂肪酸甲酯；浊点；黏性；氮；抗氧化性；预处理；藻类；磷；热化学转化；生物碳；抗氧化剂；厌氧消化；甘油；纤维素酶等 |
| 7 | 美国艾奥瓦州立大学 | 柳枝稷；玉米秆；木质纤维素；大豆油；甲烷制造；生物精炼；木质素；酵母菌；能源作物；生命周期评价法；葡萄糖 |
| 8 | 瑞典兰德大学 | 厌氧消化；沼气；乙醇；酶法水解；木质纤维素；生物能源；生物乙醇；酵母菌；生物燃料；乙醇制造；能源作物；作物残留物；可再生能源；预处理；木质素；木糖；发酵法；柳树；生物精炼等 |
| 9 | 美国国家可再生能源实验室 | 沼气；预处理；玉米秆；生物能源；纤维素；酶法水解；生物乙醇；可再生能源；气化；发酵；纤维素酶；半纤维素；运动发酵单胞菌；生物质能；微藻类；木质纤维素；脂肪；醋酸；木霉属等 |
| 10 | 美国密歇根大学 | 生物能源；乙醇；纤维素乙醇；木质纤维素；酶法水解；纤维素酶；玉米秆；预处理；柳枝稷；生物柴油；生物质能；生物多样性；发酵；土地使用转变；内切葡聚糖酶；厌氧消化；生物精炼等 |

资料来源：根据 SCIE 相关资料整理

### 4）主要研究机构合作分析

图 5-26 是发文数量排名前 20 位的研究机构合作网络图。分析表明，生物质能领域研究机构间的合作较为紧密，以美国国家可再生能源实验室、美国伊利诺伊大学为中心的各个研究机构呈现出整体合作网的形态。中国科学院分别与橡树岭国家实验室、瑞典兰德大学、普渡大学、美国农业科学研究院等研究机构有合作，清华大学也与美国农业科学研究院、美国伊利诺伊大学、宾夕法尼亚州立大学等研究结构进行合作，说明中国的研究机构在生物质能源领域的与国际接轨，注重交流与合作，并有相关成果。

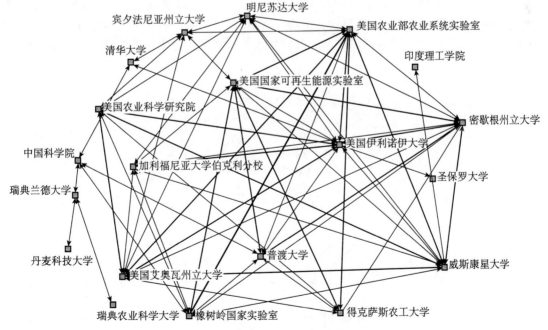

图 5-26　主要研究机构基于著者的合作网络

资料来源：根据 SCIE 相关资料整理

## 4. 研究热点分析

根据 SCIE 数据库对期刊的学科分类（有的期刊属于多学科领域），对 1992～2011 年全球生物质能的全部论文的研究领域进行分析，结果如图 5-27 所示。可以看出，能源和燃料、工程是重点研究领域，其次是生物工程学和应用微生物学、化学、农业、环境科学和生态学等学科。该现象充分说明了生物质能领域是众多学科的交叉，广泛的学科交叉一方面增加了生物质能的研究难度，另一方面为实现生物质能的重大突破指明了方向。

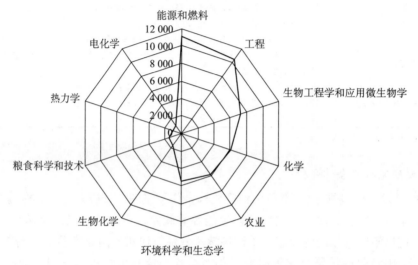

图 5-27 1992～2011 年全球生物质能论文（单位：篇）主要研究领域分布
资料来源：根据 SCIE 相关资料整理

根据论文的关键词（著者关键词）词频分布，1992～2011 年全球生物质能的研究主要集中于生物柴油、生物燃料、生物质、生物气（沼气）、酯基转移、厌氧消化等领域（图 5-28），可见生物质能的性质和产品产品、制造技术等领域是目前生物质能研究的主要方面。

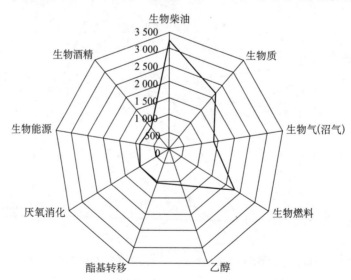

图 5-28 1992～2011 年全球生物质能论文（单位：篇）关键词分布
资料来源：根据 SCIE 相关资料整理

表 5-7 是 1992～2011 年全球生物质能 4 个时间段（每 5 年为 1 个时间段）的研究主题关键词。生物质能、沼气、厌氧消化、气化、乙醇等关键词在各阶段均受到较多关注；1992～1996 年的热门关键词中只涉及了生物质能领域原料、产品等的简单层面，限于基础研究层面；1997～2001 年生物质能的研究重点逐渐向制造技术深入，酯基转移、水解作用、甲烷分解等关键词成为热门；2002～2006 年生物质能的研究更进一步；2007～2011 年生物质能的研究更加细化，技术更加多样，用于制造的原材料更多。

**表 5-7　1991～2011 年全球生物质能各阶段研究主题**

| 时间段 | 热点关键词 |
| --- | --- |
| 1992～1996 年 | 生物质能；沼气；厌氧消化；气化；乙醇；可再生能源；热解；纤维素；木质纤维素；光合作用；经济学；发酵；燃烧；动力学；城市固体废弃物；预处理；二氧化碳；能源作物；污水污泥等 |
| 1997～2001 年 | 生物质能；厌氧消化；沼气；乙醇；发酵；生物能源；可再生能源；热解；气化；预处理；水解作用；甲烷分解；光合作用；酯基转移；碳封存；燃烧；污水污泥；能源平衡；煤炭；动力学；植物油等 |
| 2002～2006 年 | 生物柴油；沼气；生物质能；厌氧消化；乙醇；可再生能源；酯基转移；热解；气化；制氢；发酵；光合作用；预处理；温度；纤维素；柴油机；脂肪酶；酯化作用；生物燃性电池；排放；柳枝稷等 |
| 2007～2011 年 | 生物柴油；生物质能；乙醇；生物乙醇；沼气；酯基转移；厌氧消化；可再生能源；微藻类；预处理；制氢；甘油；酶法水解；可持续性；纤维素；热解；最优化；酯化作用；柴油机；木质纤维素；麻风树属；燃烧；脂肪酶；微藻类；排放；气化等 |

资料来源：根据 SCIE 相关资料整理

## 5.3.2　生物质能 EI 文献计量分析

EI Compendex Web 是 EI Village 的核心数据库，包括著名的工程索引 EI Compendex 1969 年至今的文摘数据及 EI Page One 题录数据，是世界上收录工程技术期刊文献和会议文献最全面的权威数据库和检索系统。该数据库更新速度快，能够帮助用户了解工程技术领域的最新进展。本次分析，利用 EI Compendex Web 检索到了 1991～2011 年的生物质能领域文献 63 345 篇，检索日期为 2012 年 6 月 6 日。

1. 发文量年度变化情况

图 5-29 是 EI 数据库中有关生物质能领域研究文献近 20 年来的整体数量趋势图。1991～1999 年的 9 年里发展缓慢，处于潜伏期；2000 年起相关文献数量呈指数型增长并于 2010 年达到顶峰；随着不可再生能源的紧缺，生物质能将逐渐被国家政府及研究结构重视，2010 年度发文量为 7894 篇，2011 年度截止到检索日期止的发文量为 8639 篇。

根据 EI 数据库对期刊的学科分类（有的期刊属于多学科领域），对 1991～2011 年全球生物质能的全部论文的研究领域进行分析，结果如图 5-30 所示。可以看出，有机化合物是重点研究领域，其次是化学反应、化学产品等，此外还涉及了可再生能源、无机化合物、生物材料等多学科领域。值得注意的是，生物质能的论文涉及了多种相关学科，比如化学、物理、计算机等。该现象类似于 SCIE 统计的数据。

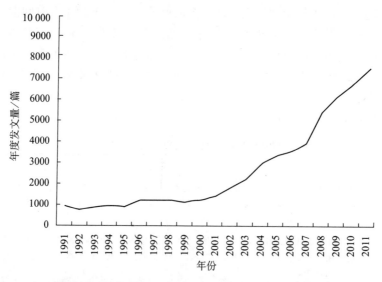

图 5-29　EI 数据库生物质能领域研究发文量年度变化
资料来源：根据 EI Village 核心数据库相关资料整理

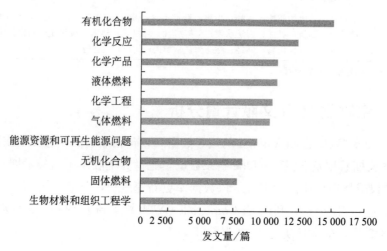

图 5-30　发文量居前 10 位的生物质能相关领域
资料来源：根据 EI Village 核心数据库相关资料整理

## 2. 国家情况

由图 5-31 可以看出 1991～2011 年的 EI 数据库中，美国、中国、日本、德国、英国等国家在生物质能领域发表的论文数量较多，并且排名前 10 位的国家和 SCIE 排名前 10 位的国家一致，只是顺序有所不同。其中，美国发文量占全球发文总量的 34.02％。中国发文量为 6700 篇，仅占美国发文量的 47.20％，说明中国在生物质能领域的研究与美国相比具有很大的差距。

## 3. 机构情况

在机构合作方面，可以从图 5-32 中较明显地看出，生物质能领域的国际主要机构间合作较多，美国高校合作呈现出紧密态势，以加利福尼亚大学、得克萨斯农工大学为核心构

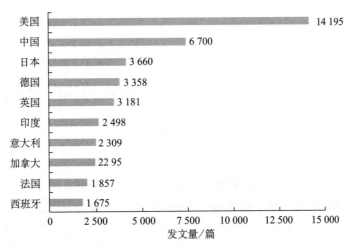

图 5-31 发文量前 10 位的国家

资料来源：根据 EI Village 核心数据库相关资料整理

成网络状结构。中国哈尔滨工业大学、清华大学、天津大学、华中科技大学、台湾大学等均与其他高校具有合作，华北电力大学、西安交通大学、华南理工大学等学校与其他高校合作较少，并且中国高校自身合作较少。与 SCIE 统计结果类似，该合作网络图充分说明了美国高校彼此之间交流合作较频繁，从而促进了美国在生物质能研发上占据绝对的优势地位。

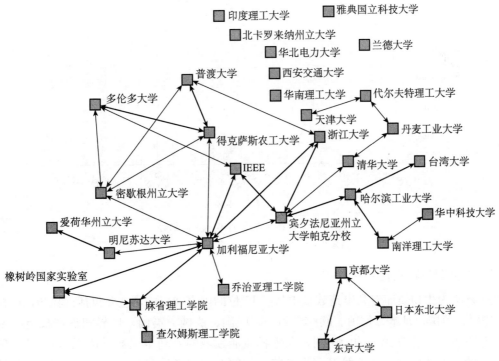

图 5-32 发文量前 32 家机构合作网络

资料来源：根据 EI Village 核心数据库相关资料整理

# 5.4 新能源产业之生物质能专利分析

## 1. 全球专利总体态势分析

1991～2011 年生物质能领域相关的专利共有 24 546 件，其年度变化如图 5-33 所示。可以看出，近 20 年来，全球生物质能领域的专利数量整体上呈阶段性上升趋势，1991～2006 年，全球生物质能专利申请数量在 1000 件以下徘徊，说明该阶段生物质能的研究进展较缓慢；2007 年，全球生物质能专利数量突增至 1234 件，说明生物质能研究在该年取得了重要突破，生物质能在全球得到重视；2008 年，全球生物质能专利数量依旧快速增长，达到了 1782 件。然而到了 2009 年，全球生物质能专利数量陡然下降，只有 1004 件，这可能是在生物质能领域遭遇了研究瓶颈所致。到了 2010 年，生物质能领域的研究打开了新局面，申请数量上升至 2198 件，2011 年数量持续增长，达到 2457 件。随着生物质能开发技术的成熟及需求的增加，在未来几年，全球生物质能领域的专利申请数量将继续保持发展态势。

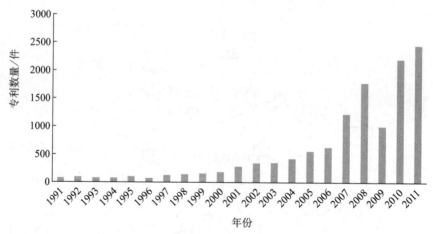

图 5-33　生物质能专利年度变化趋势

资料来源：根据德温特专利数据库相关资料整理

## 2. 主要国家和机构专利分布

图 5-34 为生物质能专利申请数量排名前 10 位的国家和机构，主要包括世界知识产权组织、中国、美国、日本、德国、欧洲专利局、韩国、法国、英国。世界知识产权组织专利数量达 2846 件；排在第二的为中国，在生物质能领域的专利申请数量达到 2568 件；美国以 2158 件专利申请数量排在第三。排名前三位的专利申请数量均超过 2000 件，遥遥领先于其他国家和机构。日本和德国分别以 1265 件和 1129 件专利申请数排名第四和第五位，说明日本和德国在生物质能领域的研究也较先进。其他国家和机构的专利申请数量均小于

1000 件，前五位的专利申请总量占全球的 86.04%。

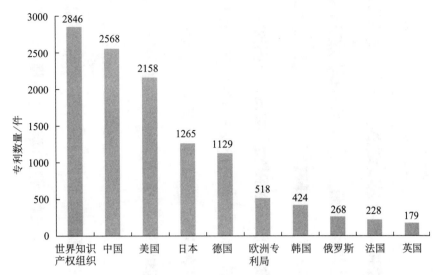

图 5-34 生物质能专利分布

资料来源：根据德温特专利数据库相关资料整理

图 5-35 从主要专利申请国家和机构的专利技术布局来分析各国和机构在生物质能研究的重点。从图中可以看出，各主要国家和机构的专利布局不同，世界知识产权组织专利申请中各个领域的申请量较为平均，数量差距不太明显；美国专利重点为 A01H-005/00（通过组织培养技术的植物再生所产生的被子植物）、C10L-001/18（含氧的燃料）、C10L-001/10（含添加剂的燃料）等；中国专利重点为 C12P-007/02（发酵或使用酶的方法对含有羟基的含氧有机化合物的制备）、C12M-001/00（酶学或微生物学装置）等；日本专利重点为 B09B-003/00（固体废物的处理）、C02F-011/04（废水、污水的厌氧处理）、C10L-003/00（非传统方法制造的气体燃料；天然气）等。其他国家和机构，如德国以 C12M-001/00（酶学或微生物学装置）和 C02F-003/28（水、废水、污水或污泥的处理中的厌氧消化工艺）为主，欧洲专利局以 C12M-001/00（酶学或微生物学装置）为主，韩国以 C02F-011/04（废水、污水的厌氧处理）和 C10G-003/00（从含氧的有机物制备液态烃混合物）为主，俄罗斯以 C02F-011/04（废水、污水的厌氧处理）为主，英国以 C12M-001/00（酶学或微生物学装置）和 C10L-001/00（液体含碳燃料）为主。

3. 主要专利申请机构分布及其专利年度变化

按照国际分类号（International Classifications）的分类，1992～2011 年全球生物质能相关专利分布居前 20 位的领域（按 IPC 分类号）如表 5-8 所示。综合分析表 5-8 可以发现，微生物的发酵或使用酶的方法、液体含碳燃料的制取、酶学或微生物学装置、植物油或蜡的制取等领域为生物质能专利申请的热点，生物质能专利的申请重点体现在废弃物利用上面，如废水污水的厌氧处理、酶学或微生物学装置、固体废物的处理、污水的厌氧消化工艺等。

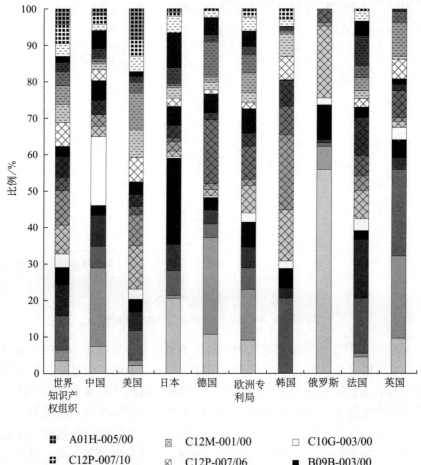

图 5-35　生物质能主要国家和机构专利技术构成

资料来源：根据德温特专利数据库相关资料整理

表 5-8　1992～2011 年全球生物质能相关专利量前 20 位的 IPC 分类号

| 编号 | IPC 代码 | 内容 | 专利数量/件 |
| --- | --- | --- | --- |
| 1 | C02F-011/04 | 废水、污水的厌氧处理 | 1001 |
| 2 | C12M-001/107 | 酶学或微生物学装置 | 928 |
| 3 | C10L-001/00 | 液体含碳燃料 | 797 |
| 4 | C10L-001/02 | 基于仅由碳、氢及氧组成的成分为主的液体含碳燃料 | 775 |
| 5 | B09B-003/00 | 固体废物的处理 | 738 |
| 6 | C10G-003/00 | 从含氧的有机物制备液态烃混合物 | 640 |
| 7 | C10L-001/10 | 含添加剂的燃料 | 603 |
| 8 | C12P-007/02 | 发酵或使用酶的方法对含有羟基的含氧有机化合物的制备 | 567 |
| 9 | C12P-005/02 | 无环制烃 | 504 |

续表

| 编号 | IPC 代码 | 内容 | 专利数量/件 |
|---|---|---|---|
| 10 | C02F-003/28 | 脂肪、油或由其得到的脂肪酸经过化学改性而获得的脂肪、油或脂肪酸（磺化的脂或油人） | 459 |
| 11 | C11C-003/00 | 水、废水、污水或污泥的处理中的厌氧消化工艺 | 459 |
| 12 | C12P-007/06 | 乙醇、无环、含有羟基的有机化合物制备 | 405 |
| 13 | C12M-001/00 | 酶学或微生物学装置 | 385 |
| 14 | C10L-001/18 | 含氧的燃料 | 381 |
| 15 | C12P-005/00 | 烃的制备 | 379 |
| 16 | C11C-003/10 | 利用酯交换的方法从脂肪、油或蜡中获得的脂肪酸 | 336 |
| 17 | C10L-003/00 | 非传统方法制造的气体燃料；天然气 | 328 |
| 18 | C10J-003/00 | 由固态含碳燃料制造含一氧化碳的可燃气体 | 316 |
| 19 | C12P-007/10 | 乙醇、无环、含有羟基的有机化合物制备含纤维素材料的基质 | 316 |
| 20 | A01H-005/00 | 通过组织培养技术的植物再生所产生的被子植物 | 262 |

资料来源：根据德温特专利数据库相关资料整理

从生物质能主要专利申请机构（排名前 5 位）专利申请年度分布情况（图 5-36）可以看出，日本丰田自动车株式会社在该领域的专利申请主要集中在 2007～2011 年，2010 年的数量高达 19 件；清华大学的专利申请数量年度分布较为平均，主要集中在 2005～2011 年，数量在 10 件附近徘徊；加利福尼亚大学的专利申请波动较大，2008 年、2010 年、2011 年数量保持在 10 件以上，2009 年则仅有 1 件；美国孟山都公司的专利申请主要集中在 2007～2011 年，自 2007 申请专利 17 件，之后年专利申请量呈下降趋势；美国通用公司专利申请自 2007 年开始增加，到 2010 年达到 14 件，之后 2011 年申请专利量下降到 6 件。

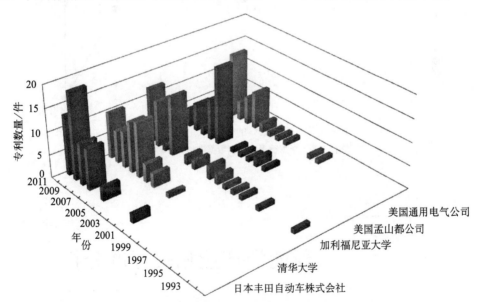

图 5-36 生物质能领域主要专利申请机构专利年度变化
资料来源：根据德温特专利数据库相关资料整理

### 4. 专利申请机构关联分析

图 5-37 是基于 IPC 的专利申请机构关联图。图中点与点之间的连线及其粗细代表机构与机构之间 IPC 的关联程度。可以看出，日本与美国机构之间的联系较为紧密，说明这些

机构在这些 IPC 领域均进行了研究，主要研究领域较为类似，而荏原制作所、巴布科克日立的位置相对独立，说明它们在生物质能领域与其他机构相比，关注的重点、所侧重的研发技术领域较为不同。

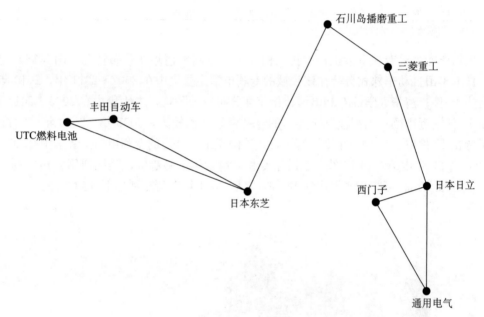

图 5-37　基于 IPC 的专利申请机构关联
资料来源：根据德温特专利数据库相关资料整理

# 5.5 / 新能源产业相关标准分析

本部分对美国（ANSI）、英国（BS）、德国（DIN）和欧盟等的国家和组织级生物质能相关技术标准进行了检索，其中包括生物燃料、生物燃气、能源植物、垃圾能源、生物发电、生物柴油、燃料乙醇、生物质能等在内的技术标准共 223 条，最早的技术标准制定于 2000 年以前，但大多数技术标准分布在近 10 年之内。

### 5.5.1 标准总体年度态势分布情况

按照不同的使用性质，标准可分为基础标准、产品标准和方法标准，其中方法标准可分为分类方法、测量方法、技术要求等。基础标准是指名词、术语等在所有相关领域的标准中适用到的通用规范；产品标准是规定某一领域产品的技术要求和规范。标准数量是标准体系建设的基本元素，是标准体系发展和规模的体现。本部分主要是从生物质能领域分别对各国及机构的标准数量分布进行分析。

图 5-38 表示了国际上生物质能技术标准数量变化发展的年度分布态势。其中最早的技术标准是燃料乙醇生产设施的性能评估的标准试验方法，标准号为 ASTM E869—1993 (1998)。从时间分布来说，从 2000 年开始生物质能的技术标准仍然很少，但是 2006 年之后技术标准的制定进入突飞猛涨的黄金时期，表明在这个阶段全球生物质能技术与产业进入了一个发展的起步阶段。

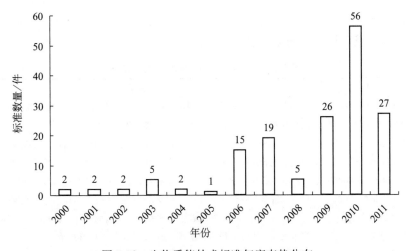

图 5-38　生物质能技术标准年度态势分布

### 5.5.2 生物质能技术标准机构分布

图 5-39 表示了截至 2012 年 3 月 1 日，各国和机构的生物质能技术现行有效标准的数量情况分布情况。按照数量递减顺序，依次为美国材料与试验协会（58 项）、英国标准协会（49 项）、德国标准委员会（48 项）、法国标准协会（29 项）等。从国家级层面而言，美国、英国和德国的国家级标准明显多于其他国家和机构的技术标准，这反映出美国、英国和德国在生物质能技术领域的领先地位，以及其技术应用及产业化有一定规模。

### 5.5.3 主要国家的技术标准分析

1. 美国生物质能技术标准的具体分析

美国是生物质能技术标准最多的国家。表 5-9 反映了美国生物质能技术标准的情况。①从标准类别来看，美国的生物质能标准主要是技术标准，涉及的范畴为标准分类中的基础标准、产品标准和地方标准。②从标准制定时间来看，现行有效标准的时间主要是在 2005 年以后，尤其是在 2006～2010 年标准的数量较多，表明美国材料与试验协会非常注重

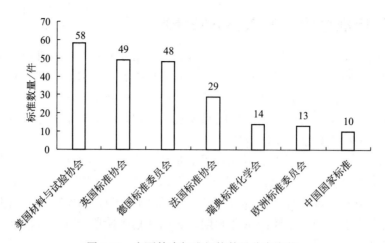

图 5-39　主要技术标准机构数量分布态势

及时地根据该领域技术的发展对技术标准进行制修订。③从生物质能技术应用领域来看，主要应用于机动车发动机、生物柴油燃料等方面。

**表 5-9　美国生物质能技术标准一览表**

| 序号 | 标准号 | 标准名称 |
| --- | --- | --- |
| 1 | ASTM D 5798—2010 | 机动车火花点火式发动机用燃料乙醇（Ed70-Ed85）的标准规范 |
| 2 | ASTM D 5798b—2009 | 汽车火花点火发动机燃料乙醇（Ed75-Ed85）的标准规范 |
| 3 | ASTM D4806—2006 | 与汽油混合用作汽车火花点火式发动机燃料的改性燃料乙醇标准规范 |
| 4 | ASTM D4806—2006a | 与汽油混合用作汽车火花点火式发动机燃料的改性燃料乙醇标准规范 |
| 5 | ASTM D4806—2006b | 与汽油混合用作汽车火花点火式发动机燃料的改性燃料乙醇标准规范 |
| 6 | ASTM D4806—2006c | 与汽油混合用作汽车火花点火式发动机燃料的改性燃料乙醇标准规范 |
| 7 | ASTM D4806—2010 | 可与汽油混合用作汽车火花点火式发动机燃料的变性燃料乙醇标准规范 |
| 8 | ASTM D5798—2007 | 汽车火花点火发动机燃料乙醇（Ed75-Ed85）的标准规范 |
| 9 | ASTM D5798—2010 | 机动车火花点火式发动机用燃料乙醇（Ed70-Ed85）标准规范 |
| 10 | ASTM D5798—2010a | 机动车火花点火式发动机用燃料乙醇（ED70-ED85）的标准规范 |
| 11 | ASTM D6423—2008 | 乙醇、改性燃料乙醇和燃料乙醇 Ed75-ed85 的 Phe 测定的标准试验方法 |
| 12 | ASTM D6584—2000 | 气相色谱法测定 B-100 生物柴油甲酯中自由甘醇和甘醇总值的试验方法 |
| 13 | ASTM D6584—2000e1 | 气相色谱法测定 B-100 生物柴油甲酯中自由甘醇和甘醇总值的试验方法 |
| 14 | ASTM D6584—2007 | 用气相色谱法测定 B-100 生物柴油甲酯中游离和总甘醇的标准试验方法 |
| 15 | ASTM D6584—2010 | 用气相色谱法测定 B-100 生物柴油甲酯中的总单酸甘油酯、总甘油二酯、总三酸甘油酯和游离和总甘油含量的标准试验方法 |
| 16 | ASTM D6584—2010a | 用气相色谱法测定 B-100 生物柴油甲基酯中总甘油一酯，总甘油二酯，总甘油三酸酯及游离总三醇的标准试验方法 |
| 17 | ASTM D6584—2010ae1 | 用气相色谱法测定 B-100 生物柴油甲基酯中总甘油一酯，总甘油二酯，总甘油三酸酯及游离总丙三醇的标准试验方法 |
| 18 | ASTM D6751—2002 | 燃料用混合材料的生物柴油燃料（B100）的标准规范 |
| 19 | ASTM D6751—2002a | 燃料用混合材料的生物柴油燃料（B100）的标准规范 |
| 20 | ASTM D6751—2003 | 馏出燃料用生物柴油燃料（B100）混合材料的标准规范 |
| 21 | ASTM D6751—2003a | 馏出燃料用生物柴油燃料（B100）混合材料的标准规范 |
| 22 | ASTM D6751—2006a | 中间馏出燃料用生物柴油燃料混合材料（B100）的标准规范 |
| 23 | ASTM D6751—2006e1 | 中间馏出燃料用生物柴油燃料混合材料（B100）的标准规范 |

| 序号 | 标准号 | 标准名称 |
|---|---|---|
| 24 | ASTM D6751—2007 | 与生物柴油混合燃料的柴油机混合燃料（B100）标准规范 |
| 25 | ASTM D6751—2007a | 与生物柴油混合燃料的柴油机混合燃料（B100）标准规范 |
| 26 | ASTM D6751—2007b | 与生物柴油混合燃料的柴油机混合燃料（B100）标准规范 |
| 27 | ASTM D6751—2009a | 中间馏出燃料用生物柴油混合原料（B100）的标准规范 |
| 28 | ASTM D6751—2010 | 适合于中间馏分燃料的生物柴油燃料（B100）混合贮藏的标准规范 |
| 29 | ASTM D6751—2011 | 适合于中间馏分燃料的生物柴油燃料混合贮藏（B100）的标准规范 |
| 30 | ASTM D6751—2011a | 中间馏分燃料生物柴油混合燃料库存（B100）标准规范 |
| 31 | ASTM D6751—2011b | 适合于中间馏分燃料的生物柴油燃料（B100）混合贮藏的标准规范 |
| 32 | ASTM D6920—2003 | 用氧化燃烧及电化学探测法测定石脑油、馏出液、重整汽油、柴油、生物柴油及发动机燃料中总硫量的标准试验方法 |
| 33 | ASTM D6920—2007 | 用氧化燃烧及电化学探测法测定石脑油、馏出液、重整汽油、柴油、生物柴油及发动机燃料中总硫量的标准试验方法 |
| 34 | ASTM D7319—2007 | 用直喷抑制离子色谱法测定燃料乙醇中总量和潜在硫酸盐和无机氯化物含量的标准试验方法 |
| 35 | ASTM D7319—2011 | 采用直接注入抑制型离子色谱法测定燃料乙醇中现存的和潜在的硫酸盐与无机氯化物含量的标准试验方法 |
| 36 | ASTM D7321—2008 | 用实验室过滤法测试生物柴油B100调合生物柴油酯和生物柴油混合燃料的颗粒污染的标准试验方法 |
| 37 | ASTM D7321—2011 | 用实验室过滤法测定生物柴油（B100）混合燃料生物柴油酯和生物柴油混合燃料中颗粒状污染物的标准试验方法 |
| 38 | ASTM D7328—2011 | 通过离子色谱法用水样注入测定燃料乙醇中现存和潜在的无机硫酸盐和无机氯化物总量的标准试验方法 |
| 39 | ASTM D7371—2007 | 用中红外光谱法（FTIR-ATR-PLS法）测定柴油机燃料油中生物柴油（脂肪酸甲酯）含量的标准试验方法 |
| 40 | ASTM D7397—2007 | 石油产品的始凝点的测定用标准试验方法（小型光学法） |
| 41 | ASTM D7462—2008 | 柴油（b100）和生物柴油与中馏分石油燃料混合物的氧化稳定性的标准试验方法 |
| 42 | ASTM D7462—2011 | 柴油（b100）和生物柴油与中馏分石油燃料混合物的氧化稳定性的标准试验方法（加速法） |
| 43 | ASTM D7467—2009a | 柴油、生物柴油混合物（B6至B20）的标准规范 |
| 44 | ASTM D7467—2010 | 柴油、生物柴油混合燃料（B6至B20）的标准规范 |
| 45 | ASTM D7501—2009a | 通过冷浸过滤试验法（CSFT）测定阻止潜在生物柴油（B100）混合原料的标准试验方法 |
| 46 | ASTM D7501—2009b | 通过冷浸过滤试验法（CSFT）测定阻止潜在生物柴油（B100）混合原料的标准试验方法 |
| 47 | ASTM D7544—2009 | 热解液态生物燃料的标准规范 |
| 48 | ASTM D7544—2010 | 热解液体生物燃料的标准规范 |
| 49 | ASTM D7576—2010 | 气相色谱法测定改性燃料乙醇中的苯和总芳香烃含量的标准试验方法 |
| 50 | ASTM D975—2011 | 柴油机燃料油的标准规格 |

注：时间截止到 2012 年 3 月 1 日

### 2. 英国生物质能技术标准的具体分析

表 5-10 反映了英国生物质能技术标准的情况。①从标准类别来看，英国的生物质能标准涵盖了标准分类中的基础标准、产品标准和地方标准。②从标准制定时间来看，现行有效标准的时间主要是在 2009 年以后，尤其是在 2009～2011 年标准的数量较多，表明英国标准协会非常注重技术标准的制定，紧跟国际发展趋势。③从生物质能技术应用领域来看，主要应用于固体生物燃料和机动车燃料等方面。

**表 5-10　英国生物质能标准一览表**

| 序号 | 标准号 | 标准名称 |
|---|---|---|
| 1 | BS DD CEN/TS 15149—3—2006 | 固体生物燃料．粒子尺寸分配的测定办法．旋转式筛分法 |
| 2 | BS DD CEN/TS 15370—1—2006 | 固体生物燃料．灰熔性的测定方法．第1部分：特征温度法 |
| 3 | BS DD CEN/TS 15401—2010 | 固体再生燃料．体密度的测定方法 |
| 4 | BS DD CEN/TS 15405—2010 | 固体再生燃料．颗粒和煤块密度的测定 |
| 5 | BS DD CEN/TS 15406—2010 | 固体再生燃料．疏松材料桥接特性的测定 |
| 6 | BS DD CEN/TS 15412—2010 | 固体再生燃料．金属铝测定方法 |
| 7 | BS DD CEN/TS 15414—1—2010 | 固体再生燃料．使用烤炉烘干法对含水量的测定．用参比法测定总湿度 |
| 8 | BS DD CEN/TS 15414—2—2010 | 固体再生燃料．使用烤炉烘干法对含水量的测定．用简化法对总湿度的测定 |
| 9 | BS DD CEN/TS 15439—2006 | 生质气化．气体产品中的焦油和粒子．抽样和分析 |
| 10 | BS DD CEN/TS 15639—2010 | 固体再生燃料．颗粒机械耐久性的测定 |
| 11 | BS EN 14214—2008＋A1—2009 | 机动车燃料．柴油机用脂肪酸甲酯（FAME）．要求和试验方法 |
| 12 | BS EN 14588—2010 | 固体生物燃料．术语，定义和描述 |
| 13 | BS EN 14774—1—2009 | 固体燃料．水分含量的测定．烘干法．总水分．参照法 |
| 14 | BS EN 14774—2—2009 | 固体生物燃料．水分含量的测定．烘干法．总水分．简化方法 |
| 15 | BS EN 14774—3—2009 | 固体生物燃料．水分含量的测定．烘干法．一般分析样本中的水分 |
| 16 | BS EN 14775—2009 | 固体生物燃料．灰分含量的测定 |
| 17 | BS EN 14778—2011 | 固体生物燃料．取样 |
| 18 | BS EN 14780—2011 | 固体生物燃料．样品制备 |
| 19 | BS EN 14918—2009 | 固体生物燃料．发热量的测定 |
| 20 | BS EN 14961—1—2010 | 固体生物燃料．燃料规格和类别．一般要求 |
| 21 | BS EN 14961—2—2011 | 固体生物燃料．燃料规范和级别．非工业用木屑 |
| 22 | BS EN 14961—3—2011 | 固体生物燃料．燃料规范和级别．非工业用木块 |
| 23 | BS EN 14961—4—2011 | 固体生物燃料．燃料规范和等级．非工业用木片 |
| 24 | BS EN 14961—5—2011 | 固体生物燃料．燃料规范和级别．非工业用木柴 |
| 25 | BS EN 15103—2009 | 固体生物燃料．体积密度的测定 |
| 26 | BS EN 15104—2011 | 固体生物燃料．碳，氢和氮总含量的测定．仪器法 |
| 27 | BS EN 15105—2011 | 固体生物燃料．水溶性氯化物，钠和钾含量的测定 |
| 28 | BS EN 15148—2009 | 固体燃料．挥发性物质含量的测定 |
| 29 | BS EN 15149—1—2010 | 固体生物燃料．粒度分布的测定．使用筛子孔径等于或大于1毫米的振动筛方法 |
| 30 | BS EN 15149—2—2010 | 固体生物燃料．粒度分布的测定．使用筛子孔径等于或大于3.15毫米的振动筛方法 |
| 31 | BS EN 15210—1—2009 | 固体生物燃料．球团和煤饼的机械耐久性的测定．球团 |
| 32 | BS EN 15210—2—2010 | 固体生物燃料．燃料球和煤块的机械耐久性的测定．煤球 |
| 33 | BS EN 15234—1—2011 | 固体生物燃料．燃料质量保证．一般要求 |
| 34 | BS EN 15289—2011 | 固体生物燃料．硫和氯总含量的测定 |
| 35 | BS EN 15290—2011 | 固体生物燃料．主要元素的测定．铝、钙、铁、镁、磷、钾、硅、钠和钛 |
| 36 | BS EN 15296—2011 | 固体生物燃料．一个主要成分到另一个的分析结果转换 |
| 37 | BS EN 15297—2011 | 固体生物燃料．微量元素的测定．砷、镉、钴、铬、铜、汞、锰、钼、镍、铅、锑、钒和锌 |
| 38 | BS EN 15357—2011 | 固体再生燃料．术语，定义和说明 |
| 39 | BS EN 15358—2011 | 固体回收燃料．质量管理体系．固体回收燃料的产品应用的详细要求 |
| 40 | BS EN 15376—2011 | 汽车燃料．作为汽油混合组分的酒精．试验方法和要求 |
| 41 | BS EN 15400—2011 | 固体再生燃料．热值测定 |
| 42 | BS EN 15402—2011 | 固体再生燃料．挥发性物质含量的测定 |
| 43 | BS EN 15403—2011 | 固体再生燃料．灰分含量测定 |
| 44 | BS EN 15408—2011 | 固体再生燃料．硫、氯、氟和溴含量测定方法 |
| 45 | BS EN 15414—3—2011 | 固体再生燃料．烘炉法测定含水量．一般分析样的水分 |
| 46 | BS EN 15440—2011 | 固体回收燃料．生物量含量的测定方法 |

续表

| 序号 | 标准号 | 标准名称 |
|---|---|---|
| 47 | BS EN 15442—2011 | 固体再生燃料．取样方法 |
| 48 | BS EN 15751—2009 | 机动车燃料．脂肪酸甲酯（FAME）燃料并与柴油燃料混合．加速氧化法测定氧化稳定性 |
| 49 | BS PD CEN/TR 15569—2009 | 固体生物燃料．质量保证体系指南 |

注：时间截止到 2012 年 3 月 1 日

### 3. 德国生物质能技术标准的具体分析

表 5-11 反映了德国生物质能技术标准的情况。①从标准类别来看，德国的生物质能标准涉及的范畴包括了标准分类中的基础标准、产品标准和地方标准。②从标准制定时间来看，现行有效标准的时间主要是在 2005 年以后，尤其是在 2009～2011 年标准的数量较多，表明德国标准委员会非常注重及时对技术标准进行制、修订。③从生物质能技术应用领域来看，主要应用于固体生物燃料等方面。

**表 5-11 德国生物质能技术标准一览表**

| 序号 | 标准号 | 标准名称 |
|---|---|---|
| 1 | DIN 1999—101—2009 | 轻质液体分离装置．第 101 部分：带有生物柴油燃料和脂肪酸甲酯（FAME）各个部分的轻质液体用符合 DIN EN 858-1，DIN EN 858-2 和 DIN 1999-100 的分离装置附加要求 |
| 2 | DIN 26053—2007 | 对最终用户 EL 型燃油、柴油和生物柴油交付用槽罐车的可靠计量技术 |
| 3 | DIN CEN/TR 15404—2010 | 固体回收燃料．使用特征温度测定灰分熔融特性用方法．德文版本 CEN/TR 15404—2010 |
| 4 | DIN CEN/TS 15149—3—2006 | 固体生物燃料．粒度分布的测定方法．第 3 部分：回转筛选法 |
| 5 | DIN CEN/TS 15370—1—2006 | 固体生物燃料．测定灰熔性方法．第 1 部分：表征温度特性方法 |
| 6 | DIN CEN/TS 15439—2006 | 生物量气化．产品气体中的焦油和粒子．抽样和分析 |
| 7 | DIN EN 14214—2010 | 机动车燃料．柴油发动机用脂肪酸甲酯（FAME）．要求和试验方法．德文版本 EN 14214—2008＋A1—2009 |
| 8 | DIN EN 14588—2011 | 固体生物燃料．术语，定义和描述；德文版本 EN 14588—2010 |
| 9 | DIN EN 14774—1—2010 | 固体生物燃料．水分含量的测定．烘干法．第 1 部分：总水分．基准方法．德文版本 EN 14774—1—2009 |
| 10 | DIN EN 14774—2—2010 | 固体生物燃料．水分含量的测定．烘干法．第 2 部分：总水分．简化方法．德文版本 EN 14774—2—2009 |
| 11 | DIN EN 14774—3—2010 | 固体生物燃料．水分含量的测定．烘干法．第 3 部分：全面分析样品中的水分．德文版本 EN 14774—3—2009 |
| 12 | DIN EN 14775—2010 | 固体燃料．灰含量的测定．德文版本 EN 14775—2009 |
| 13 | DIN EN 14778—2011 | 固体生物燃料．取样；德文版本 EN 14778—2011 |
| 14 | DIN EN 14780—2011 | 固体生物燃料．样品制备；德文版本 EN 14780—2011 |
| 15 | DIN EN 14918—2010 | 固体生物燃料．发热量的测定．德文版本 EN 14918—2009 |
| 16 | DIN EN 14961—1—2010 | 固体生物燃料．燃料说明书和分类．第 1 部分：一般要求．德文版本 EN 14961—1—2010 |
| 17 | DIN EN 14961—2—2011 | 固体生物燃料．燃料规范和级别．第 2 部分：非工业用木屑燃料；德文版本 EN 14961—2—2011 |
| 18 | DIN EN 14961—3—2011 | 固体生物燃料．燃料规格和类别．第 3 部分：非工业用木块；德文版本 EN 14961—3—2011 |

续表

| 序号 | 标准号 | 标准名称 |
|---|---|---|
| 19 | DIN EN 14961—4—2011 | 固体生物燃料．燃料规格和类别．第4部分：非工业用木片；德文版本 EN 14961—4—2011 |
| 20 | DIN EN 14961—5—2011 | 固体生物燃料．燃料规范和级别．第5部分：非工业用木柴；德文版本 EN 14961—5—2011 |
| 21 | DIN EN 15103—2010 | 固体生物燃料．体积密度的测定．德文版本 EN 15103—2009 |
| 22 | DIN EN 15104—2011 | 固体生物燃料．碳、氢和氮总含量的测定．仪器方法；德文版本 EN 15104—2011 |
| 23 | DIN EN 15105—2011 | 固体生物燃料．氯化物，钠，钾含水量的测定；德文版本 EN 15105—2011 |
| 24 | DIN EN 15148—2010 | 固体生物燃料．挥发分含量的测定．德文版本 EN 15148：2009 |
| 25 | DIN EN 15149—1—2011 | 固体生物燃料-粒度分布的测定．第1部分：使用筛子孔径等于或大于1毫米的振动筛方法；德文版本 EN 15149—1—2010 |
| 26 | DIN EN 15149—2—2011 | 固体生物燃料-粒度分布的测定．第2部分：使用筛子孔径等于或大于3.15毫米的振动筛方法；德文版本 EN 15149—2—2010 |
| 27 | DIN EN 15210—1—2010 | 固体燃料．燃料球和煤块的机械耐久性的测定．第1部分：煤球．德文版本 EN 15210—1—2009 |
| 28 | DIN EN 15210—2—2011 | 固体生物燃料．球团和煤饼的机械耐久性测定．第2部分：煤饼；德文版本 EN 15210—2—2010 |
| 29 | DIN EN 15289—2011 | 固体生物燃料．硫黄与氯总含量的测定；德文版本 EN 15289—2011 |
| 30 | DIN EN 15290—2011 | 固体生物燃料．主要元素的测定．铝、钙、铁、镁、磷、钾、硅、钠和钛；德文版本 EN 15290—2011 |
| 31 | DIN EN 15296—2011 | 固体生物燃料．不同基质的分析结果的转换；德文版本 EN 15296—2011 |
| 32 | DIN EN 15297—2011 | 固体生物燃料．微量元素测定．砷、镉、钴、铬、铜、汞、锰、钼、镍、铅、锑、钒和锌；德文版本 EN 15297—2011 |
| 33 | DIN EN 15358—2011 | 固体回收燃料．质量管理体系．固体回收燃料生产到应用的详细要求．德文版本 EN 15358—2011 |
| 34 | DIN EN 15402—2011 | 固体回收燃料．易挥发物含量的测定．德文版本 EN 15402—2011 |
| 35 | DIN EN 15407—2011 | 固体回收燃料．碳、氢和氮含量测定方法．德文版本 EN 15407—2011 |
| 36 | DIN EN 15440—2011 | 固体回收燃料．生物质含量测定方法．德文版本 EN 15440—2011 |
| 37 | DIN EN 15442—2011 | 固体回收燃料．取样方法．德文版本 EN 15442—2011 |
| 38 | DIN EN 15751—2009 | 汽车燃料．脂肪酸甲酯（FAME）燃料和柴油混合燃料．利用加速氧化法测定氧化稳定性．英文版本 DIN EN 15751—2009—10 |
| 39 | DIN SPEC 1122—2010 | 固体再生燃料．体密度测定．德文版本 CEN/TS 15401—2010 |
| 40 | DIN SPEC 1123—2010 | 固体再生燃料．金属铝的测定方法．德文版本 CEN/TS 15412—2010 |
| 41 | DIN SPEC 1124—2010 | 固体回收燃料．使用烘干方法进行水分含量测定．第1部分：基准方法对总水分的测定．德文版本 CEN/TS 15414—1—2010 |
| 42 | DIN SPEC 1125—2010 | 固体回收燃料．使用烘干方法进行水分含量测定．第2部分：简化法对总水分的测定．德文版本 CEN/TS 15414—2—2010 |
| 43 | DIN SPEC 1152—2010 | 固体回收燃料．芯块和团块的密度测定．德文版本 CEN/TS 15405—2010 |
| 44 | DIN SPEC 1153—2010 | 固体回收燃料．疏松材料桥接特性的测定．德文版本 CEN/TS 15406—2010 |
| 45 | DIN SPEC 1179—2010 | 固体回收燃料．芯块机械耐久性的测定．德文版本 CEN/TS 843—9—2010 |
| 46 | DIN-Fachbericht CEN/TR 14980—2005 | 固体再生燃料．生物降解和SRF生物部分之间相对差别的报告 |
| 47 | DIN-Fachbericht CEN/TR 15441—2006 | 固体回收燃料．职业健康问题指南 |
| 48 | DIN-Fachbericht CEN/TR 15716—2008 | 固体再生燃料．燃烧特性的测定 |

注：时间截止到2012年3月1日

# 5.6 / 新能源产业基地分析

## 5.6.1 中国新能源产业总体区域分布

中国新能源产业的布局受政策因素和资源环境因素的影响较大。新能源产业集聚区主要以环渤海、长江三角洲、西南、西北等地区为核心，整体呈现出东中西部协调发展的产业布局。在中西部的一些地区，如江西、河南、四川、重庆、内蒙古、新疆等，其新能源产业发展态势良好，形成了中西部新能源产业集聚区。

东中西部的新能源产业聚集区承担着不同的产业分工。东部的长江三角洲、环渤海地区主要承担新能源产业的研发及高端装备制造；中部地区承担新能源产业核心材料的研发制造；西部地区是新能源发电项目的承载地。在发展太阳能、风能、核能和生物质能等细分新能源产业方面，各集聚区分工及布局也有所不同。长江三角洲地区是太阳能光伏产业的建造基地，同时培育了一批风电装备制造企业；环渤海地区是国内外知名风电装备制造企业的聚集地；西北地区主要集中风电场的建设；西南地区是我国重要的硅材料基地和核电装备建造基地。

## 5.6.2 主要产业基地分析

### 1. 环渤海地区

#### 1）发展概况

环渤海地区主要包括北京、天津、河北、辽宁、山东等省市，经过多年的建设和发展，这些环渤海城市的群体发展势头十分强劲，集合效应日渐明显，对周边地区的带动作用日益增强。环渤海地区形成了多个有关风电、太阳能、新能源项目与设备制造的产业基地（表 5-12），使得该地区拥有较强的新能源产业技术研发实力和装备制造业基础。

表 5-12 环渤海新能源产业基地分布表

| 省（自治区、直辖市） | 产业领域 | 产业基地 |
| --- | --- | --- |
| 天津 | 太阳能产业 | 锂离子动力电池生产基地、锂离子电池电解液产业化基地、天然气与太阳能产业基地 |
| | 风电产业 | 风电产业基地 |
| | 新能源设备制造业 | 电力能源项目与设备建造基地 |
| 辽宁 | 新能源设备制造业 | 大连世界级新能源装备建造基地、沈阳铁西新能源装备生产基地、铁岭新能源产业基地 |
| | 风电产业 | 法库县风电产业基地 |
| | 光伏产业 | 锦州光伏产业基地 |
| 内蒙古 | 风电产业 | 通辽市风电产业基地 |
| | 生物质能产业 | 包头达茂旗生物质能源发电基地 |

续表

| 省（自治区，直辖市） | 产业领域 | 产业基地 |
| --- | --- | --- |
| 河北 | 新能源设备制造业 | 保定市新能源设备产业基地 |
| | 风电产业 | 承德市风电机组总装和塔架制造生产基地、张家口市新型能源基地、唐山乐亭产业基地、保定风电产业园 |
| | 生物质能产业 | 秦皇岛市新能源沼气物业服务站 |
| 山东 | 太阳能产业 | 济南太阳能产业基地、德州太阳能产业基地 |
| | 核电产业 | 海阳能源基地 |
| | 太阳能、风能、综合节能、清洁技术四大产业 | 东营市新能源产品及装备建造基地 |
| | 光电产业 | 乳山 LED 产业基地 |

资料来源：根据天津、辽宁、内蒙古、河北及山东等地的政府网站相关资料整理

2）政策指导

（1）天津：天津滨海新区 2011 年 5 月印发《促进新能源产业发展的若干措施》，提出，"自 2011 年起，连续 3 年，滨海新区及各管委会共安排 18 亿元，用于支持新能源产业发展。支持实施一批新能源自主创新重大项目，每个项目原则上给予最高不超过 500 万元的贴息或资金补助。对列入国家、省部级的重大科技计划项目成果在新区实施转化和产业化，优先给予立项支持"[27]。政策实施范围涉及风力发电、太阳能光伏、绿色二次电池、半导体照明产业。

（2）河北：2010 年 6 月，河北省制订出台新能源产业"十二五"发展规划[28]，提出到 2015 年，新能源（不含水电）在一次能源消费中的比重达到 5%，比 2010 年提高 2.6%。年节约标准煤 1200 万吨以上、减少二氧化碳排放 3000 万吨以上。新能源发电装机占全部发电装机容量的比重达到 15%，其中，风电、太阳能发电和生物质能发电装机分别达到 900 万千瓦、30 万千瓦和 70 万千瓦。建成 10 个绿色能源示范县、100 个绿色能源示范乡；培育 6 家以上年销售收入超百亿元的新能源装备制造企业。根据规划，河北省将重点实施八大工程：大型风电基地建设工程、太阳能利用工程、生物质能开发利用工程、智能电网建设工程、煤炭资源清洁综合利用工程、新能源科技装备工程、新能源汽车供能设施示范工程和热力集中利用示范工程。

（3）山东：2009 年 12 月，山东省人民政府印发《关于促进新能源产业加快发展的若干政策的通知》，提出将重点发展沿海风电产业、高端风电装备制造业、生物质能发电产业及太阳能光热、光伏产业等新能源产业。在风电产业方面，提出 3 年新增风电装机规模 2.2 吉瓦的目标；在太阳能产业方面，提出新增太阳能集热面积 1200 万米$^2$ 的目标。力求通过资金扶持、价格扶持、土地优惠政策、税费优惠等一系列扶持政策促进新能源产业发展，目标是，到 2012 年，全省新能源发电装机达到 400 万千瓦以上，占电力装机的比重超过 5%；新能源实现替代常规能源 1200 万吨标准煤，占全省能源消费的比重提高到 4%；新能源产业增加值突破 700 亿元[29]。

2. 长江三角洲地区

1）发展概况

位处长江三角洲地区的江苏、浙江、上海是中国新能源产业发展的高地，两省一市积极发展风能、太阳能、生物质能等新能源，同时建立了许多新能源产业基地（表 5-13）。据

赛迪网统计,长江三角洲地区聚集了全国约 1/3 的新能源产能,集中了我国 60% 的光伏企业、20% 以上的风电装备制造企业、53.5% 的建成核电站装机、近 40% 的生物质发电装机[30]。近年来,长江三角洲地区的新能源产业发展环境日益完善,产业链及产业集群正逐步形成。

表 5-13 长江三角洲地区新能源产业基地分布表

| 省(直辖市) | 产业领域 | 产业基地 |
|---|---|---|
| 江苏 | 太阳能产业 | 无锡市光伏产业基地 |
| | 风电产业 | 盐城海上风电产业基地、江阴风电轮毂基地 |
| | 新能源汽车产业 | 常州市能源汽车核心零部件研发和产业化基地 |
| 上海 | 风电产业 | 临港大型风电机组关键设备产业化研发建造基地 |
| | 核电产业 | 临港核电产业基地、闵行核电产业基地、宝钢核材料供应基地 |
| | 光伏产业 | 闵行太阳能光伏生产基地 |
| 浙江 | 核电产业 | 三门市核电产业基地 |
| | 光伏产业 | 杭州光伏产业基地、温州光伏产业基地、嘉善县光伏产业基地 |

资料来源:根据江苏、上海及浙江等地的政府网站相关资料整理

2)政策指导

(1)江苏:早在 2009 年江苏就出台了《新能源产业调整和振兴规划纲要》,该规划内容涉及太阳能光伏、风电、核电和生物质能四大产业。规划将硅材料产业集中在徐州、扬州和连云港;在苏州发展光伏垂直一体化产品、薄膜电池、光伏生产和检测设备等;在南京、无锡、常州、苏州和镇江等地重点生产光伏垂直一体化产品;在泰州和镇江重点经营配套材料和集成系统产销。

(2)上海:2010 年 9 月,《上海市战略性新兴产业发展"十二五"规划》出炉,2012年 1 月正式印发。该规划指出,坚持以新能源示范应用带动产业发展,重点聚焦风电、太阳能、核电、智能电网等领域,大力推进新能源高端装备的研制和产业化,建设国家级新能源检测和创新能力平台,着力提升新能源技术水平。一是加强核电安全技术研究,加快第三代核电技术的消化吸收和再创新,突破主泵、大型铸锻件、堆内构件和控制棒驱动机构等关键技术。二是提升风电技术装备水平,增强大型风机整机和齿轮箱、主轴轴承、变流器等关键零部件自主发展能力。三是积极发展薄膜太阳能高端装备和生产线建设,推进晶体硅太阳能电池技术发展和转化效率提高,加快太阳能光伏和光热技术推广应用。四是加快推进智能电网产业发展及示范应用。

(3)浙江:2010 年 11 月,浙江出台《浙江省新能源产业发展规划(2010—2015 年)》。该规划提出,发展的重点领域如下:大力发展光伏产业;提升发展风电产业;培育发展生物质能利用装备产业;整合发展光热产业;积极发展水电、潮汐能、洋流能发电装备产业;稳步发展其他新能源产业。提出到 2015 年,实现新能源产业年销售收入超过 3500 亿元,其中光伏产业 2500 亿元,建成 10 个左右新能源高技术特色产业基地和在全国具有重要影响的特色产业集群的发展目标。

3. 中西部地区

1)发展概况

我国新能源产业发展主要集中在经济发展相对较快的东部及沿海地区,中西部经

济发展欠发达地区则发展相对滞后，但在西北与西南地区的一些省市也是我国重要的新能源应用基地，如新疆、内蒙古、甘肃等省（自治区）。西北区域风能和太阳能资源丰富，是大规模风电和太阳能光伏发电项目的集中区。西南区域包括四川、重庆等省（直辖市），依托雄厚的资源和重工业基础，西南地区成为我国重要的硅材料基地和核电装备建造基地。此外，中部地区的江西、河南等省也有一定的新能源产业基地布局（表 5-14）。

表 5-14　中西部地区新能源产业基地分布表

| 省（自治区、直辖市） | 产业领域 | 产业基地 |
|---|---|---|
| 新疆 | 光伏产业 | 乌鲁木齐高新区光伏产业基地、乌鲁木齐甘泉堡光伏材料产业基地、哈密光伏产业基地 |
| | 风电产业 | 乌鲁木齐达坂城风力发电产业基地、乌鲁木齐开发区风力发电装备制造业基地、哈密风电装备制造产业基地 |
| 内蒙古 | 风电产业 | 呼和浩特风电产业基地、包头风电产业基地、兴安盟华锐风电产业基地、北现非并网风电与高耗能产业基地 |
| | 光伏产业 | 呼和浩特、包头、阿拉善、锡林郭勒等地陆续开工建设太阳能级多晶硅项目，打造太阳能电池片、太阳能组件和半导体组件等光伏产业基地 |
| 甘肃 | 风电产业 | 酒泉风电产业基地 |
| 四川 | 光伏产业 | 乐山市硅片制造和原料多晶硅基地、成都光伏新能源产业园区 |
| | 新能源设备制造业 | 成都国家新能源装备高新技术产业化基地 |
| | 核电产业 | 成都双流核电新能源产业园区 |
| 重庆 | 新能源汽车产业 | 新能源汽车产业基地 |
| 江西 | 光伏产业 | 新余市硅片制造和原料多晶硅基地、宜春锂电新能源产业基地 |
| | 核电产业 | 九江核电产业基地 |
| 河南 | 光伏产业 | 洛阳市硅片制造和原料多晶硅基地、安阳光伏产业化与技术研发基地、郑州薄膜太阳能电池产业基地 |
| | 生物质能源产业、光电产业、太阳能光伏产业、新能源装备制造产业等 | 南阳市新能源产业国家高技术产业基地 |

资料来源：根据新疆、内蒙古、甘肃、四川、重庆、江西及河南等地的政府网站相关资料整理

2）政策指导

"十二五"期间是中西部地区发展新能源产业的机遇期。2010 年 10 月，国务院出台了《关于加快培育和发展战略性新兴产业的决定》，国家将新能源产业提升至战略产业地位。2011 年 11 月，国务院出台《关于中西部地区承接产业转移的指导意见》，鼓励中西部地区承接新能源等战略性新兴产业，鼓励有条件的地方发展新能源、节能环保等产业所需的重大成套装备制造，提高产品科技含量。此外，2010～2030 年是国家实施西部大开发战略的加速发展阶段，这一阶段西部大开发重点培育特色产业，实施经济产业化、市场化、生态化和专业区域布局的全面升级，西部地区的新能源产业势必在这个阶段得到大力开发。总体看来，国家系列政策的提出为西北地区发展面向产业链高端、环境友好、可持续发展的战略性新兴产业，包括新能源产业创造了非常有利的条件。

# 5.7 新能源产业重点机构分析

## 5.7.1 核能产业重点机构

1. 国外核能产业重点机构

1）美国洛斯阿拉莫斯国家实验室

洛斯阿拉莫斯国家实验室成立于 1943 年，是美国能源部下属的著名的核武器研究实验室。该实验室研究重点是与核武器有关的安全可靠性和核武器的储存管理。

2）美国能源部核能局

美国能源部核能局主要负责开展相应的研究、开发和示范工作，以消除核能发展过程中面临的技术、成本、安全和防扩散阻碍，进而推进核能成为可满足美国能源、环境和国家安全需求的一项重要资源。

3）美国核能研究所

美国核能研究所成立于 1994 年，总部设在华盛顿，该机构主要研究美国核能政策，提供有关美国核能政策方面的各种信息。

4）欧盟可持续核能技术平台

欧盟可持续核能技术平台形成于 2007 年，由来自欧洲的大学、研究机构、公用事业单位、系统供应商、监管机构和安全机构的专家组成。目的是协调核裂变能量领域的研究、开发、示范和部署。

5）英国原子能机构

英国原子能机构成立于 1954 年，主要提供英国的核威慑武器和制定未来核电站的反应堆技术发展战略，是核退役和核聚变能源研究工作的世界领先者。

6）法国原子能委员会

法国原子能委员会是法国的重要科研机构，在国防和安全、核能和可再生能源、生命科学和信息技术三大领域开展基础和应用研究。

7）法国阿海珐集团

法国阿海珐（Areva）集团是一家全球 500 强核工业企业。其主要业务包括核燃料采矿、核燃料提炼和销售、核反应堆制造、核废料回收。研究从铀矿开采到乏燃料处理及重新使用经后处理提取的核燃料的整个核燃料循环过程，业务涉及 210 座核反应堆，这些反应堆的发电能力占全世界核电能的 50％以上。在乏燃料后处理方面一直处于世界领先地位。2005 年 4 月，法国阿海珐集团中国区总部在北京正式成立。

8）俄罗斯杜布纳联合核研究所

1956 年，在苏联核研究所和苏联科学院电子物理实验室的基础上成立，主要从事基础核研究。

9）日本原子能机构

日本原子能机构成立于 2005 年，由日本日本原子能研究所和日本核燃料循环开发机构合并而成，是日本唯一的原子能研究机构。它的主要任务包括：研究与开发快中子增殖反应堆技术，参与国际高热原子核试验反应堆（ITER）研究的高强度质子催化剂项目（J-PARC），开发原子核燃料回收技术和高放射性废弃物处理技术等。

10）日本核燃料公司

日本核燃料公司是一家大型核燃料公司，主要业务包括铀浓缩、低放废物处理，高放废物存储及乏燃料后处理等。

11）日本关西电力公司

日本关西电力公司成立于 1951 年，是日本最大的能源公司之一，除常规电站外，管理和运行大阪地区的 11 座核电站，为整个大阪、京都、奈良、和歌山辖区，以及岐阜等部分辖区供电。

12）日本原子力产业协会

日本原子力产业协会创立于 1956 年。日本原子力产业协会设立的目的是针对日本能源问题，从事各种同位素及放射线的应用，希望通过各界协助合作，促进核能和平应用。

2. 中国核能产业重点机构

1）中国核工业集团公司

中国核工业集团公司是经国务院批准组建、中央直接管理的国有重要骨干企业，由 100 多家企事业单位和科研院所组成。公司主要从事核军工、核电、核燃料循环、核技术应用、核环保工程等领域的科研开发、建设和生产经营，以及对外经济合作和进出口业务，是国内投运核电和在建核电的主要投资方、核电技术开发主体、最重要的核电设计及工程总承包商、核电运行技术服务商和核电站出口商，是国内核燃料循环专营供应商、核环保工程的专业力量和核技术应用的骨干。

该公司涉及核能产业的主要研究领域如下：核燃料、核材料、铀产品，以及相关核产品的生产、专营；核产品、核电、同位素、核仪器设备的生产、销售；核设施建设、经营；乏燃料和放射性废物的处理处置；核能、核技术及相关领域的科研、开发、技术转让、技术服务。总体而言，公司的产业及服务分为三大类：核电、核燃料、核技术应用。在核电方面，中国核工业集团公司很早就开始进行核电站的研发，实现了中国内地核电零的突破，先后建成了浙江秦山、广东大亚湾和江苏田湾等三大核电基地，经过 30 多年的发展，中国核工业集团公司形成了完整的产业体系。在核燃料方面，公司拥有完整核燃料循环产业同时能够实现闭式循环，整个循环包括铀矿地质勘查、铀矿采冶、铀转化、铀浓缩、核燃料元件加工制造、乏燃料后处理等多个环节。

2）中国核工业建设集团公司

中国核工业建设集团公司于 1999 年在原中国核工业集团公司所属部分企事业单位基础

上组建而成,是中央管理的国有重要骨干企业,是经国务院批准的国家授权投资机构和资产经营主体。它的主要职责是承担核工程、国防工程、核电站和其他工业与民用工程建设任务。主要的业务领域包括核电工程、核能技术产业化、非核工程。

在核电工程建造领域,集团公司完成了我国压水堆、实验快中子反应堆、重水堆等多种不同堆型核电站的建造,具有 30 万千瓦级、60 万千瓦级、70 万千瓦级、100 万千瓦级各个系列机组的建造能力与业绩。截至 2011 年 10 月集团成功建设的核电站工程有:浙江秦山一期核电站、巴基斯坦恰希玛核电站(一期、二期)、广东大亚湾核电站、浙江秦山二期核电站、广东岭澳核电站、浙江秦山三期核电站、江苏田湾核电站、广东岭澳二期核电站;正在承建的核电站工程有浙江秦山二期核电站扩建工程、辽宁红沿河核电站、福建宁德核电站、广东阳江核电站、福建福清核电站、浙江秦山一期核电站扩建工程、浙江三门核电站、山东海阳核电站、广东台山核电站、海南昌江核电站、广西防城港核电站、巴基斯坦恰希玛核电站三期工程,共计 28 台核电机组。现已形成了具有国际先进水平的核电建造管理模式,承担着我国内地所有在建核电站核岛部分的建造任务。

在核能技术产业化领域,高温气冷堆和低温供热堆是集团的两大核心业务。球床模块式高温气冷堆(高温堆)是国际公认的具备第四代先进核能系统特征的反应堆。它采用包覆颗粒燃料、全陶瓷型堆芯结构,以氦气作为冷却剂、石墨作为慢化剂。它具有固有安全特性,即在任何工况下,包括丧失所有冷却的情况下,不需采取任何人为的和机器的干预,反应堆都能保持安全状态。这种固有安全性集中体现在先进的耐高温燃料元件设计、低功率密度设计和非能动余热排出系统等方面。一体化壳式核供热堆(低温堆)技术,是在成熟的压水堆技术基础上发展起来的具有非能动安全特性的先进反应堆技术。中国核工业建设集团公司已经开发了针对不同用途的 NHR200-Ⅰ型和 NHR200-Ⅱ型核供热堆。NHR200-Ⅰ型供热堆主要用于城市供热、热法海水淡化工艺,NHR200-Ⅱ型供热堆主要用于工业蒸汽、热膜混合海水淡化工艺。

3)中国广东核电集团有限公司

中国广东核电集团有限公司(简称中广核集团)成立于 1994 年,是由国务院国有资产监督管理委员会监管的清洁能源企业,是由中国广东核电集团有限公司和 20 多家主要成员公司组成的国家特大型企业集团。截至 2011 年 12 月底,集团总资产约 2400 亿元人民币,净资产约 700 亿元人民币,拥有在运核电装机 611 万千瓦,在建核电机组 15 台,装机 1754 万千瓦。

该集团在核能领域的业务主要涉及核能供应和核能服务。在核能供应方面,集团拥有大亚湾核电站、岭澳核电站一期、岭澳核电站二期共六台百万千瓦级压水堆核电机组,年发电能力近 450 亿千瓦时。三个在运核电站的建设都具有重要意义,其核电机组各项安全技术指标均达到国际先进水平,据中广核集团统计,截至 2011 年 12 月底,大亚湾核电基地 6 台核电机组年度上网电量首次超过 405 亿千瓦时(表 5-15)。

**表 5-15 中广核集团在运核电站 2011 年度主要业绩**

| 在运核电站 | 兴建方针 | 建设意义 | 装机容量/万千瓦 | 上网电量/亿千瓦时 | 能力因子/% |
|---|---|---|---|---|---|
| 大亚湾核电站 | "高起点起步,引进、消化、吸收、创新"、"借贷建设、售电还钱、合资经营" | 为实现我国核电事业的起步和后续发展奠定了基础 | 196.8 | 2461 | 93.27 |

续表

| 在运核电站 | 兴建方针 | 建设意义 | 装机容量/万千瓦 | 上网电量/亿千瓦时 | 能力因子/% |
|---|---|---|---|---|---|
| 岭澳核电站一期 | "以核养核，滚动发展" | 探索形成自主品牌的百万千瓦级核电技术路线-CPR1000 | 198 | 1355 | 92.71 |
| 岭澳核电站二期 | "自主设计、自主制造、自主建设、自主运行" | 自主品牌CPR1000示范项目 | 216 | 115 | — |

资料来源：根据中广核集团运营年报（2011）相关资料整理

4）中国电力投资集团公司

中国电力投资集团公司（简称中电投）组建于 2002 年，是集电力、煤炭、铝业、铁路、港口各产业于一体的综合性能源集团，是全国唯一同时拥有水电、火电、核电、新能源资产的公司，同时是国家三大核电开发建设运营商之一。截至 2010 年年底，该公司拥有电力装机容量 7072 万千瓦。

在核电产业方面，中电投建设有 2 个重要的核电站项目：山东海阳核电站、江西彭泽核电站。山东海阳核电站规划容量为 600 万千瓦，总装机容量 870 万千瓦，发电机组全部投产后，年发电量接近三峡电站发电量的 90%，该项目采用世界领先的 AP1000 三代核电技术，单机额定功率约 125 万千瓦，设计使用寿命为 60 年。江西彭泽核电站已被列入国家规划，将成为我国首批内陆核电站，预计投资 600 亿元，最终装机容量将达到 800 万千瓦。核电项目形成参股运行、控股建设、待批储备的战略格局，奠定了行业地位。据中电投统计，截至 2010 年 12 月 31 日，公司资产总额达 4433.93 亿元，营业收入 1270 亿元，核电在集团产业结构中的比重为 0.91%，核电环保技术是集团重点研究领域之一。

5）国家核电技术公司

国家核电技术公司（简称国家核电）成立于 2007 年，是由国务院及四家国有大型企业共同出资组建的有限责任公司，是中央直接管理的 53 家国有重要骨干企业之一。主要从事第三代核电（AP1000）技术的引进、消化、吸收、研发、转让、应用和推广，通过自主创新，形成自主品牌核电技术；组织国内企业实现技术的公平、有偿共享；承担第三代核电工程建设、技术支持和咨询服务，以及国家批准或授权的其他方面的业务。国资委确认的国家核电主业是核电的技术研发、应用、推广和服务，以及电力工程承包与相关服务。

国家核电在核电产业方面，基本形成了集研究开发、工程设计、设备制造、工程管理、运行服务于一体的核心业务格局。在核电研发设计方面，上海核工程研究设计院是中国 AP1000 "标准化设计"和大型核电 CAP1400 国家重大专项研发设计的实施主体；国核电力规划设计研究院是世界首批 AP1000 核电项目常规岛、BOP 和送出工程的设计承担者，大型核电 CAP1400 国家重大专项常规岛研发设计的载体；国家核电技术研发中心是先进核电技术研发和试验验证专业机构；国家能源核级锆材研发中心承担按国际先进标准建立国家核级锆材研发，检测和技术质保体系的任务。在核电设备制造方面，山东核电设备制造有限公司主要承担三代核电 AP1000 核电钢制安全壳、结构模块、机械模块、一体化顶盖组件等设备的专业制造；国核宝钛锆业股份公司是我国唯一的核级锆材自主化研发和建造基地；国核自仪系统工程有限公司主要从事我国先进核电站数字化仪控和安全保护系统的自主化研发和制造。在核电工程管理方面，国核工程有限公司是我国第三代核电建设"专业化管理"的载体和"自主化建设"的平台；山东电力工程咨询院有限公司是具有较强国际竞争力的电力设计咨询和工程建设服务供应商。在核电运行服务方面，国核示范电站有限公司负责国家大型先进压水堆核电站重大专项示范工程 CAP1400 和后续 CAP1700 的建设管理和运营；国核电站运行服务技术公司是我国核电站运行技术服务和寿期管理的专业化公司。

## 5.7.2  太阳能产业重点机构

1. 国外太阳能产业重点机构

1）欧洲光伏产业协会

欧洲光伏产业协会（EPIA）是世界上规模最大的太阳能光伏行业协会，旨在提高太阳能光伏在各会员国、欧洲和全世界的应用水平，并为会员在欧盟和其他国家的业务发展提供最前沿的政策、技术和行业信息，以及必要的帮助。其会员的业务领域涵盖了太阳能光伏从硅材料、电池、模块生产，到太阳能系统开发、PV 光伏发电，以及营销和销售的整个价值链。

2）美国太阳能产业协会

美国太阳能产业协会成立于 1974 年，是领导美国太阳能行业的国际贸易协会，协会致力于通过宣传和教育，发展壮大美国的太阳能产业。目标是通过扩大市场、去除市场壁垒、强化产业研究、普及太阳能专业知识等手段使太阳能成为美国的主流能源和重要能源。

3）德国弗劳恩霍夫协会太阳能系统研究所

德国弗劳恩霍夫协会太阳能系统研究所是欧洲最大的太阳能研究机构，该研究所主要开发太阳能热利用、太阳能建筑、太阳能电池、电力供应、化学能量转换、能源储存和合理使用等能源领域的系统、部件、材料和工艺。

4）日本大阪大学太阳能化学研究中心

日本大阪大学太阳能化学研究中心成立于 2001 年，研究领域涉及太阳能转换及环境光化学工程。

5）美国第一太阳能公司

美国第一太阳能公司是世界领先的太阳能光伏模块制造商之一，生产基地位于美国、马来西亚和德国等地，同时是全球最重要的碲化镉（CdTe）薄膜光伏模块制造商。公司的产品销售对象主要针对推广光伏项目或集成光伏系统的公司及公共机构。

6）日本夏普公司

夏普公司创业于 1912 年，是著名的消费电子品制造公司。该公司的各部门产品种类有所不同。电子机器部门主要生产彩色电视机、卫星转播接收系统、高清晰系统等。音响、通信机器部门主要生产激光卡机 OK 唱机、多功能电话、家用传真机等。电化机器部门主要生产理发、美容器，照明机器等。信息机器部门主要生产文字自动处理机、电子手册。电子零部件部门主要生产集成电路及超大规模集成电路、太阳能电池等。

在太阳能电池方面，夏普公司早在 1959 年就开始开发太阳能电池，并于 1963 年成功实现规模化生产，当时主要用于以灯塔为代表的不通电地区的电力供应。随着 1994 年日本通商产业省开始实施对使用住宅用太阳能发电系统的家庭进行补助的"住宅光伏系统普及项目"，继而完善由电力公司收购家庭剩余电力的系统联系机制后，日本太阳能发电的市场需求开始顺利增长。夏普公司开始销售住宅用太阳能发电系统，并随着市场需求的扩大增强了生产能力，同时坚持投入技术研发，扩大产品阵容，逐渐成为世界上领先的太阳能光伏厂商。

### 7) 德国 Q-Cells

德国 Q-Cells 是一家跨国光伏企业，成立于 1999 年，总部位于德国比特费尔德沃尔芬，是欧洲最大的太阳能电池制造商，全球排名第二。该公司的主要业务是单晶硅、多晶硅太阳能电池的研发、制造及市场推广。

Q-Cells 2010 年报统计显示：2010 年 Q-Cells 销售额达到 13.5 亿欧元，同比增长70%，全年净利润为 9090 万欧元；包括已经停止经营业务在内的净收益共计 1890 万欧元。电池产量增长了 84%，达到 1014 兆瓦，其中晶硅太阳能电池占到 940 兆瓦，铜铟镓硒薄膜太阳能组件 74 兆瓦。2010 年总产能达到 1.3 吉瓦，其中 Q-Cells 制造的多晶组件达 400 兆瓦。Q-Cells 光伏组件销量的提高主要是由于中型屋顶和小型地面安装系统的组件业务和系统业务有所增加。

### 2. 中国太阳能产业重点机构

### 1) 无锡尚德太阳能电力有限公司

无锡尚德太阳能电力有限公司（简称尚德电力）是拥有领先光伏技术的国际化高科技企业，主要从事晶体硅太阳电池、组件、光伏系统工程、光伏应用产品的研究、制造、销售和售后服务，提供全世界最可靠和经济高效的太阳能系统解决方案。据该公司统计，其拥有近2400 兆瓦产能，2002～2011 年尚德电力组件出货量已累计达到 5 吉瓦。该公司已快速成长为全球最大的晶硅组件制造商，其产品已广泛应用到通信、广电、交通、石油、照明和其他行业，如军队等。其产品应用类型包括商业应用、农业应用、住宅应用、电站应用、离网组件。

尚德电力具有世界一流的太阳能光伏产品生产制造技术，承担了多项国内外工程，安装项目遍布全球（表 5-16）。

**表 5-16　尚德电力国内外工程项目**　　　　　　　　（单位：千瓦）

| 国际、国内工程 | 容量 |
| --- | --- |
| 德国 COLB 太阳能光伏电站 | 60 |
| 泰国乡村太阳能光伏电站 | 106 |
| 菲律宾 PASIG 太阳能光伏电站 5 套 | 320 |
| 澳大利亚 10 套独立型太阳能户用光伏电源系统 | 43 |
| 印度尼西亚的便携式太阳能光伏电源 | 15 |
| 中国西藏边防军队哨所 32 套生活通信用太阳能光伏电源系统 | 72 |
| 中国江苏通讯基站太阳能光伏电源系统 2 套 | 10 |
| 中国贵州通讯直放站太阳能光伏电源系统 | 45 |
| 西藏地区太阳能光伏电站 | 60 |
| 广东通讯领域光伏系统供电项目 120 套 | 300 |
| 内蒙古乌海太阳能光伏供电扬水站 | 15 |
| 承接配套外国政府援助蒙古国太阳能光伏电站 | 15 |
| 浙江某大学独立太阳能光伏电站 | 5 |
| 承接配套外国政府援助西藏地区太阳能光伏供电水泵 | 42 |
| 扬中屋顶独立太阳能光伏发电系统及太阳能路灯 | 5 |
| 全国各海事系统太阳能光伏电站 | 50 |

资料来源：根据世经未来相关资料整理

2）天合光能公司

天合光能公司成立于 1997 年，现已成为全球领先的光伏公司之一。2009～2011 年连续跻身全球顶级光伏组件生产商的行列。该公司的产品（表 5-17）主要包括单晶系列太阳能组件和多晶系列太阳能组件，组件现分四大系列，即单晶系列、多晶系列、设计系列和解决方案系列。单晶系列和多晶系列 5 英寸和 6 英寸电池大小，采用 48 片、60 片和 72 片电池设计而成。这些光伏组件产品光伏应用于住宅、商业、工业和公用事业等领域。

表 5-17 天合光能工程项目基本情况

| 工程项目 | 安装日期 | 安装类型 | 应用类型 |
| --- | --- | --- | --- |
| 德国奥斯堡 3 兆瓦地面安装 | 2007 年 12 月 | 地面安装 | 电站 |
| 美国科罗拉多州 5.3 兆瓦地面安装 | 2009 年 8 月 | 地面安装 | 电站 |
| 意大利 Serravalle Scrivia 屋顶安装 | 2009 年 2 月 | 屋顶安装 | 商业 |
| 美国大西洋城 2.4 兆瓦单屋顶安装 | 2009 年 3 月 | 屋顶安装 | 商业 |
| 上海世博会比利时-欧盟馆 160 千瓦项目 | 2010 年 4 月 | 屋顶安装 | 商业 |
| 西班牙 Fuente Alamo 26 兆瓦太阳能系统 | 2008 年 8 月 | 地面安装 | 电站 |
| 比利时安特卫普市 40 兆瓦屋顶太阳能系统 | 2009 年 12 月 | 屋顶安装 | 商业 |

资料来源：根据天合光能公司年报（2011）相关资料整理

天合光能采用垂直一体化的业务模式，硅锭、硅片、电池、组件全部自行生产。2010 年天合光能的组件产能和发货量均再创新高。此外，天合光能非常重视技术研发，投入大量资金，致力于改进电池片生产流程，包括最先进的钝化和金属化技术。

3）天威英利新能源有限公司

天威英利新能源有限公司（简称英利）成立于 1998 年，总部位于保定国家高新技术产业开发区，是一家集研发、生产、销售为一体的高新技术光伏企业。该公司主要从事硅太阳能电池及其相关配套产品、风机及其相关配套产品、热发电产品、控制器、逆变器、兆瓦级跟踪器的研发、生产、销售、技术咨询及服务，太阳能光伏电站工程的设计、安装、施工。该公司产品除在我国销售外，主要销往德国、西班牙、意大利、希腊、法国、韩国和美国等国家和地区。该公司是全球最大的垂直一体化光伏发电产品制造商之一。

该公司拥有多晶硅片、电池、组件封装三条集中世界最优秀设备和工艺技术的现代化生产线，具有完整的光伏产业链结构，在太阳能电池生产和光伏应用领域拥有雄厚的技术研发实力和丰富的工程施工经验。该公司的光伏组件工程在全球的安装量已经超过 2 吉瓦。该公司在欧洲和中国承揽了多个大型项目。2002 年，在中国承揽了光明工程的电站建设；2005 年与安讯能公司合作的西班牙并网项目，英利作为合作商之一，提供了 5 兆瓦的组件；2006 年年底与安讯能公司签署了 42 兆瓦的组件合同，协助其在葡萄牙的莫拉地区承建全世界最大的光伏电站；2007 年承担了德国 Wetzlar-Hermannstein8.5 千瓦的民用屋顶光伏系统安装项目；2009 年为意大利 RRS-Magaldi Group 安装 2 兆瓦的商业光伏系统；2010 年为美国北卡罗来纳州实施 1.5 兆瓦的地面电站光伏系统安装工程。

4）宁波太阳能电源有限公司

宁波太阳能电源有限公司成立于 1978 年，位于中国浙江省宁波市，是世界著名的光伏企业之一，主要生产太阳能电池、太阳能组件，以及各种规格控制器和逆变器，年生产能力达 250 兆瓦，产品远销美国、欧洲、非洲和东南亚等地区。该公司生产的产品广泛应用

于通信及微波中继站、石油管道阴极保护、铁路公路信号灯电源、民用电站、太阳能建筑一体化、航标灯、庭园灯、水泵、太阳房、太阳能游船等。

### 5.7.3 风能产业重点机构

1. 国外风能产业重点机构

1）美国国家可再生能源实验室国家风能技术中心

美国国家可再生能源实验室国家风能技术中心位于落基山脉脚下，靠近美国科罗拉多州，是由美国能源部国家可再生能源实验室管辖的世界级研发机构。其研发工作人员同风能产业界协作研发风机先进技术，降低生产成本。

2）欧洲风能研究院

欧洲风能研究院是一个由德国、丹麦、希腊和荷兰四个国家联合组建的风能研究机构，主要的成员是科研院所和高校。该研究院成立的宗旨在于在欧洲范围内系统地完成风能方面的研究和开发项目，并协调完成相关的教育和科研工作。

从该研究院参与的项目看来，主要包括长期风能资源的预测项目、风力机环境条件预测项目、风力机技术原理及材料构造项目、系统并网项目、风电规划及交易类的能源经济相关项目等。

3）丹麦里索风能部门

丹麦里索（Risoe）风能部门专长于边界层气象学、空气动力学、气动声学、流体力学、结构力学、电子设计和控制等，还具备实验室测试、区域检测和数值模拟的能力。该机构的主要研究领域围绕风力气象学、风机技术和风能应用等主题，主要是空气弹性变形计算、基于空气动力学的叶片设计、风道的数值模拟和测试、风机及风机部件性能测试过程和装置的研发、风能资源评估、风电场选址、风电场并网模拟、标准及认证。

4）德国风能研究所

德国风能研究所（DEWI）成立于1990年，位于德国北部威廉港，是全球领先的风能研究机构。该机构主要从事风机技术研发、项目开发咨询、风场评估、海上风机研发、技术培训等方面的职能。

DEWI最初的工作主要集中在课题研究方面，近年来以服务风电行业为主的业务很快成熟起来。DEWI提供电场规划、经济性研究、项目认证、风机动力性能分析、联网、噪声、在线监控、负载评估等技术服务咨询。2003年DEWI建立风机认证及海上风能公司，进入了风机认证这一重要领域，积极研究海上风能领域。

5）德国ISET

ISET成立于1988年，是一家同Kassel大学合作的德国非营利性研究所。ISET主要从事可再生能源战略应用方面的项目研发，该研究所有75%的员工集中于风电领域的项目研发，大型风电场的并网是其中一项重要研究内容。

6）荷兰能源研究中心（ECN）风能部

ECN风能于1955年成立，作为荷兰能源研究中心的一个组成部分，是一个独立的能源市场研究与开发中心。

7）维斯塔斯公司

维斯塔斯公司（Vestas）成立于 1945 年，是世界上最大的风机制造商，拥有 20% 的全球市场份额，其产品在 6 大洲的 40 多个国家运行。Vestas 主要从事大型风能机的开发、制造、销售和维修，拥有世界上最多选择的发电设备，拥有 850 千瓦到 3 兆瓦的各种产品，其扫风面积的直径范围从 52 米到 112 米不等。Vestas 的关键零部件和风能机装置在丹麦、德国、西班牙、意大利、印度和苏格兰等国家和地区整体制造。此外，Vestas 还在澳大利亚开展装配及叶片制造工作。截至 2011 年 6 月底，公司各类型风机的装机情况如表 5-18 所示。

表 5-18　Vestas 各类型风机装机数量及装机容量

| 风机类型 | 风机装机数量/台 | 装机容量/兆瓦 |
| --- | --- | --- |
| V52-850 千瓦 | 3 851 | 3 277.60 |
| V60-850 千瓦 | 58 | 49.30 |
| V80-1.8 兆瓦 | 1 016 | 1 828.80 |
| V80-2.0 兆瓦 | 3 024 | 6 048.00 |
| V90-1.8 兆瓦 | 702 | 1 263.20 |
| V90-2.0 兆瓦 | 3 589 | 7 148.20 |
| V90-3.0 兆瓦 | 2 298 | 6 894.00 |
| V100-1.8 兆瓦 | 181 | 325.80 |
| V112-3.0 兆瓦 | 6 | 18.00 |
| 其他 | 29 770 | 19 252.10 |
| 累计总量 | 44 495 | 46 105.00 |

资料来源：根据 Vestas 业务相关资料相关资料整理

2009 年，尽管受到经济危机的影响，Vestas 销售额仍然创历史纪录，达 66 亿欧元，税前收益达 8.09 亿欧元，比 2008 年增长 13%。截至 2010 年年底，Vestas 年度收入为 69 亿欧元。2010 年 Vestas 在欧洲的销售额将占近一半，在美国和亚太地区将分别占 30% 和 20%。

8）西班牙歌美飒公司

西班牙歌美飒公司（Gamesa）成立于 1976 年，总部位于西班牙巴斯克自治大区首府维多利亚的阿瓦拉地区，2000 年前后进入风电行业，致力于可再生能源尤其是风力资源的技术研发。Gamesa 不仅是西班牙风机制造的领军企业，同时也是世界上第二大风力涡轮制造商。

Gamesa 在风电行业迅速成长，其业务领域除风机制造外，还包括风场开发、建设、运营等。截至 2008 年，Gamesa 在全球的风电制造市场拥有约 16% 的市场份额。作为一个纵向立体化的风机技术供应商，Gamesa 自主拥有整套风机技术供应链。产品体系丰富，拥有六种型号的风力机组，分别为 850 千瓦的 G52、G58 两种型号，2.0 兆瓦的 G80、G83、G87、G90 四种型号。此外，4 兆级的 G10X、4.5 兆级的 G128 也处于试运行阶段。在风力机部件方面，Gamesa 还生产桨叶、桨叶模具、齿轮箱、发电机、变频器、叶跟连接段等产品。

9）德国爱纳康有限责任公司

德国爱纳康有限责任公司（Enercon）成立于 1984 年，公司总部位于德国奥里希，在德国、瑞典、巴西、印度和土耳其设有生产车间。Enercon 是德国最大的风机制造企业，也是全球研制兆瓦级风力发电机的领先企业，被誉为风能产业研究和发展的助推先锋力量。得益于德国政府鼓励新能源产业发展的一系列措施，Enercon 在成立后的 25 年间迅速成长，产值居德国同行业第一。Enercon 现已成为全球第四大风力发电设备生产企业，占据世界 8.5% 的市场份额。2009 年，Enercon 在德国安装风机约 8000 台，装机容量超过 1 万兆瓦，在德国市场所占份额超过 60%，可见其主要市场仍在本土。根据全球风能理事会最新数据，Enercon2009 年装机总量仅次于维斯塔斯，全球范围内，Enercon 共安装超过 1.6 万台风机，装机总量达到 2 万兆瓦。Enercon 尚未进入中国市场。

10）美国通用电气风能公司

美国通用电气风能公司（GE Wind）是全球多元化技术、媒体和金融服务企业，其产业遍及飞机发动机、发电设备、金融服务、医疗影像、电视节目、塑料等领域。GE Wind 是 GE 动力系统集团的一个业务部门，是美国最大的风机制造商，也是全球领先的风机设备供应商之一。2006 年 GE Wind 全球风电机组市场份额排名第二。美国是 GE Wind 最主要市场，2009 年 GE Wind 生产的风机占美国总装机量的 40%。

受风电市场低迷影响，2010 年第一季度 GE Wind 能源业务收入为 72 亿美元，较 2009 年同期下降了 7%。其中，风能业务收入下降最多，降幅达 20%。

2003 年 GE Wind 开始进入中国市场，2005 年 8 月，GE Wind 在中国的首个风机组装厂在沈阳注册成立，即通用电气能源（沈阳）有限公司。该公司主要从事 1.5 兆瓦风机的生产及装配工作。2008 年，美国 GE Wind 在华新增装机容量为 14.55 万千瓦，占外资新增装机容量的 9.53%，占中国新增装机容量的 2.33%；2008 年在华累计装机容量为 63.75 万千瓦，占外资装机总容量的 13.72%，占中国总装机容量的 5.25%。截至 2010 年 1 月，GE 已在中国范围内销售了 895 台 1.5 兆瓦风机，以支持中国的积极的可再生能源战略计划。

11）德国西门子

西门子创立于 1847 年，是具有 160 年历史的大型跨国企业，总部设在德国柏林和慕尼黑，是世界上最大的电力电子公司之一。电力是该公司 6 大主要业务之一。

2004 年，西门子成功收购了丹麦能源公司 Bonus。从此，西门子的风力发电部门开始跻身于全球主要风机供应商行列。在收购 Bonus 的同时，得到了该公司的叶片专利技术 IntegralBlades，取得核心竞争力；并拿到了 Bonus 在风机设备和海上风电场的订单。Bonus 公司的主要研发人员也成为西门子风能部技术主管。

西门子正式进军风电产业后，美国成为其首个海外扩张战略重点。西门子的风电机组还出口中国、印度、加拿大的相关企业。除了风电机组的外销，西门子还通过在海外兴建制造工厂的方式加速对外扩张，提升全球范围内的制造能力。2006 年，西门子在美国的第一个风机叶片制造厂落户艾奥瓦，成为该公司全球战略计划的重要一步。

在海上风电业务方面西门子表现强劲。不仅设计制造了代表世界最先进水平的世界第一台大型漂浮式海上风机，同时也将为世界上最大的海上风电场提供 175 台风机，装机总量达到 630 兆瓦。

2009 年，西门子正式进军中国风电市场。公司在上海投资 5.81 亿元建立了占地面积 18 万米$^2$ 的西门子风力发电叶片（上海）有限公司。首批风机叶片及机舱于 2010 年上海世博会期间出厂。在上海的布局，为西门子未来发展海上风电业务奠定了基础。

2. 中国风能产业重点机构

1）龙源电力集团股份有限公司

龙源电力集团股份有限公司（简称龙源电力）是中国国电集团公司的全资企业，成立于 1993 年。1999 年 6 月，根据国家电力公司决定，龙源集团与中国福霖风能开发公司（简称福霖公司）、中能电力科技开发公司（简称中能公司）进行合并重组，将福霖公司和中能公司的资产并入龙源集团。

龙源电力在中国发电行业拥有近 20 年的经营历史。2009 年 12 月 10 日，龙源电力于港股主板上市。该公司有较为丰富的可再生能源投资与开发经验，已在全国 19 个省（区）开展新能源开发工作，形成了以风力发电为主导，太阳能、火力、潮汐、生物质、地热等多元发电方式并举的发展格局。1991 年龙源电力就开始从事风力发电业务。截至 2009 年 6 月底，龙源电力风电装机容量突破 300 万千瓦，有 50 座大型风电场分布于全国 13 个省（区）。2009 年，龙源新增风电装机 2005 兆瓦（约 200 万千瓦），累计装机超过 4500 兆瓦。按平均水平计算，与火力发电相比，相当于节约标准煤 76 万吨，节水 620 万吨，减排二氧化碳 210 万吨，减排二氧化硫 1.2 万吨。按照集团规划，到 2020 年，将达到 2000 万千瓦。

2）中国大唐集团公司

中国大唐集团公司（简称大唐集团）是 2002 年 12 月 29 日在国家电力公司部分企事业单位基础上组建而成的特大型发电企业集团，是中央直接管理的国有独资公司。主要经营范围如下：经营集团公司及有关企业中由国家投资形成并由集团公司拥有的全部国有资产；从事电力能源的开发、投资、建设、经营和管理；组织电力（热力）生产和销售；电力设备制造、设备检修与调试；电力技术开发、咨询；电力工程、电力环保工程承包与咨询；新能源开发；与电力有关的煤炭资源开发生产；自营和代理各类商品及技术的进出口；承包境外工程和境内国际招标工程；上述境外工程所需的设备、材料出口；对外派遣实施上述境外工程所需的劳务人员。

大唐集团自组建以来，在装机容量、发电量、营业收入、利润总额等方面均实现跨越式发展。2009 年装机容量一年实现了"三大跨越"，突破了 1 亿千瓦大关，成为世界亿千瓦级特大型发电公司。2010 年，中国大唐集团公司装机规模达到 10 589.59 万千瓦，比组建时的 2384.75 万千瓦增加了 3.44 倍。建成了装机容量 87 万千瓦的世界最大在役风电场——内蒙古赤峰赛罕坝风电场、装机容量 540 万千瓦的国内在役最大火力发电厂——内蒙古大唐国际托克托发电公司、装机容量 490 万千瓦的国内第二大在役水电站——大唐龙滩水电站。

大唐集团的风电发展速度不断加快，连续 3 年跨越了 3 个百万千瓦台阶，装机容量达到 505.17 万千瓦，集团风电在可再生能源中的比重达 4.77%。

3）中国华能集团公司

中国华能集团公司（简称中国华能）成立于 1985 年，主要从事电源的开发、投资、建设、经营和管理，电力（热力）的生产和销售，金融、交通运输、新能源、环保相关产业及产品的开发、投资、建设、生产、销售，实业投资经营及管理。2007 年年底，中国华能在全国 25 个省（自治区、直辖市）拥有运营的全资、控股电厂 96 个，总装机容量 7157.6

万千瓦，实现销售收入 1156.1 亿元。2009 年 6 月底，中国华能在全国 26 个省（自治区、直辖市）及海外拥有运营的全资、控股电厂 130 座，装机容量 8896.7 万千瓦，煤炭、金融、科技研发、交通运输等产业粗具规模。截至 2010 年年底，中国华能在全国 30 个省（自治区、直辖市）及海外拥有全资及控股装机容量 11 343 万千瓦，为电力主业发展服务的煤炭、金融、科技研发、交通运输等产业粗具规模，公司在中国发电企业中率先进入世界企业 500 强，排名由 2010 年的第 313 位上升至 2011 年的第 275 位。总体而言，近年来中国华能在装机容量、发电量、营业收入方面呈现稳步上升态势。

截至 2010 年年底，中国华能的风电装机达到 484 万千瓦，同比增加 215 万千瓦。

4）华锐风电科技有限公司

华锐风电科技有限公司（简称华锐风电）是我国第一家自主开发、设计、制造和销售适应全球不同风资源和环境条件的大型陆地、海上和潮间带风电机组的专业化高新技术企业。2009 年华锐风电已成为中国最大的风电设备企业，华锐风电新增装机容量 3510 兆瓦，新增装机 1.5 兆瓦风电机组 2294 台。2010 年新增风电装机容量 4386 兆瓦，较 2008 年增长三倍以上，行业排名由全球第七跃升为全球第二。

在技术研发方面，华锐风电组建了由 600 多位具有丰富的风电机组设计开发经验的技术人员组成的技术研发中心。该中心涵盖了空气动力学、数值分析、机械、液压、电气、自动控制、软件开发等专业，开发了具有国际先进水平的、适合各种风况和环境条件的 1.5 兆瓦、3 兆瓦、5 兆瓦和 6 兆瓦系列电网友好型风电机组。以上机组均能完全满足各国的风电并网导则要求，包括高/低电压穿越技术、风电机组模型校验和风电场有功/无功功率管理技术等。

5）新疆金风科技股份有限公司

新疆金风科技股份有限公司（简称金风科技）是中国风电设备研发及制造行业的领军企业，亦致力于成为全球领先的风电整体解决方案供应商。金风科技依托其研发实力，已经开发出 1.5 兆瓦、2.5 兆瓦、3.0 兆瓦直驱永磁机组，并具备系列化不同容量机组产品的能力，已推出的系列化机型包括 1.5 兆瓦高海拔、低风速、低温、高温等机型，以及 2.5 兆瓦低风速、潮间带等机型。金风科技已有几百台低风速和高海拔系列直驱永磁机组吊装或运行，并取得了良好的运行效果和发电效率。

金风科技主要的经营范围是大型风力发电机组的生产及销售；风力发电机组技术的引进及应用；风力发电机零部件的制造及销售；风力发电机组制造及风电场建设运营业务的技术咨询服务；中试型风力发电场的建设及运营。在发展多样化产品方面，为适应风电市场的快速增长及满足客户多元化的需求，金风科技根据不同的地理气候条件，进行差异化设计，形成了适用于高低温、高海拔、低风速、沿海等不同运行环境的风力发电机组系列。金风科技在我国风资源丰富的"三北"地区建设有风电设备制造厂，以利于产品和服务快捷到达客户属地。截至 2009 年年底，公司已拥有新疆、北京两大生产基地和内蒙古包头、甘肃酒泉、陕西西安、河北承德和宁夏吴忠等总装厂，另在德国建有建造基地。

2008 年金风科技成功收购德国 VENSYS 能源有限公司，增强了研发实力，具备了完全自主的研发能力，拥有北京、新疆、德国三地研发中心。金风科技制定了完善的风力发电机组设计业务流程及具有国际水平的风力发电机组设计平台；引进了多个先进的设计和工程分析软件，包括英国、美国等软件；建成了风力发电机组检测中心，拥有功率曲线测试、电能品质测试等业内领先的检测设备。金风科技现拥有直驱永磁全功率整流技术。

2008 年，金风科技古巴项目设备装船发运，金风科技实现了国际销售零的突破。2008 年金风科技销售收入达到 64.58 亿元。2009 年金风科技销售收入将突破 100 亿元，连续 9 年取得 100％ 的增长。截至 2009 年 9 月 30 日，金风科技累计签订销售风力发电机组 6336 台，完成安装 4691 台，风力发电机组已经遍布全国 19 个省（自治区），累计排名中国第一。

6）东方电气集团有限公司

中国东方电气集团有限公司（简称东方电气）从 1958 年第一个企业德阳水力发电设备厂建立起，经过 50 多年的蓬勃发展，已经成为中国最大的发电设备制造和电站工程承包特大型企业之一，同时也是我国最大的发电设备建造基地。东方电气以大型发电设备、电站工程承包、电站服务、电控设备、环保设备节能设备为主业，所属子企业主要分布在四川、广东、浙江、河南、湖北、天津等五省一市。

截至 2009 年，东方电气可批量生产 300 兆瓦、600 兆瓦、1000 兆瓦大型火电机组；400 兆瓦、550 兆瓦、800 兆瓦等级水轮发电机组；1000 兆瓦等级核电机组；1～2.5 兆瓦风电机组；重型燃气轮机及大型电站锅炉烟气脱硫脱硝、大型化工容器等产品。2011 年，东方电气完成发电设备产量 42 655 兆瓦，连续 8 年保持发电设备产量世界第一的纪录。在科技研发方面，东方电气十分重视，2005～2010 年，技术研发仪器设备原值从 2.51 亿元增加到 10.06 亿元，增加了 3 倍，增长速度大于营业收入增长和科技活动经费增长的速度。

## 5.7.4 生物质能产业重点机构

### 1. 国外生物质能产业重点机构分析

1）国际能源机构生物能研究组织

国际能源机构生物能研究组织成立于 1978 年，目标是加快各国在生物能研发与部署方面的合作和信息交流，从而加快环保和低成本生物能技术的可持续发展，同时实现为未来能源供应的重大贡献。

2）欧盟生物燃料技术平台

欧盟生物燃料技术平台的任务是研发具有成本竞争力的世界一流的生物燃料技术；维持及发展一个健康的生物燃料工业以为欧盟提供可持续的生物燃料。

3）美国国家生物柴油委员会

美国国家生物柴油委员会是美国代表生物柴油业从事生物柴油研究和发展的国家委员会，成立于 1992 年。

4）英国可再生燃料署

英国可再生燃料署是由政府为履行于 2008 年 4 月 15 号生效的可再生运输燃料义务（RTFO）而成立的。RTFO 规定化石燃料供应商要确保到 2010 年生物燃料占到燃料总量的 5％，目的是要英国对气候变化作出贡献及减少对化石燃料的依赖。

5）欧洲生物柴油委员会

欧洲生物柴油委员会（EBB）是一个非营利性组织，成立于 1997 年 1 月。目的是促进欧盟使用生物柴油，同时，组织欧盟生物柴油的主要生产商。

2. 中国生物质能产业重点机构

1）国能生物发电集团有限公司

国能生物发电集团有限公司成立于 2005 年，是我国从事生物质能综合开发利用的专业化公司。该公司利用国际先进的生物质直燃发电技术和中国丰富的生物质资源，投资建设生物质发电项目，并上下延伸产业链，生产、加工生物质能燃料及灰分的再循环利用等。目前，该公司已经发展成为全球最大的生物质发电专业公司。

该公司已投入运营和在建的生物质发电项目近 40 个，遍布山东、河北、河南、江苏、黑龙江、吉林、辽宁、内蒙古、新疆、湖北、安徽、陕西、江西等省（自治区），总装机容量为 100 万千瓦，为社会提供绿色电力累计约 92 亿千瓦时，累计消耗剩余物近 1000 万吨，为农民增收累计约 32 亿元，累计减排二氧化碳 690 万吨。在综合利用生物质能方面，集团建立了一套完备的工艺流程：燃料收购—燃料加工—燃料运输—卸料沟—料仓—上料系统—炉前料仓—锅炉—汽轮机—发动机—变压器—生物质发电。国能生物发电机组是国内单机容量最大（30 兆瓦）、参数最高（高温高压）、技术最先进的生物发电机组。机组配备的发变组保护、线路保护、厂用电母线保护、高低压电气设备保护、发电机自动调节励磁、自动准同期并列等装置齐全完备。汽轮机全数字电调、从挂闸冲转到定速全过程设定转速自动控制与常规电厂完全相同。化学电渗析制水、高渗透离子膜技术制水、生物膜技术污水处理等新技术新材料的应用，明显超前于常规电厂。热工控制自动联锁保护选用汽轮机数字电液控制系统、分布式控制系统等当今最先进的标准配置，机炉电大联锁保护与常规燃煤火电机组完全相同。

为了更加有效地掌握行情变化，有效地调控市场供应，有效地防止扰乱燃料价格的行为，该公司发起成立了冀南鲁西豫北生物质资源利用协调联络会、黄淮区域生物质资源利用联谊会、黄河三角洲生物质资源利用联谊会、吉南生物质资源利用联谊会，在提供生物质燃料市场的供需需求上起到了重大的作用。

2）安徽丰原生物化学股份有限公司

安徽丰原生物化学股份有限公司（简称丰原生化）成立于 1998 年。2006 年 12 月 8 日，中粮集团与蚌埠市政府及丰原生化签订协议，受让丰原生化持有的丰原生化 2 亿股股份（占总股本的 20.74%），成为该公司第一大股东。2007 年，该公司实现销售收入 50 亿元，其中出口创汇 1.2 亿美元。

该公司新型生物能源和生物材料产业正在持续稳定地发展。未来，该公司重点向非粮生物能源和生物化工品产业发展，即以生物质为原料生产乙烯、环氧乙烷及其衍生产品、燃料乙醇、聚乳酸及其衍生产品、无毒增塑剂等有机酸酯类系列产品，努力将丰原生化打造成为中粮生化能源产业的主力军。该公司具有完善的营销体系，机构设置细分为柠檬酸销售部、饲料销售部、燃料酒精销售部、进出口部、仓储物流部、销售综合部，使得公司销售网络遍布全球。

3）中粮集团

中粮集团成立于 1949 年，是中国最大的粮油食品进出口公司和实力雄厚的食品生产商。中粮集团的生化能源事业部负责中粮集团生物质能源和生物化工业务总体战略规划的制定与实施，并管理中粮投资控股的生化能源企业。事业部下辖华润生化股份有限公司、中粮生化能源（肇东）有限公司（下辖黑龙江华润酿酒有限公司）、中粮生化能源（榆树）有限公司、中粮生化能源（公主岭）有限公司、广西中粮生物质能源有限公司、中粮生化能源（衡水）有限公司、中谷天科（天津）生物工程有限公司等企业。

中粮集团从粮油食品贸易、加工起步，产业链条不断延伸至种植养殖、物流储运、食品原料加工、生物质能源、品牌食品生产销售，以及地产酒店、金融服务等领域。

2006 年 8 月，中粮集团出台"2007～2011 年生化能源战略规划"，计划在广西、河北、辽宁、四川、重庆和湖北等地新建以木薯、红薯、玉米为原料的工厂。有关资料表明，中粮集团在广西、河北、内蒙古三地已有共计 80 万吨乙醇项目进入前期准备阶段，这些项目都将避免直接以玉米、小麦等粮食为原料。

4）河南天冠燃料乙醇有限公司

河南天冠燃料乙醇有限公司成立于 2003 年，是国家发展和改革委员会批准的"十五"期间全国 3 个新建燃料乙醇定点生产企业之一。该公司每年可消化淀粉质原料 105 万吨，生产变性燃料乙醇 30 万吨。同时可生产副产品小麦谷朊粉 4.5 万吨、高纯度低压液体二氧化碳 2 万吨、小麦麸皮 20 万吨、DDGS 蛋白饲料 12 万吨、生物天然气（沼气）3000 万立方、发电 2 亿千瓦时，年实现销售收入 25 亿元，利税超亿元。

为了积极贯彻落实国家发展和改革委员会提出的非粮替代政策，充分发挥天冠柔性原料生产的技术优势，该公司建有薯干、鲜薯和木薯粉碎生产线，实现了生产工艺的灵活性和原料品种的多元化。整个生产工艺过程采用了多项拥有知识产权的行业首创新工艺、新技术，如谷朊粉分离提取工艺、液化糖化工段闪蒸二次废热节能节水技术、单罐连续高浓醪发酵和边发酵边分离乙醇新技术、双差压蒸馏节能技术、生物质吸附脱水技术等，均处于国内领先地位。2007 年 8 月底，其年产 3000 吨的纤维素乙醇项目已奠基，这是国内首条千吨级纤维素乙醇产业化试验生产线。2010 年年初，该生产线进入最后的调试阶段。

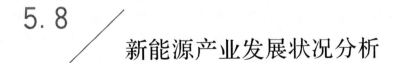

# 5.8 新能源产业发展状况分析

## 5.8.1 世界主要国家新能源产业发展分析

### 1. 美国新能源产业发展分析

2008 年金融危机后，为占领新的战略制高点，保持美国经济在世界经济的领先地位，美国政府着力部署新能源复苏战略。面对传统能源危机及气候环境恶化等问题的挑战，奥巴马政府选择新能源产业作为未来美国的战略产业，以此来促进美国的产业升级与转型，重振美国经济，同时以此成为制定新的国际规则的领导者，这是美国高度重视新能源产业的战略意图。2009 年，奥巴马上台后不久就推出了"美国复苏与再投资计划"，其中有关新能源的规划内容包括[31]：计划在未来 3 年内让美国可再生能源的产量倍增；计划在未来 10 年内投资 1500 亿美元用于新能源开发；到 2012 年，风能和太阳能发电量占美国发电总量的 10%，到 2025 年占到 25%；到 2015 年美国新增 100 万辆混合动力汽车。2012 年 1 月 24 日，奥巴马在发表的国情咨文中再次强调发展新能源，突出发展清洁能源与新能源汽车的计划，计划有 400 多亿美元用于投资新能源及其相关产业。提出到 2035 年前争取实现美国 85% 的电力供应来自清洁能源的目标，并指出为实现此目标美国将无差别发展风能、太阳能、核电、天然气等，尤其是对风能和太阳能等新能源的投资力度将加大。

当前，美国对太阳能、风能、生物质能、核能、地热能、海洋能等新能源的开发齐头并进。美国能源信息署（EIA）统计显示，2009 年，美国全国电力生产的 1/3 来自非碳能源，其中约有 20% 的电力来自于核能发电，1% 来自生物质发电，地热发电量少于 1%，太阳能发电也少于 1%。在开发新能源的同时，美国还注重研发各种节能技术提高能源利用率。总体来说，美国新能源产业发展呈现出以政治为铺垫、以学术为先导、以科技为核心、以行动为保障的特征。

### 2. 欧洲新能源产业发展分析

欧洲得益于部分发达国家工业化的完成，在全球范围内率先倡导"低碳经济"，是世界新能源发展的起源地。欧盟及其成员国从节能减排、发展清洁能源、发展高新技术产业等多方面入手培育"低碳经济"，推动新能源产业的发展。2011 年，欧洲已成为全球新能源产业发展最快的地区之一，主要采取了以下举措：一是各成员国通过立法，确立了新能源在各自能源系统中的重要地位；二是制定激励政策，包括财政补贴、税收补贴、投资支持等；三是制定政策规划明确目标。欧洲国家新能源的利用呈现出多种形式，如太阳能光伏发电、风机发电、秸秆发电、潮汐发电、核电等。各成员国根据其不同的资源特色及需求，发展不同的新能源产业。以下对德国、丹麦、英国三个欧盟国家的新能源产业发展状况进行重点分析。

#### 1）德国

德国是一个工业和贸易大国，资源消耗量大而自然资源严重短缺，大部分能源需要从国外进口。为促进经济社会的可持续发展，德国优先考虑开发新能源与可再生能源，探索出了一条成功发展的道路，成为全球新能源利用的领先国家。在投资方面，美国的一项调查显示，2010 年德国用于可再生能源的支出达 292 亿欧元，成为全球第二大清洁能源投资商。在可再生能源发电方面，据德国能源和水利协会统计，截至 2009 年年底，德国可再生能源的发电量已占德国电力消耗的 16%，超过了欧盟对其成员国 12% 的要求标准。

德国联邦环境部发布的《可再生能源发展报告 2008》预测，到 2020 年，德国可再生能源在最终能源消费中占比将达到 18%，在电力消费中占比将达到 30%，在最终热能消费中占比将达到 14%，在最终燃料消费中占比将达到 12%。

德国涉足的新能源产业领域主要包括风能、生物质能、地热能、太阳能。在风能产业领域，早在 1998 年，德国就成为世界第一的风电大国。据德国机械设备制造业协会和德国风电协会统计，截至 2010 年年底，德国的风力发电机组数达 21 607 个，新增风力发电装机容量 1.551 吉瓦，累计装机容量达 27.214 吉瓦。另据世界风能协会（WWEA）统计，2011年上半年，德国的风电装机容量达 27.981 吉瓦，居欧洲首位。德国十分重视风电与电网的统一规划，在更新海上风电、光伏发电、热电联产等技术的同时，考虑扩展升级电网系统，针对大规模风电并网制定了一系列的技术标准及规范。在生物质能开发利用方面，德国"能源基础研究 2020"新计划中把其作为一项重点课题，"生物能源 2021——关于生物质能的利用研究"项目获得 5000 万欧元的资助。德国对生物质固体颗粒技术和直燃发电较为重视，在生物质热电联产方面的应用较为普遍，利用生物质制取液体燃料或气体燃料取代汽油或柴油也是德国生物质能利用的一种主要方式。此外，德国在地热能、太阳能的开发应用上也积累了丰富的经验，形成了一定的产业规模。截至 2011 年年底，德国太阳能光伏发电装机容量累计达 25 吉瓦，光伏发电在德国全部电力消费中的比例达 2%，德国成为全球太阳能光伏发电累计装机容量最多的国家[32]。由于投入多，光伏发电只能满足较低的用电需求，德国政府表示将进一步削减太阳能光伏补贴。

### 2）丹麦

在经历了 1973 年爆发的石油危机后，丹麦发现本国能源消费结构的不合理性，尤其是对进口能源的严重依赖。为了调整能源结构，丹麦积极展开可再生能源的开发与利用。经过 30 多年的努力，丹麦的能源自给率大幅提升，可再生能源发电占比世界第一，成为全球新能源行业发展的标杆国家。根据自身资源条件，丹麦着力实施多元化的能源发展战略，大力发展以风能、生物质能为主的可再生能源，同时对太阳能、燃料电池、潮汐能及氢能的研发也十分重视，在风电制造、秸秆发电等可再生能源技术方面积累了宝贵经验。

丹麦基于其地理位置优势，拥有丰富的风能资源，在新能源的开发和利用中首推风能。2011 年 11 月 25 日，丹麦新政府颁布了新的能源发展计划，提出"到 2020 年，风力发电将占丹麦总发电量的 50%，可再生能源将满足丹麦 36.2% 的能源需求。2020 年温室气体排放总量较 1990 年减排 40%。到 2050 年，整个能源和运输系统将完全依赖于可再生能源"[33]。丹麦的风电产业领先全球，其催生的相关产业合计年营业额达 30 亿欧元。全球 1/3 的风电机组来自丹麦，丹麦现拥有 5000 台海陆风电机组[34]。据全球风能协会统计，2010 年丹麦的风电装机容量达 3.75 吉瓦，占全国总发电量的 25%。其海上风电发展也较为突出，丹麦能源署统计数据显示，海上风电场装机容量已从 2008 年的 0.423 吉瓦上升到 2010 年的 0.868 吉瓦。丹麦人均风电装机容量世界第一，毋庸置疑地成为"风电王国"。在风机制造方面，丹麦拥有享誉全球的大型制造商，如 VESTAS（维斯塔斯）、BONUS（博努斯）。

在生物质能的利用方面丹麦也起步较早，并得到可持续发展。在生物能源方面，主要从四个方面开展利用：秸秆发电和供热、建立中心沼气厂、提取生物乙醇、制取氢气和甲醇。丹麦 BWE 率先研发出秸秆生物燃烧发电技术，1988 年，丹麦诞生了世界第一座秸秆生物燃烧发电厂。20 世纪 80 年代末起，丹麦就开始以工业化的方式使用沼气，截至 2010年已经拥有了 20 个集中式的中心沼气厂。在生物乙醇技术方面，丹麦瑞索国家实验室开展了深入研究，Bio Gasol Aps 公司正研发利用秸秆废料生产第二代生物乙醇的技术并进入实质性试生产阶段。在制取氢气和甲醇方面，丹麦技术大学环境系的一个研究组研制出一种反应器，可以农场有机废物和城市垃圾为原料，通过优化的影响参数达到控制制取氢气和甲烷的目的。

3）英国

英国的新能源开发起步较晚，1997 年，英国在《京都议定书》中承诺，将在 2050 年之前将温室气体排放量减少到 1996 年排放量的 40%。2003 年 2 月，英国发布《能源白皮书》，提出到 2010 年可再生能源电力在电力总消费量中的比例达到 10%、2020 年达到 20% 的具体目标。

英国具有发展新能源产业良好的自然条件，如风能产业。英国定位北海大力发展风能。世界风能协会统计显示，2010 年英国风能累计装机容量 5.204 吉瓦，新增装机容量 1.112 吉瓦。英国的海上风能产业近年来也发展迅猛，2010 年，世界过半的海上风能装机都位于英国，英国全年新增海上风电 0.65 吉瓦，累计装机达 1.35 吉瓦，成为世界最大的海上风能装机国家。英国计划到 2020 年海陆风电共达 28 吉瓦。在核能产业方面，英国政府表示英国核电站安全可靠，将毫无保留地致力于新建核电站，坚定核能产业发展。英国核能行业计划将核电产出翻倍，在满足英国电力需求的占比方面由 18% 提高到 40%。为实现这一计划，英国政府计划未来将在指定的 8 个新核能发电站点各建设 2 个大型反应堆。此外，英国与法国企业签署价值 5 亿美元的合约，这为英国创造 1500 多个就业机会，更重要的是为英国新核电厂的建设奠定基础。此外，英国在利用潮汐能、生物能、太阳能等新能源与可再生能源方面也取得了很大进展。

3. 日本新能源产业发展分析

由于自身资源的匮乏，日本对新能源的开发与利用较为重视，相关产业起步较早。日本新能源产业的发展呈现出以政府主导、企业及国民积极支持与参与的特征。从 1974 年的"新能源技术开发计划"起至今，日本通过法律约束、税收优惠和政策引导等一系列配套措施大力推动新能源产业的发展，积极开发太阳能、风能、核能等新能源和节能技术，主要的利用形式包括太阳能发电、太阳热利用、风力发电、生物质能源、废弃物热、地热发电等，日本的新能源发电技术、新能源电池技术、节能环保技术已在全球范围内处于领先地位，以太阳能、风能为代表的新能源产业迅速发展。

日本的太阳能产业发展的历史相对较短，但发展较为迅猛。2011 年核电危机爆发后，太阳能发电将发挥至关重要的作用。自 20 世纪 90 年代到 2004 年，日本的太阳能电池板技术一直在全球范围内领先，尤其是家用屋顶太阳能板技术。日本政府在促进太阳能产业发展中起到了重大作用，2005 年之前一系列的补贴政策，大大降低了日本太阳能发电的成本，2009 年起日本继续实施政府补贴，2011 年 8 月出台立法，对光伏实行强制上网电价，鼓励并刺激太阳能产业发展。据日本光伏能源协会统计，2011 年，受日本鼓励家庭用户安装太阳能组件补贴政策的影响，第四季度日本太阳能电池的销量较去年同期上升 30.4%，达 0.406 吉瓦。在补贴政策的鼓励下，日本企业在太阳能产业领域的参与热情也较高，Solar Frontier、京瓷、夏普等公司投资大量资金研发新的太阳能发电技术以降低成本。

日本风电产业起步较晚，自 20 世纪 80 年代起开始建设风力发电设备，并且一度发展较为缓慢，然而近年来，伴随对新能源的重视，日本加大风电开发，风电装机迅速提升，风电产业发展较快。2011 年日本政府发布报告称，日本巨大的风能资源能够帮助其实现能源独立，该报告还估计日本风力资源总量能达到 1900 吉瓦，其中海上风电 300 吉瓦、陆上风电 1600 吉瓦。而截至 2010 年年底，日本的风电装机容量仅为 2.3 吉瓦，可见日本大力开发风能的决心之大。日本拥有具备优势风电技术的风力设备企业，其产品常出口欧美及非洲国家，但自福岛核泄漏事件以后，一些具有忧患意识的日本风电企业开始把投资目光转向海外市场。2011 年 9 月，日本丸红公司向丹麦 Dong 能源公司持有的英国发电厂投资约 2 亿美元发展其海上风电业务。

在新能源产业领域，日本政府积极与美国等发达国家开展合作。2009 年 11 月，日美就扩大两国能源科技研究与发展合作达成共识，计划在清洁能源发电、智能电网、碳捕获与封存、核电抗震、建筑节能等领域开展联合行动，加强双边合作。2011 年 10 月，日本政府表示，日美两国政府将就开发新能源"可燃冰"展开合作。

### 4. 韩国新能源产业发展分析

韩国的能源资源匮乏，石油、天然气等传统能源严重依赖进口，同时又是世界第十大能源消费国，因而对新能源及可再生能源的需求日益强烈。为了应对近些年石油价格飙升和全球气候变化的挑战，韩国政府调整了能源发展战略，强调能源供应多样化，将新能源和可再生能源作为国家能源战略的重要组成部分，加大对太阳能、风能、核能、生物能源、地热能等新能源产业的投资。2011 年 1 月，韩国政府表示全年将为新能源及可再生能源企业在生产设施和研究开发方面投入 4.5 万亿韩元，并努力实现出口额 90 亿美元的目标。韩国知识经济部表示，新能源及可再生能源企业 2011 年在太阳能领域的投资额为 3.8 万亿韩元，同比增长 24.5%；在风电的投资额为 5300 亿韩元，同比增长 19.9%。

同时，韩国政府还制定了一系列法律、计划和经济激励政策等支持和鼓励本国新能源产业的发展。早在 1987 年韩国政府就制定了《新能源和可再生能源发展促进法》，2002 年韩国政府决定对政府机关和国有企业安装新能源和可再生能源设施给予支持。2004～2007 年，韩国政府投资 1.892 亿美元用于公共机构提交的 414 项安装计划，用以支持地热、太阳热能及太阳能电池等设备安装，同时对地方安装太阳能电池和风力发电机等新能源和可再生能源装置提供最高达 70% 的安置费补贴。此外，韩国政府还制订了"10 万户太阳能屋顶计划"，提出到 2012 年前安装 10 万套 3 千瓦民用太阳能电池发电系统。《国家能源技术发展规划（2006—2015 年）》也提出：2011 年前使新能源和可再生能源占全国能源供应的 5%。

韩国新能源产业战略以发展太阳能和风能为核心。韩国新再生能源协会统计显示，2010 年，韩国太阳能产业规模达 5.3736 万亿韩元，在 2010 年韩国再生能源产业销售总额中占 66.6%，是 2005 年产业规模的 80.6 倍。2010 年韩国太阳能行业的出口额为 3.7754 万亿韩元（33.8 亿美元），占销售总额的 70.3%[35]。风能作为韩国潜力巨大的替代能源和振兴韩国经济的重要能源补充，被韩国政府作为重点领域进行支持。2012 年 1 月，韩国政府决定投资 9.2 万亿韩元用于建设韩国南部近海 2500 兆瓦规模的海上风力发电设施。

## 5.8.2 中国新能源产业发展分析

### 1. 核能产业发展分析

中国的核电工业与改革开放同步，经过了一条跨越发展之路。1985 年，中国首座核电站秦山 39 万千瓦压水堆核电站开工建设。1987 年 140 万千瓦级大亚湾核电站开工。继 1991 年和 1994 年两大核电站建成投运后，中国又先后建设了秦山二期、岭澳、秦山三期和田湾核电站，形成浙江秦山、广东大亚湾和江苏田湾三个核电基地。在核电设备制造方面，我国已基本形成上海、东北和四川三大核电设备建造基地，除主泵、数字化仪控系统等少部分设备外，具备了百万千瓦级压水堆核电大部分设备的制造能力。中国核电设备制造行业综合实力较强的企业有东方电气集团、上海电气集团及哈尔滨电站设备集团。这些集团已建成了核电主设备建造基地、大型铸锻件和反应堆压力容器建造基地、核级泵阀建造基地、核电仪控系统建造基地。通过已建和在建核电项目的实施，中国在核电研究与工程实验、工程设计、设备设计与制造、工程建设、项目管理等方面积累了丰富的经验。

2011年，从我国整体发电结构来看（图5-40），核能发电量只占全国47 217亿千瓦时发电总量的1.9%，这表明，我国核能发电仍有较大的发展空间。国家"十二五"能源规划思路中指出："十二五"期间，我国将进入核电建设高峰期，内陆核电项目建设将被推动。在核电规划布局上，一是采用成熟、先进的核电技术，在辽宁、山东、江苏、浙江福建等沿海省区加快发展核电；二是稳步推进江西、湖南、湖北、安徽等中部省份内陆核电项目，形成"东中部核电带"。截至2010年9月，国务院已核准34台核电机组，装机容量3692万千瓦，其中已开工在建机组达25台，装机容量达2773万千瓦，我国成为全球核电在建规模最大的国家。基于国家能源结构调整的规划，到2020年，核电在全国总发电量的比例将达到5%，核电投运规模将达到7500万～8000万千瓦，需要近5300亿元的投资金额。按照核电设备60%～70%的国产化率，中国的核电设备制造企业将面临超千亿元的巨大商机，同时也为核电配套生产企业，尤其是一些民营企业带来新的契机。

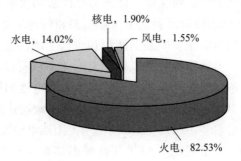

图5-40　2011年全国发电结构

资料来源：根据中国电力企业联合会相关资料整理

### 2. 太阳能产业发展分析

中国蕴藏着丰富的太阳能资源，太阳能利用前景广阔。太阳能是我国可再生能源开发利用的重点。中国太阳能热利用产业经过几十年的发展，在技术、生产、设计、营销等诸多方面都取得了较大的进步，产业体系发展日益完善。2011年已基本形成从产品设计开发、整机制造到营销服务的产业链条，与之相对应的产业技术标准体系也已基本形成。已成熟的商品化太阳能热利用产品有适合乡镇农村的常压紧凑式太阳能热水器，适合城市高层、多层建筑的凉台壁挂式、分体式太阳能热水器，满足高端用户的太阳能热水系统。

太阳能光伏发电因其具备清洁、安全、便利、高效等特点，成为世界各国普遍关注的重点，同时也是我国重点发展的新兴产业。2012年2月，工业和信息化部新出台的《太阳能光伏产业"十二五"发展规划》提出经济目标[36]："十二五"期间，光伏产业保持平稳较快增长，多晶硅、太阳能电池等产品适应国家可再生能源发展规划确定的装机容量要求，同时积极满足国际市场发展的需要。支持骨干企业做优做强，到 2015 年形成多晶硅领先企业达到 5 万吨级，骨干企业达到万吨级水平；太阳能电池领先企业达到 5 吉瓦级，骨干企业达到吉瓦级水平；1 家年销售收入过千亿元的光伏企业，3～5 家年销售收入过 500 亿元的光伏企业；3～4 家年销售收入过 10 亿元的光伏专用设备企业。

"十二五"期间，在国内外市场需求的带动下，我国光伏产业将逐步迈入成熟发展阶段。在光伏产业技术方面，《太阳能光伏产业"十二五"发展规划》提出技术目标：多晶硅生产实现产业规模、产品质量和环保水平的同步提高，还原尾气中四氯化硅、氯化氢、氢气回收利用率不低于 98.5%、99%、99%，到 2015 年平均综合电耗低于 120 度/千克。单晶硅电池的产业化转换效率达到 21%，多晶硅电池达到 19%，非晶硅薄膜电池达到 12%，新型薄膜太阳能电池实现产业化。光伏电池生产设备和辅助材料本土化率达到 80%，掌握光伏并网、储能设备生产及系统集成关键技术。第三代太阳能电池技术将成为投资重点，国内光伏配套产业将伴随太阳能电池的生产而迅速发展。光伏光热综合利用技术将成为光伏应用方面的主流技术，此外，在太阳能热发电系统的核心设备技术方面，需要提高我国的自主创新能力。在光伏发电成本目标上提出：到 2015 年，光伏组件成本下降到 7000 元/千瓦，光伏系统成本下降到 1.3 万元/千瓦，发电成本下降到 0.8 元/千瓦时；到 2020 年，光伏组件成本下降到 5000 元/千瓦，光伏系统成本下降到 1 万元/千瓦，发电成本下降到 0.6 元/千瓦时，在主要电力市场实现有效竞争。

### 3. 风能产业发展分析

我国风电产业总体呈现出稳步增长的态势。据中国风能协会（CWEA）统计：2006 年风电累计装机容量超过 2.597 吉瓦，新增装机容量超过 100%；2007 年累计装机容量达到 6.04 吉瓦；2008 年累计装机容量达到 12.153 吉瓦，增长率达 106%。2009 年，我国以 25.8 吉瓦的总累计装机容量排名世界第二，与排名第一的美国仍有近 10 吉瓦的差距；2010 年，中国风电延续了其迅猛的发展势头，新建风电机组 12 904 台，新增装机容量 18.93 吉瓦，累计装机容量 44.73 吉瓦，年同比增长 73.3%。截至 2010 年年底，中国风电新增装机及累计装机容量排名前三的是内蒙古、甘肃、河北，三省区 2010 年新增风电装机容量分别达 4.66 吉瓦、3.76 吉瓦、2.13 吉瓦。

随着风电装机容量的持续增长，风电设备制造业迅速发展。据中国风能协会统计，2010 年，华锐风电以 4.386 吉瓦的新增装机容量和 10.038 吉瓦的累计装机容量在国内风电机组制造企业中排名第一，新增装机容量市场份额达到 23.2%，累计装机容量市场份额达 22.4%。排名前三的华锐、金风、东汽的风电新增及累计装机容量占整个市场份额的 50% 以上。

"十二五"期间，我国将重点建设三北（东北、华北、西北）地区、沿海地区的八大千万千瓦级风电基地，包括河北、内蒙古东部、内蒙古西部、甘肃酒泉、新疆哈密、吉林、江苏沿海、山东沿海等地区，同时抓紧开发海上风电项目。在产业技术方面，大型风力发电技术、风力发电并网技术将得到大力开发。

### 4. 生物质能产业发展分析

2011 年，我国生物质能产业在曲折中寻求发展，经历了中国航空生物燃料首次验证飞行成功、世界最大的生物质发电厂在广东运营、世界最大的非粮燃料乙醇企业被迫停产等诸多事件，整体上处于发展的初级阶段。据国家发展和改革委员会能源研究所统计，我国以非粮作物或植物生产生物燃料的潜力巨大。以非食用粮、糖类农作物为原料的燃料乙醇生产潜力近、中期约为 1500 万吨；以纤维素和藻类生物质为原料的先进生物燃料生产潜力在长期可达每年数千万吨。《可再生能源发展"十二五"规划》明确了"十二五"期间生物质能源领域的发展目标及具体的产业发展布局，提出到 2015 年年底，生物质发电装机将达 1300 万千瓦的目标。装机容量的增加意味着要建设更多的生物质能发电厂，为避免生物质发电厂出现重复建设、争夺燃料等问题，国家发展和改革委员会于 2010 年 8 月下发《关于生物质发电项目建设管理的通知》。同时，伴随生物质发电厂投资建设速度的加快，相关生物质发电设备制造企业将率先受益。

在未来生物质能产业技术方面，加工成型燃料和液体燃料（燃料乙醇和生物柴油）技术、纤维素制乙醇技术、生物质气化技术等都将进一步创新升级，以推动生物质能产业的发展。

## 5.8.3　中国新能源产业发展中存在的问题

1. 核能产业发展中存在的问题

1）核电自主科技创新能力有待提高

我国现今尚不完全具备百万千瓦级先进压水堆核电站的自主设计和设备制造能力，而只靠引进国外设备无法真正掌握核心技术。同时，核燃料生产能力和技术水平尚不能满足核电规模发展的需要，在铀资源、铀浓缩、核燃料元件制造及乏燃料后处理等关键环节的技术水平需提高。

2）核技术应用产业化进程缓慢

我国核技术应用产业在国民经济中的比重还很小，具有自主知识产权的创新成果少，成果转化率低，市场竞争能力差。

3）管理体制和运行机制有待改进

核电发展存在力量难以集中、低水平重复的问题，这与核电发展的体制紧密相关。核工业系统长期以来在计划经济体制下相对封闭，对国家资金、政策扶持的依赖性较强，管理体制和运行机制改革滞后。

4）核安全问题

日本的福岛核事故为世界敲响警钟，核安全问题不容忽视。我国在建设沿海及内陆核电时要权衡核电需求和风险，考虑安保问题。

5）核电高素质人才缺失

核电企业中多存在科技骨干年老退休、青年骨干队伍不稳定、高素质人才匮乏等问题，这就需加强核电人才的培养，为核电产业的发展作好智力储备。

2. 太阳能产业发展中存在的问题

1）太阳能热利用领域有待拓展

我国太阳能热利用领域主要解决洗浴用热水方面的问题，太阳能干燥、太阳能采暖、太阳能制冷等其他太阳能热利用领域有待更进一步研发和推广。

2）产业核心技术竞争力待加强

在光伏发电方面，虽然国内已有诸多顶着"高科技"、"新能源"等光环的太阳能光伏企业，但在全球产业链中仍处于较低端的加工地位。以太阳能发电所必需的材料多晶硅为例，中国对其生产只限于提纯过程，生产工艺尚不成熟。

3）标准体系与检测制度需完善

加快太阳能产业的标准体系建设，建立健全产品检测认证、监测制度，对假冒伪劣产品、不法企业、不法经营者要给予坚决打击和惩罚，避免劣质产品流入市场，确保太阳能产业和市场持续健康发展。

3. 风能产业发展中存在的问题

1）风电设备运行可靠性问题

风电机组故障率较高是我国风电机组平均可用率较低的一个主要原因。一些企业在盲目扩大产能的同时，忽略了对产品制造过程中的质量把关。此外，批量生产也是产品产生质量问题的一个原因，进而影响设备的可靠运行。

2）电网建设协调发展及安全性问题

由于我国风能资源丰富地区分布较偏远，电网架构较弱，难以实现规模化发展。大规模风电场接入电网整体安全性问题也亟待考虑，存在部分基层电网企业对风电场接入管理不严、擅自允许未通过并网安全性评价的风电场接入电网运行的现象。

3）管理制度及监管体系问题

存在风电项目工程质量管理不严格、监管不到位的现象。此外，一些风电场安全管理制度不健全，现场运行规程不完善，无功管理和二次系统管理不满足电网安全要求，电力调度机构需进一步加强对风电场的调度管理，建立一套完善的监管体系。

4. 生物质能产业发展中存在的问题

1）粮食资源的制约问题

燃料乙醇的大规模生产，减少了用做口粮的粮食供给。中国曾以大米、玉米等为原料进行生物质能生产，扩大了口粮的供需缺口，以粮食为原料生产燃料乙醇，会导致粮价大幅上涨，这些直接威胁着我国的粮食安全，以粮食为原料的生物质燃料生产不具备再扩大规模的资源条件。

2）完备的生物质能源工业体系有待建立

我国已实现以粮食为原料的燃料乙醇的产业化生产，但以其他能源作物为原料生产生物质燃料尚处于技术试验阶段，与规模化生产仍有一定距离。我国生物质能产业在技术、产品研发、创新上都有待提高，生产技术多处于研究阶段，一些相对成熟的技术尚缺乏标准体系和服务体系的保障，产业化程度低，完备的工业体系仍未建立。

3）商业模式不明确

生物质能产业是"十一五"期间唯一一个没有如期实现规划的新能源产业，这与商业发展模式不明确密切相关。补贴未明确地指向运营方或用户。例如，一些县级单位尽管申

请到国家新能源补贴项目，在后期运营上，由于建设规模越大耗费越多，政府资金紧张，而出现一些"搁置工程"和"烂尾工程"。

# 5.9 / 结论与建议

　　随着传统能源的稀缺性及环境问题的日益突出，以环保和可再生为特征的新能源逐渐成为诸多国家的"新宠"。同时，全球金融危机的爆发又为新能源产业发展提供了重大机遇：一方面，世界各国希望通过推动新能源发展来推动经济复苏；另一方面，新能源的发展能够帮助国家摆脱对传统能源石油的依赖，逐步引领形成新的世界经济增长模式——低碳经济。低碳经济是中国经济结构调整的重要方向之一，我国极为重视新能源产业的发展，"十二五"规划把发展新能源产业列入战略性新兴产业的行列，可见其战略性地位。

　　近年来，中国新能源产业发展势头强劲，但从国际新能源产业发展情况来看，仍有许多不足之处需要努力改善。现对我国新能源产业的发展提出如下建议。

　　1) 进一步完善新能源产业的发展规划，明确发展路线图

　　中国正处在以化石能源为主向可再生能源为主转变的过渡阶段，世界各发达国家都以发展新能源和绿色能源为首要任务来解决经济问题。中国应抢抓这次能源变革的机遇，结合"十二五"规划特别是能源发展规划等的编制，加强对能源战略、能源结构、能源布局、能源政策、能源价格，以及国际能源合作等一系列重大问题的研究，明确发展目标，理清发展思路和工作方向。明确发展路线图：我国未来新能源发展着力点应该遵循"补充能源→替代能源→主流能源→主导能源"的发展顺序[37]，明确我国新能源发展的阶段目标和长远目标，同时借鉴美国等发达国家的能源战略、决策和法规，指导我国新能源产业的发展。

　　2) 提高产业"软""硬"技术

　　我国新能源产业技术包括产品设计、生产和制造加工、产业规划、技术标准设定、监测管理等各项"硬"、"软"技术。在"硬"技术方面，要提高自主创新能力，力争向产业链上游发展，降低对国外产业配套技术的依存度。"软"技术方面，开发先进的电网调控和调度技术，构建智能电网，规范产业技术标准，同时明确法律法规对项目审批、专项资金安排、价格机制、上网电价等统一的协调机制。

　　3) 建立新能源产业资金和运营保障体系

　　新能源产业终端应用一般为发电，而我国的发电领域仍然是垄断性行业，市场运营资金和运营主体准入门槛高。国有大型能源企业在发电项目的运营权比较集中，致使民营和外商企业较难进入，这就需要加强运营主体的保障。此外，发电领域项目建设需要大量、持续的资金投入，这需要拓宽融资渠道，加强抗风险能力，因而要加强产业资金保障。

4）完善新能源价格政策

借鉴国外的相关经验，在可再生能源发电上给予税收补贴、上网电价补贴等，以鼓励使用新能源电力。在新能源发电项目的建设、电网接入、上网电价等方面给予更为优惠的价格政策，综合运用税收、财政、价格等手段，从产品定价、价格激励、价格补贴等多方面完善新能源价格政策。

5）加强基础研究，促进产学研结合

建议开展新能源电力并网、大幅提高光电转换效率、生物能源转化利用等新能源发展关键技术的基础研究，进一步完善以企业为主体、以市场为导向、产学研相结合的新能源科技创新体系，积极引入海外高新科技领军人才，建立政界、经济界和科技界共同组成的新能源创新联盟，鼓励企业和科研单位结成战略伙伴关系，使创新覆盖整个新能源产业链的所有重要环节。

# 参 考 文 献

［1］网集．赵秉忠．走近新能源．华北电业，2011，（04）：53，54.

［2］中华人民共和国中央人民政府．中华人民共和国国民经济和社会发展第十二个五年规划纲要．http：//www. gov. cn/2011lh/content_1825838_4. htm ［2011-03-29］.

［3］Emiliano P，Francols D，Zhores I A，et al. Avision for Photo voltaic Technology. Photo voltaic Technology Research Advisory Council，European Commission. 2005：22.

［4］Kazmerski L. Solar，photovoltaics R&D at the tipping point：a 2005 technology overview. Journal of Electron Spectros copy and Related Phenomena，2006，150：105-135.

［5］Shah A，Torres P，Tscharner R，et al. Photovoltaic technology：the case for thin-film solar cells. Science，1999，285（10）：692-695.

［6］科学技术部．国家"十二五"科学和技术发展规划．http：//www. most. gov. cn/kjgh/sewkjfzgh/ ［2011-08-03］.

［7］李俊峰，王仲颖．中华人民共和国可再生能源法解读．北京：化学工业出版社，2005.

［8］王丰华，陈庆辉．生物质能利用技术研究进展．化学工业与工程技术，2009，30（03）：32.

［9］中电联统计信息部．中电联发布全国电力工业统计快报（2011 年）http：//tj. cec. org. cn/tongji/niandushuju/2012-01-13/78769. html ［2012-01-13］.

［10］三星经济研究院．警惕光伏扩张热．http：//www. globrand. com/2011/524163. shtml ［2011-09-28］.

［11］国家发展和改革委员会．国家发展改革委关于完善太阳能光伏发电上网电价政策的通知．http：//www. sdpc. gov. cn/zcfb/zcfbtz/2011tz/t20110801_426501. htm ［2011-07-24］.

［12］World Wind Energy Association. World Wind Energy Report 2009. http：//www. wwindea. org/home/index. php? option=com_content&task=view&id=266&Itemid=43 ［2010-03-22］.

［13］World Wind Energy Association. World Wind Energy Report 2010. http：//www. wwindea. org/home/index. php? option=com_content&task=view&id=302&Itemid=43 ［2011-04-28］.

［14］World Wind Energy Association. World Wind Energy Report 2011. http：//www. wwindea. org/home/index. php? option=com_content&task=view&id=362&Itemid=43 ［2011-08-11］.

［15］王尔德．"十一五"生物质能源虎头蛇尾，"十二五"要建两百绿能示范县．中国化工报，第3版.

［16］王晓宁．中国太阳能光伏产业链剖析及其对产业的影响．电器工业，2008，（07）：44，45.

［17］史珺．光伏产业链全方位扫描．新材料产业，2011，（05）：9-99.

［18］国家发展和改革委员会，科学技术部，工业和信息化部，等．当前优先发展的高技术产业化重点领域指南（2011 年度）．http：//www. china. com. cn/policy/txt/2011-10/20/content _ 23678649. htm ［2011-06-23］.

［19］回彩娟．冷静发展构建风能产业链访中国电工技术学会名誉理事长周鹤良．电气制造，2009，（09）：14.

［20］王爽，刘佳佳．我国风电产业链优化与模块升级研究．电力经济研究，2010，（35）：257-259.

［21］薛一景，Henrik K. 风电技术对风电产业发展的影响．电器工业，2009，（06）：54，55.

［22］于汉启．风电技术的发展及风机选型．电网与清洁能源，2009，25（12）：85.

［23］冯丽敏．生物质能产业前景分析．农业科技与装备，2010，（02）：9-11.

［24］国家能源局．可再生能源发展"十二五"规划．http：//www. ipeec. cn/hangyezixun30. asp ［2011-11-02］.

［25］王丰华，陈庆辉．生物质能利用技术研究进展．化学工业与工程技术，2009，30（03）：32.

［26］张玉臣，彭建平．欧盟新能源产业政策的基本特征及启示．科技进步与对策，2011，12（28）：101，102.

［27］天津市滨海新区人民政府．关于印发滨海新区促进新能源产业发展若干措施的通知．http：//zfxxgk. bh. gov. cn/ConInfoParticular. jsp？id＝4051 ［2011-05-27］.

［28］河北省人民政府．河北省新能源产业"十二五"发展规划（2011—2015 年）．http：//www. hebei. gov. cn/article/20100712/1490730. htm ［2010-06-06］.

［29］山东省人民政府．山东省人民政府印发关于促进新能源产业加快发展的若干政策的通知．http：//www. sdetn. gov. cn/jnb/zcwj/webinfo/2010/01/1264142124664707. htm ［2009-12-15］.

［30］中国电子信息产业发展研究院．长三角："十二五"新能源产业发展重点与模式．http：//www. ccid-consulting. com/ei/gdcy/xny/sdpl/webinfo/2011/06/1308186256221355. htm ［2011-06-15］.

［31］刘卫东．锁定新能源产业的美国布局．瞭望，2010，（03）：61，62.

［32］中国半导体行业协会．德国光伏发电累计装机容量居世界首位．http：//www. chinapower. com. cn/newsarticle/1153/new1153503. asp ［2012-02-20］.

［33］新华网．丹麦政府公布能源发展计划．http：//news. xinhuanet. com/tech/2011-11/26/c _ 122338719. htm ［2011-11-26］.

［34］邹建平，张媛敏，曾鸣．丹麦风电发展经验研究及借鉴．改革与战略，2010，04（26）：182-184.

［35］徐美君．韩国的太阳能电池生产规模 2010 年将达到 1.8GW. 玻璃与搪瓷，2010，38（6）：44，45.

［36］工业和信息化部．太阳能光伏产业"十二五"发展规划．http：//www. miit. gov. cn/n11293472/n11293832/n11294072/n11302450/n14473643. files/n14473356. doc ［2012-02-24］.

［37］鲁峰．新能源产业可持续发展的战略思考．宏观经济管理，2009，（11）：45.

# 第6章
## 新材料产业技术分析

# 6.1 新材料产业相关概述

## 6.1.1 新材料产业概述

### 1. 新材料产业定义

《新材料产业"十二五"发展规划》指出:"新材料涉及领域广泛,一般指新出现的具有优异性能和特殊功能的材料,或是传统材料改进后性能明显提高和产生新功能的材料,主要包括新型功能材料、高性能结构材料和先进复合材料,其范围随着经济发展、科技进步、产业升级不断发生变化。"

新材料产业包括新材料及其相关产品和技术装备,具体涵盖了新材料本身形成的产业、新材料技术及其装备制造业、传统材料技术提升后的产业等。与传统材料相比,新材料产业具有技术高度密集、研究与开发投入高、产品的附加值高、生产与市场的国际性强,以及应用范围广、发展前景好等特点。新材料本身是一个高新技术,而且又是其他高新技术的基础和先导,所以新材料的发展水平体现了一个国家的科技发展水平和综合国力,对国民经济发展和国防现代化有重要的支撑和保证作用[1]。作为衡量一个国家经济、社会发展,科技进步和国防实力的重要标志,新材料产业的发展受到了世界各国特别是发达国家的重视。

### 2. 新材料产业分类

2010年10月发布的《国务院关于加快培育和发展战略性新兴产业的决定》提出,新材料产业要"大力发展稀土功能材料、高性能膜材料、特种玻璃、功能陶瓷、半导体照明材料等新型功能材料;积极发展高品质特殊钢、新型合金材料、工程塑料等先进结构材料;提升碳纤维、芳纶、超高分子量聚乙烯纤维等高性能纤维及其复合材料发展水平;开展纳米、超导、智能等共性基础材料研究"[2]。"十二五"规划指出,"新材料产业重点发展新型功能材料、先进结构材料、高性能纤维及其复合材料、共性基础材料"。

目前,中国在电子信息材料、先进金属材料、电池材料、磁性材料、新型高分子材料、高性能陶瓷材料和复合材料等方面已形成了一批新材料高技术核心产业。

#### 1)新型功能材料

新型功能材料是指那些通过新工艺、新技术生产的具有某些特殊物理、化学性能或使原有材料性能得到大幅度改良甚至具有新复合功能的材料。

相对于传统材料,新型功能材料一般具有高性能、多功能、智能化和高性价比等特点。新型功能材料种类纷繁,涉及多个不同行业,不仅包括市场一度热衷的纳米材料、磁性材料等产品,还包括与能源结合紧密的新型能源材料,与信息产业紧密结合的光通信材料,更有聚氨酯、氯化聚乙烯、有机氟材料等传统高分子材料。同时,生产这些产品的企业又分处不同行业，无论是设备、生产技术，还是销售市场均存在较大差异。新型功能材料在研制过程中其技术具有多样性、边缘性和综合性的特点。

2）先进结构材料

结构材料是以具有较好的力学性能（比如强度、韧性及高温性能等）作为结构件的材料。结构材料对材料的物理或化学性能也有一定要求，如光泽、热导率、抗辐照、抗腐蚀、抗氧化等。先进结构材料则是将结构材料的新发展和新成果融入传统结构材料之后的结晶，它包括金属材料、结构陶瓷、高分子材料及复合材料等涉及工程结构的主要用材，并广泛应用于国民经济的各个领域[3]。

3）高性能纤维及其复合材料

高性能纤维（high-performance fibers）是从 20 世纪 60 年代开始研发并推广的纤维材料，它的出现使传统纺织工业产生了巨大变革。所谓高性能纤维是指有高的拉伸强度和压缩强度、耐摩擦、高的耐破坏力、低比重（克/米³）等优良特性的纤维材料，它是近年来纤维高分子材料领域中发展迅速的一类特种纤维。[4]

高性能纤维具有特殊的物理化学结构、性能和用途，如耐强腐蚀、低磨损、耐高温、耐辐射、抗燃、耐高电压、高强度、高模量、高弹性、反渗透、高效过滤、吸附、离子交换、导光、导电及多种医学功能。

高性能纤维一般是指强度大于 17.6 里牛/分特，弹性模量在 440 里牛/分特以上的纤维。高性能纤维复合材料是发展国防军工、航空航天、新能源及高科技产业的重要基础原材料，同时在建筑、通信、机械、环保、海洋开发、体育休闲等国民经济重要领域具有广泛的用途。

4）共性基础材料

共性基础材料包括纳米材料、超导材料和智能材料。其中，纳米材料是指在三维空间中至少有一维处于纳米尺度范围（1～100 纳米）或由它们作为基本单元构成的材料；超导材料是具有在一定的低温条件下呈现出电阻等于零及排斥磁力线的性质的材料；智能材料是一种能感知外部刺激，能够判断并适当处理且本身可执行的新型功能材料。

智能材料是继天然材料、合成高分子材料、人工设计材料之后的第四代材料[5]，是现代高技术新材料发展的重要方向之一，将支撑未来高技术的发展，使传统意义下的功能材料和结构材料之间的界线逐渐消失，从而实现结构功能化、功能多样化。

新材料的具体分类如表 6-1 所示。

表 6-1　新材料的分类

| 材料类别 | 细分领域 | 应用 |
| --- | --- | --- |
| 电子信息材料 | 柔性显示 | 通信、计算机、信息家电与网络技术等现代信息产业 |
| | 高亮 LED 和半导体照明 | |
| | 化合物半导体材料 | |
| | 光纤和光通信组件 | |
| | 光电存储材料 | |
| | 其他平面显示 | |
| | 硅基锗基半导体 | |
| | 电子信息材料 | |
| | 电子材料和元器件 | |

续表

| 材料类别 | 细分领域 | 应用 |
|---|---|---|
| 功能新材料 | 高温超导材料、磁性材料、金刚石薄膜、功能高分子材料等 | 军事装备、工业、建筑、医疗和日常生活 |
| 先进陶瓷材料 | 结构陶瓷 | 电子工业：如用于制造芯片的陶瓷绝缘材料、陶瓷基板材料、陶瓷封装材料，以及用于制造电子器件的电容器陶瓷、压电陶瓷、铁氧体磁性材料等 |
| | 陶瓷基复合材料 | |
| | 功能陶瓷 | |
| 新能源材料 | 生物质能材料、风电材料、太阳能电池材料、储氢材料、核能材料等 | 能量储存和转换、降低碳排放、优化能源结构、实现可持续发展 |
| 高性能结构材料 | 高品质特殊钢 | 是国民经济中应用最为广泛的材料，从日用品、建筑到汽车、飞机、卫星和火箭等 |
| | 新型合金材料 | |
| | 工程塑料 | |
| 先进复合材料 | 结构复合材料 | 主要作为承力结构使用，由能承受载荷的增强体组元（如玻璃、陶瓷、碳素、高聚物、金属、天然纤维、织物、晶须、片材和颗粒等）与能联结增强体成为整体材料同时又起传力作用的基体组元（如树脂、金属、陶瓷、玻璃、碳和水泥等）构成 |
| | 功能复合材料 | 指除力学性能以外还提供其他物理、化学、生物等性能的复合材料，包括压电、导电、雷达隐身、永磁、光致变色、吸声、阻燃、生物自吸收等种类繁多的复合材料 |
| 化工新材料 | 有机氟材料 | 用于满足国民经济基础产业发展需求，如高性能复合材料、高性能工程塑料、轻质高强金属和无机非金属结构材料等 |
| | 有机硅材料 | |
| | 高性能纤维 | |
| | 纳米化工材料 | |
| | 无机功能材料 | |
| 纳米材料 | 纳米颗粒 | 碳纳米管、电化学生物传感器、化工领域的催化剂、隐身涂料、生物医药领域用于药物载体或介入性治疗等 |
| | 纳米固体 | |
| | 纳米膜 | |
| | 纳米磁性材料 | |
| 智能材料 | 智能材料 | 横跨所有的高技术学科领域，其组元有压电材料、形状记忆材料、光导纤维、电（磁）流变液、磁致伸缩材料和智能高分子材料等 |
| 生态环境材料 | 环境相容材料 | 从材料制造、使用、废弃直到再生循环利用的整个寿命过程，都与生态环境相协调，用于支持可持续发展 |
| | 环境降解材料 | |
| | 环境工程材料 | |
| 生物医用材料 | 医用金属材料 | 用于医疗诊断、治疗或替换人体组织、器官或增进其功能等 |
| | 医用高分子材料 | |
| | 生物陶瓷材料 | |
| | 纳米材料、复合材料 | |
| 新型建筑材料 | 新型墙体材料 | 建筑 |
| | 化学建材 | |
| | 新型保温隔热材料 | |
| | 建筑装饰装修材料 | |

资料来源：①杨亲民.2004年.新材料与功能材料的分类、应用与战略地位.功能材料信息，02期：18-23；②王天民，等.2011.生态环境材料——材料及其产业可持续发展的方向.中国材料进展，30（8）：8-16.根据以上资料整理

本书根据"十二五"规划关于新材料的发展方向及国内外新材料的研究热点，遴选出了纳米、碳纤维、稀土等重点材料进行相关分析。

## 6.1.2 新材料产业市场容量

1. 纳米材料产业市场容量分析

1) 全球市场容量分析

受国际金融危机影响，纳米材料技术开发和产品销售速度有所减缓。同时，由于可能对人类健康和环境存在潜在的负面影响，这一产业或将放慢发展速度，但业界人士仍乐观地认为，未来纳米材料市场规模将十分可观。2011 年 8 月，Lux 预测，全球纳米技术与产品的销售额到 2015 年将达到 2.5 万亿美元，如图 6-1 所示。

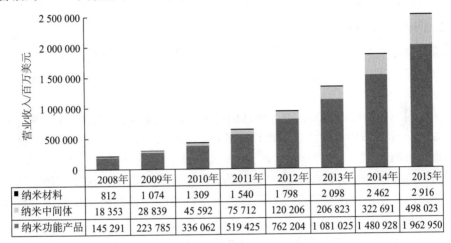

| | 2008年 | 2009年 | 2010年 | 2011年 | 2012年 | 2013年 | 2014年 | 2015年 |
|---|---|---|---|---|---|---|---|---|
| ■ 纳米材料 | 812 | 1 074 | 1 309 | 1 540 | 1 798 | 2 098 | 2 462 | 2 916 |
| ▨ 纳米中间体 | 18 353 | 28 839 | 45 592 | 75 712 | 120 206 | 206 823 | 322 691 | 498 023 |
| ▤ 纳米功能产品 | 145 291 | 223 785 | 336 062 | 519 425 | 762 204 | 1 081 025 | 1 480 928 | 1 962 950 |

图 6-1　全球纳米技术与产品的销售额趋势

资料来源：根据 Lux Research，Inc. 相关资料整理

近年来，亚太地区组合纳米技术的产品销售额与美国和欧洲相比增长较快。美国和欧洲占所有纳米材料销售额的 2/3 以上，但到 2015 年这两个地区所占的市场份额均将下降 2%～3%。导致这种趋势的主要因素是亚太地区汽车工业发展较快，该地区纳米材料销售额将增长 5%。纳米材料在环境领域的应用比率预计将强劲增长。从事市场研究的 BCC 公司预测，2008～2014 年，纳米技术应用于环境领域的市场规模年增长率将达到 61.8%，销售额将从 2008 年的 11 亿美元增长到 2014 年的 218 亿美元[6]。

纳米材料和纳米结构是当今新材料研究领域最富有活力、对未来经济和社会发展有着十分重要影响的研究对象，也是纳米科技最为活跃、最接近应用的重要组成部分。尽管目前半导体市场前景低迷，但是，随着半导体厂商亟待降低制造成本以提升获利，纳米材料市场将逆势增长，预计到 2015 年其年复合增长率将达到 40%。2009 年，纳米材料整体市场规模达到 8 亿美元，在半导体领域的应用达到 63%。到 2015 年，该比率虽然会下降到 58%，但是整体纳米材料市场规模亦将增长到 70 亿美元[7]。

2) 中国市场容量分析

纳米材料的发展影响着信息、生命医药、能源环保、传统产业及生物仿生与农业等领域的发展。因此，纳米材料的市场容量乃至潜在容量都是巨大的[8]。

纳米硬质合金在难加工和精密加工领域具有广阔的应用前景和市场需求，已成为高附加值硬质合金的发展方向。我国每年高性能硬质合金的市场需求量为20亿元左右，这为国内纳米材料占据更大市场提供了良好的宏观环境。

纳米材料在我国纺织行业中的应用也带来了数十亿元的收益，纳米功能氧化物填充为织物纤维的发展带来了一场革命，其市场规模将超过20亿元。但由于纳米材料工业化生产开发投入巨大周期较长，应用市场仍需长期培养。

中国经济的快速增长和社会可持续发展，对发展新型能源及纳米材料具有迫切的需求。纳米材料在解决21世纪日益突出的能源危机问题上，将获得重大进展并形成一个新的经济增长点，国内的市场潜力可达80亿元以上。

2. 碳纤维材料产业市场容量

1）全球市场容量分析

世界碳纤维年生产能力已由2004年的34 000吨提高到2008年的67 000吨，其中小丝束由25 000吨提高到51 600吨，比2004年增加104%[9]。2009年，国际市场碳纤维供应恢复正常，价格大幅回落。

由于碳纤维应用领域的不断拓宽，全球碳纤维的需求量也在不断增加，如图6-2所示。1997～2002年，全球碳纤维的需求量年均增长率达到5.8%；2002～2007年，碳纤维的需求量年均增长率约为8%。碳纤维需求扩大的主要原因包括两个方面：其一是越来越多的民用飞机制造商将碳纤维作为机体材料；其二是碳纤维在风力发电、液化气罐、自行车、体育用品等领域的用途正在逐渐扩大。目前，世界碳纤维的消费结构集中在工业应用、航天航空和体育休闲三个方面。2011年，世界碳纤维的需求量达5.057万吨/年，同比增长10.1%，其中，一般工业需求量达3.124万吨/年，航空航天需求量达1.120万吨/年，体育休闲用品需求量达0.813万吨/年。[10,11]

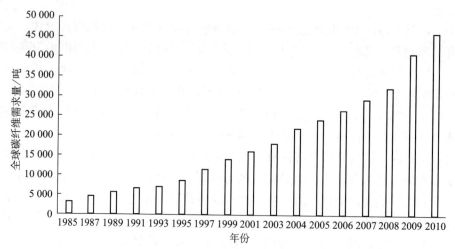

图6-2 1985～2010年全球碳纤维需求量变化趋势
资料来源：根据中信建投证券研发部、《中国证券报》相关资料整理

金融危机之后，全球碳纤维市场重拾升势。2010年，全球聚丙烯腈基碳纤维的生产能力达到7.70万吨/年，沥青基碳纤维生产能力为1830吨/年。碳纤维最主要的用途来自工业领域。到2015年，工业用途将是最主要的碳纤维消费领域，将超过总消费量的65%。从

地区分布看，欧洲需求最大，并将继续保持，预计到 2015 年将占全球消费量的 52%。与此同时，亚洲将占 18%，美国及日本将分别占 15%。除了目前较为熟知的碳纤维消费领域外，未来更为广泛的用途将在汽车工业[12]。

目前，世界各国发展的主要是聚丙烯腈（PAN）基碳纤维和沥青基碳纤维。其中，PAN 基碳纤维是当今世界碳纤维发展的主流。世界碳纤维需求每年将以大约 13% 的速度飞速增长，2011 年 PAN 基碳纤维的全球需求量将达 7.5 万吨，到 2018 年则可能达到 11 万吨[11]。七大碳纤维制造商（日本东丽工业株式会社、日本东邦特耐克丝株式会社、日本三菱丽阳株式会社、德国西格里集团、美国赫氏公司、美国氰特工业公司和美国卓尔泰克公司），已宣布计划在未来 3～5 年内扩产 78%，总投资额约为 13 亿美元。沥青基碳纤维在产业领域的需求也在增长，特别是在环境相关产业引人注目，其市场规模约 3000 吨[13]。因此未来几年世界碳纤维市场格局大体是基本持平或供过于求。

2）中国市场容量分析

我国碳纤维的总体水平远落后于发达国家，全球碳纤维的市场 95% 以上掌握在国外大型企业的手中。国产碳纤维产品集中在通用、基础和低档次品种上，不能完全满足国内市场需求，在产品性能和成本上难以与国外产品竞争，国内市场缺口巨大。2000 年，中国碳纤维的自给率（产量/表观消费量）仅为 2.3%；2009 年有所上升，但也仅为 16.1%，大部分仍需依赖进口。随着未来产能的不断扩增，2015 年的自给率将在 45% 左右[14]。

我国碳纤维消费量情况及预测如图 6-3 所示。2000～2009 年，我国碳纤维消费年均增长率为 12.4%，受国外碳纤维出口限制，国内碳纤维消费被严重抑制，增长变化较大，尤其是在 2006～2008 三年里，全球供应不足，价格高企，造成国内市场需求量零增长和负增长，未来随着国内碳纤维的供应量提升及新兴领域的需求快速增长，其消费量将会稳步上升，到 2015 年将达到 2 万吨左右，年均增长率在 20% 以上。

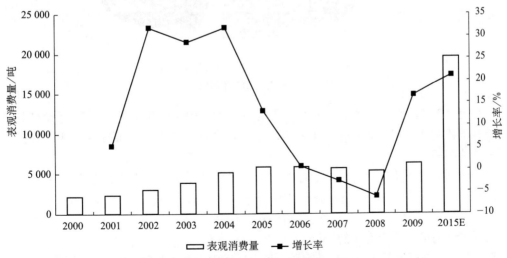

图 6-3 我国碳纤维消费量情况及预测

资料来源：根据中信建投证券研究部相关资料整理

中国碳纤维消费结构与国外对比情况如表 6-2 所示。可以看出，我国碳纤维的消费结构与日本类似，多集中在体育休闲用品领域，而日本近几年在飞机、汽车、建筑、压力容器等领域的应用增长很快，与欧洲、美国、日本等发达国家和地区相比，国内碳纤维在新兴工业及航天领域的应用远不成熟。

**表 6-2　2009 年中国碳纤维消费结构与国外对比情况**　　（单位：％）

| 应用领域 | 中国 | 日本 | 美国 | 欧洲 |
| --- | --- | --- | --- | --- |
| 体育休闲 | 79 | 75 | 22 | 8 |
| 航空航天 | 3 | 7 | 43 | 26 |
| 新兴工业 | 18 | 18 | 35 | 66 |

资料来源：根据方巍.2010.碳纤维国内外市场和贸易状况分析及预测.新材料产业，（9）：14-18 相关资料整理

我国航空领域未来 10 年碳纤维的用量很难有大幅度的提高，国内碳纤维市场发展的重点是新兴工业应用领域。其中风力发电机叶片、建筑材料、汽车、压力容器和高压输电线增长潜力很大，是今后应用量较大的市场。工业领域的消费量将会赶超体育休闲用品的消费量，我国消费结构也渐趋合理。预计到 2015 年，我国碳纤维产品将有 47％用于新兴工业，46％用于体育休闲，7％用于航空航天[15]。

3. 稀土材料产业市场容量

1）全球市场容量分析

世界稀土资源分布极不均匀，主要集中在中国、独立国家联合体（简称独联体）、美国、澳大利亚、印度等几个国家，其中中国的占有率最高，为 48.4％，如图 6-4 所示，相对 20 世纪 70 年代的 90％来说，占有率已大幅下降，但产量仍然占世界总产量的 97％。

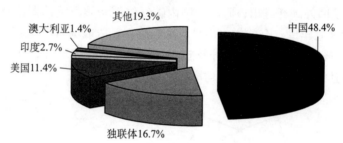

其他19.3%
澳大利亚1.4%
印度2.7%
美国11.4%
中国48.4%
独联体16.7%

图 6-4　2011 年世界稀土资源储量分布
资料来源：根据 USGS 相关资料整理

2011 年 12 月，罗兰贝格管理咨询发布的报告称，由于价格暴涨，2011 年全球稀土市场规模有望达到 270 亿欧元。除了工业需求增长，价格急速上涨的原因还有中国在这一领域所占据的垄断地位。

美国加利福尼亚州正大规模增加稀土开采，2012 年美国继续保持稀土产品主要消费国、出口国和进口国地位，2012 年美国稀土冶炼产品进口额大约为 6.15 亿美元，比 2011 年的 8.02 亿美元有所减少[16]。日本日立金属有限公司也在计划扩大稀土开采，韩国与缅甸则达成共同开发缅甸境内稀土资源的协议。

随着西方企业开办新矿场与目前主导世界市场的中国公司竞争，到 2013 年将出现供应过剩；2014 年，过剩量将达到 5860 吨，相当于预期需求量的 3.2％。全球稀土价格在 2010 年翻涨了 4 倍，2011 年前 4 个月又翻涨了 1 倍。其中，用于制造耳机和油电混合动力车等产品的稀土矿"钕"（Nd），价格从 2010 年的每公斤约 42 美元大幅上涨到 283 美元以上。制造导弹的关键原料"钐"（Sm），也从 2010 年的每公斤 18.50 美元飙升到每公斤 146 美元以上。

2）中国市场容量分析

近十几年，中国的稀土消费量呈上升趋势，如图 6-5 所示。2010 年中国稀土消费约 8.7
万吨，其中在新材料领域消费 5.38 万吨，稀土永磁消费 3.41 万吨，占中国稀土新材料总
消费量的 67％，占中国总稀土消费量的 39％，是我国主要的消费市场。

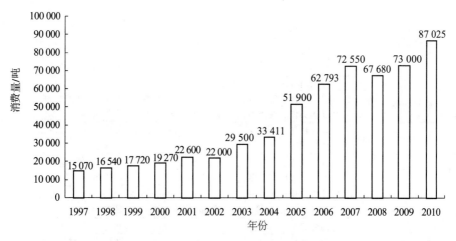

图 6-5　中国稀土消费量变化趋势

资料来源：根据国家发展和改革委员会产业协调司．1998～2011．特别报道．中国稀土（1997～2010）相关资料整理

中国稀土产量占到世界的 97％[17]。面对庞大市场利益的诱惑，我国渐渐出现稀土资源开采
过度的危机，这给中国稀土产业的可持续发展带来严峻挑战。针对国内稀土资源开发存在的问
题，中国加大了对稀土资源开发政策调控的力度，实行指令性生产和出口配额制度。2010 年，
中国稀土开采总量控制指标为 8.92 万吨，同比增长 8.4％；稀土产品出口配额为 3.03 万吨，同
比下降 39.5％。2011 年，我国出口配额达 3.02 万吨，而国际市场需求为 5.92 万吨[18]。

由于出口市场规模大幅下降，2011 年第一季度，稀土市场很快就迎来了供不应求的局
面。稀土价格暴涨及稀土矿厂商对货量和价格的牢固控制，推动了稀土市场进入最为火热
的阶段。第一季度稀土金属的平均价格为每吨 44 361 美元，几乎为 2010 年价格的两倍。进
入第二季度之后，由于游资的炒作，稀土供不应求的情况更加严重，价格也随之继续飙升。
其中钕（Nd）、镨钕（PrNd）、镝（Dy）、铽（Tb）、铕（Eu）等稀土元素价格上涨尤为激
烈。根据国家海关总署统计，2011 年 1～5 月中国稀土矿石、金属及化合物的出口量为
23 742 吨，同比下降 8.8％。其中，5 月稀土出口量为 5130 吨，较 4 月下降 11％。尽管出
口量下降，但 1～5 月出口额飙升 242.5％，至 16 亿美元，较 2010 年同期增长逾 2 倍[19]。

中国稀土产业的竞争主体将大幅减少，中国南方稀土版图将重新洗牌，离子型稀土的
生产和销售格局将发生重大变化，而北方稀土的销售早已被包钢稀土垄断，因此未来稀土
市场总体上还是会保持上涨态势[20]。

## 6.1.3　新材料产业链和技术链分析

1. 纳米材料产业链与技术链分析

1）纳米材料产业链分析

纳米材料产业链主要包括上游纳米颗粒型材料、纳米固体材料、纳米膜材料、纳米磁

性液体材料的研究与生产，中游纳米材料与其他材料和技术复合而成的各种具有特殊功能器件的生产，下游则是这些具有特殊功能的器件在不同领域中的应用。纳米材料产业链基本情况如表 6-3 所示。

**表 6-3　纳米材料产业链**

| 分类 | 上游 | 中游 | 下游 |
|------|------|------|------|
| 纳米颗粒型材料 | 金属磁粉 | 金属磁带、磁盘等 | 家电、微型计算机等 |
| | 超细银粉、镍粉等 | 化学电池、燃料电池、光化学电池中的电极等 | 新能源汽车、航空航天、电子工业等 |
| | 超微镍颗粒 | 微孔过滤器 | 发酵、医药、生物技术等 |
| | 磁性超细微粒 | 药剂载体 | 医药等 |
| | 其他 | 防辐射纤维、电热纤维、隐身材料等 | 航空航天、电子、纺织工业等 |
| 纳米固体材料 | 纳米陶瓷 | 电子陶瓷、集成电路、微型组件、大功率半导体器件、陶瓷涡轮机等 | 电子计算机、电子工业、机械工业、生物医药等 |
| | 复合纳米固体材料 | 火箭喷气口、航空飞机隔热层、核聚变反应堆结构等 | 航空航天、核电站、生物医药、汽车等 |
| 纳米膜材料 | 颗粒膜材料 | 红外线传感元件、光热转化元件、光电转化元件、气体湿度多功能传感器等 | 平板显示、建筑、太阳能电池、终端设备、汽车玻璃等 |
| 纳米磁性液体材料 | 金属磁性微粒制成的磁性液体 | 计算机硬盘转轴处的防尘密封、单晶炉转轴外的真空密封、X 光机转靶部分密封材料 | 机械、电子、仪器、宇航、化工、船舶等 |
| | 导热剂 | 扬声器 | 机电设备 |
| | 阻尼剂 | 阻尼器件 | 机电设备、精密仪器、光学设备等 |
| | 其他 | 分离器 | 环境保护等 |
| 国内重要公司 | 安泰科技、南风化工、中南钻石等 | 爱建股份、亿安科技、天兴仪表等 | 小鸭电器、五菱 B 股、美菱电器等 |

资料来源：①李淑娥，唐润清，刘汉忠 . 2007. 纳米材料的分类及其物理性能 . 济宁师范专科学校学报，28（3）：10-11；②黄红祥 . 2004. 纳米材料及其应用 . 安徽化工，（2）：6-7

　　纳米材料上游产业粗具规模，集群效应初显。目前，中国在纳米碳酸钙、纳米氧化锌、纳米氧化硅等领域实现了一定的产业化生产。不同地区生产基地的建立，将有利于实现纳米集约化生产，提高产业的集群效应，带动当地相关原料、下游产品市场的发展。

　　纳米材料下游需求旺盛，市场潜力巨大。纳米材料是纳米陶瓷、复合纳米材料、隐身涂料、吸波材料、催化剂、塑料等行业重要的原料。随着中国在世界制造业中心的地位日益确立，航空航天、汽车、机械、电子设备、包装等行业必将保持持续增长，特别是经过纳米材料改性，有优越产品性能的陶瓷、涂料、塑料等产品的国内外需求都将有很大的增长。下游产业的美好发展前景为纳米材料提供了广阔的市场空间。

　　2）纳米材料技术链分析

　　纳米技术渐趋成熟，进入壁垒下降。纳米技术是世界各国目前研究的重点领域之一，大型跨国公司和科研机构都投入巨资从事纳米材料的开发和产业化工作。目前，纳米材料存在的制造工艺控制复杂、产品生产技术成本高等问题，未来将逐一得到解决。基于纳米材料、器件优异的性能，随着纳米材料生产成本的下降，必能在未来得到广泛应用。

　　目前，纳米技术已经渗透到家电、服装、建材等传统产品领域。由于纳米材料具有除菌、防紫外线、耐磨等一系列普通产品所不具有的特殊性能，经过纳米技术改造后的传统产品材料也会具有上述特性，所以这类产品的需求增长，必将带动纳米技术在传统产品材料领域更加深入的研究。纳米产品除了在传统生活产品领域需求将有大的增长之外，还将在工业应用领域获得很大的发展。随着航天技术、生物医药技术、太阳能技术研究的深入，未来纳米技术和这些热门科研领域的相结合的应用材料也将成为下一个需求热点。

通过总结纳米材料制备技术、纳米材料应用技术及产品研发技术等方面的内容，结合纳米材料产业链的构成模块，得到纳米技术的技术构成，如图6-6所示。

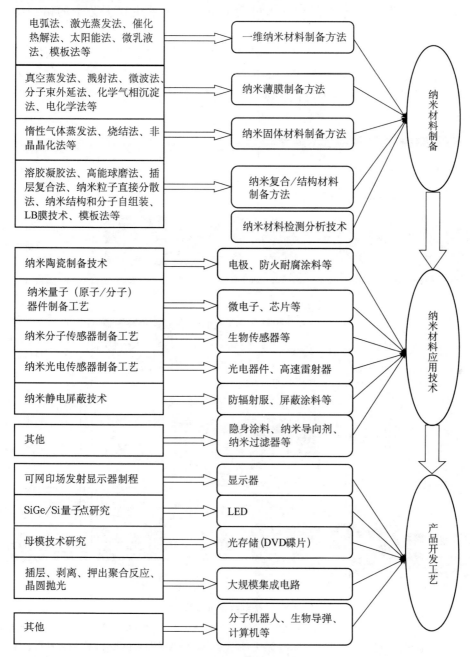

图 6-6　纳米材料的技术构成

资料来源：①张姝，等.2001.纳米材料制备技术及其研究进展.四川师范大学学报（自然科学版），24（5）：516-519；②盖轲，李锡恩，刘文君.2002.纳米材料制备方法简介.甘肃教育学院学报（自然科学版），16（1）：43-46；③李群.2008.纳米材料的制备与应用技术.北京：化学工业出版社：150-330；④王淼，等.2000.纳米材料应用技术的新进展.材料科学与工程，18（1）：103-105

　　纳米技术是获得材料特殊性能的重要途径，此外由于纳米材料电磁性能的改变及表面积的增加，它已成为开发隐身材料、催化剂、磁性材料的重要手段。同时，纳米技术也是未来信息技术的希望之所在。

　　纳米生物学的发展促进人们在纳米尺度上进一步了解生物大分子的精细结构及其功能[21]。

　　纳米材料为环保科学的发展提供了一种新思路。例如，纳米颗粒的多金属混合粉末烧结体可以代替贵金属作为汽车尾气净化的催化剂。纳米储氢技术的研究和发展，将会缓解能源需求的危机，并能提供一种可代替碳氢化合物燃料的清洁能源，为"绿色技术"提供技术基础。

2. 碳纤维材料产业链与技术链分析

1）碳纤维材料产业链分析

碳纤维的产业链如图 6-7 所示。

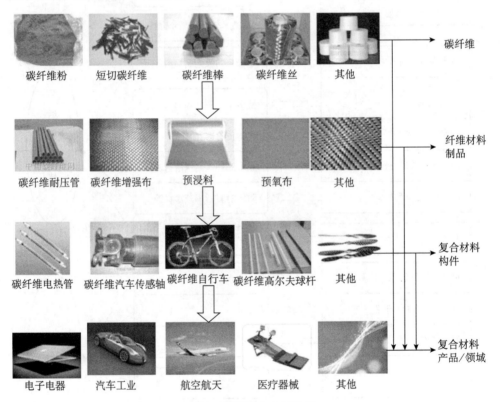

图 6-7　碳纤维产业链简图

　　资料来源：①林刚，冯军，申屠年.2010.掌握前沿 创新理念 科学发展——中国碳纤维及其复合材料发展之我见.
高科技纤维与应用，35（5）：20-25；②沈真.2010.碳纤维复合材料在飞机结构中的应用.
高科技纤维与应用，35（4）：1-4

　　碳纤维产业链关联度非常紧密，碳纤维下游产业需求的增加必将带动碳纤维上游、中游产业的发展。通过不断推进从碳纤维向纤维材料及复合材料制品的纵深发展，完善产业链，扩大碳纤维的应用范围，整个碳纤维行业必能实现跨越式发展[22]。

2) 碳纤维材料技术链分析

碳纤维技术基本组成如图 6-8 所示。

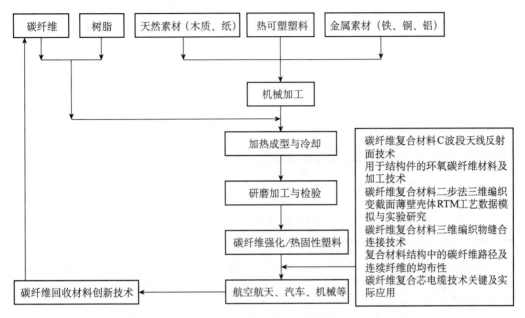

图 6-8 碳纤维材料的技术组成

资料来源：根据以下资料整理：①孟玉竹.2008.碳纤维材料及应用.河北工程技术高等专科学校学报，(3)：14-16；
　　　　　②蔡小平等.2010.碳纤维材料工程技术研究进展.中国材料进展，29 (3)：49-54

总的来讲，制备碳纤维的新技术可归纳为三大方面。第一，研究发展廉价原丝。在高性能碳纤维成本中原丝所占比例为 40%～60%，国外从两方面降低原丝的成本，一是试探采用聚丙烯腈外的其他材料作为制备高性能碳纤维的原丝，包括低密度聚乙烯（PE）、高密度聚乙烯（HDPE）和聚丙烯（PP）等其他聚烯类高分子材料及木质素等；二是改进现有工艺 PAN 原丝的技术，达到降低成本的目的，包括采用纺织用的聚丙烯腈、化学改性、辐照稳定化处理等。第二，研究发展新的预氧化技术。预氧化工序在高性能碳纤维成本中所占的比例为 15%～20%，而且预氧化工序的时间也比较长，对缩短生产周期，降低成本有重大现实意义。目前在预氧化方面的新思路是采用等离子技术。第三，研究发展新的碳化和石墨化技术。碳化和石墨化是制备高性能碳纤维的关键工序，在成本中所占比例为 25%～30%，对产品的最终性能影响极大。在碳化和石墨化方面的新思路是采用微波技术。

3. 稀土材料产业链与技术链分析

1) 稀土材料产业链分析

从稀土材料产业链的构成图 6-9 可以看出，稀土是众多产业的上游材料，稀土材料产业下游需求旺盛，这为相关上市公司提供了业绩爆发式的增长机遇。稀土材料作为功能材料，应用十分广泛，大到航空航天军工设备，小到照明灯家用电器等，都或多或少添加了稀土材料，用量少但不可或缺。在稀土材料的消费结构中，永磁材料、催化净化和发光材料是其主要应用领域。其中，在永磁材料方面，新能源汽车、风电、计算机、节能电器等行业是未来钕铁硼永磁体的主要需求领域，而这些行业在节能减排和新能源政策的导向下，将具有巨大的发展潜力，未来 10 年将会保持快速成长态势，从而拉动对稀土材料产业的需求[25]。

然而，在政策背景下的涨价预期，上游企业囤货惜售，下游企业不仅要承受高成本的压力，而且面临无法组织有效生产的困局。稀土原材料短缺引发的危机，在伤及单个应用企业的同时，由此引发的技术、工艺的倒退则可能对整个稀土产业链带来致命伤害。

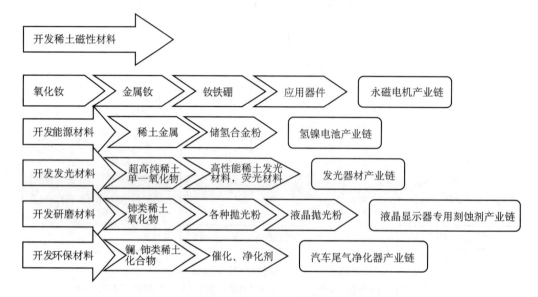

图 6-9　稀土材料产业链分析

资料来源：根据以下资料整理：①张丽颖，李胜连 . 2012. 稀土产业链综合绩效评价现状、问题与展望 . 华东经济管理，26（1）：68-71；②尹诚祥，姬亮明 . 2004. 整合稀土资源 优化产业结构 发展壮大稀土产业 . 稀土信息，（12）：34-35

2）稀土材料技术链分析

从技术链上来看（图 6-10），中国所拥有的核心技术主要集中在技术链中的稀土开发环节，在稀土精细化工产品质量、一致性方面还落后于世界先进水平。稀土精细化工产品具有技术密度高、投资回报大、技术垄断性强、销售利润高的特点。中国稀土企业未来几年必须在技术领域取得突破，才可能保持企业较高利润率和发展速度。

稀土在高技术领域的作用只有在原料高纯化后，其各项物理、化学特性才能充分发挥出来，如发光材料、激光材料、光电子材料等要求稀土纯度达到 99.99％ 以上；非稀土杂质含量要求越来越低，如 Fe、Cu、Ni、Pb 等重金属含量要求小于 $1 \times 10^{-6}$。因此，高纯化将是未来稀土产品的一个发展方向[26]。

稀土新材料的开发主要依靠稀土与其他化合物经过一系列工艺过程形成复合稀土材料，复合化是稀土化合物产品的发展趋势。稀土化合物的粒度将影响应用材料的质量，因为随着粒度的减小，比表面积也随之加大，表面活性不断改善，稀土的功能才能得到更充分的发挥。超细化能够促使各项物理化学反应加速，颗粒之间的结合力增加。稀土化合物的超细化既是一项复杂的、技术深度高的研究，也是提高稀土化合物经济价值的重要手段。另外，对稀土化合物比表面积、晶体、形貌、比重等方面也提出了特殊的要求。

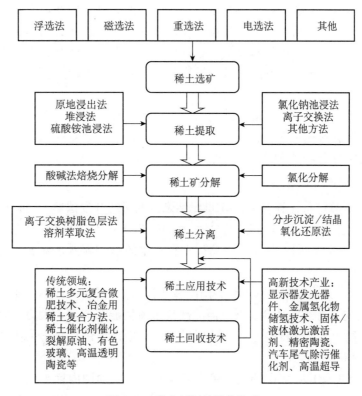

图6-10 稀土材料的技术构成

资料来源：根据以下资料整理：①车丽萍，余永富.2006.我国稀土矿选矿生产现状及选矿技术发展.稀土，27（1）：95-102；②王伟生等.2006.我国现行主要稀土矿分解流程的经济技术指标分析.中国稀土学报，24（4）：385-390

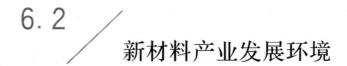

# 6.2 新材料产业发展环境

## 6.2.1 美国新材料产业发展环境

### 1. 美国新材料产业发展背景

美国新材料科技战略目标是保持本领域在全球的领导地位，支撑信息技术、生命科学、环境科学和纳米技术等的发展，以满足国防、能源等领域对新材料的需求。美国为此制订的与低碳经济相关的新材料发展计划主要包括"21世纪国家纳米纲要"、"国家纳米技术计划"、"未来工业材料计划"、"光电子计划"、"光伏计划"、"下一代照明光源计划"、"先进汽车材料计划"、"化石能材料计划"、"建筑材料计划"、"NSF先进材料与工艺过程计划"等。

奥巴马是美国历史上第一位把鼓励自主创新作为国家政策的总统。奥巴马承诺新一届政府将是拥护科学技术的政府，将致力于投资科学，促进自主创新，鼓励美国人民最大限度地发挥独创性和企业家精神，确保美国科技产业的竞争力。从美国的长期策略来看，除注重自己本土科学、技术、工程和数学人才的培养外，吸引国外专业人才来满足其高素质劳动力需求也是必然的选择。奥巴马强调要重视本国国民的职业培养并尽可能雇佣本国人，但在较长时期内美国对外国技术移民的依赖还将继续存在。

面对金融危机带来的经济严重衰退局面，美国各界对科技创新寄予厚望，期望新的创新突破推动世界经济恢复并进入新的增长周期。基础科学是创新的源泉，加强基础科学前沿的布局是美国保持未来创新能力、增加竞争力的关键。

### 2. 美国新材料产业政策

2003 年，美国总统布什签署了《21 世纪纳米技术研究开发法案》，批准从 2005 财政年度开始的 4 年内，投入 37 亿美元促进纳米技术的研究开发[27]。同年，美国能源部发布《未来 20 年科学发展战略规划》，其中，战略规划重点中的第三项就是发展纳米计算，开发新材料、新方法。

2009 年 12 月，美国发布了《重整美国制造业框架》，再次确认制造业是美国经济的核心[28]。该框架优先支持经济社会发展急需的高技术清洁能源产业，大力发展资本密集和高生产率的生物工程产业，保持航空产业的领导地位，振兴钢铁和汽车工业（重点是电动汽车），积极培育纳米技术产业。

由于稀土市场的变化，美国调整了稀土开发政策，启动国内稀土生产。美国众议院于 2010 年 9 月 29 日通过法案，即《2010 年稀土与关键材料振兴法案》，授权在美国境内开发稀土材料，确保美国产业需求的长期供应。

### 3. 美国新材料产业规划与研发计划

美国白宫科技办公室于 2011 年 2 月发布了美国 2011 纳米技术发展战略（NNI）。美国国家纳米计划是美国联邦政府机构间跨部门的一项系统计划，旨在协调美国纳米技术的整体研发，增强整个美国在纳米尺度上的科学研究合作力度，确保美国在纳米技术、工程技术方面的世界领先地位。

美国第一个国家纳米技术计划发布于 2000 年，当时的战略计划提出了美国政府发展纳米科技的战略目标和具体战略部署，它标志着美国进入全面推进纳米科技发展的新阶段。2011 版的战略计划仍然沿袭了老版的整体战略目标，但在具体战略部署方面作了微调。

2011 新版战略计划在具体战略部署上主要集中在以下四个目标上[29]。

（1）保持美国的纳米计划研发占据世界领先地位：继续加大支持研发力度；酝酿启动至少 5 个跨学科的纳米技术研究计划；确定并支持国家目标的纳米技术相关研发领域；大力发展纳米技术的规模化经济。

（2）加大纳米技术商业化、产品化的力度：延伸研发链条，加速大规模生产；关注产业界需求，加快商业化进程；加强基础设施建设，建立全国设备、条件支撑体系；扶持纳米技术相关的小企业；增强美国在纳米技术领域的国际化参与程度。

（3）强化教育资源，加强技术培训，促进创新：启动并提升教育培训项目；提供持续的专业技术人才培训支持。

（4）负责任地发展纳米技术：将纳米材料的安全性纳入纳米产品的考量当中；加强与

国际社会在标准化研究方面的协作；加强伦理及法律方面的研究管理力度。

遵照 2009 年《美国复苏和再投资法案》，美国能源部已拨款 3470 万美元，在橡树岭国家实验室建立一碳纤维技术中心。该中心主要设备包括一条常规的碳纤维生产线和一条熔纺纤维生产线，并备有位置和辅助设施以供增装一条使用先进技术的生产线[30]。2012 年 1 月，美国陶氏与土耳其领先的碳纤维企业阿克萨公司共出资 10 亿美元合作研究开发碳纤维，研究目的是将碳纤维广泛引入工业领域。

美国共有 14 个州蕴藏着大量稀土矿，其中已知储量最大的是加利福尼亚州的帕斯山。美国最大的稀土供应商磨力考普矿产公司已经恢复对帕斯山稀土矿山的开采作业，以满足美国军事装备需要[31]。此外，磨力考普公司还先后与日本日立金属有限公司及日本住友商事公司就稀土资源问题展开合作，以便在稀土争夺战中取得优势。2012 年 8 月，磨力考普矿产公司正式启动重稀土生产，预计 2013 年达到年分离 19050 吨稀土氧化物的设计生产能力。

## 6.2.2 欧洲新材料产业发展环境

### 1. 欧洲新材料产业发展背景

2003 年 9 月，欧盟召集专家共同探讨材料学的未来发展，决定着力推动 10 大材料研究领域的发展，它们分别是催化剂、光学材料和光电材料、有机电子学和光电学、磁性材料、仿生学、纳米生物技术、超导体、复合材料、生物医学材料及智能纺织原料。欧盟第六个框架计划确定了 7 项优先主题，与材料有关的就有信息社会技术，纳米技术和多功能材料及其新的生产工艺和设施，航空和航天，可持续发展、全球变化和生态系统 4 项。目前，欧盟新材料科技战略目标是保持在航空航天材料等某些领域的领先优势。

欧盟委员会 2009 年 3 月宣布，欧盟将在 2013 年之前投资 1050 亿欧元支持欧盟地区的"绿色经济"，促进就业和经济增长，保持欧盟在"绿色技术"领域的世界领先地位。这笔巨额款项将全部用于环保项目及与其相关的就业项目，其中 540 亿欧元将用于帮助欧盟成员国落实和执行欧盟的环保法规，280 亿欧元将用于改善水质和提高对废弃物的处理和管理水平[32]。这无疑为低碳新材料的发展带来了巨大商机。

### 2. 欧洲新材料产业政策

目前针对含纳米材料产品，欧盟已实施了某些行业性立法，如第 1223/2009 号条例（《化妆品条例》），其要求化妆品制造商在含纳米材料化妆品投放市场前 6 个月通报相关主管部门。另外，《新型食品条例》要求在含纳米材料的新型食品和食品配料投放市场之前，应对其进行安全评估和授权[33]。再者，含纳米材料的产品也可能被纳入《化学品注册、评估、许可和限制》（REACH）法规所定义的"物质"之中，同时，根据这些产品在欧盟内每个生产商每年所生产或每个进口商每年所进口的类型和数量，也将带来各种规定义务。另外，根据《分类、标签和包装条例》（CLP 条例）规定，满足危险物质分类标准的纳米材料，必须被相应标示和分类，并通报欧洲化学品管理局[33]。

为解决稀土供应链的潜在风险，欧盟委员会于 2008 年通过《原材料整合战略》，2010 年 1 月宣布建立稀土战略储备，并于当年 6 月发布《欧盟关键金属研究报告》，把稀土等 14 种矿产列为关键矿产。2011 年以来，欧盟加紧修订《欧盟关键金属研究报告》，再次强调稀

土是一种最具供应缺失风险的高度经济重要性矿产[34]。

1）英国新材料产业发展政策

2007 年，英国政府创立了企业主导的技术战略委员会（TSB）。该委员会关注的一些优先领域包括高价值制造、电子学和光子学、高级材料等。该委员会通过各种方式支持英国制造业的发展，包括资助合作研发、知识转移网络、知识转移合作伙伴关系，促进小型商业研究计划活动，驱动创新。

2009 年 4 月，英国商业、创新和技能部下的技术战略委员会发布的《新兴技术和产业战略（2010—2013 年）》对英国推进新兴产业的战略思想进行了描述。这份战略分析了英国当前科学、技术转移和资本市场的现状及面临的挑战，重点认识了新兴技术及其商业化过程的内涵，描绘了未来几年内英国推进战略框架及战略的四个关键要素。

2009 年 7 月英国政府公布了一份新的制造业战略，以取代 2002 年制定的版本。在深受国际金融危机冲击后，英国政府和业界经过反思，开始重新认识制造业在国家经济中的重要性，拟通过此新战略重振英国制造业。

新材料作为制造业的重要基石，其发展也不可避免地受到制造业政策的影响。而英国政府认为，要振兴制造业，首先必须改变对制造业的偏见，并对制造业进行再认识[35]。英国政府明确强调必须重新定位制造业，未来的制造业发展将坚持 7 项原则：一是维护宏观经济稳定，为企业制订长远发展规划创造条件；二是加大对制造业的投入，包括资本设备、技术、技能及研发的投入；三是推动科技创新，帮助企业利用英国的科技优势，生产高附加值产品；四是加强制造业优秀经验、工艺的推广；五是加强制造业从业人员技能教育；六是提升交通、通信等现代基础设施水平，为制造业再上台阶创造条件；七是建设良好的市场环境。

2）德国新材料产业发展政策

德国联邦政府教育与研究部为鼓励各种社会力量参与新材料研发，先后颁布实行了"材料研究"（MatFo，1984～1993 年）、"材料技术"（MaTech，截至 2003 年）和"为工业和社会而进行材料创新"（WING，始于 2004 年）三个规划。

WING 规划以以下三个基准目标为依托：加强企业的创新能力，充分考虑社会需求，利用科研技术完成可持续发展。

在项目层面上，WING 规划以以下具体目标作为制定执行相关科研政策的准绳：①在研发具有极大社会功效的产品（如智能材料）或工艺当中，充分挖掘材料和相关技术的创新潜力；②通过搭建企业（尤其是中小企业）与科研机构之间高效的合作框架来加速产业的创新过程；③有助于解决社会发展当中遇到的现实问题（如因人口结构变化造成的社会公共卫生体系成本剧增的问题）；④通过培养专业后备力量和鼓励企业界、科研界的（再）培训活动，使研发与教育、培训紧密结合；⑤鼓励德国企业和科研部门更多参与欧盟的框架规划，加深新材料研发的国际化，加强和中国、韩国、巴西、以色列等国的双边合作。

为巩固德国在国际纳米市场中的优势地位，发挥纳米技术优势，德国联邦教育与研究部、劳工与社会事务部、国防部、卫生部、技术与经济部及农业与食品部共同制订了将纳米技术研究与专利产品生产销售相结合的"2010 纳米创新"技术发展规划[36]。

该规划指出，联邦政府必须在以下三方面为规划的顺利开展创造条件。①加快纳米技术研究成果向生产创新型产品的转化，鼓励更多行业和企业参与到纳米技术研究中；②鼓励多部门合作进行纳米技术研发和成果应用,克服政策障碍,改善研究环境,促进创新人才培养和技术标准化;③加强纳米技术对环境和公众健康的影响、应用前景及风险评估等问题的研究,在政府与公众之间建立有效的对话机制,研究如何利用现代化科技手段帮助公众获取信息。

为实现上述目标,德国联邦教育与研究部和联邦技术与经济部要牵头组织产业间的对话与合作,探讨纳米技术在生产部门的可应用性,资助具有示范作用的创新项目,为中小型企业应用纳米技术提供支持。

3) 法国新材料产业发展政策

为加大对研究与创新的支持力度,2008 年,法国政府推出两项新举措,其一是改革科研税收信贷(CIR),其二是确定"大学初创企业"(Jeune Entreprise Universitaire)的法律地位,以促进高等教育机构研究成果产业化。

科研税收信贷是为了鼓励企业加大 R&D 投入而采取的一项减免公司税的激励政策。改革前研发企业如要享受该项政策优惠,必须逐年加大 R&D 投入增量。这对于某些企业来说,尤其是大型企业,当 R&D 投入达到一定程度以后,尽管 R&D 总量已经很可观,却不能从此项政策中获取更多的优惠和激励。改革后的 CIR 与以前相比就更为简单,更为重要的是,这项激励政策能够惠及更多的企业,并且单个企业获得的优惠额度更为可观。

为了鼓励高等教育机构创立创新型企业,加快研究成果的商业化步伐,2008 年法国财政预算法确立了"大学初创企业"的法律地位,并明确了这类企业享受的相关税收等优惠措施。这些都为法国新材料产业的技术创新和产业化提供了有利环境。

3. 欧洲新材料产业规划与研发计划

从整体来看,2009 年 8 月,欧盟发布了第七框架研究计划(FP7)各主题领域共 53 项 2010 年招标项目信息,其中纳米科学与技术、材料和新生产技术(Nanosciences, Nanotechnologies, Materials and new Production Technologies, NMP)领域有 10 项招标项目,总预算经费达 4 亿欧元[37]。

2011 年 7 月,欧盟委员会发布了 2012 年 70 亿欧元的科研资助计划,这是 FP7 框架计划下最大的一次年度资助计划,范围从基础研究到应用研究及示范应用。其中,预计在新材料领域投入 4.88 亿欧元[38]。

从局部来看,2008 年 8 月,德国联邦政府首次推出了将科研与创新连为一体的"国家高科技发展战略"。德国此次出台的"国家高科技发展战略"与以往科技发展和创新战略的不同点在于,它不是单纯的科研政策和创新政策,而是从科研到创新,直至最终占领市场的一体化政策。德国"国家高科技发展战略"既包含了 17 个专业领域的"创新战略"和"行动规划",也包括了对后继人才的培养和"对人才的投入"。为此,德国联邦政府在 2008 年拿出近 150 亿欧元作为投资,到 2010 年,国家和经济界在这方面的投入每年要占到国内生产总值的 3%[39]。纳米材料和新型材料技术为其中的两个专业领域。

意大利 2011~2013 年"国家科研计划"在金融危机后的国际国内经济社会发展形势背景下,按照"欧洲 2020 战略",以发展知识经济和科技促进经济发展为目标而制定。该计划分列科研基础设施建设、地方科技发展、科研国际合作、大学和科研机构改革、人才政策等五大方面，并确定了包括第二代地中海小卫星群项目（Cosmo-Skymed II）在内的 14 个重大科研专项（旗舰项目）和国家纳米技术网络等 8 个重点项目。2011～2013 年"国家科研计划"总预算为 60.89 亿欧元，其中用于支持 14 个重大科研专项资金为 17.72 亿欧元[40]。

## 6.2.3　日本新材料产业发展环境

### 1. 日本新材料产业发展背景

日本新材料科技战略目标是保持产品的国际竞争力，注重实用性，在尖端领域赶超欧美。日本对新材料的研发与传统材料的改进采取了并进的策略，注重对已有材料性能的提高及回收再生，并在这些方面领先于世界。日本"21 世纪新材料发展规划"中将研究开发与资源、环境协调的材料，以及减轻环境污染且有利于可再生利用的材料等作为主要考核指标。

日本制定了一系列相关法规，如《科学技术基本法》、《环境基本法》、《循环型社会形成推进基本法》、《资源有效利用促进法》、《绿色购入法》等，为新材料的研发、实用化起到了积极的推动作用。此外，日本的产官学合作体制，即产业界、政府和学术界合作的科技发展体制在促进科研成果产业化方面发挥了重要作用。

日本战略技术路线图（Strategic Technology Roadmap，STR）是由经济产业省（Ministry of Economy，Trade and Industry，METI）与新能源产业技术综合开发机构（New Energy and Industrial Technology Development Organization，NEDO）联合制定发布的，用来确定能够孕育新兴产业、增强主导产业国际竞争力的战略技术，并使这些技术能够按照设定的技术目标推进，为工业、学术界和政府对 R&D 投资的战略执行情况提供导航。

### 2. 日本新材料产业政策

针对中国的"稀土新政"，日本于 2006 年发布《国家能源资源战略新规划》，新增了铂、铟及稀土等稀有金属战略物资，至此，日本储备的稀有金属上升到 10 种，稀土由此成为其国家战略储备矿产。2009 年，日本发布了《日本稀有金属供应确保战略》，确立了稀有金属保障制度的四大支柱：一是政府强力介入，加大海外资源的勘探开发力度；二是资源的回收利用（都市矿山）；三是替代材料开发；四是继续强化储备制度。

日本政府于 2010 年 6 月发布了《日本产业结构展望 2010》，报告以新成长战略为指导，将包括高温超导、纳米、功能化学、碳纤维、IT 等新材料技术在内的 10 大尖端技术产业确定为未来产业发展主要战略领域。

### 3. 日本新材料产业规划与研发计划

日本政府 2001 年制订了"第二期科学技术基础计划"5 年规划，该计划明确力争 5～7 年内开发出纳米级设计技术与工艺技术，重点开发出纳米玻璃、纳米金属、纳米涂层、纳米数据库等用于信息通信、新能源、生物技术、医疗领域的新材料。2006 年制订的第三个 5 年计划"第三期科学技术基础计划"中，仍然把开发纳米技术材料作为重点研究项目。

日本为巩固并强化在碳纤维领域的技术和产品优势，在有效推进原材料开发制造、产品加工及市场拓展等各环节相互配合协作的基础上，计划提高出口能力及相关技术的开发。此外，日本计划全力推进国际评价方法和标准的建立，并争取早日建立相应的国家标准化体系，进一步加强在欧美等海外市场的占有率，有效提高复合材料等加工领域的产业和技术竞争力。

另外，由于日本一直是中国稀土产品的第一大进口国，进口量占中国稀土出口量的 1/3。日本进口除满足自需外，还加工出口一部分。自中国减少稀土供应后，日本便采取了新的市场布局和消费政策[41]。

一是实施与国外合作开发稀土资源。2010 年 10 月，为应对中国"稀土新政"可能带来的冲击，日本国会通过了 3369 亿日元的临时追加预算，专门用于与第三国合作开发稀土资源，支持日本企业从"都市矿山"中回收提炼稀土。

二是加紧研发稀土资源的回收和替代技术。2007 年，日本经济产业省就出台了"稀有元素替代品研究计划"，但进展不大。2010 年 10 月 1 日，为了摆脱稀土进口严重依赖中国的状况，日本预计提前实施开发稀土替代材料的计划。此前仅针对 6 种稀土元素开发替代材料，之后会为更多种类的稀土开发替代材料。日本 2010 年公布的经济刺激计划中，对稀土类资源替代技术开发进行了立项。

## 6.2.4 中国新材料产业发展环境

### 1. 中国新材料产业发展背景

中国新材料产业领域基地的建设始于 1996 年，截至 2004 年，科技部共批准区域性新材料产业基地 37 家，其中高新司批准建立 22 家，国家火炬计划批准建立 15 家。2008 年，国家发展和改革委员会批准了 7 家新材料产业国家高技术产业基地。为了促进国家"863"计划与地方、企业的结合，科技部开展了"863"计划成果产业化基地的认定，为"863"计划成果产业化营造良好的环境、条件和氛围，以基地为核心吸引更多的"863"计划成果和人才，形成高技术产业群。

中国许多地方政府都将新材料作为优先发展领域，并通过"863"计划、"973"计划和"火炬计划"等争取支持。目前，中国科学院系统和中央所属与材料相关的科研机构超过 100 家，设置材料类专业的高校占普通高等学校的 66%。目前，已经形成包括战略性研究、自由探索基础研究、应用研究、研究开发条件建设及科技产业化环境建设在内比较完整的国家科技计划体系。

新材料作为一个基础性和关联性非常强的行业，可以广泛带动其他行业的发展。近几年来，中国新材料产业市场需求平均年增长率都在 20% 左右，整个产业正处于强劲的发展态势之中。中国在"973"计划、"863"计划、科技攻关计划中都给予了重点支持，材料领域的项目数和投资金额在总额中占到了 15%～30%[42]。中国新材料领域的整体研发水平与发达国家的差距逐步缩小，在某些新材料领域，中国具有较明显的资源优势和技术优势，取得了一批具有国际先进水平的自主知识产权成果。

### 2. 中国新材料产业政策

#### 1）财政扶持政策

国家设立扶持新材料产业发展专项资金，通过各种方式促进对新材料产业重点领域的技术创新和技术改造。同时，财政投入上进一步倾向支持技术创新平台建设和重大产业项目研发，鼓励研发能力强、成果储备多的企业在关键性和前瞻性技术和产品研发上进行投入。国家大力支持新技术新产品推广应用和技术改造，对具有国内领先和国际先进水平、市场前景良好、能迅速实现产业化的新技术和产品及对上下游产品带动作用强、能够实现

链式发展的技术改造项目给予适当提高贷款贴息、延长贴息年限等财政支持。

2）金融支持政策

一方面，国家加大金融信贷支持力度，提高对新材料生产企业授信额度，实行优惠贷款利率政策，特别是对重大新材料研发和产业化项目积极给予信贷资金支持。另一方面，鼓励新材料产业进行多渠道融资，引导社会资金和民间资本加大对新材料产业的投入，支持符合条件的新材料企业进行债券融资和上市融资，积极发展私募基金、中小企业互助担保、中小企业集合债券，推动高新园区内非上市股份公司进入证券公司代办股权转让系统。

3）税收扶持政策

国家在已有政策的基础上进一步实行税费优惠政策，落实技术开发投入政策、新产品财税返还政策、技术开发装备折旧政策、进口关税和进口环节增值税免税政策，鼓励新材料生产企业研究开发新技术、新产品、新工艺，对相关企业从事技术开发、技术转让业务和与之相关的技术咨询、技术服务业务取得的收入免征营业税等。

4）其他扶持政策

在大力推进科技专项的同时，国家进一步落实各项激励政策，包括落实技术创新成果转化政策、知识产权保护政策、技术创新人才激励等政策等，鼓励产学研结合，对做出突出贡献的科技人员按照规定实施期权、技术入股和股权奖励等形式的股权激励等。同时，各地的经济开发区、高新技术园区和产业基地为新材料产业集群的持续健康发展提供了有力保障，园区投资环境竞争力的不断改善和园区定位的进一步精准化将是政策倾向的内容之一。

在新材料产品的推广应用方面，国家有望在未来制定和完善相应的标准体系，建立产品、装备检验检测公共技术平台，及时将新材料的创新优势转变为标准优势，强化新材料生产过程质量管理和监督，同时在政府采购和公共设施建设项目中积极采用新材料产品。

此外，国家在土地政策、行业标准和法律法规等方面给予更多支持，支持各地组建新材料行业协会，搭建政府与企业的信息沟通平台，共同促进新材料产业持续发展。

3. 中国新材料产业规划与研发计划

1）《国务院关于加快培育和发展战略性新兴产业的决定》

2010 年 10 月 18 日，国务院出台了《国务院关于加快培育和发展战略性新兴产业的决定》。该决定指出要"大力发展稀土功能材料、高性能膜材料、特种玻璃、功能陶瓷、半导体照明材料等新型功能材料。积极发展高品质特殊钢、新型合金材料、工程塑料等先进结构材料，提升碳纤维、芳纶、超高分子量聚乙烯纤维等高性能纤维及其复合材料发展水平。开展纳米、超导、智能等共性基础材料研究"。

2）《国家"十二五"科学和技术发展规划》

2011 年 7 月 13 日，科技部发布了《国家"十二五"科学和技术发展规划》，其中明确指出，要大力发展新型功能与智能材料、先进结构与复合材料、纳米材料、新型电子功能材料、高温合金材料等关键基础材料，实施高性能纤维及复合材料、先进稀土材料等科技产业化工程，掌握新材料的设计、制备加工、高效利用、安全服役、低成本循环再利用等关键技术，提高关键材料的供给能力，抢占新材料应用技术和高端制造制高点。

在高性能纤维及复合材料领域，研发重点在于突破高性能纤维规模制备稳定化和低成本制备关键技术，形成高强、高强中模、高模和高模高强碳纤维产品系列，加速发展具有自主知识产权的新一代高性能纤维，开发复合材料用关键原材料制备，增强复合技术，促进能源、交通、工业、民生等领域用复合材料的升级换代，建立高性能纤维及复合材料的完整产业链。

在先进稀土材料领域，围绕分离提纯—化合物及金属—高端功能材料—应用全产业链，突破高性能稀土永磁、催化、储氢和发光等材料的制备、应用和产业化关键技术，提高高丰度稀土在化工助剂、轻金属合金、钢铁等材料中的应用水平，促进稀土材料的平衡利用，加强知识产权保护和标准制定，培育稀土材料领域的创新型企业。

在材料科学领域，重点支持基础材料产业升级与改造的工艺，先进材料制备科学，复杂服役条件下材料的使用行为与失效，从需求出发的多组元、多层次材料设计与性能模拟，组织结构与性能的高效、高分辨、智能化表征系统研究。

在纳米研究领域，需要在面向国家重大战略需求的纳米材料，传统工程材料的纳米化技术，纳米材料的重大共性问题，纳米技术在环境与能源领域应用的科学基础，纳米材料表征技术与方法，纳米表征技术的生物医学和环境检测应用学等方面加强部署。

3)《新材料产业"十二五"发展规划》

工业和信息化部于 2012 年 2 月 22 日印发的《新材料产业"十二五"发展规划》中提出，我国新材料发展重点包括特种金属功能材料、高端金属结构材料、先进高分子材料、新型无机非金属材料、高性能复合材料和前沿新材料这六大领域。

其中，在特种金属功能材料领域，将重点扶持稀土功能材料等行业，稀土永磁材料作为稀土功能材料的重要组成部分，将受到政策的大力支持；在高性能复合材料领域，要加快发展碳纤维等高性能增强纤维，高性能增强纤维的发展重点又包括碳纤维、芳纶、超高分子量聚乙烯纤维、新型无机非金属纤维、其他高性能纤维材料等；在前沿新材料领域，重点发展纳米材料、生物材料、智能材料和超导材料。同时，要加强纳米技术研究，重点突破纳米材料及制品的制备与应用关键技术，积极开发纳米粉体、纳米碳管、富勒烯、石墨烯等材料，积极推进纳米材料在新能源、节能减排、环境治理、绿色印刷、功能涂层、电子信息和生物医用等领域的研究应用。

# 6.3 / 纳米材料产业科技文献计量分析

## 6.3.1 SCI-E 科技文献计量分析

### 1. 概况

本部分分析数据来源于汤森路透的科学引文索引数据库（Science citation index expanded，SCIE）。检索字段为标题，即这些词组在论文的标题中出现即可被检索到，检索词为"纳米*（材料＋科学＋技术）"，检索时间段为 1992～2011 年，检索时间为 2012 年 9 月 17 日，共检索到 196 902 条数据。采用的分析工具为汤姆森数据分析器（TDA）。该软件是美国 Thomson Scientific 公司提供的用于计算机桌面的数据挖掘和可视化分析工具，可以对信息和数据进行整理、分析和汇总。

图 6-11 是全球纳米材料的论文数量年度变化趋势图。由图中可以看到，1991～1999 年是纳米材料的缓慢增长期，每年的论文发表量均未超过 2000 篇；从 2000 年开始，年论文发表量开始呈线性增长的趋势，说明纳米材料在全球开始受到关注。2000 年以前，中国被 SCI 收录的纳米材料领域的论文非常少，发展缓慢，直到 2001 年开始，才逐渐有所突破，2007 年发文量超过 4000 篇，到 2011 年中国被 SCI 收录的纳米材料领域的论文接近 12 000 篇。

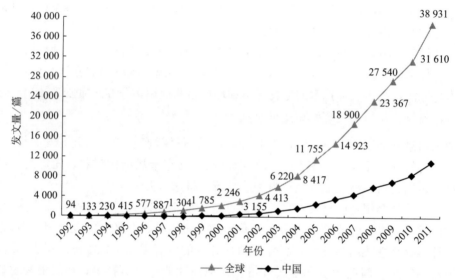

图 6-11　全球及中国基础共性材料论文数量年度变化趋势

资料来源：根据 SCIE 相关资料整理

### 2. 国家情况

图 6-12 为纳米材料领域发表论文量最多的前 20 位国家和地区。由图可知，中国大陆发表的论文数量最多，共 49 308 篇，反映出中国大陆在该研究领域具有较强的实力。美国发表论文的数量以 47 225 篇位居中国大陆之后。位居中国大陆、美国之后的国家和地区分别是日本、德国、韩国、印度、法国、英国、中国台湾、西班牙、意大利等，论文数量均高于 5000 篇。

从排名靠前的 10 个国家和地区的论文数量年度变化趋势（图 6-13）中可以看出，中国大陆和美国在纳米材料领域的研究优势很明显，2004 年后均在 2000 篇以上，2007 年后达到 4000 篇以上，并且呈直线上升趋势。中国大陆在 2002 年以前对纳米材料的研究较少，自 2002 年开始发展，且发展速度越来越快，2004～2011 年呈线性增长趋势，并在 2008 年赶超美国，成为世界纳米材料领域发文量最大的国家，2011 年中国大陆纳米材料领域的发文量达到 11 113 篇，首次突破万位。其余国家虽然发文量也呈上升趋势，但增速缓慢，至 2011 年，除中国大陆外仅有美国、日本、德国、韩国、印度五个国家的发文量超过 2000 篇。

图 6-14 分别为发文量最多的前 10 位国家和地区在 2009～2011 年的发文量占各国和地区 1992～2011 年的发文量的比例。从分布来看，中国大陆 2009～2011 年在纳米材料领域

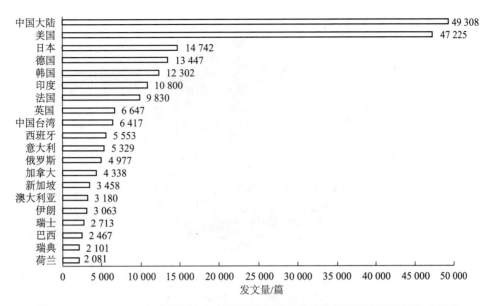

图 6-12　1992～2011 年主要国家和地区以纳米材料为代表的纳米材料领域论文数量

资料来源：根据 SCIE 相关资料整理

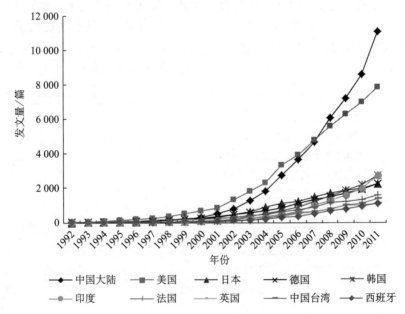

图 6-13　1992～2011 年主要国家和地区以纳米材料为代表的纳米材料领域论文数量年度变化趋势

资料来源：根据 SCIE 相关资料整理

的研究比较活跃，占比为 13.672%，说明中国大陆纳米材料的研究取得了显著的成绩。美国在纳米材料领域的研究也很活跃，占比为 10.742%，由此可见，中国大陆和美国在 2009～2011 年都比较重视纳米技术的研究，且取得了不错的进展。其他各国和地区 2009～2010 年在纳米材料领域的研究比较一致，占比均在 4% 以下，发展相对缓慢。

3. 机构情况

1992～2011 年纳米材料领域发文量排名前 10 位的机构如图 6-15 所示，尤其值得注意的

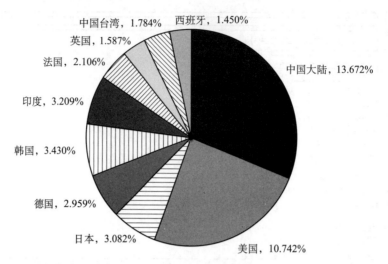

图 6-14　主要国家和地区 2009～2011 年发文量占各国和地区 1992～2011 年总发文量的比例
资料来源：根据 SCIE 相关资料整理

是，纳米材料领域基础研究的主体仍是高校和研究机构。中国科学院以发文量 9561 篇高居首位，随后的俄罗斯科学院发文量仅为 2624 篇。在排名前 10 位的机构中，中国有 4 所大学，中国科学技术大学、南京大学、吉林大学、浙江大学都位列其中。其他的机构还包括新加坡国立大学、首尔大学、印度理工学院和法国国家科学研究院。由此可见，在排名前 10 位的机构中，大部分来自亚洲的研究所和高校，尤以中国在纳米材料领域的研究最为突出。

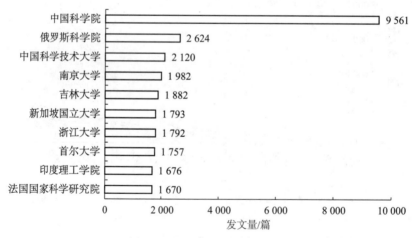

图 6-15　1991～2011 年纳米材料领域发文量排名前 10 位的机构
资料来源：根据 SCIE 相关资料整理

## 6.3.2　EI 科技文献分析

EI Compendex Web 是 EI Village 的核心数据库，包括著名的工程索引 EI Compendex 1969 年至今的文摘数据及 EI Page One 题录数据，是目前世界上收录工程技术期刊文献和会议文献最全面的权威数据库和检索系统。该数据库更新速度快，能够帮助用户了解工程技术领域的最新进展。本次分析，利用 EI Compendex Web 检索了 1992～2011 年的纳米材料产业领域文献，检索日期为 2012 年 9 月 17 日。

1. 发文量年度变化情况

图 6-16 是 EI 数据库中纳米材料领域研究文献 1992～2011 年的整体数量趋势图。1992～2001 年，EI 数据库中纳米材料领域研究文献数量增长缓慢，自 2001 年起相关文献数量迅速增长，到 2005 年 EI 数据库中有关纳米材料的研究文献数量将近 5000 篇，2007 年全球发文数量超过 10 000 篇，达到 11 178 篇，至 2011 年，全球纳米材料的研究文献数量已经突破 20 000 篇，增至 21 933 篇。

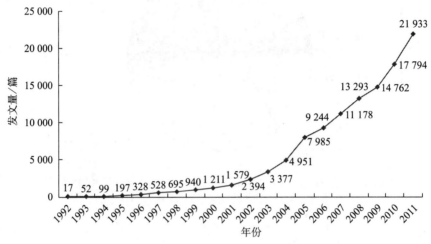

图 6-16　EI 数据库纳米材料产业研究发文量 20 年变化

资料来源：根据 EI Compendex Web 相关资料整理

这些文献广泛分布于多种期刊中，图 6-17 为发文量居前 10 位的期刊，分别为《物理化学杂志 C 辑》、《朗缪尔》、《应用物理快报》、《纳米科技》、《国际光学工程学会会议录》、《应用物理》、《纳米科学与纳米技术杂志》、《物理化学杂志 B 辑》、《材料化学学报》、《美国化学学会杂志》。

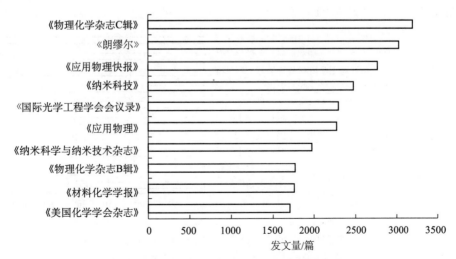

图 6-17　1992～2011 年发文量居前 10 位的 EI 期刊

资料来源：根据 EI Compendex Web 相关资料整理

## 2. 国家情况

由图 6-18 可以看出 EI 数据库中，中国大陆、美国、日本、德国等国家和地区在纳米材料领域发表的论文数量较多，其中中国大陆和美国的发文量尤为突出，分别为 24 218 篇和 22 338 篇，远远超过其他国家和地区。

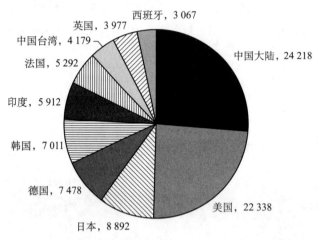

图 6-18　1992～2011 年发文量（单位：篇）前 10 位的国家和地区
资料来源：根据 EI Compendex Web 相关资料整理

## 3. 机构情况

从图 6-19 可以看出，目前全球进行纳米材料研究的主要是大学，在排名前 10 位的机构中，包括 8 个大学院系和研究所：加利福尼亚大学化学系、佐治亚理工学院材料科学与工程学院、新加坡国立大学化学与生物分子工程系、日本东北大学多元物质科学研究所、美国西北大学化学系、印度理工学院化学系、加利福尼亚大学化学与生物化学系、台湾大学化学系等。其他 2 个分别是中国科学院研究生院和中国科学院长春应用化学研究所电分析化学国家重点实验室，其中中国科学院研究生院（现为中国科学院大学）排在这些机构之首，发文量为 319 篇。

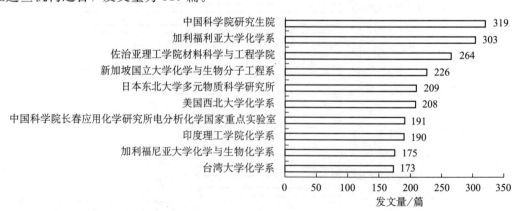

图 6-19　1992～2011 年发文量前 10 位的机构
资料来源：根据 EI Compendex Web 相关资料整理

# 6.4 纳米材料产业相关专利分析

## 6.4.1 纳米材料 DII 专利计量

### 1. 全球纳米材料专利态势分析

本部分主要是分析了美国、日本、中国、韩国、欧洲、德国、英国等全球主要国家和地区的物联网专利技术整体发展态势，选择德温特专利索引（Derwent Innovation Index, DII）作为检索数据库，以 TDA 为主要分析进行分析。

为了提高专利检索的主题相关性，采用"关键词＋分类号"的组合检索策略。通过检索，共检索到纳米材料相关专利 21 114 件，数据检索日期为 2011 年 12 月 31 日。以下主要从专利年度申请趋势、主要技术领域、国家和地区年度趋势、国家和地区技术领域分布和主要专利权人布局等角度揭示纳米材料专利的发展态势。

### 2. 专利年度变化趋势

1991～2011 年纳米材料领域相关的专利共有 37 134 件，其年度变化如图 6-20 所示。可以看出，1991～2000 年世界纳米技术处于起步阶段，专利数在逐年增加，但增加幅度不大。2001 年以后专利数量突增，2002 年专利数突破 1000 件，2011 年达到了 6758 件，在未来几年，全球纳米材料领域的专利申请数量将继续保持稳定发展态势。

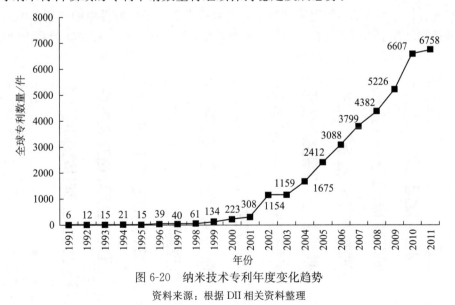

图 6-20 纳米技术专利年度变化趋势

资料来源：根据 DII 相关资料整理

### 3. 专利学科分布情况

与纳米技术联系最紧密的前 10 个学科主题如图 6-21 所示，可以看出，纳米技术在医用、牙科用或梳妆用的配制品中的应用较为广泛，此领域的专利文献总数最多，高达 6400 件。其次是 B82B（通过操纵单个原子、分子或作为孤立单元的极少量原子或分子的集合而形成的纳米结构；其制造或处理）的相关专利文献，数量达到 5188 件。纳米材料在 B82Y（纳米结构的特定用途或应用；纳米结构的测量或分析；纳米结构的制造或处理）中的应用也很多，其相关专利申请数为 5175 件。

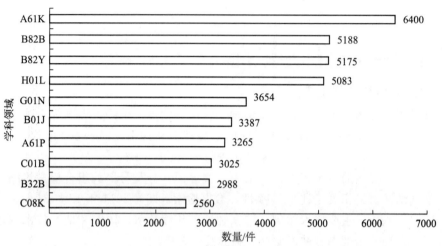

图 6-21  1991～2011 年纳米技术专利学科分布情况

资料来源：根据 DII 相关资料整理

4. 主要国家（组织、地区）专利技术领域布局

按照德温特分类码，排名前 11 位的国家（组织、地区）分类号如图 6-22 所示。其主要涉及 A61K、B28B、B28Y、H01L，具体涉及内容包括纳米技术在医药中的应用，纳米结构的测量和分析、纳米结构的制造和处理、纳米技术在半导体器件中的应用、纳米材料在化合物和药物制剂中的应用、在非金属元素及其化合物中的应用、在层状产品中的应用等。可看出，各国（组织、地区）都相当重视医用配制品的研发（A61K）。

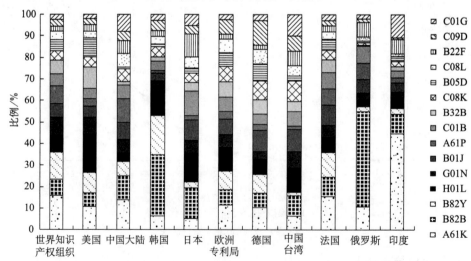

图 6-22  1991～2011 年主要国家（组织、地区）纳米技术领域专利技术布局

资料来源：根据 DII 相关资料整理

5. 主要专利申请机构分布及其专利年度变化

图 6-23 列出了纳米材料领域前 13 名专利申请机构 1991～2011 年的专利申请情况，按照专利申请量的大小，机构排名顺序由高到低为韩国三星、加利福尼亚大学、韩国科学技术院、3M 公司、富士胶卷公司、惠普公司、法国国家科学研究院、麻省理工学院、台湾工业技术研究院、清华大学、国际商业机器公司、浙江大学、上海交通大学。所选机构中，1991～1992 年几乎没有机构进行纳米材料的相关专利申请。从各机构申请的专利数量来看，韩国三星申请的专利较多，其次为加利福尼亚大学。中国专利方面申请专利数量较多的包括清华大学、浙江大学、上海交通大学及台湾工业技术研究院，说明中国对纳米技术相关领域较为关注，研发力度较大。此外，从主要专利申请机构的专利年度变化情况（图 6-24）可以看出，1991～2009 年，总体上各机构专利申请量处于上升趋势，2010～2011 年处于下滑趋势，2011 年各机构专利申请量明显下滑。就中国而言，清华大学、浙江大学、上海交通大学及台湾工业技术研究院对纳米技术相关领域较为关注，研发力度较大。

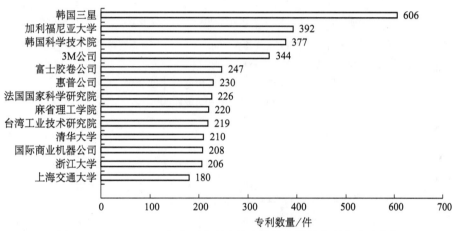

图 6-23　1991～2011 年主要专利申请人的纳米材料专利申请量分布
资料来源：根据 DII 相关资料整理

## 6.4.2　纳米技术中国专利分析

为了更有针对性地分析中国纳米技术的发展状况和竞争态势，本部分利用"专利信息服务平台"（http：//search. cnipr. com），对纳米技术在华专利进行重点分析，根据"专利信息服务平台"提供的检索字段，对检索策略进行合理的限制。通过检索，得到电池技术相关专利共 16 732 件，数据检索日期为 2012 年 9 月 22 日。以下主要从专利年度申请趋势、主要技术领域分布、主要专利申请机构在我国的布局等方面展开分析。

1. 专利年度申请量变化趋势

图 6-25 是纳米技术相关专利申请年度变化趋势。2000 年开始，专利申请数量迅速增加，到 2002 年专利申请数量将近 1000 件（993 件）；2009～2011 年，专利申请总量为 47.3%，说明我国纳米技术正处于快速发展时期。

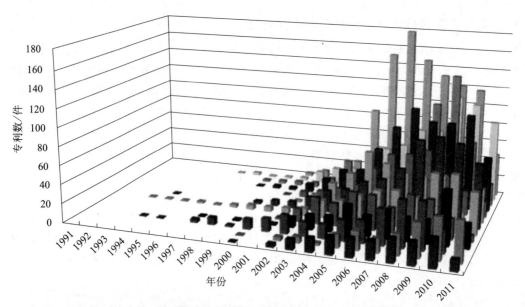

- ■ 上海交通大学　■ 浙江大学　　　■ 国际商业机器公司 ■ 清华大学　　■ 台湾工业技术研究院
- ■ 麻省理工学院　■ 法国国家科学研究院 ■ 惠普公司　　■ 富士胶卷公司　■ 3M公司
- ■ 韩国科学技术院　□ 加利福尼亚大学　■ 韩国三星

图 6-24　主要专利申请机构专利年度变化
资料来源：根据 DII 相关资料整理

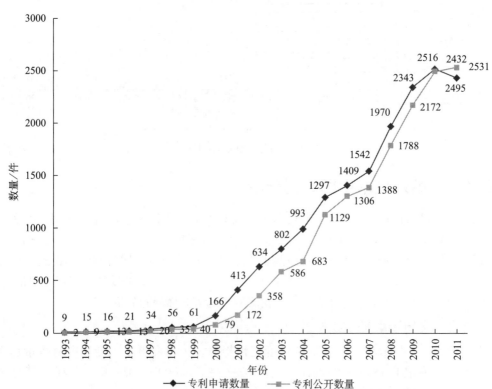

图 6-25　1993～2011 年在华纳米技术相关专利年度统计分析
资料来源：根据专利信息服务平台相关资料整理

## 2. 专利所属技术领域分析及发展趋势

在华纳米技术相关专利主要分布的技术领域如表 6-4 所示。B82B3/00 是申请专利数量最多的技术领域。专利申请数量第一和第三的技术领域均涉及纳米结构的制造或处理。

表 6-4  在华纳米技术专利所属主要技术领域分析

| 编号 | 技术分类号（IPC） | 专利数量 | 内容 |
| --- | --- | --- | --- |
| 1 | B82B3/00 | 1513 | 通过操纵单个原子、分子或作为孤立单元的极少量原子或分子的集合的纳米结构的制造或处理 |
| 2 | C01B31/02 | 1068 | 碳的制备（使用超高压，如用于金刚石的生成入 B01J3/06；用晶体生长法入 C30B）；纯化 |
| 3 | B82Y40/00 | 683 | 纳米结构的制造或处理 |
| 4 | B01J21/06 | 618 | 硅、钛、锆或铪；以及其氧化物或氢氧化物 |
| 5 | C08K3/34 | 505 | 含硅化合物 |
| 6 | C04B35/622 | 493 | 形成工艺；准备制造陶瓷产品的无机化合物的加工粉末 |
| 7 | C08K9/04 | 404 | 用有机物质处理的配料 |
| 8 | B22F9/24 | 374 | 从液体金属化合物开始，如溶液 |
| 9 | C08K3/22 | 360 | 金属的 |
| 10 | C08K3/04 | 348 | 碳 |

资料来源：根据专利信息服务平台相关资料整理

## 3. 主要专利申请机构

图 6-26 是 1993~2011 年度在华申请专利数量最多的前 15 家机构。专利申请数量前三位的机构是清华大学、浙江大学、上海交通大学。清华大学、浙江大学和上海交通大学的专利申请数量均超过 400 件，相对排名第 15 位的吉林大学，是其 3 倍。排名第 4~第 15 位的机构，专利申请量相差不大，与前三名的机构相比，专利申请量差距悬殊，这说明，排名前三位的清华大学、浙江大学和上海交通大学对纳米技术的研发力度较大。图 6-26 可看出该领域的专利权人几乎全是高校（排名前 15 位的机构），说明我国纳米技术的研发主要集中在高校。

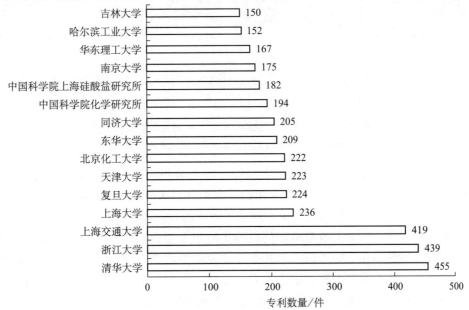

图 6-26  在华纳米技术相关专利的专利权人分析

资料来源：根据专利信息服务平台相关资料整理

图 6-27 是在华纳米技术相关专利申请数量最多的 10 个专利权人的专利数量年度变化趋势。1993～2000 年，前 10 名专利权人在纳米技术领域的研发均处于起步阶段，申请专利较少。2000 年以后，各专利权人的专利申请数量开始迅速增加，2000～2007 年专利申请数量整体趋势是上升的。2008 年，专利申请数量整体下滑。2008～2011 年，上海大学、清华大学、浙江大学、天津大学、东华大学每年的专利申请量虽波动较大，但相对 2008 年是上升的趋势，其余机构 2008～2011 年波动较小，与 2008 年的专利申请量相差不大。2011 年，浙江大学、天津大学和同济大学的专利申请数量处于领先地位，其中浙江大学的专利申请数量达到了 70，说明浙江大学对纳米技术的研发力度在逐渐增强。

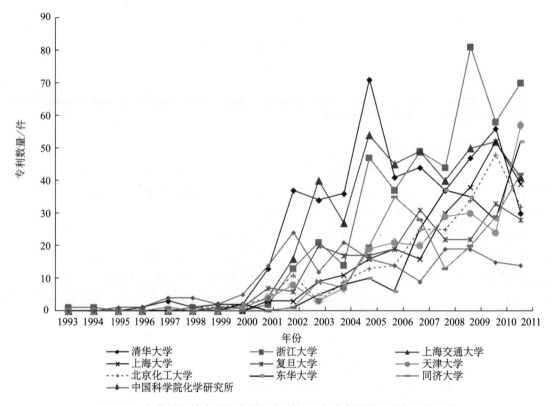

图 6-27　在华纳米技术相关专利的专利权人申请专利数量年度变化趋势
资料来源：根据专利信息服务平台相关资料整理

表 6-5 是在华纳米技术主要专利权人的综合能力分析。活动年期最长的是清华大学，为 16 年，其平均专利年龄也最长，为 5 年；其次是浙江大学，活动年期为 14 年。活动年期越长，反映专利权人开展纳米技术研发活动的时间越长。

从发明人数来看，发明人数量最多的机构是清华大学、浙江大学、上海交通大学和上海大学，发明人数量均在 500 人以上，其中浙江大学的发明人数超过 800 人；其次是复旦大学、天津大学、北京化工大学和东华大学，发明人数超过 400 人，其余的机构有同济大学和中国科学院化学研究所，发明人数分别是 329 人和 352 人。

**表 6-5　在华纳米技术专利主要专利权人综合能力分析**

| 申请人 | 专利数/件 | 申请人研发能力比较 | | |
|---|---|---|---|---|
| | | 活动年期/年 | 发明人数/人 | 平均专利年龄/年 |
| 清华大学 | 455 | 16 | 635 | 5 |
| 浙江大学 | 439 | 14 | 809 | 4 |
| 上海交通大学 | 419 | 12 | 632 | 5 |
| 上海大学 | 236 | 11 | 571 | 3 |
| 复旦大学 | 224 | 13 | 429 | 4 |
| 天津大学 | 223 | 12 | 473 | 3 |
| 北京化工大学 | 222 | 14 | 459 | 4 |
| 东华大学 | 209 | 11 | 426 | 3 |
| 同济大学 | 205 | 11 | 329 | 4 |
| 中国科学院化学研究所 | 194 | 17 | 352 | 6 |

资料来源：根据专利信息服务平台相关资料整理

表 6-6 是在华纳米技术专利主要专利权人的专利合作情况。其中，清华大学的合作专利数量最多，为 155 件，主要的合作者是鸿富锦精密工业（深圳）有限公司；其次是浙江大学，合作专利数为 33 件。清华大学和浙江大学的合作者数量最多，为 23 个，其次为北京化工大学，合作者为 20 个。

**表 6-6　在华纳米技术专利主要专利权人专利合作情况分析**

| 申请人 | 专利数/件 | 合作专利数/件 | 合作者数量/个 | 主要合作者及次数统计 | |
|---|---|---|---|---|---|
| | | | | 合作者 | 合作次数/次 |
| 清华大学 | 455 | 155 | 22 | 鸿富锦精密工业（深圳）有限公司 | 163 |
| | | | | 清华同方人工环境有限公司 | 6 |
| | | | | 宁波工程学院 | 4 |
| | | | | 安立楠 | 4 |
| | | | | 无锡鑫圣慧龙纳米陶瓷技术有限公司 | 2 |
| | | | | 北京科技大学 | 2 |
| | | | | 北京博奥生物芯片有限责任公司 | 2 |
| | | | | 中国电子信息产业集团公司 | 2 |
| | | | | 北京鑫圣慧龙纳米陶瓷技术有限公司 | 1 |
| | | | | 山东海泽纳米材料有限公司 | 1 |
| | | | | 江苏锋驰绿色电源有限公司 | 1 |
| | | | | 广西三环企业集团股份有限公司 | 1 |
| | | | | 北京市中科凯澜科技发展有限公司 | 1 |
| | | | | 丰田汽车公司 | 1 |
| | | | | 美国路易斯安那州立大学 | 1 |
| | | | | 昆明贵研催化剂有限责任公司 | 1 |
| | | | | 湖南湘怡中元科技股份有限公司 | 1 |
| | | | | 山西省玻璃陶瓷科学研究所 | 1 |
| | | | | 北京大学 | 1 |
| | | | | 北京奥精医药科技有限公司 | 1 |
| | | | | 北京索尔泰克能源技术研究所 | 1 |
| | | | | 中国石油天然气股份有限公司 | 1 |

续表

| 申请人 | 专利数/件 | 合作专利数/件 | 合作者数量/个 | 主要合作者及次数统计 | |
|---|---|---|---|---|---|
| | | | | 合作者 | 合作次数/次 |
| 浙江大学 | 439 | 33 | 23 | 浙江天蓝脱硫除尘有限公司 | 4 |
| | | | | 浙江英洛华磁业有限公司 | 3 |
| | | | | 吴忠标 | 3 |
| | | | | 宁波韵升（集团）股份有限公司 | 2 |
| | | | | 浙江省技术物理应用研究所 | 2 |
| | | | | 浙江省环境保护科学设计研究院 | 2 |
| | | | | 韩庆荣 | 2 |
| | | | | 永康市金闪漆业有限公司 | 2 |
| | | | | 浙江嘉康电子股份有限公司 | 2 |
| | | | | 浙江天蓝环保技术有限公司 | 2 |
| | | | | 浙江医药股份有限公司新昌制药厂 | 1 |
| | | | | 浙江味老大工贸有限公司 | 1 |
| | | | | 浙江金鹏化工股份有限公司 | 1 |
| | | | | 北京化工大学 | 1 |
| | | | | 宁波星箭航天机械厂 | 1 |
| | | | | 杭州雅致科技有限公司 | 1 |
| | | | | 上海交通大学 | 1 |
| | | | | 深圳市东维丰电子科技股份有限公司 | 1 |
| | | | | 浙江新和成股份有限公司 | 1 |
| | | | | 横店集团东磁股份有限公司 | 1 |
| | | | | 横店集团东磁有限公司 | 1 |
| | | | | 中国石油化工股份有限公司 | 1 |
| | | | | 宝业集团浙江建设产业研究院有限公司 | 1 |
| 上海交通大学 | 419 | 18 | 14 | 上海纳米技术及应用国家工程研究中心有限公司 | 3 |
| | | | | 上海佰真生物科技有限公司 | 2 |
| | | | | 上海交通大学医学院附属第九人民医院 | 2 |
| | | | | 杭州顺豪橡胶工程有限公司 | 1 |
| | | | | 上海交大昂立天然药物工程技术有限公司 | 1 |
| | | | | 宝山钢铁股份有限公司 | 1 |
| | | | | 宁波艾普罗环保科技有限公司 | 1 |
| | | | | 上海轻合金精密成型国家工程研究中心有限公司 | 1 |
| | | | | 南通星辰合成材料有限公司 | 1 |
| | | | | 温州大学 | 1 |
| | | | | 华东理工大学 | 1 |
| | | | | 浙江大学 | 1 |
| | | | | 上海金樱环保科技有限公司 | 1 |
| | | | | 无锡阿科力化工有限公司 | 1 |
| 上海大学 | 236 | 15 | 10 | 上海上惠纳米科技有限公司 | 4 |
| | | | | 东莞上海大学纳米技术研究院 | 3 |
| | | | | 江门市银帆化学有限公司 | 1 |
| | | | | 上海谐尔纳米科技有限公司 | 1 |
| | | | | 华东理工大学 | 1 |
| | | | | 上海维安新材料研究中心有限公司 | 1 |
| | | | | 深圳市成殷高新技术有限公司 | 1 |
| | | | | 上海海笠工贸有限公司 | 1 |
| | | | | 潞西市中德化学工业有限责任公司 | 1 |
| | | | | 上海增田环保工程技术有限公司 | 1 |

| 申请人 | 专利数/件 | 合作专利数/件 | 合作者数量/个 | 主要合作者及次数统计 | |
|---|---|---|---|---|---|
| | | | | 合作者 | 合作次数/次 |
| 复旦大学 | 224 | 10 | 7 | 上海半导体照明工程技术研究中心 | 2 |
| | | | | 上海华谊集团上硫化工有限公司 | 2 |
| | | | | 上海家化联合股份有限公司 | 2 |
| | | | | 上海焦化有限公司 | 1 |
| | | | | 厦门大学 | 1 |
| | | | | 上海师范大学 | 1 |
| | | | | 复旦大学附属中山医院 | 1 |
| 天津大学 | 223 | 4 | 4 | 河北华戈染料化学股份有限公司 | 1 |
| | | | | 景德镇陶瓷学院 | 1 |
| | | | | 天津市美珍生物科技发展有限公司 | 1 |
| | | | | 中国乐凯胶片集团公司 | 1 |
| 北京化工大学 | 222 | 26 | 18 | 蓝星（北京）化工机械有限公司 | 6 |
| | | | | 内蒙古蒙西高新技术集团有限公司 | 2 |
| | | | | 北京中超海奇科技有限公司 | 2 |
| | | | | 中国石油天然气股份有限公司 | 2 |
| | | | | 中国乐凯胶片集团公司 | 2 |
| | | | | 江苏强维橡塑科技有限公司 | 1 |
| | | | | 新加坡纳米材料科技有限公司 | 1 |
| | | | | 江阴海达橡塑股份有限公司 | 1 |
| | | | | 内蒙古蒙西技术开发有限责任公司 | 1 |
| | | | | 北京化二股份有限公司 | 1 |
| | | | | 石家庄炼油厂炼化实业公司 | 1 |
| | | | | 浙江新和成股份有限公司 | 1 |
| | | | | 北京大学 | 2 |
| | | | | 海南科技职业学院 | 1 |
| | | | | 河北盛华化工有限公司 | 1 |
| | | | | 烟台大学 | 1 |
| | | | | 杭州师范大学 | 1 |
| | | | | 威海市蓝狐特种材料有限公司 | 1 |
| 东华大学 | 209 | 11 | 4 | 中原工学院 | 8 |
| | | | | 大连海蓝光电材料有限公司 | 1 |
| | | | | 中国石油化工股份有限公司 | 1 |
| | | | | 上海锐浦环境技术发展有限公司 | 1 |
| 同济大学 | 205 | 2 | 2 | 上海市城市排水有限公司 | 1 |
| | | | | 上海玻璃钢研究院有限公司 | 1 |
| 中国科学院化学研究所 | 194 | 15 | 11 | 美国台塑公司 | 4 |
| | | | | 烟台华实科技开发有限公司 | 2 |
| | | | | 北京航空航天大学 | 1 |
| | | | | 成都正光科技股份有限公司 | 1 |
| | | | | 中国石油化工集团公司 | 1 |
| | | | | 江苏群发化工有限公司 | 1 |
| | | | | 北京大学 | 1 |
| | | | | 通用汽车公司 | 1 |
| | | | | 中国石油天然气股份有限公司 | 1 |
| | | | | 中国人民解放军总后勤部油料研究所 | 1 |
| | | | | 平顶山神马工程塑料有限责任公司 | 1 |

资料来源：根据专利信息服务平台相关资料整理

# 6.5 纳米材料产业相关标准分析

## 6.5.1 标准总体分布情况

图 6-28 表示了中国国家、英国国家、国际标准化组织（ISO）、国际电工委员会（IEC）、欧洲、美国国家、日本国家、德国国家的纳米材料的标准分布情况。在纳米材料产业的标准方面，中国国家和英国国家的标准最多，分别为 30 项和 20 项，其次是 ISO、IEC 和欧洲，分别为 8 项、6 项、5 项。这表明中国、英国都非常注重对纳米材料的开发和推广。

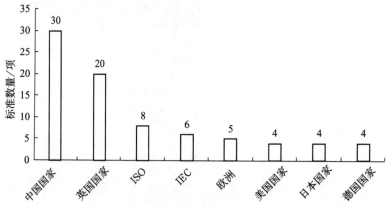

图 6-28　主要国家、地区及国际机构纳米材料产业标准的分布

## 6.5.2 主要国家/机构的标准分析

表 6-7～表 6-10 显示了中国国家、美国国家、IEC、ISO 纳米材料标准的具体情况。表 6-7 列出了中国国家标准 27 项，反映出中国纳米材料的标准不仅非常系统，而且还很丰富，包括从测试技术到材料的制备等。从标准的数量来看，2008～2011 年发布标准的数量最多，共 19 项，说明近几年纳米材料相关研究工作越来越受到重视。表 6-8 列出了美国国家 6 项纳米材料的标准情况，主要是在近 5 年制定的，包括纳米粒子测试和碳纳米管测试等。表 6-9 表示 IEC 制定的 6 项纳米材料的标准情况。从时间上看，IEC 是从 2008 年开始制定纳米材料标准的，表明 IEC 从 2008 年起开始关注纳米材料相关标准的制定工作。

表 6-7　中国纳米材料的国家标准

| 编号 | 名称 | 标准号 |
| --- | --- | --- |
| 1 | 纳米材料晶粒尺寸及微观应变的测定 X 射线衍射线宽化法 | GB/T 23413—2009 |
| 2 | 钢表面纳米、亚微米尺度薄膜.元素深度分布的定量测定.辉光放电原子发射光谱法 | GB/T 22462—2008 |

| 编号 | 名称 | 标准号 |
|---|---|---|
| 3 | 分析电镜（AEM/EDS）纳米薄标样通用规范 | GB/T 18735—2002 |
| 4 | 非晶、纳米晶软磁合金带材 | GB/T 19345—2003 |
| 5 | 非晶纳米晶软磁合金交流磁性能测试方法 | GB/T 19346—2003 |
| 6 | 纳米镍粉 | GB/T 19588—2004 |
| 7 | 纳米氧化锌 | GB/T 19589—2004 |
| 8 | 纳米材料术语 | GB/T 19619—2004 |
| 9 | 一维纳米材料的基本结构.高分辨透射电子显微镜检测方法 | GB/Z 21738—2008 |
| 10 | 金纳米棒表征 第1部分：紫外/可见/近红外吸收光谱方法 | GB/T 24369.1—2009 |
| 11 | 硒化镉量子点纳米晶体表征.紫外——可见吸收光谱方法 | GB/T 24370—2009 |
| 12 | 多壁碳纳米管纯度的测量方法 | GB/T 24490—2009 |
| 13 | 多壁碳纳米管 | GB/T 24491—2009 |
| 14 | 纳米材料直流磁化率（磁矩）测量方法 | GB/Z 26082—2010 |
| 15 | 纳米无机材料抗菌性能检测方法 | GB/T 21510—2008 |
| 16 | 纳米磷灰石/聚酰胺复合材料 第1部分：命名 | GB/T 21511.1—2008 |
| 17 | 纳米磷灰石/聚酰胺复合材料 第2部分：技术要求 | GB/T 21511.2—2008 |
| 18 | 纳米二氧化钛 | GB/T 19591—2004 |
| 19 | 纳米粉末粒度分布的测定 X射线小角散射法 | GB/T 13221—2004 |
| 20 | 仪器化纳米压入试验方法通则 | GB/T 22458—2008 |
| 21 | 利用Si（111）晶面原子台阶对原子力显微镜亚纳米高度测量进行校准的方法 | GB/T 27760—2011 |
| 22 | $SiO_2$、$TiO_2$、$Fe_3O_4$ 及 $Al_2O_3$ 纳米颗粒生物效应的透射电子显微镜检测方法 | GB/T 27765—2011 |
| 23 | 纳米材料超双亲性能检测方法 | GB/T 26489—2011 |
| 24 | 纳米材料超双疏性能检测方法 | GB/T 26490—2011 |
| 25 | 纳米碳酸钙 | GB/T 19590—2011 |
| 26 | 纳米氧化铝 | GB/T 26824—2011 |
| 27 | 碳纳米管直径的测量方法 | GB/T 26826—2011 |

**表 6-8  美国纳米材料的国家标准**

| 编号 | 名称 | 标准号 |
|---|---|---|
| 1 | 采用光子相关光谱法（PCS）测量纳米材料在悬浮液中的粒度分布的标准指南 | ASTM E2490—2009 |
| 2 | 测定猪肾细胞和人类肝癌细胞中纳米粒子材料的细胞毒性的标准试验方法 | ASTM E2526—2008 |
| 3 | 职业环境中释放产生纳米级粒子的处理用标准指南 | ASTM E2535—2007 |
| 4 | 评定纳米粒子材料费对老鼠粒细胞巨噬细胞集落形成影响的标准试验方法 | ASTM E2525—2008 |
| 5 | 纳米颗粒溶血性能分析的标准试验方法 | ASTM E2524—2008 |
| 6 | 测量碳纳米管的电特性的标准试验方法 | ASTM IEEE 1650—2005 |

**表 6-9  IEC 纳米材料的标准**

| 编号 | 名称 | 标准号 |
|---|---|---|
| 1 | 纳米技术.词汇表.第4部分：纳米结构材料 | IEC 113/104/DTS—2011 |
| 2 | 纳米技术.电感耦合等离子体质谱分析法测定碳纳米管样品内元素杂质 | IEC 113/106/DTS—2011 |
| 3 | ISO/DTS 11751：碳纳米物体的术语和定义 | IEC 113/52/DTS—2008 |
| 4 | ISO/TS 10797 Ed.1：纳米技术.使用透射电子显微镜法的单层碳纳米管特性 | IEC 113/88/DTS—2010 |
| 5 | 纳米技术.词汇表.第5部分：生物纳米接口 | IEC 113/94/DTS—2010 |
| 6 | 碳纳米管电特性测量的试验方法 | IEC 62624—2009 |

**表 6-10  ISO 纳米材料的标准**

| 编号 | 产品标准 | 标准号 |
|---|---|---|
| 1 | 纳米技术.纳米对象用术语和定义.纳米颗粒、纳米纤维和纳米板 | ISO/TS 27687—2008 |
| 2 | 纳米技术.词汇表.第3部分：炭质纳米颗粒 | ISO/TS 80004—3—2010 |

续表

| 编号 | 产品标准 | 标准号 |
|---|---|---|
| 3 | 纳米技术．纳米材料分类和分类方法 | ISO/TR 11360—2010 |
| 4 | 纳米技术．实验室系统条件下纳米材料内毒素的检定．内毒素鲎试剂（LAL）测定法 | ISO 29701—2010 |
| 5 | 纳米技术．吸入法毒性测试用吸入药剂暴露方式中的纳米粒子特性描述 | ISO 10808—2010 |
| 6 | 纳米技术．利用蒸发/缩合法的吸入法毒性测试用金属纳米粒子的产生 | ISO 10801—2010 |

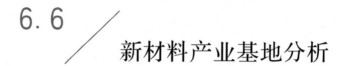

# 6.6 / 新材料产业基地分析

## 6.6.1 中国新材料产业总体区域分布

根据国家《新材料产业"十二五"发展规划》，"十二五"期间，中国将有序建设重点新材料产业基地，如表 6-11 所示。特种金属功能材料要立足资源地和已有产业基地，促进资源综合利用，着力提高技术水平；高端金属结构材料要充分依托现有大中型企业生产装备，加快技术改造和产品升级换代，严格控制新布点项目；先进高分子材料应坚持集中布局、园区化发展，注重依托烯烃工业基地，围绕下游产业布局；新型无机非金属材料应在现有基础上适当向中西部地区倾斜；高性能复合材料原则上靠近市场布局，碳纤维等增强纤维在产业化和应用示范取得重大突破前原则上限制新建项目。

表 6-11 "十二五"期间重点发展的新材料产业基地

| 基地 | 布局 |
|---|---|
| 稀土功能材料基地 | 重点建设北京、内蒙古包头、江西赣州、四川凉山及乐山、福建龙岩、浙江宁波等稀土新材料产业基地 |
| 稀有金属材料基地 | 重点建设陕西西安、云南昆明稀有金属材料综合产业基地，福建厦门、湖南株洲硬质合金材料基地。加快在中西部资源优势地区建设一批钼、钽、铌、铍、锆等特色稀有金属新材料产业基地 |
| 高品质特殊钢基地 | 以上海、江苏江阴等为中心，重点建设华东高品质特殊钢综合生产基地。依托鞍山、大连等老工业基地，打造东北高品质特殊钢基地。在山西太原、湖北武汉、河南舞阳、天津等地建设若干专业化高品质特殊钢生产基地 |
| 新型轻合金材料基地 | 重点建设陕西关中钛合金材料基地，重庆、山东龙口和吉林辽源新型铝合金材料基地，山西闻喜、宁夏石嘴山新型镁合金材料基地 |
| 特种橡胶基地 | 重点建设北京、广东茂名、湖南岳阳、甘肃兰州、吉林、重庆等特种橡胶基地 |
| 工程塑料基地 | 重点建设江苏苏东、上海、河南平顶山工程塑料生产基地及广东改性材料加工基地 |
| 高性能氟硅材料基地 | 重点建设浙江、江苏、山东淄博、江西九江、四川成都高性能氟硅材料基地 |
| 特种玻璃基地 | 重点建设陕西咸阳、江苏、广东、河南洛阳、安徽特种玻璃基地 |
| 先进陶瓷基地 | 重点建设山东、江苏、浙江先进陶瓷基地 |
| 高性能复合材料基地 | 重点建设江苏连云港、山东威海、吉林碳纤维及其复合材料基地，重庆、山东泰安、浙江嘉兴等高性能玻璃纤维及其复合材料基地，北京、广东、山东等树脂基复合材料基地，湖南碳/碳复合材料基地，四川成都综合性复合材料基地 |

资料来源：根据《新材料产业"十二五"发展规划》相关资料整理

另外，国家火炬计划也为新材料特色产业基地布局提供了指引。该计划认定的新材料特色产业基地情况如表 6-12 所示。

**表 6-12 国家火炬计划认定的新材料特色产业基地列表**

| 特色产业基地 | 省（直辖市） | 特色产业基地 | 省（直辖市） |
|---|---|---|---|
| 铜陵电子材料产业基地 | 安徽 | 河南超硬材料产业基地 | 河南 |
| 德化陶瓷产业基地 | 福建 | 郑州精密合金产业基地 | 河南 |
| 厦门钨材料产业基地 | 福建 | 牡丹江特种材料产业基地 | 黑龙江 |
| 白银有色金属材料及制品产业基地 | 甘肃 | 大庆新型复合材料及制品产业基地 | 黑龙江 |
| 佛山新材料产业基地 | 广东 | 武汉新材料产业基地 | 湖北 |
| 江门新材料产业基地 | 广东 | 应城精细化工新材料产业基地 | 湖北 |
| 江门纺织化纤产业基地 | 广东 | 海门新材料产业基地 | 江苏 |
| 广州高新区环保新材料产业基地 | 广东 | 锡山新材料产业基地 | 江苏 |
| 肇庆金属新材料产业基地 | 广东 | 丹阳新材料产业基地 | 江苏 |
| 宁晋太阳能硅材料产业基地 | 河北 | 武进特种材料产业基地 | 江苏 |
| 邯郸新材料产业基地 | 河北 | 东海硅材料产业基地 | 江苏 |
| 大城保温建材特色产业基地 | 河北 | 太仓特种功能新材料产业基地 | 江苏 |
| 唐山陶瓷材料产业基地 | 河北 | 兴化特种合金材料及制品产业基地 | 江苏 |
| 衡水工程橡胶特色产业基地 | 河北 | 宜兴非金属材料产业基地 | 江苏 |
| 九江星火有机硅材料产业基地 | 江西 | 南通化工新材料产业基地 | 江苏 |
| 景德镇陶瓷新材料及制品产业基地 | 江西 | 常熟高分子材料产业基地 | 江苏 |
| 锦州硅材料及太阳能电池产业基地 | 辽宁 | 惠山特种冶金材料产业基地 | 江苏 |
| 石嘴山稀有金属材料及制品产业基地 | 宁夏 | 通州电子元器件及材料产业基地 | 江苏 |
| 泰安非金属新材料产业基地 | 山东 | 江阴高性能合金材料及制品产业基地 | 江苏 |
| 淄博先进陶瓷产业基地 | 山东 | 长兴无机非金属新材料产业基地 | 浙江 |
| 章丘有机高分子材料产业基地 | 山东 | 宁波鄞州新型金属材料产业基地 | 浙江 |
| 淄博功能玻璃特色产业基地 | 山东 | 海宁软磁材料产业基地 | 浙江 |
| 青岛新材料产业基地 | 山东 | 桐乡新型纤维产业基地 | 浙江 |
| 济宁纺织新材料产业基地 | 山东 | 东阳磁性材料产业基地 | 浙江 |
| 招远电子信息材料产业基地 | 山东 | 海宁纺织新材料产业基地 | 浙江 |
| 宝鸡钛产业基地 | 陕西 | 浙江衢州氟硅新材料产业基地 | 浙江 |
| 上海张堰新材料深加工产业基地 | 上海 | 重庆九龙轻合金特色产业基地 | 重庆 |
| 上海青浦新材料产业基地 | 上海 | | |

资料来源：根据科学技术部、中国火炬计划相关资料整理

2011 年度国家级高新技术产业化基地通过复核保持国家级资格的名单，其中新材料产业化基地如表 6-13 所示。

**表 6-13 国家级新材料产业化基地**

| 产业基地 | 省（自治区、直辖市） | 产业基地 | 省（自治区、直辖市） |
|---|---|---|---|
| 北京国家新材料高新技术产业化基地 | 北京 | 鄂尔多斯国家新材料高新技术产业化基地 | 内蒙古 |
| 唐山国家钢铁材料高新技术产业化基地 | 河北 | 包头国家稀土新材料高新技术产业化基地 | 内蒙古 |
| 承德国家钒钛新材料高新技术产业化基地 | 河北 | 营口国家镁质材料高新技术产业化基地 | 辽宁 |
| 太原国家镁及镁合金高新技术产业化基地 | 山西 | 锦州国家硅材料及光伏高新技术产业化基地 | 辽宁 |
| 太原经济技术开发区国家新材料高新技术产业化基地 | 山西 | 吉林国家碳纤维高新技术产业化基地 | 吉林 |
| 哈尔滨国家铝镁合金新材料高新技术产业化基地 | 黑龙江 | 绍兴国家纺织新材料高新技术产业化基地 | 浙江 |
| 牡丹江国家特种材料高新技术产业化基地 | 黑龙江 | 马鞍山国家新材料高新技术产业化基地 | 安徽 |

续表

| 产业基地 | 省（自治区、直辖市） | 产业基地 | 省（自治区、直辖市） |
|---|---|---|---|
| 江阴国家新材料高新技术产业化基地 | 江苏 | 铜陵国家电子基础材料及新型元件高新技术产业化基地 | 安徽 |
| 常州国家新型涂料高新技术产业化基地 | 江苏 | 蚌埠国家玻璃新材料高新技术产业化基地 | 安徽 |
| 连云港国家高性能纤维及复合材料高新技术产业化基地 | 江苏 | 萍乡国家新材料高新技术产业化基地 | 江西 |
| 淄博国家新材料高新技术产业化基地 | 山东 | 鹰潭国家新材料高新技术产业化基地 | 江西 |
| 莱芜国家新材料高新技术产业化基地 | 山东 | 新余国家光伏高新技术产业化基地 | 江西 |
| 烟台国家聚氨酯高新技术产业化基地 | 山东 | 九江国家玻璃纤维及复合材料高新技术产业化基地 | 江西 |
| 龙口国家铝及铝合金加工高新技术产业化基地 | 山东 | 郑州国家超硬材料高新技术产业化基地 | 河南 |
| 威海国家先进复合材料高新技术产业化基地 | 山东 | 洛阳国家硅材料及光伏高新技术产业化基地 | 河南 |
| 招远国家电子材料高新技术产业化基地 | 山东 | 新乡国家新型电池及材料高新技术产业化基地 | 河南 |
| 长沙国家节能环保新材料高新技术产业化基地 | 湖南 | 重庆国家镁合金高新技术产业化基地 | 重庆 |
| 郴州永兴国家稀贵金属再生利用高新技术产业化基地 | 湖南 | 重庆国家化工新材料高新技术产业化基地 | 重庆 |
| 长沙国家先进电池材料及电池高新技术产业化基地 | 湖南 | 重庆国家铝加工高新技术产业化基地 | 重庆 |
| 湘西国家锰深加工高新技术产业化基地 | 湖南 | 重庆国家功能材料高新技术产业化基地 | 重庆 |
| 佛山国家陶瓷高新技术产业化基地 | 广东 | 贵阳国家新材料高新技术产业化基地 | 贵州 |
| 潮州国家日用陶瓷高新技术产业化基地 | 广东 | 遵义国家新材料高新技术产业化基地 | 贵州 |
| 成都国家生物医用材料与医疗器械高新技术产业化基地 | 四川 | 昆明国家稀贵金属新材料高新技术产业化基地 | 云南 |
| 攀枝花国家钒钛新材料高新技术产业化基地 | 四川 | 临沧国家锗材料高新技术产业化基地 | 云南 |
| 遂宁国家镁锂新材料高新技术产业化基地 | 四川 | 西安国家新材料高新技术产业化基地 | 陕西 |
| 绵阳国家新材料高新技术产业化基地 | 四川 | 宝鸡国家钛材料高新技术产业化基地 | 陕西 |
| 德阳国家新材料高新技术产业化基地 | 四川 | 金昌国家新材料高新技术产业化基地 | 甘肃 |
| 自贡国家新材料高新技术产业化基地 | 四川 | 白银国家新材料高新技术产业化基地 | 甘肃 |
| 广元国家先进电子产品及配套材料高新技术产业化基地 | 四川 | 石嘴山国家稀有金属材料高新技术产业化基地 | 宁夏 |
| 乐山国家硅材料开发与副产物利用高新技术产业化基地 | 四川 | 乌鲁木齐国家有色金属新材料高新技术产业化基地 | 新疆 |
| 成都国家高性能纤维高新技术产业化基地 | 四川 | 石河子国家新材料高新技术产业化基地 | 新疆 |
| 宜宾国家精密模具与特种材料集成制造高新技术产业化基地 | 四川 | 宁波国家新材料高新技术产业化基地 | 浙江 |
| 柳州国家新材料高新技术产业化基地 | 广西 | 宁波国家化工新材料高新技术产业化基地 | 浙江 |

资料来源：科学技术部.2011 年度国家级高新技术产业化基地通过复核保持国家级资格的名单

## 6.6.2　主要产业基地分析

### 1. 包头稀土高新技术产业开发区

#### 1）发展概况

包头稀土高新技术产业开发区于 1992 年经国务院批准为国家级高新区。该区由建成区、希望园区和正在崛起的滨河新区三部分组成，总面积约 150 公里²，总人口约 11.8 万人，注册企业 2476 户。经内蒙古自治区认定的高新技术企业 54 家，占全自治区的 43%，占包头市的 93%。2010 年，该稀土高新区经济社会发展继续保持又好又快的态势，生产总值完成 227.4 亿元，同比增长 20%；财政收入实现 50.5 亿元，同比增长 25.7%，总量居全市第一；固定资产投资达到 288.6 亿元，同比增长 18.8%；城镇居民人均可支配收入达 26 992 元，同比增长 13.9%，农民人均纯收入达 11 827 元，同比增长 12.6%。

2011 年，该稀土高新区规模以上稀土企业实现工业总产值 150.4 亿元，同比增长 147%。稀土产业结构进一步得到优化，稀土新材料所占比重有所提高，其中稀土原材料实现产值 98.6 亿元，同比增长 134.6%，占总产值的 65.5%；稀土新材料实现产值 45.7 亿元，同比增长 218.3%，占总产值的 30.4%；稀土终端应用产业实现产值 6.1 亿元，同比增长 35.6%，占总产值的 4.1%。由于稀土园区一片项目陆续投产，稀土永磁、储氢、抛光三大稀土新材料 2011 年产量再创新高，稀土永磁材料产量同比增长 40%；稀土储氢材料产量同比增长 21.6%；稀土抛光材料同比增长 48.1%。此外，包头稀土高新技术产业开发区按照内蒙古自治区、包头市两级党委、政府实施"双百亿工程"和打造"沿黄沿线经济带"发展部署，着力实施"双百亿工程"，实现"千亿高新区"的目标，力争 3 年内打造希望铝业、包钢稀土、包钢稀土贸易公司、中国二冶、包商银行股份有限公司 5 个营业收入超百亿元企业，建设稀土产业园区、希望循环经济园区、风光机电园区、科技创业园区、滨河新区 5 个营业收入超百亿元的区中园，全区营业收入达到 1700 亿元。

2）企业情况

包头稀土高新技术产业开发区基本形成了稀土产业发展的六大产业链，稀土各领域产业在"稀土—新材料—元器件—终端应用"的链条上日益丰富。宁波韵升、日本昭和、日本三德、美国 OEC 等一大批国内外知名的稀土企业落户该区，已形成了以"稀土高科"为龙头的稀土企业集群，同时包钢、包铝、一机集团、北重集团、东方稀铝等一大批具有巨大稀土应用潜力的特大型企业也落户该区，为该区发展稀土产业起了巨大的推动作用。

3）发展优势

包头稀土产业发展的优势如表 6-14 所示。

表 6-14  包头稀土产业发展优势

| 发展优势 | 优势简介 |
|---|---|
| 资源优势 | 中国稀土资源为全球已探明资源的 66.7%，包头为全球的 54.2%。全球稀土市场中，轻稀土约占稀土总量的 85%~90%，而包头的稀土资源中，主要以轻稀土为主。包头稀土资源是随包钢的铁矿开采，相对成本低 |
| 人才优势 | 包头共有科研开发机构上百个，其中国家级科研院所 2 个（包头稀土研究院和中国兵器工业第五二研究所），高等院校 3 所，各类专业技术及管理人才 10 万人，具有丰富经验与熟练技术的产业工人 50 余万人，集中了全国三分之一的稀土科研人员 |
| 工业基础优势 | 包头是内蒙古乃至我国少数民族地区最大的工业城市，产业结构不断调整，基础产业得到加强，形成了以钢铁冶金、稀土冶金及应用、机械制造、有色金属、纺织、电子、化工、能源等行业为主的、门类齐全的工业体系，为发展稀土产业提供了完善的配套协作能力 |
| 产业平台 | 包头稀土高新技术产业开发区有从事稀土及应用的中外合资企业十多家。日本昭和电工、法国罗地亚等来自日本、法国、美国等的知名稀土企业纷纷入驻，包头稀土高新区成为国际稀土企业发展的平台 |
| 产业集群 | 2009 年年末，稀土高新区内稀土企业已达 68 家，行业龙头企业集聚。包钢稀土、华美稀土、瑞鑫稀土、天骄清美等公司分别在稀土精矿、碳酸稀土、镨钕金属、抛光粉领域产量居全国首位 |

资料来源：①包头稀土高新区，包头国家稀土高新技术产业开发区管委；②内蒙古大学经济与社会发展研究中心课题组 . 1999. 包头稀土产业发展战略与对策 . 内蒙古大学学报（哲学社会科学版），31（4）：104-110. 根据以上资料整理

4）优惠政策

包头高新区稀土产业扶持政策不断完善。一系列助推稀土产业加快发展的政策陆续出炉，从用电、土地、原料供给、财政税收、企业服务、技术创新等 11 个方面给予稀土企业重点扶持，促进稀土新材料和应用产业项目落地建设。

包头高新区通过财政扶持资金、创业基金、孵化基金、创新基金、科研贡献奖、重点科研项目和知识产权扶持资金及企业研发中心建设资金等多种扶持方式，鼓励和引导企业加大技术创新投入，研发力量不断增强。

此外，包头高新区还积极承接内蒙古稀土产业发展专项资金的管理，专门成立稀土产业发展政府专项扶持资金管理委员会，制定资金管理办法，每年匹配稀土专项资金 1000 万元，主要用于稀土新材料和终端应用产品项目扶持、项目贷款贴息和产业技术研究与开发。为解决资金投入不足问题，高新区与包钢稀土等企业共同发起设立"中国稀土产业发展基金"，专项用于稀土原料收储、稀土产业实业投资、科研项目培育和转化、基础设施建设及产业整合，融资渠道进一步拓宽。

2. 铜陵电子材料产业基地

1）发展概况

铜陵电子基础材料及新型元器件产业的产业规模、产品门类、技术档次，以及行业、区域的影响力，位于国内同行业前列，形成了独具特色的产业集群，已形成铜基电子材料、电工薄膜及电容器、晶体及新型元器件、电子整机及配套软件、半导体封装设备及模具五大系列产品群，产业规模位居安徽省第一位。

基地具有良好的产业投融资环境，发展政策环境不断优化，产业示范效应日趋显现。铜陵国家电子基础材料及新型元件高新技术产业基地将通过攻克关键技术，提升技术层次，加速产业集聚，重点发展铜基电子材料、电工薄膜及电容器、晶体及新型元器件、电子整机及配套软件、半导体封装设备及模具、半导体照明及光电子材料等 6 大产业领域，围绕新能源、新材料技术，进一步拓展电子基础材料及新型元器件产业新领域，瞄准世界先进水平，突出技术升级、规模扩张、产业配套和加大延伸四个重点，做大做强骨干企业、营造良好投资环境，培育一批"专、精、特、新"中小企业，带动相关产业和企业的集群化发展。

铜陵市依托现有国家"火炬计划"电子材料产业基地，加快科技引进和自主创新，适应电子整机产品更新换代的市场需求，加大新型电子元器件产品的研发力度，加速产业技术改造和产品升级，提升现有产品的技术档次。具体地讲，铜陵市将扩大聚丙烯薄膜、金属化镀膜、有机薄膜电容器产品生产规模；开发生产聚酯薄膜（BOPET）金属化膜、3 微米以下超薄铝金属化 BOPET；扩大电力电子电容器、混合动力汽车用电容器、片式薄膜电容器的生产规模；重点支持超薄型石英晶体谐振器、高密度印制电路板、挠性高密度互联积层板、锂电池及隔膜材料等项目建设，适时建设片式声表面波滤波器、集成电路封装测试模块等储备项目；加快电子元器件检测平台建设，大力推进电子信息产业产学研模式创新。

2）企业情况

铜陵电子材料产业基地企业的基本情况如表 6-15 所示。

**表 6-15　2008 年铜陵电子材料产业基地企业概况**

| | 高新技术企业 | 民营科技企业 | 初创企业 | 中小企业<br>（总收入低于 3000 万元） | 其他 |
|---|---|---|---|---|---|
| 企业数量/家 | 13 | 27 | 8 | 18 | 1 |
| 占总数比例/% | 35.14 | 72.97 | 21.62 | 48.65 | 2.70 |

资料来源：王纲根，王励，贾胜武．2008. 铜陵市国家电子材料产业基地企业现状的调查. 安徽科技，(5)：16-18

其中 37 家企业的总资产约 8.24 亿元人民币，其中资产超过 1000 万元的有 17 家，超过亿元的有 2 家。有 2/3 的企业年收入低于 3000 万元。

3）发展优势

经过多年的发展，铜陵电子材料产业园已形成了自身的特色和优势，具体如表 6-16 所示。

**表 6-16　铜陵电子材料产业园发展优势**

| 发展优势 | 优势简介 |
|---|---|
| 产品优势 | 主要产品有 22 类 100 多个品种，目前已初步形成了具有相对优势的五大系列产品链，即以薄膜为龙头的电容薄膜材料系列产品链；以电子铜材加工为龙头的电子铜基材料系列产品链；以电子元件为龙头的电子元器件系列产品链；以集成电路塑封模具为龙头的电子模具系列产品链；以测速雷达、烟气检测仪为龙头的电子整机和高频部件系列产品群 |
| 企业优势 | 园区拥有一批电子材料企业，统计内规模以上企业 24 家，电子民营企业 13 家，骨干企业主要有铜峰电子股份有限公司、铜陵三佳电子集团有限责任公司、铜陵精达铜材集团有限责任公司、中科铜都粉体材料股份有限公司、蓝盾光电子股份有限公司、华瑞电子材料有限公司、金威铜业有限公司等 |
| 融资优势 | 铜陵上市公司铜陵有色金属集团股份有限公司、铜峰电子股份有限公司和铜陵精达特种电磁线股份有限公司为铜陵电子材料产业的发展提供了强有力的资金支持 |

资料来源：陈震．2007-10-12. 电子材料产业园跻身"国家队". 铜陵日报，C5 版

4）优惠政策

根据 2010 年安徽《关于加快推进皖江城市带承接产业转移示范区建设的若干政策意见》，从 2010 年起连续 6 年，省财政每年安排不少于 10 亿元的专项资金用于集中区建设，区内新建企业年新增企业所得税省级分成部分全额奖励市县，涉企行政事业性收费予以免收；大力支持产业创新升级，支持创新平台建设，建立并认定一批省级高新技术产业基地、新型工业化产业示范基地；充分发挥税费优惠和价格政策效应，对集中区和省级以上开发区新建企业的水、电、气工程设计和安装价格实行监管；加大金融支持力度，提高环境承载能力。

安徽铜陵经济技术开发区优惠政策主要包括《铜陵经济技术开发区生产性企业免缴行政性收费项目目录》、《安徽省铜陵经济技术开发区关于对项目引荐人的奖励办法》等，这些优惠政策极大地促进了安徽铜陵电子材料产业的发展。

3. 宁波新材料高技术产业基地

1）发展概况

宁波新材料产业基地的产业布局按照"两园、四区、多点"的总体框架来展开，建设完善集研发、加工、推广应用于一体的新材料产业基地，具体如表 6-17 所示。

**表 6-17　宁波新材料产业布局情况**

| 产业布局 | 龙头院所企业 | 产业发展方向 |
|---|---|---|
| 国家高新区新材料产业研发园 | 以宁波国家高新区研发园区和中国兵科院宁波分院为龙头 | 高性能特钢、铝合金、镁合金、粉末冶金、新型铜钢复合材料等领域 |
| 高教园区新材料产业研发园 | 以中国科学院宁波材料所和宁波大学为龙头 | 高性能稀土永磁材料、直线电机、节能型无磁损失非金属软磁、超高分子材料、碳纤维材料、新能源材料、纳米材料、光电子功能材料等 |
| 化工新材料产业集聚区 | 以中石化镇海炼化 100 万吨乙烯项目、镇海液体化学品码头为依托 | 新型硅氟材料、高性能合成橡胶、高性能树脂及弹性体、高性能纤维、专用/特种化学品、配套原料及辅助项目 |
| 电子信息材料产业集聚区 | 以现有 LED 和 LCD 骨干企业为基础 | LED 半导体材料产业链和 LCD 材料产业链，引进纳米电子材料、新型电子陶瓷等新型信息功能材料 |
| 新能源及环境友好材料产业集聚区 | | LED 及新光源材料、新能源材料、环境友好材料等特色新材料产业 |
| 高性能金属材料产业集聚区 | 以金属材料骨干企业为龙头 | 新型铜钢复合材料、高精度电子铜带及高精电工线等高性能金属 |

资料来源：①宁波市经济和信息化委员会；②彭新敏，鞠芳辉，刘春香.2007.宁波新材料产业发展研究.浙江万里学院学报，20（3）：109-112.根据以上资料整理

2）企业情况

宁波拥有上千家企业从事材料生产和加工，有 444 家企业从事新材料的生产与加工，产业发展业已形成地方区域特色。宁波主要新材料生产加工企业有大成新材料公司、宁波天安生物公司、宁波兴业铜带公司、宁波杉杉科技有限公司、宁波博威合金材料股份有限公司、宁波东睦新材料集团股份有限公司、宁波立立电子股份有限公司、宁波韵升集团、宁波万华等。

3）发展优势

宁波新材料高技术产业基地有着较好的发展优势，主要体现在以下四大方面。

（1）产业基础良好。2000～2008 年，宁波新材料产业以年均 32％的速度增长。到 2008 年年底，宁波市新材料产业实现产值 888.6 亿元，占全市高新技术产业产品产值的 26.9％，同比增长 35.7％；实现利税 78 亿元，占全市高新技术产品利税的 27.1％，同比增长 19.2％；实现创汇 19.6 亿美元，占全市高新技术产品创汇的 13.5％，同比增长 19.4％。

（2）优势领域突出。宁波新材料产业门类较为齐全，涉及面与行业分布比较广泛，几乎所有材料产业均已涉足，并在稀土永磁材料、电子信息材料、纳米材料、新能源材料、高分子材料、高性能金属材料、化工新材料等领域形成了产业优势，涌现出了一批在国内外享有较高知名度、在行业内处于明显强势地位的新材料高新技术企业。

（3）下游应用市场广阔。宁波市新材料企业大都为中小企业，利用其灵活的机制和对市场的敏感性，凭借当地较强的配套生产能力、广泛的材料应用需要而发展起来。随着宁波市及周边地区产业的加快创新发展，一大批传统产业需要转型升级和产品更新，今后几年对新材料的需求将呈现出爆发式增长。宁波市已形成服务浙江、辐射长三角和中西部的汽车配件、家电配件、模具、不锈钢制品、塑料制品的生产和贸易基地，也为宁波市拓展这些领域的新材料供应创造了条件。

（4）科技创新能力较强。宁波在科教兴市"一号工程"等科技合作活动中，一直把新材料技术领域作为发展重点，开展了广泛的、形式多样的对外科技合作。在新材料技术领

域，宁波拥有中国科学院宁波材料技术与工程研究所和中国兵器科学研究院宁波分院 2 家国家级研究机构，宁波大学、宁波工程学院、浙江纺织服装学院、宁波化工研究院等科研院所近年来在新材料技术发展中作用也日益凸显。全市建成省市级新材料企业工程技术中心 44 家，其中国家级 2 家；重点实验室 5 家，其中省级 1 家。

4）优惠政策

宁波"十一五"规划中把新材料产业列为重点领域，要求形成产业优势，并成为经济发展新的增长点和重要动力。"十一五"期间，宁波市委、市政府连续推出了《关于推进自主创新建设创新型城市的决定》、《贯彻关于进一步增强科技自主创新能力、促进经济增长方式转变的意见实施细则》、《关于实施工业创业创新倍增计划的若干意见》等重大政策措施，组织实施新材料领域的重大技术攻关项目，并积极争取国家发展和改革委员会、科技部的新材料专项的资金支持。

为给包括新材料产业在内的高新技术产业发展营造良好的政策环境，各县（市）区特别是新材料产业较为集中的北仑区、慈溪市、镇海区和鄞州区等政府也都把发展新材料产业列入"十一五"规划和中长期规划，并出台了相应的政策措施。与此同时，企业家灵活的体制机制、敏锐的市场嗅觉和较强的创业创新意识，也是推动宁波新材料产业基地建设和发展的重要力量。

在《宁波市新材料高技术产业基地发展规划（2009—2020 年)》中，对宁波新材料高技术产业基地的发展布局和发展方向作了明确的说明，提出在未来十多年间重点发展磁性材料、高性能金属材料、电子信息材料、化工新材料、新能源及节能环保材料、新型纺织材料等六大领域。

### 4. 大连花园口经济区新材料产业基地

1）发展概况

大连在新材料领域拥有比较雄厚的科研力量和较完善的新材料创新体系，拥有以中国科学院大连化学物理研究所、光明化工研究设计院、合成纤维研究所等为代表的从事新材料开发与研制的科研院所和以大连理工大学、大连海事大学、大连交通大学等为代表的高等院校。拥有省级和国家级研发中心和企业技术中心共计 10 家，其中由国家认定的企业技术中心 2 家；国家级研发中心 4 家，产业发展环境较好。大连在国际产业分工中的地位也日渐提高。基于上述条件，基地拟重点发展以发光材料、环保涂料和膜材料为基础的新能源及化工新材料产业领域。

大连重点抓新材料技术研发能力的建设，培植具有产业化前景的新材料技术，瞄准电子信息、能源、化工及环保等领域的主要需求，重点发展发光材料、涂料、膜材料、新能源材料、有机高分子材料、精密合金钢材料、纳米材料等领域，形成了一定产业优势。基地发光材料技术和产量均占据世界首位，占有国内外市场 50％以上的份额。另外，大连新材料产业基地还建有半导体照明工程基地和亚洲最大的氟涂料生产基地。

2010 年 1～8 月，大连新材料高技术产业基地引进新材料项目 46 个，平均每月落户项目 5 个以上，投资总额超过 270 亿元。

2）企业情况

大连在新材料产业各领域分别涌现出一批在国内具有一定规模和地位的企业，如东北特钢、路明集团、新源动力、振邦氟涂料、兴科碳纤维等。在市场需求的带动下，这些企业的规模不断扩大，生产能力迅速扩张，带动了大连新材料产业规模的快速扩大，使大连市新材料产业由原来比较单一的以精细化工材料为主导向以新能源材料、半导体材料、高分子材料、金属复合材料、纳米材料和膜材料为主的多领域扩展。在这些企业带动下，大连市在新能源材料、半导体材料、高分子材料等领域的部分产品和技术处于国内领先地位。大连花园口经济区主要入驻新材料企业如表 6-18 所示。

大连共有规模以上新材料企业 100 多家，在新能源材料、半导体材料、高分子材料、金属复合材料、纳米材料和膜材料等领域形成一批龙头企业和重点产品，如东北特钢、新源动力、兴科、大连丽昌新材料有限公司、大连融德特种材料有限公司、路明集团等。

3）发展优势

大连新材料产业基础雄厚，布局合理，骨干企业突出，科技资源丰富，为大连新材料产业的发展奠定了良好的基础（表 6-18）。大连以花园口经济区为核心区，以经济技术开发区、高新区和旅顺北路为拓展区，形成特色新材料产业集群（基地）；建立新材料专业孵化器，加速新材料产业化进程，构造完整的产业链。到 2015 年，基地销售收入 5 亿元以上的企业要达到 10 家，全市新材料产业销售收入总计要达到 1500 亿元。

表 6-18　大连花园口经济区新材料产业基地发展优势

| 发展优势 | 优势简介 |
| --- | --- |
| 资源优势 | 花园口不涉及耕地占用、居民动迁等问题，投资开发成本较低，可为生产要素流动、重大产业布局提供新的发展空间。境内有丰富的海洋资源和特色农副产品资源，有庄河电厂充足的电力资源，有数量多、素质较高、价格便宜的劳动力资源，有丰富的淡水资源和世界上少见的沿海旅游资源 |
| 产业基础雄厚 | 在半导体材料领域，大连是世界上最早的发光材料基地之一，形成了从研发到生产到应用的完整产业链；在燃烧电池的开发技术上，大连具有领先国际的科技优势；在高分子材料领域，大连有亚洲最大的氟涂料生产基地；在特种钢材领域，大连已形成了以东北特钢集团为代表、以特殊钢为主导产品的生产体系；在纳米材料和膜材料领域，大连主要研究纳米信息材料、纳米能源材料、纳米粉体材料、纳米发光材料、纳米催化材料等产品和气体膜分离技术、液体膜分离技术 |
| 产业布局合理 | 大连新材料产业重点分布在花园口经济区、开发区、旅顺北路产业带和登沙河临港工业区。花园口经济区作为国家新材料产业基地的核心区，主要发展燃料电池、太阳能电池等材料产业化项目及低合金钢材料、纳米材料和新型有机高分子材料、新型建筑材料；中国科学院大连科技创新园和高新技术产业园区，是大连国家新材料产业基地的研发区，重点研发燃料电池材料、绿色二次电池材料、太阳能电池用材、膜材料等；旅顺北路产业带、大连经济开发区、登沙河临港工业区等地，是国家新材料产业基地的拓展区，重点发展有机氟涂料、稀土发光材料、半导体照明发光材料和低合金钢材料 |
| 骨干企业突出 | 东北特钢、路明集团、新源动力、振邦氟涂料、兴科碳纤维等具有一定规模和地位的企业，在市场需求的带动下，这些企业的规模不断扩大，生产能力迅速扩张，带动了大连新材料产业规模的快速扩大，使大连市新材料产业向以新能源材料、半导体材料、高分子材料、金属复合材料、纳米材料和膜材料为主的多领域扩展 |
| 区位优势明显 | 大连位于承接东北亚新材料产业转移的优势区位，与日本、韩国、俄罗斯远东地区相邻且交往频繁；大连接近东北和环渤海等地区的新材料需求市场，周边的沈阳、长春、天津、青岛等城市是我国重要的装备制造业和汽车工业基地，为特殊钢、发光材料及涂料等产品的销售提供了就近的市场 |
| 科技资源丰富 | 大连拥有一批雄厚新材料研发实力的大学和科研机构，中国科学院大连化学物理研究、大连理工大学、大连海事大学、大连交通大学、大连市的国家工程中心及科技孵化机构共同承担了推进科技成果产业化的作用；大连几家重点的科技企业也建立了同科研院所、工程中心的战略联盟关系，形成了"产、学、研"一体化的科技创新体系 |

资料来源：①全国知识产权局系统政府门户网站-大连子站；②经信轩.2010-10-14.新材料产业高新技术产业的新亮点.大连日报.第 A04 版

4）优惠政策

大连花园口经济区新材料产业享受国务院振兴东北老工业基地政策、辽宁省关于鼓励沿海重点发展区域扩大对外开放若干政策。同时，大连市政府颁布了关于加快推进工业园区和沿海经济带建设的若干政策意见。对投资企业免收一切行政事业性收费，免收基础设施配套费。同时，对入区企业采取"保姆式"服务，所有手续由管委会全程代办。大连花园口经济区新材料产业发展的优惠政策如表6-19所示。

**表6-19 花园口经济区新材料产业发展优惠政策**

| 优惠政策 | 政策简介 |
| --- | --- |
| 加工贸易政策 | 国家引导出口加工企业向花园口和出口加工区集中；区内企业从境外进口用于出口加工所需的原材料和零部件等，免征关税和进口环节增值税；企业可以直接从区外采购原材料、原部件，加工增值后报关出口或部分直接销往国内市场；采用进口料件加工的产品在销往国内市场时，可按进口原料件计价缴纳关税和进口环节增值税 |
| 企业经营政策 | 境内外的经济法人、自然人均可在保税区投资建立外商独资、中外合资及内资企业；有专业外贸公司、工贸公司和有进出口经营权的国有大中型企业在区内设立窗口，从事商品的进出口经营活动；可设立集加工、贸易、仓储、商品展示于一体的综合性工贸企业；区内既可以存储保税货物，也可以存储非保税货物，而且无存储年限限制 |
| 关税及税收政策 | 区内企业所有进口的生产设备和自用的机械设备、建筑材料及合理数量的办公品等，免征海关关税和进口环节增值税；境外和区内间进出货物，免征关税及进口环节增值税，免交进出口许可证；经营期在十年以上的外资中或中外合资生产型企业按15%税率缴纳企业所得税，享受自获利年度起所得税"免二减三"的优惠。减免期满后对当年出口产值达到70%的企业，所得税减按10%征收 |
| 花园口区特殊政策 | 对区内企业固定资产投资、技术改造贷款，给予不低于50%的贷款贴息，省重点支持的项目给予不低于70%的贷款贴息；区内兴办的高新技术企业，按15%税率征收所得税，自获利年度起免征所得税2年；对科技型和龙头型的大项目的引入实行一事一议制，给予最优惠政策等 |
| 海关政策 | 园区内企业既可经营非保税品物流，也可经营保税品物流，且允许无限期保税存放或展示，海关不征收任何监管费用。保税商品亦可在区内自由买卖。境外与区内间货物进出自由，免关税，免许可证；园区的进出口货物在港口和园区之间实行"直通式"的通关模式。进境或进口货物可从港区接运入区内，在区内报关、查验；出境或出口货物在物流园报关，查验后直接运进港区，真正实现"港区一体、直提直放" |
| 外汇政策 | 区内企业可开设外汇账户和人民币账户，资本金账户和贸易结算账户合二为一。区内企业和区外企业之间允许以外汇或人民币结算。区内企业收取的外汇可100%现汇留存，实行意愿结汇制度；经区管委会认定的物流分拨企业，在首先使用其自有外汇的前提下，对不足部分的外汇，由企业提出申请，给予限量购汇的方便，用于支付进口货物所需外汇 |
| 税费政策 | 区内企业自用的生产、管理设备和自用合理数量的办公用品及其所需的维修零配件，生产用燃料，建设生产厂房、仓储设施所需的物资、设备，予以免税 |

资料来源：根据中国大连花园口经济区公告信息整理

## 5. 洛阳新材料产业国家高技术产业基地

1）发展概况

2011年3月，洛阳市政府公布"2011年经济转型攻坚战任务分解方案"，在新材料产业领域，依托洛阳新材料产业国家高技术产业基地，加快形成具有世界先进水平的新材料与智能绿色制造体系。洛阳将重点发展钼、钨、钛等新型合金材料、新型功能材料、新型化工材料、电子信息材料和纳米材料，努力建设全国重要的新材料产业基地，加快洛阳万基年产20万吨氯化钛白粉、麦达斯轨道交通车辆用铝合金型材等项目建设，开工建设洛阳铜一公司年产15万吨双金属复合板带等项目。

　　洛阳以钼钨钛合金、晶体硅材料（多晶硅和单晶硅）、新型平板显示材料、新型化工材料、超硬材料五大领域为核心，主要面向信息、新能源等领域的原材料需求。其中，基地的各类钼钨钛合金产品在国内市场的占有率已达到50%～90%，是国内最大的钼钨钛产业基地，晶体硅材料发展良好。洛阳市新材料高技术产业基地已形成实际产能为工业硅3.2万吨/年、多晶硅4500吨/年、多晶铸锭2500吨/年、太阳能电池用方片1.2亿片/年、太阳能电池片170兆瓦/年、电池组件230兆瓦/年，可配套生产多晶硅芯、石英坩埚、石墨电极、大功率蓄电池等光伏产业主要消耗产品。

　　2009年，洛阳硅及光伏产业完成固定资产投资32亿元，实现销售收入50多亿元，成为洛阳市六大支柱产业中增长速度最快、最具活力、发展前景最好的产业。洛阳将重点发展五大新材料产业，具体如表6-20所示。

**表6-20　洛阳新材料产业重点发展领域**

| 新材料产业 | 扶持企业 | 发展重点领域 |
| --- | --- | --- |
| 晶体硅半导体材料及太阳能光电产业 | 洛阳单晶硅、中硅高科技、尚德太阳能 | 多晶硅、多晶硅抛光片、单晶硅外延片、太阳能电池及组件、异变绝缘硅等 |
| 钼钨钛、新型耐火材料、铝镁板带、电子铜基材料等新型功能材料产业 | 洛栾集团、中船重工第725研究所等 | 钼冶炼、钼钨产品、海绵钛、钛及钛合金板带材、钛管件、镁板带、电子铜基材料等 |
| 电子玻璃、等离子玻璃基板等新型显示材料产业 | 洛玻、北玻等 | 优质超薄浮法玻璃、电子玻璃、等离子玻璃等 |
| 聚氨酯等新型化工产业 | 黎明化工研究院、中船重工第725研究所、洛阳石化工程公司、洛阳黎明化工科工贸总公司、洛阳九恒舰船特种材料公司等 | 聚氨酯、过氧化氢、氟化物、船舶及特种工业涂料、阴极保护及电解防污等新型化工材料 |
| 磨料磨具产业 | 中原金刚砂公司 | 磨料深加工 |

资料来源：根据洛阳市发展和改革委员会重点项目整理

　　2）企业情况

　　光伏产业方面，已有规模以上硅及光伏企业20余家，主要有洛阳中硅高科技有限公司、洛阳单晶硅有限责任公司、河南昇扬硅业科技有限公司等9家光伏产业链上游企业，洛阳尚德太阳能电力有限公司、阿特斯光伏电力（洛阳）有限公司等4家光伏企业，天空能源（洛阳）有限公司、洛阳晶奥电子材料有限公司、神佳电子陶瓷有限公司、洛玻集团龙门玻璃股份有限公司、黎明化工研究院等7家光伏产业配套与关联企业。

　　钛（钨钼）新材料产业方面，代表企业有洛阳双瑞精铸钛业有限公司、洛阳双瑞特种装备有限公司、洛阳高科钨钼材料有限公司。其中，洛阳双瑞精铸钛业有限公司和洛阳双瑞特种装备有限公司是中船重工第725研究所的控股子公司。

　　其他知名企业包括中铝河南铝业有限公司、洛阳北方玻璃技术股份有限公司、中色科技股份有限公司等。

　　3）发展优势

　　洛阳是我国著名的旅游城市和重要的工业城市，具有发展工业的先天优越条件，曾被评为全国制造业最具吸引力的七大城市之一。

　　（1）资源优势。洛阳的矿产资源十分丰富，钼、铝、金、银、钨、锌、水晶等26种甲类矿产资源储量大，品位高，易于开采利用。洛阳煤炭资源丰富，电力能源产业发达。

（2）产业优势。洛阳工业基础雄厚，以大企业集团集中而闻名，其中中国一拖、洛阳玻璃、中信重型机械、洛阳耐火材料、洛阳轴承、洛阳铜加工等集团公司都是行业中排名老大的公司。在硅材料及延伸的光伏产业链条中，多晶硅不但是利润率最高的上游环节，而且还是整个产业链条的命脉和瓶颈，而与全国其他多个发展光伏产业的城市和地区相比，多晶硅恰恰是洛阳的核心优势所在。洛阳高新区已成为中部地区重要的海绵钛、钛加工材、钛合金精铸制品、钛制设备生产加工基地，是国内首个拥有"海绵钛—钛铸锭—钛加工材—钛合金制品"这一完整产业链的城市区域。

（3）企业优势。洛阳单晶硅有限公司是中国最早的两家多晶硅研发和生产企业之一，该公司在硅材料研发生产方面的技术积累非常深厚。洛阳中硅是洛阳发展硅材料和光伏产业的基础和招牌，该公司拥有自主研发的千吨级多晶硅生产技术，无论多晶硅的产品品质、技术水平还是供货能力在国内都名列前茅，而且对下游的太阳能电池、组件及应用产业都有明显的辐射、拉动和吸引作用。

中船重工第 725 研究所拥有"中国船舶工业船舶材料技术检测中心"、中国船级社"船舶材料验证试验中心"、中国实验室国家认可委员会"检测与校准中心"等多项国家级资质，在船用钛合金材料研制、设备制造、钛合金铸造、部件成形和焊接工艺等方面，处于国内领先地位，已形成钛合金熔炼、锻造、成型、加工、焊接、检测分析等完整的研制生产手段，编制了大量的钛合金相关标准。

4）优惠政策

洛阳国家高新技术产业开发区出台了《洛阳高新技术产业开发区优惠政策》，具体如表 6-21 所示。

表 6-21　洛阳国家高新技术产业开发区优惠政策简介

| 政策重点 | 内容简介 |
| --- | --- |
| 鼓励项目进区 | 市政府和高新区每年筹措 2000 万元资金，专项用于新进区企业和已进区企业新建项目的贷款贴息，支持企业发展；外商投资企业、高新技术企业、投资额在 2000 万元以上的生产科研性企业或对高新区产业发展及功能配套有较大影响的其他项目，在首付土地出让金 50%后继续付款确有困难的，经批准可在 3 年内分期付清 |
| 支持创新发展 | 鼓励企业申报国家、省、市各类计划项目。区内企业申请获得各类计划资金的，根据企业的规模、效益及技术水平，给予资金支持；鼓励科技人员进入区创业服务中心和各类专业园区进行成果转化与创业 |
| 扶持与服务 | 高新区设立风险担保资金、贷款贴息资金、中小企业孵化资金，为企业建设发展提供资金服务和支持；对进区企业实行保护。除税务部门外，未经市政府批准，任何部门不得到区内企业检查；鼓励企业引进所需各类人才 |

资料来源：根据洛阳国家高新技术开发区公告信息整理，www.lhdz.gov.cn/xxgk/

### 6. 金昌新材料产业国家高技术产业基地

1）发展概况

金昌新材料高技术产业是金昌有色冶金产业的延伸，是金昌的新兴主导产业。2008 年，金昌新材料产业实现增加值 170 亿元，约占全市工业增加值的 89%。基地规模以上新材料企业平均产值规模为 8000 万元，其中产值过亿的新材料企业占规模以上企业的 10%，赢利企业达到 75%，40%的企业有产品向外出口。2010 年年初，金昌市新材料高技术产业区拥有年产值千万元以上新材料企业 22 家，相关企业 120 余家，产品 90 余项。2010 年，全市

新材料产业销售收入达到 400 亿元，占全市工业销售收入的 40％左右。

金属新材料基地规划建设面积 4000 公顷，建成面积 1356.3 公顷。2008 年，园区研发投入 15.79 亿元，占销售收入比重 2.42％。新材料产业各类科技人员 2600 余人。

金昌金属新材料基地立足资源优势，突出产业特色，在镍钴铜与贵金属产品精深加工及新材料高技术开发重点突破的基础上，拉长产业链条，形成合理的产业结构。金昌市以镍铜钴、贵金属、化工和建材新材料产业为主体的高技术产业在全国有明显的技术创新优势与产业集聚优势。

"十二五"期间，金昌新材料以信息有色金属新材料生产，新能源有色金属新材料生产，交通运输领域有色金属新材料生产，高端制造及其他领域有色金属新材料生产，新型钢铁材料、新型化工材料、新型建筑材料生产为重点方向，以 30 万吨/年连铸连扎铜材、羰基镍、镍铁合金、磷铜阳极产品开发及电线电缆综合改造为重点项目，力争到"十二五"末期，有色金属总量的 60％进入深加工领域。

2）企业情况

2011 年，金昌经济技术开发区加大项目建设力度，努力培育新的经济增长点，拉动工业经济快速增长，镍都实业公司 6 万吨精密铜项目、10 万吨连铸连轧项目、新川化工 20 万吨 PVC 项目、新川肥料 10 万吨钾肥、宇恒镍网 150 万只印花镍网等项目相继投产达标。2011 年，金川集团公司成功跨入"千亿企业"行列，年营业收入超过 1200 亿元，实现利税 53 亿元。

3）发展优势

（1）科研优势。金昌重视更新人才知识结构、提升人才综合素质，积极开展校企合作，加大职工再教育力度，先后与兰州大学、昆明理工大学等高等院校合作开办了化工工艺、机电一体化、化学工程、采矿选矿和经济管理等专业的继续教育培训班，分层分批组织职工脱产培训，着力改善职工知识结构。不断强化岗位技能培训，强化员工的岗位实践和技能鉴定。

（2）资源优势。金昌矿产资源极其丰富，已探明的矿藏主要有镍、铜、钴、铬、铁、锌、锑、煤、硫磺等 50 种。其中，全国最大的硫化镍矿——金川镍矿，已探明矿石储量 51 693.3 万吨，含镍 548.6 万吨，铜 347.3 万吨，居世界同类矿床第三位；镍金属保有储量占全国保有储量的 78.6％；与镍、铜相伴生的铂、钯、锇、钌、铑等稀贵金属储量居全国首位。非金属矿产资源主要有煤炭、石油、萤石、石灰石、硅石、硫黄及水晶、玛瑙等，储量大，品质好，开发潜力比较大。

（3）工业基础。地方工业增势强劲，2010 年前三季度，全市规模以上工业实现增加值 113.55 亿元，同比增长 12.5％，地方工业增长势头强劲，规模以上地方工业实现增加值 29.95 亿元，同比增长 40.88％，占年计划 30 亿元的 99.83％，高于计划进度 24.83 个百分点。到 2014 年，全市 60％以上的有色金属初级产品可实现就地加工。

4）优惠政策

根据 2006 年《金昌市鼓励投资优化服务若干政策规定》：①投资奖励方面，新办企业投资交通、能源、生态环保、城市基础设施建设项目、高科技生产型项目和农畜产品深加工项目，从获利年度起，前三年按其上缴所得税市、县（区）留成部分由同级财政给予等额奖励，后七年按50％奖励，用于企业技术改造和技术开发。②收费优惠方面，在金昌市园区内新办工业企业，城市基础设施配套费免收；新办其他项目，城市基础设施配套费减半征收；其他收费在国家规定的标准范围内按最低标准收取。③引资奖励方面，中介组织和个人为金昌市经济建设和社会事业发展引进项目、资金者，由当地政府给予奖励。

7. 广州新材料国家高技术产业基地

1）发展概况

广州新材料产业一直保持稳定快速发展的势头，现已形成了较大的产业规模。据广东省科技统计中心统计，2005～2007年广州新材料产业产值年均增长率超过30％。2007年规模以上新材料产品的工业总产值达633.67亿元，工业增加值137.59亿元，销售收入615.46亿元，出口销售22.39亿美元，利税总额53.37亿元，同比分别增长41％、48％、41％、73％和58％；新材料产品总产值的增幅较全市工业高新技术产品总产值的增幅（28.7％）高12个百分点，同时新材料占工业高新技术产品总产值的比例由2005年的18.82％，提高至2007年的21.38％。

广州开发区的新材料产业发展以"新材料产业组团"为主要基地，在科学城的产业发展规划中，规划面积4公里²，建立了新材料产业园区，重点发展技术密集型、资金密集型和环保型的新材料系列产品，已建成了一批科技创新基地、科技企业孵化器，为新材料企业新产品的开发、技术创新提供重要的技术支撑和服务。2010年，该区新材料产业产值达到948亿元，拥有联众不锈钢、金发科技、台一江铜等一批行业龙头企业。

科学城"新材料产业组团"已建立起较完善的环保新材料产业创新服务体系，形成较完整的新材料产业链，实现生产与应用的绿色化、环境优化，以及高性能化、多功能化。同时，在广州开发区新材料二期发展用地中重点引进新的环保新材料企业。新材料产业在汽车用材料、电子信息材料、电子化学品、高分子材料、能源新材料领域初步形成了产业链。

2）企业情况

根据《广州新材料产业国家高技术产业基地总体发展规划》，广州新材料企业约250家，实现产值及利税均占全省新材料总值的20％，出口创汇收入约占全省新材料的1/3。新材料产业已形成了较高的产业聚集度和较明显的企业规模优势，主要企业有广州珠江钢铁有限责任公司、金发科技有限公司、联众（广州）不锈钢有限公司、贝尔罗斯（广州）工程塑料有限公司、广州宏昌电子材料工业公司、卜内门太古漆油（中国）有限公司，中石化广州分公司、广州赫尔普化工有限公司、广州天赐高新材料股份有限公司、广州市鹿山化工材料公司、广州南玻玻璃有限公司、广东珠江稀土有限公司、广州珠江光电新材料有限公司等。

3）发展优势

广州新材料高技术产业基地已经形成了区位、工业基础、产业体系完整、产业集聚程度高及科技创新体系完善五大优势。

（1）区位优势。广州是中国第三大港口，是珠江三角洲及华南地区的主要物资集散地和最大的国际贸易中枢港，现已与世界170多个国家和地区的500多个港口有贸易往来，年货物吞吐量达1.67亿吨。京广复线、京九铁路、广茂线、广梅汕线、广深高速铁路、广九高速铁路和广珠澳铁路,构成了四通八达的铁路网络。

(2)工业基础。广州拥有国家软件产业基地、国家生物产业基地、国家电子信息产业基地、国家网游动漫产业基地、国家信息服务产业示范园等多家国家级高技术产业基地。高新技术产业基地大力实施以提升自主创新能力为核心的"二次创业"战略取得了丰硕成果。

(3)新材料产业体系完整。新材料是广州优先发展的高新技术产业重点领域之一,已形成较完整的研发和产业体系。新材料研发工作几乎涵盖"国家高新技术产品目录"新材料领域中金属材料、无机非金属材料、有机高分子材料和精细化工类的全部子类别,其中60%以上类别的产品都已在不同的程度上实现了工业化生产。

(4)产业集聚程度高。根据《广州新材料产业国家高技术产业基地总体发展规划》,广州新材料产品产值超亿元的企业有 100 多家,其中超 10 亿元的企业 17 家。新材料产业已形成了较高的产业聚集度和较明显的企业规模优势。

(5)科技创新体系完善。广州初步形成了国家级、省级、市级三个层次新材料领域的科技创新平台布局,共有市级以上新材料研发创新平台 69 个,其中,国家重点实验室 3 个、国家工程实验室 1 个、国家工程研究中心 2 个、国家级企业技术中心 3 个;省公共实验室 3 个、省(部)重点实验室 18 个、省(部)工程中心 14 个、省级企业技术中心 4 个;市级重大专项研发基地 4 个、市级工程中心 17 个。

4)优惠政策

2011 年 4 月,广州市发展和改革委员会公布了《广州综合性国家高技术产业基地发展规划》,将重点锁定六大产业领域。未来 10 年,广州将投入 2000 亿元启动百个项目布局高技术产业。预计到 2015 年,广州高新技术产品产值达到 10 000 亿元;到 2020 年,广州高新技术产品产值达到 20 000 亿元。广州综合性国家高技术产业基地将建成研发体系完整、人才结构合理、创新能力强劲,能够全面支撑广州产业发展,并辐射引领珠三角地区高技术产业实现跨越式发展的综合性基地。

广州开发区产业发展主要优惠政策如表 6-22 所示。

**表 6-22 广州开发区产业发展主要优惠政策**

| 优惠政策 | 政策简介 |
| --- | --- |
| 广州开发区知识产权示范企业认定和奖励办法(暂行) | 鼓励企业申请知识产权示范企业认定。支持企业建立和完善知识产权工作制度,充分运用知识产权战略,培养和奖励创新人才,增强企业产品的市场竞争力;经认定的知识产权示范企业,可享受管委会有关知识产权示范企业的优惠 |
| 广州开发区、广州市萝岗区委托投资咨询评估管理暂行办法 | 入选咨询机构应当符合以下条件:具有委托咨询评估的项目所属专业的甲级咨询资格,连续 3 年年检合格;近 3 年承担总投资 5000 万元以上项目的评估和可行性研究报告编制任务不少于 10 个;具有高级专业技术职称的专职人员不少于 20 名;注册资金不少于 500 万元(不含事业单位) |
| 广州经济技术开发区广州高新技术产业开发区广州出口加工区广州保税区财政投资基本建设管理规定 | 财政投资预计 1 亿元人民币及以上的重大公建项目及未列入相关规划的道路管网等市政建设项目,项目建议单位必须委托符合规定资质和项目专业要求的咨询机构编制符合深度要求的项目建议书,具体包括项目提出的背景、投资必要性和社会、经济意义;项目需求预测和建设规模;项目建设方案;节能减排措施;环境保护;投资估算和资金筹措方式;投资与经营管理方式;社会和经济效果评价 |
| 区发改局"三促进一保持十项重点工程"绿色通道实施意见 | 列入区 2009 年"三促进一保持"十项重点工程项目可享受一次受理承诺、全程服务等方面的优惠待遇 |

资料来源:根据广州市开发区,广州市萝岗区公告信息整理,http://www.getdd.gov.cn/1294370044859/ 1294370252875/1294385799796

8. 宝鸡国家新材料高技术产业基地

1）发展概况

2012 年 3 月，宝鸡国家级高新区钛材及深加工产业被国家工信部命名为全国第三批"国家新型工业化示范基础"标志着宝鸡国家新材料高技术产业基地建设迈上了新台阶。

宝鸡新材料基地运行平稳，固定资产投资明显增加，在建项目进展顺利，形成了龙头企业引领发展、民营企业更趋活跃、产业集群优势逐步显现的发展态势。基地企业 400 余家，其中工业总产值 5000 万元以上企业 15 家，经重新认定的高新技术企业 23 家，钛及钛合金材及产品产量 2.4 万吨，实现总收入 147 亿元，同比增长 21.48%；工业总产值 151 亿元，同比增长 22.7%；工业增加值 30.8 亿元，同比增长 20.9%；出口总额 5.02 亿美元，其中特色产业出口 0.87 亿美元，同比增长 180%；实现利润 4.03 亿元，上缴税金 1.87 亿元。

2009 年，受金融危机持续影响，基地全年出口创汇 3104 万美元，自获批为国家科技兴贸（新材料）创新基地以来，在商务部、科技部的指导下，在省商务厅、科技厅的大力支持下，基地信息化和检测服务平台建设成效明显，中小企业在高新技术产品出口研究开发和技术改造等方面获得了较大的支持，极大地鼓舞了基地中小企业科技创新，积极拓展出口渠道，增加研发投入的信心和热情，2010 年基地出口创汇 5.02 亿美元，其中特色产业出口创汇 0.87 亿美元，同比增长 180%，获得了较好的经济和社会效益。

基地内的民营企业数量众多，市场反应活跃，已成为推动新材料产业发展的新生力量。基地拥有从海绵钛生产到轧板、锻棒、钛设备制造的生产能力，据不完全统计，2010 年产值超过 45 亿元。骨干企业力兴钛业实现工业总产值 4.8 亿元，工业增加值 1.2 亿元，出口创汇 150 万美元，利润 2000 万元，上缴税金 368 万元。基地钛业信息网、钛中小企业公共信息服务等平台进一步发挥服务中小企业作用，在信息共享、资源优化配置、技术服务等方面功能渐显。

2）企业情况

宝鸡高新区钛材料龙头企业宝钛集团在研发、制造、检测技术等方面均处于国内领先水平，年销售收入达 108 亿元，占据全国高端市场 95% 的份额。

宝鸡新材料高技术产业基地新材料相关企业有宝鸡力兴钛业（集团）有限公司、陕西秦川机械发展股份有限公司、华新丽华股份有限公司、国核宝钛锆业股份公司、宝鸡巨成钛业有限责任公司等。

3）发展优势

宝鸡新材料高技术产业基地集区位、资源和产业基础三大优势于一体，呈现良好的发展态势。

（1）区位优势。宝鸡是新亚欧大陆桥重要交通枢纽，是连接中原、西北、西南的咽喉要道；陇海、宝成、宝中铁路在此交汇，310 国道主干线穿越全境，通过西宝高速公路 100 公里到达西安国际机场，130 公里到达西安，出口顺畅。宝鸡是陕、甘、川、宁毗邻地区重要物资集散地与新兴工业城市，极具辐射优势。宝鸡国家高新技术产业开发区是"关中高新技术产业开发带"的西部龙头，区位优越。

（2）资源优势。宝鸡已发现的矿产资源有近 30 种，矿产地 318 处。其中，自然金矿、铅锌矿（约 200 万吨以上）、铜矿（约 7.6 万吨）、磷灰石矿（约 5.6 亿吨）、石墨矿（400万吨）、硅石矿等矿储量丰富。建筑材料用的大理石岩和花岗岩在宝鸡分布广泛。

（3）产业发展基础良好。宝鸡是陕西第二大工业城市，军工、大中型企业云集，工业基础和技术实力雄厚，配套协作便捷。电力、水资源充足，矿产资源丰富。科教事业发达，有充足的、高质量的人才与劳动力资源。依托西安的科技、教育优势，有坚实的科技资源后盾。

4）优惠政策

根据《宝鸡市产业规划（2010—2020）年》，在新材料领域，以重点骨干企业为龙头，充分发挥高新技术企业的技术装备和人才等优势，以政府资金为引导，鼓励高等院校、科研院所与企业合作，建立技术转移中心、联合实验室、钛产业孵化器等，形成公共技术服务体系，做大做强以钛及钛合金为主导的稀有金属新材料产业，做大做响"中国钛谷"品牌，打造中国稀有金属材料生产科研基地和国家级新材料产业基地。依托宝钛集团等龙头企业，做大金属复合材料产业，建成拥有海绵钛、钛镍加工材、锆材、精密铸造、装备设计制造及深加工等十大生产系统的国家级新材料产业基地，打造"宝鸡·中国钛谷"。

为此，宝鸡高新区实施了一系列优惠政策，如表 6-23 所示。

表 6-23　宝鸡高新区产业优惠政策

| 序号 | 政策内容 |
| --- | --- |
| 1 | 在国家级高新技术产业开发区内新创办的高新技术企业，减按 15% 的税率征收企业所得税 |
| 2 | 在西部地区投资鼓励类产业及优势产业，符合《当前国家重点鼓励发展的产业、产品和技术目录》的国内投资项目，在投资总额内进口的自用设备，除《国内投资项目不予免税的进口商品目录》所列商品外，免征关税和进口环节增值税 |
| 3 | 对重大项目，高新区管委会将高度重视，组织专门的机构，为项目实施提供"一条龙"服务，同时对所有入区项目在宝鸡高新区建设时，西部大开发和国家级高新区的各项优惠政策，都予以兑现 |
| 4 | 对项目在高新区建设时，管委会各有关配套部门，将采取特事特办，保证水、电、暖、气等配套设施按期到位，同时在政策允许的范围下，结合项目实际情况，对建设过程中的有关行政收费，采取减、免、缓的形式，为企业减轻收费 |
| 5 | 高新区管委会将重点安排科技创新基金用于企业发展，并优先为重点项目申报国家和省市级各类科技计划，争取政策资金扶持 |
| 6 | 对重大投资项目，高新区管委会按照"一事一议"、"一企一策"的原则商定更加优惠的政策 |

资料来源：根据陕西省发展和改革委员会公告文件整理，http://www.sndrc.gov.cn/file/list.jsp

9. 连云港新材料高技术产业基地

1）发展概况

江苏连云港在硅资源深加工材料、电子封装材料和高性能复合材料等新能源和信息材料方面，特别是碳纤维技术及生产设备研发方面特色明显，发展前景较好。

根据《连云港市新材料产业"十二五"发展规划纲要》，截至 2010 年年末，连云港有规模以上新材料企业 162 家，实现产值 169.1 亿元，实现销售收入 164.1 亿元，实现利税 16.3亿元，实现利润 11.4 亿元，产业规模是 2005 年年末的近 8 倍。基地产业特色逐步形成，产业集群逐步形成。以连云港经济技术开发区为主体的新材料基地东部核心区，重点发展新能源材料、电子信息材料、高性能纤维、先进复合材料等。以东海县为中心的西部核心区，重点发展高纯硅微粉、高纯压电晶体、碳化硅、高纯晶体硅、新型电光源及石英制品等。

连云港是国内最大的环氧模塑料生产基地，环氧模塑料系列产品的市场占有率国内第一。中复神鹰公司自主创新，建设了国内最大的碳纤维生产基地；东海县是国内知名的硅材料基地，硅微粉、石英玻璃管、石英玻璃原料产量占全国的 80％以上，压电石英晶体产量占全国的 60％以上，硅资源深加工产品覆盖全国，出口德国、韩国、日本、美国、巴西、荷兰、东南亚等国家和地区。

以连云港经济技术开发区为主体的新材料基地东部核心区，重点发展新能源材料、电子信息材料、高性能纤维、先进复合材料等；以东海县为中心的西部核心区，重点发展高纯硅微粉、高纯压电晶体、碳化硅、高纯晶体硅、新型电光源及石英制品等，该区域建设新材料产品检测中心、中试基地，发展创业投资机构、咨询服务机构等，建设高性能纤维研发实验室、石英玻璃材料工程研究中心等机构，为产业发展提供支撑。

2）企业情况

连云港新材料产业现有省认定企业技术中心 6 家，占全市省认定企业技术中心总数的 28.6％；中国合格评定国家认可委员会认可的检测中心 1 家；市认定企业技术中心 5 家；同时拥有省集成电路封装用环氧模塑料、省新型复合包装材料、省新型药用包装材料、省石英材料、省树脂基复合材料等一批工程（技术）研究中心。连云港建设了国家硅材料检测中心。连云港在碳纤维、超高分子量聚乙烯、硅材料等产品的研发和生产方面都取得了突破。

根据《连云港市新材料产业"十二五"发展规划纲要》，到 2015 年年末，连云港规模以上企业总数达到 300 家，2 家企业实现上市。国家认定企业技术中心 1 家，省认定企业技术中心 10 家，市认定企业技术中心 20 家。培育年销售收入 50 亿元以上的企业 2 家，20亿～50 亿元的企业 3 家，10 亿～20 亿元的企业 5 家。

目前，连云港重点新材料企业有韩华新能源科技有限公司、晶海洋半导体材料（东海）有限公司、连云港太平洋石英制品有限公司、连云港市乐园磨料磨具有限公司、汉高华威电子有限公司、连云港佳宇电子材料科技有限公司、贵强碳化硅粉体材料（东海）有限公司、中复神鹰碳纤维有限责任公司等等。

3）发展优势

连云港新材料高技术产业基地有四大发展优势。

（1）区位优势。连云港南连长三角，北接渤海湾，隔海东临东北亚，又通过陇海铁路西连中国中西部地区以至中亚，是连接东西南北的纽带，在我国区域经济协调发展中具有重要战略地位。连云港又是中国东部沿海地带唯一的近海腹地还没有得到充分开发的黄金地区，是国家重点支持发展的长江三角洲区域的北翼城市，更是江苏省实施沿东陇海线产业带与沿海经济带开发战略的叠加区、全省三大区域性国际贸易中心、加快苏北振兴的龙头地区。

（2）交通优势。"十一五"时期，港口建设投资 200 亿元左右，新建码头泊位 25 个，新增吞吐能力 4630 万吨、250 万标箱，航道等级提升到 15 万吨级以上，开工建设 30 万吨级深水航道。2010 年港口吞吐量达到 1.2 亿吨，集装箱突破 400 万标箱。2020 年规划港口吞吐量达到 3 亿吨，集装箱 1000 万标箱。

（3）产业基础优势。产业特色逐步形成，以功能性材料为主，主要种类有无机非金属材料、有机高分子材料、先进复合材料。无机非金属材料以硅资源深加工为主，有机高分子材料碳纤维等高性能纤维为主，先进复合材料以玻纤增强复合材料为主。在材料功用方面有信息材料、能源材料、纳米材料、稀土材料、新型建筑材料等。

（4）平台建设。国家级新材料产业园主要平台有国家级博士后科研工作站、江苏省高性能纤维产品质量监督检验中心、江苏省高新技术创业中心、江苏省"两化融合"示范（试验）区、江苏省集成电路封装材料工程技术中心、江苏省树脂基复合材料工程技术研究中心、江苏省企业技术中心、国家高性能纤维及复合材料高新技术产业化基地、江苏省国际服务外包示范区、留学生创业园、江苏省复合包装材料工程技术中心、江苏省嵌入式信息终端共性软件工程技术研究中心等。

4）优惠政策

连云港在推动高技术产业发展方面的具体措施如表 6-24 所示。

**表 6-24　连云港市投资政策优势简介**

| 优惠政策 | 政策简介 |
|---|---|
| 投资政策 | 在连云港经济技术开发区投资兴业，可以享受国家级经济技术开发区的各种优惠政策，符合产业导向的重大项目，可享受"一事一议"的特殊扶持政策。区内设有"一站式行政服务中心"，实行"两证一卡"的扎口收费制度，可确保项目审批事项全部在区内办结 |
| 税收 | 在加工区内加工、生产的货物和应税劳务，免征增值税、消费税；生产所需机器、设备、模具、维修用零配件，基建物资、自用的办公用品，免征进口关税和进口环节税。在中国境内的区外企业货物销售到加工区内可享受国家有关增值税退税的优惠，从区外入区的国产机器设备、原材料、零部件、元器件、包装物料、合理数量的基建物资等，按出口办理退税。加工区内企业加工生产耗用的水、电、气实行退税政策。加工区出口产品所需进口的原材料、零部件、元器件、包装物料及消耗材料全额保税 |
| 外汇管理 | 出口加工区内货物销往境外不需办理出口收汇核销手续；向境外支付进口货款不需办理进口付汇核销手续。区内机构的外汇账户，不区分外汇结算账户和外汇专用账户，实行统一管理 |
| 配额许可证 | 加工区与境外之间进、出的货物，除国家另有规定外，不实行进出口配额和许可证件管理 |
| 海关监管 | 区内企业开展加工贸易业务不实行加工贸易银行保证金台账制度，不实行《加工贸易登记手册》管理，改用电子账簿管理，实行每半年一次的总量扣减核销制度。对出口加工区与境外之间进出货物实行"备案制"管理。出口加工区与境外之间进出的货物，按照直通式或转关运输的监管办法，实行货物在加工区海关"一次申报、一次审单、一次查验"的通关模式 |
| 商检 | 对境内区外运入加工区的货予以免检。区内企业为加工出口产品所需的应检货物、自用办公用品和生活消费品，免予实施品质检验 |
| 规费政策 | 实行"两证一卡"的扎口收费制度，不在规定范围内的收费，企业有权拒付 |

资料来源：根据国家级连云港经济技术开发区公告信息整理，http：//www./dz.gov.cn/news＿View.aspx?mpid＝100101&wzbz＝xw/00/0/

# 6.7
## 新材料产业重点机构分析

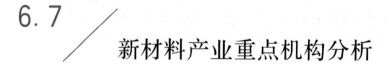

### 6.7.1　纳米材料产业重点机构分析

1. 国外纳米材料产业重点机构分析

1）巴斯夫集团

巴斯夫集团（BASF SE），总部设在路德维希港。BASF SE 投入巨额经费用于纳米技术、新能源、原材料创新、作物生物技术和工业生物技术五大领域，在 2006～2008 年用于纳米技术研究的经费达 1.8 亿欧元。

BASF SE（中国）有限公司已和中国 35 所大学研究院所开展了 51 个科学项目的合作研发，涉及纳米科技、生物技术、高分子材料科学、有机合成、工业催化剂研究等领域。此外，为加快纳米技术的研发步伐，BASF SE 于 2006 年 7 月开启了其在亚洲的第一个纳米技术授权中心——新加坡的纳米表面研究中心，2008 年投资达 1300 万欧元

BASF SE 在华申请纳米材料领域专利共 51 件，均为发明专利。专利申请数以 2008 年和 2009 年居多。

2）德国朗盛集团

朗盛集团（LANXESS）是德国的一家化学公司，其核心业务是塑料、橡胶、中间体和特殊化学品的研发、制造和营销。

2011 年，朗盛集团销售额同比增长 23%，达到 87.75 亿欧元；常规业务范围内的息税折旧及摊销前利润同比攀升 25%，达到 11.46 亿欧元，首次突破 10 亿欧元大关；公司全年常规业务范围内的息税折旧及摊销前利润边际增长率为 13.1%，2010 年该数字为 12.9%；净收入达到 5.06 亿欧元，比去年增长 1/3，大幅超越销售增长速度、息税折旧及摊销前利润的增长幅度。

德国朗盛集团在华申请纳米材料领域专利共 10 件，均为发明专利。

3）英国 P2i

P2i 总部位于英国，成立于 2004 年，是英国国防部的下属机构，负责将政府开发的技术应用于商业实践。P2i 如今已达到商业规模，其具有专利的工艺技术已成功应用于众多市场的各种产品，包括生活、电子、军事机构、生命科学、能源和过滤等。其消费电子领域 Aridion™ 技术备受中国移动设备制造商青睐。

截至 2010 年 7 月 31 日，P2i 营收增长 207%，达到 320 万英镑；专利使用权营收增长两倍，达到 170 万英镑；电子设备营收增长五倍，达到 140 万英镑，是发展最快速的领域。随着消费电子设备变得更小和更轻，传统的防水解决方案的市场空间有所减少。因此，手机和其他小器具成为纳米涂层技术的重要新市场，并且 P2i 已经开始与许多领先制造商一起开展实验，以验证防水性及防污和防划伤性。

P2i 的策略是巩固其在目标市场的领导地位，成为众多行业和应用领域的首选纳米涂层解决方案提供商。这一策略通过收购 Surface Innovations Limited 得以增强，Surface Innovations Limited 是总部位于英国的研发公司，拥有专注于多种功能性纳米涂层的大量专利组合。截至 2010 年 7 月 31 日，P2i 拥有 46 种同族专利，较上一年的 30 种有所提高。

2. 中国纳米材料产业重点机构分析

1）安泰科技股份有限公司

安泰科技股份有限公司（简称安泰科技）成立于 1998 年 12 月，截至 2010 年 11 月，该公司注册资本为 85 487 万元。安泰科技重点研究领域包括非晶、纳米晶材料、太阳能等先进能源材料，粉末冶金制品，金属磁性材料，焊接材料，金刚石工具，高速工具钢等 6 个产业领域。

2000～2011年来，安泰科技股份有限公司在华申请纳米材料领域的专利总数为25件，均为发明专利。

2）南京海泰纳米材料有限公司

南京海泰纳米材料有限公司成立于1994年，隶属江苏省高科技集团，是国内最大的纳米材料生产基地和国内最大的室内净化材料生产基地之一。该公司主要从事纳米技术研究、生产及在各行业中的应用。该公司的主要产品有纳米二氧化钛、高纯二氧化钛、纳米氧化硅、纳米氧化铝、纳米氧化锌、纳米氧化镁、纳米氧化锆、纳米抗菌粉、纳米ATO、导电材料等12大类50多个品种。

南京海泰纳米材料有限公司在华申请纳米领域专利总数为5件。

3）上海爱建纳米科技发展有限公司

上海爱建纳米科技发展有限公司是上海爱建股份有限公司（上市公司）的全资子公司，成立于2000年4月，注册资本为1050万元。该公司主攻纳米科学仪器研究和生产，致力于扫描探针显微镜、扫描隧道显微镜（STM）的研制和产业化。

上海爱建纳米科技发展有限公司在华申请纳米领域专利总数为5件。

## 6.7.2　碳纤维产业重点机构分析

1. 国外碳纤维产业重点机构分析

1）日本东丽工业株式会社

日本东丽工业株式会社（简称东丽）成立于1926年，自成立以来，东丽就把重点放在开发聚合物化学、有机合成化学及生物科技方面。除了在这些核心技术领域不断地研究和探索外，东丽也将业务领域从纤维和纺织品扩大至薄膜产品、精细化学品及塑料树脂。东丽将继续涉足新的业务领域，如电子信息类产品、碳纤维与合成材料、药物与医疗产品及水处理薄膜和系统。

截至2011年3月，公司净销售额达15 397亿日元，较2010年同期的13 596亿日元增加13.24%，公司营业收入1001亿日元，较2010年同期的401亿日元增加149.5%。

东丽正在扩大其在全球的碳纤维产能，将斥资450亿日元在日本、韩国、法国和美国的工厂对基于聚丙烯腈（PAN）的碳纤维产能进行扩能。2012年3月17日，东丽宣布将斥资630亿韩元在韩国兴建碳纤维工厂，并计划于2013年1月投产，预计生产规模可达年产2200吨。

东丽在华申请碳纤维领域专利共25件，均为发明专利。

2）日本东邦特耐克丝株式会社

日本东邦特耐克丝株式会社成立于1934年6月，产品主要涉及碳纤维、纺织纤维、机械工程等领域。碳纤维领域，主要产品包括TENAX、PYROMEX及TENAX的复合制品。

日本东邦特耐克丝株式会社在华申请碳纤维领域专利共3件，均为发明专利。

3）德国西格里集团

德国西格里集团（SGL）创建于1992年，由德国SIGRI集团与美国大湖碳素（Great

Lakes Carbon）集团合并而成。该集团主要经营四个碳素相关的领域：粗颗粒石墨、细颗粒石墨、天然膨胀石墨和碳纤维与碳纤维复合材料。SGL 的碳纤维与复合材料业务包括了碳纤维产品的完整价值链，从原丝到碳纤维、织物、预浸渍坯再到碳纤维复合材料部件（碳纤维增强塑料）。产品包括了碳纤维、玻璃纤维和芳纶纤维相关的各种高性能材料，可广泛应用于风能、运动器材、汽车和航空航天等行业。

SGL 2010 年的销售额为 12.26 亿欧元，息税前利润为 1.1 亿欧元，销售回报率达 9.0%，已动用资本回报率达 8.3%，其中，碳纤维复合材料占 16%，石墨材料与系统占 29%，能效产品占 55%。

SGL 在华申请碳纤维领域专利共 7 件，均为发明专利。

2. 中国碳纤维产业重点机构分析

1）中钢集团吉林炭素股份有限公司

中钢集团吉林炭素股份有限公司于 1952 年开始筹建，1955 年建成投产，是中钢集团所属的重要生产企业之一，是中国最大的综合性碳素制品生产企业。该公司产品包括 11 大类 56 个品种，主要有石墨电极、石墨阳极、碳纤维制品等，这些产品广泛应用于冶金、化工、机械、电子、航天、军工、医疗及新材料等领域。

2）金发科技股份有限公司

金发科技股份有限公司成立于 1993 年，于 2006 年启动了碳纤维的研究开发工作，组建了碳纤维项目研发团队，自主研发碳纤维及其改性工程塑料技术。该公司从 2007 年开始向美国申请进口了碳纤维的关键设备——200 吨级的"碳化炉"。2010 年 9 月，该公司位于广州市萝岗区的碳纤维项目启动，项目进展顺利。

金发科技股份有限公司在华申请碳纤维领域专利总数为 8 件。

3）宁夏大元化工股份有限公司

宁夏大元化工股份有限公司成立于 1999 年，注册资本为 20 亿元，由宁夏大元炼油化工有限责任公司独家发起，是采取募集方式设立的股份有限公司。该公司主要从事塑料板材、碳纤维制品和苹果酸及防老剂的生产和销售。嘉兴中宝碳纤维有限责任公司为其全资子公司。

嘉兴中宝碳纤维有限责任公司在华申请碳纤维领域专利共 2 件，其中"用于架空电缆的碳纤维-树脂复合材料芯"这项发明专利涉及一种应用于电力行业架空电缆的碳纤维-树脂复合材料芯，其由碳纤维-树脂复合材料芯层与环绕所述芯层的保护层构成，更具体地涉及架空电缆的芯材。

## 6.7.3 稀土材料产业重点机构分析

1. 国外稀土材料产业重点机构分析

1）美国 Molycorp

Molycorp 成立于 2008 年，总部位于美国科罗拉多州，从事稀土氧化物开发业务，旗下全资子公司 Molycorp Minerals LLC 是一家美国稀土生产商和技术公司，产品项目包括稀土矿的氧化物产品、合金产品、磁矿产品等，应用在清洁能源、高科技、混合动力、电动汽车、风力涡轮机、光纤、激光、硬盘驱动、国防（导航、GPS 定位系统）、水处理技术工业等领域。

2）日本双日株式会社

双日株式会社（Sojitz Corp）成立于 2003 年 4 月 1 日，主要研究领域包括汽车事业领域、太阳能发电等再生能源领域、电力 IPP 领域、ICT 领域、航空领域、船舶领域等。在能源金属部门，Sojitz Corp 拥有石油、天然气、液化天然气（LNG）、煤炭、稀有金属及其他金属资源资产。Sojitz Corp 的强项是稀有金属、煤炭等领域，Sojitz Corp 不但重视对日交易，同时加强面向钢铁需求日益增长的新兴国家印度及中国的供应。

根据 Sojitz Corp 财报，2009～2010 财年（3 月底），销售收入为 413.37 亿美元，净利润为 9400 万美元，总资产为 232.35 亿美元，净资产为 40.58 亿美元。

3）巴西矿冶公司

巴西矿冶公司（CBMM）成立于 1955 年。巴西阿拉克萨（Araxa）是世界上最大的铌矿床，其储量占世界铌矿储量的 70%以上。CBMM 对这一矿藏的开发，对保证铌的长期稳定供应起到了重要的作用。

CBMM 自 1961 年开始开采位于 Araxa 的露天矿。2010 年，该公司售出了所产的全部 7.2 万吨铌铁，同时卖出了 5000 吨其他铌产品，比 2009 年销售量多出 2.2 万吨。CBMM 公司 94%产品用于出口，主要销往中国和欧洲，计划在 2013 年将铌铁产量提高 67%。

2. 中国稀土材料产业重点机构分析

1）内蒙古包钢稀土高科技股份有限公司

内蒙古包钢稀土高科技股份有限公司（简称包钢稀土）成立于 1961 年，1997 年进行改制，由包钢（集团）公司、嘉鑫有限公司（香港）、包钢综合企业（集团）公司联合发起组建股份制公司。包钢稀土根据应用领域发展现状，选择磁性材料、发光材料、抛光材料、储氢材料等领域为发展方向，重点发展了钕铁硼、荧光级氧化铈、抛光粉、储氢合金粉等稀土功能材料，并向四大功能材料规模、质量、效益全国第一的目标迈进，推进稀土产业化发展。

2000 年以来，包钢稀土共申请专利 10 件，包钢稀土的专利基本都涉及稀土精矿生产或稀土的深加工，对下游的稀土新材料则暂未涉及。

2）北京中科三环高技术股份有限公司

北京中科三环高技术股份有限公司（简称中科三环）成立于 1985 年，是一家从事磁性材料及其应用产品研发、生产和销售的高新技术企业。中科三环的主营产品包括烧结磁体、黏结磁体、软磁铁氧体、电动自行车、原材料等。这些产品主要应用于计算机、移动电话、核磁共振成像、汽车电极、打印机、家用电器等领域。

中科三环非常注重知识产权体系的建设，2010 年获得了北京市知识产权局授予的"北京市专利示范单位"荣誉称号。到 2011 年，公司在稀土永磁材料领域共申请专利 108 件，其中包括中国发明专利 75 件，中国实用专利 31 件，中国外观专利 2 件。中科三环 2008 年在稀土永磁材料领域申请专利最多，超过 40 件。

3）太原双塔刚玉股份有限公司

太原双塔刚玉股份有限公司是经山西省人民政府批准，由太原双塔刚玉（集团）有限公司和太原东山煤矿有限公司共同发起的，1997 年 8 月 8 日在深圳证券交易所上市。该公司主导产品为稀土永磁材料与制品、棕刚玉系列产品、物流设备与控制和信息系统。

太原双塔刚玉股份有限公司共申请专利 28 件，其中包括中国实用新型专利 18 件、发明专利 10 件。

# 6.8 新材料产业发展状况分析

## 6.8.1 世界新材料产业的发展分析

新材料在发展高新技术、改造和提升传统产业、增强综合国力和国防实力方面起着重要的作用，世界各发达国家都非常重视新材料的发展。随着社会和经济的发展、全球化趋势的加快，新材料产业的发展呈现出以下主要特点和趋势。

第一，新材料多学科交叉，前沿性技术不断突破，产业进一步融合。

随着新材料技术发展日新月异、转化速度加快，前沿技术的突破使得新兴材料产业不断涌现。同时，新材料与信息、能源、医疗卫生、交通、建筑等产业结合越来越紧密，材料科学工程与其他学科交叉领域和规模都在不断扩大，特别是纳米技术的发展，加速了新材料多学科的交叉，在生物学、医学、电子学、光学等领域更为凸显。因此，对学科交叉的认知和有力推动将对一个国家新材料产业超前发展起到举足轻重的作用。

随着高新技术的发展，新材料与基础材料产业的结合日益紧密，产业结构呈现出横向扩散的特点。基础材料产业正向新材料产业拓展。伴随着元器件微型化、集成化的趋势，新材料技术与器件的制造一体化趋势日趋明显，新材料产业与上下游产业相互合作与融合更加紧密，产业结构呈现垂直扩散趋势。

第二，各国政府高度重视新材料产业发展。

美国、日本、欧盟是世界新材料生产的主要国家和组织，在加强对量大面广的传统材料改造的同时，高度重视新材料产业发展。各国政府、部门相继制订了推动新材料产业和科技发展的相关计划，如美国的国家纳米计划、光电子计划、太阳能电池（光伏）发电计划、下一代照明光源计划、先进汽车材料计划等，日本的纳米材料计划、21 世纪之光计划，德国的 21 世纪新材料计划，欧盟的"纳米计划"等。目前，世界新材料产业的重点发展方向主要集中在信息材料、生物医用材料、新能源材料、航空航天材料、生态环境材料、纳米材料、超导材料等领域。

第三，新材料发展由以军事需求为主转向民用需求。

从 20 世纪来看，国防和战争的需要、核能的利用和航空航天技术的发展是新材料发展的主要动力。而在 21 世纪，生命科学技术、信息科学技术的发展和经济持续增长将成为新材料发展的根本动力，工业的全球化更加注重材料的经济性、知识产权价值和与商业战略的关系，新材料在发展绿色工业方面也会起重要作用。未来新材料的发展将在满足军事需求的同时，很大程度上围绕如何提高人类的生活质量展开。寓军于民、军民两用材料是国际新材料产业发展的一个重要趋势。

第四，新材料市场需求旺盛，产业规模迅猛发展。

随着社会科技的进步和新兴产业的快速发展，对新材料种类和数量的需求日益增加，新材料产业的发展前景十分广阔。以新材料为支撑的新兴产业，如计算机、通信、绿色能源、生物医药、纳米产业等的快速发展，对新材料种类和数量的需求也将进一步扩大。

目前，全球生物医用材料的产值超过 800 亿美元，世界纳米技术的年产值为 500 亿美元。2010 年全球纳米材料区域分布中，北美和欧洲市场居前两位。欧洲市场上纳米材料多用于医药领域。在亚洲市场，由于政府的大力支持，逐渐增强的环保意识和对特殊材料的强烈需求，亚洲纳米材料发展迅猛。

第五，跨国公司对新材料产业发展的影响力加强。

跨国公司对新材料产业发展的推动作用显著，这些企业规模大、研发能力强、产业链完善，主要通过战略联盟、大量的研发投入、产业技术及市场标准制定并控制知识产权，寻求在竞争中处于优势甚至垄断地位。其中，半导体硅材料市场和生产已经形成垄断。2001 年，信越、瓦克、住友、MEMC、三菱材料公司 5 家企业硅片销售占国际销售额的 79.1％。有机硅材料则由 Dow Corning、GE、Wacker 和 Rhone-Poulenc 及日本一些公司基本控制了全球市场。另外，有机氟材料则由 Du Pont、Daikin、DN-Hoechst、3M、Ausimont、ATO 和 ICI 等 7 家公司占据全球 90％的生产能力，在全球居于统治地位。

第六，高性能、低成本及绿色化发展趋势明显。

21 世纪，新材料技术的突破将使新材料产品实现高性能化、多功能化、智能化，从而降低生产成本、延长使用寿命、提高新材料产品的附加值和市场竞争力。例如，新型结构材料主要通过提高强韧性、提高温度适应性、延长寿命及材料的复合化设计等来降低成本；功能材料以朝微型化、多功能化、模块集成化、智能化等方向发展来提升材料的性能。面对资源、环境和人口的巨大压力，生态环境材料及其相关产业的发展日益受到关注。短流程、低污染、低能耗、绿色化生产制造，节约资源及材料回收循环再利用，是新材料产业满足经济社会可持续发展的必然选择。

第七，新材料产品标准呈现全球化趋势。

在世界经济全球化日益增强的背景下，要求世界不同地方对同一材料采用相同的标准，克服各国材料及其产品数据标准不一的矛盾，避免引起混乱、低效并增加成本，不利于市场应用的国际化。对于材料供应商和用户来说，世界不同的国家、地区以相同方式测试材料特性尤为重要，对新兴市场上的新材料，这种要求意义重大。

1. 美国新材料产业发展分析

美国从 20 世纪 90 年代初，就将新材料列为国家发展关键技术项目的首位。美国始终保持新材料科技领域的全球领先地位。

1）美国林业新材料技术

树木是生产原材料的天然光化学工厂，其产品包括有很大潜在利用价值的纳米级纤维素纤维。由此产生的林产品工业在美国国民经济中是不可忽视的一部分。美国林产品工业的发展得益于纳米技术的应用和发展，具体如表 6-25 所示。

表 6-25 美国林业新材料技术及其发展前景

| 材料 | 发展前景 |
| --- | --- |
| 纳米材料 | 开发具有更好的阻燃、防潮、耐光和防腐性能的添加剂、涂层及改良木材；开发具有特殊结构和功能属性的生物复合材料，其特点在于可根据需要特制；生产具有成本效益的新型产品，以代替不可再生的金属、塑料和陶瓷产品；开发新的预处理方法，以代替含有重金属的木材处理技术；开发能测量强度、温度、湿度或能检测腐朽及即时损坏情况的智能木质产品；提高将生物质转化为燃料和能源的生产工艺水平 |
| 聚合复合材料与纳米强化材料 | 纳米材料与纳米技术的开发和使用帮助林产品生产者减少对材料和能源的消耗；增强木材和木质复合材料的功能；提高生产工艺效率，帮助林产品工业实现可持续发展和保持活力 |
| 细胞壁纳米技术 | 利用细胞壁纳米技术可以在转基因植物内控制木质纤维素的结构；可以用全新的方式使用木质及其组成成分；可以为生物仿生纳米级制造工艺提供系统原型，以全新的方式生产材料 |
| 三维结构纤维板 | 作为一种生物复合材料产品，三维结构纤维板可以提供特定的或不同等级的结构性能、耐受度、防潮、绝缘及其他实用功能 |

资料来源：陈洁，美国林业新材料技术研究与开发，世界林业动态，2007，07：3-6

### 2）美国支持纳米材料风险研究

美国国家科学院下属全国研究委员会 2012 年 1 月发布报告指出，美国纳米技术产品 2009 年的销售额约为 2250 亿美元，此后 10 年的销售预计会迅猛增长，尽管纳米技术前景广阔，但如果不对相关的潜在风险进行战略性研究，不清楚如何管理和规避这些风险，纳米技术产业的发展将面临许多不确定性。该报告称，美国政府在 2012 年预算中已指定 1.235 亿美元用于纳米材料安全性研究，联邦政府在这一领域的经费水平此后 5 年应保持稳定，而私营部门、研究机构等每年应增加约 2400 万美元用于开发纳米测量仪器、建立研究网络等。

### 3）关键材料战略

2011 年 12 月底，美国能源部发布了 2011 年的《关键材料战略》报告，该报告以重要性、经济性和技术性为依据分析了风力涡轮机、光伏薄膜、电动车及高效能发光领域中的关键材料。该报告指出，五种稀土元素——镝（Dy）、铽（Tb）、铕（Eu）、钕（Nd）和钇（Y）——被认为是短期内（2011～2015 年）的关键材料，这五种稀土元素可制成磁性材料从而应用于风力涡轮机和电动车中，或者是高效荧光粉之中。其他元素，诸如铈（Ce）、铟（In）、镧（La）和碲（Te），则被认定为次级关键材料。在短期（2011～2015 年）和中长期（2015～2025 年）之间，某些材料对清洁能源的重要性及其供应风险之间存在浮动。

### 4）美国结构和多功能材料

美国未来国防材料研究委员会结构和多功能材料小组着眼于新型材料与工艺和多功能性（健康监测、热载荷消散和电磁辐射管理），特别关注用于未来研究领域——多功能性与结构相结合的复合材料。该小组确定了 4 个研究与发展机会领域：①计算机辅助材料设计；②应用引起的材料变化；③复合材料设计与研制；④将无损检测与评价并入初始设计。该小组将本项研究的时间框架确定到 2020 年，关注点集中在期望在未来 20～25 年其主要特性可能提高 20%～25% 的材料上，而复合材料要比均质材料可能性大得多。

### 5）美国燃油新规带动复合材料发展

美国环保署（EPA）在 2009 年 9 月 15 日正式公布的新规定将在 2012 年逐步实施，在新公布的管理规定中要求乘用车在 2016 年前达到平均每加仑燃油行驶 35.5 英里。新规定未将汽车和卡车区别对待，而在之前的规定中，汽车的燃油经济标准是每加仑 27.5 英里，卡车为每加仑 22.5 英里。新规定则以统一的燃油经济标准取而代之。

提高燃油经济最廉价的方法是减轻车重，只要有可能减重的地方都不能放过，因此汽车制造商迫切需要新的设计构想和新型材料。为达到新规定的目标，汽车制造商们将从采用新材料和改善传动系统两方面同时着手。铝、镁等轻型合金材料、碳素纤维等成为众多汽车制造商的首选。

6) 美国生物材料生产燃料和化学品走向商业化

美国农业部于 2011 年 1 月宣布向 Coskata、Enerkem 和英力士新行星生物能源公司（英力士生物公司与新行星生物能源公司的合资企业）三家公司提供 4.05 亿美元贷款用来将纤维素生物乙醇从中型推向商业化生产。Coskata 接受 2.5 亿美元贷款，在美国阿拉巴马州格林郡建设 5500 万加仑/年纤维素乙醇装置，该装置是当今规划的最大纤维素乙醇装置，将采用木质生物质为原料。Coskata 的生产过程采用专有的微生物和生物反应器设计，将任何碳基原料，包括生活固体废弃物用来生产燃料级乙醇。

Enerkem 接受 8000 万美元贷款用于建设其 Pontotoc 生物炼制厂，将用于生产 1000 万加仑/年纤维素乙醇。该公司采用气化和催化合成方法通过生活固体废弃物来生产乙醇，Enerkem 于 2009 年为建该装置曾从美国能源部获得 5000 万美元资助。

英力士新行星生物能源公司接受 7500 万美元贷款支持 Vero Beach 建设和运作 800 万加仑/年装置，使用的原料为各种废弃物，包括农业和生活废弃物，采用英力士生物公司厌氧发酵技术。英力士公司也计划采用相同的技术在欧洲建设更多装置。

美国农业部鼓励美国采用第二代生物材料的另一举措是对生物基产品进行产品认证和实施标志计划，新的标志设计可清楚地鉴别出从可再生资源生产的生物基产品，并在商业化市场上提升这些产品的销售和使用。

诺维信（Novozymes）公司的第二代纤维素乙醇已成其主流业务方向，在美国，虽然有几套第一代纤维素原料装置仍正在运转，但在近年内纤维素乙醇也将获得发展。预计从纤维素原料来生产化学品的一些大型装置将在 2014 年前投产。美国可再生燃料使用标准确定了美国液体燃料物流中的第一代和第二代生物燃料特定的数量，这将成为实现这一时间表的关键因素。

此外，美国生物炼制厂业已存在，原料为淀粉或糖类。这些装置在未来将在原料结构中增加小麦秸秆和其他纤维素材料作为额外进料，较宽范围的产出也将包括生物丁醇、较高级醇类和生物塑料在内的产品，成为整体生物炼制厂概念。

2. 欧洲新材料技术产业发展分析

欧盟发布的第七框架研究计划（2007～2013 年）中提出要促进欧洲的经济增长和加强欧洲的竞争力，认为知识是欧洲最大的资源。该计划十分重视欧洲工业需求的开发研究、设立技术平台的工作和新的合作技术项目，尤其是那些通过与工业界对话确定的欧洲公众感兴趣的课题，帮助工业界开展国际竞争，并且在一些领域发挥世界领导地位的作用。该计划确定的 10 个课题中，纳米科学、纳米技术、材料和新制造技术为其中一项，预算为 35 亿欧元。该课题确定了纳米尺度上的对物质的可控操纵和在此尺度下物质行为的基础研究及相应的纳米技术开发，新型纳米材料和生物材料，安全、环境友好的新型产品，用于应用工业的技术集成等四大研究方向。

1）纳米材料监管法规框架

2008 年，欧盟委员会实施了"纳米科学与纳米技术管理法"，欧盟及成员国层面的法律框架包含许多行动计划，包括化合物法律（如 REACH 法）和职业健康与安全保护法律法规。欧盟法规面临的挑战之一是缺乏统一的定义。目前，纳米技术已经被应用于许多行业，但缺乏合适的标准和被验证有效的检测程序，可以制定有行业特异性（如针对化妆品、药品和食品行业）或水平的（如化学、工人、消费者、环境保护等方面的）法律框架。

2011 年 10 月，欧洲科学院咨询理事会发布了"工程纳米材料对健康的影响：利益-风险评估需要考虑的因素报告"（Impact of Engineered nanomaterials on health: considerations for benefit-risk assessment）。该报告认为，欧洲要整合、促进纳米技术创新，核心要素之一是构建清晰的、致力于纳米材料潜在的健康与环境影响的监管法规框架。该报告具体的内容如表 6-26 所示。

表 6-26 "工程纳米材料对健康的影响：利益-风险评估需要考虑的因素"报告主要内容

| 主题 | | 具体内容 |
| --- | --- | --- |
| 纳米材料风险与危害评估中主要存在如下问题 | 剂量 | 检测的目标应该是通过确定剂量-反应关系识别潜在的危害，如果需要的话还要跟踪长期危害，但目前报道的许多研究持续的时间短，使用的剂量很高，与潜在暴露的相关性受质疑，而且剂量应该是在详细理解纳米材料的生理化学属性的基础上确定的 |
| | 标准化 | 要用被验证有效的、标准化的分析方法，以使：①来自不同的研究人员的结果可以相互比较；②体外分析方法或动物实验可以用于合理地预测在人体的反应。目前还不能做到这一点 |
| | 个体易感性的差异 | 对影响如老年人、遗传易感性个体等不同个体的反应差异的因素研究方面获得的进展很少 |
| | 细胞水平的研究 | 目前对如下情况仍然知之甚少：纳米颗粒如何与细胞膜相互作用，它们如何被转运进细胞、溶酶体、线粒体、细胞核，以及它们之间相互作用的结果 |
| | 器官和系统水平的研究 | 需要研究的优先领域之一是研究纳米颗粒经其他路径进入人体后的肺外转运和迁移的毒理动力学，尤其是对胎儿发育、心血管、神经、肝脏、免疫和内分泌系统、器官-器官相互作用的影响 |
| | 其他问题 | 目前很少关于工作场所、消费者、环境暴露因素或相关暴露的研究。关键问题之一是要能选择实用的指标来量化纳米颗粒的浓度，在这方面，（物体）表面含有纳米颗粒的总面积或颗粒总数指标比总的质量浓度更有意义。还需要使用协调一致的方法来构建整合的数据库，提供根据形态学和稳定性鉴定纳米颗粒的参考指标 |
| 主要结论与建议 | 研究及研究成果转化成应用 | 将安全性评估更好、更大范围地整合到纳米新材料开发项目中。制药行业要在研究的早期阶段就考虑使用危害和风险相关模型。鼓励纳米医学、纳米工程和纳米安全领域的研究团体与其他领域加强合作 |
| | 连接科学与管理 | 欧盟委员会和欧盟各成员国机构应继续评估管理法规和程序，对欧洲议会关于纳米材料法律是否合适的疑问提供证据。在"化妆品管理法"中引入纳米材料的定义，同时要与其他产品领域的纳米材料定义相协调。定义纳米材料或制定相关标准要以科学为基础，清晰、可实施 |
| | 公众参与 | 欧盟委员会和科学团体要提供准确的纳米材料信息，要按照与其他产品相同的原则进行风险评估。交流活动必须以平实的语言进行，要描述科学进展的潜在社会利益和相关风险 |
| | 纳米科学与技术培训 | 需要培训更多的毒理学家、材料科学家和制造工程师，让这些专家参与到纳米新材料开发的风险评估程序中；可以设置相关的硕士、博士培训课程，开发新一代纳米材料需要新一代跨学科科学家；要制订新的培训计划，培养跨学科人才 |

资料来源：European Academies Science Advisory Council（EASAC）. Policy Report No. 15

2）欧洲车用复合材料快速发展

为了减轻车重，越来越多的传统金属部件被复合材料取代，尤其是在车的前端。长纤维热塑性复合材料的发展加快了这种趋势。主要的发展体现在变速箱控制杆和踏板、车门面板、前端托架、发动机导流器、电池架、后保险杠横梁、备胎轮窝、发动机舱室面板和后窗口。新型复合材料在欧洲汽车市场上的发展方向如表 6-27 所示。

**表 6-27　新型复合材料在欧洲汽车市场上的发展**

| 汽车部位 | 材料应用 |
| --- | --- |
| 变速箱控制杆和踏板 | 减轻车头重量及降低 PPGF 生产成本（相对于钢铁、铝、镁和 PAGF）。铝、镁、PAGF 和 PPSGF 都是替换钢铁应用的有力竞争者 |
| 车门面板 | 环境定位对比天然纤维和功能一体化。PP 和 ABS 是该领域的主要竞争者，木材和天然纤维将会在该领域得到更广泛的应用 |
| 引擎罩车盖内的部件 | 用塑料替换金属（钢铁或铝），或者用 PPLGF 替代其他塑料 |
| 外部配件 | 在汽车后保险杠横梁上采用 PP（P/E 或 PPLGF）或金属配件（钢铁或铝） |
| 白车身 | 用塑料来生产备胎轮窝和汽车后地板，在发动机机舱面板上应用塑料材料等 |

资料来源：邬浩，谢薇.2008.复合材料在欧洲汽车制造业中的应用将越来越多.玻璃钢，（1）：18-22.译自美国国会联合经济委员会（JEC）2007，7/8；No.34

3）稀土材料与欧洲低碳经济

采用稀土元素生产的荧光材料、氢化物电池材料、电光源材料、光导纤维材料等，在全球经济发展中发挥着日益重要的作用。在世界稀土主要使用大户欧洲，由稀土材料研制的化工产品已被成功应用于电动自行车电池生产和汽车尾气净化中，更加节能的稀土材料灯也有望取代传统的高耗能白炽灯，稀土正在成为驱动低碳经济的新动力。

为提高汽车催化剂活性，将稀土材料应用在汽车催化剂中，是近年来汽车催化剂市场的一个新产品。全球最大的稀土分离提纯厂家——法国罗地亚电子与催化剂材料公司，把分离提纯催化剂材料作为产业结构调整的主要支柱，在研发生产汽油稀土复合催化剂后，又研制成功用于柴油机汽车的新一代催化剂 Eolys。这是一种以燃油为载体含 $CeO_2$ 的催化剂，用于柴油机颗粒过滤系统，该系统利用稀土材料可除去柴油机 90% 以上甚至 99% 的颗粒排放物。2011～2015 年，全球汽车保有量仍将继续增长近 20%，到 2015 年，全球汽车保有量将增至 11.2 亿辆左右。届时整个欧洲汽车保有量预计将增长 15%，达到 3.7 亿辆。在持续发展的汽车消费市场中，高质量的稀土复合催化助剂已是欧洲汽车尾气净化领域备受青睐的上品。

开发利用"低碳能源"、建设"低碳社会"，是当今欧盟及其成员国的能源和经济发展方向。为减少温室气体排放，欧洲各国已达成一项协议，在未来几年内，逐步让节能的"稀土三基色荧光灯"取代高耗能的、以钨丝为发光体的老式白炽灯。然而，要想全面终结"白炽灯时代"，还需要一个循序渐进的过渡过程。

4）欧洲新型半导体材料

随着全球能源需求的不断攀升，提高效率成为降低二氧化碳排放、确保能源可靠供应的重要手段。德国半导体和太阳能行业的 6 家合作伙伴携手开展了 NEULAND 项目。该项目由德国联邦教育与研究部（BMBF）资助，旨在开辟可再生能源电力高效利用的新途径。NEULAND 是具备高能效和成本效益、基于宽带隙化合物半导体的创新功率器件的代表。该项目旨在在系统成本不大幅提高的前提下，将可再生能源电力并网损耗降低 50%。这将有待于利用基于碳化硅（SiC）和硅上氮化镓（GaN-on-Si）的创新半导体器件的实现。

这些新型半导体器件未来还可用于台式电脑和笔记本电脑、平板电视、服务器和电信系统的开关模式电源，同样可使这些应用的能耗降低一半左右。

NEULAND 项目由英飞凌牵头，将持续到 2013 年年中。BMBF 根据德国联邦政府的高科技战略（IKT 2020 计划），为项目提供了 52.6% 的资金，约合 470 万欧元。IKT 2020 计划是"增进电力电子装置能效"倡议行动一部分。

5）欧洲高性能碳纤维市场发展加速

美国著名的增长咨询公司弗若斯特沙利文 2011 年发布的《欧洲高性能纤维市场》研究报告认为，主要高性能纤维产品市场均处于发展阶段。随着资金的投入和技术的进步，越来越多的产品将实现产业化。

芳纶纤维是高性能纤维中最主要的一种产品，市场增长最快，预计 2014 年市场规模将达到 18.67 亿欧元；聚乙烯纤维多数用于国防，也常被用于制作驳船的绳索，2007 年欧洲聚乙烯纤维销售收入为 1.15 亿欧元；碳纤维被广泛应用于工业领域，2007 年欧洲碳纤维市场销售收入为 2.8 亿欧元，其中用在工业领域的碳纤维创造了 40% 的销售业绩；特殊玻璃纤维常被用于增加材料的强度，2007 年欧洲特殊玻璃纤维的销售额为 1280 万欧元，美国高强玻璃纤维敏捷公司是行业内最大的生产商，主要生产 S-2 玻璃纤维系列产品。

由于生产成本高，高性能纤维被局限在国防及航天太空领域应用。近年来，随着研发投入及产能扩张等因素的影响，高性能纤维开始渗透到其他的应用领域，包括缆绳、轮胎帘子线、运动及医疗器械、个人防护装备和高性能复合材料等。但是，国防依然是高性能纤维主要的下游需求。

在市场发展的同时，高性能纤维发展中面临的限制因素仍然存在。一方面，高性能纤维的制造成本长期居高，生产商往往将生产成本转移到终端用户的身上，市场的扩展因此受阻。一些高性能纤维产品还不能规模化生产也是导致生产成本高的一个因素。另一方面，应用领域过于集中也不利于新的下游市场开拓，这将会影响市场未来的发展及在下游其他领域的渗透。

3. 日本新材料产业发展分析

日本新材料科技战略目标是保持产品的国际竞争力，注重实用性，在尖端领域赶超欧美。日本对新材料的研发与传统材料的改进采取了并进的策略，注重于已有材料的性能提高及回收再生，并在这些方面领先于世界。在 21 世纪新材料发展规划中将研究开发与资源、环境协调的材料及减轻环境污染且有利于再生利用的材料等作为主要考核指标。

2011 年 8 月，日本发布了《第四期科技基本计划（2011—2015 年）》。该计划兼顾了延续性和创新性，在目标导向的原则下，更加强调推进计划的落实和操作。在灾后复兴计划中提出重构先进材料与零部件基地，支持高品质化的生产装备研发；在绿色创新计划的课题中，提出再生能源技术的革新（稀有金属、稀土等代替材料）；在强化日本的产业竞争力中提出提高产业竞争力的基础技术强化，重点发展先端材料、多功能电子设备、信息通信等基础技术。

1）经济产业省预测纳米技术市场巨大

日本经济产业省在一份报告书中预测，到 2030 年，仅日本的纳米技术及相关市场将达到 26.2645 万亿日元规模。纳米技术在电子市场增速最大，其次是燃料电池和能源、催化剂、涂装和材料等领域。

日本经济产业省调查了纳米技术的 97 个产品和相关产业。根据纳米技术的进展和市场需求，预计 100 纳米以下尺寸的下一代大规模集成电路到 2030 年将急速增长至 3.5 万亿日元；燃料电池汽车 2030 年增至 1.5 万亿日元。在品种编目中，2030 年应用纳米技术的零件市场为 15.3250 万亿日元，最终产品为 8.3385 万亿日元，材料为 1.6762 万亿日元，相关设备与服务市场为 9248 亿日元。在应用纳米技术的产品中，日本经济产业省对"已有技术延长型"和"新机能、新技术型"纳米产品进行了分别测算，"已有技术延长型"纳米产品 2030 年的市场规模仅能增长 2.7 倍，而"新机能、新技术型"纳米产品将激增近 53 倍。随着市场规模的扩大，从事纳米技术产业的就业人口预计 2030 年将增加到 82 万多人。

日本经济产业省预测 2030 年纳米技术市场的规模：电子设备为 18 万亿多日元；燃料电池和能源为 4.43 万亿日元；催化剂、涂装和材料为 1.5262 万亿日元；生物、医疗和化妆品为 1.14 万亿日元；纳米制造和加工为 6792 亿日元；计测设备为 2456 亿日元；航空航天运输器为 1500 亿日元；环境领域为 800 亿日元。纳米技术与信息通信、生物技术、电子技术等产业相融合，将引领 21 世纪的技术革命。

2）日本碳纤维新材料发展战略

日本碳纤维产业发展较快。日本东丽、帝人和三菱等三家企业在世界碳纤维市场的占有率为 69%，特别是在准芳纶纤维、超高分子量聚乙烯纤维等高强度、高弹性材料方面，以及元芳纶纤维等耐高温的高性能材料等方面，具有较强的技术优势。

日本 70% 全球市场占有率的碳纤维原丝产量中，35% 为国内生产（其中 25% 供应海外市场），35% 为海外生产（其中 5% 供应日本市场），但在半固化片等二次构造体的产量中，日本总市场占有率仅为 15%。日本除在原丝领域具有很强的垄断地位外，在使用 50% 碳纤维的飞机用材料领域更是世界唯一的供应商，产业和技术优势明显。这些高强度、高弹性及高性能的碳纤维材料，已经被广泛用于日本的汽车、飞机、建筑、环保、医疗、农林业、IT 及通信业等多个领域，未来还将在节能及相关领域创造更大的市场。

近年来，中国、韩国等也在高强度、高弹性及高性能的碳纤维领域加大了技术研发力度，市场竞争更加激烈，因此，日本将积极拓展国内外生产基地和销售市场，加强和提高技术方面的国际竞争力。日本为巩固并强化在碳纤维领域的技术和产品优势，在有效推进原材料开发制造、产品加工及市场拓展等各环节相互配合协作的基础上，有计划地提高出口能力及相关技术的开发。此外，日本计划全力推进国际评价方法和标准的建立，并争取早日建立相应的国家标准化体系，进一步提高在欧美等海外市场的占有率，有效提高复合材料等加工领域的产业和技术竞争力。

3）日本稀土战略

日本对稀土资源的争夺已经从"地上"向"水里"渗透。日本政府在 2009 年 3 月制订出台了《海洋能源与矿物资源开发计划》，该计划第一次详细表述了日本今后对海底资源的具体开发步骤，包括海洋能源、矿物资源的调查，以及海底资源开发地区、时间及方式等基本内容。而按照该计划草案的内容，日本从 2010 年起将开始对其周边海域的石油天然气等能源资源及稀土等矿物资源进行调查，主要调查其分布情况和储量，并在 10 年以内在完成调查的基础上进行正式开采。该计划草案表明，日本将有争议地区的资源开采争夺与"海洋经济开发"战略融合的步骤、进程正在加快。

日本加速稀土替代材料的研究和稀土元素回收利用，构建了一个目标明确的稀土中长期应对策略。因为产业结构的偏向，日本对一些稀有金属元素的消费量是惊人的，一些稀有元素的消费量一度占到了全球消费量的 30％以上乃至 60％，所以日本经济产业省从 2007年就开始了初期投入 70 亿日元的"稀有元素替代品研究计划"。在目前科技研究未获得重大突破的背景之下，只有其中的稀有金属回收技术、项目具有一定现实意义和价值。

4）日本电子材料发展状况

2010 年 8 月，日本《半导体产业新闻报》以"国内电子材料 30 社 09 年业绩"为题，公布了日本最大型的 30 家电子材料生产企业在 2009 年的经营业绩及它们的销售额排名。统计数据显示，日本这些厂家的总销售额已连续两年（2008 年、2009 年）出现下滑。在经营利润方面对其中的 27 家（另外 3 家的营业利润数据未公开）的统计数据合计达到 4800亿日元，比 2008 年增加了 14.3％。但受到金融危机的影响，2009 年这些企业所获得的利润，仅为 2007 年的一半。

4. 韩国新材料技术产业发展分析

韩国新材料科技发展战略目标是继美国、日本、德国之后，成为世界新材料产业的强国。韩国把材料科技作为确保 2025 年国家竞争力的 6 项核心技术之一。

韩国在"韩国科技发展长远规划——2025 年构想"中列出了为未来建立产业竞争力开发必需的材料加工技术清单，包括下一代高密度存储材料、生态材料、生物材料、自组装的纳米材料、未来碳材料、高性能结构材料、用于人工感觉系统的智能卫星传感器、利用分子工程的仿生化学加工方法、控制生物功能的材料。同时，韩国还制订了与新材料相关的主要发展规划，如"韩国科技发展长远规划——2025 年构想"、"新产业发展战略"、"纳米科技推广计划"、"NT（纳米技术）综合发展计划（2001～2010）"等。

2011 年 11 月，韩国知识经济部发表了以培养材料产业为核心的《材料·零件，展望未来 2030》的政策。韩国政府决定对材料和零件研发的预算，在 2020 年前将把材料领域预算的比重由去年 43.5％提升至 60％。

韩国提出的发展材料政策的中心是"十大核心材料产业"，也就是集中发展今后有可能引领世界市场的材料，如智能钢、纳米碳复合材料、高性能可充电电池材料等。政府仅R&D 资金就将投入近 1 万亿韩元。

1）纳米材料特殊安全数据表

韩国职业安全及健康中心（KOSHA）和湖西大学的学者通过对供应链管理项目包含的信息的学习，公布了与国际标准化组织（ISO）准备发布的纳米材料的特殊安全数据表（SDSs）相关的信息。研究者强调当前 SDSs 并没有包含纳米材料的安全性，如最明显的是缺少毒性和理化性能特性。

研究人员按照 GHS 标准评估了 97 份纳米材料相关的 SDSs。发现几乎所有的 SDSs 都没有包含纳米材料的安全性，比如纳米材料毒性和理化性能特性，并分析了 4 种原因，分别为：缺乏纳米材料相关毒性和理化特性信息；没有意识到传统暴露控制的有效性，诸如通过局部排放、通风封装、穿戴个人防护产品以减少纳米材料暴露；应急、预防措施不充分；对如何利用当前法规管控纳米材料缺乏有效认识。

2）韩国稀土战略

从 2010 年 6 月开始的对韩国国内 11 处稀土矿进行的采样和分析结果显示，在忠清北道的忠州和江原道的洪川发现了混有稀土的 2364 万吨矿脉，预计可供韩国使用 50 年。忠州矿脉平均宽度为 30 米，长 2000 米，东西走向，大约为 1100 万吨规模（稀土含量为 0.1%～2.6%），稀土总量约 7.15 万吨。洪川矿脉平均宽度为 23 米，长 1200 米，南北走向，规模约 1264 万吨（稀土含量 0.1%～4.7%），稀土总量约 7.6 万吨。

韩国每年进口 3000 吨稀土，主要应用于发光二极管（LED）和永磁电机上。为应对日益激烈的全球资源竞争，韩国政府计划大幅增加稀土战略储备，以应对日益激烈的全球资源竞争。现阶段，韩国政府和韩国矿物资源公社的稀土储备量只能供国内企业使用 4 天。为增加战略储备，韩国将在蒙古国、澳大利亚、加拿大等国加大矿业投资，同时与现代汽车公司、浦项制铁公司等私有企业更紧密合作。现在，政府已经重新评估稀土应急储备方案，把储备目标值提高为到 2014 年确保向国内企业提供 100 天的供应量。

3）韩国积极扶持零部件与原材料产业

韩国政府认为，存储器半导体和显示面板产业上虽然具备着世界最强的竞争力，但相关零部件及原材料的竞争力则相对薄弱，因此加深了上下游产业之间发展的不均衡，尤其是在不能确保尖端科技新原材料情况下，韩国政府担忧有可能会发展成为发达国家的附属型产业结构。对此，韩国政府以"实现 2015 年半导体世界第二强国及显示行业世界最强"为目标，确定了半导体显示零部件及原材料技术开发战略，并加紧了执行步伐。

根据产业资源部的报告，韩国在存储器半导体的世界市场占有率达到了 41.2%，显示面板占有率为 38.1%，处于领先地位，但半导体原材料的国产化率未达到 50%，显示原材料国产化率未达到 20%，因此都处于相对落后地位。韩国半导体原材料国产化率从 2004 年的 55.8%，一路下滑到 2005 年的 49.2% 和 2006 年的 46.7%，而作为显示器行业主要原材料的液晶和保护膜在 2006 年的国产化率分别仅为 0 和 6%。

鉴于半导体生产线投资规模的扩大化趋势及制造成本比例当中零部件及原材料所占有的高比重（半导体为 25%、32 英寸 LCD 为 70%）等情况预测，未来的竞争力中零部件及原材料将成为重要因素。

韩国政府确定的技术开发战略要点是加强满足企业需求的核心零部件及原材料开发；通过横纵向共同研发方式取得研究成果，使上下游产业同步成长；推进相互协作的共同研发方式等。政府的方针是首先重点开发能满足企业需求的市场型原材料、源技术及未来基础性技术。政府预计半导体的重点开发领域为新一代工程用大口径晶圆、光刻胶、High-k 新原料等，而显示行业的重点开发领域为光学原材料、薄膜类、液晶、有机发光材料、塑料基板材料等。同时，韩国政府积极促进基于相互协作的水平垂直共同研发，该研发方式有联合研发型和共同研发据点型。

在国产化率及技术竞争力不足而紧迫需要进口替代的领域中，以联合研发型（上游有需求的大企业、零部件及原材料企业联合参与）的方式进行研究开发，而在中长期需要研发新一代技术的领域，则采用共同研发据点型（通过上游企业向零部件及原材料企业派遣研究员的共同研究）方式进行研究开发。韩国政府计划通过这种方式提高研发支持的效率，并将研究成果扩展到整个产业中。

## 6.8.2　中国新材料技术产业的发展分析

根据工业和信息化部公布的《新材料产业"十二五"发展规划》，2010 年我国新材料产业规模超过 6500 亿元，与 2005 年相比年均增长约 20%。其中，稀土功能材料、先进储能材料、光伏材料、有机硅、超硬材料、特种不锈钢、玻璃纤维及其复合材料等产能居世界前列。

部分关键技术取得重大突破。我国自主开发的钽铌铍合金、非晶合金、高磁感取向硅钢、二苯基甲烷二异氰酸酯（MDI）、超硬材料、间位芳纶和超导材料等生产技术已达到或接近国际水平。新材料品种不断增加，高端金属结构材料、新型无机非金属材料和高性能复合材料保障能力明显增强，先进高分子材料和特种金属功能材料自给水平逐步提高。

"十二五"期间，战略性新兴产业的发展对新材料产业的需求如表 6-28 所示。

**表 6-28　"十二五"期间战略性新兴产业对新材料产业的需求表**

| 战略性新兴产业 | 新材料需求 |
| --- | --- |
| 新能源 | "十二五"期间，我国风电新增装机 6000 万千瓦以上，建成太阳能电站 1000 万千瓦以上，核电运行装机达到 4000 万千瓦，预计共需要稀土永磁材料 4 万吨、高性能玻璃纤维 50 万吨、高性能树脂材料 90 万吨、多晶硅 8 万吨、低铁绒面压延玻璃 6000 万米$^2$，需要核电用钢 7 万吨/年，核级锆材 1200 吨/年、锆及锆合金铸锭 2000 吨/年 |
| 节能和新能源汽车 | 2015 年，新能源汽车累计产销量将超过 50 万辆，需要能量型动力电池模块 150 亿瓦时/年、功率型 30 亿瓦时/年、电池隔膜 1 亿米$^2$/年、六氟磷酸锂电解质盐 1000 吨/年、正极材料 1 万吨/年、碳基负极材料 4000 吨/年；乘用车需求超过 1200 万辆，需要铝合金板材约 17 万吨/年、镁合金 10 万吨/年 |
| 高端装备制造 | "十二五"期间，航空航天、轨道交通、海洋工程等高端装备制造业，预计需要各类轴承钢 180 万吨/年、油船耐腐蚀合金钢 100 万吨/年、轨道交通大规格铝合金型材 4 万吨/年、高精度可转位硬质合金切削工具材料 5000 吨。到 2020 年，大型客机等航空航天产业发展需要高性能铝材 10 万吨/年，碳纤维及其复合材料应用比重将大幅增加 |
| 新一代信息技术 | 预计到 2015 年，需要 8 英寸硅单晶抛光片约 800 万片/年、12 英寸硅单晶抛光片 480 万片/年，平板显示玻璃基板约 1 亿米$^2$/年，TFT 混合液晶材料 400 吨/年 |
| 节能环保 | "十二五"期间，稀土三基色荧光灯年产量将超过 30 亿只，需要稀土荧光粉约 1 万吨/年；新型墙体材料需求将超过 230 亿米$^2$/年，保温材料产值将达 1200 亿元/年；火电烟气脱硝催化剂及载体需求将达到 40 亿元/年，耐高温、耐腐蚀袋式除尘滤材和水处理膜材料等市场需求将大幅增长 |
| 生物产业 | 2015 年，预计需要人工关节 50 万套/年，血管支架 120 万个/年，眼内人工晶体 100 万个/年，医用高分子材料、生物陶瓷、医用金属等材料需求将大幅增加。可降解塑料需要聚乳酸（PLA）等 5 万吨/年、淀粉塑料 10 万吨/年 |

资料来源：根据《新材料产业"十二五"发展规划》相关资料整理

### 1. 纳米材料产业的发展分析

在纳米材料制备科学和技术研究方面一个重要的趋势是加强控制工程的研究，这包括颗粒尺寸、形状、表面、微结构的控制。由于纳米颗粒的小尺寸效应、表面效应和量子尺寸效应都同时在起作用，它们对材料某一种性能的贡献大小、强弱往往很难区分，是有利的作用，还是不利的作用更难以判断，这不但给某一现象的解释带来困难，同时也给设计新型纳米结构带来很大的困难。如何控制这些效应对纳米材料性能的影响，如何控制一种效应的影响而引出另一种效应的影响，这都是控制工程研究亟待解决的问题。纳米材料控制工程的研究主要有以下几个方面：一是纳米颗粒的表面改性，通过纳米微粒的表面做异性物质和表面的修饰可以改变表面带电状态、表面结构和粗糙度；二是通过纳米微粒在多孔基体中的分布状态（连续分布还是孤立分布）来控制量子尺寸效应和渗流效应；三是通过设计纳米丝、管等的阵列体系（包括有序阵列和无序阵列）来获得所需要的特性。

2. 碳纤维材料产业的发展分析

虽然中国研制碳纤维已有 30 余年的历史，但是仅建立起了工业雏形，生产的碳纤维质量至今仍处于低水平，关键问题是 PAN 原丝质量未过关。因为用于制备碳纤维的 PAN 原丝要求高，应具备以下几点要求：①结构均匀致密，纤维内、外部的缺陷少；②金属等杂质含量低，溶剂残留量低；③纤维的超分子结构规整，取向度高，结晶度高；④纤维的物理机械性能优异；⑤纤维纤度小，直径不匀率低；⑥纤维的油剂或表面处理剂有利于原丝的预氧化和碳化等。而国内原丝主要表现在，金属及机械杂质含量高、质量稳定性差、变异系数大、毛丝多、分散性差、易黏结、表面处理不配套、可用性差等，国内原丝质量不过关，使碳纤维的生产发展一直受阻。虽然国内一些著名的科研机构，如中国科学院山西煤炭化学研究所、上海市合成纤维研究所、航天材料及工艺研究所、东华大学化学纤维研究所等在此领域的研究从未中断，不少实验研究的结论也与国外公开发表的论文总体上一致，但多数都是对其性能研究较多，而原丝的质量仍是问题。由此可见，中国要加强对高性能碳纤维原丝的研究。

目前，国内碳纤维发展面临两个瓶颈，一是原丝技术，二是碳化炉。关于碳纤维的成型机制尚不清楚。目前，碳纤维不能通过碳元素（如石墨）直接生产，而主要依赖有机高分子纤维碳化，再去除非碳元素，使之形成高度结晶的石墨结构。尽管国内发展了几十年，但只能小规模（200～300 吨）生产 T300 的碳纤维，对高强碳纤维 T800、T1000，国内尚无生产能力，这主要是因为国内欠缺高性能原丝与先进的碳化炉。而在这些方面，发达国家对中国实行技术封锁，国内一直难有突破。

尽管中国碳纤维生产发展缓慢，但消费量却与日俱增，市场需求旺盛，主要集中在文体用品和航空航天方面，一般产业需求增长也比较迅速。近年来，随着市场需求的增加，特别是国防、军工、航天航空、体育用品方面的需求增加，每年主要依靠从国外进口碳纤维以满足要求，近几年体育和休闲用品及压力容器等领域对碳纤维的年需求量迅速增长，从中国航空航天技术的发展来看，也急需高性能碳纤维及其复合材料。

一般产业对碳纤维材料的应用发展比较迅速，包括基础设施的修复、更新和加固；新能源开发，如沿海油气田、深海油田的钻井平台、管道和缆绳等，以及风力发电机的螺旋桨和风叶；汽车的刹车系统、转动轴、车身及环保汽车用的压缩天然气气瓶；电子领域的应用，如通信、广播、地球观测、空间探测及各种飞行器的高精度天线。一般产业的需求增长较快，将成为碳纤维新的主要应用领域。

综上所述，国内 PAN 基碳纤维材料加工业已粗具规模，有一定的技术基础和市场开发能力，市场需求比较旺盛，但碳纤维的生产远远不能满足市场需求，需大量进口。此外，考虑到中国碳纤维的应用还在不断发展，许多用途还有待开发，如碳纤维在工程修补增强方面、飞机和汽车刹车片、汽车和其他机械零部件的应用，以及电子设备套壳、集装箱、医疗器械、深海勘探和新能源的开发等方面都将是中国碳纤维未来的潜在消费市场，对碳纤维的需求量将更大。因此，未来中国碳纤维的市场需求前景广阔，潜力极大。

3. 稀土材料产业的发展分析

1) 从大宗的稀土初级产品向稀土精细化工产品方向发展

近20年来，中国的稀土冶炼、分离工业发展十分迅猛，其品种数量、产量、出口量及消费量均占世界首位，在世界上具有举足轻重的地位。许多稀土分离提纯工艺也堪称世界一流，但在稀土精细化工产品质量、一致性方面还落后于世界先进水平。近年来，各大稀土厂的产能远远大于国内国际市场的需求，大宗稀土化合物产品处于供大于求的状况，而稀土精细化工产品具有技术密度高、投资回报大、技术垄断性强、销售利润高的特点，故综合经济效益可观。因此，中国稀土企业未来几年必须在该领域取得突破，才可能保持企业较高利润率和发展速度。

2) 稀土产品朝着高纯化、复合化、超细化方向发展

稀土在高技术领域的作用只有在高纯化后，其各项物理、化学特性才能充分发挥出来。如发光材料、激光材料、光电子材料等要求稀土纯度在99.999％以上；非稀土杂质含量要求越来越低，如 Fe、Cu、Ni、Pb 等重金属含量要求小于 $1 \times 10^{-6}$。因此，高纯化仍将是未来稀土产品的一个发展方向。

稀土新材料的开发主要依靠稀土与其他化合物经过一系列工艺过程形成复合稀土材料，复合化是稀土化合物产品的发展趋势。稀土化合物的粒度将影响应用材料的质量，因为随着粒度的减小，比表面积也随之加大，表面活性不断改善，稀土的功能才能得到更充分的发挥。超细化能够促使各项物理化学反应加速，颗粒之间的结合力增加。稀土化合物的超细化既是一项复杂的、高技术深度的研究，也是提高稀土化合物经济价值的重要手段。另外对稀土化合物的比表面积、晶体、形貌、比重等也提出了特殊要求。

3) 有自主知识产权的制备工艺和技术将不断涌现

多年来，稀土企业由于行业的特殊性，利润率较高，门槛较低，国内稀土生产企业普遍存在原创力不足的问题，一直对稀土制备技术的知识产权保护不够，侵权和被侵权现象十分严重，致使各生产企业缺乏核心竞争力。随着中国进入 WTO，这一状况将在未来几年出现改观，各稀土企业和研究单位将会在稀土化合物制备领域加大科研投入，可以预计大量具有自主知识产权的稀土化合物制备工艺和技术将涌现。

4) 企业与科研单位和高校的合作将进一步加强

中国稀土生产企业普遍存在原创力不足的问题，科研院所虽具备一定科研原创力，但又存在工程化技术经验较为缺乏的问题。因此二者结合，共同发展该行业是未来几年的发展趋势。

5) 外资进入中国的速度将加快，将导致该行业新的竞争

自20世纪90年代开始，以法国罗地亚公司、加拿大 AMR 公司为代表的外资进入中国稀土企业，运行都颇为成功，先进的管理经验、通畅的销售渠道、对科研原创力的重视、本土资源和人力优势都给合资企业带来了丰厚的回报，由于一系列成功的范例的引导作用，这一趋势还会加快。这将导致该行业新的竞争。

6) 单体规模小、缺乏特色的企业将被淘汰出局

自20世纪90年代以来，稀土行业曾多次出现波动，中国稀土价格一跌再跌，出现从

超额利润向平均利润靠拢的趋势，甚至出现为了抢占市场，在利润线下降价销售的情况。在市场经济条件下，无特色的小企业将被淘汰出局，留下的是规模大、产品附加值高的企业，这一经济规律在稀土行业也不例外。

7）稀土产品结构将发生变化

从总体来看，稀土在传统领域中的用量增长较慢，能促使稀土需求量增加的领域当属新材料领域，因此稀土化合物产品结构应适宜新材料领域的需要。目前，钕铁硼磁材增长速度达 30%～40%，故钕的用量将快速增长，各稀土化合物企业都要围绕钕化合物做文章，既要保证钕的供应量，又要保证其他稀土化合物的平衡应用。

## 6.8.3 中国新材料技术产业发展中存在的问题

中国新材料产业虽然取得较大的发展，但也存在一些急需解决的问题，主要表现在以下四个方面。①新材料产业技术集成能力差、加工技术及装备制造水平低，是中国新材料及材料工业发展的薄弱环节，由此造成长期过多依赖成套设备技术引进又不能有效消化吸收的被动局面。②新材料产业的科技创新能力不强，产业跟踪仿制多，缺乏拥有自主知识产权的新材料产品及技术，在高端产品方面缺乏国际竞争力。一些高附加值新材料依赖进口，部分产品或某些产品的核心技术受制于人，成为相关产业发展的瓶颈。③资源及能源利用效率低，资源优势转化为产业优势尚有较大的差距，如中国稀土资源储量居世界第一，产量占世界总产量的 70%，但其中的 2/3 是以资源或初级产品的方式出口国外。④新材料成果转化和产业化过程需要大量资金投入，但多元化的投融资体系尚未建立，面向产业化服务的中介服务体系尚不完善，这在某种程度上制约了中国新材料产业的发展。

1. 纳米材料产业发展中存在的问题

与纳米技术相关的安全与法律问题，涉及纳米技术从研发、生产、储存、运输、消费到后处理过程中的每一个环节。

1）职业暴露人群的健康安全问题

根据现有的毒理学研究，纳米粉尘和颗粒有可能通过呼吸和皮肤接触进入人体。这就给长期暴露在纳米材料氛围中的一线工人和研发人员的健康带来潜在威胁。此外，纳米材料还有一个特点就是易燃易爆。万一因为操作不当等带来火灾或爆炸，后果不堪设想。因此，如何切实保护在纳米材料生产场所中暴露人员的健康，以及实验室和工作场所纳米材料的管理、纳米材料运输过程中的安全措施及一旦发生危险的危机处理问题等应该成为劳动保护法和工业环境法研究和关注的对象。

2）消费者的权益问题

随着纳米技术的产业化程度的提高，目前，在化妆品和食品中纳米技术的应用越来越多。市场上的化妆品和体育用品有许多是纳米材料产品，比如说防晒霜和口红。食品包装中的聚合物基纳米复合材料（PNMC）的应用、食品机械的润滑剂、纳米磁制冷工质和食品机械原材料中橡胶和塑料的改性等都用到纳米材料。毫无疑问，这些材料具有独特的优点，但是，在安全上也具有不确定性。但目前进行标志的纳米材料还微乎其微。从知情同意的伦理原则出发，消费者和相关人员有权知道自己所接触的材料的内容及其风险程度。

3）环境保护问题

研究证明，不仅在纳米技术的工作场所的环境问题关系到相关人员的健康，而且废弃的纳米材料进入空气、土壤、水体等环境后，可以产生一系列环境过程，最终对人和整个生物链产生负面影响。纳米材料具有强烈的吸附能力，在扩散、迁移过程中，还能吸附大气、土壤中存在的一些常见化学污染物，如多环芳烃、农药、重金属离子等。因此，环境法应该研究纳米材料的环境问题，尤其必须加强废弃纳米材料的管理。

4）隐私权的保护问题

随着纳米器件的微型化，纳米技术在医学、社会治安和国防方面具有广泛的作用，但同时也构成对个人隐私的威胁。例如，通过将纳米设备嵌入对象物（身体或物件）中，可以监视和跟踪目标，搜集个人信息和行为习惯，而可以储存一个人的全部基因和疾病信息的纳米芯片有可能成为被利用的工具，在劳资关系方面，成为企业用人歧视的理由或者成为保险公司限制患者自由的砝码。

5）知识产权问题

由于纳米技术可能带来的巨大的经济效益和国际竞争力，2000 年以来，欧美发达国家和包括中国、印度、俄罗斯、巴西在内的新兴经济体国家都投入巨资开展纳米科学和技术的研发。一方面，这些资金主要来源于本国的社会公共资源，而且诸如纳米技术的环境风险等波及的也是整个社会甚至我们的"地球村"。因此，如何在知识产权保护与公众利益之间保持一种适当的平衡关系，使得社会的大多数民众能够分享纳米技术的成果，关系到个人权利与社会公正的问题。另一方面，目前在纳米技术的研究和开发中的国际合作越来越多。在基础研究方面，诸如"欧盟框架计划"、"亚洲链计划"及其他的双边和多边的合作有力地推动了纳米技术的快速发展。产业化方面的国际合作也日益增强。在国际化的同时保护本国的知识产权和相关利益关系到国家的综合竞争力。此外，如何避免国与国之间的"纳米鸿沟"，即让不发达国家的民众也能够享受到纳米技术所带来的福祉。如何看待知识的公共性质，如何构建一个合理的、开放的知识产权保护框架，也涉及知识产权保护法的道德基础。

在技术和经济全球化的今天，纳米技术的许多前沿问题亦同能源问题、环境问题及生物技术的问题一样，不是一个国家的力量所能解决的。一旦国家之间与纳米技术相关的法律框架存在不同，就不可避免地会导致国际合作研究的障碍，以及全球纳米技术风险与利益分配不公等问题，因此，有必要在一定的国际法体系下就纳米技术发展中的某些基本的标准、原理达成一致意见，实现各国相关法律体系的协调。在此基础上，制定全球性的指导纳米技术发展的基本原则框架，促进成员国和公众对纳米技术的关注，真正推动纳米技术风险的"善治"。如果没有一个全球治理的框架协议，将导致纳米技术发展中的恶意竞争，从而最终阻碍纳米技术的健康发展。

2. 碳纤维材料产业发展中存在的问题

中国碳纤维虽然经过了一段时期的发展，但是与国外的技术水平还存在一定的差距和一些在竞争中不容忽视的问题，主要有以下几个方面。

首先，原丝质量与国外相比还存在差距。国产碳原丝在生产过程中大部分采用民用腈纶原液，杂质含量较高，造成碳纤维性能不稳定，离散系数较大。

其次，大部分国产碳纤维未经过表面处理，制成的复合材料层间剪切强度偏低。没有经过表面处理的国产碳纤维不能用做高性能要求的先进复合材料增强体，也不能在航空、航天等国防部门中用来制作主承力构件。

最后，尚未形成规模经济，价格太贵，成本组成不合理。国产碳纤维目前售价太高，远比国外进口的价格要高。中国碳纤维之所以价格昂贵，有很多不合理因素，如成本结构存在问题。据中国某碳纤维厂对碳纤维成本的粗略统计，原丝费用约占碳纤维成本的25%，而车间费用约占碳纤维成本的44%。

其他方面，如品种单一、规格单一，碳纤维来源大部分依赖于进口。根据不同行业、不同产品、不同零部件的不同需求，希望能采用不同类别、不同品种、不同规格的碳纤维。除了供结构材料使用的碳纤维，还希望有供功能材料使用的碳纤维，而中国目前碳纤维只有相当于T300的一个品种。

针对上述问题，我国应当采取相关措施扩"大"碳纤维的应用范围。

第一，制订中国碳纤维发展的总体规划。"7511"会议曾制订了中国第一个碳纤维发展规划，20多年过去了，中国还没有一个新的碳纤维发展总体规划，只是在每个五年计划开始前，向各有关部门征求一下意见，立几个项目，没有一个总体规划。因此，首先要搞好顶层设计，制订中国碳纤维发展的总体规划。

第二，国内研制和国外引进相结合。碳纤维属于高技术，一些关键技术要突破难度很大；我们对高技术一定要立足于国内，要自力更生，但在可能与条件允许下，也应争取从国外引进，以缩短研制周期，尽快研制出高性能碳纤维，以满足国防现代化和武器装备发展的需要。

第三，开发宇航级和一般工业级的碳纤维。中国碳纤维的发展不管军用还是民用，只有一种，相当于国外T300的类型。对一般产品，T300类型碳纤维基本上是可以满足要求；但对一些重要应用，它是远远不够的，必须发展更高性能的碳纤维。国外已分别开发宇航级和工业级碳纤维，这是值得我们参考的。

第四，发展以T700为基础的军用碳纤维系列。以T300类型为基础的碳纤维复合制成的复合材料，无论比强度、比模量、断裂应变和压缩许用值都满足不了高技术发展的需求，新一代军用产品都要求发展抗拉强度大于5000兆帕、抗拉模量大于290吉帕、断裂应变大于或等于1.8%的碳纤维，也就是发展T800类型的碳纤维。T700的性能虽然比这要低一些，但价格只有T800的33%～40%，对大部分的军事上的应用是可行的。考虑到效费比，建议发展以T700为基的碳纤维系列。

第五，大力研究开发低成本碳纤维技术，特别是采用一般纺织用丙烯腈原丝生产工业级碳纤维和开发大丝束碳纤维。碳纤维的价格是限制它推广应用的因素，降低碳纤维价格的关键是采用一般纺织用丙烯腈原丝生产碳纤维和开发大丝束碳纤维，中国必须突破这些关键技术。只有大力研究开发低成本碳纤维技术，把碳纤维价格降低到每千克100元人民币左右，在中国大量应用碳纤维才有可能。

第六，研究扩大碳纤维的应用范围。碳纤维要降低价格必须扩大用量，要扩大用量则必须扩大碳纤维的应用范围。军用高性能碳纤维的用量毕竟是有限的，必须开发新的应用范围，包括交通运输、汽车、能源和土木建筑等。

3. 稀土材料产业发展中存在的问题

1）资源浪费严重

江西、广东等南方五省的离子型稀土资源，是世界上罕见的中重稀土资源，至今仅在中国发现，经济价值极高，十分宝贵，已被中国政府列为实行国家保护性开采特定矿种。然而由于资源产地属于经济欠发达地区，当地人急于脱贫致富，1980年以来，乱采滥挖、采富弃贫、丢矿压矿现象严重，资源利用率仅15%～20%。1990年后，由于国家采取了一些行政和经济手段，情况有了一定的好转。但由于原地浸矿技术还不够完善，还不能适应一些特定地质特征和地形地貌特征的矿山，资源浪费现象在一些矿山还未有根本好转。

四川冕宁县是中国第二大稀土资源产地，是一个易采易选的氟碳铈矿资源。该地情况与离子矿产地相仿，都是经济欠发达地区，加之矿山资源易采易选，也存在较严重的乱采滥挖、采富弃贫和漏采压矿等现象，再由于选矿厂装备和工艺粗放，选矿收率一般不足50%。

包头稀土资源是世界第一大稀土资源，生产是最为现代化的，相对而言资源保护问题解决得较好，然而目前回收利用的稀土不足开采量的10%。

2）重复建设严重，企业综合水平低

由于稀土行业相对别的行业来说，利润率较高，效益较好，所以盲目跟进企业较多、较乱，除了几家顶尖企业外，中国稀土产业存在大量规模偏小、装备落后的中小企业。这些中小企业大多能力相当，处理资源相仿，产品雷同。这样不仅导致恶性竞争，产品价格下滑，大批生产装备闲置，还进一步加剧了资源的浪费。另外，与国际知名稀土企业相比，中国企业存在装备落后、管理体系不健全等弱点。

3）行政隶属繁乱

中国稀土多头管理、企业归属繁乱的问题一直未真正得到解决。以内蒙古为例，内蒙古的近100家稀土企业就分属于4个管理口径：中央直属（1.1%）、自治区直属（3.3%）、各市直属（41.3%）、地方集体或民营（54.3%）。民营企业占了半壁江山，这在中国稀土行业中带有普遍性。四川省的精矿开采、稀土冶炼企业大多是集体、民营企业；江西省稀土金属生产，国有企业占半壁河山，但其矿山开采、精矿生产则以集体、民营企业为主，其国有矿山大多亏损或转承包经营。其他省的国有企业比例较大。

4）稀土企业自身存在的问题

首先，规模企业少，小且竞争力差的企业多，市场聚集度低。据统计，在中国百余家稀土企业中，年处理能力在2000～5000吨的只有10家。规模企业少，市场聚集度低，难以形成规模效应，从而形成整个稀土行业缺乏竞争力的局面，尤其是南方离子型稀土精矿的分离厂不仅规模和产量小，而且成本高，市场占有率不高，整体经济效益低，使企业在国内外市场竞争中处于劣势地位。

其次，企业盲目生产，产销存在结构性失衡。有些稀土产品是联产品，在生产某种产品时就同时成比例地生产出其他种产品，而各种产品的市场需求与消费不与生产成比例。各单一稀土产品消费存在严重失衡，如南方离子矿中的铽、铕、镝、镥、钕含量少，产量少，用量大，而钇的含量高、用量少，产量大；北方矿中的镨、钕、镧的销路较好，但同时联产品铈产量大而需求少而销不出去。加上厂家为追求个别产品的利润，盲目扩大分离

能力，加剧了钇、铈、等产品的库存积压。

最后，缺乏高精技术人才，人才供需矛盾加剧。目前，中国稀土企业缺乏高精技术、高层管理人才，造成稀土研究应用和经营人才短缺，管理水平低下，稀土应用产品落后于市场需要。1998～2002年，世界各国在华申请的专利情况显示出中国在高新技术领域，与发达国家存在很大差距：在研磨抛光材料领域中国申请的专利仅占21.87%，而日本在华申请的专利则占50%；光学玻璃光纤领域中国占36.5%；精密陶瓷超导领域中国占50.88%。从中国在高新技术领域申请的专利数量可看出中国稀土行业高精技术的研究人才短缺。另外，中国稀土资源集中的内蒙古、四川、江西南部等地，由于位于中国中西部地区，经济区位不够优越，再加上企业缺乏吸引人才的有效机制，所以稀土高精技术人才流失，科研骨干断层。人才缺乏已严重影响中国稀土产业的可持续发展。

5）稀土行业存在的问题

首先，粗放式开采，造成严重资源浪费。北方稀土资源主要来自包头的白云鄂博，在其矿山开发中，由于技术、设备等因素，稀土回收所占比例低于矿山开采用量的10%，另外90%以上的稀土资源进入尾矿坝，利用率极低，仅6%左右，远远低于国际利用率水平。广东、福建、湖南、云南、广西等省区是南方离子型稀土矿主要产区，由于管理、政策不完善，设备落后等，基本是粗放型的开采方式，严重存在滥采滥挖、采富弃贫的现象，资源利用率不足30%。

其次，环境污染问题严重。如果按照中国现有工业"三废"排放标准对中国的稀土生产企业的排放物进行测量，几乎没有达到国家标准的，都有一定的超标，尤其是COD（化学耗氧量）、BOD（生物耗氧量）及其氨氮等大量超标。此外，一些处理独居石的稀土厂含微量放射性元素的废渣等排放物也未得到妥善处理，造成放射性污染。稀土企业环境污染严重，已经成为制约稀土产业持续发展的重要因素之一。

最后，应用研究滞后，自主知识产权缺乏。中国稀土生产、消费、出口均居世界第一，但是在稀土应用和研究方面，不但稀土的知识产权、核心产品缺乏，而且产品技术含量低，产品附加值低，低端产品供过于求，自主创新少，市场需求量大的高端产品严重依赖进口。2002～2007年，中国稀土的消费结构在不断改善，尤其是新材料领域的消费增长迅速，消费比重由1987年的1%增加到了2007年的53%。但与发达国家相比，差距仍然很大，稀土在高新技术领域的应用日本占到其总用量的90%以上，美国占到其总用量的77%。尤其是在高新技术的研究应用领域，由于产品和生产技术的知识产权基本垄断于外国发达国家手中，受到美国、日本的高额盘剥，中国的一些产品很难进入国际市场，或者要购买专利许可证。这种现状严重阻碍了中国稀土产业向国际市场进军。

6）国家宏观管理体制和政策方面存在的问题

首先，缺乏有效的市场经济管理体制。与中国其他行业一样，稀土企业同样存在多头管理、地方割据，并且管理机构职能交叉、分散，效率低下，导致整个稀土行业管理工作混乱，管理方式很难适应市场。一方面造成统一管理，统一调控的困难，"管理障碍"使稀土行业在管理、服务、协调、监管功能等各个方面上缺乏公众可信性，使中国稀土产业很难形成统一对外的整体产业机制。因此，中国稀土行业要建立有效的市场经济的管理体制必须客观面对以上现实问题。

其次，稀土生产企业无序竞争，缺乏有效的市场管理。这是自 20 世纪 80 年代以来一直存在的问题。企业之间无序竞争，竞相降价，如在经济环境好与不好的情况下，氧化钕的市场价格差价在 4~5 倍。国家有关行政部门针对这种情况，实施过一系列的措施，由于在经营稀土产品出口的领域内存在多种应对政府管理的措施，虽然这些措施在一定时间内也取得了一些效果，但其持续性的效果不尽如人意。

最后，出口秩序混乱，监管有待加强。2008 年，中国稀土产品已占全球 80% 的市场份额，但长期以来，中国上百种稀土出口产品，仅有 40 多个税号，部分产品和税号脱节，既无法满足监管需求，又导致了中国稀土资源流失和走私现象发生，稀土产业安全问题越来越突出。中国对出口实行两种许可证管理：出口配额许可证和出口许可证管理，但是事实证明出口配额许可证管理政策存在弊端，既没有达到预期的效果，也使中国稀土企业无法形成合力，一致对外，无法发挥到控制市场价格的作用。另外，我国的稀土出口过度，缺乏安全保障，严重影响到国内的生产和使用，并且尚未形成足够强大的商品定价中心，贸易中享有定价权的产品屈指可数。[43]

7）不同层次决策主体对中国稀土产业可持续发展战略构想分析

首先，继续企业联合重组战略，做强做大稀土产业。企业要抓住国家调整产业结构、淘汰落后生产设备的机遇，趁机以收购、兼并等手段实现低成本扩张，不断壮大自己，增强公司实力。同时，国际金融危机也是企业整合的良机，实力雄厚的稀土企业，要在政府积极引导下以资产为纽带，通过联合、兼并、资产重组、资源优化配置，实现专业化分工、多样化结构、集约化经营，在全国逐渐形成若干个具有稀土产品优势、经济实力雄厚、专业化强、有国际竞争力的集团。

其次，重视企业自主创新。自主创新能力不足是中国稀土产业发展的一大软肋，企业要加大技术开发的投入，提高稀土资源的开发利用水平，尽快改变中国稀土应用技术含量低、跟踪仿制多、独立创新少、开发应用滞后的现状，避免发达国家利用其在稀土高新技术领域的优势，通过知识产权、技术贸易壁垒等手段遏制中国稀土应用产业的发展。

最后，企业人才战略。以提高战略开拓能力和现代经营管理水平为核心，培养造就一批熟悉国内外市场，懂经营、善管理、会理财，具有国际水平的经营管理者队伍；以提高创新能力和提高技术能力为核心，培养造就一批学有专长、熟悉本专业最新知识、素质全面、技术精湛、能解决实际问题的高技能工人队伍。

# 6.9 结论与建议

中国的新材料产业以新材料产业基地为依托，目前已经在长江三角洲形成了浙江东阳、宁波、海宁磁性材料特色产业区域，杭州湾精细化工特色产业集聚区，江苏沿江新材料产业带等新材料特色产业集中区；在珠江三角洲初步形成了建筑卫生陶瓷、改性塑料、新型电池、高性能涂料等产业集群；此外，山东、福建、江西、湖南、辽宁等省也开始出现新

材料产业集群化态势。

在中国新材料产业集群发展取得较大成就的同时，还存在问题。中国与发达国家相比，尚存在较大差距。主要表现在以下几个方面：原创性能力不足，跟踪研制为主，而拥有自主知识产权的产品少；科技成果转化和产业化发展滞后，企业产品技术含量不高、附加值低、产品质量较差，国内大量高档新材料产品仍依赖进口；产业集中度低、企业规模小，缺乏国际竞争力。

因此中国在新材料产业领域需要重点关注以下几个方面。

1）新材料企业待提高核心竞争力

新材料产业是国民经济各行业特别是战略性新兴产业发展的重要基础，也是长期以来一直制约中国制造业发展和节能减排目标实现的瓶颈。当下，新材料产业最大的问题就是缺少核心竞争力，尽管行业内企业数量较多，但是多而散、散而小、小而乱，同质化竞争、恶性竞争现象普遍存在，生产设备落后，距离国际先进水平有较大差距。随着产业竞争的日趋激烈和经济全球化的不断发展，西方发达国家的新材料企业为了利用发展中国家成本低廉的劳动力和土地资源以降低成本和拓展发展中国家的市场，开始逐步将新材料生产基地及部分技术转移到发展中国家，全球新材料产业正在重新布局。如果国内新材料企业不能利用这个机会逐步掌握核心技术、不能抓住"十二五"国家对产业的扶持机遇，被市场淘汰将是必然结果。

各个新材料产业基地应把提升企业的自主创新能力放在首位，建立以企业为中心、产学研金相结合的自主创新体系。引导企业把更多的资金投入到研发与"三高"（高科技含量、高质量、高附加值）产品的制造上，鼓励企业与高校、科研院所和国家工程中心等建立合作关系，以便在自身研发条件欠缺的情况下借助外力提升企业的自主创新能力。国家应不断完善创新体系建设的政策，推动支持创新能力提升的机构与中介服务组织完备化、规范化与市场化，营造有利于企业进行创新活动的配套环境。随着创新能力的提升，在新材料领域内出现国际化大企业将成为必然。

2）新材料产业链条需要进一步加强

材料科技计划的紧密衔接和集成应该进一步强化。中国的材料类上游、中游和下游科技计划要加强互相衔接，既注重新材料研究发展的系统性和超前性，又特别关注其研究成果的工程转化和产业化，及其在发展国民经济、巩固现代国防和在社会可持续发展中的地位和作用，科技界和产业界应紧密携手，加快科技成果转化，从产业化中求效益。

3）新材料产业集群需整体协同发展

以新材料产业基地为载体，在国家层面上对分散在全国各地的新材料集群进行统筹规划，促进其整体协同发展，是区域经济发展到一定阶段的必然要求。今后对基地的认定和考核不仅要强调该区域的独特自然资源、便利的交通和生产的规模性、经济性等基础条件，更应强调从全国的视角出发，充分考虑中国新材料产业在国际上的战略定位，结合中国未来新材料产业重要及关键领域，选择各区域最适合发展的特色产业。在经济全球化和国内市场进一步统一开放的大背景下，要尽量减少行政区限制对各集群发展的影响，增强跨行政区的行业内协作，发挥某一集群的特色产业对全国同行业发展的带动作用，并以加入全球价值链为直接目标，从而提升中国新材料及制造业的国际竞争力。

完善产业集群网络中各个要素的建设。推动中介组织、金融机构、公共科研机构建设，通过引入配套产业，上下游产业形成新材料产业的完整产业链，优化资源配置，提高生产效率。通过产业联盟的方式整合同行业资源，推动行业内部的技术、渠道、人才交流合作，通过集群发展提升整个行业的创新能力和核心竞争力。充分发挥金融组织、中介机构、高校、科研院所的作用，通过制定相关政策突破企业的资金瓶颈、人才瓶颈、技术瓶颈、成果转化瓶颈，推动各个要素间的无障碍合作，营造良好的产业环境。

4）确定政府领导作用，建立行业协调机构

各级政府应成立新材料行业领导小组，负责新材料领域发展规划的制订，协调新材料领域各环节、各部门的工作与重大资源配置。同时，建立新材料领域专家委员会，聘请国内著名专家出任顾问，由业内知名专家和骨干企业领导组成委员会，辅助政府作好决策，形成材料领域政府工作支撑平台。成立以新材料领域研究、教学、生产与应用等方面的骨干单位为主体的新材料行业协会，向政府、企事业单位提供双向中介服务，促进新材料业界间的技术合作与信息交流，推动各地新材料行业的发展。

5）加强政策资金支持，构建持续发展机制

作为高新技术产业的主要组成部分，新材料行业的发展依赖于持续的技术创新、大量的资金投入等多方面条件，但首先需要构建新材料行业可持续发展的机制。政府要通过制定必要的法律、法规和资金支持，引导、支持、鼓励新材料研究和生产企业按照市场认同的原则，从产业整合的思路出发，整合各类经济资源，扬长避短，密切配合，协同发展，增强产业化发展水平，增强新材料企业的创新和竞争意识，构建新材料产业的持续发展机制。

新材料产业发展要遵循以下原则。一是坚持市场导向。紧紧围绕国民经济和社会发展重大需求，充分发挥市场配置资源的基础性作用，加强规划政策引导和体制机制创新，加大新材料推广应用和市场培育。二是强化创新驱动。加大原始创新、集成创新和引进消化吸收再创新力度，充分利用全球创新资源，努力突破制约新材料发展的核心技术和关键装备，着力提高新材料自主创新能力。三是突出发展重点。加快发展科技含量高、产业基础好、市场潜力大的关键新材料，选择最有可能率先突破和做大做强的领域予以重点推进，支持有条件的地区率先发展。四是加强协调推进。坚持产学研用一体化发展和军民融合式发展，加强与下游产业相衔接，在原材料工业改造提升中不断催生新材料，带动材料工业升级换代。五是注重节能环保。高度重视新材料研发、制备和使用全过程的环境友好性，走低碳环保、节能高效、循环安全的可持续发展道路。

# 参 考 文 献

[1] 郎振.2012年市场规模将超1300亿 新材料或引爆产业新革命.每日经济新闻,2010-11-10,第04版.

[2] 国务院办公厅. 国务院关于加快培育和发展战略性新兴产业的决定. http：//www.gov.cn/zwgk/2010-10/18/content_1724848.htm [2011-05-13].

[3] 曹晓明,武建军,温鸣.先进结构材料.北京：化学工业出版社,2005：38-230.

［4］ 章伟，李虹 . 高性能纤维性能分析 . 北京纺织，2005，（1）：54-57.

［5］ 吴江 . 新材料与功能材料的战略地位和发展趋势概述 . 科技创新导报，2011，（30）：62.

［6］ 钱伯章 . 全球纳米材料市场仍在迅速发展 . 中国化工报，2009-08-12，第 5 版 .

［7］ Johnson R C. Nanomaterials up in a down market. http：//eetimes. com/electronics-news/4080225/ Nanomaterials-up-in-a-down-market ［2011-06-20］.

［8］ 王惠今 . 国内外纳米材料的研究现状及对未来的影响 . 化工科技市场，2006，29 (10) .

［9］ 国家新材料产业发展战略咨询委员会 . PAN 碳纤维国内外市场需求分析预测 http：//www. frp-online. com. cn/ news/detail _ 31806. html ［2011-11-30］.

［10］ 江南 . 碳纤维：新材料之王踏上征途 . 江南时报，2011-06-04，第 18 版 .

［11］ 马祥林 . 2018 年 PAN 基础纤维全球需求量将达到 110kt. 合成纤维工业，2012，03：13.

［12］ 钱伯章 . 碳纤维市场发展态势 . 合成纤维，2010，（10）：50.

［13］ 钱伯章 . 世界碳纤维市场继续加快发展 . 合成纤维，2009，（9）：55.

［14］ 中国玻璃纤维工业协会 . 我国碳纤维市场基本依赖进口 . http：//www. cnbxfc. net/1 _ echo. php? id＝48159 ［2012-03-10］.

［15］ 田东红，韩梅，郑军 . 我国碳纤维产业探秘——复合材料产业一颗幼小的新星 . http：//www. p5w. net/ newfortune/fxs/px/fjsjc/201010/t3225385. htm ［2010-07-12］.

［16］ 王彦 . 2012 年美国稀土产业状况 . 稀土信息，2013，02：18-19.

［17］ 崔晓玲 . 稀土价格现暴跌未来需求或减少 . 中国对外贸易，2011，（12）：56，57.

［18］ 金通 . 稀土出口管制和最优出口配额设计 . 浙江社会科学，2011，（12）：62-67.

［19］ 佚名 . 香港经济导报 . 中国海关：1-5 月稀土出口量同比下降 8.8％. http：//cn. wsj. com/big5/ 20110621 /bch183709. asp? source＝rss ［2011-08-29］.

［20］ 李晓莉 . 南方稀土板块面临强力洗牌 . 羊城晚报，2011-06-14，第 A12 版 .

［21］ 方芳，朱敏 . 纳米材料和纳米技术发展的哲学思考 . 世界科技研究与发展，2001，23 (4)：51-54.

［22］ 薛忠民 . 中国复合材料发展现状及趋势 . http：//www. carbonfiber. com. cn/blog/post/282. html ［2011-08-16］.

［23］ 江镇海 . 我国碳纤维技术发展方向 . 精细化工原料及中间体，2003，（3）：30.

［24］ 汪家铭 . 聚丙烯腈基碳纤维发展与应用 . 化工新型材料，2009，37 (8)：17-23.

［25］ 陈美 . 钕铁硼价格暴涨 6 倍 谁受益（股）. 金融投资报，2011-08-02，第 06 版 .

［26］ 国土资源部 . 中国稀土行业发展的战略分析 . http：//www. mlr. gov. cn/kczygl/ xsfx/201108/ t20110815 _ 923203. htm ［2011-09-01］.

［27］ 佚名 . 美国"21 世纪纳米技术研究开发法案"签署生效 . 新材料产业，2003，（12）.

［28］ 姜江 . 世界战略性新兴产业发展的动态与趋势 . 中国科技产业，2010，(7) 54-59.

［29］ 科学技术部 . 美国发布 2011 纳米技术发展战略 . http：//www. most. gov. cn/ gnwkjdt/201104/ t20110420 _ 86164. htm ［2011-09-06］.

［30］ 中国化工信息网 . 美国拨款 3470 万美元用于研发低成本碳纤维 . http：//www. cheminfo. gov. cn/ ZXZX/ page _ info. aspx? id＝255155＆Tname＝hgyw＆c＝10 ［2011-09-08］.

［31］ 邓鑫 . 全球争夺稀土资源 各国调整开采和进出口战略 . http：//www. chinanews. com/ cj/2011/07- 25/3206640. shtml ［2011-09-08］.

［32］ Europa. Cohesion Policy backs "green economy" for growth and long-term jobs in Europe. http：//eu-ropa. eu/rapid/ pressReleasesAction. do? reference＝IP/09/369＆format＝HTML ［2011-09-10］.

［33］ 中国纺织工业协会 . 欧盟纳米材料法规的最新进展 . http：//news. ctei. gov. cn/282763. htm ［2011-09-11］.

［34］ 孙章伟 . 稀土贸易和管理政策比较研究——以日本、美国、中国为例 . 太平洋学报，2011，19 (5)：

49-59.

[35] 贺石昊. 英国重振制造业五大攻略. http：//cyyw. cena. com. cn/ a/2011-09-02/131492364860279. shtml [2011-09-15].

[36] 北京市科学技术研究院. 德国"2010 纳米创新"技术发展规划. http：//www. bjast. ac. cn/ Html/ Article/20081121/3860. html [2011-09-15].

[37] 冯瑞华. 欧盟发布 FP7 框架计划 NMP 领域 2010 年项目招标. http：//www. hbstd. gov. cn/ html/ 2012 _ 1 _ 14 _ 0 _ 25 _ 12 _ 542. htm [2011-09-20].

[38] 国家能源局. 欧盟发布 2012 年 70 亿欧元科研资助计划. http：//www. chinadaily. com. cn/ hqcj/gjcj/ 2011-09-05/content _ 3693443. html [2011-09-20].

[39] 财政部亚太财经与发展中心. 简析金融危机背景下德国的社保体系. http：//www. afdc. org. cn/ afdc/cn/research. asp? id＝153&d _ lb＝2 [2011-09-20].

[40] 张翼燕. 意大利科技简报 2012 （1）. 驻意大利使馆科技处，2012.

[41] 佚名. 全球稀土市场变局与对策. 中国粉体工业，2011，（3）：61，62.

[42] 王璐. 新材料：精心取"材"谋远"建". 经济日报，2010-08-05，第 07 版.

[43] 韩燏. 中国稀土出口现状、问题及对策研究. 产业与科技论坛，2012，11 （8）：26，27.

# 第7章

# 新能源汽车产业技术分析

# 7.1 新能源汽车产业相关概述

## 7.1.1 新能源汽车的定义

《国务院关于加快培育和发展战略性新兴产业的决定》指出："新能源汽车产业要着力突破动力电池、驱动电机和电子控制领域关键核心技术，推进插电式混合动力汽车、纯电动汽车推广应用和产业化。同时，开展燃料电池汽车相关前沿技术研发，大力推进高能效、低排放节能汽车发展。"

新能源汽车是相对于传统燃料汽车而言的，根据 2009 年 7 月 1 日起正式实施的《新能源汽车生产企业及产品准入管理规则》的规定，新能源汽车是指采用非常规的车用燃料作为动力来源（或使用常规的车用燃料、采用新型车载动力装置），综合车辆的动力控制和驱动方面的先进技术，形成的技术原理先进，具有新技术、新结构的汽车[1]。

## 7.1.2 新能源汽车分类

在我国，根据《新能源汽车生产企业及产品准入管理规则》的规定，新能源汽车包括混合动力汽车（HEV）、纯电动汽车（BEV，包括太阳能汽车）、燃料电池电动汽车 (FCEV)、氢燃料汽车、气体燃料汽车，以及其他新能源（如高效储能器、二甲醚）汽车等各类别产品[2]。各新能源汽车的定义如表 7-1 所示。

表 7-1　新能源汽车的分类

| 新能源汽车 | | 基本定义 |
| --- | --- | --- |
| 混合动力汽车 | | 装有两种动力源，采用复合方式驱动。车载动力源包括内燃机机组、蓄电池、燃料电池、太阳能电池等。当前的混合动力汽车一般由内燃机和蓄电池共同驱动 |
| 电动汽车 | 纯电动汽车 | 以车载电源（高性能蓄电池）为动力，用电机驱动行驶。目前，车用蓄电池有铅酸电池、镍氢电池、锂离子电池等 |
| | 燃料电池汽车 | 以氢气、甲醇等为燃料，通过化学反应产生电流，依靠电机驱动 |
| 氢燃料汽车 | | 以氢为主要能量驱动 |
| 气体燃料汽车 | | 利用可燃气体作为能源驱动的汽车，常用的气体燃料有天然气和液化气 |

资料来源：李晓丹. 2009. 新能源汽车发展现状及应用前景. 中国能源，31 (8)：43-45，18

## 7.1.3 新能源汽车产业市场分析

1. 国外市场分析

1）全球市场

2011 年，全球共销售出混合动力车约 80 万辆，共销售出各类电动汽车（这里仅指动力汽车和油电混合动力车）接近 7 万辆。图 7-1 是 2004～2011 年全球新能源汽车销量。

JP 摩根预测，2020 年全球混合动力汽车年销量将增至 1128 万辆，占汽车总销量的 13.3%。

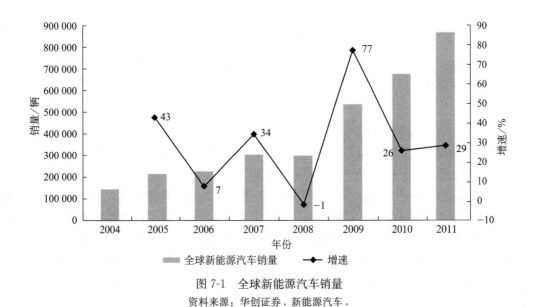

图 7-1　全球新能源汽车销量

资料来源：华创证券. 新能源汽车.

http：//www. p5w. net/stock/lzft/hyyj/200904/P020090409505770762782. pdf ［2012-09-10］

按地区分布看，北美洲 349 万辆、欧洲 346 万辆、中国 197 万辆、日本 70 万辆。而根据综合分析与预测，JP 摩根对部分市场的判断相对保守，尤其是针对中国、日本市场的预测。

2）日本

日本在锂电池和混合动力汽车领域，不论从技术还是量产方面，都是全球的领导者。图 7-2 是 2004～2010 年日本新能源汽车销量。

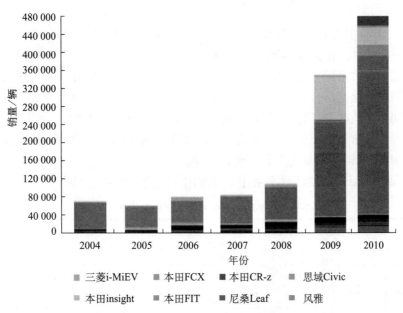

图 7-2　日本各新能源汽车车型历史销量

资料来源：华创证券. 2012-04-23. 新能源汽车.

http：//www. p5w. net/stock/lzft/hyyj/200904/P02009040950577 0762782. pdf ［2012-09-10］

将汽车和锂电池结合起来一直是日本企业的努力方向。据日本汽车业界团体公布的统计表明，2011年日本国内汽车销售中，混合动力汽车占17.1%，同比增长4.8%。

在全球的混合动力车市场，2011年共销售混合动力汽车约80万辆，其中丰田、本田和福特分别以49万辆、14万辆和2.2万辆的成绩位居前三位。

3）美国

美国是全球最大的汽车市场，2010年美国新能源汽车销售量达18.55万辆。2011年，美国市场销售电动车2万辆，位居全球第一。美国政府的目标是到2015年，100万辆油电混合动力车上路。

美国是全球混合动力商业化最早的市场。普锐斯混合动力汽车的第一代于2001年开始在美国销售，2003年被第二代车型取代，之后又在2009年被第三代普锐斯取代。2010年，该车型在美国销售14万辆，占当年混合动力汽车销售总量27万辆的一半以上。

据日本瑞穗金融集团预测，到2015年，美国混合动力汽车仍是新能源汽车的主流，将达到250万辆，插电式混合动力汽车将达到20万辆，纯电动汽车将达到6万辆。

4）欧洲

2009年8月19日，德国政府颁布了《国家电动汽车发展计划》，目标是到2020年使德国拥有100万辆电动汽车。同时，德国大力推进国际标准化，2010年9月下旬，德国汽车生产商奥迪、宝马、保时捷和大众公司，联合提出了电动汽车充电用模块连接器系统集成的全球标准。

整体来看，欧洲在新能源汽车发展中，动力电池是发展的重中之重。其中，德国政府已经确定到2015年，动力电池系统要达到200瓦小时/千克的能量密度。

2. 国内市场分析

根据2011年4月发布的《节能与新能源汽车产业规划（2011—2020年)》，到2020年，我国新能源汽车累计产销量要达到500万辆，其中，中、重度混合动力乘用车保有量将达到100万辆以上，占乘用车年产销量的50%以上。不同的机构也分别对我国的新能源汽车市场做出了预测。根据科技资讯网消息，2010～2015年，全球电动汽车销售量将达到324万辆，五年间中国消费者将购买88万辆电动汽车，占全球销量的27%。而日本有关机构预测我国新能源汽车市场到2015年，混合动力汽车年产量达到130万辆，插电式混合动力汽车年产量达到40万辆，纯电动汽车达到20万辆。

2011年前8个月，新能源汽车乘用车和商用车产销量如表7-2所示。

表7-2　2011年前八个月国内新能源汽车产销量　　　　　（单位：辆）

| 时间 | 乘用车 | | 商用车 | |
|---|---|---|---|---|
| | 产量 | 销量 | 产量 | 销量 |
| 2011年1月 | 1044 | 667 | 476 | 1557 |
| 2011年2月 | 1391 | 463 | 297 | 979 |
| 2011年3月 | 1077 | 424 | 462 | 1451 |
| 2011年4月 | 1444 | 799 | 474 | 1335 |
| 2011年5月 | 629 | 1115 | 984 | 736 |
| 2011年6月 | 796 | 704 | 625 | 657 |
| 2011年7月 | 1606 | 529 | 598 | 1600 |
| 2011年8月 | 1972 | 1235 | 1289 | 1564 |

资料来源：根据Wind资讯相关资料整理

## 7.1.4 新能源汽车产业链和相关技术分析

### 1. 新能源汽车产业链

新能源汽车的发展将带动一条崭新的产业链条，涉及上中下游众多领域，并且还带动了产业链延伸业务的发展，如电池回收、充电设施等。新能源汽车产业链由上游金属矿产资源和电池材料、中游单体电池和主要控制系统及相关部件、下游整车制造及售后增值服务构成，具体如图7-3所示。

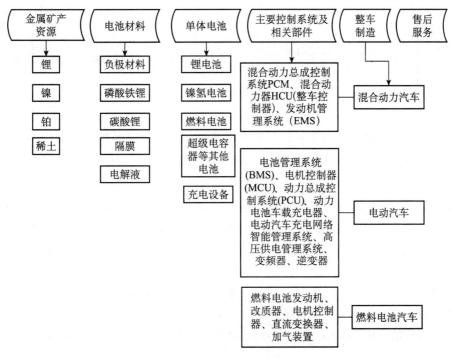

图 7-3 新能源汽车产业链

资料来源：阮娴静.2010.新能源汽车技术经济综合评价及其发展策略研究.武汉理工大学博士学位论文

表 7-3 是国内外企业在新能源汽车产业链中的布局。

**表 7-3 新能源汽车企业在产业链中的位置概况**

| 产业链 | 主要产品 | 国外主要企业 | 国内主要企业 |
|---|---|---|---|
| 产业链位源 | 锂 | ADY矿业集团、智利SQM、美国FMC、德国凯密特尔（Chemtall） | 中信国安、西藏矿业 |
| | 铂 | 英美资源集团（Anglo American）、Implats、诺里尔斯克镍业公司（Norilsk）、隆明（Lonmin） | 贵研铂业 |
| | 镍 | 澳大利亚西部矿业公司、印尼国际镍业（PT INCO）、WMC公司 | 贵研铂业、吉恩镍业 |
| | 稀土 | 美国莫利矿业公司 | 包钢稀土、厦门钨业 |
| 中游核心部件 | 镍氢电池 | 松下电能（PEVE）、Cobasys、Varta | 科力远、中炬高新、春兰、包钢稀土 |
| | 锂电池 | 三洋电机、江森自控、东芝、NEC、富士重工 | 中信国安、杉杉股份、江苏国泰、TCL、德赛电池、中国宝安、佛塑股份、多氟多、佛山照明、南都电源、当升科技、万向钱潮、成飞集成 |

| 产业链 | 主要产品 | 国外主要企业 | 国内主要企业 |
|---|---|---|---|
| 中游核心部件 | 燃料电池 | 戴姆勒、福特汽车、通用汽车、本田、现代汽车、起亚汽车、雷诺日产、丰田汽车 | 同济科技、复星医药、上海汽车、长城电工、新大洲 |
| | 驱动电机 | 三菱汽车、日产汽车 | 湘电股份、时代新材、宁波韵升、卧龙电气、大洋电机 |
| | 控制系统 | AVL、FEV、RICARDO | 南车集团、曙光股份 |
| 下游整车 | | 通用汽车、丰田、福特、雷诺-日产联盟、大众、现代-起亚集团、本田、标致雪铁龙、克莱斯勒、菲亚特、铃木 | 客车：福田汽车、安凯客车、中通客车、金龙汽车、宇通客车、南车集团、时代新材<br>轿车：长安汽车、上海汽车、一汽轿车、万向钱潮 |
| 延伸业务 | 充电站等 | ECOtality公司、通用电气、西门子 | 奥特迅、科陆电子、思源电气、许继电气、国电南瑞、荣信股份、森源电气 |

资料来源：华创证券. 新能源汽车. 2012-04-23

1）产业链上游

产业链上游主要包括电池原材料和电机行业原材料。电池原材料主要包括锂、镍、稀土、铂；电机行业的主要上游资源是稀土[3]。

2）产业链中游

产业链中游包括电解液、隔膜、单体电池、动力电池组、驱动电机、控制系统及其他汽车配件。其中，电驱动系统的价值构成了新能源汽车价值的主体。插电式混合电动汽车电池电机及相关组件价值相当于燃油系统的两倍；纯电动汽车电力驱动系统的价值占整车成本的一半以上[3]。

一般而言，动力电池单体的成本约占一半，而单体的成组、管理系统和封装的成本占另外一半。对于镍氢电池来说，金属镍占镍氢电池单体价值的60%，而锂离子电池中的四大类核心材料价值占比基本相当。一辆纯电动汽车需要使用上百公斤的锂正极材料，从而带动对锂矿的大量需求。

驱动电机和电机控制器所占的成本之比约为1:1，它们又分别带动精密制造业、电子产业。电机制造对铜、铁、稀土等原材料具有较强的拉动作用。例如，稀土作为微量元素，丰田公司的Prius每台电机就需要1千克的稀土元素钕。

3）产业链下游

新能源汽车下游产业链主要是整车制造。我国本土厂商在商用车领域处于主导地位，主要是因为地方政府对本地企业的倾向性补贴，使得新能源汽车市场出现了区域垄断的现象。北汽福田、东风电动、金龙客车等企业处于领先地位，一些小型汽车厂商也占有一席之地，竞争程度较强。而在乘用车市场中合资企业依托车型和技术比较成熟等优势处于领先地位，但国内汽车企业，如一汽、比亚迪、奇瑞等企业和国外仍有一定的技术差距。

2. 新能源汽车产业相关技术

1）产业链上游部分相关技术

新能源汽车大多采用锂电池作为动力，锂电池的生产工艺如下：正极材料（磷酸铁锂等）被涂抹在铝箔（集流体）上制成正极片，负极材料（石墨或钛酸锂等）被涂抹在铜箔（集流体）

上制成负极片。正、负极片中间加入隔膜，一同卷绕，将卷绕好的正负极片（包括隔膜）放入电池壳中，注入电解液，再进行真空封装，即完成单体电池的生产。正极材料对电池的性能影响很大，是电池关键零部件之一。目前，市场上的锂离子电池正极材料主要是氧化钴锂（$LiCoO_2$），另外还有少数采用氧化锰锂（$LiMn_2O_4$）、氧化镍锂（$LiNiO_2$）及三元材料（$Li(NiCo)O_2$）作为正极材料的锂离子电池。磷酸铁锂材料是新研制出来的锂离子电池材料。

四大电池关键材料的技术研究上，解决能量密度主要取决于正极材料，固溶体类正极材料是目前的研究热潮。解决循环寿命取决于负极材料和电解液。负极材料要求是高容量、高稳定性和不燃性；电解液要求与正极材料、负极材料匹配，同时循环寿命长，安全系数高、稳定性高、耐高电压。隔膜材料的研究主要集中在安全性方面。图 7-4 是目前电池技术的主要研究方向。

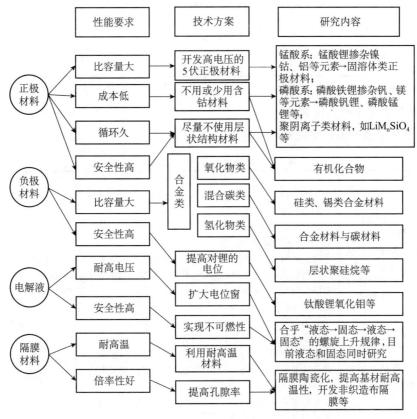

图 7-4　电池技术发展方向

资料来源：华创证券.新能源汽车.2012-04-23

新能源汽车还有一个核心部件就是驱动电机。新能源汽车用的电机要求很高，需要具备安全性高、安装空间小、能耗要求低的特点，永磁电机将成为首选，特别是稀土永磁电机完全符合上述需求特点。我国是稀土资源大国，稀土资源是制造永磁电机所使用的钕、铁、硼的主要来源，丰富的稀土资源储量为永磁电机的规模化生产提供了有力保障。

电池材料和电机材料等原材料的开发，构成了新能源汽车产业上游的核心业务。以锂矿采集技术、卤水提取锂技术、镍矿高压酸浸法（high pressure acid leach）、稀土冶炼分离技术等采矿加工技术为代表的各种原材料开采加工技术成为上游产业的关键技术。

2）产业链中游部分相关技术

在新能源汽车的发展中，我国基本上确定了以动力电池、电机和电控技术三个核心技术方向（详见7.1.5新能源汽车的关键技术）。此外，在新能源汽车的电子技术中部分相关技术，如表7-4所示。

**表 7-4　新能源汽车相关电子技术**

| 技术名称 | 主要内容 |
|---|---|
| 动力电子技术 | 电池管理系统 |
| | 高压供电管理 |
| | 整车控制器 |
| | 电控系统 |
| | 电机驱动系统 |
| | 发动机控制系统 |
| 底盘电子技术 | ABS/TCS/ESP/EPS |
| 信息与舒适电子技术 | 车载信息网络 |
| | 电动空调 |
| | 组合仪表 |

资料来源：康龙云.2010.新能源汽车与电力电子技术.北京：机械工业出版社

3）下游产业部分相关技术

表7-5列出了新能源汽车部分相关技术类型。

**表 7-5　新能源汽车相关技术类型**

| 类型 | | 相关技术 | 部分代表车型 |
|---|---|---|---|
| 混合动力车类型 | 普通式混合动力：传统的混合动力车大多通过发动机为电池充电，以及车辆行驶过程中回收制动能量等 | 轻混：这种混合动力系统在传统内燃机上的启动电机上加装了皮带驱动启动电机。该电机为发电启动一体式电动机，用来控制发动机的启动和停止，在怠速状态下可以降低油耗和排放 | SMART fortwo mhd、奔腾B50HEV 等 |
| | | 中混：采用高压电机，在汽车处于加速或大负荷工况时，电动机能够辅助驱动车轮，从而补充发动机本身动力输出的不足。采用这一系统的车辆平均节能20% | 大众途锐 hybrid、别克君越 hybrid、荣威 750hybrid、本田思域 hybrid 等 |
| | | 强混：电动机可以在启动或低速巡航过程中，单独驱动车辆行驶，在加速或电池能量不足的情况下，再由内燃机单独或联合电动机驱动车辆 | 凯迪拉克凯雷德 hybrid、宝马 X6 hybrid、雷克萨斯 GS450h、普锐斯 |
| | 插电式混合动力：可以外插电源给车辆充电 | 插电式混合动力车属于混合动力车的一种，但插电式混合动力车可以直接由电网充电，个人用户在家中也可为车辆充电 | 比亚迪 F3DM、丰田普锐斯插电式混合动力汽车 |
| 电动车类型 | 使用蓄电池 | 纯电动车是指完全由动力蓄电池或燃料电池提供电力驱动的电动车。纯电动车只能依靠电力行驶 | 宝马 Active E、日产 LEAF 聆风 |
| | 使用燃料电池 | 燃料电池是一种将存在于燃料与氧化剂中的化学能直接转化为电能的发电装置。燃料和空气分别送进燃料电池，电就被生产出来 | 奔驰 B 级燃料电池车 |
| | 增程型电动车 | 依靠电力进行驱动，电力不足时，发动机启动为电池供电而并非直接提供动力，当电池电量消耗至最低临界限值时，车载发动自动启动为汽车发电 | 雪佛兰 VOLT |

资料来源：祝毓.2010.世界新能源汽车产业发展动态.竞争情报.（2）：26-41

## 7.1.5　新能源汽车的关键技术

新能源汽车的关键技术主要包括：以动力电池和充电设施为核心的能源系统；以驱动

电机和传动系统为核心的动力系统；以协调控制各个系统，保证整车安全、高效、舒适运行为核心的整车控制系统。具体可以分为电池技术、电机技术和电控系统技术三个最主要的关键技术。

1. 电池技术

从目前的技术水平及发展趋势来看（图 7-5），铅酸电池的技术最为成熟，但其比能量低、自放电率高、循环寿命低，始终无法成为理想的车用电池，正逐渐被其他新型电池替代；镍镉电池具有大电流、放电能力强、比能量高、维护简单等优点，但其记忆效应严重、使用寿命较短、过度充电易发生爆炸且易污染环境，不适合作为新能源汽车动力电池；镍锌电池拥有很好的兼容性，但其寿命短、锌电极不稳定；镍氢电池由于其技术成熟度和成本上的优势，是目前应用最为广泛的车用动力电池；锂离子电池具有无记忆性、低自放电率、高比能量、高比功率、环保等诸多优点，应用前景较好，随着技术的不断成熟，将成为新能源汽车的主要动力选择。部分电池性能比较如表 7-6 所示。

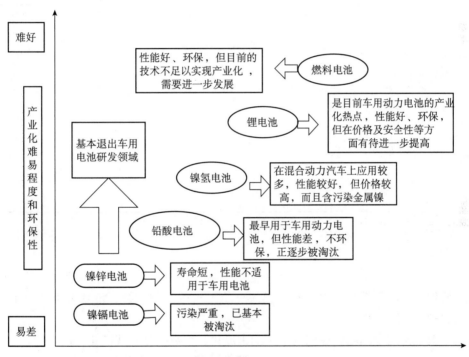

图 7-5　车用动力电池的产业化发展趋势

资料来源：祝毓 . 2010. 世界新能源汽车产业发展动态 . 竞争情报 .（2）：26-41

表 7-6　各种电池的能效比较

| | 比能量/<br>（瓦时/千克） | 比功率/<br>（瓦/千克） | 能量密度/<br>（瓦时/升） | 功率密度/<br>（瓦/升） | 循环寿命/次 |
|---|---|---|---|---|---|
| 铅酸电池 | 35 | 130 | 90 | 500 | 400～600 |
| 镍镉电池 | 55 | 170 | 94 | 278 | 500 以上 |
| 镍氢电池 | 80 | 225 | 143 | 470 | 1000 以上 |
| 锂电池 | 100 | 300 | 215 | 778 | 1200 |
| 燃料电池 | 500 | 60 | | | |

资料来源：康龙云 . 2010. 新能源汽车与电力电子技术 . 北京：机械工业出版社

## 2. 电机技术

电机驱动控制系统是新能源汽车车辆行驶中的主要执行结构，驱动电机及其控制系统是新能源汽车的核心部件（电池、电机、电控）之一，其驱动特性决定了汽车行驶的主要性能指标，它是电动汽车的重要部件。电动汽车中的燃料电池汽车（FCV）、混合动力汽车（HEV）和纯电动汽车（EV）三大类都要用电动机来进行驱动。电机驱动系统主要由电动机、功率转换器、控制器、各种检测传感器及电源等部分构成。

目前，新能源汽车电动机主要有直流电动机、交流感应电动机、永磁无刷电动机和开关磁阻电动机[4]。

从四种电动机的性能和发展趋势比较来看，虽然目前永磁无刷电动机的性能最佳，但开关磁阻电动机最具潜力，一旦攻克其技术瓶颈，以及形成批量生产后迅速降低价格成本，将得到更大发展。各种电机性能比较如表7-7所示。

**表7-7　新能源汽车用驱动电机性能比较**

| 项目 | 直流电动机 | 交流感应电动机 | 永磁无刷电动机 | 开关磁阻电动机 |
|---|---|---|---|---|
| 功率密度 | 低 | 中 | 高 | 较高 |
| 峰值效率/% | 85～89 | 90～95 | 95～97 | <90 |
| 负荷效率/% | 80～87 | 90～92 | 85～97 | 78～86 |
| 转速范围/（转/分钟） | 4 000～8 000 | 12 000～15 000 | 4 000～10 000 | >15 000 |
| 可靠性 | 一般 | 好 | 优秀 | 好 |
| 结构坚固性 | 差 | 好 | 一般 | 优秀 |
| 电机尺寸 | 大 | 中 | 小 | 小 |
| 电动机质量 | 重 | 中 | 轻 | 轻 |
| 电动机成本/（美元/千瓦） | 10 | 8～10 | 10～15 | 8～10 |
| 控制操作性能 | 最好 | 好 | 好 | 好 |
| 控制器成本 | 低 | 高 | 高 | 一般 |
| 综合评价 | 差 | 一般（坚固） | 优（高效） | 较优 |

资料来源：康龙云.2010.新能源汽车与电力电子技术.北京：机械工业出版社

## 3. 电控系统技术

新能源汽车电控系统用于控制电池、电机等组件，其功能包括电池管理，发动机、电动机能量管理等。电控系统由电子控制模块（ECU）等控制系统、传感器等感应系统、驾驶员意图识别等子系统组成。

目前，新能源汽车用电机控制技术正朝集成化、全数字化和智能化方向发展。

集成化包括车用电机与燃油发动机或变速箱的集成，以及将电动汽车驱动控制器的开关器件、电路、控制、传感器、电源和无源器件集成到标准模块中构成电力电子组件。前者可以减小整个系统的重量和体积，有效地降低系统制造成本；后者可以较好地解决不同工艺电路之间的组合和高电压隔离等问题，具有较高的集成度，也可以有效减小体积和重量，但目前还存在分布参数、电磁兼容、传热等具有较高难度的技术问题，而且还不能有效地降低成本。

全数字化是在微电子学及计算机技术的逐步发展，高速、高集成度、低成本的微机专用芯片及数字信号处理（DSP）等广泛应用下实现的，包括驱动控制的数字化、驱动到数控系统接口的数字化及测量单元数字化，使改变控制策略、修正控制参数和模型更加简单易行，提高控制系统的可靠性和实用性，并具有保护、故障监视、自诊断等其他功能，完善车辆的整体运行状况。

非线性智能控制技术在车用电机控制领域的应用，包括变结构控制、模糊控制、神经网络、自适应控制、专家系统、遗传算法等，使系统结构更加简单、响应更加迅速、抗干扰力加强、稳定性增加，以此大大提高整个系统的综合性能。

# 7.2 / 新能源汽车产业发展环境

新能源汽车产业发展环境是否成熟，是实现传统汽车向新能源汽车过渡的关键。许多新能源汽车在技术上已经成熟，可以满足产业化的需要。当前，新能源汽车产业化最大的困难在于成本，并且配套设施也不完善。美国、日本、欧洲在实施新能源汽车产业化上起步较早，发展环境相对较成熟，了解美国、日本、欧洲在新能源汽车领域的产业发展环境，包括发展背景、产业政策、研发计划等，对我国新能源汽车产业化进程有一定的借鉴意义。

## 7.2.1　美国新能源汽车产业发展环境

### 1. 美国新能源汽车产业发展背景

发展新能源汽车对于汽车大国美国来说，早在 150 年前就不再是新话题。1834 年，美国人托马斯·达文波特制造出第一辆直流电动驱动的电动汽车并获专利[5]。但是，在早期的美国汽车消费市场上，电动汽车的优势并不明显，并且随着得克萨斯州石油的开发和内燃机技术的进步，曾一度被冷落。近年，日系、欧系，甚至韩系车在美国市场步步为营，加之石油资源的压力和日益盛行的环保要求，美国在新能源汽车领域发力。

### 2. 美国新能源汽车产业政策

在美国，已经形成了包括激励类政策、保障类政策、限制类政策在内的一揽子新能源汽车政策。在行业补贴上，美国政府通过减轻制造商负担和提高消费者利益等政策加快新能源汽车的推广和应用。美国政府对新能源汽车产业的补贴主要采取税额抵免的办法，对符合补贴标准的混合动力汽车以销量 6 万辆为界线，累计销量达 3 万辆后，消费者享受 50％减税优惠，累计销量超过 4.5 万辆，消费者享受 25％的减税额，累计销售超过 6 万辆后，购车者不享受减税优惠。

在税收优惠与财政补贴方面，通过《能源政策法案》、《2008 紧急经济稳定法案》对新能源汽车消费者提供税收优惠；通过"旧车换现金"计划，为新能源汽车消费者提供补贴；通过《2007 能源独立与安全法案》，对汽车和零部件生产商提供贷款支持和税收减免。在研发支持方面，2009 年 8 月，奥巴马政府宣布拨款 24 亿美元，用于补贴新型电动汽车及其电池、零部件的研发，来自 25 个州的 48 个项目获得了这笔资金。

表 7-8 是美国新能源汽车产业相关政策。

**表 7-8　美国新能源汽车相关政策**

| 时间 | 美国新能源汽车政策 |
| --- | --- |
| 1992 年 | 推出了《美国国家能源政策法案》，首次提出使用非其他燃料替换 10% 的发动机燃油，到 2010 年提高到 30% 的比例 |
| 2005 年 | 出台了《2005 年国家新能源政策法案》，提出要发展新能源汽车减少对石油的依赖，制定了未来 10 年发展新能源的目标；为全美新能源相关企业提供 146 亿美元的减税额度，并在税收上给予购买新能源汽车消费者减税优惠 |
| 2008 年 | 美国"H.R.6323 法案"内容为美国能源部提供可观的补贴，用于混合动力重型卡车的研发、生产及销售 |
| 2008 年 4 月 | 美国政府颁布新规定，汽车制造商必须提高汽车和卡车平均燃油效率，即从目前的每加仑 25 英里提高到 2015 年的每加仑 31.6 英里 |
| 2008 年 6 月 | 美国能源部 6 月 12 日宣布将拨款 3000 万美元，资助通用汽车公司、福特汽车公司、通用电气公司（与克莱斯勒汽车公司共同研究）2008～2011 年进行的 plug 动汽车（Plug-in Hybrid Electric Vehicle，PHEV）研究项目 |
| 2008 年 12 月 | 14 家美国电池和先进材料企业，在美国阿冈国家实验室的支持下，成立了先进交通运输用电池生产国家联盟，以提高美国车用锂离子电池制造实力。作为美国《2008 年紧急经济稳定法案》的内容之一，从 2009 年开始，对购买插入式混合电动汽车（Plus-In Hybrid Electric Vehicle）的消费者，将获得 2500～7500 美元的税收抵扣额度（抵扣额度根据电池系统的能量大小计算），这一法案适用于前 25 万辆购买的新能源汽车 |
| 2009 年 4 月 | 奥巴马在考察位于加利福尼亚州一家电动车测试中心时宣布，美国能源部将设立政府资助项目，用以扶持新一代电动汽车所需的电池组及其部件的研发。同时，为鼓励消费，购买充电式混合动力车的车主，可以享受 7500 美元的税收抵扣；此外政府还投入 4 亿美元支持充电站等基础设施建设 |
| 2009 年 4 月 | 美国总统奥巴马表示，联邦政府将购买 1.76 万辆包括新能源汽车在内的节能车辆，这些车辆将由美国三大汽车厂商制造 |
| 2009 年 7 月 | 美国能源部部长宣布，向日产和福特汽车公司提供 59 亿元和 16 亿美元的贷款，它们成为研发节能汽车 250 亿美元基金的第一批受益者。而早在 2009 年 3 月，奥巴马签署生效的经济刺激计划中，早把电动车作为拯救汽车业的一张王牌，用于电动车的技术开发、生产和鼓励消费的资金高达 141 亿美元 |
| 2009 年 8 月 | 美国政府宣布将向车用电池、电动驱动装置等 48 个项目提供总额 24 亿美元的补助金，希望通过政府投资加快电动汽车等新能源汽车的技术研发，提高国际竞争力 |
| 2009 年 9 月 | 美国总统执行办公室、国家经济委员会和科技政策办公室联合发布《美国创新战略：推动可持续增长和高质量就业》，明确提出拨款 20 亿美元，支持汽车电池技术等的研发和配件产业的发展，尽快生产出全球最轻便、最廉价和最大功效的汽车电池，使美国电动汽车、生物燃料和先进燃烧技术等站在世界前沿 |
| 2010 年 | 美国首次将新能源汽车提到国家战略层面，明确提出 2015 年美国要有 100 万辆充电式混合动力车。同时，美国联邦政府将以身作则，计划从 2015 年开始联邦政府将仅采购纯电动汽车 |
| 2011 年 12 月 | 美国政府将停止向电动车充电器提供减税优惠。此前，凡是在家里或商业场地安装充电装置的用户，美国政府均会为其提供 1000 美元至 3 万美元的信用额度 |
| 2012 年 1 月 | 美国规划新型电池研发创新中心 |

资料来源：文凯.2010.借鉴国际经验发展我国新能源汽车产业研究.东北财经大学硕士学位论文

### 3. 美国新能源汽车产业研发计划

美国近三任总统对节能与新能源汽车制定了不同的重点发展方向。克林顿政府制订了 PNGV 计划，提出重点发展混合动力电动汽车。布什政府则提出 Freedom CAR 计划，要重点发展燃料电池电动汽车。推动新能源汽车发展，是奥巴马政府能源政策的重要组成部分，充电式混合动力电动汽车是奥巴马经济刺激计划中的一项关键举措。

表 7-9 是美国新能源汽车主要研发计划。

**表 7-9　美国新能源汽车主要研发计划**

| 研发计划 | 主要内容 |
|---|---|
| PNGV 计划（新一代汽车伙伴计划） | 该计划所面临的技术挑战涉及整个设计和组装过程，其中包括三个主要部分：①减少车身和底盘的重量同时要满足安全性要求；②增加能量转化效率同时要满足排放标准；③提高燃料效率同时不增加成本 |
| Freedom CAR 计划（自由车计划） | 该计划将集中于风险较高的实用技术研究 |
| | 该计划的目标如下：①不受燃油的限制；②没有排放污染；③选购你喜欢的汽车；④不受限制随时随地地驾驶；⑤燃料便宜、添加方便 |
| | 该计划的战略步骤如下：①发展可负担得起的氢燃料电池汽车技术及相应的氢基设施；②继续支持可降低燃油消耗效率和减少环境污染技术的发展；③发展可用于多种车辆的燃料电池技术，而不只限于某一种汽车 |
| DARPA 计划 | 美国国防部设立专门研究计划管理部门称为国防先进技术研究计划署（DARPA），设立的目的主要是负责管理和指导各种军事研究计划，以保证美国军事技术走在世界前列而且是最先进的，鼓励研究人员运用丰富的想象力和创新精神，研发 EV/HEV 是其中重要的研究内容之一 |
| | 该计划主要涉及对下列装置及部件的研究：①EV/HEV 传动装置；②辅助供电装置和车内发电机；③先进 HEV 充电系统和控制器；④增强汽车飞轮强度；⑤燃料电池 |

资料来源：Rand. 2010. An Experiment in Government-Industry Cooperation

从总的发展趋势看，在发展车用能源的战略选择上，美国已从以往重点进行燃料电池技术研发的单一化发展格局向氢燃料电池、混合动力、先进柴油、生物乙醇、生物柴油等多种技术路线共同发展的多元化格局转变。

## 7.2.2　欧洲新能源汽车产业发展环境

### 1. 欧洲新能源汽车产业发展背景

基于自身传统能源匮乏的现实，石油、天然气等石化能源储量有限，欧盟超过一半的能源需求依赖进口，2008 年进口石油占到了消费总量的 84%，进口天然气占 62%，这在一定程度上制约了欧盟的经济发展。而交通运输一直是欧盟能源消耗的主要领域，几乎占到石油消耗的 73%，整个交通运输业的能源消耗中约 80% 来自汽车。推广新能源汽车、减少汽车的传统能源消耗对保障欧盟能源安全无疑具有现实意义。

减排和节能是相辅相成的，与庞大的能源消耗相对应，交通运输业温室气体排放量约占到欧盟温室气体排放总量的 25%。欧盟委员会于 2007 年 1 月公布了"新欧洲能源政策"，2020 年将温室气体排放量在 1990 年的基础上减少 20%，将能源消耗中可再生能源的比例提高到 20%。在减少汽车温室气体排放方面，欧盟一直是高标准、严要求，如图 7-6 所示。按照欧盟的要求，到 2016 年，欧盟新车的二氧化碳排放量应逐步由 2005 年的每公里 159 克降至每公里 130 克。除欧盟委员会外，欧洲各国政府也根据本国情况制定了相关政策和措施，旨在推动新能源汽车的开发和消费。

### 2. 欧洲新能源汽车产业政策

欧盟在推动新能源汽车产业化方面也采取了积极的措施。与美国不同的是，欧盟作为欧洲国家的联合体，无法直接对各国制定具体详细的产业政策，也不能与美国一样通过制定欧盟统一的法律来强制推行产业政策，而是对欧盟内国家提出共同目标、指导意见和发展方向，同时在具体的产业领域对欧盟内国家进行支持。

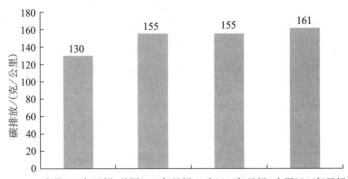

图 7-6　主要国家二氧化碳排放目标图

资料来源：崔胜民，韩家军．2011．新能源汽车概论．北京：北京大学出版社：8

欧盟委员会在 2006 年 1 月通过一项"生物燃料战略"[6]。该战略旨在促进生物燃料在欧盟和发展中国家的发展，推动第二代生物燃料的技术开发，提高生物燃料的成本竞争力。欧盟计划在 2030 年实现交通运输燃料的四分之一来自生物燃料，计划分三个阶段来实现这一目标，具体如表 7-10 所示。

表 7-10　欧盟生物燃料发展计划

| 阶段 | 时间 | 目标 |
| --- | --- | --- |
| 第一阶段 | 2006~2010 年 | 提高现存技术，新一代生物燃料的实证设备，生物燃料生产厂构想的研究开发 |
| 第二阶段 | 2010~2020 年 | 发展新一代生物燃料生产技术、生物燃料生产厂构想的实证等 |
| 第三阶段 | 2020 年之后 | 新一代生物燃料的规模化生产、发展综合性生物燃料生产设施 |

资料来源：Commission of the European Communites. 2006. An EU Strategy for Biofuels

同时，欧洲各个国家也根据实际情况，制定了新能源汽车发展的相关政策，具体如表 7-11 所示。

表 7-11　欧洲部分国家新能源汽车相关政策

| 国家 | 新能源汽车政策 |
| --- | --- |
| 英国 | 政府向"低碳汽车项目"投资 3 亿英镑以支持新能源汽车的发展；2007 年修改汽车保有税税制，按单位距离二氧化碳排放量进行有区别的征税，低公害车辆优惠税率为零，高公害车辆可达 30%；英国气候变化委员会提出的先导计划是，到 2015 年推广使用 24 万辆各种类型的电动汽车，并需要对电动汽车进行补贴，在 2014 年前每辆车补贴 5000 英镑。同时，将要花费 15 亿英镑建设充电设施（政府将投入相当的比例）；英国交通部 2010 年 3 月发布私人购买纯电动汽车、插电式混合动力汽车和燃料电池汽车补贴细则，该项补贴于 2011 年 1 月起至 2014 年，期间总共安排 2.3 亿英镑，单车补贴额度大约为车辆推荐售价的 25%，但不超过 5000 英镑（7600 美元）；英国政府启动了总额 3000 万英镑（4600 万美元）的充电站补助项目，又叫"插电区域"，首批城市包括伦敦、米尔顿、东北，2011~2013 年三座城市间将建 11 000 个充电桩 |
| 德国 | 德国的石油税收法中对汽车替代燃料实施了一些税收优惠政策，到 2020 年时将达到 50 亿欧元；在 2009 年年初德国政府通过的 500 亿欧元的经济刺激计划中，很大一部分用于电动汽车研发、"汽车充电站"网络建设和可再生能源开发 |
| 法国 | 早在 1995 年政府制定了支持电动汽车发展的优惠政策，对购买每辆电动汽车提供最高 1.5 万法郎的补贴；法国政府规定，自 2008 年 1 月 1 日起，政府按所购买新车的尾气中二氧化碳排放量多少，对车主给予相应的现金"奖罚"，以鼓励购买低排量环保车型；2008 年 10 月总统萨科齐宣布政府将投入 4 亿欧元，用于研发和制造清洁能源汽车；法国政府还鼓励报废能耗大的旧车，并给予一定数额的现金奖励；法国还采取配套措施，保证电动车等环保汽车的顺利运行，如在工作场所、超市和住宅区等大幅增加充电站的数量，从而使充电如同加油一样便捷 |

续表

| 国家 | 新能源汽车政策 |
|---|---|
| 意大利 | 根据意大利政府推出的支持汽车产业计划，凡是购买以电能、氢能、甲烷等为动力的环保类新型乘用车的消费者将获得 1500 欧元的补贴，而购买以甲烷、氢能、天然气新能源为动力的轻型商用车的消费者将获得 4000 欧元的补贴，这些补贴都可以在报废旧车基础上进行累加 |
| 西班牙 | 拨款 5.9 亿欧元，并计划出台一系列刺激政策。西班牙政府出台的刺激方案中，一共有 15 种措施，将在电动车研发、电动车充电基站建设和消费者购车补贴等方面促进电动车消费。根据补贴政策，西班牙消费者在购买电动车时，可以享受高达 6000 欧元的补贴。西班牙政府希望这一补贴政策可以在 2011 年促进 2 万辆电动车的消费，在 2012 年再促进 5 万辆电动车的消费 |
| 荷兰 | 政府将为电动汽车车主免除车辆购置税及公路税，这可帮助私家车主在 5 年内节省 6000 欧元税金，且公务车更可享受到高达 19 000 欧元的税金减免 |
| | 在商用车领域，为了激励用户购买达到欧Ⅴ标准或者更加严格的增强型环境友好汽车标准（EEV）的汽车，政府计划投入 700 万～4400 万欧元的补贴 |
| 瑞典 | 瑞典政府将向购买清洁汽车的消费者提供 1 万瑞典克朗的折扣，政府计划在 2007 年分派 5000 万瑞郎，2008 年 1 亿瑞郎，2009 年 1 亿瑞朗的折扣 |
| | 2008 年 3 月，瑞典工业部、环境部联合投入 6200 万瑞典克朗（约合 1000 万美元）支持瑞典相关机构与萨博轿车公司、沃尔沃轿车公司、大瀑布电力公司（Vattenfall）、ETC 公司等联合开发可直接连接电源充电的下一代混合动力环保汽车 |
| 葡萄牙 | 政府将为电动车主提供 5000 欧元的补助，同时电动汽车将无须支付公路税 |
| 爱尔兰 | 消费者购买电动车无须支付任何购置税 |

资料来源：陈柳钦. 谈新能源汽车产业发展的政策支持. 汽车工业研究，2010，6：15-24

### 3. 欧洲新能源汽车产业研发计划

2008 年 11 月初，欧盟、欧洲工业委员会和欧洲研究社团联合制订了 2020 年氢能与燃料电池发展计划，将在燃料电池和氢能研究、技术开发及验证方面投资近 10 亿欧元，并希望在 2020 年前实现这些技术的重大突破。这个技术行动计划旨在使燃料电池和氢能成为欧洲未来领先的战略能源技术之一。该计划的总预算是在 2008～2013 年至少投入 9.4 亿欧元，其中欧盟投入 4.67 亿欧元现金，产业界投入 2000 万欧元现金和至少 4.5 亿欧元资产，研究机构则投入 300 万欧元现金。按应用领域划分，这些资金的 32%～36% 将用于交通和基础设施领域，34%～37% 用于固定式发电和热电联产领域，10%～12% 用于制氢与氢气输配，12%～14% 用于早期市场培育，还有 6%～8% 用于交叉领域。在该计划的支持下，目前两个较大的示范项目 "H2 moves Scandinavia" 和 "Clean Hydrogen in European Cities"（CHIC）正在进行[7]。

在电动汽车方面，欧盟于 2009 年 10 月 30 日正式公告《欧盟交通道路电动化路线图》（*European Roadmap*：*Electrification of Road Transport*）（3.5 版）。路线图首先规定欧盟电动车发展三大"里程碑"（时点），规定在每一时段上拟实现目标；再规定六大技术领域的分阶段细化目标；最后，按照技术领域分类，设定各具体事项完成时间表。具体如表 7-12 所示。

**表 7-12  欧盟电动车发展六大技术领域细化目标**

| 技术领域 | 里程碑 1：2012 年 | 里程碑 2：2016 年 | 里程碑 3：2018～2020 年 |
|---|---|---|---|
| 电能储存系统 | 全面理解和正确管理安全、性能和寿命等方面的参数 | 制造安全、廉价电能储存系统，延长电池寿命和电量密度 | 电池使用寿命和电量密度是 2009 年 3 倍，制造成本降至 20%～30% |
| 车辆驱动技术 | 开发出有效使用和再使用电能的车辆驱动部件 | 提升电力发动机的材料、性能，制造出燃油增程引擎 | 实现无限程电动系统工作，温室气体排放迅速降低 |
| 系统一体化 | 形成安全、耐用、节能电机和电池互动工作方案 | 基于软件硬件设计，优化电动架构的能源流控制 | 一体化系统全面改善和创新 |

续表

| 技术领域 | 里程碑1：2012年 | 里程碑2：2016年 | 里程碑3：2018～2020年 |
|---|---|---|---|
| 电网一体化 | 电网开始适应电动车和电网运行需要调整 | 充电速度提高 | 迅速、便捷和智能化双向充电 |
| 交通系统 | 为促进电动车使用，调整公路设施和通信工具 | 电动车和其他运输方式实现全面一体化 | 基于积极安全系统和汽车至路边（car-to-x）通信实现自动驾驶 |
| 安全 | 推出（经测试和查验）同程度符合类传统车（新）安全标准的电动车 | 实施与电动车大规模使用及与道路交通关联的所有特定安全问题解决方案 | 面向电动车最大程度开发利用积极安全措施 |

资料来源：ETRAC. 2009. European Roadmap：Electrification of Road Transport（Version 3.5）

http：//ec. europa. eu/enterprise/sectors/automotive/files/pagesbackground/competitive ness/contribution _ ertrac _ 2 _ en. pdf［2012-09-12］

## 7.2.3  日本新能源汽车产业发展环境

### 1. 日本新能源汽车产业发展背景

日本的能源资源极为贫乏，大部分能源依靠进口。据国际能源署统计，2008年日本能源自给率仅为17.7%，与其他发达国家相比处于较低的水平。日本同时又是世界经济大国和能源消费大国，在现有资源条件下如何确保国家能源供应安全，是日本政府面对的重要挑战。为此，日本颁布实施了一系列能源相关政策法规，一方面积极促进太阳能等新能源的开发利用，另一方面高度重视节能技术及应用，努力做到"开源"和"节流"双管齐下，既满足国内的能源需求，又在一定程度上降低对外依存度。面对日趋严峻的能源形势和巨大的减排压力，日本汽车制造产业正在努力以节能环保的新能源汽车代替传统燃油汽车。

### 2. 日本新能源汽车产业政策

日本政府、研究机构与企业在新能源汽车发展方面已经达成战略共识。日本新能源汽车的产业化成果在全球范围内是最好的，特别是混合动力电动汽车，领先世界。

2006年，日本经济产业省出台长远能源规划《2030年的能源战略》，这一规划涉及了日本所有的能源领域。该战略提出到2030年将目前近50%的石油依赖度进一步降低到40%，核电比重要提高到30%～40%，使日本成为世界最节约能源的国家，发展各类新能源等战略构想，日本政府对新能源予以减税、政府财政补贴等政策支持[8]。

2009年4月1日，日本开始实施"绿色税制"，其适用对象包括纯电动汽车、混合动力车、清洁柴油车、天然气车及获得认定的低排放且燃油消耗量低的车辆。前三类车被日本政府定义为"下一代汽车"，购买这类车可享受免除多种税负优惠[9]。

2010年4月，日本经济产业省提出了《新一代汽车战略2010》，指出到2020年，纯电动汽车（EV）和混合动力轿车（HYBRID）将在整体乘用车的销售比例中占到50%。规划中还指出，2020年，日本将为纯电动车型建成5000个快速充电站，200万个家用普通充电设备[10]。

针对日益严峻的全球温室效应问题，日本政府还出台了关于解决地球温暖化问题的导向方针的新战略"美丽星球50"计划。该计划提出到2050年，世界上总体温室气体减排50%的长期目标。为了实现这一目标，该计划提到了将推动利用低碳能源（生物燃料、氢燃料等）及开发、普及燃料电池等换代汽车的内容[11]。

### 3. 日本新能源汽车产业研发计划

日本是全球最早全面启动混合动力车和电动车研发的国家，多年来高度重视节能与替代燃料技术的研究与应用，在汽车节能技术及新能源汽车发展方面处于世界领先地位。目前，日本新能源汽车发展迅速，混合动力汽车领域独树一帜并已形成产业化，技术相对成熟，市场需求增多，逐步进入全面推广阶段，有望成为未来日本汽车产业的新引擎。2008年12月，日本政府推动由日本环境省实施的电动车试验项目——新一代汽车导入促进业务，这一项目的主要目的是测试电动车及其电池更换站的可行性。

日本非常重视燃料电池和生物燃料等技术开发。在 2006 年预算内给予燃料电池及相关技术开发 199 亿日元的支持；给予燃料电池产业化实验 33 亿日元的支持；给予新能源汽车市场导入 88 亿日元的支持；2006~2009 年，对从事燃料电池汽车、燃料电池车用燃料供给设备、燃料电池设备开发的企业给予税收方面的支持。

日本为攻克电池方面的关键性技术，已建立了开发高性能电动汽车动力蓄电池的最大新能源汽车产业联盟，共同实施 2009 年度"革新型蓄电池尖端科学基础研究专项"新项目。该联盟包括丰田、日产等汽车企业，三洋电机等电机、电池生产企业，以及京都大学等著名学府及研究机构，共 22 家成员单位。该联盟单位每家出 50 名以上专业人员从事合作研究，开发企业需要的共性基础技术。日本政府计划 7 年内对此项目投入 210 亿日元，通过开发高性能电动汽车动力蓄电池，在 2020 年前，将日本电动车一次充电的续驶里程增加 3 倍以上。

部分研发计划如表 7-13 所示。

**表 7-13　日本新能源汽车部分研发计划**

| 研发计划 | 主要内容 |
| --- | --- |
| 低公害车开发普及行动计划 | 该计划包括现处于实用阶段的低公害车的普及和燃料电池等下一代公害车的开发，主要对象如下：①处于实用阶段的低公害车，包括压缩天然气汽车、纯电动汽车、混合动力电动汽车、甲醇汽车、低燃耗且低排放的认证车；达到《合理使用能源相关法规》的燃耗标准（Top Runner 标准）的车辆，而且通过《低排放车辆认证实施要领（纲要）》认证的低排放车辆；②燃料电池车等下一代低公害车，包括燃料电池车；通过技术创新，采用新燃料或新技术而能够减轻环境负荷的车辆 |
| 电动车专项研究计划 | 针对电动汽车技术，具体的专项研究内容如下：①车用锂电池技术开发；②氢能利用技术开发；③质子膜燃料电池系统的验证研究；④质子膜燃料电池系统的普及基础事业；⑤质子膜燃料电池系统的技术开发；⑥氢安全利用等基础技术开发费补助金 |

资料来源：关洪涛 . 2008. 21 世纪日本汽车产业政策新变化及其影响 . 现代日本经济，159.（3）：54-59

## 7.2.4　中国新能源汽车产业发展环境

### 1. 中国新能源汽车产业发展背景

随着环境污染和节能减排问题日益严峻，以及我国石油对外依存度不断提高，我国对降低能耗、使用清洁能源的需求变得更加迫切。2007 年我国石油对外依存度为 46%，预计未来还将进一步上升；而根据国家"节能减排"计划的目标，我国对清洁能源技术的需求也将持续上升。随着国际油价的持续走高，国内成品油价格调整势在必行，油价的上升能够使新能源汽车省油或替代性方面的特点更加突出。

表 7-14 是我国新能源汽车目前发展的基本情况。

**表 7-14　新能源汽车基本情况比较**

| 比较项目 | 替代燃料车 | 混合动力车 | 纯电动车 | 燃料电池车 |
|---|---|---|---|---|
| 所处阶段 | 商品化实用 | 初级产业化 | 示范应用 | 研发试用 |
| 尾气排放 | 低于传统汽车 | 传统汽车的 1/2 左右 | 使用时零排放 | 零排放或超低排放 |
| 动力来源 | 较广 | 广 | 广 | 较窄 |
| 能量转化率 | 略高于传统汽车 | 较高 | 高 | 高 |
| 成本与传统汽车相比 | 略高于传统汽车 | 1.5~2 倍 | 2 倍及以上 | 10 倍及以上 |

资料来源：李晓丹.2009. 新能源汽车发展现状及应用前景. 中国能源，31（8）：43-45

### 2. 中国新能源汽车产业政策

在能源环境的巨大压力下，世界汽车技术将进入新的时代。新能源带来的技术变革将是汽车产业下一个发展的制高点。为抓住新能源汽车这一时机，我国政府提出"实施新能源汽车战略"，并明确将采取相应的政策措施推广使用节能和新能源汽车。发展新能源汽车已经成为落实节能减排目标、实现交通领域可持续发展和建立新型汽车工业的国家战略决策。

同时，我国政府主管部门加大了新能源汽车的购车补贴优惠，多项扶持新能源汽车的政策密集出台。新政策涉及私人购车补贴、新能源汽车发展规划、新能源汽车相关标准制定等。2010 年以来，国内推动新能源汽车产业发展的相关政策如表 7-15 所示。

**表 7-15　国内新能源汽车产业发展政策**

| 时间 | 政策 | 要点 |
|---|---|---|
| 2010.06 | 《关于开展私人购买新能源汽车补贴试点的通知》 | 财政部、科技部、国家发展和改革委员会、工业和信息化部四部委联合发文，公布《关于扩大公共服务领域节能与新能源汽车示范推广有关工作的通知》、《关于开展私人购买新能源汽车补贴试点的通知》。上海、长春、深圳、杭州、合肥等五个城市启动私人购买新能源汽车补贴试点工作 |
| 2010.08 | "中央企业电动车产业联盟"在京成立 | 国务院国有资产监督管理委员会牵头，由包括一汽、东风、兵装集团、国电、南电、中石油、中石化等 16 家大型央企发起的联盟成立 |
| 2010.11 | 《混合动力电动汽车类型》行业标准 | 工业和信息化部批准《混合动力电动汽车类型》行业标准 |
| 2011.06 | 《关于组织开展节能与新能源汽车发展情况调研的函（工信装函〔2011〕182 号)》 | 文件显示《节能与新能源汽车产业发展规划（2011—2020 年)》已基本编制完成。规划还配套了较为详细的财税政策。至 2020 年新能源保有量达到 500 万辆，其中，中度、重度混合动力乘用车保有量计划超过 100 万辆，而以混合动力汽车为代表的节能汽车产销量达 300 万辆 |
| 2011.07 | 《国家"十二五"科学和技术发展规划》 | 电动汽车保有量达 100 万辆，产值预期超过 1000 亿元，新能源汽车示范运行的城市数量定为到 30 个 |
| 2011.10 | 《国务院关于加快培育和发展战略性新兴产业的决定》 | 着力突破动力电池、驱动电机和电子控制领域关键核心技术，推进插电式混合动力汽车、纯电动车推广应用和产业化。同时，开展燃料电池汽车相关前沿技术研发，大力推进高能效、低排放节能汽车发展 |
| 2011.10 | 《当前优先发展的高技术产业化重点领域指南（2011 年度)》 | 先进能源中，第一个提到：动力电池及储能电池 |
| 2011.11 | 《关于进一步做好节能与新能源汽车示范推广试点工作的通知》 | 落实免除车牌拍卖、摇号、限行等限制措施，并出台停车费、电价、道路通行费等扶持政策；在个人住宅小区停车位或工作场所停车位配套建设充电桩，配比不得低于 1∶1；适当设置专用停车位并配套建充电桩 |
| 2012.01 | 对使用新能源的车船，免征车船税 | "首批不属于车船税征收范围的车型目录"，包括纯电动乘用车 42 款、燃料电池乘用车 7 款 |
| 2012.03 | 《电动汽车科技发展"十二五"专项规划》 | 2015 年前混合动力汽车产业化，电动汽车导入；2020 年前电动汽车产业化；2015 年前建设充电站 2000 座、充电桩 40 万个 |

续表

| 时间 | 政策 | 要点 |
|------|------|------|
| 2012.02 | 《新材料产业"十二五"发展规划》 | 动力电池用全氟离子交换膜 20 万米²/年；新增正极材料产能 4.5 万吨/年，推进石墨和钛酸盐类负极材料产业化，新增负极材料产能 2 万吨/年；开发高转化效率、低成本光伏电池多晶硅材料产业化技术，研发新型薄膜电池材料 |
| 2012.04 | 《节能与新能源汽车产业发展规划（2012—2020 年）》 | 争取到 2015 年，纯电动汽车和插电式混合动力汽车累计产销量达到 50 万辆，到 2020 年超过 500 万辆；2015 年当年生产的乘用车平均燃料消耗量降至每百公里 6.9 升，到 2020 年降至 5.0 升；新能源汽车、动力电池及关键零部件技术整体上达到国际先进水平 |

资料来源：根据中国政府网相关资料整理

　　为了积极响应国家有关新能源汽车方面的政策措施，地方颁布了一系列有关新能源汽车产业发展的政策和措施，为新能源汽车产业发展构建了一个有利的政策环境。这为促进汽车产业结构调整，推动新能源汽车整车和关键零部件的研发和产业化，提升我国汽车工业核心竞争能力和促进我国汽车产业跨越式发展提供了有力的技术支撑和政策支持，如表 7-16 所示。

表 7-16　国内部分省市出台的新能源汽车政策

| 省市 | 时间 | 政策 | 主要内容 |
|------|------|------|----------|
| 广东 | 2010.4 | 《广东省电动汽车发展计划》 | 鼓励机关事业单位购买电动汽车，并在车辆定编和资金方面优先安排，力争到 2012 年电动汽车占购车比例达到 10% 左右 |
| | 2010.7 | 深圳《私人购买新能源汽车补贴政策》 | 确定在国家政府补贴的基础上，对双模电动车追加 3 万元，对纯电动汽车追加 6 万元补贴 |
| 上海 | 2009.12 | 《关于促进上海新能源汽车产业发展的若干政策规定》 | 加大新能源汽车的政府采购力度，实施政府优先采购，并逐年扩大采购规模 |
| | 2010.11 | 《上海汽车产业"十二五"发展规划建议》 | 政府制订战略规划，通过激励性政策来鼓励新能源汽车的发展 |
| 山东 | 2009.9 | 《关于推进新能源汽车产业发展的若干意见》 | 2011 年形成 5 万辆产能。占当年新车的 5%，2015 年形成 30 万产能，并且培育 5 家骨干企业 |
| 天津 | 2009 | 《天津市贯彻落实〈公共机构节能条例〉的实施意见》 | 加快建立健全车辆节能制度，新购公务用车要优先采购节能环保汽车和清洁能源汽车 |
| 江苏 | 2010.4 | 《江苏省新能源汽车产业发展专项规划纲要（2009—2012 年）》 | 到 2015 年，初步形成比较完备的新能源汽车研发、制造、应用、服务体系，形成 15 万辆整车生产能力和具有国内一流技术与明显竞争力的关键部件产业体系 |
| 河南 | 2010 | 《河南省电动汽车产业发展规划》 | 到 2015 年规划产能 25 万辆。建设郑州日产 5 万辆电动汽车、少林客车 1 万辆新能源系列汽车项目、宇通 4000 辆新能源客车项目、郑州海马新能源汽车项目，以及中航电动汽车动力总成系统、研发及产业化等项目建设 |
| 安徽 | 2010 | 《安徽省新能源汽车产业技术路线图》 | 到 2015 年规划产能 50 万辆，建设合肥新能源及新能源汽车产业基地 |

资料来源：根据中国政府网相关资料整理

　　过往的经验表明，政府的大力支持是新能源汽车快速发展的重要因素。这一系列政策的出台有利于鼓励汽车企业加大科研投资力度，提高新能源汽车核心技术的研发水平，促进新能源汽车的产业化。

### 3. 中国新能源汽车研发计划

　　2001 年，我国启动了"863"计划电动汽车重大专项，涉及的电动汽车包括三类：纯电动、混合动力和燃料电池汽车，并以这三类电动汽车为"三纵"，多能源动力总成控制、驱动电机、动力蓄电池为"三横"，建立了"三纵三横"的开发布局，如图 7-7 所示。在这一研发体制的推动下，国内汽车企业纷纷展开了新能源汽车研发专项，取得了一系列的技术突破。目前，加快新能源汽车研发已形成了共识，新能源汽车的研发呈现出一片繁荣的景象。

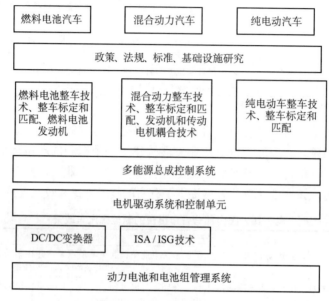

图 7-7  "三纵三横"图示

资料来源：根据国家"863"计划节能与新能源汽车重大项目办公室相关资料整理

"十二五"期间，电动汽车科技发展重点任务如下：紧紧围绕电动汽车科技创新与产业发展的三大需求，继续坚持"三纵三横"的研发布局，突出"三横"共性关键技术，着力推进关键零部件技术、整车集成技术和公共平台技术（表 7-17）。

表 7-17  电动汽车重点技术方向任务布局

| 研究领域 | 研究方向 | | 任务编号 | 任务分解 |
|---|---|---|---|---|
| 关键零部件技术 | 电池/燃料电池 | 动力电池 | 1 | 高功率型动力电池系统产业化技术研发 |
| | | | 2 | 能量型与能量/功率兼顾型锂离子动力电池技术研究 |
| | | | 3 | 新型锂离子动力电池开发 |
| | | | 4 | 新体系动力电池技术研究 |
| | | 燃料电池 | 5 | 开发面向示范和产品验证的燃料电池系统 |
| | | | 6 | 研发面向技术突破的下一代燃料电池系统 |
| | 车用电机 | | 7 | 开发满足混合动力产业化需求的电机/发动机总成 |
| | | | 8 | 开发满足纯电驱动车辆大规模示范需求的车用电机 |
| | | | 9 | 突破下一代纯电驱动系统关键技术 |
| | 电子控制 | | 10 | 开发面向混合动力汽车产业化的电控技术 |
| | | | 11 | 开发面向纯电动汽车大规模商业化示范的电控技术 |
| | | | 12 | 突破下一代纯电驱动汽车电控技术 |
| 整车集成技术 | 混合动力汽车 | | 13 | 常规混合动力汽车产业化技术攻关 |
| | 纯电动汽车 | | 14 | 小型纯电动轿车产业化技术攻关 |
| | | | 15 | 纯电动商用车产业化技术攻关 |
| | | | 16 | 插电式混合动力汽车产业化技术攻关 |
| | | | 17 | 下一代纯电动汽车动力系统技术平台 |
| | 燃料电池汽车 | | 18 | 燃料电池汽车与动力系统平台技术研发 |

续表

| 研究领域 | 研究方向 | 任务编号 | 任务分解 |
|---|---|---|---|
| 公共平台技术 | 标准、检测与数据平台 | 19 | 电动汽车相关技术标准研究 |
| | | 20 | 电动汽车测试评价技术研究 |
| | | 21 | 电动汽车数据采集及数据库软硬件开发 |
| | 能源供给基础设施平台 | 22 | 充/换电系统规划设计及关键设备研发 |
| | | 23 | 先进智能充/换电关键技术研究与示范 |
| | | 24 | 制氢、储氢、加氢关键技术装备研究与示范 |
| | 应用开发与集成示范 | 25 | 面向示范与技术验证的电动汽车全产业链产品应用开发 |
| | | 26 | 电动汽车及其基础设施应用技术研究与规模化示范 |
| | | 27 | 基于示范推广和产业化准备的应用服务支撑平台建设与示范 |
| | | 28 | 电动汽车新型商业化模式配套技术与配套体系研究 |
| | | 29 | 电动汽车技术评价与前沿技术国际科技合作 |

资料来源：中国科学技术部．2012-05-06．电动汽车科技发展"十二五"专项规划．http：//www.most，gov.cn/tz-tg/201204/t20120420＿93807.htm

# 7.3 / 新能源汽车之电池技术科技文献计量分析

## 7.3.1　电池技术 SCIE 科技文献分析

本部分分析数据来源于美国科技信息研究所（ISI）的科学引文索引数据库（Science citation index expanded，SCIE）。检索字段为主题词，即这些词组在论文的标题、关键词、摘要中出现，检索时间段为 1992～2011 年，检索时间为 2012 年 9 月 19 日，共检索到 6061 条数据。采用的分析工具为汤姆森数据分析器（TDA），该软件是美国汤姆森科技信息集团提供的用于计算机桌面的数据挖掘和可视化分析工具，可以对信息和数据进行整理、分析和汇总。

1. 发文量年度变化趋势

图 7-8 是全球和中国的新能源汽车电池技术的论文数量年度变化趋势图。从中可以看到，1992～2000 年是汽车电池技术的缓慢增长期，这时每年的论文发表量均未达 50 篇，甚至有些年份论文数量较上年有所下降；从 2001 年开始，年论文发表量开始迅速增长，说明从这时候开始新能源汽车电池技术开始受到关注。

2. 国家和地区情况

1）主要国家和地区发文量对比分析

检索得到的电池技术研究论文共涉及 66 个国家和地区，图 7-9 为发表论文量最多的前 20 个国家和地区。由图 7-9 可知中国大陆发表的论文数量最多，共 1166 篇，占全球比例的 20.19％，反映出中国大陆在该研究领域具有较强的实力。位居中国大陆之后的国家分别是美国、日本、韩国、法国，论文数量均高于 400 篇。其他排名前 20 位的国家和地区，论文数量也均在 50 篇以上。

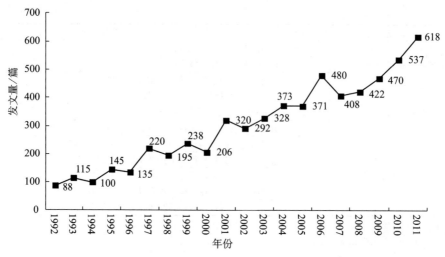

图 7-8  1992～2011 年全球新能源汽车电池技术论文数量年度变化趋势
资料来源：根据 SCIE 相关资料整理

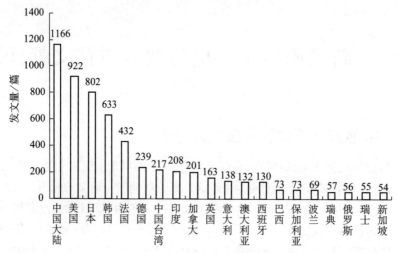

图 7-9  1992～2011 年主要国家和地区新能源汽车领域电池技术论文数量
资料来源：根据 SCIE 相关资料整理

图 7-10 分别为发文量最多的前 20 位国家和地区在 2009～2011 年的发文量占各国和地区1991～2011 年的发文量的比例。从分布来看，各国和地区对电池技术的研究普遍比较活跃，2009～2011 年发文量占总量的比例较高，均在 20% 以上，特别是中国大陆在 2009～2011 年发文数量占总量的比重超过 40%，其次是德国、印度、英国在 2009～2011 年的发文数量占比超过 30%。

2）主要国家和地区论文被引频次分析

从图 7-11 可以看出，主要国家和地区新能源汽车电池技术领域研究论文的总被引次数最高的是美国和中国大陆，整体上总被引次数与各国的发文数量呈正相关。从篇均被引次数来看，美国最高，超过了发文数量最多的中国大陆，反映了美国的论文质量较高；其次是德国。值得注意的是，中国大陆的论文总量排名第一，但是篇均被引次数排名第八，说明中国大陆在论文质量方面急需提高。

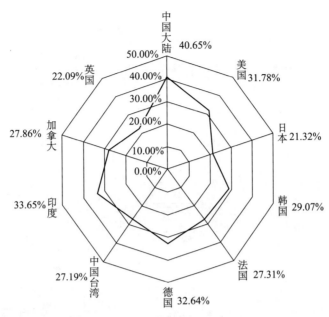

图 7-10  主要国家和地区 2009～2011 年的发文量占各国和地区 1991～2011 年的总发文量的比例

资料来源：根据 SCIE 相关资料整理

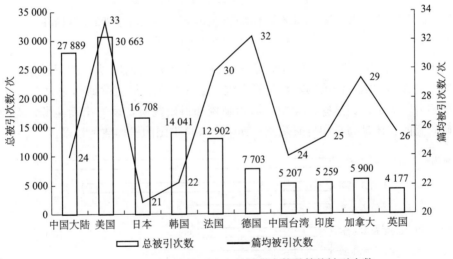

图 7-11  主要国家和地区论文总被引次数及篇均被引次数

资料来源：根据 SCIE 相关资料整理

**3）主要国家和地区论文合作分析**

通过对发文量最多的 20 个国家和地区的论文合作分析，得到各国在能源汽车电池技术领域的关联图（图 7-12）。从图中可以看出，美国与其他国家的合作最多，包括中国大陆、新加坡、英国、法国、加拿大、韩国等。

**3. 机构情况**

**1）主要机构发文量对比分析**

通过对所有作者机构进行分析，可以发现 1992～2011 年新能源汽车电池技术领域发文

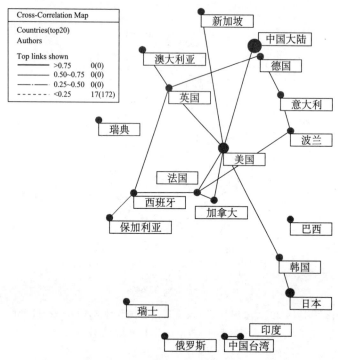

图 7-12　新能源汽车电池技术领域主要国家和地区基于著者的合作网络
资料来源：根据 SCIE 相关资料整理

量排名前 10 位的机构（图 7-13）依次是韩国科学技术发展研究所、中国科学院、清华大学、中国科学技术大学、法国国家科学研究院、浙江大学、得克萨斯州立大学、京都大学、首尔大学和大阪大学。在这些机构中，均为高校和科研院所，反映出新能源汽车电池技术领域基础研究的主体是高校和科研院所。其中，来自中国的机构数量最多。

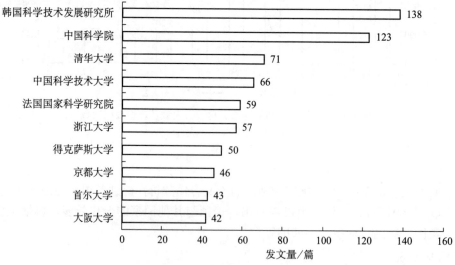

图 7-13　主要机构新能源汽车电池技术领域论文数量
资料来源：根据 SCIE 相关资料整理

2）主要机构被引频次分析

图 7-14 为发文量最多的前 10 个研究机构论文总被引次数及篇均被引情况。从图中可以看出，韩国科学技术发展研究所和中国科学院的总被引次数均最高，分别为 2727 次和 2631 次；其次，法国国家科学研究院和得克萨斯州立大学的总被引次数分别位于第三和第四。

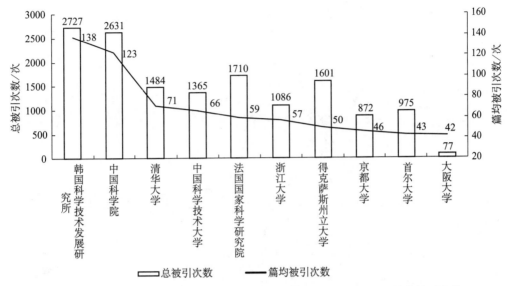

图 7-14　主要研究机构新能源汽车电池技术领域论文总被引次数和篇均被引次数

资料来源：根据 SCIE 相关资料整理

3）主要研究机构合作分析

图 7-15 是发文数量最多的前 10 家机构基于著者的合作网络图。分析表明，新能源汽车电池技术领域研究机构间的合作均是较零散的，且没有形成核心的研究机构。

## 7.3.2　电池技术 EI 文献分析

EI Compendex Web 是 EI Village 的核心数据库，包括著名的工程索引 EI Compendex 1969 年至今的文摘数据及 EI Page One 题录数据，是目前世界上收录工程技术期刊文献和会议文献最全面的权威数据库和检索系统。该数据库更新速度快，能够帮助用户了解工程技术领域的最新进展。利用 EI Compendex Web 检索到了 1992～2011 年的新能源汽车电池技术领域文献 18 079 篇，检索日期为 2012 年 9 月 19 日。

1. 发文量年度变化情况

图 7-16 是 EI 数据库中有关新能源汽车电池技术领域研究文献近 10 年的整体数量趋势图。2005 年前，研究论文数量增长较快；2005～2007 年，研究论文数量经历了短暂的停滞期；2008 年开始，论文数量继续保持快速增长。随着新能源汽车的开发热，预计电池技术的研究论文数量会继续增长。

2. 期刊情况

新能源汽车电池技术相关研究论文广泛分布于多种期刊，图 7-17 为发文量居前 10 位的期刊，分别为《电源技术》（*Journal of Power Sources*）、《生物化学杂志》（*Journal of Bi-*

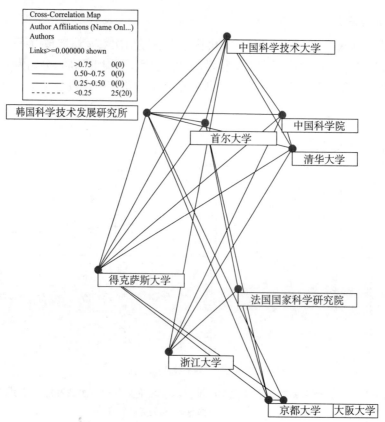

图 7-15　主要研究机构基于著者的合作网络
资料来源：根据 SCIE 相关资料整理

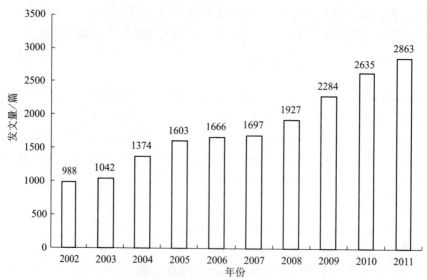

图 7-16　2002～2011 新能源汽车电池技术研究论文发文量 10 年变化趋势
资料来源：根据 EI Compendex 相关资料整理

*ological Chemistry*）、《美国电化学学会会志》（*Journal of The Electrochemical Society*）、
《国际光学工程学会学报》（*Proceedings of Spie-The International Society for optical En-*

*gineering*)、《国际电信能源会议》 (*International Telecommunications Energy Confer-ence*)、《电化学学报》(*Electrochimica Acta*)、《固态离子学》(*Solid State Lonics*)、《生物化学》(*Biochemistry*)、《电化学学会会刊》(*Ecs Transaction*)、《IEEE 光伏专家会议记录》(*Conference Record of The IEEE Photovoltaic Specialists Conference*)等。

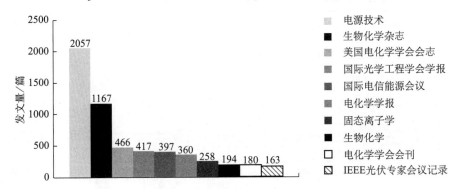

图 7-17　1992～2011 新能源汽车电池技术领域发文量居前 10 位的 EI 期刊

资料来源：根据 EI Compendex 相关资料整理

根据 SCIE 数据库对期刊的学科分类（有的期刊属于多学科领域），对 1992～2011 年新能源汽车电池技术领域发表论文所属的学科进行分析，结果如图 7-18 所示。可以看出，电化学、能源和燃料是重点研究领域，其次是材料科学、化学、物理学等学科领域。

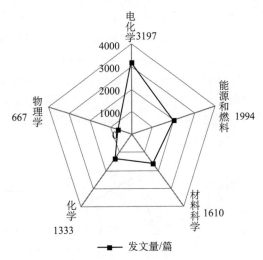

图 7-18　1992～2011 年新能源汽车电池技术领域研究论文学科分布

资料来源：根据 EI Compendex 相关资料整理

3. 国家情况

由图 7-19 可以看出，美国是新能源汽车电池技术研究论文数量最多的国家，论文数量为 6124 篇，远远多于其他国家。其次，中国、日本、德国等国家在新能源汽车电池技术领域发表的论文数量也较多，发文量分别为 2867 篇、1752 篇、1711 篇、1418 篇。

4. 机构情况

1992～2011 年，新能源汽车电池技术领域发文量排名前 10 位的机构如图 7-20 所示。

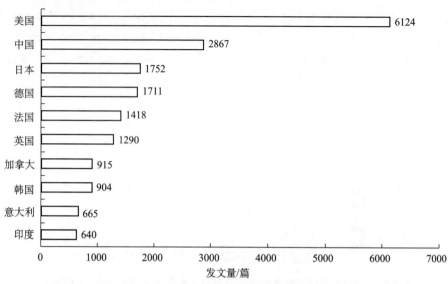

图 7-19　1992～2011 新能源汽车电池技术研究论文发文量前 10 的国家
资料来源：根据 EI Compendex 相关资料整理

排名第一位的研究机构为电化学学会（Electrochemical Society），10 年时间里共发表电池技术相关论文 77 篇；电气及电子工程师学会（the Institute of Electrical and Electronics Engineers）是发文量排在第二位的机构；其他机构有中国中南大学冶金科学与工程学院（School of Metallurgical Science And Engineering，Central South University）、美国国家可再生能源实验室（National Renewable Energy Laboratory）、加利福尼亚大学（University of California）、美国桑迪亚国家实验室（Sandia National Laboratories）、美国麻省理工学院材料科学与工程学院（Department of Materials Science and Engineering，Massachusetts Institute of Technology）、印度中央电化学学院（Central Electrochemical Research Institute）、澳大利亚联邦科学与工业研究组织（Commonwealth Scientific and Industrial Research organisation）、保加利亚科学院（Bulgarian Acad of Sciences）。

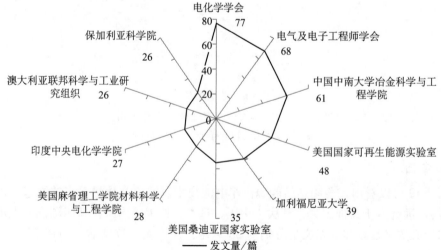

图 7-20　1992～2011 年新能源汽车电池技术领域发文量排名前 10 位的机构
资料来源：根据 EI Compendex 相关资料整理

## 7.4 / 新能源汽车产业相关专利分析

### 7.4.1 全球电池技术相关专利分析

该部分主要从专利年度申请趋势、专利所属技术领域、主要国家和地区及主要专利权人等角度揭示全球动力电池专利的发展态势。

1. 专利年度申请变化趋势分析

1991～2011 年动力电池相关的专利共有 17 229 件，其年度变化如图 7-21 所示。可以看出，近 20 年来，全球动力电池的专利数量整体呈波浪形上升趋势，1991～2003 年，全球动力电池专利申请数量在 1000 件以下徘徊，说明该阶段动力电池的研究进展缓慢；自 2003 年，全球动力电池专利数量开始突破 1000 件，但在随后的四年里一直在 1000 件左右徘徊，说明在 2007 年之前，动力电池的研究一直未得到充分重视，研究未取得重要突破；2007 年之后动力电池的专利申请数量加快增长，在 2007～2011 年这五年里，动力电池的专利数量从 1094 件不断增加至 2008 件，相当于过去 15 年的增长量，这说明全球逐渐重视启动力电池的研究，动力电池的研究在全球有着快速的发展。这种情况可能与近年来国际能源供应紧张、原油价格持续上涨及环境保护呼声越来越高有关。作为新能源中的一项关键技术，动力电池的技术研发和产业发展将越来越受到更多的关注和重视。

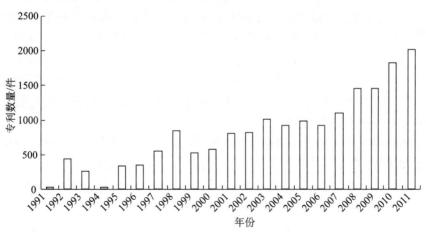

图 7-21　1991～2011 年动力电池相关专利数量变化趋势

2. 主要国家（机构、地区）分析

图 7-22 为动力电池专利申请数量排名前 10 位的国家（机构、地区），主要包括日本、中国大陆、美国、世界知识产权组织、韩国、欧洲专利局、德国、俄罗斯、法国、中国台湾。日本专利数量高达 7869 件，排在第二位的为中国大陆，中国大陆在动力电池方面的专

利申请数量为 3401 件；美国以 1963 件专利申请数量排在第三，其次为世界知识产权组织，专利申请数量为 1700 件，前四位的专利申请数量遥遥领先于其他国家，前四位的专利申请总量占全球的 88.06%。

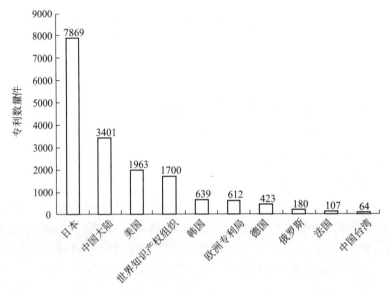

图 7-22　主要国家（机构、地区）动力电池专利申请数量

3. 主要国家（机构、地区）专利年度分布分析

图 7-23 展示了全球排名前 10 位的国家（机构、地区）动力电池专利申请数量年度变化情况。从图中可以发现，中国大陆、世界知识产权组织、美国的专利申请数量年度变化趋势基本相同，1991～2006 年均低于 150 件；2006 年为转折点，动力电池专利申请数量增长速度大幅提升，尤以中国大陆动力电池专利数量增长为突出代表；日本专利申请数量早在 1992 年就已经达到 353 件，在 2003 年之前，日本动力电池专利申请数量波动较大，在曲折中有所上升，于 2003 年达到最高峰（644 件），2003 年之后，日本的动力电池专利申请数量不升反降，在 2011 年时，数量基本与世界知识产权组织及美国的专利申请数量持平。这反映了日本近年来在动力电池方面的研究可能遇见了瓶颈，难以突破；也可能反映出日本近年来对动力电池的研究有所停滞。

从图 7-23 可以看出，中国大陆在动力电池专利申请数量变化比较明显，中国大陆在动力电池方面的研究起步较晚，截至 2005 年，中国大陆在动力电池领域的年度专利申请数量均在 100 件以下。2006 年达到 115 件，此后，中国大陆在该领域的专利申请数量不断增长，至 2011 年，高达 943 件，数量上成为世界第一，自 2006 年，中国大陆的专利申请数量呈现快速增长态势，中国大陆动力电池专利申请数量 2006～2011 年从 115 件迅速增长到 943 件，增幅达到 8.2 倍。从整体情况来看，中国大陆 2006～2011 年来在动力电池方面取得了显著的成绩。

4. 主要国家（机构、地区）专利技术领域布局

按照国际分类号（International Classifications）的分类，1991～2011 年全球动力电池相关专利分布居前 20 位的领域（按 IPC 分类号）如表 7-18 所示。可以发现，电极的结构

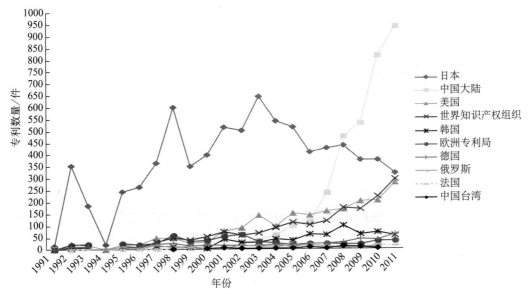

图 7-23　主要国家（机构、地区）动力电池专利申请数量年度变化

和制作方法、二次电池的制作方法、活性材料等领域为动力电池专利申请的热点，专利申请重点集中在电极和二次电池的制作方法研究上。

**表 7-18　1992～2011 年动力电池专利申请数量前 20 位的 IPC 分类号**

| 编号 | IPC 代码 | 内容 | 专利数量/件 |
|---|---|---|---|
| 1 | H01M-004/58 | 除氧化物或氢氧化物以外的无机化合物的电极，如硫化物、硒化物、碲化物、氯化物或 LiCoFy 的电极 | 3326 |
| 2 | H01M-010/40 | 二次电池的一般结构或制造 | 2796 |
| 3 | H01M-004/02 | 由活性材料组成或包括活性材料的电极 | 2619 |
| 4 | H01M-010/36 | 组 H01M 10/05 至 H01M 10/34 中不包括的蓄电池 | 1884 |
| 5 | H01M-010/06 | 铅-酸蓄电池 | 1521 |
| 6 | H01M-010/12 | 二次电池的结构或制造 | 1487 |
| 7 | H01M-004/62 | 在活性物质中非活性材料成分的选择，例如，胶合剂、填料 | 1456 |
| 8 | H01M-004/48 | 无机氧化物或氢氧化物的电极 | 1386 |
| 9 | H01M-010/42 | 使用或维护二次电池或二次半电池的方法及装置 | 1306 |
| 10 | H02J-007/00 | 用于电池组的充电或去极化或用于由电池组向负载供电的装置 | 1290 |
| 11 | H01M-004/04 | 电极的一般制造方法 | 1180 |
| 12 | H01M-002/02 | 电池箱、套或罩的制造方法 | 1168 |
| 13 | H01M-004/52 | 镍、钴或铁的电极 | 1141 |
| 14 | H01M-002/30 | 接线柱的制造方法 | 996 |
| 15 | H01M-004/14 | 铅-酸蓄电池的电极 | 988 |
| 16 | H01M-010/44 | 充电或放电的方法 | 983 |
| 17 | H01M-004/36 | 作为活性物质、活性体、活性液体的材料的选择 | 971 |
| 18 | H01M-002/10 | 安装架；悬挂装置；减震器；搬运或输送装置；保持装置的结构零件或制造方法 | 953 |
| 19 | H01M-004/50 | 锰的电极 | 923 |
| 20 | H01M-002/26 | 电极的连接结构零件或制造方法 | 799 |

图 7-24 从主要专利申请国家（机构、地区）的专利技术布局来分析各国或地区在动力电池方面研究的重点。从图 7-24 中可以看出，各主要国家（机构、地区）的专利布局不同，日本专利重点为 H01M-010/40（二次电池的一般结构或制造方法）、H01M-004/58（除氧化物或氢氧化物以外的无机化合物的电极）、H01M-004/02（由活性材料组成或包括活性材料的电极）、H01M-010/12（二次电池的结构或制造）等；美国专利重点为 H01M-

004/58（除氧化物或氢氧化物以外的无机化合物的电极）、H01M-010/40（二次电池的一般结构或制造方法）、H01M-004/48（无机氧化物或氢氧化物的电极）、H01M-004/02（由活性材料组成或包括活性材料的电极）等；中国内地专利重点为 H01M-004/58（除氧化物或氢氧化物以外的无机化合物的电极）、H01M-010/06（铅-酸蓄电池）、H01M-004/04（电池的一般制造方法）、H02J-007/00（用于电池组的充电或去极化或用于由电池组向负载供电的装置）等；世界知识产权组织专利重点是 H01M-004/58（除氧化物或氢氧化物以外的无机化合物的电极）、H01M-004/02（由活性材料组成或包括活性材料的电极）、H01M-010/36（组 H01M 10/05 至 H01M 10/34 中不包括的蓄电池）、H01M-010/40（二次电池的一般结构或制造方法）等。其他国家（机构、地区），如韩国以 H01M-002/10（安装架；悬挂装置；减震器；搬运或输送装置；保持装置的结构零件或制造方法）等为主，欧洲专利局以 H01M-010/40（二次电池的一般结构或制造方法）为主，俄罗斯以 H01M-010/12（二次电池的结构或制造）为主，法国以 H02J-007/00（用于电池组的充电或去极化或用于由电池组向负载供电的装置）为主，德国以 H01M-010/42（使用或维护二次电池或二次半电池的方法及装置）为主，中国台湾以 H01M-010/06（铅-酸蓄电池）为主。

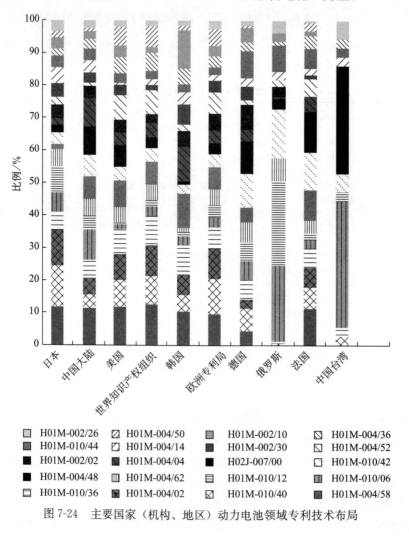

图 7-24　主要国家（机构、地区）动力电池领域专利技术布局

### 5. 主要专利申请机构分析

图 7-25 展示了动力电池领域专利申请数量排名前 15 位的申请机构。从机构申请的专利数量来看，日本松下、日本新神户电机专利申请数量最多；前 15 位申请机构中大部分为日本机构，占 12 位，分别为松下、新神户电机、电池、汤浅、古河电池、三洋电机、索尼公司、丰田汽车、日产汽车、三菱、日立、东芝；其他机构有韩国三星、韩国乐金化学；以及中国的比亚迪。排名前 15 的申请机构都为企业单位，动力电池专利主要掌握在以市场为导向的企业手中，该现象充分说明在市场需求的刺激下，众多企业纷纷加大在动力电池领域的科研投入，从而掌握市场的主动权，赢得高额利润。

从动力电池主要专利申请机构（排名前 5 位）专利申请年度分布情况（图 7-26）可以看出，日本松下的专利申请数量年度分布较为平均，主要集中在 1995～2011 年，数量在 70 件附近徘徊；日本新神户在该领域的专利申请主要集中在 1995～2006 年，1998 年的数量高达 113 件；日本电池专利申请波动幅度较大，分别在 1998 年（143 件）、2002 年（104 件）、2003 年（126 件）达到申请数量高峰，而 2007 年后，Dewent 上已经少有对其申请专利的统计；日本汤浅和古河电池在经过增长后，分别于 1995 年和 1997 年进入专利申请的稳定期，在 2008 年后这两个机构的专利申请数量都有小幅的下降。

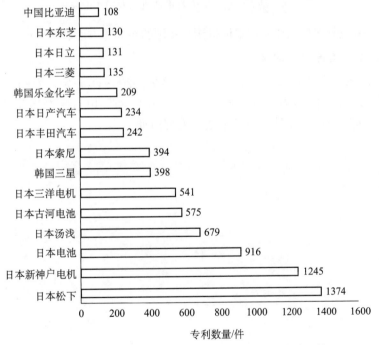

图 7-25 动力电池专利申请数量排名前 15 的申请机构

## 7.4.2 电池技术中国专利分析

为了更有针对性地分析中国新能源汽车电池技术的发展状况和竞争态势，本部分利用知识产权出版社的"中外专利数据库服务平台"，对电池技术在华专利进行重点分析，根据"中外专利数据库服务平台"提供的检索字段，对检索策略进行合理的限制。通过检索，得到电池技术相关专利共 12 321 件，数据检索日期为 2012 年 9 月 19 日。以下主要从专利年度申请

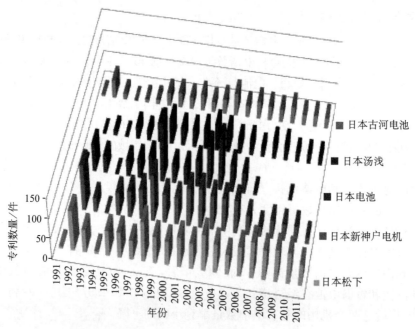

图 7-26　动力电池主要专利申请机构专利年度变化

趋势、主要技术领域分布、主要专利申请机构在我国的布局等方面展开分析。

### 1. 专利年度申请量变化趋势

图 7-27 是电池技术相关专利申请年度变化趋势。2003 年开始，专利申请数量迅速增加，到 2008 年专利申请数量超过 1000 件；2009～2011 年，申请的专利数量占专利申请总量的 55.07%，说明我国电池技术正处于快速发展时期。

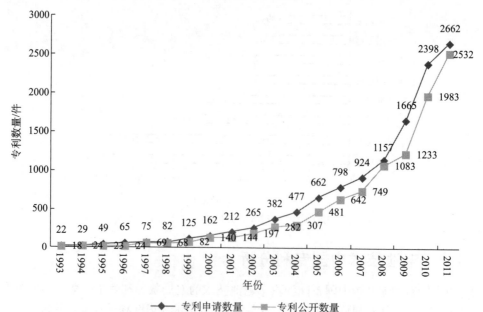

图 7-27　1992～2011 年在华电池技术相关专利年度统计分析
资料来源：根据中外专利数据库服务平台相关资料整理

## 2. 专利所属技术领域分析及发展趋势

在华电池技术相关专利主要分布的技术领域如表 7-19 所示。H01M10/40 是申请专利数量最多的技术领域。专利申请数量最多的前三个技术领域均为电池的一般制造方法；专利申请数量排在第四位的技术领域为 B01M10/0525，是与锂电池相关的技术领域，这也说明中国的锂电池技术发展较好。

表 7-19 在华电池技术专利所属主要技术领域分析

| 编号 | 技术分类号 | 数量 | 内容 |
|---|---|---|---|
| 1 | H01M10/40 | 1657 | 二次电池的一般结构或制造 |
| 2 | H01M4/58 | 1522 | 除氧化物或氢氧化物以外的无机化合物，如硫化物、硒化物、碲化物、氮化物或 LiCoFy 的制造方法 |
| 3 | H01M4/04 | 1218 | 电极的一般制造方法 |
| 4 | H01M10/0525 | 888 | 椅式电池，即其两个电极均插入或嵌入有锂的电池；锂离子电池 |
| 5 | H02J7/00 | 783 | 用于电池组的充电或去极化或用于由电池组向负载供电的装置 |
| 6 | H01M4/48 | 754 | 无机氧化物或氢氧化物的电极 |
| 7 | H01M4/62 | 724 | 活性物质中非活性材料成分的选择，如胶合剂、填料 |
| 8 | H01M10/38 | 715 | 二次电池及其结构或制造 |
| 9 | H01M4/02 | 673 | 由活性材料组成或包括活性材料的电极 |
| 10 | H01M2/02 | 657 | 电箱、套或罩 |

资料来源：根据中外专利数据库服务平台相关资料整理

## 3. 主要专利申请机构

图 7-28 是在华申请专利数量最多的前 10 家机构。专利申请数量最多的企业是天津力神电池股份有限公司，专业从事锂离子蓄电池技术研发、生产和经营，目前的产品包括圆形电池、方形电池、聚合物电池、塑料软包装电池、动力电池、电动汽车电池等。比亚迪股份有限公司在华电动电池技术相关专利申请量排名第二位，其电池技术的相关产品主要是镍电池和手机用锂电池。深圳市比克电池有限公司和东莞新能源科技有限公司的专利申请量均超过了 200 件。松下电器产业株式会社在华电池技术相关专利申请量排名第五位。从专利权人的机构类型来看，电池技术相关专利申请量最多的 10 家机构中，有 3 家为大学，分别是清华大学、中南大学和复旦大学，其他均为企业。

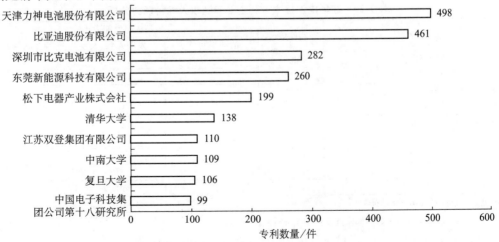

图 7-28 在华电池技术相关专利的专利权人分析

资料来源：根据中外专利数据库服务平台相关资料整理

　　图 7-29 是在华电池技术相关专利申请数量最多的 10 个专利权人的专利数量年度变化趋势。从 2008 年开始，天津力神电池股份有限公司各年的专利申请数量超过比亚迪股份有限公司。东莞新能源科技有限公司的专利申请量从 2007 年开始迅速增长，并且在 2011 年领先于其他公司。

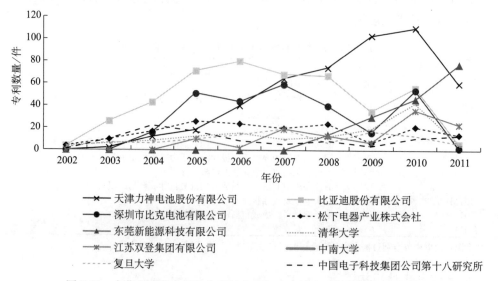

图 7-29　在华电池技术相关专利的专利权人申请专利数量年度变化趋势
资料来源：根据中外专利数据库服务平台相关资料整理

　　表 7-20 是在华电池技术主要专利权人的综合能力分析。活动年期最长的是松下电器产业株式会社，为 17 年，其平均专利年龄也最长，为 6 年；其次是清华大学，活动年期为 14 年。活动年期越长，说明专利权人开展电池技术研发活动的时间越长。

　　从发明人数来看，发明人数量最多的机构是天津力神电池股份有限公司和深圳市比克电池有限公司，发明人数量均在 300 人以上；其次是松下电器产业株式会社和深圳市比克电池有限公司，发明人数量分别为 238 人和 232 人。

表 7-20　在华电池技术专利主要专利权人综合能力分析

| 申请机构 | 专利件数/件 | 申请人研发能力比较 | | |
| --- | --- | --- | --- | --- |
| | | 活动年期/年 | 发明人数/人 | 平均专利年龄/年 |
| 天津力神电池股份有限公司 | 498 | 9 | 400 | 3 |
| 比亚迪股份有限公司 | 461 | 11 | 362 | 5 |
| 深圳市比克电池有限公司 | 282 | 8 | 232 | 4 |
| 东莞新能源科技有限公司 | 260 | 4 | 194 | 1 |
| 松下电器产业株式会社 | 199 | 17 | 238 | 6 |
| 清华大学 | 138 | 14 | 187 | 4 |
| 江苏双登集团有限公司 | 110 | 7 | 68 | 3 |
| 中南大学 | 109 | 10 | 181 | 3 |
| 复旦大学 | 106 | 12 | 107 | 5 |
| 中国电子科技集团公司第十八研究所 | 99 | 10 | 133 | 5 |

资料来源：根据中外专利数据库服务平台相关资料整理

　　表 7-21 是在华电池技术专利主要专利权人的专利合作情况。其中，东莞新能源科技有限公司的合作专利数量最多，为 51 件，主要的合作者是宁德新能源科技有限公司和中国科

学技术大学；其次是清华大学，合作专利数为 45 件，合作者数量也是最多的，为 8 个。

表 7-21 在华电池技术专利主要专利权人专利合作情况分析

| 申请机构 | 专利数/件 | 合作专利数/件 | 合作者数量/人 | 主要合作者及次数统计 | |
| --- | --- | --- | --- | --- | --- |
| | | | | 合作者 | 合作次数/次 |
| 深圳市比克电池有限公司 | 282 | 11 | 4 | 比克国际（天津）有限公司 | 9 |
| | | | | 李鑫 | 1 |
| | | | | 湖北盐光能源科技有限公司 | 1 |
| | | | | 清华大学深圳研究生院 | 1 |
| 东莞新能源科技有限公司 | 260 | 51 | 2 | 宁德新能源科技有限公司 | 64 |
| | | | | 中国科学技术大学 | 1 |
| 松下电器产业株式会社 | 199 | 9 | 5 | 大阪市 | 2 |
| | | | | 丰田自动车株式会社 | 2 |
| | | | | 上海交通大学 | 2 |
| | | | | 日本瑞翁株式会社 | 2 |
| | | | | 三井金属矿业株式会社 | 1 |
| 清华大学 | 138 | 45 | 7 | 鸿富锦精密工业（深圳）有限公司 | 39 |
| | | | | 北京市世纪博纳能源技术有限责任公司 | 1 |
| | | | | 山西省玻璃陶瓷科学研究所 | 1 |
| | | | | 丰田自动车株式会社 | 1 |
| | | | | 优美科公司 | 1 |
| | | | | 尤米科尔公司 | 1 |
| | | | | 北京华锐新材料技术发展有限公司 | 1 |
| 中南大学 | 109 | 13 | 8 | 湖南业翔晶科新能源有限公司 | 5 |
| | | | | 深圳科雷拉能源科技有限公司 | 2 |
| | | | | 国光电器股份有限公司 | 1 |
| | | | | 长沙灿能能源科技有限公司 | 1 |
| | | | | 广东国光电子有限公司 | 1 |
| | | | | 湖南杉杉新材料有限公司 | 1 |
| | | | | 深圳市格林美高新技术有限公司 | 1 |
| | | | | 长沙业翔能源科技有限公司 | 1 |
| 复旦大学 | 106 | 8 | 4 | 重庆万光电源股份有限公司 | 4 |
| | | | | 福建南平南孚电池有限公司 | 2 |
| | | | | 宁波杉杉源创科技研发有限公司 | 1 |
| | | | | 宁波杉杉创业投资有限公司 | 1 |

资料来源：根据中外专利数据库服务平台相关资料整理

# 7.5

# 新能源汽车产业相关标准分析

本部分将国际标准化组织（ISO）、国际电工组织（IEC）、欧盟标准化委员会（EN）、美国和我国的新能源汽车的相关标准进行调研。

## 7.5.1 新能源汽车相关产品标准分析

进入 21 世纪以来，对新能源的研发活动及推广应用的浪潮席卷全球，美国和德国、英国等发达国家特别关注新能源汽车的研制和应用推广，相继制定了不少标准和相关政策法规对这一新兴产业进行培育和维护，以保证该产业在未来的可持续发展，为解决能源、节能减排、减少温室气体排放等方面的问题做出最大努力。针对这一情况，通过对德国、法国、美国、英国、日本和我国新能源汽车标准体系的较为详细调研，结合世界主要经济体的区域发展异同，特选取国际标准化组织、中国、美国和欧盟的电动汽车及其主要部件（锂电池、燃料电池、电机、电控系统）的标准为对象，进行现行产品标准的具体分析。

1. 电动汽车标准分析

表 7-22～表 7-25 显示了 ISO、IEC、欧盟、美国、中国的电动汽车国家标准和行业产品标准的现有状况。表 7-22 表示了 ISO、IEC 两大主要的国际组织按照时间次序排列的产品标准现状。在现行电动汽车国际标准中，最早于 1984 年制定的标准分别是对电动汽车仪器仪表、控制器、布线和连接器、旋转电机进行标准规定；随后，2001 年开始对电动车的充电系统、蓄电池及其性能和混合电动汽车、燃料电池电动汽车、具有蓄电池的电动车等各类电动汽车进行标准规定，这表明随着电动汽车的应用推广，相关标准的涉及范围已经从电动汽车的部件研发、使用推广到对电动汽车整机的标准规范，这标志着在国际社会的范畴内已经推动了电动汽车产业在全球的应用。

**表 7-22 IEC、ISO 国际电动汽车的产品标准**

| 名称 | 英文名称 | 标准号 |
| --- | --- | --- |
| 电动汽车用仪器仪表 | Instrumentation for electric road vehicles | IEC/TR 60784—1984 |
| 电动汽车用控制器 | Controllers for electric road vehicles | IEC/TR 60786—1984 |
| 电动汽车的布线和连接器 | Wiring and connectors for electric road vehicles | IEC/TR 60783—1984 |
| 电动汽车用旋转电机 | Rotating machines for electric road vehicles | IEC/TR 60785—1984 |
| 电动车辆导电充电系统 第 22 部分：交流电动车辆充电站 | Electric vehicle conductive charging system-Part 22：AC electric vehicle charging station | IEC 61851-22—2001 |
| 电动车辆导电充电系统 第 21 部分：导电连接至交流/直流电源的电动车辆要求 | Electric vehicle conductive charging system-Part 21：Electric vehicle requirements for conductive connection to an a. c. /d. c. supply | IEC 61851-21—2001 |
| 电动道路车辆的推进器用蓄电池组 第 3 部分：性能和寿命试验（交通适合的，市区用车辆） | Secondary batteries for the propulsion of electric road vehicles-Part 3：Performance and life testing（traffic compatible，urban use vehicles） | IEC 61982-3—2001 |
| 电动道路车辆驱动用二次电池．第 2 部分：动态放电性能试验和动态耐久试验 | Secondary batteries for the propulsion of electric road vehicles-Part 2：Dynamic discharge performance test and dynamic endurance test | IEC 61982-2—2002 |
| 插头、插座、车辆耦合器和引入线．电气车辆传导充电．第 1 部分：250A a. c 和 400A d. c 以下的电气车辆的充电 | Plugs, socket-outlets, vehicle couplers and vehicle inlets-Conductive charging of electric vehicles-Part 1：Charging of electric vehicles up to250 A a. c. and 400 A d. c. | IEC 62196-1—2004 |
| 牵引用铅酸蓄电池组．第 1 部分：一般要求和试验方法 | Lead-acid traction batteries-Part 1：General requirements and methods of tests | IEC 60254-1—2005 |
| 电动道路车辆推进用蓄电池．第 1 部分：试验参数 | Secondary batteries for the propulsion of electric road vehicles-Part 1：Test parameters | IEC 61982-1—2006 |

| 名称 | 英文名称 | 标准号 |
|---|---|---|
| 电力牵引-铁路和道路车辆用旋转电机．第 3 部分：用组件损耗总和测定变流器供电交流电动机的总损耗 | Electric traction-Rotating electrical machines for rail and road vehicles-Part 3：Determination of the total losses of converter-fed alternating current motors by summation of the component losses | IEC 9/1267/DTS—2009 |
| 蓄电池组和蓄电池装置安全性要求．第 3 部分：牵引用蓄电池 | Safety requirements for secondary batteries and battery installations-Part 3：Traction batteries | IEC 62485-3—2010 |
| 电动道路车辆．标准耗能和范围．乘用车和轻型商用车辆的试验规程． | Electric road vehicles-Reference energy consumption and range-Test procedures for passenger cars and light commercial vehicles | ISO 8714—2002 |
| 混合动力道路车辆．废气排放和燃料消耗测量-非外表可充电车辆 | Hybrid-electric road vehicles-Exhaust emissions and fuel consumption measurements-Non-externally chargeable vehicles | ISO 23274—2007 |
| 燃料电池道路车辆最高速度测量 | Fuel cell road vehicles-Maximum speed measurement | ISO/TR 11954—2008 |
| 混合电力道路交通工具-电荷平衡测量 | Hybrid-electric road vehicles-Guidelines for charge balance measurement | ISO/TR 11955—2008 |

表 7-23 是欧盟电动汽车的标准随时间发展的列表。在欧盟的电动汽车的标准中，对纯电动汽车、热电混合动力电动汽车及充电器、蓄电器等进行了标准规定，并且较为注意将本地区的标准和国际标准接轨。目前，现行标准的时间是 1997~2002 年，为了加大电动汽车的推广使用，欧盟已经制定了电动汽车标准制订计划，准备在未来时间里大力推广和培育电动汽车行业。

**表 7-23　欧盟电动汽车的标准**

| 名称 | 英文名称 | 标准号 |
|---|---|---|
| 电动道路车辆．能耗特性测量．第 1 部分：纯电动车辆 | Electrically propelled road vehicles-Measurement of energy performances-Part 1：Pure electric vehicles；German version EN 1986-1：1997 | EN 1986—1—1997 |
| 电动道路车辆．道路行驶性能的测量．第 1 部分：纯电气车辆 | Electrically propelled road vehicles-Measurement of road operating ability-Part 1：Pure electric vehicles；German version EN 1821-1：1996 | EN 1821—1—1998 |
| 电动道路车辆．安全性特殊要求．第 1 部分：车载蓄能器 | Electrically propelled road vehicles-Specific requirements for safety-Part 1：On board energy storage；German version EN 1987-1：1997 | EN 1987—1—1998 |
| 电动道路车辆．行驶性能的测量方法．第 2 部分：热电混合动力车 | Electrically propelled road vehicles-Measurement of road operating ability-Part 2：Thermal electric hybrid vehicles；German version EN 1821-2：1999 | EN 1821—2—2000 |
| 电力公路车辆的电气设备．电动车辆感应式充电系统．第 2-2 部分：交流电动车辆充电站 | Electrical equipment of electric road vehicles-Electric vehicles conductive charging system-Part 2-2：AC electric vehicle charging station（IEC 61851-22：2001）；German version EN 61851-22：2002 | EN 61851—22—2002 |
| 电力公路车辆的电气设备．电动车辆感应式充电系统．第 2-1 部分：传导连接于交流/直流电源的电动车辆要求（IEC 61851-21：2001） | Electrical equipment of electric road vehicles-Electric vehicles conductive charging system-Part 2-1：Electric vehicle requirements for conductive connection to an a. c. /d. c. supply（IEC 61851-21：2001）；German version EN 61851-21：2002 | DIN EN 61851—21—2002 |

表 7-24 是美国电动汽车的国家标准和行业标准情况。美国电动汽车国家级和行业级标准主要包括电动汽车的充电系统、插头、插座和连接器、人身保护系统。

**表 7-24　美国电动汽车的标准**

| 名称 | 英文名称 | 标准号 |
|---|---|---|
| 电子车辆（EV）充电系统设备的安全标准 | Standard for Safety for Electric Vehicle（EV）Charging System Equipment | ANSI/UL 2202—2009 |
| 电气车辆用插头、插座和电缆连接器 | UL Standard for Safety Plugs, Recptacles and Couplers for Electric Vehicles First Edition；Reprint with revisions through and including February 23，2007 | UL 2251—2002 |
| 电动车辆供电线路的人员保护系统．充电系统用保护装置的特殊要求 | UL Standard for Safety Personnel Protection Systems for Electric Vehicle（EV）Supply Circuits；Particular Requirements for Protective Devices for Use in Charging Systems First Edition | UL 2231—2—2002 |

资料来源：根据国内外标准数据库（知网版）相关资料整理

　　表 7-25 显示了中国电动汽车按制定时间顺序排列的相关国家标准和行业标准。从目前的电动汽车产品标准体系的时间来看，时间最早是在 2001 年；结合产品分布来看，和国际标准组织的标准分布类似，都是先制定电动汽车的充电系统、电源连接等各部件的标准，再对电动汽车、混合动力电动车等整机建立相关的国家标准。在电动汽车的行业级标准范畴内，从表 7-25 中可看出，主要对各类电动汽车所用的蓄电池制定相关标准，如金属氢化物、铅酸蓄电池、锂离子蓄电池等，这说明这类产品目前应用的范围尚需进一步推广，随着应用范围的逐步扩大和产品质量的进一步提升，这类产品有望在国家级范围内进行统一规范。

**表 7-25　中国电动汽车国家级和行业级标准**

| 名称 | 标准号 |
|---|---|
| 电动车辆传导充电系统—般要求 | GB/T 18387.1—2001 |
| 电动车辆传导充电系统—电动车辆与交流/直流电源的连接要求 | GB/18387.2—2001 |
| 电动车辆传导充电系统—电动车辆交流、直流充电机 | GB/T 18387.3—2001 |
| 电动汽车安全要求 第1部分：车载储能装置 | GB/T 18384.1—2001 |
| 电动汽车定型试验规程 | GB/T 18388—2005 |
| 混合电动汽车定型试验规程 | GB/T 19750—2005 |
| 混合动力电动汽车动力性能试验方法 | GB/T 19752—2005 |
| 电动汽车用仪表 | GB/T 19836—2005 |
| 电动汽车能量消耗率和续驶里程 试验方法 | GB/T 18386—2005 |
| 电动汽车传导充电用插头、插座、车辆耦合器和车辆插空通用要求 | GB/T 202341—2006 |
| 电动汽车用电机及其控制器技术条件 | GB/T 18488.1—2006 |
| 汽车用螺杆式球销 | QC/T 328—1999 |
| 低污染型轻型汽车 | HBC 8—2001 |
| 电动汽车用金属氢化物镍蓄电池 | QC/T 744—2006 |
| 电动汽车用铅酸蓄电池 | QC/T 742—2006 |
| 电动汽车用锂离子蓄电池 | QC/T 743—2006 |

### 2. 燃料电池产品标准分析

　　燃料电池是燃料电池电动汽车的一个关键部件。燃料电池的能量是通过氢气和氧气的化学作用直接变成电能为电动汽车提供动力，其能量转换效率通常比内燃机高 2～3 倍，在化学反应中，燃料电池不会产生有害的物质，因而燃料电池汽车是一种能源利用和环境保护的理想车辆。表 7-26、表 7-27、表 7-28、表 7-29 分别表示了 IEC、EN、美国和中国的燃料电池产品标准现状。

表 7-26 显示了 IEC 制定的燃料电池标准主要有 5 项，另外一项是燃料电池术语方面的基础标准，均是由 IEC 的国际燃料电池标准化技术委员会（TC105）制定的，现行标准的制定时间最早是在 2004 年，是燃料电池模件标准，此后至今分别对固定式燃料电池、微型燃料电池及元件、燃料电池单电池等制定了国际标准。

**表 7-26 燃料电池国际标准的产品标准**

| 名称 | 标准号 |
|---|---|
| 燃料电池技术．第 2 部分：燃料电池模件 | IEC 62282—2—2004 |
| 燃料电池技术．第 3-2 部分：固定式燃料电池动力装置．性能试验方法 | IEC 62282—3—2—2006 |
| 燃料电池技术．第 6-2 部分：微型燃料电池动力系统．性能测试方法 | IEC 62282—6—200—2007 |
| 燃料电池技术．第 6-300 部分：微型燃料电池动力系统．燃料元件互换性 | IEC 62282—6—300—2009 |
| 燃料电池技术．第 1 部分：术语 | IEC 62282—1—2010 |
| 燃料电池技术．第 7-1 部分：燃料电池（PEFC）用单电池试验方法 | IEC/TS 62282—7—1—2010 |

表 7-27 显示了欧盟燃料电池的标准主要有 4 项，从标准名称和制定时间来看，欧盟燃料电池标准对国际标准的采用率相当高，从表 7-27 的数据来看，100％采用国际标准，表明欧盟在燃料电池标准的制定方面特别注重和国际标准的接轨，与其欧洲标准全球化的战略思想是一致的。

**表 7-27 欧盟燃料电池的产品标准**

| 名称 | 英文名称 | 标准号 |
|---|---|---|
| 燃料电池技术．第 3-2 部分：固定式燃料电池动力装置．性能试验方法 | Fuel cell technologies-Part 3-2：Stationary fuel cell power systems-Performance test methods（IEC 62282-3-2：2006）；German version EN 62282-3-2：2006 | EN 62282—3—2—2006 |
| 燃料电池技术．第 2 部分：燃料电池模件 | Fuel cell technologies-Part 2：Fuel cell modules（IEC 62282-2：2004＋A1：2007）；German version EN 62282-2：2004＋A1：2007 | EN 62282—2—2007 |
| 燃料电池技术．第 6-200 部分：微型燃料电池动力系统．性能试验方法 | Fuel cell technologies-Part 6-200：Micro fuel cell power systems-Performance test methods（IEC 62282-6-200：2007）；German version EN 62282-6-200：2008 | EN 62282—6—200—2008 |
| 燃料电池技术．第 6-300 部分：微型燃料电池动力系统．燃料元件互换性 | Fuel cell technologies-Part 6-300：Micro fuel cell power systems-Fuel cartridge interchangeability（IEC 62282-6-300：2009）；German version EN 62282-6-300：2009 | EN 62282—6—300—2009 |

表 7-28 显示了美国燃料电池的国家级和行业级产品标准现状，共有 4 项产品标准，分别是对燃料电池动力性能、固定燃料电池、便携式燃料电池、燃料电池电源系统进行标准规范。

**表 7-28 美国燃料电池的产品标准**

| 名称 | 英文名称 | 标准号 |
|---|---|---|
| 燃料电池动力系统性能 | Fuel Cell Power Systems Performance | ANSI/ASME PTC50—2002 |
| 固定燃料电池动力装置 | Stationary Fuel Cell Power Systems | ANSI/CSA AmericaFC 1—2004 |
| 便携式燃料电池动力系统 | Portable Fuel Cell Power Systems | ANSI/CSA FC3—2004 |
| 燃料电池电源系统性能 | Fuel cell power systems performance | ASME PTC 50—2002 |

资料来源：根据国内外标准数据库（知网版）相关资料整理

表 7-29 显示了中国燃料电池的相关标准现状，其中标准共有 6 项，分别为便携式质子交换膜燃料电池发电系统、电池堆、电动自行车燃料电池发电系统、汽车用燃料电池发电系统、质子交换膜燃料电池测试台、燃料电池发动机这 6 类产品标准，其余为相关的燃料

电池各种性能测试方法、安全方法标准。与表 7-26～表 7-28 相比，中国燃料电池产品的开发及标准的制定和国际标准、欧盟标准不同，中国燃料电池产品发展具有自身特点，因而应加大和国际标准化组织的交流和合作，争取将相关标准升级为国际标准，从而推动中国产品的国际贸易发展。

表 7-29　中国燃料电池的相关标准

| 名称 | 标准号 |
| --- | --- |
| 质子交换膜燃料电池术语 | GB/T 20042.1—2005 |
| 便携式质子交换膜燃料电池发电系统 | GB/Z 21742—2008 |
| 固定式质子交换膜燃料电池发电系统（独立型）性能试验方法 | GB/Z 21743—2008 |
| 质子交换膜燃料电池电池堆通用技术条件 | GB/T 20042.2—2008 |
| 燃料电池电动汽车术语 | GB/T 24548—2009 |
| 质子交换膜燃料电池第 4 部分：电催化剂测试方法 | GB/T 20042.4—2009 |
| 电动自行车用燃料电池发电系统技术条件 | GB/T 23646—2009 |
| 乘用车用燃料电池发电系统测试方法 | GB/T 23645—2009 |
| 燃料电池电动汽车安全要求 | GB/T 24549—2009 |
| 微型燃料电池发电系统第 1 部分：安全 | GB/T 23751.1—2009 |
| 燃料电池发动机性能试验方法 | GB/T 24554—2009 |
| 微型燃料电池发电系统第 2 部分：性能试验方法 | GB/T 23751.2—2009 |
| 质子交换膜燃料电池第 5 部分：膜电极测试方法 | GB/T 20042.5—2009 |
| 质子交换膜燃料电池第 3 部分：质子交换膜测试方法 | GB/T 20042.3—2009 |
| 汽车用燃料电池发电系统技术条件 | GB/T 25319—2010 |
| 质子交换膜燃料电池测试台 | GB/T 25447—2010 |

### 3. 锂电池标准的分析

锂电池是锂离子电动车的关键动力部件。根据所用的电解质材料的不同，锂电池可分为液态锂离子电池、固态锂离子电池、聚合物锂离子电池。表 7-30～表 7-33 分别列出了国际标准，欧盟、美国和中国锂电池的相关标准。

表 7-30 是 IEC 制定的含碱性和其他非酸性电解质便携式锂电池的产品标准，其次是对锂电池和运输中的锂电池的安全性进行标准规定，表明对锂电池安全性的重视。

表 7-30　锂电池国际标准

| 名称 | 标准号 |
| --- | --- |
| 含碱性或其他非酸性电解质的蓄电池和蓄电池组：便携式锂蓄电池和蓄电池组 | IEC 61960—2003 |
| 运输途中原电池和二次锂电池及蓄电池组的安全 | IEC 62281—2004 |
| 原电池第 4 部分：锂电池的安全性 | IEC 60086—4—2007 |

与表 7-31 的标准名称和时间的比较结果，欧盟 100% 采用国际标准，表明欧盟比较重视和国际标准的接轨。

表 7-31　欧盟锂电池的标准

| 名称 | 标准号 |
| --- | --- |
| 包含碱性或其他非酸性电解质的二次电池和蓄电池．便携式设备用二次锂电池和蓄电池 | EN 61960—2004 |
| 运输途中原电池和二次锂电池及蓄电池组的安全 | EN 62281—2004 |
| 原电池第 4 部分：锂电池的安全性 | EN 60086—4—2007 |

美国有 2 项锂电池国家产品标准，分别是锂原电池、便携式锂原电池和蓄电池的标准，1 项便携式锂电池和蓄电池的安全标准，其中有 1 项产品标准时间较早，是在 1991 年，表

明早在这一时间，美国就已经开展了锂电池的研发和应用活动。美国锂电池的标准如表 7-32 所示。

表 7-32　美国锂电池的标准

| 名称 | 标准号 |
| --- | --- |
| 锂原电池规范 | ANSI C18.3M—1991 |
| 便携式锂原电池和蓄电池安全标准 | ANSI C18.3M Part 2—2004 |
| 便携式锂原电池和蓄电池总则和规范 | ANSI C18.3M Part 1—2008 |
| 安全锂蓄电池组用 UL 标准．第 4 版 | UL 1642—2005 |
| 多电池移动式计算装置用可再充电蓄电池 | IEEE 1625—2008 |

表 7-33 显示了中国锂电池的国家级和行业级现行标准状况。表中前 5 项为国家标准，后 12 项为行业标准。5 项国家级标准均为锂离子相关的产品标准，包括电动汽车用的锂离子蓄电池、钴酸锂、锂离子石墨负极材料、锂离子绝缘材料、电池级氢氧化锂。12 项行业标准也均是各类锂离子的产品标准，与国际标准、欧盟标准、美国标准相比，中国锂离子的产品标准种类较多、非常丰富。

表 7-33　中国锂电池的标准

| 名称 | 标准号 |
| --- | --- |
| 电动道路车辆用锂离子蓄电池 | GB/Z 18333.1—2001 |
| 钴酸锂 | GB/T 20252—2006 |
| 锂离子电池石墨类负极材料 | GB/T 24533—2009 |
| 一次柱式锂电池绝缘材料 | GB/T 26047—2010 |
| 电池级单水氢氧化锂 | GB/T 26008—2010 |
| ER14250、ER34615 型锂亚硫酰氯电池详细规范 | SJ 52278/1—1996 |
| 锂-二氧化锰扣式电池 | QB/T 2389—1998 |
| ER14505、ER26500 和 ER34615 型水雷用锂亚硫酰氯单体电池和电池组详细规范 | SJ 52278/2—1998 |
| 锂离子蓄电池总规范 | QB/T 2502—2000 |
| 锂离子蓄电池通用规范 | SJ 20941—2005 |
| 电动汽车用锂离子蓄电池 | QC/T 743—2006 |
| 电池级碳酸锂 | YS/T 582—2006 |
| 进出口危险货物分类实验方法第 14 部分：锂电池组 | SN/T 1828.14—2006 |
| 电池级氟化锂 | YS/T 661—2007 |
| 锰酸锂 | YS/T 677—2008 |
| 电动自行车用蓄电池及充电器第 3 部分：锂离子蓄电池及充电器 | QB/T 2947.3—2008 |
| 电池级无水氯化锂 | YS/T 744—2010 |

### 4. 电动汽车电机技术标准的分析

1）标准的国家（组织、地区）分布

图 7-30 显示了 IEC、欧洲、日本、中国等世界主要国家（组织、地区）的机动车辆电机技术国际级标准和国家级标准数量的情况。目前，拥有汽车电机相关的国家级标准最多的国家是德国，有 6 项，其次是英国，中国行业标准也有 5 项，通过调研，美国暂无此类国家级标准。

2）产品标准的分布

（1）数量分布。图 7-31 表示了 IEC、中国、欧洲、英国、德国、日本等世界主要国家（组织、地区）汽车电机的产品标准数量情况。汽车电机产品标准数量最多的国家是中国，有 5 项标准，其次是英国（4 项），日本暂无此类国家级产品标准。

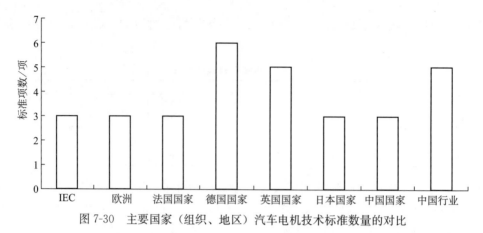

图 7-30    主要国家（组织、地区）汽车电机技术标准数量的对比

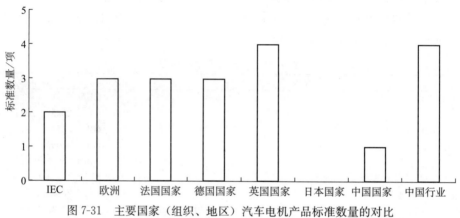

图 7-31    主要国家（组织、地区）汽车电机产品标准数量的对比

（2）具体情况分析。表 7-34 表示了 IEC、中国、欧洲、英国、德国等主要国家（组织、地区）汽车电机产品标准的具体情况。从产品内容来看，欧洲和 IEC 的汽车电机产品标准有很大的相似处，如 IEC、欧盟标准和德国、英国、法国的产品标准具有较高的相互采用率；从产品的完整性来看，这些国家和地区的标准除了对交直流电机（旋转电机）有标准技术规定外，还对电机的连接线或系统、轴承、电压调节器等辅件有相应技术标准规定。

表 7-34    主要国家机动车辆电机标准情况

| 国别 | | 标准名称 |
|---|---|---|
| IEC | | 电动汽车用旋转电机、250A 交流和 400A 直流以下的电气车辆的充电用的插头、插座、车辆耦合器和引入线 |
| 中国 | 国家 | 电动汽车用电机及其控制器 |
| | 行业 | 汽车用交流发电机技术、汽车发电机轴承、汽车交流发电机用电子电压调节器、军用汽车自发电系统 |
| 英国国家 | | 商用车辆和公共汽车交流发电机圆轴端头和轮毂尺寸、乘用车启动电动机电气连接件、250A 交流和 400A 直流及以下的电气机车输入端和机车连接器用插头和插座、铁路与公路车辆用旋转电机 |
| 德国国家 | | 汽车动力电路用高压熔断体、250A 交流和 400A 直流及以下的电气机车输入端和机车连接器用插头和插座、铁路与公路车辆用旋转电机 |
| 欧洲 | | 汽车动力电路用高压熔断体、铁路设施及铁路和公路车辆用旋转电机、250A 交流和 400A 直流及以下的电气机车输入端和机车连接器用插头和插座 |
| 法国国家 | | 铁路与道路车辆用旋转电机、50A 交流和 400A 直流及以下的电气机车输入端和机车连接器用插头和插座、未屏蔽的高压点火电缆 |

资料来源：根据国内外标准数据库（知网版）相关资料整理

5. 电控技术的标准分析

1）电控技术标准的数量对比

图 7-32 表示了 ISO、IEC、欧洲、日本、中国、德国等世界主要国家（组织、地区）的汽车电控技术标准的数量对比情况。从图中反映出由 ISO 制定的汽车电控技术的标准数量最多，达到 28 项，其次为英国国家标准（26 项），而德国、法国、日本、中国等其他国家的国家级汽车电控技术标准相对较少，均不超过 5 项，反映出 ISO 和英国标准化机构对电控技术的重视。

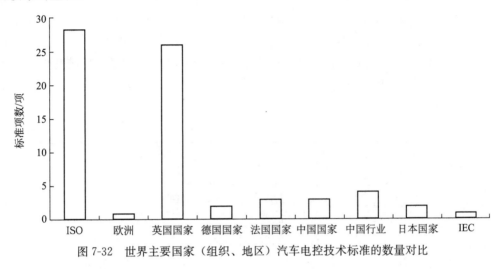

图 7-32 世界主要国家（组织、地区）汽车电控技术标准的数量对比

2）产品情况分析

（1）产品标准的数量比较。图 7-33 表示了 ISO、IEC、中国、欧洲、英国、德国、日本等世界主要国家（组织、地区）汽车电控技术产品标准的数量比较情况。英国电控技术产品标准较多，达到 16 项，其次为 ISO，产品标准数目为 15 项，其余（组织、地区）的电控技术国家级产品标准均不超过 3 项，反映出英国电控技术的产品标准较多，相关产业具有较强的发展态势。

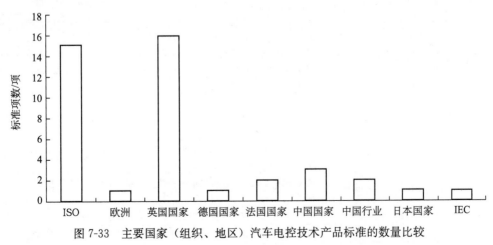

图 7-33 主要国家（组织、地区）汽车电控技术产品标准的数量比较

（2）产品标准的具体情况。表 7-35 表示了 ISO、IEC、中国、欧洲、英国、德国、日本等主要国家（组织、地区）汽车电控技术的产品标准的具体对照。具体而言：①从产品内容的系统性和完整性上看，英国汽车电控技术的产品标准较为系统，包括了汽车的手动控制方向、道路车辆的控制系统设计及各种功能性控制设备的要求和测试、智能运输系统和辅件控制及网络通信等方面，涉及内容不仅广泛，而且还包括产品规范和测试方法两方面的标准规范；②从对国际标准的采用率来看，英国标准对 ISO 汽车电控技术的产品标准采用率达到 87.5%（14/16），远远高于其他国家和地区；③从地区性标准的采用率来看，欧洲和法国、德国的汽车电控技术的标准具有较高的相互采用率；④在汽车电控产品标准较多的 ISO 和英国国家标准中，近三年的标准较多，如英国，其 2008~2010 年的标准占比达到 68.75%（14/16），ISO 在相应时间内的产品标准占比也达到 60%（9/15），同时英国和 ISO 的智能化电控技术标准占有主要份额，表明英国和 ISO 不仅关注智能化电控技术的发展，而且在汽车智能化电控技术的研发和应用上具有优势。我国在这方面并无相应的国家级和行业级标准。

表 7-35　主要国家（组织、地区）汽车电控技术产品标准的对照表

| 国别 | | 标准号 | 标准名称 |
|---|---|---|---|
| 中国 | 国家 | GB/T 18275.1—2000 | 汽车制动传动装置修理技术条件 |
| | | GB 20912—2007 | 汽车用液化石油气蒸发调节器 |
| | | GB 4094—1999 | 汽车操纵件、指示器及信号装置的标志 |
| | 行业 | QC/T 305—1999 | 汽车动力转向控制阀总成技术条件 |
| | | QC/T 36—1992 | 汽车与挂车的气压控制装置通用技术条件 |
| 英国 | | BS ISO 12214—2010 | 道路车辆 机动车手动控制用动作方向的模式化 |
| | | BS ISO 22900—1—2008 | 道路车辆 模块化车辆通信接口（MVCI）的部件设计要求 |
| | | BS ISO 15622—2010 | 智能运输系统 适应恒速操纵器控制系统性能要求和试验规程 |
| | | BS ISO 26021—4—2009 | 道路车辆 车载烟火装置的报废期激活 具备双向通信功能的补充通信线路 |
| | | BS ISO 17386—2010 | 交通信息和控制系统 低速操作用机动辅助装置（MALSO）性能要求和试验规程 |
| | | BS ISO 26021—5—2009 | 道路车辆 车载烟火装置的报废期激活 承载脉冲宽度调制信号的附加通信线路 |
| | | BS ISO 17356—2—2005 | 道路车辆 嵌入式机动车装置用开放式界面 连接 OS、COM 和 NM 的 OSEK/VDX 规范 |
| | | BS ISO 10924—4—2009 | 道路车辆 断路器 CB15 式带有标签的中等断路器（刀片式） |
| | | BS ISO 17356—5—2006 | 道路车辆 嵌入式机动车装置用开放式界面 OSEK/VDX 网络管理（NM） |
| | | BS ISO 17356—6—2006 | 道路车辆 嵌入式机动车装置用开放式界面 OSEK/VDX 执行语言（OIL） |
| | | BS ISO 17356—3—2006 | 道路车辆 嵌入式机动车装置用开放式界面 OSEK/VDX 操作系统（OS） |
| | | BS ISO 17387—2008 | 智能运输系统 路线改变决定和辅助系统（LCDAS）性能要求和试验程序 |
| | | BS ISO 22178—2009 | 智能运输系统 低速跟踪（LSF）系统性能要求和试验程序 |
| | | BS ISO 22179—2009 | 智能运输系统 全速范围可适应巡航控制（FSRA）系统性能要求和试验程序 |
| | | BS EN 14010—2003＋A1—2009 | 汽车用动力驱动制动设备设计、制造、安装和交付使用阶段的安全性和电磁兼容性要求 |
| | | BS EN 61982—2—2002 | 电动道路车辆驱动用二次电池动态放电性能试验和动态耐久试验 |
| 日本 | | JIS D5812—1994 | 汽车点火开关用方向操纵锁 |
| ISO | | ISO 26021—4—2009 | 道路车辆 车载烟火设备的最终报废激活第 4 部分：与其他通信线路双向沟通 |
| | | ISO 26021—2—2008 | 道路车辆 车载打火装置报废期的激活第 2 部分：通信要求 |
| | | ISO 26021—5—2009 | 道路车辆 车载烟火设备的最终报废激活第 5 部分：带有脉冲宽度调制信号的附加通信线路 |

续表

| 国别 | 标准号 | 标准名称 |
|---|---|---|
| ISO | ISO 15623—2002 | 运输信息和控制系统 前方车辆碰撞警告系统性能要求和试验程序 |
| | ISO 12214—2010 | 道路车辆 汽车手控装置的转向指示器 |
| | ISO 15622—2010 | 智能运输系统 自适应巡航控制系统性能要求和试验规程 |
| | ISO 17356—5—2006 | 道路车辆 嵌入式机动车装置用开放式界面第 5 部分：OSEK/VDX 网络管理（NM） |
| | ISO 17356—3—2005 | 道路车辆 嵌入式机动车装置用开放式界面第 3 部分：OSEK/VDX 操作系统（OS） |
| | ISO 17356—4—2005 | 道路车辆 嵌入式机动车装置用开放式界面第 4 部分：OSEK/VDX 通信（COM） |
| | ISO 10924—4—2009 | 道路车辆 断路器第 4 部分：CB15 式带有标签的中等断路器（刀片式） |
| | ISO 17356—6—2006 | 道路车辆 嵌入式机动车装置用开放式界面第 5 部分：OSEK/VDX 执行语言（OIL） |
| | ISO 15008—2009 | 道路车辆 运输信息和控制系统的人类工效学方面 车辆目视显示用规范和试验程序 |
| | ISO 17356—2—2005 | 道路车辆嵌入式机动车装置用开放式界面第 2 部分：连接 OS、COM 和 NM 的 OSEK/VDX 规范 |
| | ISO 17387—2008 | 智能运输系统 路线改变决定辅助系统（LCDAS）性能要求和试验程序 |
| | ISO 22178—2009 | 智能运输系统 低速跟踪（LSF）系统性能要求和试验程序 |
| IEC | IEC/TR 60786—1984 | 电动汽车用控制器 |
| 法国 | NF P99—460—1999 | 车辆停泊控制设备、付款和售票机的技术和功能要求 |
| | NF R14—708—2009 | 道路车辆 运输信息和控制系统的人类工效学特性 车内目视图像规范和一致性程序 |
| 德国 | DIN EN 12414—2000 | 车辆停车控制设备、付款和售票机的技术和功能要求 |
| 欧洲 | EN 12414—1999 | 车辆停车控制设备、付款和售票机技术和功能要求 |

## 7.5.2  各国新能源汽车产业的标准行动计划

### 1. 欧洲标准化的行动计划

目前，以电动汽车为主的新能源汽车已成为欧洲标准化工作议程上日益重要的话题，是欧洲实现 2020 年碳减排目标中不可否认的潜在力量。随着机动车成为欧洲增长最快的能源消费品，已经抵消了欧洲来自其他方面所作出的碳减排努力。

2010 年，欧盟委员会对三大欧洲标准化组织发布第 468 号令（M/468）——针对涉及有关电动汽车的充电标准的 3 个欧洲标准化组织〔欧洲标准化组织（CEN）、欧洲电子电信联盟（CENELEC）和欧洲电力委员会（ETSI）〕，要求在现有的标准的基础上开发新的欧洲标准。这类电动车相关标准不但应确保电力供应点和电动车充电器之间的互用性和可连接性，而且应确保充电器和电动车及可拆卸电池之间的互用性和可连接性。此外，该法令还要求考虑任何有关电动车充电的智能充电问题，以及安全风险和电磁兼容性。

CEN 和 CENELEC 已经迅速对 M/468 作出响应，成立了重点联合工作组，评估欧洲需求，积极探索并确保国际标准满足上述法令要求。由于电动汽车（EV）具有显著降低道路运输对环境产生影响的潜力，或者将为运输问题提供一种新的解决方案。该工作组的目的就是：促进市场的发展，增加客户的接受程度，优化能源利用，阻止市场壁垒，要求这些车辆及其所需的设备必须有共同的标准，这类设备在整个欧洲应可共同使用和互换，并能够利用基础设施和发电设备。

由于对开发电动汽车的迫切期望，CEN-CENELEC 的联合工作组自 2010 年 5 月以来已经举行了五次全体会议。该专题小组成员由 CEN—CENELEC、欧洲协会及有关技术委员会（主要是在 ISO 和 IEC）的代表及欧盟委员会观察员构成。工作组包括 6 个项目组：第 1 工作组负责术语；第 2 工作组负责连接器；第 3 工作组负责电池；第 4 工作组负责通信和智能电网间的互联；第 5 工作组负责充电模式和相关的安全条件；第 6 工作组负责政策法规及标准。

2. 美国标准化的行动计划

为了促进电动汽车在美国的研制和推广使用，2011 年 3 月 4 日，美国唯一的标准化官方机构——美国国家标准协会（American National Standards Institute，ANSI）组织相关机构召开会议，达成了制定电动汽车标准路线图的共识，以确保美国电动汽车及相关基础设施的安全和规模化部署。为此，ANSI 将成立电动汽车标准工作组（EVSP）负责这项关键的工作。

这个决定是基于 ANSI 的建议——呼吁用协调的方式保持与其他国家发展电动汽车行动的统一。ANSI 允许各方利益相关者对新兴领域和新技术共同商榷解决方法，在关键技术领域能很好地对更广的标准协调方式需求作出响应。

为了使美国电动汽车及其基础设施的安全和规模化部署与国际接轨，EVSP 将会形成促进跨公共部门和私有部门的利益相关者之间的协调与合作的机制。利益相关组织包括产业界、政府机构、公共事业单位、标准和符合性评定组织、法官及其他利益团体。

ANSI 的成员来自美国各区域和国际标准化组织，讨论小组能提供持续协调的政策和技术投入，参与者既有区域层面的，也有国际层面的，他们对电动汽车相关的标准和符合性评定有一定的需求。

EVSP 将会与国内或国际上其他的电动汽车行动进行适当的联络和协调。许多正在进行的活动也会影响 EVSP 的工作，这些活动包括国家标准与技术协会的智能网格互操作性研究小组开展的电动汽车与电网互动计划（V2G）。

此次会议的参会人员来自以下行业或组织。

（1）汽车制造业行业：汽车制造业联盟、汽车零部件业联盟、电力驱动运输协会、通用汽车、三菱、尼桑、丰田。

（2）电工行业：康宁、伊顿、电子元器件产业联盟、通用电子、合宝、国际电力检察员联盟、天祥集团、国家电力承包商协会、西门子、施耐德电气。

（3）公用事业：联合爱迪生、杜克能源、爱迪生电气协会、太平洋煤气电力公司、南加利福尼亚爱迪生公司。

（4）标准发展组织：美国材料试验学会。

（5）IEC/e8 战略组。

（6）政府机构：美国国际贸易管理商务部、美国国家标准技术研究所、美国能源部、美国公路交通安全管理。

EVSP 的下一步计划是争取更多的利益相关者的参与和支持。

3. 中国标准化的行动计划

为了更好地适应以电动汽车为主的新能源汽车产业化发展的需要，中国汽车标准化委员会积极开展了电动汽车标准体系规划研究，同时我国国家标准化管理委员会、工业和信息化部、国家发展和改革委员会、科技部也都分别指示要加强标准规划的工作。为此中国汽车标准化委员会提出了"十二五"期间电动汽车标准化工作的计划，计划分为三个阶段。

第一阶段（2010年9月至2011年12月）：体系规划和解决急需的标准阶段。重点是：集中各方力量，做好以电动汽车为主的新能源汽车标准体系的规划工作并着手制修订和出台一批急需的标准，配合当前国家的"十二五"期间科研立项、产业化、十城千辆示范运行、节能惠民补贴和私人购买新能源汽车补贴等政策的实施和落实。

第二阶段（2012年1月至2013年12月）：落实规划和加速制定标准阶段。重点是：全面落实新能源汽车体系规划，加速制修订体系规划中的具体标准，基本改变节能与新能源汽车标准制定滞后于产业发展的不利局面，保证重点解决标准缺失问题，标准数量与需求相适应，标准与研发、产业化和示范运行同步发展。

第三阶段（2014年1月至2015年12月）：完善规划和健全标准阶段。重点是完善节能与新能源汽车标准体系规划，规划中具体标准全部修订完毕，形成一个科学、系统、开放、有序和能够动态调整的新能源汽车标准体系，能够全面满足科研、产业化、商业化和管理的需要，成为节能和新能源汽车产业的重要技术支撑，同时加强学科建设和人才培养工作。

## 7.5.3 小结

通过对美国、欧洲、中国和国际标准化组织新能源汽车及其主要动力部件（燃料电池、锂电池）的相关标准、政策和制定机构的调研，可以得出下述结论。

（1）从标准的制定时间来看，中国、美国、欧洲在2000年以后制定的新能源汽车产品标准占大多数，表明这些国家在这段时期较为重视新能源汽车标准的制定及产业发展。国际标准的时间制定较早，最早的是在1984年，主要集中在新能源汽车组部件方面的产品标准。

（2）从标准制定内容的顺序来看，无论是国际标准，还是美国、欧洲、中国标准均遵从相同规则：先制定新能源汽车组部件标准，继而制定各种类型的新能源汽车整机性能标准，这从侧面反映出新能源汽车行业的发展主要取决于核心组部件的研制。

（3）从各国标准等同采用国际标准的程度来看，欧盟新能源汽车标准对国际标准的采用率最高，在锂电池、燃料电池等方面的国际标准采用率几乎达到了100%，表明欧洲国家非常注重与国际标准的接轨。

（4）从标准的内容来看，对国际标准，目前制定出电动车的充电系统、蓄电池和混合电动汽车、燃料电池电动汽车、具有蓄电池的电动车等标准；欧盟制定了纯电动汽车、热电混合动力电动汽车及充电器、蓄电器的标准，中国制定了混合电工动汽车、电动汽车各部件的标准，美国仅制定出电动汽车的相关部件的产品标准，这表明各国均有各自新能源汽车行业及市场发展的侧重点，但是我国应当根据国情，加快制定出其他类型的新能源汽车的标准，并注重使我国标准上升为国际标准。

（5）从目前政策看来，欧洲、美国、中国发展电动汽车的决心都是不可动摇的，而且各个国家都制定出电动汽车标准推动其产业发展的详尽计划和任务达成时间表，表明各国都希望能够尽快抢占新能源汽车这一新兴市场。

# 7.6 新能源汽车产业重点机构分析

## 7.6.1 国外新能源汽车重点机构分析

### 1. 美国通用汽车公司

美国通用汽车公司（简称通用汽车）成立于 1908 年 9 月 16 日，从 1927 年以来一直是全世界最大的汽车公司。2009 年 6 月 1 日，该公司向纽约破产法院递交破产申请。2009 年 7 月 10 日，新通用汽车公司成立，仅保留四大核心品牌——雪佛兰、凯迪拉克、别克及 GMC，2010 年年底该四大核心品牌旗下拥有 34 款车型。

通用汽车在新能源汽车研发上制定了短、中、长期三步走战略。短期内，通用汽车的研发涉及对现有内燃机技术的持续优化、提高天然气能源和生物能源等可替代新能源的利用程度等多个方面；中期战略即推动混合动力技术的广泛应用；长期战略就是以氢动力为主导，并举开发多种能源。

目前，通用汽车在新能源方面的战略已从"三步走"发展为现在的多样化能源战略，包括近期通过各种先进技术的应用及混合动力技术的推广，提高燃油发动机的经济效率并降低排放；到推动可替代清洁能源的应用，降低汽车产品对石油资源的依赖度；以及最终走向以"电动汽车和氢燃料电池车"为代表的汽车电气化发展趋势。

2008 年 3 月 4 日，通用汽车与上海交通大学共同成立汽车研究院，计划五年内投入 400 万美元，用于推进通用汽车与上海交通大学在汽车联合技术研发及专业人才培养领域内的合作，开始在汽车动力总成等关键技术领域进行合作。通用汽车计划在全球范围内大规模应用第二代混合动力系统技术。

### 2. 德国戴姆勒-克莱斯勒集团公司

1998 年，德国戴姆勒-奔驰（Daimler-Benz）与美国克莱斯勒汽车公司（Chrysler）合并，成立戴姆勒-克莱斯勒（Daimler-Chrysler）集团公司。1997～2007 年该公司所有的燃料电池汽车项目均以"Daimler-Chrysler"的名称和加拿大巴拉德动力系统公司（Ballard Power Systems）合作开发，梅赛德斯-奔驰（Mercedes-Benz）为其下属子品牌。2010 年 5 月 27 日，公司与比亚迪就在中国设立 EV（电动汽车）开发基地——深圳比亚迪戴姆勒新技术有限公司——达成一致，新公司的注册资金为 6 亿元人民币，两公司出资各半，将要开发的 EV 已确定采用新品牌，计划将 Daimler 的 EV 相关车辆技术及安全技术与 BYD 的电池和驱动系统相结合。

新能源汽车研发投入巨大，如混合动力汽车和燃料电池汽车的研发投入都在 10 亿美元以上，为了分摊研发成本并提高在该项技术上的竞争优势，强强联合正在成为节能清洁发动机技术发展的一个新趋势。德国戴姆勒-克莱斯勒集团公司收购了美国电动车制造商 Tesla 近 10％的股权，在小型车电动化、汽车电池、电力驱动系统和整车制造等方面开展合作。

作为可持续发展计划成果的一部分，公司发布了其燃料开发路线的五个阶段。从以下五个阶段可以确信其环保性和可持续发展性：第一阶段，进一步优化传统内燃机；第二阶段：全世界传统燃料的改进；第三阶段，大力发展和使用生物燃料；第四阶段，进一步发展混合燃料系统；第五阶段，燃料电池技术。

### 3. 法国雷诺公司

1898 年，路易斯·雷诺三兄弟在布洛涅-比扬古创建法国雷诺公司。在新能源汽车领域，雷诺公司也有涉足。2010 年 7 月，公司与法国新能源与原子能委员会（French Alternative Energies and Atomic Energy Commission，CEA）签署了合作协议，双方将在清洁能源车、电动车可持续动力、新能源和清洁内燃机领域实现研发合作。

2010 年 10 月，该公司宣布将要销售的四款电动汽车，预计 2015～2016 年，其电动汽车将占据 5％的市场份额。雷诺公司首先将 Kangoo 电动汽车投放市场，该车到 2015 年时的年产量预计为 2 万～3 万辆。此外，在土耳其生产的另一款电动汽车已生产出样车，预计到 2015 年，年产量将达到 2 万～3 万辆。2011 年，雷诺公司同以色列签署了五年内提供 10 万辆该款电动汽车的协议，雷诺公司将与日产集团合作在雷诺以色列公司生产纯电力驱动车。此外，雷诺公司已经实现以其现有的 Clio 车型为平台，推出 Zoé 品牌的小型电动车，该款车装配有快速充电系统和能快速更换的电池，配备有热量控制泵以限制电源消耗，其最大行驶里程将达到 200 公里。预计 2015～2016 年，雷诺公司设在巴黎大区富林工厂的 Zoé 品牌小型电动车的产量将至少达到 15 万辆，而该厂最终的生产能力则可达到 20 万辆。

### 4. 法国标致雪铁龙集团

法国标致雪铁龙集团是世界著名的汽车生产厂商，旗下拥有两大著名品牌：标致和雪铁龙。2009 年，标致雪铁龙集团在第五届中国智能交通年会暨第六届国际节能与新能源汽车创新发展论坛上公布了其在中国的首个新能源汽车发展战略——"标致雪铁龙集团中国新能源汽车战略"，并提出了 2020 年在中国二氧化碳排放量降低 50％的目标。集团表示为实现这一目标，将首先优化汽车动力驱动系统，到 2020 年将至少有 6 款新型的汽油发动机引进中国市场，新一代汽油发动机将比现在的发动机节省燃油及降低二氧化碳排放量达 20％。此外，标致雪铁龙集团还将致力于研发新一代的变速箱技术，特别是自动变速箱技术，争取达到同样的节能减排效果。

在电动车技术和混合动力技术方面，标致雪铁龙集团表示将持续发力。早在 1942 年，集团就推出了其第一款城市轻型电动车 VLV 并进行批量生产，截至 2005 年其销量已占全球电动车总销量的 1/3。标致雪铁龙集团不仅在电动车技术方面处于领先地位，而且其独有的汽油发动机 Hybride4 充电式全混技术也将于 2015 年引入中国，其节能减排量将达到 30％；在混合动力方面，标致雪铁龙集团在深圳全球首发了搭载 STT 技术（停车起步微混装置）的东风雪铁龙世嘉，其能使二氧化碳排放量降低 5％～15％。

### 5. 意大利菲亚特汽车公司

意大利菲亚特（FIAT）汽车公司成立于 1899 年，总部位于意大利北部都灵。近年来，FIAT 在新能源汽车领域投入较多，公司相关人士表示公司不遗余力地发展新能源汽车，并兼顾最大化地满足消费者需要和保持经济的可持续发展。在与克莱斯勒缔结战略联盟后，

FIAT 将分享克莱斯勒及其旗下 Global Electric Motorcars（GEM）公司在电动汽车领域的最新研发成果，形成涵盖替代能源、混合动力、纯电动等多种新能源解决方案的发展战略。在维持低碳排量方面，FIAT 作出了很大的努力。2009 年的二氧化碳排放量就低于 130 克/公里，2010 年进一步减少排量，成为欧洲市场碳排量最低品牌之一。在电动车生产领域，FIAT 较有成效。1963～1973 年，公司共生产了 5 款电动车，1973 年诞生的 FIAT 850 familiare 电动车开始使用交流电。2000 年，FIAT 已在本国和法国市场，总共销售了超过一万辆 FIAT 600Elettra 电动汽车。最近几年，FIAT 电动车业务再度发力。2008 年，FIAT 在伦敦车展推出了 e500 电动车，当年还在意大利都灵发布了 Phylla 太阳能汽车，2010 年的北美车展上，FIAT 又发布了 500BEV 电动车。

### 6. 丰田公司

丰田公司（Toyota）创立于 1933 年。Toyota 在新能源汽车领域混合动力方面一直都具有领先优势，早在 1997 年，Toyota 就率先把节能环保混合动力车推到市场批量生产、批量销售，Toyota 于 1997 年 8 月在日本推出其第一款的混合动力汽车 Toyota Coaster Hybrid EV minibus，同年 12 月，推出 Toyota Prius（普锐斯），这是世界第一款大量生产的混合动力汽车。

Toyota 还积极进入到新能源汽车其他领域。Toyota 已经与美国特斯拉展开合作，双方将共同致力于纯电动汽车的研发。

Toyota 计划在 2011～2015 年推出多款包括 HV、PHV、EV 及 FV 在内的多款新能源汽车。Toyota 研究部门已经研发下一代电动车专用动力电池，新的电池性能将大大高于现有的锂电池，将不再使用锂离子作为正极材料，研究方向可能包括固态电池和金属空气电池。Toyota 新能源汽车规划显示，Toyota 将在 2015 年推出首款量产氢燃料电池轿车，届时将向所有建有充气站的国家或地区市场投放该车型。

### 7. 本田公司

本田公司（Honda）创立于 1948 年。在新能源汽车领域，混合动力一直是 Honda 的研发重点。不过面对全球炙手可热的电动车热潮，在新能源领域一直坚持混合动力路线的 Honda 也开始谋划转向。Honda 将在不断普及混合动力技术基础上，加速电动车研发。

Honda2010～2020 年发展的核心是："将优质产品快速、低价、低碳地提供给顾客。"本田将以降低二氧化碳排放及降低制造成本作为未来发展的两块基石，并将在"提高环保技术"、"强化生产体制"和"强化发展中市场事业"这三个方向进行突破。基于"IMA 混合动力系统"的新能源汽车继续是 Honda 的主力。针对混合动力技术的电池开发也将继续，下一代混合动力 Civic Hybrid 将开始采用高功率、紧凑型的锂离子电池。

从长期看，燃料池电动车是终极的环保技术，Honda 将进一步推动燃料电池电动车"FCX Clarity"技术进步。而短期内，电动车仍是 Honda 在零排放领域主攻的重点项目。Honda 将利用燃料电池电动车研发过程中所积累的技术，加速研发电动汽车，在欧洲推出一新款小型柴油汽车，并准备改进其全线汽油引擎和变速器，以改善汽车油耗。Honda 所生产的充电式混合动力轿车在使用 1 公升燃料的情况下能够行驶不少于 60 公里的距离，这将使其节能性比丰田公司的混合动力轿车普锐斯更好。在电动车研发成功之后，Honda 将率先将新产品在美国市场进行投放。与此同时，Honda 还计划在美国市场生产 Honda Insight 及其他两款混合动力轿车。截至 2013 年，Honda 旗下的混合动力轿车产品将增加至 5 款。

## 7.6.2　国内新能源汽车重点机构分析

1. 国内主要整车制造公司

1）东风汽车集团股份有限公司

（1）简介。东风汽车集团股份有限公司简称（简称东风公司）在纯电动、燃料电池、混合动力客车等领域一直处于行业领先地位，在"九五"期间，东风公司就开始电动汽车和汽车混合动力技术的研究与试制，建立了东风电动汽车产业园，进行了大量的电动汽车开发工作，形成了电动汽车发展的人才和技术优势，以及纯电动、混合动力和燃料电池等各类电动汽车的研究开发与产业化基础。在不断提高传统能源汽车节能环保效果的同时，东风公司积极开发了《国家汽车产业调整和振兴规划》所包含的新能源汽车类型，还结合中国具有丰富生物、天然气等自然资源的特有国情，对生物燃料、天然气等能源的利用作了深入研究，开发出相应的汽车产品。目前，公司产品已经覆盖乘用车、商用车、城市客车等全系列车型，尤其在纯电动、混合动力方面进展显著。

（2）技术研发情况。在纯电动车领域，东风科研人员追踪国际电动汽车技术发展方向，与通用、福特、日产、雅马哈、标致雪铁龙等国际知名企业，以及哈佛大学、麻省理工学院等科研机构展开广泛合作，开发出了东风纯电动客车、纯电动轻卡、御轩、奥丁、帅客等 10 款新能源车，在纯电动车领域获得国家专利三项。表 7-36 是东风公司新能源汽车领域的相关研究内容。

表 7-36　东风公司新能源汽车相关研究内容

| 研发项目 | 相关内容 |
| --- | --- |
| 纯电动汽车 | 2005 年，东风旅行车有限公司研发出了首款东风纯电动客车，一次充电续航里程超过 200 公里，在国内当时首屈一指，成为当年武汉国际车展上的一个亮点 |
| | 2006 年 6 月，郑州日产汽车有限公司联合国家电网，完成了纯电动皮卡工程车的开发 |
| | 2007 年 5 月，东风旅行车有限公司研发的改进型纯电动客车，续航里程达到 230 公里，成为国内续航里程最长的纯电动客车；同年，东风汽车集团股份有限公司进行了首台纯电动车的碰撞试验，碰撞结果完全符合国内国际相关标准 |
| | 2008 年 5 月，东风旅行车有限公司为 TNT（荷兰皇家邮政集团）研发出国内首款两台零碳排放快递轻卡，成为 TNT 在欧洲本土之外使用的全球首款电动物流轻卡 |
| | 2009 年 4 月，东风旅行车有限公司自主研发的新一代纯电动客车"东风天翼"正式投入城市示范运营，成为"中国 2009 世界集邮展览暨河南省第 27 届洛阳牡丹花会"活动的新能源交通工具 |
| 混合动力 | 在 2003 年 11 月和 2005 年 12 月，东风混合动力公交车就已走出实验室，成为武汉市民日常出行的交通工具，先后有 20 台混合动力公交样车在武汉公交线投放，开通了 599 路电动公交专线，另有部分车辆在 510、585 线路与传统的燃油公交车展开"插花"运营 |
| | 2007 年，武汉市公交集团共订购 100 台东风混合动力公交车，首批 30 台车辆的交付标志着东风混合动力公交车成为我国第一款实现批量生产销售的电动汽车，进一步奠定了东风公司在电动汽车领域的领军地位 |
| | 2008 年年底，"东风混合动力电动城市客车的开发"项目获中国汽车工业科技进步奖一等奖，该项目攻克了混合动力客车动力系统技术平台的关键技术，成功地开发了具备国内领先和国际先进的技术水平、节能和环保优势显著、拥有完全自主知识产权的混合动力客车产品 |

2) 上海汽车集团股份有限公司

（1）简介。上海汽车集团股份有限公司（简称上汽集团）的前身是上海汽车股份有限公司，上海汽车股份有限公司于 1997 年 11 月在上海证券交易所挂牌上市。该公司主要业务包括：汽车整车（包括乘用车、商用车）、与整车开发紧密相关的零部件（包括动力传动、底盘、电子电器等）的研发、生产、销售，以及与汽车业务密切相关的汽车金融。该公司下属主要企业有乘用车分公司、南京名爵（MG）、上海大众、上海通用、上海申沃、上汽通用五菱等整车企业，上汽变速器、联合汽车电子等与整车开发紧密相关的零部件企业，上汽财务公司等汽车金融企业。

（2）技术研发情况。上汽集团与美国通用汽车公司在新能源汽车基础技术研发和新一代车型开发等核心领域进行合作，在新能源汽车基础技术研发方面，两大汽车集团将以电动汽车为重点，联合推动双方下一代电动车的基础技术研究，并共享双方新能源汽车产业化领域的经验。在世博会燃料电池轿车合作项目的基础上，双方将新能源汽车合作扩展至产业化目标更为明确的电动汽车领域。公司的全资子公司上海捷能公司成立于 2009 年年初，专注于开发可以替代传统燃机技术的油电混合和纯电动技术。在混合动力和电动汽车动力系统集成和控制集成开发上，已取得突破性进展，在电机/电力方面，已经形成了整车应用、电机设计和电机控制能力，在国内处于领先地位。在新一代车型开发方面，上汽集团与通用汽车公司计划通过共享产品平台技术，拓展动力总成型谱等合作，帮助双方的全球车型降低产品开发成本、提高燃油经济性。双方合资企业泛亚汽车技术中心也将承担更多的全球研发责任。

3) 中国第一汽车集团公司

（1）简介。中国第一汽车集团公司（简称中国一汽），总部位于吉林省长春市，前身是第一汽车制造厂。"十一五"期间，中国一汽大力推进混合动力汽车产业化开发。在 2008 年北京奥运会期间，中国一汽的 12 辆混合动力客车和 6 辆混合动力轿车在北京示范运行，2009 年在科技部"十城千辆"新能源汽车示范运行活动中，已累计在大连投放了 162 辆油电混合动力客车，在长春投放了 100 辆气电混合动力客车，在昆明投放了 20 辆油电混合动力客车，同时正在积极拓展重庆、成都等市场。在 2009 年的大连达沃斯会议上，10 辆奔腾混合动力轿车作为公务车，圆满完成了接送宾客的任务。2010 年，5 辆燃料电池轿车在上海世博会上运行良好，深受用户好评。"十二五"规划中，中国一汽已经把发展电动汽车纳入总体发展战略之中，并成为一项重要内容。中国一汽已确定了新能源车的发展战略，即以强混客车、强混 B 级及以上轿车、插电式 A 级轿车和纯电动经济型轿车为主打商品，重点突破动力电机系统、机电耦合系统、动力电池系统、整车控制系统及必须电子化的关键零部件（刹车、空调、转向）等 60 项核心技术。

（2）技术研发情况。中国一汽从强混技术入手研发混合动力电动汽车的成功，使其在自动变速器、整车控制系统、电机、电池等关键零部件可靠性的保证等方面取得了重大突破，使纯电动汽车研发，拥有一个技术层次很高的起点。2011 年 1 月成立电动汽车研发部，成为中国一汽技术中心旗下第六个整车部门。电动车部的使命就是自主开发纯电动车，而重点是纯电动轿车。在"863"计划节能与新能源汽车重大项目最新一期的招标中，中国一汽拿到了电池、电机和整车电控等大部分项目，总金额达 7.2 亿元。

4）奇瑞汽车股份有限公司

（1）简介。奇瑞汽车股份有限公司（简称奇瑞）于1997年1月8日注册成立，现注册资本为36.8亿元。2001年10月，该公司正式成立"清洁能源汽车专项组"，专职负责混合动力汽车、替代燃料汽车等清洁能源汽车前沿技术研究与开发。

（2）技术研发情况。奇瑞自2000年开始从事新能源汽车的研发，公司新能源汽车事业经历了三个重要的发展阶段。①2001～2005年，公司以"863"计划项目为载体，联合国内顶尖的高校及科研院所，承担并完成了多项"863"计划电动汽车重大专项研发课题，在3年左右的时间内，完成了ISG中度混合动力和纯电动汽车的原理性样车研发。②2005～2008年，以科技部批准组建的"国家节能环保汽车工程技术研究中心"为依托，基本完成了新能源汽车的产业化研发，建立了完善的节能与新能源汽车研发体系、世界一流的新能源试验中心、试制中心等；在电动汽车关键零部件和核心技术方面，公司已经形成了一整套关键零部件研发、试验、应用标定及产业化的能力；在电机、电机驱动系统、DC/DC、先进动力电池、电池管理系统、整车控制器等方面都初步形成了批量生产能力；新能源汽车专用的整车附件系统，包括电动空调、电动转向（EPS）、电动真空、电加热、电子制动等系统已形成了系列化产品，具备了批量生产的能力。③从2009年开始，公司全面启动了新能源汽车大规模产业化及应用，奇瑞A5ISG、A5BSG、S11EV和S18EV已经获得了工业和信息化部发布的产品公告并入选了国家节能环保产品推荐目录；2009年1月，奇瑞"节能环保汽车技术平台建设项目"获得国家科技进步奖一等奖。

截至2011年年底，奇瑞累计申报各项专利6626件，累计获得各项授权专利4595件，位居本土汽车企业第一位。

5）重庆长安汽车股份有限公司

（1）简介。重庆长安汽车股份有限公司致力于新能源汽车研发，主要涉及长安杰勋HEV、长安志翔HEV、纯电动道路车、强混合动力汽车、燃料电池汽车及纯电动场地车等新能源汽车研发及相关零部件制造及营销服务等业务。2011年，公司逸动、欧诺等多款新品有序推进；智能复合燃烧系统（ICCS）通过国家验收，实现整车油耗相对降低21％；国内首辆增程式纯电动汽车点火成功，"长安小型纯电动轿车开发"等两个"863"计划项目通过验收；长安"Blue Core"动力技术获"2011年度绿色环保技术品牌"称号；累计销售汽车突破1000万辆大关，成为中国汽车行业用时最短突破1000万辆的企业。

（2）技术研发情况。2011年，重庆长安汽车股份有限公司及下属子公司从事科技活动的人员共8813人，占从业人员总数的18.37％，其中研究与试验开发人员7145人，占企业全部科技活动人员的81％。该公司还拥有"千人计划"专家10名，居国内汽车行业之首。该公司主要围绕主营业务、新能源汽车和现有产品技术升级开展技术创新。2011年，公司共完成汽车新产品开发并获国家产品公告181个（整车），新申报产品国家环保目录90个车型，北京环保78个车型，申请新产品3C强制性认证证书14个单元，共计92个车型；新品贡献率达74.7％以上；申请专利760项，其中发明专利363项；获授权专利821项，其中发明专利85项，居于中国汽车行业前列。

6）比亚迪股份有限公司

（1）简介。比亚迪股份有限公司（简称比亚迪）创立于1995年，是一家在中国香港上市的高新技术民营企业。早在 2003 年 3 月比亚迪刚进入汽车产业就成立了电动汽车研究部，并于 2006 年 1 月正式成立了电动汽车研究所，在 3 年内投资 10.2 亿元，基于比亚迪已有基础和优势，建成了电动汽车研发、测试中心和生产基地。目前，比亚迪已经掌握了电动汽车研发的关键技术：动力电池方面，比亚迪发挥在电池行业的技术优势，"铁"动力电池的研发能力居于国内首位。比亚迪电动汽车研发平台已经粗具规模，形成了近 300 人的研发和测试队伍，已经基本具备电动汽车研发的能力，现已完成关于电动车的专利 240多项，企业标准 15 项。2011 年，公司实现营业收入约人民币 488.27 亿元，较上年增长0.78%；营业利润约人民币 14.10 亿元，较上年下降 49.04%；归属于上市公司股东的净利润约人民币 13.85 亿元，较上年降低 45.13%；共销售汽车 43.7 万辆，同比下降了13.33%；汽车业务实现销售收入约人民币 239.02 亿元。

（2）技术研发情况。2010 年，比亚迪与德国戴姆勒在中国设立 EV（电动汽车）开发基地——深圳比亚迪戴姆勒新技术有限公司，加强电动汽车的研发。2011 年，公司向国家知识产权局申请 2402 项专利，其中发明专利 1162 项、实用新型专利 993 项、外观设计专利 247 项，已获授权的专利总计 2116 项。

7）江淮汽车股份有限公司

（1）简介。安徽江淮汽车股份有限公司（简称江淮汽车）1999 年 9 月 30 日成立，前身为合肥江淮汽车制造厂，始建于 1964 年，2001 年在上海证券交易所上市。在产品布局上，纯电驱动是江淮汽车的主要战略方向，同悦和悦悦平台都将主推纯电动车型，电池的技术则是以锂电池为发展方向，而插电式混合动力是对纯电动车型的有效补充，江淮汽车计划在除了同悦和悦悦之外的和悦等全系车型上实现混合动力。2011年，公司实现 1000 辆第二代纯电动车的销售，同悦、悦悦系列轿车成功入选"节能产品惠民工程"。

（2）技术研发情况。自 2002 年纯电动中巴概念样车的研制至今，江淮汽车在新能源技术方面已经取得了显著成绩。迄今，江淮汽车已经初步建立了新能源汽车的研发机构和机制，与合肥工业大学联合成立了新能源汽车研究院。公司目前正在研发小排量高性能发动机、增程型插电式混合动力新能源汽车等产品技术。

8）北汽福田汽车股份有限公司

（1）简介。北汽福田汽车股份有限公司（简称福田汽车）成立于 1996 年 8 月 28 日，2008 年福田汽车被科技部和北京市政府授予北京新能源汽车设计制造产业基地称号。以此为基础，福田汽车联合众多新能源领域的产学研机构和产业链上下游企业共同成立了中国首个新能源汽车产业联盟——北京新能源汽车产业联盟。在新能源产品开发方面，该公司节能与新能源汽车已经覆盖卡车、客车和多功能汽车等各个领域。目前，福田汽车的新能源汽车业务已经具备规模效应，并且开始为该公司赢利，该公司逐渐得到越来越多的市场支撑。在北京、广州、济南等地已有数千辆福田混合动力欧 V 客车投入公交运营。2011年，该公司已成功批量生产并交付 50 辆迷迪纯电动出租车和 1060 辆纯电动环卫车（包括轻卡、中重卡），有力地扩展了新能源汽车种类。其中，迷迪电动出租车于 2011 年 3 月在北京延庆正式启动示范运营，运营 10 个月单车运营里程超 2 万公里，取得了较好的效果。截至 2011 年年底，该公司已经累计销售新能源汽车 3000 余辆，涵盖混合动力客车、纯电动客车、纯电动环卫车、纯电动出租车等。该公司的新能源汽车市场化程度最高、销量最大、技术最成熟,其中福田欧辉客车国内发展最快,自 2003 年 9 月业务开展至 2011 年,8 年间销售收入逾 63.7 亿元。根据"福田汽车 2020 战略",该公司在全面实施"5＋3＋1"战略,在俄罗斯、印度、巴西、墨西哥、印尼五个国家分别建立年产 10 万辆汽车的工厂,突破北美、欧盟、日本及韩国等三个最发达地区市场,在中国建设全球总部,建设全球创新中心、业务管理和运营中心,确保在中国市场的领导者地位。到 2020 年,该公司将成为时尚科技与人文环保高度融合的综合性国际汽车企业,年产销汽车达 400 万辆,进入世界汽车企业十强,成为世界级主流汽车企业。

(2) 技术研发情况。福田汽车拥有一支 3000 多人的研发团队,其中引进的海外高级人才近 20 人。2011 年,国家知识产权局受理该公司专利 1113 件,授予专利权的有 454 件。该公司从 2004 年起,先后建成了新能源汽车技术中心、节能减排重点实验室等专业研发设计中心,并且一直将绿色环保视为重要的企业责任,对新能源汽车的研发、生产尤其是市场化推广不遗余力。目前,该公司已拥有与世界同步的清洁能源技术、替代能源技术和新能源三大绿色能源技术,同时形成混合动力、纯电动、氢燃料和高效节能发动机四大核心设计制造工程中心。该公司已掌握新能源汽车的部分核心技术,拥有纯电动汽车整车控制器的自主知识产权;电池系统的电控和成组技术自主研发且产业化,目前已批量投放市场,国内销量领先。同时,该公司已建立国内领先的完整的新能源实验室,对电池单体、模组、电机等的测试手段已达到国际水平,有力地支撑了新能源汽车的研发。

2. 国内主要研究机构

国内主要研究机构简介如表 7-37 所示。

**表 7-37　国内部分研究机构概况**

| 研究机构 | 依托单位 | 研发重点 |
| --- | --- | --- |
| 上海泛亚汽车技术中心 | 通用汽车、上海汽车工业(集团) | 替代能源、新能源的开发,培养绿色研发能力;<br>混合动力汽车、纯电动汽车的研发 |
| 北京清华节能与新能源汽车工程中心 | 清华大学 | 开发出了独具特色的能量混合型和功率混合型两种燃料电池混合动力系统;<br>在混合动力控制方面,创造了以"清华 ECU"为标志的整套知识产权和系列化核心技术;<br>形成了燃料电池混合动力为龙头,包括柴油混合动力、天然气混合动力、氢内燃机混合动力在内的系列化新能源电动城市客车产品技术;<br>掌握了国际先进水平的四轮智能驱动平台技术和整车优化设计技术 |
| 国家燃料电池汽车及动力系统工程技术研究中心 | 同济大学 | 研制自主知识产权燃料电池轿车动力系统平台,主要从事燃料电池汽车研发 |
| 汽车安全与节能国家重点实验室 | 清华大学 | 汽车主动与被动安全性(碰撞安全性、制动安全性、主动避撞与智能交通),新能源汽车(纯电动汽车、混合动力电动汽车、燃料电池电动汽车及代用燃料汽车),汽车环保技术(汽车排气污染控制、汽车噪声控制、汽车绿色设计与制造),以及汽车工业发展战略 |
| 国家节能环保汽车工程技术研究中心 | 奇瑞汽车有限公司 | 新型节能环保等关键技术研发,汽车新技术成果转化与产业化的基地、咨询与服务的窗口,吸引与凝聚人才的平台 |

续表

| 研究机构 | 依托单位 | 研发重点 |
|---|---|---|
| 国家燃气汽车工程技术研究中心 | 中国汽车工程研究院有限公司（原重庆汽车研究所） | 开展燃气汽车技术领域的共性技术、基础技术、关键技术的研究，各种燃气汽车供气转换装置及其相关产品的开发与生产制造，开展燃气汽车领域的技术交流和人才培训，促进我国燃气汽车技术的整体提高和燃气汽车相关产品的市场竞争力 |
| 电动车辆国家工程实验室 | 北京理工大学 | 以电动车辆整车技术为主线，以瓶颈技术和关键技术的攻关为核心，以建设成为"国际一流的电动车辆技术创新性研究及成果工程化转化基地，国际知名的电动车辆汽车创新人才培养基地，具有多学科交叉融和、高层次创新人才汇聚、管理高效开放、资源充分共享的电动车辆国家工程实验室"为总目标，以"资源优化整合，平台完善提升"为原则，重点完善建设"电动车辆系统集成与仿真技术平台"、"电动车辆动力驱动系统开发与测试平台"、"动力电池成组与车载能量源技术开发及测试平台"、"电动车辆数据库"、"电动车辆关键部件电动化开发与试验平台"等，最终建设成为一个服务于电动车辆基础技术研究、成果产业化开发的比较完整的、技术资源共享的国家级电动车辆试验与检测基地 |

1）上海泛亚汽车技术中心

泛亚汽车技术中心（Pan Asia Technical Automotive Center，PATAC）由通用汽车和上海汽车工业（集团）总公司双方共同投资 5000 万美元设立。PATAC 很早就介入通用汽车对替代能源、新能源的开发中，不断培养绿色研发能力。概念车方面，1999 年，PATAC 第一辆自己开发的"麒麟"，首先尝试了新材料的应用；2001 年，PATAC 推出了"凤凰"，这是我国第一辆功能齐备的燃料电池车。2007 年，PATAC 主导开发的别克全球概念车 Buick Riviera（"别克未来"）在上海车展全球首发，这不仅是一辆赢得高度赞誉的混合动力绿色概念车，而且代表了全球别克品牌的未来设计语言。

量产车方面，PATAC 也在围绕"更好性能、更低能耗、更少排放"显露身手，2008 年上市的别克君越 Eco-Hybrid 油电混合动力车、S6 智能变速箱、雪佛兰乐骋 1.2 车型等，就是 PATAC 和上海通用提升绿色研发能力的体现。

"绿动未来"是 PATAC 的使命。根据"绿动未来"规划，PATAC 到 2012 年将全面形成替代能源和新能源技术的应用和开发能力，同时达到设计研发车辆的材料、能源 95% 可回收利用的目标，这已经与欧盟标准处于同一水平线上。

2）北京清华节能与新能源汽车工程中心

由清华大学设立的北京清华节能与新能源汽车工程中心是专业从事新能源汽车研发的机构。

在创新平台方面，清华节能与新能源汽车工程中心建立了具有国际先进水平的新能源电动汽车研发平台与基础设施，组成了 100 多人的研发团队，几年来还培养出了 100 多名研究生，20 多名博士后，积累了一系列专有技术，其中包括 40 多项专利、37 项标准规范、一部专著、一批高水平论文。这些成果奠定了清华节能与新能源汽车工程中心可持续发展的基础。

在核心技术方面，清华节能与新能源汽车工程中心大胆采用与国际同领域权威单位不同的技术路线，开发出了独具特色的能量混合型和功率混合型两种燃料电池混合动力系统，现已成为国际上主流系统构型。在混合动力控制方面，创造了以"清华 ECU"为标志的整套知识产权和系列化核心技术。

在整车集成方面，清华节能与新能源汽车工程中心已研制出清能 1 号、2 号、3 号三辆燃料电池城市客车，其主要性能指标（燃料经济性）优于国际主流车型。

在示范考核方面，清华节能与新能源汽车工程中心发起了面向奥运的北京国际新能源汽车示范工程，完成了北京氢能示范园的规划、设计和审批工作，正在开展一系列示范项目，除"863"计划氢能与燃料电池客车示范项目外，还包括与英国 BP 合建中国第一座综合加氢示范站，联合国和全球环境基金会北京燃料电池大客车示范项目，中美面向奥运的氢能示范项目等国际合作项目。

在产业化方面，清华节能与新能源汽车工程中心以燃料电池混合动力城市客车技术平台为基础，正在形成以燃料电池混合动力为龙头，包括柴油混合动力、天然气混合动力、氢内燃机混合动力在内的系列化新能源电动城市客车产品技术，通过系列化实现规模化，从而带动高端产品——燃料电池混合动力城市客车的商业化。2004 年，该中心成立了北京清能华通科技发展有限公司，以作为清华节能与新能源汽车工程中心的产业化载体。2005 年，清能华通公司与株洲时代集团公司（株洲电力机车研究所）合资建立了北京时代华通电动技术有限公司，专门从事电动车电气驱动系统的研发、生产与经营。清能华通公司还入股了中国科学院大连化学物理研究所燃料电池国家工程中心，开始介入燃料电池发动机系统集成业务。

常州麦科卡电动车辆科技有限公司（简称麦科卡）是清华节能与新能源汽车工程中心在常州设立的从事微型智能环保节能交通工具及其核心控制技术研究的研发基地。麦科卡基于中心从事新能源汽车研究开发的经验和在承担"十五"和"十一五""863"计划电动汽车重大专项中取得的研究成果，已掌握了国际先进水平的四轮智能驱动平台技术和整车优化设计技术。四轮智能驱动平台技术包括大功率电动汽车轮毂电机技术、永磁无刷轮毂电机驱动技术、电池快速智能充电技术、电池智能监控技术、整车控制技术。未来，一方面能够与株洲时代电动汽车公司实现在控制与驱动技术上的强强联手，另一方面将有望借助麦科卡在四轮驱动平台技术与整车优化技术上的优势进军新能源乘用车领域。

3）国家燃料电池汽车及动力系统工程技术研究中心

国家燃料电池汽车及动力系统工程技术研究中心依托于同济大学，专业从事燃料电池汽车的研发。

该中心直面新能源零排放燃料电池汽车开发激烈的国际竞争，研制了自主知识产权燃料电池轿车动力系统平台，实现了核心技术的突破。燃料电池轿车动力平台关键技术成果属循环经济、能源交通领域的前沿科技课题。

该中心首创了国内蓄能调节式电混合燃料电池轿车动力系统拓扑结构、完整的新型动力系统理论体系和设计方法，利用该方法及系统结构实现了自主知识产权燃料电池轿车百公里氢燃料消耗达到国际领先水平。独创的基于全状态闭环反馈控制的动力控制算法、锂离子电池电量状态准确估计技术达到国际先进水平。

此外，该中心建立了完整的电电混合燃料电池轿车动力系统及关键总成的测试方法、测试规范和测试环境，填补了国内空白，为制定国家相关技术标准奠定了基础。

作为国家燃料电池汽车及动力系统工程技术研究中心的产业化载体，上海燃料电池汽车动力系统有限公司除把"超越"系列燃料电池轿车动力平台应用到国内各大汽车公司外，其生产的电动汽车动力系统控制器、动力蓄电池组及能量管理控制单元已开始在华晨混合动力轿车、奇瑞混合动力轿车、一汽混合动力轿车和纯电动轿车的产品车上应用。

4) 汽车安全与节能国家重点实验室

汽车安全与节能国家重点实验室依托清华大学,是国家计划委员会利用世界银行贷款建设的 75 个国家重点实验室之一。

该实验室自创建以来,瞄准国际前沿、国家目标,定位于汽车工业共性关键基础技术、汽车工程交叉学科基础理论、汽车领域宏观发展基本问题,致力于绿色化、智能化的生态汽车的研究与发展,逐步形成了自己的优势领域和特色,主要包括汽车主动与被动安全性(碰撞安全性、制动安全性、主动避撞与智能交通)、新能源汽车(纯电动汽车、混合动力电动汽车、燃料电池电动汽车及代用燃料汽车)、汽车环保技术(汽车排气污染控制、汽车噪声控制、汽车绿色设计与制造)及汽车工业发展战略。

在电动汽车与新型动力方向,该实验室主要在电动汽车关键技术、混合动力系统和燃料电池动力系统等领域开展前沿课题研究。该实验室先后作为牵头单位承担"十五"时期"863"计划的"电动汽车"重大专项课题和"十一五"时期"863"计划的"节能与新能源汽车"重大项目课题。目前,该实验室已在城市客车多能源一体化混合动力系统设计、电动化总成、网络化控制,以及多重耦合安全技术等方面取得突破,成功开发了国内第一个燃料电池城市客车动力系统技术平台,研制出了我国第一辆燃料电池城市客车,建成了我国第一个新能源汽车示范园和加氢站,进行了国际首次燃料电池城市客车氢电安全系统台车碰撞试验。基于燃料电池客车混合动力技术平台,在国内外率先研制出通用型多能源一体化混合动力系统,开发出油-电、气-电、氢-电等多种混合动力城市客车,开展了燃料电池城市客车奥运示范和商业化公交运行。

5) 国家节能环保汽车工程技术研究中心

国家节能环保汽车工程技术研究中心依托奇瑞汽车有限公司于 2005 年建立。该中心成立目的是提高我国汽车企业的可持续创新能力,实现技术跨越,增强中国汽车在国际市场的竞争能力。该中心将主要承担汽车技术中新型节能环保等关键技术的研发工作,并成为汽车新技术成果转化与产业化的基地、咨询与服务的窗口,以及吸引与凝聚人才的平台。

6) 国家燃气汽车工程技术研究中心

国家燃气汽车工程技术研究中心是经科技部批准,依托中国汽车工程研究院有限公司(原重庆汽车研究所)组建的工程技术研究中心,也是目前我国汽车行业唯一的国家级工程技术研究中心,是燃气汽车及其相关产品开发与生产的科研基地。国家燃气汽车工程技术研究中心获得国家燃气汽车关键零部件测试评价中心授权,是重庆市燃气汽车研究开发及推广应用组长单位,重庆市在用机动车排气污染治理单位,重庆市燃气汽车指定改装、维修单位。

国家燃气汽车工程技术研究中心主要开展燃气汽车技术领域的共性技术、基础技术、关键技术的研究,各种燃气汽车供气转换装置及其相关产品的开发与生产制造,开展燃气汽车领域的技术交流和人才培训,促进我国燃气汽车技术的整体提高和燃气汽车相关产品的市场竞争力。

国家燃气汽车工程技术研究中心在国内建成了燃气汽车与发动机技术研发平台,建立了具有国际先进水平的轻、重型燃气发动机和整车的集成创新开发流程、技术体系和技术装备，开发出具有完全自主知识产权的全系列燃气汽车系统技术，形成了满足整车/整机欧Ⅳ及以上排放水平的完整技术链，并正在研发燃气缸内直喷、柴油共轨式双燃料等下一代燃气汽车技术，确保国内领先地位。

国家燃气汽车工程技术研究中心致力于燃气汽车技术开发、试验研究与推广应用、成果转化和人才培养，并取得显著成效。

国家燃气汽车工程技术研究中心组建的重庆鼎辉汽车燃气系统有限公司已形成年产20 000套燃气汽车供气专用装置、改装5000辆燃气汽车的生产能力，生产的燃气汽车专用装置系列产品具有自主的知识产权，适用于国内外多种车型。

7) 电动车辆国家工程实验室

电动车辆国家工程实验室依托北京理工大学成立于2010年1月11日。该实验室是国家发展和改革委员会在节能与新能源汽车领域重点规划建设的国家工程实验室，建设周期为2年，总投资为5500万元。

该实验室建设项目以电动车辆整车技术为主线，以瓶颈技术和关键技术的攻关为核心，以建设成为"国际一流的电动车辆技术创新性研究及成果工程化转化基地，国际知名的电动车辆汽车创新人才培养基地，具有多学科交叉融和、高层次创新人才汇聚、管理高效开放、资源充分共享的电动车辆国家工程实验室"为总目标，以"资源优化整合，平台完善提升"为原则，重点完善建设电动车辆系统集成与仿真技术平台、电动车辆动力驱动系统开发与测试平台、动力电池成组与车载能量源技术开发及测试平台、电动车辆数据库、电动车辆关键部件电动化开发与试验平台等，最终建设成为一个服务于电动车辆基础技术研究、成果产业化开发的比较完整的、技术资源共享的国家级电动车辆试验与检测基地。

该实验室完成的纯电动客车技术成果在2008年北京奥运会上成功运营。奥运会结束后，50辆奥运用纯电动大客车继续在北京市公交线路示范运行，并实现累计超过200万公里的可靠性考核。2009年，纯电动环卫车已正式列入国家公告目录，并列入国家"节能与新能源汽车示范推广应用工程推荐车型目录"，具备获得国家新能源汽车补贴资格。2009年9月25日，该实验室举办了纯电动环卫车启用仪式，交付了30辆车。

# 7.7 / 新能源汽车主要产业基地分析

## 7.7.1 北京新能源汽车设计制造产业基地

### 1. 发展概况

北京新能源汽车设计制造产业基地于2008年12月28日在福田汽车落成。根据北汽集团及中国长安汽车集团在北京的新能源汽车生产基地的规划目标，到2015年，北京仅这两

家汽车企业的新能源汽车产能就达 75 万辆左右。

北京新能源汽车产业基地以福田汽车为依托成立，坐落于福田汽车昌平厂区，总占地 1000 亩，建筑面积 30 万米$^2$，总投资 50 亿元，形成各类替代能源和新能源客车 5000 台及高效节能发动机 40 万台的年生产能力。目前，基地已建成混合动力、纯电动、氢燃料电池和高效节能发动机四大核心设计制造工程中心，并且已广泛应用于福田汽车生产的大中型客车、中重卡及轻卡等系列。

2010 年 12 月 20 日，北汽集团车基地举行首批纯电动汽车下线、试验运行交车仪式，这是北京市自主研发的首款中高端纯电动轿车。通过北京市科学技术委员会的帮助，北汽新能源公司与北京理工大学、大洋电机、普莱德电池公司等单位合作，在北京市重大科技项目支持下，自主创新完成了新车的试制、装配和调试。

电动轿车方面，萨博纯电动轿车是北汽新能源公司基于引进的 SAAB 93 整车平台开发的第一款纯电动轿车产品。它采用永磁同步电机形式的电驱系统，搭载磷酸铁锂动力电池组，自主研发整车电控系统，发挥企业整车系统集成技术优势，仅用八个月的产品开发周期，就实现了小批量示范运营样车试制下线的目标。

另外，目前已有 50 台纯电动迷迪出租车完成出厂调试，并按出租车的要求进行了相应整装，已具备出厂要求。

电动商用车方面，福田汽车与北京理工大学合作开展 2 吨、8 吨、16 吨等共七种电动环卫车型产品的研制工作，其中 8 吨和 16 吨四种车型已完成研制并正式列入国家"节能与新能源汽车示范推广应用工程推荐车型目录"，具备批量生产能力。

### 2. 发展优势

#### 1）政策优势

2010 年，北京市科学技术委员会设立节能与新能源汽车专项，投入近 2 亿元科技经费，大力支持相关企业进行新能源汽车研发。如今，北京市在新能源汽车关键技术研发方面已走在全国前列；发布了关于充电站、非车载充电机和车载充电机的三项《电动汽车电能供给与保障技术规范》标准化指导性技术文件，为北京市已在建设的航天桥、马家楼及近期将建设的小营、四惠等充电站提供切实可行的技术依据。

北京市科学技术委员会牵头从技术研发支持等 4 个方面提出了 20 项相关鼓励扶持措施，编制完成了《北京市关于加强自主创新推进新能源汽车产业发展指导意见（草案）》，从总体目标、技术研发、产业推进、示范运行和配套设施等方面对北京市新能源汽车产业发展提出了 20 项鼓励扶植措施，为北京节能与新能源汽车示范推广起到积极的推动作用。

#### 2）产业基础

2011 年，北京全年汽车与交通设备产业增加值同比增长 13%，拉动规模工业增长 2.1 个百分点。累计实现产值 2468.7 亿元，同比增长 15.2%。产品方面，2011 年北京累计生产汽车 150.5 万辆，增长 0.1%。其中，乘用车 67.1 万辆，增长 7.8%；货车 61.7 万辆，下降 12.1%。2011 年，汽车制造业产品升级拉动效果明显，其产值增速高于产量增速 16 个百分点，索纳塔 8 代、奔驰 E 车型等一批高附加值产品助推了行业"量稳价升"的良好局面[12]。

3）市场优势

"十一五"期间，北京累计出口整车超过 17 万辆，整车与零部件累计实现出口金额约 62.6 亿美元。2010 年，北京汽车产品出口金额 13.5 亿美元，约占北京汽车工业产值的 4%，约占全国汽车出口金额的 3%。其中，整车出口 3.7 万辆，占全市汽车工业产销量的 2.5%，占全国汽车出口总量的 6.7%[13]。

## 7.7.2 株洲国家电动汽车高新技术产业化基地

### 1. 发展概况

2004 年，株洲在全国率先开通了新能源汽车示范运营线。2007 年，国内首个集电动汽车整车、关键零部件于一体，具备研发、制造和试验检测能力的电动汽车专业化建造基地落户株洲。该基地具有年产电动公交客车整车 3000 辆、电传动系统及关键零部件 1 万套的生产能力。2008 年，株洲把新能源汽车纳入该市汽车千亿产业集群规划。2009 年，科技部、财政部等四部委联合启动"十城千辆"计划，株洲作为全国首批节能与新能源汽车示范推广试点城市，提出了"城市公交车电动化三年行动计划"，计划用 3 年时间将城区公交车分步、分批次全部替换成混合动力公交车，在全国率先实现城市公交车全部电动化。

株洲的电动汽车业，尤其是电动客车产业具有较强的竞争优势，目前已初步形成了电动客车产业链，形成了以时代电动汽车有限公司为主体，以时代新材、时代电气、南车电机、株齿等一批骨干企业为依托的电动汽车产业化配套体系和技术创新体系。预计到 2015 年，形成年产电动大巴 3000 台、电传动系统 10 000 套（件）、其他关键零部件 20 000 套的产销规模，在湖南省形成产值 100 亿元的电动客车产业集群，成为国内最大的电动汽车专业化研发和建造基地。

2010 年年底，株洲拥有规模以上汽车整车、零部件企业 91 家，完成产值 64 亿元，占全市工业总产值的 3.14%。株洲汽车品牌有南车时代、南方宇航等。湖南南车时代电动汽车股份有限公司在电动公交车领域的发展中起到了良好示范和品牌效应，该公司向北京、上海、广州、天津、长沙、昆明等国内市场投放各类整车，占全国电动汽车整车市场约 1/4 的份额，提供电传动、充电机系统等关键部件 2600 台（套）以上。

### 2. 发展优势

#### 1）政策优势

株洲给予公交公司购车补贴、贷款贴息、提前处置车辆的损失补助等资金 6000 万元。同时通过示范带动、产业联盟等形式，加大科研投入、加大汽车人才引进力度，强化电动汽车关键技术攻关，探索建立城市电动公交车运营管理和技术保障新模式，全面推动节能与新能源汽车产业化体系建设，打造株洲"绿色公交"运营品牌。

#### 2）工业基础

2011 年，株洲规模工业总产值突破 2000 亿元，达到 2209 亿元，增长 32.2%；规模工业增加值越过 700 亿元台阶，达到 721.93 亿元，增长 19%；19 家"5115"工程企业完成总产值 1043 亿元，同比增长 27%，占全市规模工业总产值的 46.7%；园区规模工业增加值达到 470.9 亿元，增长 27%。同时，株洲是"中国电力机车摇篮"，具有较好的产业基础。

## 7.7.3　重庆两江新区国家新能源汽车高新技术产业化基地

### 1. 发展概况

作为国家新能源汽车高新技术产业基地，两江新区将大力建设国际先进的新能源汽车研发总部、国内最好的测试评价中心、整车制造核心区、西部汽车产业资讯高地、汽车共性技术研发平台、创新服务体系、建设交通物联网等，引进大型整车企业。截止到 2012 年7 月，两江新区引进汽车项目 41 个，预计投资 533 亿元，正在从以微车为主的生产结构向中高档汽车逐渐"进化"。预计到 2015 年，两江国际汽车城预计将实现年产 300 万辆整车，320 万台发动机，产值达到 5000 亿元，使重庆汽车产销量占全国的份额达到 13.5％，达到数量规模第一的目标。

截至 2012 年 6 月，两江新区已经引进了长安股份、长安福特马自达、力帆、上汽依维柯红岩等厂家的整车业务，而且还引进了东风小康菲亚特、上汽通用五菱，以及蒂森克虏伯汽车板、韩泰轮胎、霍尼韦尔、尼玛克、矢崎仪表、英纳法车窗、德事隆、麦格纳等关键零部件项目。

2011 年，重庆长安汽车股份有限公司共完成汽车新产品开发并获国家产品公告 181 个（整车），新申报产品包括国家环保目录 90 个车型、北京环保 78 个车型，申请新产品 3C 强制性认证证书 14 个单元，共计 92 个车型；新品贡献率达 74.7％以上。力帆股份 2011 年乘用车产销 11.72 万台，实现销售收入 47.36 亿元，同比增长 65.77％，出口金额 40.57 亿元人民币，同比增长 28.66％；实现营业收入 86.30 亿元，比 2010 年同期增长了 27.46％；归属于母公司股东的净利润有 3.90 亿元，比 2010 年同期增长 2.19％。

### 2. 发展优势

#### 1）政策优势

2009 年 5 月，《重庆市节能与新能源汽车示范推广试点实施方案》通过论证。2012 年8 月，重庆市人民政府正式印发了《重庆市汽车工业三年振兴规划》（渝府发〔2012〕85号），提出重点发展纯电动汽车，推动混合动力汽车产业化，扶持关键零部件企业，抓好新能源汽车试运行。

#### 2）产业基础

2011 年，重庆汽车工业共完成工业总产值 4038 亿元，规模以上（2000 万以上）企业完成工业产值 3788 亿元，同比增长 13.3％。其中，本市内规模以上企业完成工业产值3367 亿元，同比增长 16.9％，比上年净增 500 亿元，占全市工业比重为 31.56％。2011年，重庆汽车产销量在全国各省市排名由第四位升至第二位。重庆已形成发动机、变速器、制动系统、转向系统、车桥、内饰系统、空调等各大总成生产能力。自主开发的纯电动汽车、混合动力汽车、插电式混合动力汽车已取得一定进展，其中长安公司的混合动力汽车、恒通公司的纯电动客车在全国居领先地位。

#### 3）市场优势

2011 年，重庆企业（含投资市外分支机构）累计产销汽车 248.2 万辆和 245.3 万辆，同比增长 1.1% 和 0.4%；销量全国占比 13.48%，比 2010 年全国汽车市场份额增加 1.3 个百分点。其中，重庆市内（不含投资市外分支机构）产销 176.2 万辆和 172.6 万辆，同比增长 9.2% 和 6.7%，分别高于全国 8.38 个百分点和 4.25 个百分点。

## 7.7.4 芜湖国家节能与新能源汽车高新技术产业化基地

### 1. 发展概况

芜湖节能与新能源汽车产业呈现出以高新区为核心，城北、城东密集分布的"一区多园"格局。2010 年，芜湖汽车及零部件产业工业总产值 638.36 亿元，占国内市场比重 4%；区域内企业的国家专利授权量达到 6393 项，其中发明专利 540 项。按照芜湖节能与新能源汽车创新型产业集群发展规划，到 2015 年，芜湖国家节能与新能源汽车高新技术产业化基地将打造从整车到动力系统、制动系统、汽车电子等关键汽车零部件的完整的汽车工业产业链，实现芜湖汽车工业年销售收入 1000 亿元，规模以上相关零部件企业达到 170 家以上，其中销售收入 500 亿元的企业 1 家，10 亿元左右的企业 10 家，100 家科技型中小汽车企业成为"专、精、特、新"的国内汽车零部件细分领域排头兵，成为以自主品牌、自主知识产权为主要特征的我国重要的汽车产业集群。

目前，芜湖国家节能与新能源汽车高新技术产业化基地已引入奇瑞新能源汽车、中集集团、奇瑞中央研究院、明基材料、瑞创叉车、美国德尔福、天海电装、黄燕实业、盛力制动等 60 多家汽车整车及其零部件企业，涉及新能源汽车、特种改装车、专用车辆、汽车模具、制动系统、线束、转向器、内饰件、汽车电子、各类冲压件、注塑件、压铸件等产品。其中，龙头企业奇瑞新能源汽车主要从事混合动力汽车和纯电动汽车的开发、测试，核心零部件的设计、测试、生产制造，以及其他替代能源的研究（如太阳能等），已经完成了从弱混、中混、强混动力到纯电动汽车的开发应用，从整车系统开发到关键部件开发生产完整的研究、开发、生产体系，并开始逐步上市销售。

### 2. 发展优势

#### 1）政策优势

2011 年 8 月，芜湖市人民政府发布《芜湖市国民经济和社会发展第十二个五年规划纲要》，文件指出要大力发展乘用车、中重型卡车、商务车，突出发展新能源汽车，着力突破动力电池、驱动电机和电子控制领域关键核心技术，推进插电式混合动力汽车、纯电动汽车及其关键零部件的产业化，建设国家新能源汽车产业基地；引进世界知名零部件配套商和国内汽车零部件生产龙头企业，重点发展发动机、变速器、转向系统、传动系统、悬挂系统等关键零部件，构建完善的汽车产业配套体系，提升汽车产业的综合生产能力、产品研发能力、集群创新能力，成为全国重要的具有国际竞争力的汽车及零部件制造和出口基地。

#### 2）产业基础

2011 年，芜湖实现工业增加值 984.55 亿元，比 2010 年增长 21.5%，其中，年主营业务收入 2000 万元以上工业（规模以上工业）企业实现增加值 983.05 亿元，比 2010 年增长 23.6%。芜湖经济技术开发区全年完成固定资产投资 159.1 亿元，其中基础设施投资 10.7 亿元；实际利用内资 180.50 亿元，实际利用外资 4.71 亿美元；区内规模以上工业实现总

产值 1323.70 亿元，比 2010 年增长 30.2%。

## 7.7.5 天津纯电动汽车产业化示范基地

### 1. 发展概况

天津纯电动汽车产业化示范基地占地 6 万米$^2$，由天津市清源电动车辆有限责任公司开发建设，具有纯电动汽车、混合动力车和燃料电池车的研发和生产能力，其中纯电动汽车生产能力 2 万辆/年，动力总成 3 万套/年。目前，基地已自主开发出纯电动轿车、高速纯电动车、纯电动中巴车、电动游览车等系列纯电动汽车产品，如以"哈飞赛豹"为原型的高速纯电动轿车，采用锂电池供电，最高时速 125 公里，续航里程 250 公里，基本性能已接近汽油轿车。它每 100 公里耗电 15 度，使用费用仅相当于同类型汽油轿车的 1/6。

天津已初步形成了丰田皇冠、锐志、花冠、威驰、夏利、威乐、威姿、威志、美亚、伊利萨尔大客车为代表的中高级轿车、经济型轿车、轻型车、大客车四大系列。以天津西青区和开发区为核心，分别形成了以一汽夏利、天津丰田一工厂为核心的经济型轿车和以丰田二、三工厂为核心的中高级轿车生产基地。汽车零部件行业链条日趋完善，日本电装、东海理化、爱信、富士通天、斯坦雷、矢崎、统一，韩国现代电子、平和产业等企业相继落户天津。此外，天津在电动车、混合动力汽车等清洁能源汽车的整车、关键零部件等方面的研发水平位居全国前列。

### 2. 发展优势

#### 1）政策优势

2012 年，天津市政府正式批复《天津市新能源新材料产业发展"十二五"规划》，文件指出重点发展以动力电池和储能电池为代表的锂离子电池、超级电容器、镍氢电池等新能源汽车动力电池及电池组等关键产品和技术，发展高性能电池正负极材料、电解液、隔膜等关键电池材料，积极开发氢源、甲醇、乙醇等燃料电池新品种，开展动力电池回收利用技术研究，进一步扩大产业化规模。

#### 2）产业基础

2011 年，天津市开发区生产总值达到 6206.9 亿元，增长 23.8%；规模以上工业总产值 12 732 亿元，增长 29.4%；财政总收入 1379.3 亿元，增长 37.1%；全社会固定资产投资 3702 亿元，增长 32%；实际利用外资 85 亿美元，增长 20.8%，实际利用内资 459.4 亿元，增长 30.4%；外贸进出口总额 711.2 亿美元，增长 27.1%；社会消费品零售总额 882.5 亿元，增长 24.3%。

#### 3）科研基础

天津拥有一汽夏利汽车股份有限公司、天津清源电动车辆有限公司、力神公司、天津大学、中国汽车技术研究中心、中电集团第 18 研究所等众多电动汽车研发和产业依托单位，具备发展电动汽车产业的整车、关键零部件、标准等完备的产业链。天津中电集团第 18 研究所建立起了电动汽车用动力蓄电池测试基地。2009 年，清源公司的电动汽车动力系统关键零部件实验室，通过了国家实验室认可委员会的资质认定，可以为行业提供产品准入所需的评价实验。

2011 年，天津新认定高新技术企业 156 家，获得国家级新产品认定 20 项；科技型中小企业累计达到 2.1 万家；国家级重点实验室 9 个，国家部委级重点实验室 43 个，国家级工程（技术）研究中心 33 个，国家高新技术产业化基地 16 个，国家级企业技术开发中心 29 家，市级企业技术开发中心 370 家。

## 7.7.6　上海市新能源汽车及关键零部件产业基地

### 1. 发展概况

2009 年 7 月 18 日，上海市新能源汽车及关键零部件产业基地（嘉定）揭牌，基地规划面积为 9.5 公里$^2$，一期投资约 30 亿元。基地周边聚集了上汽汽车工程研究院、同济大学新能源汽车工程中心、地面交通风洞实验室、轨道交通实验室等重点科研项目及一批国际著名汽车研发企业，为新能源汽车及关键零部件产业的发展提供强大技术支持。

截止到 2011 年，嘉定区共有汽车零部件企业 212 家，实现工业总产值 1064.7 亿元，比 2010 年增长 23.3%，占规模以上工业总产值的 41.4%，其比重较 2010 年年底的 37.0% 提高了 4.4 个百分点，拉动全区工业经济增长 9.1 个百分点。从生产规模看，汽车行业内产值超 5 亿元的企业共有 49 户，约占总户数的 23.1%，而其产值总量达到 841.0 亿元，同比增长 26.4%，占整个汽车零部件行业总产值的 79.0%。

### 2. 发展优势

#### 1）政策优势

《上海推进新能源高新技术产业化行动方案（2009～2012 年）》指出，油电混合动力汽车和高性能纯电动汽车将成为整车发展的重点，主攻采用一体式启动发电机（ISG）/皮带式启动发电机（BSG）中混技术路线、充电式（Plug-in）强混技术路线的油电混合动力汽车，以及运用磷酸铁锂等动力电池驱动的纯电动汽车等。

在资金扶持方面，嘉定区设立了不少于 10 亿元的新能源汽车产业发展专项扶持基金。对新引进的注册资本在 5000 万元以上的新能源汽车研发机构和地区总部，在其投入运营后，根据其实际到位的注册资金给予一定奖励。对重点支持领域的新能源汽车及关键零部件研发、生产和总部企业，在新能源汽车及零部件生产中产生的所得税、增值税及个人所得税等区地方财力实得部分，给予企业前两年全额扶持、后三年减半扶持的优惠。

在品牌创建方面，鼓励新能源汽车企业创建国际国内知名品牌，对获得国家级和市级品牌的新能源汽车企业，给予最高 100 万元的奖励。并且，逐步扩大新能源汽车的政府采购。

在人才引进方面，鼓励企业培育、引进人才，对新能源汽车企业中的优秀人才，优先享受市场价 6 折的购房政策或每月租房补贴政策。对符合"千人计划"条件的优秀人才，引进后给予一次性 100 万元创业资助基金，对其缴纳的个人所得税，区地方财政实得部分给予全额补助，在户籍办理、配偶就业、子女入学、医疗保健、出国签证、专业技术职务评定等方面，可实行特事特办、一事一议的办法给予协调解。

2）产业基础

目前，嘉定区形成了汽车零部件、电子电器、设备制造、金属加工为主的重点产业，产业集群效应不断提升。2011年规模以上工业产值实现2573.7亿元，比2010年增长15.9%；规模以上工业实现利润178.6亿元，比2010年增长1.7%；其中，主营业务收入亿元以上的工业企业461家，完成工业产值2166.8亿元，占全区工业总产值的84.2%；工业产销率继续保持较高水平，全年工业产品产销率达99.3%。

# 7.8 新能源汽车产业发展状况分析

## 7.8.1 世界新能源汽车产业的发展状况分析

### 1. 全球新能源汽车技术应用现状

随着全球能源日趋紧张，生态环境日益恶化，新能源汽车的开发与应用问题已成为各国汽车工业积极探索的焦点。汽车产品将朝安全、节能、环保方向迈进，"新能源汽车"概念也随之成为业界关注的重点，新能源汽车成了各国竞相研发的目标。世界各主要汽车生产国和大型汽车公司都纷纷加大了对节能与新能源汽车的研发投入和应用力度。

混合动力汽车方面，代表车型有丰田PRIUS、凯迪拉克凯雷德（Hybrid）、本田CIVIC Hybrid等。其中，丰田普锐斯PRIUS是世界上首款批量生产的混合动力电动汽车，该产品于1997年正式投放市场[15]。纯电动汽车方面，代表车型有比亚迪e6、奇瑞瑞麒M1e、奇瑞S18、众泰5008EV等。燃料电池汽车方面，代表车型有戴姆勒-克莱斯勒、福特Edge、丰田FC、通用雪佛兰Equinox等。目前，各国普遍采用的燃料电池为氢燃料电池，氢燃料电池汽车不耗油也无须充电，对环境无污染，是清洁能源汽车发展的最终目标。但是由于氢的制取、储存、加氢站的建设和续驶里程等难题，这一技术在世界各国都尚未达到可以量产的水平，目前还处于研究开发和示范运行阶段。氢发动机代表车型有BME氢能7系、奔驰B级氢动力车等。燃气汽车的代表车型有戴姆勒-克莱斯勒、福特Edge、丰田FCEV、通用佛兰Equinox等。

表7-38是全球部分新能源汽车相关技术的应用现状。

**表7-38　2010年全球部分新能源汽车相关技术**

| 新能源汽车相关技术 | 具体内容 |
| --- | --- |
| Origin Oil微藻燃料初步测试完成 | 2010年12月8日，美国Origin Oil公司宣布其开创性微藻燃料技术初步商用测试阶段成功结束。Origin Oil公司使用超声波和电磁脉冲分解藻类细胞壁，使天然油成分从微藻生物质中释放出来，不用脱水，可节约大量电力和热能。分离后的藻油和藻类生物质都拥有多种用途 |

续表

| 新能源汽车相关技术 | 具体内容 |
|---|---|
| 日立 NEOMAX 稀土永磁铁面向汽车应用 | 2007 年，日立并购 NEOMAX，NEOMAX 遂成日立公司旗下品牌。NEOMAX 钕磁铁产品用于制造 EV 和 HEV 用内置永磁马达等产品，可减小汽车电动马达体积，提高其工作效率并降低二氧化碳排放 |
| 德尔福 EV 用充电耦合器通过 UL 认证 | 2010 年 12 月 9 日，德尔福电动车用充电耦合器（带线缆和充电插口）通过美国/加拿大优力 UL（Underwriters Laboratories，保险商实验所）公司认证。这意味着该产品自此可以正式用于充电站及电 EV 车身接口充电 |
| 丰田展出基于 iQ 设计的新款 FT-EV | 丰田汽车以 iQ 微型车为基础，开发出纯电动 FT-EV（Future Toyota ElectricVehicle）。公司将 FT-EV 纯电动车定位于短途驾驶用途，在 2009 年 NAIAS 展览上名为 Urban Commuter Battery-Electric Vehicle 市区往返电池动力车。所采用的锂离子充电电池安装在车辆地板处，蓄电总量为 11 千瓦时，最高适用电压为 270 伏。按照日本 JC08 循环测试标准，充满电后最大行程为 105 公里 |
| 日野开发的皮卡用混合动力系统将投入测试 | 日野公司宣布开发出新款用于皮卡的混合动力系统，并将与部分客户联合展开外场测试。新型混合动力系统在发动机与电动马达之间设置了一个离合器。该系统能够以马达纯电力方式推进车辆。此外，日野公司改进了控制系统并提高了能量转化器的工作效率，在测试中将柴油发动机卡车的燃油效率提高接近 50% |
| 日本 Miluira 微型电动车首度亮相 | 日本高柳（Takayanagi）公司 2010 年 12 月 1 日起开始销售一款按传统汽车风格设计的微型紧凑电动车 Miluira。该公司采用日本本土生产的零部件打造 Miluira 微型车，车辆单价为 630 万日元（含税）。Miluira 微型电动车配备蓄电量 70 安培时的铅酸电池，使用家用 100 伏特电源约 12 小时即可充满电。该车一次充电行程为 35 公里 |
| ProtonPower 测试燃料电池增程车 | Proton Power Systems 公司燃料电池增程系统首轮测试获得成功。在测试后，Proton Power Systems 公司将在 Smith Edison7.5-12 吨纯电动卡车 Newron 上采用该增程系统。迄今已经证实 Proton Power 公司的燃料电池系统可以为 Edison 车型提供非常可观的额外行程。最终行程的增量取决于燃料电池的规格、氢燃料的车载量及车辆的驾驶循环工况等 |
| 丰田公布环保汽车及电池开发计划 | 2010 年 11 月 18 日，丰田汽车 TMC（Toyota Motor Corporation）公开其环保汽车 "Eco-car" 开发生产项目细节，并发布下一代蓄电池研究进展，主要内容为混合动力车辆、插电式混合动力车、纯电动车、燃料电池车和新型蓄电池 |
| 丰田汽车看好镍氢电池前景并发展镍回收技术 | 丰田汽车看好镍氢电池 NiMH（Nickel Metal-Hydride）的前景并发展镍回收技术。丰田汽车认为，尽管当前镍氢电池技术已经成熟，但仍有削减成本的空间。丰田汽车还在开发效率更高的电机马达与电池管理系统，其 HEV 产品成本可能接近小型柴油动力车辆。另外，包括丰田汽车在内的日本汽车公司正发起回收 HEV 镍氢电池中镍元素的项目 |
| 丰田汽车推出四层全固态叠层钴酸锂电池 | 2010 年 11 月 18 日，丰田汽车公开新型四层全固态叠层钴酸锂电池样本。该电池已配备于 Prius 插电式混合动力车。新型钴酸锂电池结构包含四个叠层：正极层、固体电解质层、负极层和基板。电池单元的平均电压为 3.6 伏×4＝14.4 伏 |
| SB LiMotive 的 EV 用电池发展 | SB LiMotive 公司在 eCarTec 大会上展出锂离子电池组，适配对象为插电式混合动力车。新电池组采用模块化设计，其构架为电池单元—电池模块—电池组系统的方式，通常情况下以 4～12 个方形电池单元为一个模块，多个模块构成一个电池组系统。eCarTec 大会上展出的电池模块包含 6 个电池单元，而整个电池组又由 12 个电池模块组成，总容量为 7 千瓦时。根据 SB LiMotive 方面的说法，该电池组可支持电动车行驶 30 公里行程 |
| 日产汽车为 LEAF 推出新款信息通讯技术系统 | 日产汽车在横滨宣称将为电动车产品推出新款信息通信技术（Information and Communication Technology，ICT）系统。该系统将用于全新日产 LEAF 聆风电动车。得益于 ICT 系统，日产 LEAF 车主可全天候获取所需的信息，以优化车辆行程安排。日产 CARWINGS 数据中心——一个信息控制中心——通过信息交流装置（Telematics Communication Unit，TCU）与车载导航系统关联 |

续表

| 新能源汽车相关技术 | 具体内容 |
| --- | --- |
| 沃尔沃开发燃料电池增加电动车行程 | 在瑞典能源署的支持下，沃尔沃汽车正启动燃料电池系统研发项目，以延伸电动车的实用行程。沃尔沃汽车与瑞典 PowerCell AB 联合开发燃料电池，当前该系统的功率输出为 7 千瓦，正在研发的下一代燃料电池系统可达 30 千瓦。沃尔沃公司认为，未来 30～40 年，燃料电池系统效能可大幅提升，广泛大量用于重载车辆 |
| 沃尔沃开发车身面板蓄电池 | 伦敦皇家学院和沃尔沃公司等企业与学术机构联合开发车身面板蓄电池。新材料采用纳米技术，基本构造为两层超细碳纤维夹合一层树脂/玻璃纤维。制成车身面板可用于车顶、车门、汽车喇叭及地板等处，在提供高支撑强度的同时发挥着蓄电池的功能，有望提高电动车的行程 |
| 德尔福与 WiTricity 联研无线充电 | 德尔福汽车电子于 2010 年 9 月末与无线电能量传输技术供应商 WiTricity 达成协议，共同开发混合动力车与电动车所用的无线充电设备。WiTricity 选择电磁振荡作为研究方向，无线充电系统可取消插头与充电线圈，因而可为司机提供显著的便利。自 2007 年以来，WiTricity 已经逐渐将电磁谐振的充电效率从 40％提高到 90％以上 |
| 三菱汽车将测试电动皮卡货车 | 三菱汽车与大和运输公司将对三菱新型电动皮卡货车的原型车进行外场测试。该车基于三菱汽车 Minicab Van（微型货车）汽油发动机轻型商用货车设计，电池由日本 LITCEL 公司生产，总电压为 330 伏、电力容量为 16 千瓦时，正极电极采用 Mn 系材料 |
| 标致混合动力车采用 GKN 电驱动离合器 | 标致雪铁龙公司新近推出 2011 款 3008 HYbrid4 跨界混合动力车，该车的两级变速箱采用了吉凯恩传动系统（GKN Driveline）公司提供的整体差速齿轮及电磁分断离合器。GKN 的电驱动模块/推进系统能够为后轮提供额外的 36 马力（27 千瓦）功率及 147 磅·英尺（200 牛·米）的转矩。位于车辆前端的内燃机和后端的电力推进系统并无机械连接。通过内燃机与电力推进系统之间的联合（并联混合动力）及分离，司机可在四种行驶模式中进行选择：FWD 前轮驱动、AWD 全轮驱动、RWD 后轮驱动及全动力推进驱动模式 |

## 2. 全球部分新能源汽车企业发展状况

全球部分新能源汽车企业概况如表 7-39 所示。

**表 7-39　全球部分新能源汽车企业发展状况**

| 公司 | 发展状况 |
| --- | --- |
| 大众 | ①氢动力。大众公司推出的氢动力汽车——途欢，其发动机功率为 107 马力，而污染物排放为零。它的燃料电池和电动马达被设计安放在发动机舱内，可以额外提供 27 马力的动力，所以整个功率可以达到 134 马力。最高车速为 93 公里/小时，0～60 公里/小时的加速时间为 14 秒。该车还采用了锂离子蓄电池来作为辅助的电能储备单元。该电池可以利用燃料燃烧或者刹车过程中产生多余能量来充电<br>②油电混合。该公司推出的油电混合动力车"高尔夫双动力"的电动机动力最强能达到 61 千瓦，时速能达到 120 公里 |
| 奔驰 | ①混合动力。最新推出的 S400Hybird 是第一款采用锂离子电池混合动力技术的量产轿车，其发动机、电机、变速箱融为一体，用高强度钢壳包裹的电池组只有两块砖头大小，而竞争对手采用的镍氢电池组体积有一个轿车后座的坐垫大小。新 E-Cell Plus 配装了一台锂电池电动机，通过电网单次充电 30 分钟，即可在电动模式下行驶 45 公里，完全充电后可以在电动模式下行驶 100 公里，除电动机外，该车还配有一台小型 3 缸涡轮增压汽油发动机，可以为电动机补充电能<br>②氢动力。奔驰的氢动力仍然是燃料电池系统，目前仍属于概念车理念，还没有实现规模化，为了推动北京"绿色奥运，科技奥运"的主题，奔驰为北京提供了三台 Citaro 燃料电池公交车 |

| 公司 | 发展状况 |
|---|---|
| 宝马 | ①混合动力。宝马 Active Hybird 概念车属于中度混合动力车,其配备的宝马 Active Hybird 技术可将欧盟标准测试循环的耗油量和排放量降低 15%,并树立了比目前采用混合动力技术的所有车型系列都要高的驾驶动态标准。Vision Efficeient Dynamics 概念车在混合动力系统下百公里油耗为 3.76 升,行驶每公里的二氧化碳排放量为 99 克,0~100 公里/小时的加速时间为 4.8 秒,在纯电动模式下,该车能行驶 50 公里,最高时速可达 250 公里<br>②氢动力。宝马纯氢动力版 7 系装备了 V12 的内燃机,这种发动机只能采用氢燃料,相比以之前的双燃料版的发动机,新车型更明显地降低了排放,提升了性能,从而减少了成本 |
| 丰田 | ①油电混合。丰田油电混合动力技术一直都处于领先地位,普锐斯混合动力汽车已发展到第三代<br>②电动车。丰田 iQ FT-EV 电动概念车是一款以微型车 iQ 为基础打造的车型 |
| 本田 | ①油电混合。混合动力版新思域以发动机驱动为主体,通过 1.3 排量的 i-VTEC 发动机,创造出良好的行驶性及燃油经济性,同时辅以新开发的薄型直流无刷电机,大幅提升燃油效率<br>②电动车。本田开发出可在 −20℃ 启动的新型燃料电池电动汽车,这种新型车的发电能力获得大幅提高,充一次氢可以持续行驶 395 公里,比以前增加 11% |
| 日产 | ①油电混合。日产油电混合动力的首发车款 Altima Hybrid 采用了雷克萨斯 Hybird 技术,搭配日产的 CVT 无级变速系统,在燃油经济性和降低废气排放上表现优异。日产不打算在油电混合动力方面追赶丰田,决定从 2010 年起,把资源投入开发大量生产的电动车<br>②电动车。日产纯电车于 2011 年在中国上市销售,该款电动车续驶里程可达 160 公里,最高车速 140 公里/小时,加速性能可媲美 3.5 升车型,在充电站内 10 分钟可充电完毕 |
| 现代 | ①油电混合。现代推出的油电混合动力车——新胜达,运用了现代专属的平行混合动力系统,该系统将作为现代汽车开发未来混合动力汽车的设计基础<br>②气电混合。现代推出的代号为 HDLPI 的混合动力车是世界上第一辆液化石油气驱动的混合动力车,同时也是第一款采用了先进锂聚合物电池的车辆。该车有三个科技亮点:一是"再生制动"功能让车在减速时将热能转换为电能储存在蓄电池内;二是"急速停车"功能控制停车时发动机转速,减少不必要的燃料消耗;三是"电机助力"功能将在起步、加速、爬坡时利用蓄电池为发动机提供更多动力<br>③插式混合。现代 Blue-Will 是现代首款插电式混合动力概念车,它装备了一台最大功率为 113 千瓦的 1.6 升直喷汽油机,以及一套输出功率为 100 千瓦的串联锂电池组。如果以纯电动方式驱动,续行里程约为 64 公里。以汽油机驱动,百公里油耗为 4.3 升。如果使用插电式混合动力模式,百公里油耗则仅为 2.2 升 |
| 通用 | ①油电混合。通用君越 ECO-Hybrid 采用独立的电机、镍氢电池动力辅助系统,配合 2.4LECO 智能发动机驱动。通用凯迪拉克品牌的凯雷德 Hybird 混合动力系统通过最优化的双模混合动力系统,使电力驱动与机械驱动完美结合,为车辆提供最强劲的动力输出,真正实现动力高效、节能环保<br>②电动车。通用推出的小型电动汽车雪佛兰 Volt 采用家用标准 120 伏或 220 伏电源插入充电,可以通过电力全速驱动车辆,当行驶里程在 60 公里以内时,该车可以完全只依靠一个车载 16 千瓦的锂离子电池所储备的电力来驱动 |

## 7.8.2 中国新能源汽车产业的发展状况分析

### 1. 中国新能源汽车的技术发展现状

目前,国内自主品牌汽车企业在混合动力汽车方面较为成熟。经过两个五年计划的发展,我国已经自主研发出一系列混合动力汽车产品,实现了小批量整车生产,开展了小规模示范应用,部分产品进入商业化运营。例如,东风电动车公司自主研发的混合动力公交车交付武汉市公交集团运行,长安汽车集团自主研发的国内首款量产混合动力轿车杰勋 HEV 下线等。

纯电动汽车的发展的关键技术之一是蓄电池技术。同时,充电站的建设是影响我国纯电动汽车市场化的关键因素之一。目前,国内纯电动汽车方面的技术水平基本与世界同步,并且部分产品出口到美国和欧洲,如天津清源电动车辆公司的产品出口到美国。

燃料电池汽车是清洁能源汽车发展的最终目标，但是氢的制取和储存、加氢站的建设和续驶里程等是燃料电池实现产业化需要解决的难题。奥运期间，我国自主研发的 20 辆氢燃料电池轿车完成首次规模化示范运行[16,17]。

### 2. 中国部分新能源汽车企业发展状况

随着国内汽车工业兴起及市场的巨大需求，自主品牌虽然实力和世界主要品牌有差距，但是在新能源汽车的开发速度上却没有放慢。新能源汽车对于很多自主品牌而言，是一个新的机会也是重新找到相同起跑线的契机，国内部分车企新能源汽车发展状况如表 7-40 所示。

**表 7-40　国内部分企业新能源汽车发展状况**

| 机构 | 发展状况 |
| --- | --- |
| 一汽集团 | 2010 年推出的奔腾 B70 和奔腾 B50plug-in 集成了混合动力系统技术平台，两车采用双电机全混合结构，具备混合动力所有的发动机怠速停机、纯电动单独驱动、发动机单独驱动、联合驱动、制动能量回收功能 |
| 东风汽车 | 2010 年推出东风风神 S30BSG 和东风风神 ISG 两款混合动力车 |
| 比亚迪 | ①混合动力。比亚迪推出的混合动力车 F3DM 是全球第一款上市的不依赖专业充电站的双模电动车<br>②电动车。E6 是比亚迪自主研发的一款纯电动 Crossover，续航里程超过 300 公里，动力电池和启动电池均采用比亚迪自主研发的铁电池，该电池慢充为 220 伏民用电源，快充为 3C 充电，百公里能耗为 20 度电左右，相当于燃油车 1/4～1/3 的消费价格 |
| 长安汽车 | ①氢动力。长安氢动力概念跑车"氢程"搭载长安先进的增压中冷氢内燃机，直接以压缩氢气为燃料，配合总线电控及紧凑的人机工程布置，其性能不仅可以达到汽油机的水平，效率上还比同排量的汽油机高 30% 以上，一次性加足燃料可以巡航达 230 公里以上<br>②混合动力。长安汽车从整车、发动机到混合动力系统均自主研发的杰勋 HEV，动力系统由 1.5 升高效发动机和 13 千瓦永磁同步无刷电机组成，整车动力水平与 2.0 升汽油发动机相当，油耗比传统汽车低 20% 以上，排放符合国 Ⅳ 标准 |
| 奇瑞汽车 | 奇瑞 A5BSG 是奇瑞开发的第一款混合动力车，采用具备怠速停机和启动功能的混合动力技术，通过 BSG 系统快速启动发动机，减少油耗和污染物排放，与传统汽油车相比，可节油 10% 左右<br>奇瑞 ISG 中轻度混合模式可以较大幅度改善燃油经济性、降低排放，其系统由"1.3 升汽油机、5 速手动变速箱、10 千瓦电机、144 伏镍氢电池"组成，ISG 车型搭载的是奇瑞自主研发的 1.3LCBRVVT 发动机、配合 ISG 电机，动力性能可以达到 A5，1.6 升水平 |
| 中华汽车 | 2010 年推出的华晨中华骏捷 Wagon 混合动力即搭载了全新强混合动力系统，百公里节油 30% |
| 吉利集团 | 2010 年推出 6 款新能源车型，包括 2 款电动汽车、1 款采用 GSG 智能启/停技术的车型、2 款 GPEC 吉利插入式混合动力车型，以及可用电池和太阳能为动力源的 IG |
| 江淮乘用车公司 | 江淮和悦混合动车采用增程型插电式混合动力技术，以电为主，油为辅。当动力电池电量低于某一定值后，内燃机启动发电机发电，与同类汽车相比可降低油耗 30% |
| 东南汽车 | 2010 年 4 月 23 日东南（福建）汽车工业有限公司在北京车展上展出该公司新款五门快背式（fastback）混合动力概念车 V4。该车采用可外接电源充电混合动力系统（plug-in-HEV ENG） |

资料来源：云洁.2012.我国新能源汽车发展概况及问题与思考.上海节能，(2)：25-28

### 3. 我国新能源汽车发展前景趋势

欧盟、美国、日本等把发展新能源汽车作为解决能源环境制约问题的重要途径，但在不同时期侧重的新能源汽车技术路径是不同的。总的来看，新能源汽车发展趋势可归纳为：能源逐渐由化石燃料向可再生、低排放甚至零排放的能源形式过渡是基本趋势，电能、生物燃料和氢能将是汽车能源的最终解决方案，但在电能、生物燃料和氢能最终替代化石燃料前，汽车能源呈现多元化局面。汽车技术将出现多种技术共存的局面。先进汽油车、先进柴油车、混合动力汽车、纯电动汽车、燃气汽车、生物燃料汽车、燃料电池汽车都将占据一定的市场份额。到 2020 年，我国传统汽油、柴油车市场份额仍将达到 80％以上。因此，应实施发展现代内燃机先进技术和新能源汽车、替代燃料并举战略方针。

1）短期内应以混合动力汽车为发展重点

混合动力电动汽车是将电力驱动与辅助动力结合起来，充分发挥二者各自的优势及二者相结合产生优势的车辆。混合动力汽车是当前环保汽车中唯一实现产业化的车型。这是因为这方面的技术比较成熟，混合动力汽车具备了良好的动力性能、良好的燃油经济性、清洁环保[16]。

2）中期内应以发展先进电动力汽车为主要任务

电动力汽车一直是人们所期望的现代汽车类型，但电池的多个性能指标瓶颈，导致电动汽车未能如人们所愿，至今只是在研发阶段，可能还会有很长一段的研发时期。

3）长期内氢动力汽车是最理想的类型

氢动力汽车是一种真正实现零排放的交通工具。因此，氢动力汽车是传统汽车最理想的替代方案。氢动力汽车还具有自身特别的优势：氢燃烧热值高、燃烧性能好；对氢气的要求较低，并能适应多种燃料。

## 7.8.3 中国新能源汽车产业发展存在的问题

产业发展急需政府支持引导，我国新能源汽车研发已起步多年，但目前仍基本停留在样品和展品阶段，距离市场推广和商业化运作还有很大差距。我国新能源汽车产业仍面临着许多不容忽视的问题。

1. 新能源汽车核心零部件技术有待提高

虽然我国新能源汽车技术在不断提高，一些领域已取得突破性进展，但是整体上仍是处于发展初期，在关键零部件的研发方面还是不够成熟，仍比国际领先水平低很多。以电控系统为代表的核心技术缺失对产业发展构成很大的制约，一些关键的电池、电控系统、传动模块、变速器乃至空调等汽车零部件严重依赖进口，国产化率偏低。另外，新能源汽车的整车控制技术、电机驱动技术、动力耦合技术等都有待取得突破性进展[17,18]。

2. 配套设施不完备

无论是插电式混合动力汽车还是纯电动汽车，都需要充电网络。电动汽车要能被市场接受，要实现产业化，必须建设足够完备的充电站。目前，充电站建设严重滞后已经严重制约了新能源汽车的发展。在各试点城市中，充电站的建设都还不完善，受充电站的限制，目前示范运行的电动汽车只能在规定的线路上运行。

同时，售后维修力量薄弱。传统的整车生产企业大多不掌握动力蓄电池技术、电控单元技术和驱动电机技术。4S 店维修技术人员缺乏修理混合动力车、纯电动车的技术与经验。另外，电机、蓄电池、电控单元生产企业又对汽车整车生产技术缺乏了解。新能源汽车修车难、修车贵也将制约着国内新能源汽车的发展。

另外，新能源汽车产业的价值链配套整合不足，由于中国为汽车工业配套的相关产业落后，导致为新能源汽车开发提供原材料与零部件的产业滞后，尚未形成具有一定生产能力的产业链[19]。

### 3. 高生产成本导致高销售价格

比亚迪 F3 电动车 F3e 的成本价达 18 万元，近 3 倍于市场上销售的汽油版 F3 车型。中国第一汽车集团公司推出的混合动力版奔腾的成本也是现在市场上销售的汽油版奔腾的 2～3 倍。目前销售的纯电动汽车价格比同型号传统燃油车普遍高 1 倍以上，新能源汽车政策补贴也不能起到大幅降低车价的作用。例如，消费者购买比亚迪 F3DM 插电式混合动力汽车，享受 5 万元最高补贴后，售价为 10 万元左右，还是比汽油发动机 F3 汽车高 3 万多元；比亚迪 E6 电动汽车因其续驶里程达 300 多公里，在全世界处于领先地位，但成本却在 30 万元左右，即使享受 6 万元最高补贴，比传统能源汽车的价格还是高出 10 多万元。对于普通消费者来说，接受与同级别普通车型相距几倍的价差仍是一件很难的事[16,21]。

### 4. 新能源汽车市场有待进一步开发

目前，新能源汽车中的混合动力汽车在国际上已经实现商业化。美国是全球最大的混合动力汽车市场，2010 年，美国新能源汽车销量为 18.55 万辆；2011 年日本销售混合动力汽车约 80 万辆。相对而言，我国混合动力汽车的销售市场尚处于起步阶段。

对于传统汽车来说，消费者熟知其技术、性能、日常维护保养，而使用新能源汽车还需一个学习过程，同时我国新能源汽车企业和相关电池企业各自为政，存在不同的技术标准和充电模式，更增加了消费者的学习成本，导致新能源汽车市场推广遭遇瓶颈[22]。

### 5. 新能源汽车标准化工作不完善

电动车辆标准化技术委员会在经过充分研究和分析后，将新能源汽车分为纯电动汽车、混合动力汽车和燃料电池汽车三种并制定相应标准。由于这三类汽车研发和应用程度不同，所以相应的政策标准制定也不同步。最早开始制定的是电动汽车，由于混合动力汽车应用最广泛，其标准已基本能够适应对混合动力汽车特别是整车性能测试的要求。燃料电池汽车由于受技术水平等的影响，其标准的制定工作比较其他两类较缓慢[23]。

# 7.9 / 结论与建议

汽车的发展方向与低碳经济是一致的，低碳经济旨在降低人类对环境的破坏及对不可再生资源的合理应用，而汽车一直以节能、环保和安全作为发展的主导方向。故在未来的日子里，作为减少温室气体排放和减轻对原油进口依赖的解决方案之一，新能源汽车将成为各国汽车工业发展的大势所趋。

我国具有新能源汽车动力变革的后发优势，又面临世界汽车工业重心转向中国市场。我们必须抓住新能源汽车产业化的历史机遇[24]。

对我国新能源汽车发展，提出如下几点建议。

1) 集中优势，重点发展电动汽车

根据我国现阶段国情，混合动力汽车、纯电动汽车和燃料电池汽车将是未来新能源汽

车的三大主流发展方向。我国纯电动汽车与世界先进水平相近,纯电动客车最大时速可达
80 公里/小时,续驶里程达 180 公里;比亚迪开发纯电动轿车一次充电续驶里程已到 400
公里,最高时速 160 公里/小时,可充电 2000 次,蓄电池寿命预计为 8～10 年[25]。

政策也暗示了我国近期将重点发展电动汽车。2012 年 4 月出台的《节能与新能源汽车
产业发展规划(2012—2020 年)》指出新能源汽车发展路线为:混合动力→纯电动→燃料电
池。从政府而言,插电式混合动力汽车是新能源汽车发展的重点,纯电动汽车要加速研发
及推进大规模示范工程,涉及关键零部件(包括电池和电池新材料、电机等)的开发和生
产。工信部支持发展混合动力汽车,但插电式汽车仍是发展的主流。综合考虑各种新能源
汽车的技术现状和产业发展现状,混合动力汽车各项技术应用指标总体上较好,目前国内
产业应用(特别是在公用客车上的应用)也有一定的基础,可以作为下一步大力推广的首
选;各种节能汽车,只需对传统汽车作一些小的改动就可以获得一定程度的节能效果,上
马快,见效迅速,应该优先推广应用,并市场化;纯电动汽车在整车技术上国内已经有了
很好的基础,但因其成本高、配套设施投入较大,目前的发展重点在研发和攻克核心技术
及降低成本上;燃料电池汽车作为未来解决能源危机和环境污染问题的首选,现在的重点
是加大科研投入力度,迅速赶上国外先进技术的步伐,争取重大突破[16,26]。

2) 建立新能源关键零部件产业链

在电动汽车的三大关键技术——电控、电机和电池中,唯有电池产业形成了成熟的产
业链。电动车各项技术中,以磷酸铁锂电池为代表的锂离子电池技术与西方发达国家先进
水平相比差距最小。除了电池之外,我国电机和电控技术与国外相比差距甚大。我国应用
于电动汽车的异步电机还处于研发阶段,而永磁异步电机在性能上和国外比还有不小的差
距。电控方面,我国起步更晚,其中电池管理系统仍处在早期研究阶段。因此研发领域成
熟技术的完善是关键零部件良性产业链形成的关键[27]。

3) 多项措施并举,降低消费者转换成本

当前,降低消费者的转换成本是新能源汽车市场推广的关键问题。发达国家在新能源
汽车发展初期大都会采取多种补贴措施,降低消费者成本,促进替代。政府建立健全政策
支撑体系,明确发展战略和发展规划,特别要强化财税金融激励手段,促进新能源汽车市
场的形成,包括新能源汽车企业财政补贴、消费者购买新能源汽车补贴、新能源汽车配套
设施建设补贴等。

此外,积极开发新能源汽车的新功能,可以大大地扩展潜在消费市场。新能源汽车不
能仅仅局限于动力源的不同,而且应给消费者更多的新功能。新功能的提供,可以使消费
者获得较高的性价比,提高消费者的转换愿望,从而有利于新能源汽车市场推广。

4) 积极参与全球标准制定

国际电动汽车标准争夺激烈,我国车企或许难以拥有领导地位,但是至少应成为其中
的积极参与者和重要力量。如果我们不赶紧行动,以后将会受制于人。一方面,我们应该
积极参与各种国际汽车标准研究机构的工作;另一方面,要扬长避短,充分发挥我们的优
势。混合动力轿车的安全标准是日本车企的优势,有望成为全球标准。而我国在混合动力
大客车和纯电动微轿上技术较为先进,且进行了较大规模的示范运行,我们完全有希望在
这两个领域成为国际技术标准的引领者[28]。

5）加强人才培养

加强人才培养与队伍建设，以国家专项工程为依托，培养一批国际知名的领军人才。加强电化学、新材料、汽车电子、车辆工程、机电一体化等相关学科建设，培养技术研究、产品开发及管理人才。实施人才引进计划，鼓励企业、大学和科研机构从国外引进专业人才[29]。

# 参 考 文 献

[1] 工业和信息化部. http：//www.miit.gov.cn/n11293472/n11293832/n11294057/n11302390/ 12427300. html [2012-09-10].

[2] 康龙云. 新能源汽车与电力电子技术. 北京：机械工业出版社，2010. 120-128.

[3] 李悦铭. 新形势下我国汽车产业组织优化问题探索. 上海社会科学院硕士学位论文，2009.

[4] 康龙云. 新能源汽车与电力电子技术. 北京：机械工业出版社，2010. 159.

[5] 崔胜民，韩家军. 新能源汽车概论. 北京：北京大学出版社，2011.9.

[6] Commission of the European Communites. An EU Strategy for Biofuels. http：//eur-lex.europa.eu/smartapi/ cgi/sga_doc? smartapi! celexplus! prod! DocNumber&lg=en&type_doc=COMfinal&an_doc=2006&nu _doc=34 [2012-09-12].

[7] FCH JU. Annual Activity Report 2011. http：//www.fch-ju.eu/page/documents [2012-09-12].

[8] 姜雅. 日本新能源的开发利用现状及对我国的启示. 国土资源情报，2007，(7)：31-35.

[9] 赵霄汉. 论我国的绿色税收制度. 厦门大学博士学位论文. 2007.

[10] 王喜文. 日本新一代汽车战略中的电池战略. 汽车工业研究，2011，(8)：43，44.

[11] 刘燕华. 气候变化与科技创新. 北京：科学出版社，2009. 239.

[12] 北京市经济和信息化委员会. http：//www.bjeit.gov.cn/gyfz/jjyxsj/201202/t20120202_22275.htm [2012-09-13].

[13] 北京市经济和信息化委员会，北京市商务委员会. "十二五"北京汽车产业出口规划. http：//www. bjmbc.gov.cn/zwgk/fzgh/ndgh/201112/P020111223417575264397.pdf [2012-09-13].

[14] 张文庆. 浅析混合动力汽车——丰田普锐斯与别克君越混合动力电动系统的比较. 科技资讯，2011，(28)：42.

[15] 曾鹏. 我国新能源汽车发展现状及问题. 新能源汽车，2009，(8)：5-7.

[16] 曾志伟. 中国新能源汽车产业的技术路径选择研究. 公路与汽运，2012，151 (7)：5-9.

[17] 辛克伟，周宗祥，卢国良. 国内外电动汽车发展及前景预测. 电力需求侧管理，2008，10 (1)：75-77.

[18] 颜培钦. 我国新能源汽车发展主要瓶颈与建议. 电工程技术，2010，9 (8)：16-17.

[19] 冷元. 新能源汽车发展战略的思考. 上海汽车，2010，(3)：1，2.

[20] 秦志勇. 新能源汽车产业发展问题浅析. 经济研究导刊，2012，149 (3)：220-221.

[21] 陈明燕. 我国新能源汽车发展环境分析. 价值工程，2012，31 (1)：52.

[22] 刘博文，李学成. 中国新能源汽车产业竞争力分析. 中国经贸导刊，2010，(3)：69.

[23] 张晓宇. 中国新能源汽车产业发展现状研究. 现代管理科学，2010，(12)：72-85.

[24] 徐亚军. 产业发展战略中的新能源汽车. 中共中央党校学报，2011，15 (2)：74-77.

[25] 李晓丹. 新能源汽车发展现状及应用前景. 中国能源，2009，(8)：43-46.

[26] 张颖. 纯电动客车的发展前景与安全管理. 中国道路运输，2010，(012)：69，70.

[27] 彭红涛，李峥，朱禹，等. 关于我国新能源汽车的发展现状和一些思考. 汽车科技，2009，（5）：1-4.

[28] 胡适，蔡厚清. 我国新能源汽车发展现状，问题及对策探讨. 武汉金融，2010，（4）：57，58.

[29] 姜凯. "十二五"我国新能源汽车的发展攻略. 农机使用与维修，2011，（4）：100.